Ausbildungsliteratur

Vorsorgekonzepte im 3-Schichten-Modell

Kaufmann für Versicherungen und Finanzen
Kauffrau für Versicherungen und Finanzen

Versicherungsfachmann
Versicherungsfachfrau

Ausbildungsliteratur

Vorsorgekonzepte im 3-Schichten-Modell

Kaufmann für Versicherungen und Finanzen
Kauffrau für Versicherungen und Finanzen

Versicherungsfachmann
Versicherungsfachfrau

Herausgegeben vom Berufsbildungswerk
der Deutschen Versicherungswirtschaft (BWV) e.V.

Bibliografische Information der Deutschen Nationalbibliothek

Die Deutsche Nationalbibliothek verzeichnet diese Publikation in der Deutschen Nationalbibliografie; detaillierte bibliografische Daten sind im Internet über http://dnb.d-nb.de abrufbar.

Herausgegeben vom Berufsbildungswerk
der Deutschen Versicherungswirtschaft (BWV) e.V.

Autoren:

Klaus Ronsdorf   Hannover
Stephan Rossmann   Köln
Peter Schlinck   Köln

Verantwortlicher Redakteur:

Hubert Holthausen   Köln

Anregungen und Kritik bitte an E-Mail: Ausbildungsliteratur@vvw.de

© 2007   Verlag Versicherungswirtschaft GmbH   Karlsruhe

Das Werk einschließlich aller seiner Teile ist urheberrechtlich geschützt. Jede Verwertung, die nicht ausdrücklich vom Urhebergesetz zugelassen ist, bedarf der vorherigen Zustimmung des Verlags Versicherungswirtschaft GmbH, Karlsruhe. Jegliche unzulässige Nutzung des Werkes berechtigt den Verlag Versicherungswirtschaft GmbH zum Schadenersatz gegen den oder die jeweiligen Nutzer.

Bei jeder autorisierten Nutzung des Werkes ist die folgende Quellenangabe an branchenüblicher Stelle vorzunehmen:

© 2007   Verlag Versicherungswirtschaft GmbH   Karlsruhe

Jegliche Nutzung ohne die Quellenangabe in der vorstehenden Form berechtigt den Verlag Versicherungswirtschaft GmbH zum Schadenersatz gegen den oder die jeweiligen Nutzer.

Satz: Satz-Schmiede Bachmann   Bietigheim
Druck: Konkordia GmbH   Bühl
ISBN: 978-3-89952-265-5

Vorwort

Zum 1. August 2006 trat die Ausbildungsordnung „Kaufmann/Kauffrau für Versicherungen und Finanzen" in Kraft und löste die bisherige Ausbildung der Versicherungskaufleute ab.

Die neue Ausbildungsordnung sowie der Rahmenlehrplan der Schule berücksichtigen in besonderer Weise den Vorsorgebedarf des Privatkunden. Vor allem in Zeiten, in denen unser Sozialversicherungssystem an seine Grenzen stößt und immer mehr Versorgungsleistungen gestrichen oder deutlich zurückgefahren werden, benötigt jeder Lernende Wissen und Know-how zum „3-Schichten-Modell", um Kunden kompetent, bedarfsgerecht und erfolgreich beraten zu können.

Von der gesetzlichen Rentenversicherung und Rürup-Rente über die Zusatzversorgung („Riester-Rente") und die Durchführungswege der betrieblichen Altersversorgung bis hin zur privaten Lebens- und Rentenversicherung werden alle Vorsorgebedarfe anhand praktischer Fälle aufgezeigt. Es wird erläutert, wie man Angebote bedarfsgerecht nach dem Bedingungswerk 1 der Proximus Versicherung unterbreitet und die Beiträge dazu ermittelt.

Vorsorgeaufwendungen für das Alter und Alterseinkünfte wurden steuerlich neu geregelt. Dadurch ergeben sich weitere finanzielle Lücken in der Altersversorgung. Abgestimmt auf diese steuerliche Situation werden an zahlreichen Beispielen die Auswirkungen für Beiträge und Leistungen aufgezeigt. Die betriebliche Altersversorgung gegen Entgeltumwandlung rundet diese Thematik ab.

Der vorliegende Band ist auch für die Ausbildung der Versicherungsfachmänner und Versicherungsfachfrauen sowie für die Weiterbildung zum Versicherungsfachwirt / zur Versicherungsfachwirtin geeignet. Es bietet allen Studierenden in der Versicherungswirtschaft beste Voraussetzungen, sich effizient in die Thematik einzuarbeiten.

Die Autoren haben einen Band vorgelegt, der einen umfassenden und gleichzeitig tiefen Einblick in diesen bedeutsamen Spartenbereich ermöglicht. Hierfür gebührt ihnen unser Dank.

München, Mai 2007

Inhaltsverzeichnis

Abkürzungsverzeichnis		XV
1.	**Kundenberatung – Bedarfsanalyse**	**3**
1.1	Beratungsgespräche	3
1.1.1	Zielgruppen	3
1.1.2	Bedarfsermittlung	5
1.1.3	Beratungsprotokoll	7
1.1.4	Vermittlerhaftung	8
1.1.5	3-Schichten-Modell	8
1.2	Gesetzliche Rentenversicherung	20
1.2.1	Voraussetzungen	28
1.2.2	Steuerentlastung während der Beitragszahlungsdauer	35
1.2.3	Rentenbezugsmitteilung	38
1.3	Basisrente	41
1.3.1	Rürup-Rente für Herrn Paul Niesen	48
1.3.2	Rürup-Rente für Frau Patricia Niesen	49
1.3.3	Steuerentlastung in der Ansparphase	50
1.3.4	Absetzbarkeit von „Rürup-Rentenbeiträgen"	52
1.3.5	Zusammenfassung	56
1.4	Zulagen-Rente	63
1.5	Private Rentenversicherung	84
1.6	Risikoversicherung	99
1.6.1	Umtauschrecht	107
1.6.2	Steuerliche Auswirkungen	107
1.7	Berufsunfähigkeitsversicherung	112
1.7.1	Private Berufsunfähigkeitsversicherung	125
1.7.1.1	Risikoprüfung	126
1.7.1.2	Antragsprüfung	127
1.7.2	Alternativen zur Berufsunfähigkeitsversicherung	129
1.7.3	Beitragsberechnung für Herrn Wester	129
1.8	Kapitalversicherung	137
1.9	Betriebliche Altersversorgung	147
1.9.1	Direktversicherung	151
1.9.2	Pensionskasse	152
1.9.3	Steuerliche und sozialversicherungsrechtliche Auswirkungen	153

1.9.4	Entgeltumwandlung	155
1.9.5	Insolvenzschutz	159
1.9.6	Unverfallbarkeit von Leistungen	160
1.10.	Unfallversicherung	167
1.10.1	Gesetzliche Unfallversicherung	167
1.10.1.1	Leistungen der gesetzlichen Unfallversicherung	169
1.10.1.2	Versorgungslücke	171
1.10.2	Einzelunfallversicherung	173
1.10.3	Kinderunfallversicherung	183
1.10.3.1	Gesetzliche Unfallversicherung	186
1.10.3.2	Private Unfallversicherung	188
1.11	Pflegezusatzversicherung	196
1.11.1	Pflegepflichtversicherung	198
1.11.2	Pflegezusatzversicherung	200
1.11.3	Beispielrechnungen	201
1.11.4	Versorgungssituation	203
2.	**Gesetzliche Rentenversicherung**	209
2.1	Träger und Finanzierung	209
2.2	Umfang und Bedeutung der Versicherungspflicht	212
2.2.1	Versicherter Personenkreis	212
2.2.2	Grundlagen der Beitragsbemessung	214
2.3	Rentenrechtliche Zeiten und Rentenformel	216
2.4	Rentenarten	227
2.4.1	Altersrente	227
2.4.2	Erwerbsminderungsrenten	231
2.4.3	Hinterbliebenenrente	233
2.5	Aktuelle Entwicklung in der gesetzlichen Rentenversicherung	237
3.	**Basis- bzw. Rürup-Rentenversicherung**	243
3.1	Zielgruppen	243
3.2	Basisrentenversicherung	245
3.3	Steuerliche Auswirkungen	250
3.4	Formen der Basisrente	258
3.4.1	Zusatzbausteine	258

3.4.2	Todesfallschutz	261
3.4.3	Dynamik	261
3.4.4	Nachversicherungsgarantie	262
3.5	Formen der Beitragszahlung	263
3.6	Sofortrente	265
3.7	Allgemeine Merkmale zur Hauptversicherung	267
3.8	Abschluss einer Basisrentenversicherung	268
3.9	Rententarife fondsgebunden in der Basisversorgung	274
3.10	Besonderheiten	275
4.	**Zulagen-Rente**	281
4.1	Absenkung des Rentenniveaus – Nettobezug	281
4.2	Personenkreis	288
4.3	Begriffe zur Riester-Rente	291
4.4	Zulageverfahren	298
4.5	Förderungsfähige Produkte	300
4.6	Zertifizierung der Altersvorsorgeverträge	307
4.7	Entnahmemodell zur Förderung des Wohneigentums	310
4.8	Schädliche Verwendung	315
4.9	Steuerliche Auswirkungen der Riesterprodukte	321
4.10	Zehn Schritte zur „Riester"-Altersvorsorge	330
4.11	Anhang	332
5.	**Lebensversicherung**	339
5.1	Vorsorgemöglichkeiten	339
5.1.1	Vorsorge durch Kapitalbildung ohne Todesfallschutz	339
5.1.2	Motive und Kundengruppen	341
5.2	Formen der Lebensversicherung	344
5.2.1	Kapitalversicherungen	345

5.2.1.1	Kapitalversicherung auf den Todesfall	346
5.2.1.2	Kapitalversicherung auf den Todes- und Erlebensfall (Gemischte Versicherung)	348
5.2.1.3	Kapitalversicherung auf den Todes-, Erlebens- und Krankheitsfall („dread disease")	350
5.2.1.4	Kapitalversicherung auf festen Auszahlungszeitpunkt (Termfixversicherung)	351
5.2.1.5	Versicherung auf den Heiratsfall (Aussteuerversicherung)	352
5.2.2	Private Rentenversicherung	353
5.2.2.1	Altersrentenversicherung	354
5.2.2.2	Selbstständige Berufsunfähigkeitsversicherung	356
5.2.2.3	Pflegerentenversicherung	361
5.2.2.4	Basisrente	362
5.2.2.5	Private Rentenversicherung als staatlich geförderte „Riester-Rente"	363
5.2.3	Zusatzversicherungen	365
5.2.3.1	Unfall-Zusatzversicherung (UZV)	365
5.2.3.2	Berufsunfähigkeits-Zusatzversicherung (BUZ)	366
5.2.3.3	Pflegerenten-Zusatzversicherung (PRZ)	367
5.2.4	Besondere Vertragsformen	368
5.2.4.1	Fondsgebundene Lebensversicherung	368
5.2.4.2	Vermögensbildende Lebensversicherung	370
5.3	Anpassung der versicherten Leistung	371
5.4	Zustandekommen des Vertrages	377
5.4.1	Beteiligte Personen	377
5.4.2	Antragstellung	383
5.4.2.1	Antragsinhalt	383
5.4.2.2	Verbraucherinformation, Widerrufsrecht, Widerspruchs- und Rücktrittsrecht, Annahmefrist	384
5.4.3	Risikoprüfung und Risikoeinschätzung	393
5.4.4	Entscheidung über den Antrag	397
5.4.4.1	Ablehnung des Antrages	397
5.4.4.2	Annahme des Antrages	397
5.4.5	Versicherungsbeginn	399
5.5	Beitrag in der Lebensversicherung	407
5.5.1	Grundlagen der Beitragskalkulation	407
5.5.1.1	Zusammensetzung des Beitrages	407
5.5.1.2	Rechnungsgrundlagen	409
5.5.1.2.1	Rechnungszins	410
5.5.1.2.2	Kosten	411
5.5.1.2.3	Sterbetafeln	412
5.5.2	Verwendung der Versicherungsbeiträge	415
5.5.2.1	Deckungskapital	415
5.5.2.2	Deckungsrückstellung und Sicherungsvermögen	418

5.6	Überschussbeteiligung in der Lebensversicherung	423
5.6.1	Überschussentstehung	423
5.6.1.1	Ermittlung des Risikogewinnes	425
5.6.1.2	Ermittlung des Zinsgewinnes	426
5.6.1.3	Ermittlung des Kostengewinnes	427
5.6.2	Überschussverteilung	427
5.6.2.1	Abrechnungsverbände und Verteilungssysteme	428
5.6.2.2	Direktgutschrift	428
5.6.2.3	Rückstellung für Beitragsrückerstattung	429
5.6.3.	Überschussverwendung	429
5.7	Betreuung des Lebensversicherungsvertrages	435
5.7.1	Rechte Dritter am Lebensversicherungsvertrag	435
5.7.1.1	Bezugsrecht	435
5.7.1.2	Abtretung und Verpfändung	440
5.7.1.3	Pfändung und Überweisung	443
5.7.1.4	Insolvenz des Versicherungsnehmers	447
5.7.2	Zahlungsschwierigkeiten des Versicherungsnehmers	450
5.7.3	Beleihung einer Lebensversicherung (Policendarlehen)	454
5.7.4	Vorzeitige Beendigung des Vertrages	460
5.7.4.1	Kündigung des Vertrages	460
5.7.4.2	Anfechtung, Rücktritt und Nichtigkeit	466
5.7.4.3	Vorzeitige Auflösung durch vertragliche Vereinbarung	470
5.8	Versicherungsfall	474
5.8.1	Anzeige und Nachweise im Versicherungsfall	475
5.8.2	Prüfung der Leistungspflicht	476
5.8.2.1	Verletzung der vorvertraglichen Anzeigepflicht	476
5.8.2.2	Selbsttötung	477
5.8.2.3	Polizei- und Wehrdienst, innere Unruhen und Krieg	477
5.8.2.4	Unrichtige Altersangabe	478
5.8.3	Fälligkeit der Leistung	478
5.8.4	Klagefrist und Verjährung	479
5.8.5	Leistungsberechnungen	480
5.9	Die Verwendung der Lebensversicherungsleistung unter Renditeaspekten	485
5.9.1	Verwendungsmöglichkeiten der Versicherungsleistung	485
5.9.1.1	Tilgung von Krediten	485
5.9.1.2	Anlage der Versicherungsleistung	486
5.9.2	Rendite als wesentliches Entscheidungskriterium für Kapitalanlagen (Ertragsrechnen)	487
5.9.2.1	Rendite von Wertpapieren	488
5.9.2.1.1	Laufende Verzinsung bei Aktien und festverzinslichen Wertpapieren	488
5.9.2.1.2	Effektivverzinsung von Aktien	489

5.9.2.1.3	Effektivverzinsung von festverzinslichen Wertpapieren unter Berücksichtigung von Spesen, Kursänderung und Anlagedauer	492
5.9.2.2	Rendite von langfristigen Darlehen	493
5.9.2.2.1	Effektivverzinsung von Festdarlehen	494
5.9.2.2.2	Effektivverzinsung von Tilgungsdarlehen	497
5.9.2.2.3	Exkurs: Die Sicherung langfristiger Darlehen	499
5.9.2.3	Rendite von Immobilien	504
5.9.2.3.1	Effektivverzinsung von Immobilien	504
5.9.2.3.2	Ertragswert von Immobilien	505
5.9.2.3.3	Beleihungswert von Immobilien	506
6.	**Steuern bei Renten- und Lebensversicherungen**	**513**
6.1	Einkommensteuer	515
6.2	Neue Vorsorgeaufwendungen – Rürup	525
6.3	Riesterverträge	527
6.4	Besteuerung der Leistungen	531
6.5	Fondsgebundene Lebensversicherung bzw. Rentenversicherung mit Kapitalwahlrecht (Neuvertrag)	536
6.6	Steuerformular für Renten	541
6.7	Einkommensteuertarif	543
6.7.1	Kapital-Lebensversicherungen	553
6.7.2	Direktversicherung	555
6.7.3	Die totale Erfassung der Einkommen	557
6.8	Kapitalertragsteuer	559
6.8.1	Lebensversicherungen in Finanzierungen	561
6.8.2	Übersicht über Zinsbesteuerung einer Kapital- bzw. Rentenversicherung bis 31. 12. 2004	563
6.8.3	Steuerliche Folgen bei Änderungen eines Lebensversicherungsvertrages	564
6.8.4	Freistellungsauftrag	566
6.9	Erbschaft- und Schenkungsteuer	573
6.9.1	Meldepflicht der Lebensversicherung	574
6.9.2	Vertragsgestaltungen	575
6.9.3	Besteuerungsverfahren	577
6.9.4	Erbschaftsteuerversicherung	580
6.9.5	Bewertungsverfahren bei Immobilien	580

7.	Betriebliche Altersversorgung	591
7.1	Rechtliche Grundlagen	591
7.2	Definition	593
7.3	Die fünf Wege zur Betriebsrente	595
7.3.1	Direktversicherung	595
7.3.2	Pensionskasse	596
7.3.3	Merkmale der Direktversicherung und Pensionskasse	598
7.3.3.1	Leistungsversprechen	598
7.3.3.2	Mindest- und Höchstbeiträge	599
7.3.3.3	Gestaltung	599
7.3.3.4	Steuerliche Aspekte	601
7.3.3.5	Sozialversicherungsrechtliche Aspekte	603
7.3.3.6	Unverfallbarkeit	606
7.3.3.7	Beendigung des Arbeitsverhältnisses	607
7.3.4	Direktzusage/Pensionszusage	609
7.3.5	Unterstützungskasse	610
7.3.6	Pensionsfonds	612
7.4	Insolvenzschutz	613

Wiederholungsfragen zum Sachgebiet
Private Vorsorge durch Lebens- und Rentenversicherung,
gesetzliche Rentenversicherung und betriebliche Altersversorgung
Ausbildung zum Versicherungsfachmann/
zur Versicherungsfachfrau   617

Stichwortverzeichnis   641

Abkürzungsverzeichnis

Abs.	Absatz
AG	Aktiengesellschaft
a. G.	auf Gegenseitigkeit
AGBG	Gesetz zur Regelung des Rechts der Allgemeinen Geschäftsbedingungen
AktG	Aktiengesetz
ALB	Allgemeine Lebensversicherungs-Bedingungen
allg.	allgemein
AltEinkG	Alterseinkünftegesetz
AltZertG	Altersvorsorge-Zertifizierungsgesetz
AN	Arbeitnehmer
ARW	Aktueller Rentenwert
AVB	Allgemeine Vertragsbedingungen
BaFin	Bundesanstalt für Finanzdienstleistungsaufsicht
bAV	Betriebliche Altersvorsorge
BBG	Beitragsbemessungsgrenze
BdV	Bund der Versicherten e.V.
BetrAVG	Betriebliches Altersvorsorgegesetz (Betriebsrentengesetz)
BfA	Bundesversicherungsanstalt für Angestellte
BGB	Bürgerliches Gesetzbuch
BGH	Bundesgerichtshof
BUZ	Berufsunfähigkeitszusatzversicherung
BZ	Beitragszahler
d. h.	das heißt
e. V.	eingetragener Verein
ErbStDV	Erbschaftssteuer-Durchführungsverordnung
ErbStG	Erbschaftsteuergesetz
EStDV	Einkommensteuer-Durchführungsverordnung
EStG	Einkommensteuergesetz
EuGH	Europäischer Gerichtshof
ff	Folgende
GDV	Gesamtverband der Deutschen Versicherungswirtschaft e.V.
gem.	gemäß
GG	Grundgesetz
GRV	Gesetzliche Rentenversicherung
HGB	Handelsgesetzbuch
inkl.	inklusive
KiBG	Kinderberücksichtigungsgesetz
LV	Lebensversicherung

Mio.	Millionen
Mrd.	Milliarde
MwSt	Mehrwertsteuer
Nr.	Nummer
p.a.	per anno (pro Jahr)
p.r.t.	pro rata temporis
PEP	persönliche Entgeltpunkte
RAF	Rentenartfaktor
SGB	Sozialgesetzbuch
Soli	Solidaritätszuschlag
u.a.	unter anderem
UZV	Unfall-Zusatzversicherung
VAG	Versicherungsaufsichtsgesetz
VerBAV	Veröffentlichungen des Bundesaufsichtsamtes für das Versicherungswesen
VermBG	Vermögensbildungsgesetz
Vers.	Versicherung
VerStG	Versicherungsteuergesetz
vgl.	vergleiche
VPI	Verbraucherpreisindex
VN	Versicherungsnehmer
VP	Versicherte Person
VR	Versicherer
VVaG	Versicherungsverein auf Gegenseitigkeit
VVG	Versicherungsvertragsgesetz
VVS	vorläufiger Versicherungsschutz
vzbv	Verbraucherzentrale Bundesverband e.V.
z.B.	zum Beispiel
ZPO	Zivilprozessordnung

Vorsorgekonzepte
im 3-Schichten-Modell

Lernziele

In diesem Kapitel erwerben Sie Kenntnisse und Fertigkeiten für folgende Leistungsziele:

Sie

- stellen die Bedeutung des Beratungsgespräches für eine optimale Kundenbetreuung heraus
- ermitteln Zielgruppen und stellen den unterschiedlichen Bedarf heraus
- erklären die Kriterien für die Ermittlung des unterschiedlichen Bedarfs
- ermitteln die bedarfsgerechten Versorgungslücken bei der gesetzlichen Rentenversicherung, bei vorzeitiger Erwerbsminderung und im Todesfall
- ermitteln die bedarfsgerechten Versorgungslücken bei der gesetzlichen Unfallversicherung, Einzel- und Kinderunfallversicherung
- ermitteln die bedarfsgerechten Versorgungslücken bei der Risikolebensversicherung, Unfalltodzusatzversicherung und Berufsunfähigkeitsversicherung
- beraten den Kunden bei der Festlegung seines Versorgungszieles
- unterbreiten bedarfsgerechte Angebotsformen zur Rürup- und Riester-Rente und berücksichtigen dabei die staatlichen Fördermaßnahmen
- erfassen die zur Risikobeurteilung erforderlichen Daten
- berechnen die Beiträge zur gewünschten Angebotsform

1. Kundenberatung – Bedarfsanalyse

1.1 Beratungsgespräche

In einer Zeit, in der sich die Vorsorgeprodukte durch gesetzliche Vorgaben immer ähnlicher werden, liegt die einzige wirkliche Chance zur Differenzierung in der Art und Weise, wie man sie dem Kunden anbietet.

Die Kombination aus dem, was man sagt (Nutzenargumentation), und wie man es sagt (Kommunikation) entscheidet über Erfolg oder Misserfolg in Verkaufsgesprächen.

Man bedient sich eines Know-how aus rhetorischen, präsentatorischen und verkaufspsychologischen Techniken.

Hilfsmittel sind:

- Laptop (Angebotssoftware, eigene Darstellungen und Präsentationen)
- Verkaufsprospekte
- Skizzen
- Erhebungsbögen
- Berechnungen zur Versorgung

Bei der Kundenberatung oder bei Präsentationen in der Klasse muss man das vorhandene Informationsmaterial analysieren und im Hinblick auf die unterschiedlichen Kundenwünsche auswerten. Die Präsentation muss adressatengerecht aufbereitet werden, wobei die Visualisierung der Lücken und Vorschläge als Instrument einzusetzen sind. „Ein Bild sagt mehr als Tausend Worte".

Der Verkauf ist mehr als die reine Präsentation. So manches Verkaufsgespräch verfehlt sein Ziel, weil die Berater nicht kundenorientiert, sondern produktorientiert handeln.

1.1.1 Zielgruppen

Um Kunden an das Unternehmen zu binden und neue Kunden zu gewinnen, ist die Kommunikation mit ihnen von entscheidender Bedeutung. Welche Botschaften man dabei mit welchem Kommunikationsmedium transportiert, hängt von den Zielen ab. Was und vor allem wen will man erreichen?

Die Erfolgsaussichten einer Kommunikationsmaßnahme sind umso größer, je besser man sie auf eine bestimmte Zielgruppe ausrichtet, je mehr man also am Bedarf und den Wünschen einer Gruppe orientiert ist. Beispielsweise haben ältere Menschen und die Generation der jungen „Computerfreaks" sehr unterschiedliche Bedürfnisse. Die Kaufmotive dieser beiden möglichen Zielgruppen sind deswegen ebenso unterschiedlich wie natürlich auch die Form der Ansprache, mit der man sich Aufmerksamkeit verschaffen kann.

Je präziser man die Zielgruppe definiert und je genauer man diese Gruppe mit ihren Wünschen und Problemen kennt, desto einfacher ist es, durch geeignete Kommunikations- bzw. Marketingmaßnahmen die Vorteile des Unternehmens und dessen Produkte genau dieser Zielgruppe zu vermitteln.

Zielgruppen-Personenversicherung

Vorsorge bei/für/durch

Zielgruppe		
Singles	▪ Berufsunfähigkeit ▪ Invalidität ▪ Pflege	▪ Alter ▪ Beerdigungskosten ▪ Immobilienerwerb
Partnerschaften	▪ Berufsunfähigkeit ▪ Alters- und Hinterbliebenenschutz	▪ Pflegefall ▪ Invalidität
Erwachsene mit Kindern	▪ Berufsunfähigkeit ▪ Immobilienerwerb ▪ Kinderunfall ▪ Kinderkrankheiten ▪ Pflege	▪ Alters- und evtl. Hinterbliebenenschutz ▪ Startkapital Ausbildung der Kinder
Freiberufler/ Landwirte/ Unternehmer/ Handwerker	▪ Berufsunfähigkeit ▪ Alters- und Hinterbliebenenschutz ▪ Pflege	▪ Krankheit ▪ Unfall ▪ Vermögensbildung – Immobilien
Senioren	▪ Aktien-/Rentenfonds ▪ evtl. Pflege bis zum 70. Lebensjahr versicherbar	▪ Unfall ▪ Alter ▪ Todesfall, Beerdigung und Erbschaftssteuer
Beamte	▪ Alters- und evtl. Hinterbliebenenschutz ▪ Pflege	▪ Dienstunfähigkeit ▪ Vermögensbildung
Schuldner, Baufinanzierer (Haus- bzw. Wohnungsfinanzierer)[1]	▪ Risikoabsicherung ▪ Restschuld ▪ Berufsunfähigkeit	▪ Baufinanzierung über Lebensversicherung und Bausparkasse
Kapitalanleger	▪ Kapitalbildung – Investmentfonds – Bausparen – Wertpapiere	– Fondsgebundene Renten- und Lebensversicherung
Studenten/ Berufseinsteiger	▪ Berufsunfähigkeit	▪ Unfall

---

[1] Hinweis:
Wer als Bauherr selbst Hand anlegt, sollte sich für diese Zeit unbedingt durch eine private Unfallversicherung absichern. Denn anders als sein Bauhelfer ist der Bauherr nicht über die Berufsgenossenschaft unfallversichert.

1.1.2 Bedarfsermittlung

Um den tatsächlichen persönlichen Bedarf des Kunden (Alters- und Hinterbliebenenvorsorge, Erwerbsunfähigkeit und Pflegekosten) zu ermitteln, muss die individuelle Lebensplanung des Interessenten in die Gestaltung eines Finanz- und Vorsorgeplanes einfließen. Nicht immer ist die preisgünstigste Versicherung auch die bedarfsgerechte Lösung. Eine neutrale Bedarfsanalyse zeigt, welche Versicherung der Kunde/die Kundin dringend benötigt. Vielleicht zeigt sie sogar, dass der Kunde Versicherungen hat, die er gar nicht braucht. Obwohl im Schnitt jeder Privathaushalt ca. 3 000,00 € p. a. für Policen ausgibt, fehlt bei 77 Prozent der Bevölkerung der sehr wichtige Schutz einer Berufs- und Erwerbsunfähigkeitsversicherung.

Zunächst erfasst man die Kundendaten, um stimmige Versorgungsvorschläge zu unterbreiten. Folgendes Schema kann hierbei sehr hilfreich sein:

Kundendaten / Beratungsablauf / Proximus Versicherung

	Kunde	Partner	Kind 1	Kind 2
Basisdaten Name: Wohnort: Straße und Hausnummer: Geschlecht: Geburtsdatum/Alter: Familienstand: Berufsstatus: Krankenversicherung: Bruttoeinkommen: Nettoeinkommen:				
Bestehende Versorgung gesetzliche V-Ansprüche: private V-Ansprüche: sonstige Einkünfte:				
Versorgungsanalyse/ **Versorgungslücke – Software** Invalidität: Alter: Hinterbliebenen: Pflege:				
Optimierungswunsch **(Profil) des Kunden** steuerliche Belastung: Sozialabgaben: besondere Sparziele:				

Kundendaten / Beratungsablauf / Proximus Versicherung

	Kunde	Partner	Kind 1	Kind 2
Versorgungsvorschläge Einzelprodukt/ Produktportfolio Invalidität: Alter: Hinterbliebenen: Pflege:				
Beratungsprotokoll erstellen unterzeichnen lassen				
Sonstige Verträge des/der Kunden				

Das Alterseinkünftegesetz erzwingt eine veränderte Beratung, sofern diese unter Renditegesichtspunkten erfolgen soll. Behält der Berater sein gewohntes Vorgehen bei, führt dies zu einem Beratungsfehler, weil er die Besteuerung und die Sozialabgabenpflicht auf Renten vernachlässigt. Aufgrund der gewonnenen Daten kann dem Kunden ein optimales Angebot unterbreitet werden.

Individuelle Vorsorge der Proximus Versicherung

■ Baustein zur Altersvorsorge[1]	Zukunftskapital + Zukunftsrente + Sofortrente
■ Baustein zur Hinterbliebenenvorsorge[2]	Kapitalzahlung bei Tod oder Hinterbliebenenrente
■ Baustein zur[3] Berufsunfähigkeitsvorsorge	Beitragsübernahme + Berufsunfähigkeitsrente
■ Baustein zur[4] Pflegevorsorge über PKV	Pflegekosten
■ Baustein zur[5] Unfallabsicherung	Unfallversicherung + Einzelunfallversicherung

[1] Proximus-Tarif auf Seite 9 ff
[2] Proximus-Tarif auf Seite 35 ff
[3] Proximus-Tarif auf Seite 45 und 46
[4] Proximus-Tarif auf Seite 150
[5] Proximus-Tarif auf Seite 6 und 99

Der Ablauf eines optimierten Beratungsgespräches erfolgt in sechs Phasen.

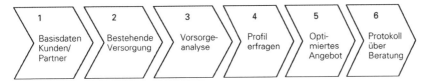

1. ➡ Daten zum Kunden/Partner erfassen – Rente/Pension berechnen
2. ➡ Bestehende Versorgung erfassen und berechnen
3. ➡ Vorsorgelücken für Alter, Invalidität und Hinterbliebenenschutz berechnen
4. ➡ Über qualitative Fragen werden die Präferenzen des Kunden ermittelt
5. ➡ Anhand der Präferenzen wird ein Vorschlag zur Deckung der Vorsorgelücken erstellt
6. ➡ Protokoll über Beratung erstellen und aushändigen

1.1.3 Beratungsprotokoll

Vermittler müssen ihre Tätigkeit dokumentieren und ein Protokoll des Beratungsgesprächs dem Kunden zukommen lassen – mit den erfragten Wünschen und der Begründung für ihre Vorschläge. Auch bei der Änderung von bestehenden Verträgen besteht eine Verpflichtung, diese Beratung ausreichend zu dokumentieren, z. B. bei Beitragsfreistellung, Ein- bzw. Ausschluss von Zusatzrisiken, Erhöhung der Versicherungssumme.

Mit Hilfe des Protokolls kann der Versicherte später falsche oder lückenhafte Beratungen nachweisen – und im Fall des Falles auf Schadenersatz klagen.

(EU-Vermittlerrichtlinie und neues VVG)

Muster für ein Beraterprotokoll:

Versorgungsmöglichkeiten:

Es erfolgte eine Beratung über die Altersvorsorge und die Abgrenzung zwischen den **Risiken der Berufs-/Dienstunfähigkeit, der Arbeitsunfähigkeit, der Invalidität und des Pflegefallrisikos** sowie über die angebotene Versorgungslösung. Diese wurde auf Grundlage der zuvor gesammelten Daten und der Analyse der aktuellen Versorgungssituation erstellt. Unter anderem wurden folgende Lösungen und Inhalte erläutert:

☐ Kapitallebensversicherungstarife
☐ Risikolebensversicherungstarife   ☐ Umtauschoption   ☐ Unfall/UBR
☐ Rentenversicherungstarife
☐ Berufs-/Dienstunfähigkeitsversicherung   ☐ Kranken
☐ Staatl. geförderte Vorsorgetarife   ☐ Steuerliche Hinweise
☐ Sonstiges: _____

Es wurde folgende Lösung empfohlen:

_____
_____
_____

Gründe für den Rat:

☐ Bedarfsgerechte Lösung   ☐ Kundenwunsch

_____
_____

Diese Lösung wurde vom Kunden akzeptiert:

☐ Ja   ☐ Nein
Entgegen der ausdrücklichen Empfehlung des Vermittlers wurden folgende Produkte vom Kunden nicht gewünscht:

_____
_____

1.1.4 Vermittlerhaftung

In Zukunft haften alle Vermittler, ob nun Makler oder Vertreter, für eine ungenügende Beratung. Auch der Mehrfirmenvermittler wird deshalb eine Berufshaftpflichtversicherung abschließen müssen. Ausschließlichkeitsvertreter können allerdings durch eine Generalhaftungsübernahme ihrer Versicherung von dieser Pflicht befreit werden.

1.1.5 3-Schichten-Modell

Berechnungen namhafter Institute zur Alterssicherung ergeben:

> Die Deutschen sind fürs Alter schlecht gerüstet!
> Zwei von drei Rentnern droht die Altersarmut!

Eine Studie des Bonner Institutes für Wirtschaft und Gesellschaft belegt, dass Arbeitnehmer mindestens 27 Jahre durchschnittlich verdienen müssen – also 2 500,00 € brutto –, um eine Rente zu erhalten, die oberhalb der Sozialhilfe liegt.

Wilfried Schreiber gilt als „Vater der dynamischen Rente". Er entwickelte 1954 die bestehenden Prinzipien der gesetzlichen Rentenversicherung. Er machte bereits 1955 auf die aufkommenden Probleme der Sozialversicherung aufmerksam, als er schrieb: „Der Arbeitnehmer von heute und von morgen muss seine Altersvorsorge – so oder so – selber bezahlen, einfach, weil kein anderer da ist, der ihn davon entlasten könnte."

Daher stellt sich heute nicht mehr die Frage ob, sondern wie man sich zusätzlich zur gesetzlichen Altersvorsorge finanziell für die Lebensphase „Ruhestand" absichert. Dabei werden die Möglichkeiten zur Altersvorsorge vielfältiger und gleichzeitig komplexer. Das bisher bekannte 3-Säulen-Modell wird durch das 3-Schichten-Modell bei der Altersvorsorge abgelöst.

Die neue Altersvorsorge: Vom Säulen- zum Schichten-Modell

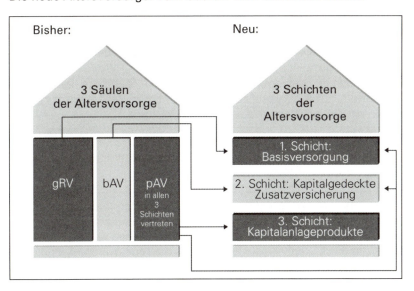

Private Altersvorsorge, betriebliche Altersvorsorge in unterschiedlichen Ausprägungen, Zulagen-Rente und die neue Basisvorsorge, auch Rürup-Rente genannt, stehen dem Interessenten zur Verfügung. Neben der Altersvorsorge müssen auch die Bereiche der Hinterbliebenen- und Invaliditätsvorsorge in die Betrachtung aufgenommen werden.

Das neue „3-Schichten-Modell" der Altersversorgung
Weg vom „Drei-Säulen-Modell" und hin zum „3-Schichten-Modell"

3. Schicht
Kapitalanlageprodukte (Fonds, Lebensversicherung, Sparpläne, ...)

2. Schicht
Zusatzversorgung bzw. „Riester-Rente" (kapitalgedeckte Zusatzversorgung, betriebliche Altersversorgung)

1. Schicht
Basisversorgung/„Rürup-Rente" (Gesetzliche Rentenversicherung und die „neue" private Leibrentenversicherung)

Dem Berater wiederum stellt sich die Frage, wie er die verschiedenen Versorgungsmöglichkeiten gegenüber dem Kunden übersichtlich und verständlich darstellt und welches Produkt oder Produktbündel er seinem Kunden im konkreten Fall anbietet. Die auf Grundlage des Alterseinkünftegesetzes vorgeschriebenen steuerlichen Betrachtungen erhöhen die Komplexität der Beratung zusätzlich.

Das Alterseinkünftegesetz teilt die Vorsorgeformen ab 2005 steuerlich in drei Blöcke

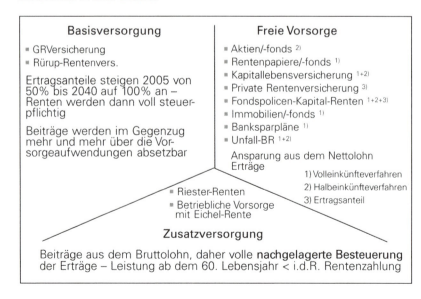

Basisversorgung
- GRVersicherung
- Rürup-Rentenvers.

Ertragsanteile steigen 2005 von 50% bis 2040 auf 100% an – Renten werden dann voll steuerpflichtig

Beiträge werden im Gegenzug mehr und mehr über die Vorsorgeaufwendungen absetzbar

Freie Vorsorge
- Aktien/-fonds [2]
- Rentenpapiere/-fonds [1]
- Kapitallebensversicherung [1+2]
- Private Rentenversicherung [3]
- Fondspolicen-Kapital-Renten [1+2+3]
- Immobilien/-fonds [1]
- Banksparpläne [1]
- Unfall-BR [1+2]

Ansparung aus dem Nettolohn
Erträge

[1] Volleinkünfteverfahren
[2] Halbeinkünfteverfahren
[3] Ertragsanteil

- Riester-Renten
- Betriebliche Vorsorge mit Eichel-Rente

Zusatzversorgung
Beiträge aus dem Bruttolohn, daher volle **nachgelagerte Besteuerung** der Erträge – Leistung ab dem 60. Lebensjahr < i.d.R. Rentenzahlung

Unter Berücksichtigung der neuen Vorschriften empfiehlt sich in der Regel folgende Standard-Reihenfolge der Vorsorgeprodukte für einen Arbeitnehmer:

- Private Riester-Rente (Förderrente)
- Direktversicherung oder Pensionskasse, wenn keine Sozialabgaben auf die Leistungen fällig werden (PKV-Versicherte)
- Basisrente
- Private Rente
- Direktversicherung oder Pensionskasse, wenn Sozialabgaben auf die Leistungen fällig werden (GKV-Versicherte)
- Kapitallebensversicherung mit 50 % Steuervorteil ab 60. Lebensjahr bei 12-jähriger Mindestlaufzeit

Erschwert wird, wie bereits genannt, eine optimale Beratung unter Ertragsgesichtspunkten durch die gleitenden Vorschriften über eine vor- bzw. nachgelagerte Besteuerung. Die Grafiken sollen diese teilweise fließenden Änderungen veranschaulichen.

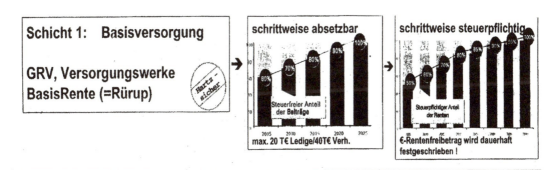

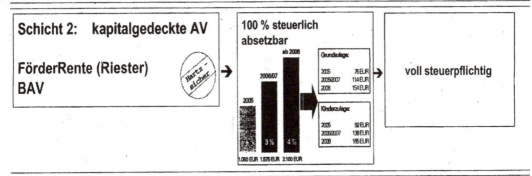

Die gesetzlichen Veränderungen zur Besteuerung und teilweisen Sozialabgabenpflicht der Renten bereiten in der Praxis Probleme bei der Ermittlung der Versorgungslücke; mit der Konsequenz, dass Berater umdenken müssen, indem sie diese Veränderungen gezielt berücksichtigen.

Fazit: Die Renten stellen keine „Nettobezüge" mehr dar!

Die gesetzlichen Rentenzahlungen werden zunehmend geschmälert durch:

- Steuern – Anlage R
- Sozialabgaben
- Nachhaltigkeitsfaktor[1]
- Abzüge bei vorzeitigem Rentenbeginn vor dem 65. bzw. 67. Lebensjahr
- keine Anrechnung der Ausbildungszeiten
- Inflation[2]

Die Nettorenten hängen keineswegs mehr alleine von der Bruttorenten-Gesamthöhe ab, sondern auch von deren Zusammensetzung. Damit hängt der Wirkungsgrad, der eigentlich ein Kennwert für die Vertragsrendite war, von der Nettobelastung ebenso ab wie von der Netto-Zusatzrente, die aber wesentlich von der Einkommenssituation des Mandanten in der Anwartschaft wie in der Rentenphase bestimmt werden.

---

1 Mit Hilfe eines demografischen Faktors, auch Demografie- oder Nachhaltigkeitsfaktor genannt, sollen die u. a. durch höhere Lebenserwartung gestiegenen Rentenlaufzeiten mittels einer Absenkung des Rentenniveaus ausgeglichen werden. Ziel ist es, die höheren Kosten im Rentensystem nicht nur auf die derzeitigen Beitragszahler, sondern auch auf die Bezieher von Renten zu verteilen.
2 Einige Anlagen können die Inflation durch Wertsteigerungen, z. B. über Aktienkurse oder durch Zinsanstiege in der Lebensversicherung und in den Rentenfonds ausgleichen. Wie groß die persönliche Finanzlücke in 30 Jahren sein wird, vermag heute niemand exakt zu berechnen, wenn man an alle diese Unwägbarkeiten denkt.

▶ **Beispiel**

Optimale Altersversorgung des Kunden Peter Meier durch einen Vorsorgemix

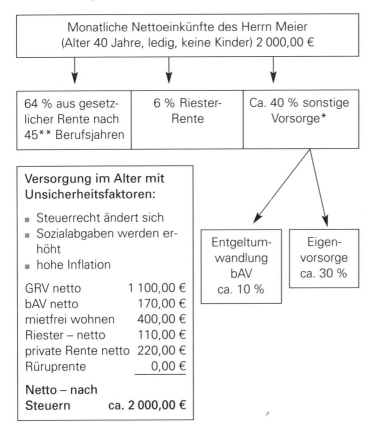

Zusätzliche Absicherungsmotive:

- Erwerbsminderung
- Pflegebedürftigkeit

* Um eine Nettoversorgungslücke von ca. 2 000,00 € zu schließen, müssen brutto mehr als 2 000,00 € abgedeckt werden. Daher werden netto mindestens 110–120 Prozent benötigt.
** Das Rentenniveau errechnet sich aus dem Verhältnis der sogenannten Eck- oder Standardrente zum aktuellen Durchschnittseinkommen. Der Eck- oder Standardrentner ist eine für Vergleichszwecke erfundene Person, die 45 Jahre lang durchschnittlich verdient und in die gesetzliche Rentenversicherung eingezahlt hat. Wie im Beispiel des Herrn Peter Meier. Der Eckrentner erhielte zurzeit eine Monatsrente von 1 150,00 €.

Die Versorgungslücken treten in einem Lebensverlauf in unterschiedlicher Höhe auf und sind personenbezogen mit speziellen Produkten der Individualversicherung abzudecken. Die Angebote orientieren sich an dem Bedarf der Kunden.

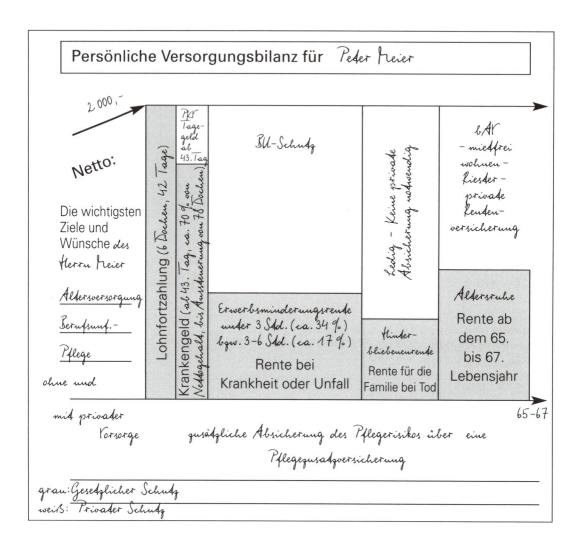

Wichtigste Ziele und Wünsche des Herrn Meier

- Altersvorsorge
- Berufsunfähigkeitsabsicherung
- Pflegeabsicherung

ohne und mit privater Vorsorge

1.1 Beratungsgespräche

Da den Politikern bewusst ist, dass vielen Bürgern ohne zusätzliche Vorsorgemaßnahmen eine Altersarmut droht, stehen Herrn Meier drei staatlich geförderte Altersvorsorgeformen zur Auswahl, wobei die eine Maßnahme die andere nicht grundsätzlich ausschließt – sondern eher ergänzt.

Optimale Förderung der Eigenbeiträge des Arbeitnehmers Peter Meier ab 2005

Auswirkung Anlageform	Höchstbetrag	Steuern: Beitrag	Steuern: Leistung
Förderrente	1 bis 4 % Bruttolohn bis max. 2 100 €	Förderbeträge bzw. Sonderausgaben	Voll steuer- pflichtig
Entgeltumwandlung und Eichelrente	z. B. Pensionsfonds bis 4 % der BBG = 2 520 € + 1 800 €	steuer- und sozialabgaben- frei*	Voll steuer- und sozialabgaben- pflichtig**
Rürup-Rente	20 000 € jährlich	Sonderausgaben 60 % steigend um 2 % p. a.	steuerpflichtig **50 % steigend um 2 % p. a.**

* Ab 2009 auch Sonderzahlungen sozialabgabenpflichtig
** Nur Privatpatienten zahlen keine Sozialabgaben

▶ Zusammenfassung

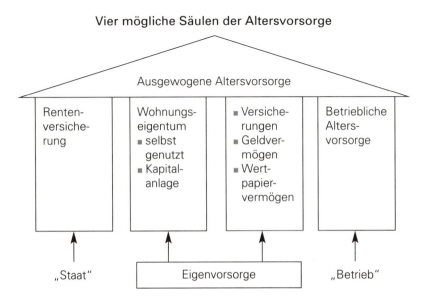

Vier mögliche Säulen der Altersvorsorge

▶ **Beispiele**

Fünf Versicherungsverläufe, bei denen alle aktuellen Entwicklungen berücksichtigt werden, zeigen die hohen Versorgungslücken im Alter auf – es droht vielen eine Altersarmut.

Für die Berechnungen mussten Annahmen über die künftige Entwicklung der Löhne, der Zinsen, der Sozialversicherungsbeiträge und der Steuern auf Einkommen gemacht werden. Jeder Erwerbsbiografie wurde für jedes Jahr ein absolutes Einkommen gegeben. Dabei wurde die allgemeine Lohnentwicklung in der Volkswirtschaft und die individuellen Karrierepfade (Veränderungen im Verhältnis „individuelle Einkommen" zu „Durchschnittseinkommen") berücksichtigt. Diese Einkommenspfade bilden die Basis für alle weiteren Berechnungen.

Als Inflationsrate wurde für den gesamten Zeitraum ein Prozentsatz von 1,5 pro Jahr unterstellt. Diese moderate Annahme zur Geldentwertung führt dennoch dazu, dass 100 Cent im Jahr 2032 nur noch eine Kaufkraft von heute 64 Cent besitzen.

Fall 1. Maria Werker, die Berufseinsteigerin

Die verheiratete 30-jährige Chemikerin startete 1998 im Job. Aktuell verdient sie 53 000,00 € brutto im Jahr. Ihre weitere Karriere: Sie setzt wegen der Kinder fünf Jahre aus, büßt deshalb Gehalt ein, ist ein Jahr arbeitslos und geht mit 63 in Rente.

Aktuell versprochene Rente		3 188
Effekt Nachhaltigkeitsfaktor	–	370
Effekt höhere Altersgrenze	–	459
Effekt weitere Karriere	–	805
Effekt nachgelagerte Steuer	–	299
Effekt Sozialbeiträge	–	159
Realistische Rente	=	**1 096**
in heutigen Preisen		650

in Euro pro Monat

Fall 2. Josef Lohmar, der Etablierte

Der 53-jährige Akademiker ist 1975 ins Berufsleben gestartet und hat sich hochgearbeitet. Seit 1980 verdient er über der Beitragsbemessungsgrenze; sein aktuelles Jahresbrutto beträgt 110 000,00 €. Er geht mit 65 in den Ruhestand.

Aktuell versprochene Rente		2 426
Effekt Nachhaltigkeitsfaktor	–	183
Effekt höhere Altersgrenze	–	29
Effekt weitere Karriere	+	59

Effekt nachgelagerte Steuer	–	304
Effekt Sozialbeiträge	–	233
Realistische Rente	=	**1 736**
in heutigen Preisen		1 452

in Euro pro Monat

Fall 3. Lothar Klohe, der Job-Hopper

Der 35-Jährige hat nach der Ausbildung einen gut dotierten Job bekommen mit zuletzt 50 000,00 € Jahresbrutto. Doch 2004 fangen die Probleme an: Er muss oft den Job wechseln, teils weniger Gehalt akzeptieren und ist bis 65 drei Jahre arbeitslos.

Aktuell versprochene Rente		3 003
Effekt Nachhaltigkeitsfaktor	–	418
Effekt höhere Altersgrenze	–	216
Effekt weitere Karriere	–	109
Effekt nachgelagerte Steuer	–	0
Effekt Sozialbeiträge	–	232
Realistische Rente	=	**2 028**
in heutigen Preisen		1 298

in Euro pro Monat

Fall 4. Erwin Schenck, der Gutverdiener

Für den 39-jährigen Single lief die Karriere nach Plan: Nach dem Berufseinstieg 1991 mit einem Bruttogehalt von 35 000,00 € im Jahr stieg er im Unternehmen in großen Schritten auf. Jetzt verdient er 90 000,00 €. Ohne Karriereknick arbeitet er bis 65.

Aktuell versprochene Rente		2 990
Effekt Nachhaltigkeitsfaktor	–	411
Effekt höhere Altersgrenze	–	161
Effekt weitere Karriere	+	156
Effekt nachgelagerte Steuer	–	307
Effekt Sozialbeiträge	–	264
Realistische Rente	=	**2 003**
in heutigen Preisen		1 361

in Euro pro Monat

Fall 5. Gertrud Ahles, die Teilzeitkraft

Die 44-Jährige stieg 1984 auf einer gut bezahlten Vollzeitstelle ein. Dann hatte die Kindererziehung Priorität. Sie setzte zehn Jahre aus. Seit 2001 hat sie eine Teilzeitstelle mit 20 000,00 € Jahresbrutto. Daran ändert sich bis zur Rente mit 65 nichts.

Aktuell versprochene Rente		1 252
Effekt Nachhaltigkeitsfaktor	–	134
Effekt höhere Altersgrenze	–	49
Effekt weitere Karriere	–	0
Effekt nachgelagerte Steuer	–	133
Effekt Sozialbeiträge	–	109
Realistische Rente	=	827
in heutigen Preisen		603

in Euro pro Monat

Die Modellrechnungen zeigen, dass staatlich geförderte Altersvorsorgemaßnahmen die Versorgung im Alter deutlich verbessern müssten und dies auch können, wenn ausreichender Vorlauf für den Aufbau eines Kapitalstockes gegeben ist.

Letztlich zeigen die Berechnungen, wie sehr die Altersversorgung von Modellpersonen mit realitätsnahen Biografien von der Versorgung des Standardrentners abweicht.

Schließlich wird jeder für sich selbst entscheiden müssen, welche Versorgung im Alter erreicht werden soll. Wer jedoch im Alter seinen Lebensstandard halten möchte, für den bleibt ergänzende Altersvorsorge über „Riester", „bAV" und „Rürup" unerlässlich. Dabei sollten die einzelnen Bausteine aufeinander abgestimmt sein, um den Bedarf zu treffen und die Fähigkeit zur Vorsorge nicht zu überfordern.

Bei der Auswahl der Produkte, insbesondere im Nichtlebensbereich, sollte auf Qualität geachtet werden. Altersvorsorge ist mehr als ein reiner Sparprozess. Ohne ein Mindestmaß an Sicherheit der Kapitalanlage würde aus verantwortlicher Vorsorge reine Spekulation. Ohne Garantie eines lebenslangen Alterseinkommens gerät die Versorgung zur Wette auf ein kurzes Leben. Die Versicherungswirtschaft kann helfen, über individuelle Beratung maßgeschneiderte Lösungen zu finden.

Übungen

1. Erläutern Sie den Unterschied zwischen einem produktorientierten und einem kundenorientierten Verkauf.
2. Nennen Sie Hilfsmittel, die im Beratungsgespräch eingesetzt werden können.
3. Nennen Sie zwei Zielgruppen und überlegen Sie sich, welche bedarfsorientierten Produkte Sie diesen Zielgruppen anbieten.
4. Stellen Sie die Bedeutung der EU-Vermittlerrichtlinie für das Beratungsgespräch dar.
5. Welche Folgen kann eine Falschberatung, die im Protokoll dokumentiert ist, für den Vermittler haben?
6. Stellen Sie dar, was zu beachten ist, wenn der Kunde eine steueroptimierte Beratung gewünscht hat.
7. Beschreiben Sie die sechs Phasen eines Beratungsgespräches.
8. Für die Beratung sind Kenntnisse im 3-Schichten-Modell von entscheidender Bedeutung.

    Welche Produkte gehören zur Schicht 1, 2 und 3?
9. Welche steuerlichen Auswirkungen ergeben sich in diesen 3 Schichten auf Beiträge und Leistungen?
10. Weshalb stellen Renten keine „Nettobezüge" mehr dar?
11. Wie hoch ist die Versorgungslücke (Alter) im Beispiel Meier? Diskutieren Sie die geplanten Lösungswege.
12. In den Lebensphasen des Herrn Meier ergeben sich mehrere Versorgungslücken.

    Beschreiben Sie diese Lücken.
13. Überlegen Sie sich versicherungstechnische Lösungen, um die Versorgungslücken von Herrn Meier zu schließen.
14. Beschreiben Sie alle steuerlich geförderten Versorgungsmöglichkeiten für Herrn Meier.
15. Weshalb kann Herr Meier nicht alle Förderungen nutzen?

1.2 Gesetzliche Rentenversicherung

Frank Neumann ist 42 Jahre, verheiratet und hat zwei Kinder im Alter von 2 und 8 Jahren. Seine Frau ist Hausfrau und Mutter in Elternzeit. Herr Neumann hat eine Renteninformation von der Deutschen Rentenversicherung erhalten. Er meldet sich bei Ihnen, da er festgestellt hat, dass die Leistungen, die ihm von der Deutschen Rentenversicherung genannt wurden, viel niedriger sind, als bei der letzten Renteninformation.

Die aktuellen Leistungen lauten:

Ihre Renteninformation

Sehr geehrter Herr Neumann,

längst hat das Thema "Altersversorgung" seinen festen Platz in der öffentlichen Diskussion. Jeder möchte und sollte für sich so gut wie möglich vorsorgen. Dabei spielt gerade die Information eine zentrale Rolle, welche Leistungen die gesetzliche Rentenversicherung jedem Einzelnen bietet.

Damit Sie Ihre Vorsorge besser planen können, übersenden wir Ihnen von nun an jährlich Ihre aktuelle Renteninformation. Sie gibt Ihnen einen Überblick über Ihre bereits erreichten und für die Zukunft zu erwartenden Ansprüche. Außerdem können Sie mit ihrer Hilfe nachvollziehen, wie sich Änderungen in Ihren persönlichen Verhältnissen, aber auch gesetzliche Neuregelungen auf Ihre zu erwartende Rente auswirken.

Als besonderen Service fügen wir Ihrer Renteninformation einen Versicherungsverlauf bei. Darin haben wir für Sie alle uns bekannten Zeiten zusammengestellt, die für Ihre Rente wesentlich sind. Sollten Zeiten fehlen, wenden Sie sich bitte an uns.

Haben Sie Fragen, benötigen Sie unseren Rat? Rufen Sie uns einfach an. Sie erreichen uns unter der kostenfreien Nummer unseres Servicetelefons 0800 100048070 von Montag bis Donnerstag von 7:30 Uhr bis 19:30 Uhr und am Freitag von 7:30 Uhr bis 15:30 Uhr.

Mit freundlichen Grüßen
Ihre Deutsche Rentenversicherung Bund

Anlagen
Renteninformation
Versicherungsverlauf

1.2 Gesetzliche Rentenversicherung

Die gesetzliche Rentenversicherung - was Sie von uns erwarten können!

Mit jedem Beitrag, den Sie und Ihr Arbeitgeber an die gesetzliche Rentenversicherung zahlen, erwerben Sie Anspruch auf eine weitreichende **soziale Absicherung**.

Dazu zählt insbesondere die **Altersrente**, die Ihr Erwerbseinkommen mit ersetzen soll. Sie ist und bleibt das Fundament Ihrer persönlichen Alterssicherung.

Das Leistungsspektrum der gesetzlichen Rentenversicherung umfasst darüber hinaus:

- ✓ **Renten bei Erwerbsminderung** und **Renten an Hinterbliebene** (Sie werden dabei so gestellt, als hätten Sie bzw. der Verstorbene bis zum 60. Lebensjahr weiter gearbeitet und Beiträge gezahlt.)

- ✓ **Renten wegen teilweiser Erwerbsminderung bei Berufsunfähigkeit** für Versicherte, die vor dem 02.01.1961 geboren sind

- ✓ Durchführung von beruflichen und medizinischen **Rehabilitationsmaßnahmen**

- ✓ Zahlung eines **Beitragsanteils zur Krankenversicherung der Rentner**

- ✓ Rentenansprüche aus **Zeiten der Kindererziehung** und der **Pflege** von Angehörigen

- ✓ Berücksichtigung von Zeiten des **Wehr- und Zivildienstes**

- ✓ Berücksichtigung von Zeiten der **Arbeitslosigkeit** und der **Krankheit**

- ✓ **Anpassung** der Rentenansprüche unter Berücksichtigung der Lohnentwicklung

- ✓ **gleiche Beiträge und Leistungen für Frauen und Männer**

Auf die gesetzliche Rentenversicherung können Sie **auch in Zukunft vertrauen**. Sie passt sich den wirtschaftlichen und gesellschaftlichen Rahmenbedingungen an. Damit bleibt sie finanzierbar und auch für die kommenden Generationen sicher.

Anhebung der Altersgrenze

Die Bundesregierung beabsichtigt, die Altersgrenze für die Regelaltersrente schrittweise von 65 auf 67 Jahre anzuheben. Dies soll nach dem vorliegenden Gesetzentwurf ab voraussichtlich 2012 beginnen. Von 2029 an würde die Regelaltersrente dann nur noch mit 67 Jahren gezahlt werden. Für die Versicherten der Jahrgänge 1947 bis 1963 ist eine stufenweise Anhebung der Altersgrenze vorgesehen, sofern keine Vertrauensschutzregelungen gelten.

Die Besteuerung der Alterssicherung

Seit Jahresbeginn 2005 ist die steuerrechtliche Behandlung von Aufwendungen für die Altersvorsorge einerseits - also beispielsweise der Rentenversicherungsbeiträge - und der sich daraus ergebenden Alterseinkünfte andererseits - hier insbesondere der Renten aus der gesetzlichen Rentenversicherung - neu geregelt worden.
Beitragszahler können ihre Rentenversicherungsbeiträge als Sonderausgaben bis zu einem Höchstbetrag absetzen, zunächst anteilig und ab 2025 voll. Dies führt im Laufe der Jahre zu einer steigenden Entlastung der Beitragszahler. Im Gegenzug werden Renten in Abhängigkeit vom Jahr des Rentenbeginns stärker und ab dem Rentenzugang 2040 voll steuerpflichtig.

Deutsche Rentenversicherung

Renteninformation

vom: 04.01.2007
für: Frank Neumann
Versicherungsnummer: 53 071265 N 003

In dieser Renteninformation haben wir die für Sie vom 01.08.1976 bis zum 31.12.2005 gespeicherten Daten (siehe Versicherungsverlauf) und das geltende Rentenrecht berücksichtigt. Änderungen in Ihren persönlichen Verhältnissen und gesetzliche Änderungen können sich auf Ihre zu erwartende Rente auswirken. Bitte beachten Sie, dass von der Rente auch Kranken- und Pflegeversicherungsbeiträge sowie gegebenenfalls Steuern zu zahlen sind. Auf der Rückseite finden Sie zudem wichtige Erläuterungen und zusätzliche Informationen.

Rente wegen voller Erwerbsminderung
Wären Sie heute wegen gesundheitlicher Einschränkungen voll erwerbsgemindert, bekämen Sie von uns eine monatliche Rente von: **1.366,46 EUR**

Höhe Ihrer künftigen Altersrente
Ihre bislang erreichte Rentenanwartschaft entspräche zum 65. Lebensjahr nach heutigem Stand einer monatlichen Altersrente von: **812,20 EUR**
Sollten bis zu Ihrem 65. Lebensjahr Beiträge wie im Durchschnitt der letzten fünf Kalenderjahre gezahlt werden, bekämen Sie ohne Berücksichtigung von Rentenanpassungen von uns eine monatliche Altersrente von: **2.055,97 EUR**

Rentenanpassung
Aufgrund zukünftiger Rentenanpassungen kann die errechnete Altersrente in Höhe von 2.055,97 EUR tatsächlich höher ausfallen. Allerdings können auch wir die Entwicklung nicht vorhersehen. Deshalb haben wir - ohne Berücksichtigung des Kaufkraftverlustes - zwei mögliche Varianten für Sie gerechnet. Beträgt der jährliche Anpassungssatz 1 Prozent, so ergäbe sich ab dem 65. Lebensjahr eine monatliche Rente von etwa 2.170 EUR. Bei einem jährlichen Anpassungssatz von 2 Prozent ergäbe sich eine monatliche Rente von etwa 2.590 EUR.

Zusätzlicher Vorsorgebedarf
Da die Renten im Vergleich zu den Löhnen künftig geringer steigen werden und sich somit die spätere Lücke zwischen Rente und Erwerbseinkommen vergrößert, wird eine zusätzliche Absicherung für das Alter wichtiger ("Versorgungslücke"). Bei der ergänzenden Altersvorsorge sollten Sie - wie bei Ihrer zu erwartenden Rente - den Kaufkraftverlust beachten.

Bitte nehmen Sie diesen Beleg zu Ihren Rentenunterlagen.

1.2 Gesetzliche Rentenversicherung

Grundlagen der Rentenberechnung
Die Höhe Ihrer Rente richtet sich im Wesentlichen nach Ihren durch Beiträge versicherten Arbeitsverdiensten. Diese rechnen wir in **Entgeltpunkte** um. Ihrem Rentenkonto schreiben wir einen Entgeltpunkt gut, wenn Sie ein Jahr lang genau den Durchschnittsverdienst aller Versicherten (zurzeit 29.488 EUR) erzielt haben. Daneben können Ihnen aber auch Entgeltpunkte für bestimmte Zeiten gutgeschrieben werden, in denen keine Beiträge (z.B. für Fachschulausbildung) oder Beiträge vom Staat, von der Agentur für Arbeit, von der Krankenkasse oder anderen Stellen (z.B. für Wehr- oder Zivildienst, Kindererziehung, Arbeitslosigkeit und Krankheit) für Sie gezahlt wurden. Um die Höhe der Rente ab dem 65. Lebensjahr zu ermitteln, werden alle Entgeltpunkte zusammengezählt und mit dem so genannten aktuellen Rentenwert vervielfältigt. Der aktuelle Rentenwert beträgt zurzeit 26,13 EUR in den alten und 22,97 EUR in den neuen Bundesländern. Das heißt, ein Entgeltpunkt entspricht heute beispielsweise in den alten Bundesländern einer monatlichen Rente von 26,13 EUR. Beginnt die Rente vor oder nach dem 65. Lebensjahr, führt dies zu Abschlägen bzw. Zuschlägen bei der Rente.

Rentenbeiträge und Entgeltpunkte
Bisher haben wir für Ihr Rentenkonto folgende Beiträge erhalten:

Von Ihnen	83.412,11 EUR
Von Ihrem/n Arbeitgeber/n	83.412,11 EUR
Von öffentlichen Kassen (z.B. Krankenkasse, Agentur für Arbeit)	3.548,89 EUR
Aus den erhaltenen Beiträgen und Ihren sonstigen Versicherungszeiten haben Sie bisher insgesamt Entgeltpunkte in folgender Höhe erworben:	36,2561

Rente wegen voller Erwerbsminderung
Bei einer Rente wegen Erwerbsminderung schreiben wir Ihnen, sofern Sie das 60. Lebensjahr noch nicht vollendet haben, zusätzliche Entgeltpunkte gut, ohne dass hierfür Beiträge gezahlt worden sind. Eine Erwerbsminderungsrente wird auf Antrag grundsätzlich nur gezahlt, wenn in den letzten fünf Jahren vor Eintritt der Erwerbsminderung mindestens drei Jahre Pflichtbeitragszeiten vorliegen.

Höhe Ihrer künftigen Altersrente
Sollten für Sie in den letzten fünf Kalenderjahren auch Beiträge für Zeiten der beruflichen Ausbildung oder der Kindererziehung gezahlt bzw. Zeiten nach dem Fremdrentengesetz vorgemerkt worden sein, haben wir diese nur bei der Berechnung Ihrer bislang erreichten Rentenanwartschaft, nicht jedoch für die Ermittlung des Durchschnittswerts berücksichtigt. Für eine zuverlässige Prognose über die Höhe Ihrer künftigen Altersrente können diese Zeiten nicht herangezogen werden.

Rentenanpassung
Die Dynamisierung (Erhöhung) der Rente erfolgt durch die Rentenanpassung. Sie richtet sich grundsätzlich nach der Lohnentwicklung, die für die Rentenanpassung - insbesondere aufgrund der demografischen Entwicklung - nur vermindert berücksichtigt wird. Die Höhe der zukünftigen Rentenanpassungen kann nicht verlässlich vorhergesehen werden. Wir haben Ihre Altersrente daher unter Berücksichtigung der Annahmen der Bundesregierung zur Lohnentwicklung dynamisiert. Die ermittelten Beträge sind - wie alle weiteren späteren Einkünfte (z.B. aus einer Lebensversicherung) - wegen des Anstiegs der Lebenshaltungskosten und der damit verbundenen Geldentwertung (Inflation) in ihrer Kaufkraft aber nicht mit einem heutigen Einkommen in dieser Höhe vergleichbar (**Kaufkraftverlust**). So werden bei einer Inflationsrate von beispielsweise 1,5 Prozent pro Jahr zu Ihrem 65. Lebensjahr 100 EUR voraussichtlich nur noch eine Kaufkraft nach heutigen Werten von etwa 76 EUR besitzen.

Unser Service
Haben Sie Fragen, benötigen Sie unseren Rat? Rufen Sie uns einfach an. Sie erreichen uns unter der kostenfreien Nummer unseres Servicetelefons 0800 100048070 von Montag bis Donnerstag von 7:30 Uhr bis 19:30 Uhr und am Freitag von 7:30 Uhr bis 15:30 Uhr. Sie können sich aber auch in den mehr als 1.000 Auskunfts- und Beratungsstellen der Deutschen Rentenversicherung oder im Internet informieren. Wir sind auch für Sie da, wenn Sie Fragen zur staatlich geförderten zusätzlichen Altersvorsorge oder zur Grundsicherung im Alter und bei Erwerbsminderung haben.

Bundesversicherungsanstalt für Angestellte

Versicherungsnummer
53 071265 N 003   Seite   1

Versicherungsverlauf vom 27.07.2005

In der nachfolgenden Aufstellung sind die im Versicherungskonto gespeicherten Daten aufgeführt, die zur Feststellung und Erbringung von Leistungen erheblich sind.

Allgemeine Rentenversicherung
- Rentenversicherung der Angestellten -

```
           15.09.80-31.08.81                           Schulausbildung
                                                       vorgemerkt
           01.09.81-14.09.81                           Schulausbildung
                                                       vorgemerkt
           15.09.81-30.09.81                    1 Mon. Schulausbildung
           01.10.81-30.06.84                   33 Mon. Schulausbildung
           01.07.84-01.07.84                    1 Mon. Schulausbildung
DÜVO       02.07.84-31.12.84                    6 Mon. Pflichtbeiträge
                                                       Wehrdienst, Zivildienst
DÜVO       01.01.85-30.09.85                    9 Mon. Pflichtbeiträge
                                                       Wehrdienst, Zivildienst
           01.10.85-30.06.86                    9 Mon. Fachschulausbildung
           01.07.86-16.07.86                    1 Mon. Fachschulausbildung
           17.07.86-31.07.86                           Fachschulausbildung
           01.08.86-31.08.86                    1 Mon. Fachschulausbildung
SVN        01.09.86-31.12.86    4.696,00 DM     4 Mon. Pflichtbeiträge
SVN        01.01.87-31.12.87   15.100,00 DM    12 Mon. Pflichtbeiträge
SVN        01.01.88-31.12.88   29.166,00 DM    12 Mon. Pflichtbeiträge
SVN        01.01.89-31.12.89   40.023,00 DM    12 Mon. Pflichtbeiträge
DÜVO       01.01.90-31.12.90   43.457,00 DM    12 Mon. Pflichtbeiträge
DÜVO       01.01.91-31.12.91   49.803,00 DM    12 Mon. Pflichtbeiträge
DÜVO       01.01.92-31.12.92   54.503,00 DM    12 Mon. Pflichtbeiträge
DÜVO       01.01.93-31.03.93   12.612,00 DM     3 Mon. Pflichtbeiträge
DÜVO       01.04.93-31.12.93   52.448,00 DM     9 Mon. Pflichtbeiträge
DÜVO       01.01.94-31.12.94   87.584,00 DM    12 Mon. Pflichtbeiträge
DÜVO       01.01.95-30.06.95   40.105,00 DM     6 Mon. Pflichtbeiträge
SVN        01.07.95-31.12.95   42.393,00 DM     6 Mon. Pflichtbeiträge
SVN        01.01.96-31.12.96   95.588,00 DM    12 Mon. Pflichtbeiträge
SVN        01.01.97-31.12.97   95.431,00 DM    12 Mon. Pflichtbeiträge
DÜVO       01.01.98-31.12.98   99.371,00 DM    12 Mon. Pflichtbeiträge
DEÜV       01.01.99-31.12.99  100.090,00 DM    12 Mon. Pflichtbeiträge
DEÜV       01.01.00-31.12.00  102.407,00 DM    12 Mon. Pflichtbeiträge
DEÜV       01.01.01-31.12.01  103.982,00 DM    12 Mon. Pflichtbeiträge
DEÜV       01.01.02-31.12.02   53.881,00 EUR   12 Mon. Pflichtbeiträge
DEÜV       01.01.03-30.09.03   43.025,00 EUR    9 Mon. Pflichtbeiträge
DEÜV       01.10.03-31.12.03   16.163,00 EUR    3 Mon. Pflichtbeiträge
DEÜV       01.01.04-31.12.04   60.301,00 EUR   12 Mon. Pflichtbeiträge
```

Erläuterungen der verwendeten Abkürzungen:

DÜVO   = Nach der Datenübermittlungsverordnung gemeldete Zeiten; hierüber hat der Arbeitgeber einen Nachweis erteilt.

Aus den zugesandten Unterlagen kann Herr Neumann erkennen, dass er

a) heute eine Rente bei voller Erwerbsminderung in Höhe von 1 366,45 € zu erwarten hat sowie
b) eine Altersrente bei Vollendung des 65. Lebensjahres in Höhe von 2 055,97 €, wenn er weiterhin Beiträge analog der letzten 5 Jahre in die Rentenkasse bis zum Rentenbeginn einzahlt.

Auf einen Blick erkennt Herr Neumann, dass diese Leistungen bei seinen heutigen Einkommensverhältnissen weder bei einer Erwerbsminderung noch im Alter ausreichen, seinen erarbeiteten Lebensstandard und den seiner Familie aufrechtzuerhalten. Zudem sind die Leistungen an seine Hinterbliebenen im Falle seines Todes nicht aufgeführt worden.

Die erste Frage, die er Ihnen als seinen Versicherungsexperten stellt, lautet: **Wieso haben sich die Leistungen der GRV so verschlechtert?**

Die Frage lässt sich nur beantworten, wenn man sich vor Augen führt, wie die GRV finanziert wird:

Durch den Generationenvertrag

Rentner und Arbeitnehmer verbindet ein sog. Generationenvertrag. Die Renten werden jeweils aus Beiträgen der aktiven Generation finanziert. Die erwerbstätige Generation finanziert über ihre Beitragsleistungen die Leistungen der aus dem Erwerbsleben Ausgeschiedenen. Durch die Zahlung von Beiträgen erlangen die heute Erwerbstätigen Anwartschaften für ihre eigene Alterssicherung. Diese Alterssicherung wird dann von der nachfolgenden Generation finanziert.

Quelle: Informationszentrum der deutschen Versicherer „ZUKUNFT klipp + klar"

Durch das Umlageverfahren

Der Generationenvertrag wird durch das Umlageverfahren in die Praxis umgesetzt. Das Umlageverfahren kennzeichnet die zeitliche Verwendung der Beiträge in der gesetzlichen Rentenversicherung.

Danach werden in der GRV die Ausgaben eines Kalenderjahres durch Einnahmen des gleichen Kalenderjahres und soweit erforderlich durch Entnahmen aus der Schwankungsreserve (Mindest-Schwankungsreserve: 1 Monatsausgabe der Rentenzahlungen) gedeckt – seit letztem Jahr deckt die Mindestschwankungsreserve keine 10 Tage mehr. So war der Bund gezwungen, Vorfinanzierungen vorzunehmen.

Durch das Solidaritätsprinzip

Die Beiträge werden beim Solidaritätsprinzip unabhängig vom zu versichernden Risiko ausschließlich auf Basis des Bruttogehaltes erhoben. In der GRV wird dies an folgendem Beispiel deutlich:

Der Familienvater einer fünfköpfigen Familie mit einem monatlichen Bruttogehalt in Höhe von 4 000,00 € zahlt den gleichen Beitrag wie ein Single mit gleichem Einkommen.

Aus den o. a. Grundstrukturen der GRV lassen sich auch die Probleme und deren Folgen für die gesetzliche Rentenversicherung herleiten:

- Demografische Entwicklung
  - steigende Lebenserwartung durch medizinischen Fortschritt
  - sinkende Geburtenraten
    ➡ immer weniger Erwerbstätige
  Folge: Weniger Beitragszahler (Einnahmen erodieren)
    ➡ immer mehr Rentner, längere Rentenbezugszeiten
  Folge: Kosten steigen

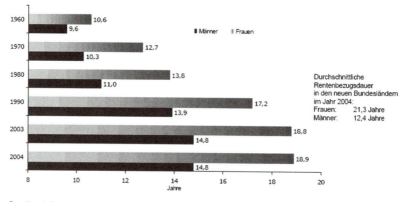

Quelle: Informationszentrum der deutschen Versicherer „ZUKUNFT klipp + klar"

Diese demographische Entwicklung macht den gesetzlichen Rentenkassen zu schaffen. Zurzeit bringt in Deutschland jede Frau statistisch gesehen 1,35 Kinder auf die Welt. Damit die Bevölkerung stabil bleibt, müssten es etwas mehr als 2 Kinder sein.

Immer weniger junge Menschen stehen daher einer wachsenden Zahl von Älteren gegenüber. Nach einer Modellrechnung des Statistischen Bundesamtes wird zur Mitte des Jahrhunderts etwa jeder Dritte über 60 Jahre alt sein. Die immer älter werdenden Menschen beziehen damit immer länger ihre Renten, was ein immer höher werdendes Finanzierungsvolumen für die Beitragszahler ergibt:

Quelle: Informationszentrum der deutschen Versicherer „ZUKUNFT klipp + klar"

Und so wirkt sich der Bevölkerungspilz auf den Generationenvertrag aus:

Generationenvertrag im Wandel						
Rentner (65-Jährige und älter)	14,07 Millionen	16,59 Millionen	18,22 Millionen	21,62 Millionen	22,79 Millionen	22,24 Millionen
potenzielle Beitragszahler (Personen im erwerbsfähigen Alter zwischen 20 und 64 Jahren)	51,11 Millionen	50,95 Millionen	50,05 Millionen	45,68 Millionen	42,88 Millionen	40,78 Millionen
Verhältnis	1:3,62	1:3,07	1:2,75	1:2,11	1:1,88	1:1,83
	2001	2010	2020	2030	2040	2050

Quelle: Statistisches Bundesamt, 10. koordinierte Bevölkerungsvorausberechnung 2003

- Zusätzliche Belastung durch
  - kürzere Lebensarbeitszeit, wegen der immer länger werdenden Ausbildungszeiten und der vorzeitigen Inanspruchnahme von Altersrentenleistungen (z. B. Vorruhestandsregelungen) und vermehrten Erwerbsunfähigkeitsleistungen (insbesondere aus dem psychischen Bereich)
  - hohe Arbeitslosigkeit, stagnierende Reallöhne

Das hat sich Herr Neumann so nicht vorgestellt. Hat er doch inzwischen 21 Jahre lang als Angestellter gearbeitet und jetzt ein Bruttogehalt von 4 700,00 € monatlich bei 12 Gehältern erreicht.

Sein vornehmlichstes Interesse gilt nunmehr der Frage, „Wie sieht die Situation aus, wenn er als Hauptversorger durch einen Unfall oder eine Krankheit versterben oder erwerbsgemindert werden sollte?"

Bevor Sie diese Frage beantworten können, müssen Sie Herrn Neumann erst darüber aufklären, dass es in der GRV Voraussetzungen gibt, die erfüllt sein müssen, damit Leistungen gezahlt werden.

1.2.1 Voraussetzungen

Erste Voraussetzung: Wer zählt zum versicherten Personenkreis?

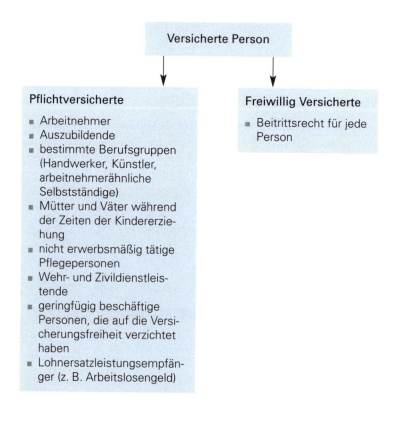

1.2 Gesetzliche Rentenversicherung

Herr Neumann zählt also durch seinen Status als Arbeitnehmer zu dem Kreis der Pflichtversicherten. Die Höhe seines Einkommens spielt für die Frage der Mitgliedschaft keine Rolle.

Das bedeutet, ganz gleich wie viel er auch immer verdient (also auch bei einem Verdienst oberhalb der Beitragsbemessungsgrenze [BBG]), bleibt er als Arbeitnehmer immer Pflichtmitglied in der GRV.

Zweite Voraussetzung: Habe ich Anspruch auf Leistungen der GRV?

Leistungen aus der GRV können nur beansprucht werden, wenn der Versicherte mindestens eine Zeit lang der Versicherung angehört hat. Diese versicherungstechnische Voraussetzung nennt man Wartezeit. Die Wartezeit ist also eine Mindestversicherungszeit und beträgt für alle Leistungen, also für Renten ab vollendetem 65. Lebensjahr (Regelaltersrente), Hinterbliebenenrenten und Erwerbsminderungsrenten grundsätzlich 60 Monate (entspricht 5 Jahre).

Auch diese Eingangsvoraussetzung hat Herr Neumann mit seinen 21 Berufsjahren erfüllt.

Jetzt gehen Sie konkret auf die Erwerbsminderungsrenten ein:

Für den Anspruch auf Erwerbsminderungsrenten (EMR) bedarf es neben der gerade erwähnten allgemeinen Wartezeit, die – wie gesagt – grundsätzlich für sämtliche Leistungen gilt, noch einer besonderen Wartezeit. Hier müssen zudem 36 Pflichtbeiträge in den letzten 60 Monaten nachgewiesen werden. Das bedeutet, dass nur wer in den letzten 36 Monaten (= 3 Jahren) vor dem Erwerbsminderungsfall pflichtversichert war, eine Erwerbsminderungsrente erhält.

Um Herrn Neumann nicht zu verwirren, verweisen Sie auf das nachfolgende Schaubild und erklären ihm, dass er diese Voraussetzung ebenfalls erfüllt hat, da er im Betrachtungszeitraum Arbeitnehmer gewesen ist und damit als Pflichtversicherter Pflichtbeiträge gezahlt hat.

Grundsatz:

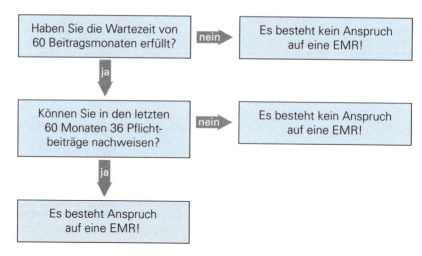

Werden die versicherungstechnischen Leistungsvoraussetzungen erfüllt, ergibt sich die Rentenhöhe anhand der vorliegenden Versicherungszeiten und des Hinzuverdienstes; für Herrn Neumann beträgt die volle Erwerbsminderungsrente aufgrund seiner individuellen Versicherungszeit 1 366,45 €. Die Versicherungszeiten werden in einem späteren Kapitel noch näher betrachtet.

Dritte Voraussetzung: Erfülle ich die medizinischen Voraussetzungen?

Hinzu kommen für den Erhalt einer Erwerbsminderungsrente medizinische Voraussetzungen, die erfüllt sein müssen.

Die Entscheidung über die Minderung der Erwerbsfähigkeit hängt heute vom Gesundheitszustand und dem Restleistungsvermögen des Versicherten ab. Das hat zur Folge, dass Herr Neumann auf jede denkbare Tätigkeit auf dem allgemeinen Arbeitsmarkt verwiesen werden kann. Auf individuelle berufliche Qualifikation wird keine Rücksicht genommen (Ausnahme: Übergangsregelung für Personen, die vor dem 2. 1. 1961 geboren sind). Die Höhe der Erwerbsminderungsrente folgt in drei Abstufungen:

- Wer nur weniger als drei Stunden täglich erwerbstätig sein kann, erhält die volle Erwerbsminderungsrente.
- Wer zwischen drei und sechs Stunden täglich arbeiten kann, erhält die halbe Erwerbsminderungsrente.
- Wer mehr als sechs Stunden täglich erwerbstätig sein kann, erhält keine Erwerbsminderungsrente.

1.2 Gesetzliche Rentenversicherung

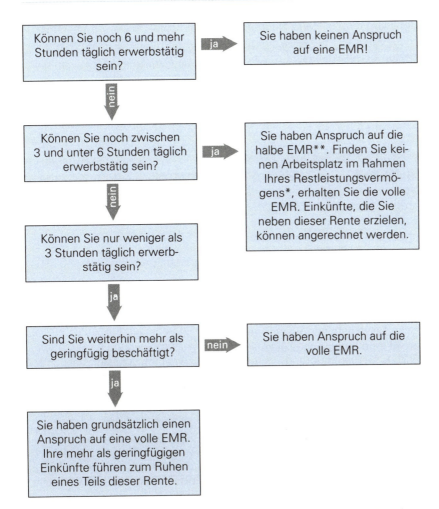

* Hierunter versteht man die Anzahl der Stunden, in der man noch in der Lage ist, einer regelmäßigen Tätigkeit nachzugehen.
** Übergangsregelung: Versicherte, die vor dem 2. 1. 1961 geboren sind, erhalten ebenfalls eine EMR, genießen jedoch Berufsschutz. Hierunter versteht man, dass diese Personen, nicht nach dem Restleistungsvermögen auf dem allgemeinen Arbeitsmarkt beurteilt werden, sondern nach dem Restleistungsvermögen im gelernten Beruf bzw. in der zuletzt ausgeübten Tätigkeit.

Dabei wird die Rente grundsätzlich als Zeitrente gezahlt. Sie ist im Regelfall auf drei Jahre begrenzt. Danach muss die Rente erneut beantragt und wiederum geprüft werden, ob die Voraussetzungen der Erwerbsminderung noch fortbestehen.

Die im Rentenbescheid erwähnten 1 366,45 € erhält Herr Neumann daher nur, wenn er voll erwerbsgemindert ist, ansonsten maximal die Hälfte davon, also 683,20 €.

Jetzt können Sie Herrn Neumann eine auf seine Situation zugeschnittene, vereinfachte Versorgungsbetrachtung für den Fall einer verminderten Erwerbsfähigkeit machen.

Ziel sollte es sein, dass die Familie mit ihm als Hauptversorger im Falle einer Erwerbsminderung den erreichten Lebensstandard halten kann. Er wünscht, die Höhe des Nettogehaltes als Einkommen immer weiter zu erhalten.

Versorgungssituation im Falle einer vollen Erwerbsminderung:

Bruttogehalt:	4 700,00 €
Netto:	3 300,00 € = Versorgungsbedarf
abzgl. Ansprüche aus GRV	
volle Erwerbsminderungsrente	1 366,45 €
ergibt eine Versorgungslücke von	1 933,55 €

Versorgungssituation im Falle einer teilweisen Erwerbsminderung:

Bruttogehalt:	4 700,00 €
Netto:	3 300,00 € = Versorgungsbedarf
abzgl. Ansprüche aus GRV	
halbe Erwerbsminderungsrente	683,23 €
ergibt eine Versorgungslücke von	2 616,77 €

Diese drastische Versorgungslücke ergibt sich natürlich nur dann, wenn Herr Neumann keine weiteren Vorsorgemaßnahmen wie beispielsweise eine private Berufsunfähigkeitsversicherung oder eine entsprechende betriebliche Leistung durch den Arbeitgeber erhält.

Herr Neumann fragt Sie in diesem Zusammenhang, ob er die Möglichkeit hat, bei Bezug einer Erwerbsminderungsrente hinzuzuverdienen?

Die Antwort lautet: ja hat er, aber der Zahlbetrag der Erwerbsminderungsrenten kann aufgrund des Hinzuverdienstes sinken bzw. ganz ruhen.

Gehen Sie konkret auf die Hinterbliebenenrenten ein:

Zur Erinnerung: Herr Neumann ist verheiratet und hat 2 Kinder. Auch bei den Hinterbliebenenrenten muss die allgemeine Wartezeit erfüllt sein; aber das war ja bereits geklärt.

Sie erklären Herrn Neumann, dass unter dem Begriff der Hinterbliebenenrenten folgende Rentenarten zusammengefasst werden:

- große und kleine Witwen-/Witwerrente
- Voll- und Halbwaisenrente

Sie werden aus der Versicherung des Verstorbenen berechnet. Die großen Witwen-/Witwerrenten erhalten überlebende Ehepartner bzw. eingetragene Lebenspartner[1]. Sie beträgt 55 % der Versichertenrente des verstorbenen Partners.

Diese erhalten Witwen/Witwer

- mit waisenrentenberechtigten Kindern
  oder
- die das 45. Lebensjahr vollendet haben
  oder
- die erwerbsgemindert sind.

Kinderlose gesunde Witwen/Witwer unter 45 Jahren erhalten die kleinen Witwen-/Witwerrenten.

Die kleine Witwen-/Witwerrente wird nur für maximal 24 Monate gezahlt und sie beträgt 25 % der Versichertenrente des verstorbenen Partners.

Neben der großen und kleinen Witwen-/Witwerrente erhalten die Kinder im Falle des Todes von Herrn Neumann eine Waisenrente.

Diese erhalten Kinder,

- bei denen mindestens ein Elternteil, der in der gesetzlichen Rentenversicherung versichert war, verstorben ist, und nur noch ein versorgungspflichtiger Elternteil lebt
- die noch keine 18 Jahre alt sind
  oder
- die sich noch in der Schul- bzw. Berufsausbildung befinden und die Altersgrenze von 27 Jahren noch nicht überschritten haben. Eine Wehrdienstzeit kann die Altersgrenze zusätzlich erhöhen.

Sie erklären Herrn Neumann, dass bei den Waisenrenten zwischen

- Vollwaisenrente (Verlust beider Elternteile = kein versorgungspflichtiger Elternteil lebt mehr) und
- Halbwaisenrente (Verlust eines Elternteils = ein versorgungspflichtiger Elternteil lebt noch) unterschieden wird.

Die Vollwaisenrente beträgt 20 %, die Halbwaisenrente 10 % der Versichertenrente des verstorbenen Elternteils.

Sofort erwähnen Sie, dass auch für die Bezieher von Hinterbliebenenrenten alle steuerpflichtigen Einkommen, die neben der Hinterbliebenenrente bezogen werden, zu einer verminderten Auszahlung der zustehenden Hinterbliebenenrente führen können. Hierunter fallen auch

---

[1] Seit dem 1. 1. 2005 wurde die Bezugsberechtigung von Witwen-/Witwerrenten um die Partner von eingetragenen Lebenspartnerschaften erweitert.

Leistungen aus privaten Lebensversicherungen.[1] Es gibt hier jedoch besondere Freibeträge, die in Abzug gebracht werden können. Bei Waisenrenten gilt die Einkommensanrechnung jedoch erst ab Vollendung des 18. Lebensjahres.

Jetzt können Sie für Herrn Neumann eine auf seine Situation zugeschnittene, vereinfachte Versorgungsbetrachtung für den Todesfall vornehmen:

Ziel sollte es wiederum sein, dass die Familie im Falle seines Ablebens den erreichten Lebensstandard aufrechterhalten kann. Es müsste also mindestens der heutige Nettoverdienst als Einkommen generiert werden.

Versorgungssituation im Todesfall von Herrn Neumann

Bruttogehalt	4 700,00 €	
Netto	3 300,00 €	= Versorgungsbedarf
abzgl. Ansprüche aus GRV		
1 * Große Witwen-/Witwerrente	751,55 €	= 55 % der vollen Erwerbsminderungsrente
2 * Halbwaisenrente	273,29 €	= 10 % der vollen Erwerbsminderungsrente x 2
ergibt eine Versorgungslücke von	2 275,16 €	

Versorgungssituation im Todesfall von beiden Eltern

Bruttogehalt	4 700,00 €	
Netto	3 300,00 €	= Versorgungsbedarf
abzgl. Ansprüche aus GRV		
2 * Vollwaisenrente	546,58 €	= 20 % der vollen Erwerbsminderungsrente x 2
ergibt eine Versorgungslücke von	2 753,42 €	

Diese drastische Versorgungslücke ergibt sich natürlich nur dann, wenn Herr Neumann und seine Frau keine weiteren Vorsorgemaßnahmen wie bspw. eine private Risikoversicherung oder Kapitallebensversicherung getroffen haben bzw. keine entsprechende betriebliche Leistung durch den Arbeitgeber erhalten.

---

1 Wird ein einmaliger Kapitalbetrag ausgezahlt, gilt für die Einkommensanrechnung ein Zwölftel des gezahlten Betrages als monatliches Einkommen. Dieser Betrag wird ab dem Folgemonat der Zahlung für einen Zeitraum von 12 Kalendermonaten berücksichtigt.

1.2 Gesetzliche Rentenversicherung

Nachdem die dringendsten Fragen geklärt wurden, verdeutlichen Sie Herrn Neumann zum Abschluss noch seine Versorgungssituation im Alter.

Sie erklären ihm, dass er die Regelaltersrente auf Antrag erhält, wenn er das 65. Lebensjahr vollendet hat und natürlich die allgemeine Wartezeit von 5 Jahren erfüllt hat.

Jetzt können Sie Herrn Neumann eine auf seine Situation zugeschnittene, vereinfachte Versorgungsbetrachtung im Alter machen:

Ziel sollte es wiederum sein, dass die Familie im Alter den erreichten Lebensstandard aufrechterhalten kann. Es müsste also mindestens der heutige Nettoverdienst als Einkommen generiert werden.

Versorgungssituation im Alter von Herrn Neumann

Bruttogehalt	4 700,00 €
netto	3 300,00 € = Versorgungsbedarf
abzgl. Ansprüche aus GRV Altersrente	2 055,97 €
ergibt eine Versorgungslücke von	1 244,03 €

1.2.2 Steuerentlastung während der Beitragszahlungsdauer

Mit seinem Urteil vom 6. 3. 2002 hat das Bundesverfassungsgericht den Gesetzgeber aufgefordert, die ungleiche Besteuerung von Renten der gesetzlichen Rentenversicherung und Beamtenpensionen zu ändern. Dies geschieht nun durch das Alterseinkünftegesetz, welches zum 1. 1. 2005 in Kraft getreten ist.

Bestimmte Altersvorsorgeaufwendungen sind seit 2005 als Sonderausgaben steuerlich absetzbar. Das gilt für die Beiträge zu so genannten Leibrentenversicherungen. Dazu zählen

- die gesetzliche Rentenversicherung,
- die landwirtschaftliche Alterskasse,
- die berufsständischen Versorgungswerke (zum Beispiel für Ärzte und Zahnärzte, Apotheker, Architekten, Rechtsanwälte und andere), die vergleichbare Leistungen wie die gesetzliche Rentenversicherung erbringen,
- bestimmte private Leibrentenversicherungen, bei denen die erworbenen Anwartschaften nicht beleihbar, nicht vererblich, nicht übertragbar, nicht veräußerbar und nicht kapitalisierbar sind („Rürup-Rente"). Diese Versicherung darf grundsätzlich nur als monatliche lebenslange Leibrente an den Versicherten nicht vor der Vollendung des 60. Lebensjahres ausgezahlt werden.

Alle Beiträge zu den genannten Versicherungen können im Jahr 2005 zunächst zu 60 Prozent steuerlich vom Einkommen abgesetzt werden, soweit sie nicht den Höchstbetrag von 20 000,00 € (Verheiratete = 40 000,00 €) übersteigen.

Wichtigster Inhalt des Alterseinkünftegesetzes ist aber der schrittweise Übergang zur nachgelagerten Besteuerung der Rentenleistungen. Im Gegenzug werden die daraus erzielten Alterseinkünfte schrittweise 100 % steuerpflichtig. Hierdurch verringert sich die laufende Rente der Familie Neumann im Leistungsfall.

Der steuerpflichtige Anteil der Jahresbruttorente richtet sich nach dem Jahr des Rentenbeginns. Für die Berechnung des Rentenfreibetrages wird die Jahresbruttorente zugrunde gelegt. Der Rentenfreibetrag beträgt für alle, wenn sie am 31. Dezember 2004 bereits Rentner waren, 50 Prozent der Jahresbruttorente 2006. Er ist ein fester Eurobetrag und wird immer im zweiten Jahr des Rentenbezugs festgelegt. Er bleibt auch in den Folgejahren unverändert. Das gilt auch dann, wenn die Rente durch die Rentenanpassungen weiter steigt. Diese Festschreibung des Freibetrages wird **„Kohortenprinzip"** genannt.

1.2 Gesetzliche Rentenversicherung

Das Alterseinkünftegesetz

Die nachgelagerte Besteuerung verbessert bei gleichzeitig zunehmender Absetzbarkeit der Vorsorgeaufwendungen die finanziellen Freiräume für private und betriebliche Altersvorsorge.

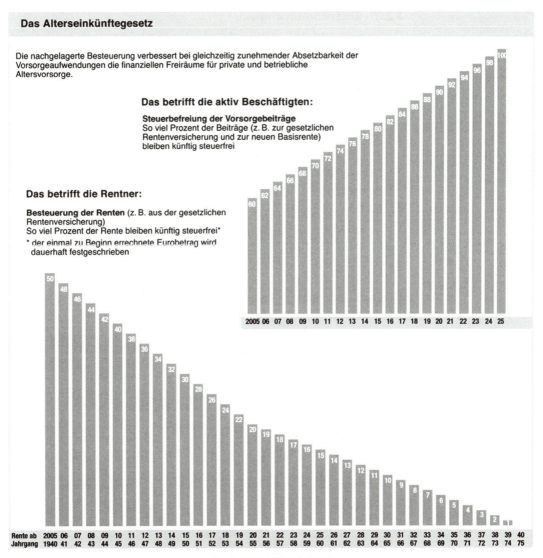

Quelle: GDV (Stand: 2005)

Für Herrn Neumann bedeutet dies, dass wenn er im Laufe des Jahres 2015 in Rente geht, sich für ihn 100 Prozent minus 70 Prozent (steuerpflichtiger Teil der Rente bei Rentenbeginn 2006, siehe Tabelle) = 30 Prozent der Jahresbruttorente 2016 als fester Rentenfreibetrag ergeben würde.

1.2.3 Rentenbezugsmitteilung

Künftig müssen die Rentenversicherungsträger und alle anderen Stellen, die Renten zahlen (z. B. private Versicherungsunternehmen), einer zentralen Stelle bei der deutschen Rentenversicherung ihre Zahlungen mitteilen (Rentenbezugsmitteilung). Die zentrale Stelle führt die Daten zusammen und leitet sie ans Finanzamt weiter. Dennoch ist jeder Rentenempfänger verpflichtet, selbst zu prüfen, ob er eine Steuererklärung abgeben muss. Die Höhe der tatsächlichen Steuerbelastung hängt von der persönlichen Situation des Rentenempfängers und Faktoren wie z. B. Familienstand, weiteren Einkünften, Höhe der Krankenversicherungsbeiträge oder außergewöhnlichen Belastungen ab.

Der versicherungspflichtige Rentner muss aus seiner gesetzlichen Rente Beiträge an die Kranken- und Pflegeversicherung zahlen. Die Beiträge übernimmt die gesetzliche Rentenversicherung jeweils zur Hälfte. Den zusätzlichen Beitrag zur Krankenversicherung von 0,9 % muss der Rentner alleine tragen.

Die Beitragshöhe richtet sich nach dem allgemeinen Beitragssatz der Krankenkasse.

Durch den Anteil zur Kranken- und Pflegeversicherung wird die errechnete Rente zusätzlich geschmälert.

Abschließend weisen Sie Herrn Neumann noch auf folgende Punkte hin:

- Bei Einkommen oberhalb der Beitragsbemessungsgrenze steigt die persönliche Versorgungslücke noch schneller!

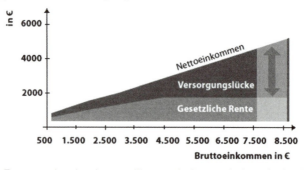

- Es entsteht eine immer längere Lebensarbeitszeit durch Anhebung bzw. Wegfall der vorzeitigen Altersgrenzen. Derzeit ist eine Anhebung des Regelalters geplant, von der auch Herr Neumann betroffen ist:

1.2 Gesetzliche Rentenversicherung

Jahrgang	Rentenbeginn	Jahrgang	Rentenbeginn
1947	65 Jahre + 1 Monat	1957	65 Jahre + 11 Monate
1948	65 Jahre + 2 Monate	1958	66 Jahre
1949	65 Jahre + 3 Monate	1959	66 Jahre + 2 Monate
1950	65 Jahre + 4 Monate	1960	66 Jahre + 4 Monate
1951	65 Jahre + 5 Monate	1961	66 Jahre + 6 Monate
1952	65 Jahre + 6 Monate	1962	66 Jahre + 8 Monate
1953	65 Jahre + 7 Monate	1963	66 Jahre + 10 Monate
1954	65 Jahre + 8 Monate	1964	67 Jahre
1955	65 Jahre + 9 Monate		
1956	65 Jahre + 10 Monate		

Ein vorzeitiger Rentenbezug ist nur noch mit Leistungskürzungen bis zu 18 % möglich.
- Es gibt geringere Rentenanpassungen trotz steigender Beiträge.
- Es besteht kein rechtlicher Anspruch auf die im Rentenbescheid genannten Leistungen.

Übungen

1. Welche Informationen können Sie aus der Renteninformation von der Deutschen Rentenversicherung entnehmen?
2. Wie können Sie diese Informationen im Kundenberatungsgespräch einsetzen?
3. Im Gespräch mit einem Kunden über die Ansprüche an die GRV fällt der Begriff „Generationenvertrag".

   Was verstehen Sie unter diesem Begriff?
4. Erläutern Sie, wie sich die deutsche Rentenversicherung finanziert und welche Höchstgrenze für die Beitragszahlung relevant ist.
5. Beschreiben Sie die Faktoren der Rentenformel.
6. Erläutern Sie den Umfang und die Bedeutung der Versicherungspflicht von Arbeitnehmern.
7. Erläutern Sie die Rentenarten der gesetzlichen Rentenversicherung.
8. Was versteht man unter einem „Eckrentner"?
9. Diskutieren Sie die weitere Entwicklung der Leistungen aus der gesetzlichen Rentenversicherung.
10. Herr Meyer bittet Sie – da er seine Renteninformation verlegt hat – seine Altersrente zum 65. Lebensjahr hochzurechnen. Herr Meyer ist 1970 geboren, lebt in Westdeutschland und geht davon aus, dass sich sein Gehalt nicht wesentlich verändern wird in den kommenden Jahren. Von daher sollen die Entgeltpunkte aus dem Jahr 2006 für die Zukunft hochgerechnet werden.

    Wie hoch wird die monatliche Rente sein, wenn sich sein Jahresarbeitsentgelt bisher wie folgt entwickelte?

Jahr	Jahresarbeitsentgelt bis 2001 in DM, ab 2002 in €	Jahr	Jahresarbeitsentgelt bis 2001 in DM, ab 2002 in €
1990	20 000	1999	48 000
1991	21 000	2000	48 000
1992	24 000	2001	50 000
1993	40 000	2002	30 000
1994	41 000	2003	32 000
1995	41 500	2004	38 000
1996	42 000	2005	38 000
1997	44 000	2006	39 500
1998	45 000		

1.3 Basisrente

▶ Situation

Herr Bauer, der Steuerberater der Familie Niesen, weist Frau Patricia und Herrn Paul Niesen auf eine staatlich geförderte Altersvorsorge hin, die im Unterschied zur Riester-Rente und der betrieblichen Altersvorsorge auch für Selbstständige ohne weitere Voraussetzungen besteht.

Die Basisrente lohnt sich für Familie Niesen, da sie ihre hohe Steuerlast reduzieren und eine Vorsorge aufbauen will.

Für Selbstständige ist die Basisrente (Rürup-Rente) die einzige unmittelbare Möglichkeit einer gezielten Altersvorsorge, die steuerlich gefördert wird.

Der Steuerberater weist Familie Niesen auf das bestehende Kohortenmodell der Basisversorgung hin, das einen schrittweisen Übergang zur nachgelagerten Besteuerung, wie in der gesetzlichen Rentenversicherung vorsieht. Dies bedeutet für Familie Niesen, dass Jahr für Jahr ein höherer Anteil der Beiträge vom steuerpflichtigen Einkommen abziehbar sein wird und gleichzeitig von den Rentnern Jahrgang für Jahrgang ein höherer Anteil der Rente versteuert werden muss.

Langfristig sind Altersvorsorgeaufwendungen bis zu einem Höchstbetrag von 20 000,00 € bei ledigen Versicherten von der Besteuerung freigestellt. Bei Ehegatten verdoppelt sich dieser Betrag auf 40 000,00 € pro Jahr. Dieser Höchstbetrag wird jedoch erst im Jahr 2025 erreicht. Im Jahr 2005 waren zunächst nur 60 Prozent der Beiträge (bis zu einer Höchstbeitragsgrenze pro Person von 20 000,00 €) abziehbar, also höchstens je 12 000,00 € für Frau Niesen und Herrn Niesen.

Das Ehepaar Paul und Patricia Niesen möchte den Vorschlag ihres Steuerberaters Bauer in die Tat umsetzen, weil sie mit dieser Maßnahme, die ihnen allerdings noch nicht ganz klar ist, Steuern sparen und ihre notwendige Altersvorsorge geschickt ergänzen können.

Frau Niesen ruft Sie an und bittet um einen Beratungstermin. In dem Telefonat teilt sie Ihnen bereits die Informationen des Steuerberaters mit und bittet um einen kurzfristigen Gesprächstermin, da ein erhebliches Beratungsdefizit besteht.

▶ Erläuterung

Beim Kunden nehmen Sie die notwendigen Kundendaten auf und bestimmen die Versorgungslücke.

Kundendaten / Beratungsablauf / Proximus Versicherung

	Kunde	Partner	Kind 1	Kind 2
Basisdaten				
Name:	Paul Niesen	Patricia Niesen	Bruno	
Wohnort:	München	wie Ehegatte	dto.	
Straße und Hausnummer:	Marsweg 3	dto.	dto.	
Geschlecht:	männlich	weiblich	männlich	
Geburtsdatum/Alter:	45 Jahre	40 Jahre	12 Jahre	
Familienstand:	verheiratet	verheiratet	ledig	
Berufsstatus:	Dekorations-Bedarf Selbstständig	Innenarchitektin Selbstständig	Schüler	
Krankenversicherung:	PKV	PKV	PKV	
Bruttoeinkommen:	ca. 64 000 € p. a.	ca. 86 000 € p. a.	–	
Nettoeinkommen:	Gewinn nach Steuern ca. 3 000 € mtl. 3 500 € mtl.	Gewinn nach Steuern ca. 3 500 € mtl. 4 000 € mtl.	–	
Bestehende Versorgungs-ansprüche				
gesetzliche V-Ansprüche:	ja, aber geringe	ja, aber geringe	keine	
private V-Ansprüche:	BU-, Unfall-, Risikovers.	BU-, Unfall-, Risikovers.	Unfall-, Ausbildungsvers.	
sonstige Einkünfte im Alter:	Miete 1 000 €	Fondssparplan 1 500 €	keine	
Versorgungsanalyse/ Versorgungslücke				
Invalidität:	0,00	0,00		
Alter:	ca. 3 000–4 000 €	ca. 3 000–4 000 €		
Hinterbliebenen:	0,00	0,00		
Pflege:	ca. 1 500 €	ca. 1 500 €	1 500 €	
Optimierungswunsch (Profil) des Kunden				
steuerliche Belastung:	ja, unbedingt	ja, unbedingt		
Sozialabgaben:	entfällt	entfällt		
besondere Sparziele:	sichere und rentable Altersversorgung	sichere und rentable Altersversorgung		
Versorgungsvorschläge Einzelprodukt/ Produktportfolio				
Invalidität:	–	–	–	
Alter:	Rürup-Rente	Rürup-Rente		
Hinterbliebenen:	–	–		
Pflege:	Pflegezusatz	Pflegezusatz	Pflegezusatz	
Beratungsprotokoll erstellen unterzeichnen lassen	Rürup* und Pflegezusatz (* zunächst Rürup nutzen)	Rürup* und Pflegezusatz (* zunächst Rürup nutzen)	Pflegezusatz	
Sonstige Verträge des/der Kunden	Kfz-, Hausrat-, Gebäude-, BU-, Unfall-, Risiko/Todesfall-Versicherung			

Die Versorgungsanalyse zeigt, dass Herrn und Frau Niesen ca. 2 000,00 € pro Monat im Alter als regelmäßige Einnahmen fehlen.

Die Versorgungslücke wird sich voraussichtlich durch den Erwerb einer weiteren Immobilie und durch eine weitere Ansparung der Fonds noch reduzieren.

Wie der Steuerberater, empfehlen auch Sie dem selbstständigen Ehepaar den Abschluss einer Basisrente und informieren beide über die Besonderheiten dieser Rürup-Rente.

Für Selbstständige ist es besonders wichtig, dass das Kapital zur Rentensicherung bei schlechtem Geschäftsverlauf nicht gepfändet werden kann, wie das bei den vorhandenen Immobilien und bei dem Fondsvermögen möglich wäre.

Die klassische Basisrente ist in folgenden Punkten gesetzlich reglementiert:

- Garantieverzinsung und mögliche Gewinnbeteiligung
- monatliche lebenslange Rentenzahlung
- Renten nicht vor dem 60. Lebensjahr
- Ansprüche sind nicht übertragbar, vererbbar, beleihbar, veräußerbar oder kapitalisierbar
- Berufs- oder Erwerbsunfähigkeit einschließbar
- bei Arbeitslosengeld II und bei einer Pfändung besteht Vermögensschutz
- Beiträge bis maximal 20 000,00 € absetzbar
- volle Besteuerung der Rente – beginnend mit 50 % und um 2 % steigend
- Hinterbliebenenrente für den Ehepartner und Kinder möglich

Sie zeigen Familie Niesen die Vorteile der Rürup-Rente auf einen Blick:

- Die Rente wird lebenslang gezahlt, auch wenn man 100 Jahre oder älter wird.
- Die Rente ist sicher; kein Wertverlustrisiko und eine garantierte Mindestverzinsung von 2,75 % über die gesamte Laufzeit (Anspar- und Rentenphase) – seit 1. 1. 2007 beträgt der Rechnungszins 2,25 Prozent.
- Die Rente ist rentierlich. Durch die hohe Überschussbeteiligung steigt die Rente.
- Die Rente ist flexibel: Man kann die Rente ab dem 60. Lebensjahr vorzeitig abrufen und damit an den Ruhestandsbeginn anpassen. Die Rentenhöhe reduziert sich dann, ein Ausgleich über Zuzahlungen ist aber möglich.
- Die Altersrente kann von Beginn an ergänzt werden um eine Berufsunfähigkeits-Zusatzversicherung, eine Hinterbliebenenrenten-Zusatzversicherung und eine Todesfall-Zusatzversicherung.

> - Die Beiträge können einmalig oder laufend gezahlt werden. Auf Wunsch ist eine Dynamik-Vereinbarung für Leistungen und Beiträge bis zum Höchstbeitrag möglich.
> - Durch umfangreiche Nachversicherungsgarantien kann der Vertrag auch während der Laufzeit an sich ändernde Lebensverhältnisse angepasst werden. So ist zum Beispiel bei bestimmten Ereignissen (Geburt eines Kindes, Abschluss einer Ausbildung) der Einschluss bzw. die Erhöhung einer Hinterbliebenenrente oder Todesfall-Zusatzversicherung ohne Gesundheitsprüfung möglich.
> - Diese Form der Altersversorgung ist „Hartz-sicher" und kann nicht gepfändet werden.

Mit folgender Tabelle verschaffen Sie der Familie Niesen einen Überblick über mögliche Rentenhöhen bei einem Monatsbeitrag von 100,00 €. Mit diesem Beitrag können leicht die anderen Leistungen bei einer geänderten Beitragsrate errechnet werden.

Altersrente mit 65 Jahren möglich

Eintrittsalter 2005[1]	Garantierte Leistungen	Mögliche Gesamtleistung einschl. Überschüsse**
Mann		
20	380,00 €	908,00 €
30	265,00 €	537,00 €
40	171,00 €	297,00 €
50	93,00 €	138,00 €
Frau		
20	351,00 €	848,00 €
30	243,00 €	498,00 €
40	155,00 €	273,00 €
50	84,00 €	126,00 €

Eine individuelle Berechnung für Familie Niesen erfolgt später.

[1] Das Eintrittsalter ergibt sich aus der Differenz zwischen dem Geburtsjahr und dem aktuellen Jahr.

** Erläuterung der Überschussanteile:

Die Höhe der Überschüsse hängt von der Verzinsung der Kapitalanlagen und von der Entwicklung der versicherten Risiken und der Kosten ab. Sie kann daher nicht garantiert werden. Das zinstragende Kapital der Versicherung wird zurzeit mit 5,1 % verzinst (2,75 % garantierter Rechnungszins + 2,35 % Zinsüberschussanteil). Dieser Zinssatz wird jährlich überprüft. Wird der Zinssatz verändert, ändern sich die möglichen Gesamtleistungen einschließlich Überschüsse. Die tatsächlich auszuzahlenden Gesamtleistungen können daher höher oder niedriger sein als in den oben angegebenen Beispielen.

1.3 Basisrente

Letztlich ist für die Rentenhöhe die Rentabilität des Versicherers entscheidend und nicht der Rechnungszins, der seit dem 1. 1. 2007 von 2,75 % auf 2,25 % reduziert wird.

Rentabilität der Proximus unterstellt	Rechnungszins bis 2006 %	ab 2007 %	Zinsüberschüsse bis 2006 %	ab 2007 %
4,1 %	2,75	– 2,25	1,35	– 1,85
5,1 %	2,75	– 2,25	2,35	– 2,85
6,1 %	2,75	– 2,25	3,35	– 3,85

Bei gleicher Unternehmensrentabilität bleibt also die Rente gleich, auch wenn sich der Rechnungszins reduziert. Es folgt dann eine Verschiebung der Leistung von der Garantie- zur Gewinnrente.

Leistungen aus der Überschussbeteiligung können nicht garantiert werden. Sie gelten nur dann, wenn die beispielhaft zugrunde gelegten Überschussanteile während der gesamten Versicherungsdauer unverändert bleiben. Die Höhe der Überschussbeteiligung lässt sich nur unverbindlich darstellen, da die künftige Überschussentwicklung vor allem von den Kapitalerträgen, aber auch vom Verlauf der Sterblichkeit und von der Entwicklung der Kosten abhängt.

Eine Erhöhung des Zinsüberschussanteilsatzes führt zu einer Erhöhung des Rentensteigerungssatzes. Bei Reduzierung des Überschussanteilsatzes wird zunächst der Rentensteigerungssatz gesenkt. Übersteigt der Umfang der Reduzierungen jedoch die Höhe des Rentensteigerungssatzes, wird die erreichte Rentenhöhe vermindert.

Wichtig ist der Hinweis, dass der erreichte Stand der kombinierten Rente also nicht garantiert ist. Garantiert ist lediglich die angegebene garantierte Rente.

Im Überblick legen Sie der Familie Niesen dar, welche Möglichkeiten des Abschlusses für sie bei Proximus denkbar sind.

Produkt	Anlageform	Anlagestrategie	bei Rentenbeginn
Klassische Basisrente	konventionell	mit 2,75 % bzw. 2,25 % Garantieverzinsung	attraktive Garantierente mit Gewinnrente
Fondsgebundene Basisrente	fondsgebunden	chancenorientiert Fondsentwicklung	optional mindestens Verrentung der eingezahlten Beiträge

Ein zusätzlicher Versicherungsschutz, wie

- Hinterbliebenen-Zusatzversicherung für Ehepartner und minderjährige Kinder bei Tod
- Berufsunfähigkeitszusatzversicherung
- Todesfallschutz

muss < 50 % der Gesamtprämie betragen.

Bevor sich Herr und Frau Niesen entscheiden, möchten sie von Ihnen wissen, wie sich die nachgelagerte Besteuerung auf die Rentabilität der Rürup-Rente auswirkt, ob sich diese Form nach Steuern überhaupt lohnt.

▶ Hinweis

Ausgerechnet die sog. „Günstigerprüfung" reduzierte bei Selbstständigen die Steuervorteile. Nach dem Jahressteuergesetz 2007 sind jetzt Beiträge vom ersten € an absetzbar, und zwar rückwirkend für das gesamte Jahr 2006. Bei Spitzenverdienern reduziert die Erstattung vom Fiskus den Sparaufwand erheblich.

Spitzenverdiener wie Familie Niesen erzielen mit einer Rürup-Police fast immer eine höhere Rendite als mit einer klassischen Privatrente. Bei Jüngeren, die auch im Alter sehr hohe Einkünfte erwarten, schmilzt der Renditevorsprung allerdings.

1.3 Basisrente

Heutiges Alter	35 Jahre		45 Jahre		55 Jahre	
Tarif	Rürup-Rente	Privatrente	Rürup-Rente	Privatrente	Rürup-Rente	Privatrente
Angestellte mit 7 000 € Jahresbeitrag						
Monatsrente vor Steuer[1]	1913	1906	1016	1012	409	401
Monatsrente nach Steuer[2]	1362	1803	754	957	321	379
Selbstständige mit 12 000 € Jahresbeitrag						
Monatsrente vor Steuer[1]	3282	3271	1744	1736	702	689
Monatsrente nach Steuer[2]	2337	3094	1294	1642	550	652
Rendite nach Steuer bei ...						
... 20% Steuersatz im Alter	5,2	4,3	5,6	4,3	6,0	4,4
... 30% Steuersatz im Alter	4,8	4,2	5,0	4,2	5,4	4,2
... 40% Steuersatz im Alter	4,3	4,1	4,5	4,2	4,7	4,1

1) Hochgerechnete Rente (inklusive nicht garantierter Überschüsse) für Männer im ersten Jahr; Tarif S 10 bzw. S 12.
2) Bei 30 Prozent Durchschnittssteuersatz im Alter.

Quellen: Institut für Vorsorge und Finanzplanung, Morgen & Morgen, (LV-Win 7.01), Stand: September 2006

Tatsächlich rechnet sich die Rürup-Rente künftig für Familie Niesen immer mehr als eine vergleichbare Privatrente. Der Vorteil ist für die Kunden umso größer, je maßvoller der Anleger im Ruhestand besteuert wird und je älter er bei Vertragsabschluss ist. Zudem bietet, wie bereits erwähnt, die Rürup-Rente dem selbstständigen Paar ohne nennenswerte Ansprüche aus einer Pflichtversicherung die einzige Chance, mit staatlichen Subventionen vorzusorgen.

Herr und Frau Niesen möchten eine Basisversorgung vereinbaren, nachdem sie durch die Beratung von den Vorteilen überzeugt wurden. Da ein Berufsunfähigkeitsschutz vorhanden ist, wird ein zusätzlicher Einschluss nicht gewünscht. Ebenfalls wird auf den zuschlagspflichtigen Hinterbliebenenschutz verzichtet, weil Herr und Frau Niesen je eine Basisrente beantragen. Eine Todesfallabsicherung ist bereits für beide vorhanden. Herr Niesen favorisiert die fondsgebundene und Frau Niesen die konventionelle Form der Basisversorgung.

Frau Niesen möchte 10 000,00 € p. a. und Herr Niesen 12 000,00 € p. a. in den Vertrag einzahlen.

1.3.1 Rürup-Rente für Herrn Paul Niesen

Er beabsichtigt früh in Altersrente zu gehen. Nach dem Verkauf der Firma möchte er nur noch die Vermögensverwaltung betreiben.

Sie bieten eine Fondsgebundene Rentenversicherung nach Tarif S 12 Männer an, weil noch keine Fondsanlagen getätigt wurden – bisher konservative Anlage in Immobilien.

▶ Hinweis

Gute Aussichten auf hohe Erträge bietet die fondsgebundene Rentenversicherung. Sie kombiniert die Vorteile einer privaten Rentenversicherung mit den Ertragsaussichten von Fonds und ist damit die ideale Ergänzung der Altersvorsorge für renditebewusste Anleger. Herr Niesen schafft sich ein Polster für die private Vorsorge, nimmt gleichzeitig Chancen an der Börse wahr und nutzt die neuen Steuervorteile.

BA: 45 Jahre		Rentenbeginnalter 61 Jahre Fondsentwicklung 8 % p. a. unterstellt	
		Monatsrente nicht garantiert	Kapital zur RBP*
Für 1 200,00 € Jahresprämie – 24,00 € Stückkosten 1 176,00 € Nettoprämie	ergibt	142,63 €	34 967,00 €
Für 12 000,00 € Jahresprämie – 24,00 € Stückkosten 11 976,00 € Nettoprämie	ergibt	1 452,50 €	356 092,51 €

* Rentenbeginnphase

Alternativ errechnen Sie Herrn Niesen die Werte zum Tarif S 10

	Rentenbeginnalter			
	mit 61		mit 71	
	Monatsrente		Monatsrente	
	garantiert	mit Überschüssen	garantiert	mit Überschüssen
Für 1 200,00 € Jahresprämie – 24,00 € Stückkosten 1 176,00 € Nettoprämie	90,26 €	97,72 €	221,79 €	253,74 €
Für 12 000,00 € Jahresprämie – 24,00 € Stückkosten 11 976,00 € Nettoprämie	919,18 €	995,15 €	2 258,64 €	2 584,01 €

1.3 Basisrente

Herr Niesen möchte nach der eingehenden Beratung mit Vergleichszahlen chancenorientiert die fondsgebundene Variante einer Basisrente abschließen.

Hierbei müssen Sie ihn darauf hinwiesen, dass bei der Volatilität einer Aktienanlage eine monatliche Zahlweise dieses „Auf und Ab" der Aktienkurse besser ausgleicht, als eine jährliche Zahlweise. Dieser zeitliche Schwankungsausgleich wird auch als „Cost-Everage-Effekt" bezeichnet. Die monatliche Zahlweise verlangt allerdings einen Ratenzuschlag von 5 Prozent auf die Prämie.

Die Prämien- und Leistungsberechnung ergibt folgende Werte lt. Proximus:

Tarif S 12 BA: 45 Jahre		Monatsrente nicht garantiert	Kapital zur RBP
Für 1 200,00 € Jahresprämie – 24,00 € Stückkosten 1 176,00 € Nettoprämie	ergibt	142,63 €	34 967,00 €
Für 1 000,00 € Monatsprämie – 2,00 € Stückkosten 998,00 € Nettoprämie inklusiv dem Ratenzuschlag 998,00 x 11,428571* = 11 405,71	ergibt	1 383,33 €	339 135,60 €

* Umrechnungsfaktoren Proximus Versicherung Seite 25

Bei gleicher Prämie p. a. wird die prognostizierte Leistung durch den Ratenzuschlag etwas geringer, aber die variierenden Kurse werden durch die monatliche Zahlweise besser ausgeglichen. Daher ist einer monatlichen Zahlweise den Vorzug einzuräumen.

1.3.2 Rürup-Rente für Frau Patricia Niesen

Sie bieten Tarif S 11 an, da Frau Niesen bereits in einen Fondssparplan einzahlt und diesen auch beibehalten möchte.

Tarif S 11 – Frauen	Jahresprämie 10 000,00 €			
EA: 40	10-jährige Rentenbeginnphase			
	lt. Tarif		lt. Tarif	
	Monatsrente mit 61 Jahren		Monatsrente mit 71 Jahren	
	garantiert	mit Überschüssen	garantiert	mit Überschüssen
Für 1 200,00 € Jahresprämie – 24,00 € Stückkosten 1 176,00 € Nettoprämie	114,36 €	127,29 €	244,73 €	285,46 €
Für 10 000,00 € Jahresprämie – 24,00 € Stückkosten 9 976,00 € Nettoprämie	970,12 €	1 079,80 €	2 076,04 €	2 421,56 €

Frau Niesen möchte möglichst lange ihrer Tätigkeit nachgehen und weiß nicht genau, wann sie die Rente beziehen möchte. Bei dem vorliegenden Angebot kann sie zwischen dem 61. und dem 71. Lebensjahr jederzeit frei wählen, wann die Rentenzahlung beginnen soll, wobei die monatliche Rentenhöhe dann zwischen 1 079,80 € und 2 421,56 € variiert.

Da weder ein Berufsunfähigkeitsschutz noch ein Hinterbliebenenschutz beantragt wird, sind Gesundheitsfragen für beide nicht erforderlich.

1.3.3 Steuerentlastung in der Ansparphase

Der Beitragsaufwand von 22 000,00 € p. a. reduziert sich um die steuerliche Entlastung für das Jahr 2007 wie folgt:

Frau Niesen 10 000,00 € hiervon 64 % steuerlich wirksam	6 400,00 €
Herr Niesen 12 000,00 € hiervon 64 % steuerlich wirksam	7 680,00 €
Gesamter Sonderausgabenabzug	14 080,00 €
Individueller Spitzensteuersatz einschließlich Soli und Kirchensteuer ca. 46 %	6 476,80 €
Gesamtaufwand 22 000,00 € minus Steuerersparnis 6 476,80 € gleich Nettoaufwand für Familie Niesen	15 523,20 €

Da die Absetzbarkeit der Beiträge um 2 % p. a. steigt, wird der Nettoaufwand für Familie Niesen jedes Jahr kleiner. Die laufenden Zinsen, Dividenden und Kursgewinne der Rentenverträge sind zunächst während der gesamten Laufzeit steuerfrei.

1.3 Basisrente

Erhöhung des Sonderausgabenabzugs je Steuerzahler (Kohortenmodell)

Jahr	Prozent	Maximale Summe der abzugsfähigen Aufwendungen in €	Jahr	Prozent	Maximale Summe der abzugsfähigen Aufwendungen in €
2005	60	12 000	2016	82	16 400
2006	62	12 400	2017	84	16 800
2007	64	12 800	2018	86	17 200
2008	66	13 200	2019	88	17 600
2009	68	13 600	2020	90	18 000
2010	70	14 000	2021	92	18 400
2011	72	14 400	2022	94	18 800
2012	74	14 800	2023	96	19 200
2013	76	15 200	2024	98	19 600
2014	78	15 600	2025	100	20 000
2015	80	16 000	2026	100	20 000

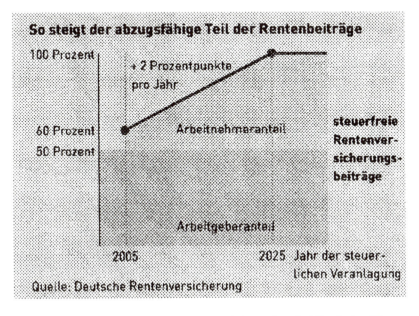

Derart überzeugt fragt Herr Niesen, ob nicht auch sein Mitarbeiter Thorsten Fey einen staatlich geförderten Rürup-Vertrag abschließen kann.

Grundsätzlich kann Herr Fey eine solche Basisrente beantragen, aber steuerlich werden die vollen gesetzlichen Rentenbeiträge des Arbeitgebers bei den Sonderausgaben des Arbeitnehmers berücksichtigt.

An einer Vergleichsrechnung machen Sie Herrn Niesen die Unterschiede deutlich.

1.3.4 Absetzbarkeit von „Rürup-Rentenbeiträgen"

So viel konnten ein lediger Arbeitnehmer mit einem Verdienst von 62 400,00 € und ein lediger Selbstständiger in 2005 absetzen:

Berechnung des Sonderausgabenabzugs der 1. Schicht	Arbeitnehmer z. B. Thorsten Fey – ledig	Selbstständiger ledig
Arbeitgeber-Beitrag zur gesetzlichen Rentenversicherung	6 084,00 €	0,00 €
Arbeitnehmer-Beitrag zur gesetzlichen Rentenversicherung	6 084,00 €	0,00 €
Beitrag zur Rürup-Rente	7 832,00 €	20 000,00 €
Beiträge insgesamt	20 000,00 €	20 000,00 €
absetzbarer Höchstbetrag	20 000,00 €	20 000,00 €
[1] 60 Prozent des Betrages	12 000,00 €	12 000,00 €
abzüglich Arbeitgeberbeitrag zu 100 Prozent	6 084,00 €	0,00 €
verbleibender Sonderausgabenabzug	5 916,00 €	12 000,00 €

1 Kohortenmodell beachten

Von den 12 000,00 €, die Thorsten Fey im Jahre 2005 höchstens steuerlich verwenden kann, entfallen auf den steuerfreien Arbeitgeberanteil zur gesetzlichen Rentenversicherung 6 084,00 €.

Der Arbeitnehmer Thorsten Fey kann von seinem Anteil zur gesetzlichen Rentenversicherung nur 1 216,80 € steuerlich geltend machen, also 10 Prozent des Gesamtbeitrages zur GRV im Jahre 2005. Da sein Arbeitgeber 50 % als Betriebsausgaben angeben kann, bleiben insgesamt 60 % der Beiträge steuerfrei. Zusätzlich kann Thorsten Fey noch 60 Prozent des Beitrags zur „Rürup-Rente" abziehen, also 4 699,20 €. Somit konnte der Arbeitnehmer Thorsten Fey insgesamt nur 5 916,00 € steuerlich absetzen.

1.3 Basisrente

Für Herrn Fey wäre ein Riestervertrag bzw. eine Entgeltumwandlung empfehlenswerter, weil diese Beiträge sofort zu 100 Prozent eine steuerliche Entlastung bewirken.

Zweite Beispielrechnung eines Arbeitnehmers im Jahre 2007 zur Absetzbarkeit der Beiträge zur GRV und zur Basis-Rente:

Erste Schicht	pro Jahr	steuerlich wirksam
Höchstbetrag	20 000,00 €	
abzüglich Gesamtbeitrag zur gesetzlichen Rentenversicherung – AG + AN	5 850,00 €	
verbleiben noch	14 150,00 €	
Sonderausgabenabzug – **Basisrente** Höchstbetrag wird ausgeschöpft	14 150,00 €	
abzugsfähig – Kohorte	14 150 € x 64 % =	9 056,00 €
Sonderausgabenabzug **gesetzliche Rentenversicherung**		
berücksichtigungsfähig	5 850 x 64 % =	3 744,00 €
abzüglich Arbeitgeberbeitrag gesetzliche Rentenversicherung	2 925,00 € zu 100 Prozent	– 2 925,00 €
abzugsfähig		819,00 €
Sonderausgaben insgesamt		9 875,00 €

Durch diese Berechnungsmethode des Finanzamtes sind von den Beiträgen (2 925,00 €) des Arbeitnehmers zur gesetzlichen Rentenversicherung im Jahr 2007 nur 819,00 € als Sonderausgaben abzugsfähig.

Auszahlungsphase
Steigende Besteuerung der Basisrente

Die Renten aus der gesetzlichen Rentenversicherung (geringe Ansprüche sind für das Ehepaar Niesen vorhanden) und aus der Basisrente wachsen seit 2005 schrittweise in die vollständige nachgelagerte Besteuerung hinein. Im Jahr 2005 betrug der steuerpflichtige Anteil dieser Renten für heutige Rentner und Versicherte, die 2005 in Rente gingen, jeweils 50 Prozent. Für jeden neu hinzukommenden Rentnerjahrgang erhöht sich der steuerpflichtige Anteil der Rente um 2 Prozentpunkte. Bei einem Rentenbeginn im Jahr 2025 muss das Ehepaar Niesen demnach bereits 85 Prozent ihrer Rente durch Abgabe der Anlage R versteuern.

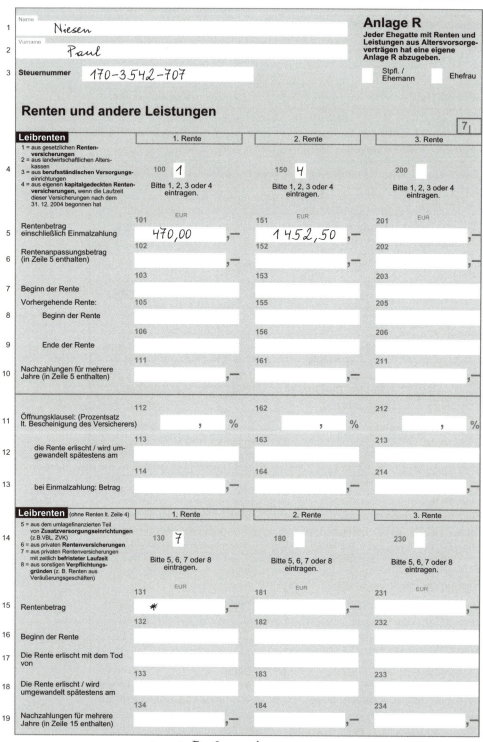

1.3 Basisrente

Wenn Herr Niesen z. B. im Jahre 2023 die prognostizierte Rürup-Rente in Höhe von 1 452,50 € monatlich bezieht, werden hiervon 83 Prozent steuerpflichtig. Unterstellen wir im Alter einen verminderten Steuersatz von 35 Prozent einschl. Soli und Kirchensteuer, so ergibt sich folgende Besteuerung:

12 Monatsrenten von 1 452,50 € (brutto) ergeben eine Jahresrente von 17 430,00 € (Einkünfte sind in Anlage R Nr. 4 bei der Steuererklärung einzutragen)

17 430,00 € Jahresrente (brutto) werden zu 83 % steuerpflichtig – 17 Prozent gleich 2 963,10 € bleiben demnach steuerfrei.

Der lebenslange Freibetrag aus dieser Rentenzahlung beträgt dann 2 963,10 € für Herrn Niesen.

Die Jahresrente von 17 430,00 € abzüglich des Freibetrages von 2 963,10 € ergibt sein steuerpflichtiges Einkommen bei dieser Einkunftsart in Höhe von 14 466,90 €.

Bei einem Steuersatz von 35 % errechnet sich eine Einkommensteuerschuld von 5 063,42 €, so dass dann die monatliche Nettorente nur noch 1 030,55 € beträgt.

Beginn der Rente in den Jahren	Steuerpflichtiger Teil der Rente (in den ersten beiden Rentenjahren)	Beginn der Rente in den Jahren	Steuerpflichtiger Teil der Rente (in den ersten beiden Rentenjahren)
vor 2006	50 %	2023	83 %
2006	52 %	2024	84 %
2007	54 %	2025	85 %
2008	56 %	2026	86 %
2009	58 %	2027	87 %
2010	60 %	2028	88 %
2011	62 %	2029	89 %
2012	64 %	2030	90 %
2013	66 %	2031	91 %
2014	68 %	2032	92 %
2015	70 %	2033	93 %
2016	72 %	2034	94 %
2017	74 %	2035	95 %
2018	76 %	2036	96 %
2019	78 %	2037	97 %
2020	80 %	2038	98 %
2021	81 %	2039	99 %
2022	82 %	2040	100 %

▶ **Beispiel zur Besteuerung in der Auszahlungsphase**

Der Rentner Fey hat während seines Erwerbslebens als Angestellter im Jahre 2005 eine Basisrentenversicherung abgeschlossen und erhält ab 1. Januar 2015 monatliche Rentenzahlungen in Höhe von 1 000,00 €. Er möchte wissen, wie er diese Rentenzahlungen zu versteuern hat.

Die Jahresrente des Rentners beläuft sich im Jahr 2015 auf insgesamt 12 000,00 €. Der maßgebliche Besteuerungsanteil der Rente bemisst sich nach dem Renteneintrittsjahr, der im Jahr 2015 bereits 70 Prozent beträgt. Der Rentner hat demnach im Jahre 2015 ➡ 8 400,00 € der Rente mit seinem persönlichen Steuersatz zu versteuern.

30 Prozent der Rente, 3 600,00 €, bleiben steuerfrei. Sofern sich die Rente im Jahr 2016 nicht erhöht, sind in diesem Jahr ebenfalls 3 600,00 € steuerfrei. Dieser steuerfreie Betrag wird sodann für die Folgejahre (ab 2017) lebenslang festgeschrieben und bei der Ermittlung des jährlichen steuerpflichtigen Betrages der Rente vom Gesamtbetrag der Rente in Abzug gebracht (lebenslanger Steuerfreibetrag).

1.3.5 Zusammenfassung

Rürup-Rente

Geeignet für	Rentner sowie ältere Selbstständige, die hohe Beiträge investieren und mit einem geringen Steuersatz im Alter rechnen.
Sparphase	
Beitragszahlung	Förderfähiger Jahresbeitrag, begrenzt auf maximal 20 000,00 €, Einmalbeiträge möglich.
Flexibilität	Lebenslange Vertragsbindung, Rentenbeginn frühestens mit 60 Jahren, Beitragsfreistellung und Anbieterwechsel möglich, bei Umwandlung wird Auszahlung steuerpflichtig. Hartz-sicher, Insolvenz-geschützt
Besteuerung der Beiträge	Vom förderfähigen Höchstbeitrag von 20 000,00 € sind 2005 maximal 60 Prozent steuerlich absetzbar, der Satz steigt bis 2025 auf 100 Prozent.
Rentenphase	
Besteuerung der Auszahlungen Anlage R	Steuerpflichtiger Anteil der Rente steigt bis 2040 schrittweise von 50 auf 100 Prozent.
Sozialbeiträge	keine

▶ **Praxishinweis für angehende Rentner**

Sofort beginnende Basisrente gegen Einmalbeitrag

Ab dem vollendeten 60. Lebensjahr kann man mit einem Einmalbeitrag eine sofort beginnende Basisrente abschließen. Die maximale Einzahlung, für Singles 20 000,00 € und 40 000,00 € für Verheiratete, kann im Jahr 2006 bis maximal 12 400,00 € für Singles bzw. 24 000,00 € für Verheiratete das steuerpflichtige Einkommen mindern. Über die steuerlich geförderten Grenzen hinausgehende Beträge investiert man in eine attraktive Sofort-Rente mit der sehr vorteilhaften Ertragsanteilbesteuerung.

▶ **Praxishinweis bei Arbeitnehmerabfindungen**

Das Finanzamt erhebt bei Abfindungen erhebliche Steuern. Wer jedoch Teile der Trennungsprämie fürs Alter festlegt, kann seine Abgaben über die Basisrente erheblich senken, zumal das Finanzamt Anfang des Jahres 2006 auch noch die Freibeträge für Abfindungen von bis zu 11 000,00 € ersatzlos gestrichen hat. Nur die Fünftelregelung für die Besteuerung einer Abfindung blieb erhalten. Wer im Abfindungsjahr seine Steuerrechnung mit Rürupbeiträgen optimiert, kann dank des Hebeleffektes 11 Prozent Rendite nach Steuern erwirtschaften – und das bei einer sicheren Geldanlage.

Weitere Informationen unter Tel. 08 00 / 10 00 48 00

Internet: www.deutsche-rentenversicherung.de;
www.deutsche-rentenversicherung-bund.de

E-Mail: info@deutsche-rentenversicherung.de

Übungen

1. Aufgabe mit Lösungshinweisen

Situation

Die Kunden Heinz und Ilse Rüttgers bitten um ein Beratungsgespräch. Sie erhalten in den nächsten Jahren mehrere Teilzahlungen aus einer Erbschaft in Höhe von je 30 000,00 €. Einen Teil dieser Beträge möchten sie gerne steueroptimiert in ein Altersvorsorgeprodukt anlegen.

Kundendaten

Sie greifen auf die Kundendaten zurück und sehen, dass beide im Jahre 2003 schon einen Riester-Vertrag abgeschlossen haben.

Bestehende Verträge

Sonstige Renten oder Lebensversicherungen bestehen nicht. Ferner besteht eine Wohngebäude-, Hausrat- und Haftpflichtversicherung.

Vorsorgeanalyse

Da beide einen steueroptimierten Weg wünschen, kämen außer Riester noch eine Entgeltumwandlung und eine Basisrente in Frage. Sie bereiten Materialien vor.

Kundenpräferenzen

Sie informieren Familie Rüttgers über die steuerlichen und sozialversicherungsrechtlichen Auswirkungen der beiden Versorgungswege. Familie Rüttgers will auf keinen Fall Sozialabgaben auf die Leistung abführen und entscheidet sich für eine Basisrente mit Garantieleistungen und wünscht hierzu ein Angebot im Rahmen der steuerlichen Höchstbeträge.

Lösungshinweise:

Sie ermitteln die Daten zum Angebot:

	Heinz Rüttgers	Ilse Rüttgers
Alter	53 Jahre	54 Jahre
Beruf	Bauleiter	Chefsekretärin
Tarif	S 10 Männer	S 11 Frauen
Rentenbeginnalter	61 Jahre	61 Jahre
Bruttolohn	45 226,00 €	42 713,00 €
Beitragssatz zur GRV	19,9 %	19,9 %

1.3 Basisrente

Berechnung:

	Heinz Rüttgers	Ilse Rüttgers
Gesamtbeitrag zur GRV AN + AG	8 999,97 €	8 499,89 €
Maximalbeitrag zur Basisrente	11 000,00 €	11 500,00 €
Beitragshöhe (wegen Bruttolohnsteigerungen)	10 500,00 €	11 000,00 €
Nach Kohorte absetzbar		
2007 Seite 520	64 %	64 %
2008 usw.	66 %	66 %
Steuererstattung – Tabelle Seite 520 – ca. 40 %	2 688,00 €[1]	2 816,00 €[2]
Zahlweise	jährlich	jährlich
Beitrag 1 200,00 € – 24,00 € Stückkosten = 1 176,00 € Nettobeitrag		
Altersrente am Anfang der Rentenbeginnphase		
garantierte Monatsrente	41,87 €	33,15 €
gesamte Monatsrente inkl. Gewinnanteile	43,49 €	34,27 €
Beitrag 10 500,00 – 24,00 € = 10 476,00 € Nettobeitrag Heinz		
Beitrag 11 000,00 – 24,00 € = 10 976,00 € Nettobeitrag Ilse		
garantierte Monatsrente	372,98 €[3]	309,40 €[5]
gesamte Monatsrente inkl. Gewinnanteile	387,42 €[4]	319,85 €[6]
Rentenbesteuerung nach Kohorte	70 %	68 %
Steuerfreie Gesamtrente	115,33 €[7]	102,35 €[8]

Nebenrechnungen:

1) Für das Jahr 2007
   10 500,00 € Beitrag x 64 % Kohorte x 40 % Steuererstattung
2) Für das Jahr 2007
   11 000,00 € Beitrag * 64 % Kohorte * 40 % Steuererstattung
3) 41,87 € : 1 176,00 € * 10 476,00 €
4) 43,49 € : 1 176,00 € * 10 476,00 €
5) 33,15 € : 1 176,00 € * 10 976,00 €
6) 34,27 € : 1 176,00 € * 10 976,00 €
7) 387,42 € * (100 % – 70 %)
8) 319,85 € * (100 % – 68 %)

Protokoll

Über die Beratungsinhalte erstellen Sie ein Beraterprotokoll und lassen es von dem Ehepaar unterzeichnen.

2. Aufgabe

Situation

Das Ehepaar Wilhelm und Anne Schneider erhielt von seinem Steuerberater den Hinweis, aufgrund ihrer Einkommenssituation eine steuerfinanzierte Altersvorsorge anzusparen. Da Sie bei der Firma Schneider einige Versicherungen platziert haben, ruft Herr Schneider Sie an und bittet um einen Beratungstermin.

Kundendaten

Wilhelm – 45 Jahre, selbstständig, Gewinn vor Steuern
ca. 180 000,00 €
Anne – 40 Jahre, Hausfrau und Mutter von zwei Kindern 10 und 18 Jahre
sog. 400,00 €-Job bei ihrem Mann angestellt, Wohnort Düsseldorf, evangelisch

Bestehende Versicherungen bzw. Vorsorgemaßnahmen

Kfz-, Kranken-, Betriebs-, Gebäude-, Hausrat-, Haftpflicht-, Unfall-, Berufsunfähigkeitsversicherung

Daten sind abgestimmt und in Ordnung, Depotbestand von 100 000,00 € und ein Mehrfamilienhaus mit 4 Wohnungen dienen der Altersversorgung

Vorsorgeanalyse

Bei einem schwankenden Monatseinkommen nach Steuern von 8 000,00 € bis 10 000,00 € reichen die Einnahmen aus dem Mietobjekt und dem Depot im Alter bei weitem nicht aus, um den Lebensstandard zu erhalten. Den Rat des Steuerberaters zur Altersvorsorge will Familie Schneider mit Ihrer Hilfe umsetzen und das steuerliche Maximum in die Verträge einzahlen. Wilhelm Schneider wünscht eine chancenorientierte Anlage und Anne Schneider wünscht eine sichere Anlage mit Garantieleistungen. Beide wollen mit 61 Jahren den Betrieb an die Kinder übergeben.

Aufgaben

a) Wählen Sie das Produkt aus und erläutern Sie Familie Schneider jeweils vier Vor- und Nachteile des Produktes.
b) Bestimmen Sie die Tarife und errechnen Sie die Leistungen bei einer Vierteljahresbeitragszahlung.
c) Mit wie viel Steuererstattung kann Familie Schneider insgesamt ca. rechnen?
d) Mit welchem Prozentsatz wird die Rente besteuert?

3. Aufgabe

Situation

Der Kunde Josef Frings erhält in den nächsten 5 Jahren jeweils einen Abfindungsbetrag von 22 000,00 €. Leider unterliegt dieser Abfindungsbetrag der Besteuerung und wird auf sein zu versteuerndes Einkommen aufgeschlagen. Er fragt Sie, ob Sie eine Idee haben, die Steuern legal zu umgehen bzw. zu reduzieren?

Kundendaten

Josef Frings, Kfm. Angestellter, 56 Jahre, wohnhaft in Rostock, evangelisch, verwitwet, Bruttoeinkünfte aus der Teilzeitbeschäftigung 25 000,00 €

Bestehende Versicherungen

Kfz-, Hausrat-, Haftpflicht- und Lebensversicherung mit Berufsunfähigkeitsschutz

Ansprüche an die GRV – keine Betriebsrente

Vorsorgeanalyse

Da er mit 61 in Rente geht und in den nächsten 5 Jahren weniger in die GRV eingezahlt werden, sollte die Altersvorsorge steueroptimiert aufgebessert werden. Herr Frings wäre bereit, 15 000,00 € bis maximal 17 000,00 € p. a. in einen entsprechenden Vertrag mit einer sicherheitsorientierten Anlage einzuzahlen. Der Vertrag beginnt im Jahre 2008.

Aufgaben

a) Wählen Sie das Produkt aus.
b) Errechnen Sie den Jahresbeitrag und die entsprechenden Leistungen.
c) Errechnen Sie für Herrn Frings die ungefähre Steuerersparnis.
d) Welcher Betrag der Rente wird steuerpflichtig?

4. Aufgabe

Die Mitarbeiterin Rita Krüger hat sich in die gesetzlichen, die vertraglichen und die tariflichen Besonderheiten der Basisrente eingearbeitet und bittet Sie, ihr noch einige unklare Tatbestände zu erläutern:

a) Weshalb werden die sog. Kohorten bei der Basisrente angewandt und welche Auswirkungen haben sie?
b) Welche Zielgruppe wird besonders bzw. gar nicht angesprochen?
c) Weshalb hat der Rechnungszins letztlich keine Auswirkung auf die gesamte Ablaufleistung?
d) Weshalb wird bei der Fondsgebundenen Rentenversicherung keine Garantieleistung gewährt?
e) Wo genau ist die Rente in der Anlage R einzutragen?

5. Aufgabe

Situation

Die Proximus Versicherung hat ihre Kunden angeschrieben und die Vorteile der Basisrente dargestellt. Interessierte Kunden werden gebeten, die Antwortkarte mit einigen Daten an die betreuende Agentur zu senden. Ihnen liegen drei Karten mit folgenden Daten vor:

Name:	Beruf	Bruttoeinkommen	Anlegermentalität	Alter	Rentenbeginn
Ehepaar Michaela Stern	Beamtin	40 000,00 €	sicherheitsorientiert	38	71
Jürgen Stern	Techniker	44 000,00 €	chancenorientiert	40	61
Ehepaar Andrea Pielen	Sekretärin	30 000,00 €	chancen orientiert	28	61
Lukas Pielen	Handelsvertreter	60 000,00 €	chancenorientiert	33	61
Ehepaar Karin Steger	Bankangestellte	50 000,00 €	sicherheitsorientiert	45	71
Klaus Steger	Programmierer	80 000,00 €	sicherheitsorientiert	48	61

Aufgaben

Unterbreiten Sie den drei Familien jeweils ein schriftliches Angebot mit folgenden Angaben:

a) Tarifbeschreibung – Proximus
b) Steuerlich möglicher Höchstbeitrag je Familienmitglied
c) Leistungsübersicht mit 100,00 € Monatsbeitrag je Person
d) Beratertermin vereinbaren

1.4 Zulagen-Rente

▶ **Situation**

Herr Schwingen liest folgenden Artikel im Wirtschaftsteil seiner Tageszeitung:

> **Riesters später Durchbruch**
>
> Nach einem schleppenden Beginn hat die Nachfrage nach staatlich geförderten Riester-Rentenversicherungen und -Fondssparplänen im Jahr 2005 merklich an Schwung gewonnen. Die Versicherungswirtschaft konnte 2005 rund 1,13 Millionen neue Policen absetzen. Das war ein Plus von fast einem Drittel. In den ersten neun Monaten des Jahres 2005 wurden etwa 460 000 Neuverträge geschlossen, allein im Schlussquartal kamen 670 000 Kunden hinzu. Die Gründe für den Durchbruch der Riester-Verträge liegen zum einen in dem verstärkten Bemühen der Assekuranz um ein Neugeschäft nach dem Wegfall des Steuerprivilegs für Lebensversicherungen. Zum anderen ist auch aus Kundensicht das Förderverfahren vereinfacht worden. Die Zulagen müssen nun nicht mehr für jedes Jahr gesondert beantragt werden. Auch eine zweite Variante der nach Riester geförderten Altersvorsorge erfreut sich zunehmender Beliebtheit: Am Jahresende 2005 verwalteten die Investmentgesellschaften insgesamt 574 000 Fondssparpläne, fast 260 000 mehr als noch ein Jahr zuvor. Auch hier gab es eine Jahresend-Rallye, denn von Oktober bis Dezember entschieden sich etwa 200 000 Altersvorsorgesparer für einen Riester-Vertrag.

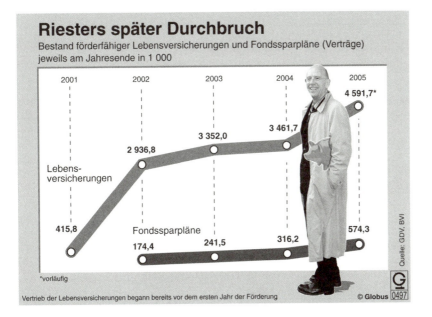

Herr Schwingen bittet Sie, ihn über die Förderrente umfassend zu informieren, weil er bisher aufgrund von Fehlinformationen die Förderrente abgelehnt hat.

▶ Erläuterung

Beim Besuch erfassen Sie zuerst die Kundendaten, lassen sich eine Gehaltsabrechnung vorlegen und ermitteln den individuellen Spitzensteuersatz.

Kundendaten / Beratungsablauf / Proximus Versicherung

	Kunde	Partner	Kind 1	Kind 2
Basisdaten				
Name:	Kai Schwingen	Elisabeth Schwingen	Maren	Pia
Wohnort:	Baden-Baden	Baden-Baden	dto.	dto.
Straße und Hausnummer:	Goethestr. 12	dto.	dto.	dto.
Geschlecht:	männlich	weiblich	weiblich	weiblich
Geburtsdatum/Alter:	35 Jahre	31 Jahre	7 Jahre	4 Jahre
Familienstand:	verheiratet	verheiratet		
Berufsstatus:	Angestellter	Hausfrau	Schülerin	
Krankenversicherung:	gesetzlich	gesetzlich	gesetzlich	gesetzlich
Bruttoeinkommen:	ca. 8 000 € mtl.	–	–	–
Nettoeinkommen:	ca. 5 000 € mtl.	–	–	–
Bestehende Versorgungsansprüche				
gesetzliche V-Ansprüche:	1 500 €	200 €	ges. Unfallschutz ca. 500 €	ges. Unfallschutz ca. 380 €
private V-Ansprüche:	400 €	50 €		
sonstige Einkünfte im Alter:	150 €	200 €		
Versorgungsanalyse/ Versorgungslücke				
Invalidität:	3 500 €		2 000 €	2 000 €
Alter:	2 500 €	2 000–3 000 €		
Hinterbliebenen:			2 000 €	2 000 €
Pflege:	1 000 €	1 000 €		
Optimierungswunsch (Profil) des Kunden				
steuerliche Belastung:	ja			
Sozialabgaben:	ja			
besondere Sparziele:				
Versorgungsvorschläge Einzelprodukt/Produktportfolio				
Invalidität:	BU-Renten		Kinderunfall	Kinderunfall
Alter:	Riester-Rente	Riester-Rente		
Hinterbliebenen:	Risikovers.			
Pflege:	Pflegezusatz			

Kundendaten / Beratungsablauf / Proximus Versicherung

	Kunde	Partner	Kind 1	Kind 2
Beratungsprotokoll erstellen unterzeichnen lassen	Kunde wünscht nur den Abschluss einer Riester-Rente	Kunde wünscht nur den Abschluss einer Riester-Rente		
Sonstige Verträge des/der Kunden	Kapitalvers. 100 000 € mit BU-Schutz 1 500 € Monatsrente Sie weisen auf den dringenden Abschluss einer Kinderunfallversicherung hin!			

Nun legt Herr Kai Schwingen Ihnen seine Gehaltsabrechnung vor.

Allgemeine Tabelle

Steuerklasse:	3	Kinderfreibeträge:	2
Kirchensteuerpflicht:	Ja	Kirchensteuerhebesatz	9 %
Höhe eines Kinderfreibetrages:	5 808,00 €		

Einkommen und Abgaben

Monatseinkommen (Brutto)	8 000,00 €	
Steuer brutto (Monat)	8 000,00 €	
Lohnsteuer	1 867,50 €	
Solidaritätszuschlag	82,37 €	
Kirchensteuer	135,38 €	
SV-Brutto (Monat)	8 000,00 €	
Krankenversicherung freiwillig	505,88 €	
Rentenversicherung	511,88 €	
Arbeitslosenversicherung	170,63 €	
Pflegeversicherung freiwillig	60,56 €	
Arbeitgebererstattung zur PKV+ Pflege	267,19 €	+
Auszahlung	4 932,63 €	

Grenzsteuersatz	39 %
Lohnsteuer relativ	23,34 %
nach Abgaben verbleiben	61 %

Aufgrund der Gehaltsabrechnung, der erfragten Daten und der Kundenwünsche nehmen Sie die Beratung vor.

Als Pflichtmitglied der gesetzlichen Rentenversicherung hat Herr Schwingen einen unmittelbaren Anspruch auf Förderung. Frau Schwingen erwirbt einen unmittelbaren Anspruch auf Zulagenförderung über ihren Ehegatten. Sie müssen beide einen zertifizierten Vertrag abschließen. Die Riester-Rente ist für alle Förderberechtigten, die eine private Zusatzvorsorge wie Familie Schwingen aufbauen wollen, besonders lohnend.

Staatliche Fördersystematik in vier Schritten – am Beispiel der Familie Schwingen

1. Sparleistung 1–4 % des Bruttoeinkommens ermitteln	
2. Minus direkte Zulagen*	3. Eigenleistung** bestimmen
4. Minus evtl. Steuerersparnis durch neuen Sonderausgabenabzug – Anlage AV	* Grundlage * Kinderzulage ** Mindestens Sockelbetrag bzw. Höchstbetragsregelung beachten

1. Schritt – gesamte Sparleistung ermitteln –

Herr Schwingen hatte im Jahr 2005 ein Bruttoeinkommen von 82 000,00 €, hiervon sozialversicherungspflichtig:

5 200,00 € p. m. x 12 Monate = 62 400,00 € p. a.

im Jahr 2006/2007 hiervon 3 %	1 872,00 €
(ab 2008 ➡ 4 %)	
aber maximaler Höchstbetrag 2006/2007	1 575,00 €
ab 2008	2 100,00 €

2. Schritt – Zulagen ermitteln –

2006/2007

Ehemann/Zulage	114,00 €
Ehefrau/Zulage	114,00 €
Kinderzulage Maren	138,00 €
Pia	138,00 €
	504,00 €

Mindestbeitrag und Höchstgrenzen

Die steuerlich geförderten Höchstgrenzen p.a.:	
In den Jahren 2002 und 2003	525 EUR
In den Jahren 2004 und 2005	1.050 EUR
In den Jahren 2006 und 2007	1.575 EUR
Ab dem Jahr 2008	2.100 EUR

Der Mindestbeitrag beträgt:	
In den Jahren 2002 und 2003	1%
In den Jahren 2004 und 2005	2%
In den Jahren 2006 und 2007	3%
Ab dem Jahr 2008	4%

der beitragspflichtigen Einnahmen zur gesetzlichen Rentenversicherung des Vorjahrs, maximal die oben genannten Höchstbeiträge.

3. Schritt – Ermittlung der Eigenleistung –

Höchstbetrag **2006/2007**	1 575,00 € p. a.
Abzüglich Zulagen	504,00 € p. a.
Eigenbeitrag	1 071,00 € p. a.

Aufteilung der Beiträge und Zulagen

Vertrag Kai Schwingen		Vertrag Elisabeth Schwingen
114,00 €	Grundzulagen	114,00 €
0,00 €	Kinderzulagen	276,00 €
1 071,00 €	Eigenbeitrag	0,00 €
1 185,00 €		390,00 €

Grundzulage

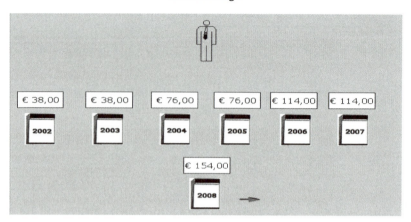

Kinderzulage/Grundzulage

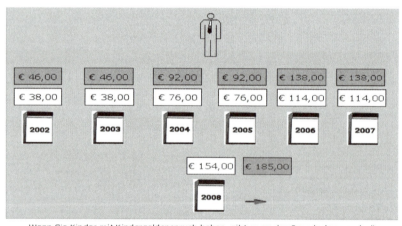

Wenn Sie Kinder mit Kindergeldanspruch haben, gibt es zu der Grundzulage noch die Kinderzulage; je Kind sind das:
  2002 und 2003 46 Euro pro Jahr.
  2004 und 2005 92 Euro.
  2006 und 2007 138 Euro.
  Und ab dem Jahre 2008 kriegen Sie pro Kind 185 Euro pro Jahr

Herr und Frau Schwingen möchten von Ihnen wissen, wer von beiden laut Gesetz die Kinderzulage erhält.

- Bei Eltern, die zusammenleben, wird die Kinderzulage der Mutter zugeordnet, auf Antrag beider Eltern dem Vater. Dieser Antrag muss jährlich erneuert werden.
- Leben die Eltern getrennt, wird die Zulage an den Zulageberechtigten ausgezahlt, der das Kindergeld erhält.

1.4 Zulagen-Rente

Anschrift des jeweiligen Anbieters

Feld für Vertragsnummer des Anbieters

2006

Antrag auf Altersvorsorgezulage

Name und Anschrift des Antragstellers

Optionales Feld für Tel.Nr. des Antragstellers - Angabe der Tel.Nr. freiwillig -

Bitte sofort an oben links stehende Anschrift① zurücksenden (spätestens bis 31.12.2008)

A Art der Zulageberechtigung

Ich bin für das Jahr 2006 **unmittelbar** zulageberechtigt.②
☐ Abweichend hiervon bin ich für das Jahr 2006 **mittelbar** zulageberechtigt③
Füllen Sie in diesem Fall bitte auch unbedingt die Angaben zum Ehegatten in Block C aus.

B

Bereits erfasste Daten Antragsteller(in)	Bei Änderungen oder Ergänzungen hier Eintragungen vornehmen *Umlaute (Ä, ä, Ö, ö, Ü, ü) und ß sind zulässig.*
ZUSTÄNDIGES FINANZAMT ④	
STEUERNUMMER ④	◀ *Steuernummer ohne Schrägstriche!*
SOZIALVERSICHERUNGSNUMMER / ⑤ ZULAGENUMMER	
GESCHLECHT	☐ weiblich ☐ männlich
STAATSANGEHÖRIGKEIT	
TITEL (z. B. Dr., Prof.)	
VORNAME	
NAMENSZUSATZ (z. B. Baroness, Baron, Gräfin)	
VORSATZWORT (z. B. von, auf der, da, de, del)	
NAME	
GEBURTSORT (ohne PLZ)	
GEBURTSNAME	
GEBURTSDATUM (TT.MM.JJJJ)	__ . __ . ____
STRASSE / HAUSNUMMER	
PLZ ORT (Wohnsitz)	

Die in einen Kreis gesetzten Zahlen verweisen auf die entsprechenden Abschnitte in den Erläuterungen.

1. Kundenberatung – Bedarfsanalyse

C **Erklärung** (falls zutreffend bitte ankreuzen)

☐ Die bereits erfassten Daten zum Ehegatten sind seit dem 01.01.2006 nicht mehr gültig (z. B. Scheidung).

Feld für Vertragsnummer des Anbieters

Bereits erfasste Daten Ehegatte/Ehegattin

Bei Änderungen oder Ergänzungen hier Eintragungen vornehmen
Umlaute (Ä, ä, Ö, ö, Ü, ü) und ß sind zulässig.

- SOZIALVERSICHERUNGSNUMMER / ZULAGENUMMER ⑤
- GESCHLECHT: ☐ weiblich ☐ männlich
- STAATSANGEHÖRIGKEIT
- TITEL (z. B. Dr., Prof.)
- VORNAME
- NAMENSZUSATZ (z. B. Baroness, Baron, Gräfin)
- VORSATZWORT (z. B. von, auf der, da, de, del)
- NAME
- GEBURTSORT (ohne PLZ)
- GEBURTSNAME
- GEBURTSDATUM (TT.MM.JJJJ)

D **Ihre aktuellen Vertragsdaten** ⑥ *ggf. vom Antragsteller anzukreuzen*

1	2	3	4	5
lfd. Nr.	Vertragsnummer	Zertifizierungs- bzw. Anbieternummer	Beiträge in 2006 in Euro	Die Zulage soll den Verträgen zugeordnet werden, die gekennzeichnet sind (maximal zwei Kreuze).
				☐
				☐
				☐

E **Angaben für das Kalenderjahr 2005, wenn Sie unmittelbar zulageberechtigt** ② **sind**

Ich gehörte während des **gesamten** Kalenderjahres 2005 **ausschließlich** zum Personenkreis
- der Beamten, Richter und Berufssoldaten,
- der sonstigen Beschäftigten, die wegen gewährleisteter Versorgungsanwartschaften den Beamten gleichgestellt sind,
- der beurlaubten Beamten mit Anspruch auf Versorgung für die Dauer der Beschäftigung,
- der Minister, Senatoren, Parlamentarischen Staatssekretäre

und hatte daneben keine rentenversicherungspflichtigen Einnahmen.

☐ ja, in diesem Fall müssen Sie ihrem Dienstherren eine **Einwilligungserklärung** zur Übermittlung der maßgeblichen Einkommensdaten an die ZFA erteilt haben. Weitere Angaben im Feldbereich E sind nicht erforderlich.

Für mich wurden Beiträge zur gesetzlichen Rentenversicherung gezahlt: Angaben zu den beitragspflichtigen Einnahmen i. S. d. deutschen gesetzlichen Rentenversicherung sind **freiwillig**. ⑦ Ist ein von Ihnen tatsächlich erzieltes Entgelt oder der Zahlbetrag der Entgeltersatzleistung bzw. des Arbeitslosengeldes II **geringer** als die der deutschen gesetzlichen Rentenversicherung zugrunde liegenden beitragspflichtigen Einnahmen oder unterliegen Sie nicht der Versicherungspflicht in der deutschen Rentenversicherung, sind Angaben zum tatsächlichen Entgelt / Entgeltersatzleistungen / Arbeitslosengeld II bzw. den ausländischen Einnahmen erforderlich. ⑧

Zeitraum von - bis (Monat)	Beitragspflichtige Einnahmen i. S. d. deutschen Rentenversicherung ⑦ freiwillige Angabe	Tatsächliches Entgelt / Entgeltersatzleistung Arbeitslosengeld II / ausl. Einnahmen ⑧
☐☐.2005 – ☐☐.2005	☐☐☐☐☐☐ EUR	☐☐☐☐☐☐ Währung

F Im Kalenderjahr 2004 betrugen die positiven Einkünfte aus Land- und Forstwirtschaft (§ 13 EStG) ⑨

☐☐☐☐☐☐ 0,0 EUR

G **Kinderzulage**

☐ Ich beantrage die Kinderzulage zugunsten meines Vertrages / meiner Verträge und füge ☐☐ Anlagen (Kinderergänzungsbogen) bei.
Sofern es sich bei den genannten Kindern um Kinder von Ehegatten handelt, die beide im Jahr 2006 unbeschränkt einkommensteuerpflichtig waren und nicht während des gesamten Jahres 2006 dauernd getrennt gelebt haben, müssen im Feldbereich C Angaben zum Ehegatten enthalten sein.

H Bevollmächtigung (Bitte lesen Sie die Erläuterungen unter ⑩.)

Raum für den Anbieter, sich eine Vollmacht erteilen zu lassen

Dieses Feld ist optional

Unterschrift nicht vergessen!

☐☐.☐☐.☐☐☐☐ _____ _____
Datum (TT.MM.JJJJ)   Antragsteller(in)   gesetzliche/r Vertreter(in)/Bevollmächtigte/r

1.4 Zulagen-Rente

4. Schritt – Günstigerprüfung –

Mit der Anlage AV beantragt Familie Schwingen die steuerliche Förderung mit ihrer jährlichen Einkommensteuererklärung.

Vom Einkommen 2006 werden über den Sonderausgabenabzug die vollen 1 575,00 € (auch Zulagen) abgezogen, so dass Familie Schwingen 1 575,00 € weniger zu versteuern hat.

Da der Spitzensteuersatz für Familie Schwingen 39 % beträgt, ergibt sich folgende Steuererstattung:

39 % Grenzsteuersatz von 1 575,00 €	612,69 €
hiervon 9 % Kirchsteuer	49,00 €
hiervon 5,5 % Solidaritätszuschlag	27,57 €
gesamte Steuerentlastung	689,26 €
abzüglich gewährter Zulagen	504,00 €
Erstattung durch Einkommensteuerjahresausgleich	185,26 €

Damit beträgt die Förderquote für Familie Schwingen insgesamt 43,8 Prozent.

2006

Anlage AV

1 Name
2 Vorname ☐ Stpfl. / Ehemann
3 Steuernummer ☐ Ehefrau

Altersvorsorgebeiträge als Sonderausgaben nach § 10 a EStG

Bitte Anbieterbescheinigung(en) im Original beifügen!

39

4 | 106/306 ☐ **Ich bin für das Jahr 2006 unmittelbar begünstigt.**

EUR

5 | Beitragspflichtige Einnahmen i. S. d. Rentenversicherung in **2005** | 100/300 |

6 | Besoldung und Amtsbezüge, Einnahmen beurlaubter Beamter in **2005**
(Ein Eintrag ist nur erforderlich, wenn Sie eine Einwilligung gegenüber der zuständigen Stelle abgegeben haben.) | 101/301 |

7 | Entgeltersatzleistung oder sog. Arbeitslosengeld II in **2005** | 104/304 |

8 | Tatsächliches Entgelt in **2005** | 102/302 |

9 | Einkünfte aus Land- und Forstwirtschaft in **2004** | 103/303 |

Bei Zusammenveranlagung:

10 | ☐ Mein Ehegatte ist mittelbar begünstigt.

11 | ☐ Mein Ehegatte, der einen zertifizierten Altersvorsorgevertrag abgeschlossen hat oder über eine mit Altersvorsorgezulage förderbare Versorgung bei einer Pensionskasse, einem Pensionsfonds oder einer Direktversicherung verfügt, ist unmittelbar begünstigt.
Die eigene Anlage AV meines Ehegatten ist beigefügt.

12 | 106/306 ☐ **Ich bin für das Jahr 2006 mittelbar begünstigt.**

Mein Ehegatte gehört für das Jahr **2006** zum unmittelbar begünstigten Personenkreis.

Bei Zusammenveranlagung:

13 | ☐ Die **Anlage AV** meines Ehegatten ist beigefügt.

Bei getrennter / besonderer Veranlagung:

14 | ☐ Ich bin damit einverstanden, dass meine **Anlage AV** und die beigefügte(n) Anbieterbescheinigung(en) bei der Einkommensteuerveranlagung meines Ehegatten berücksichtigt werden.
(Bitte beachten Sie unbedingt die Erläuterungen zu den Zeilen 12 bis 14 auf der Rückseite.)

105/305 **Angaben zu Kindern**

Anzahl

15 | Anzahl der Kinder, für die ich für **2006** Kindergeld erhalten habe
(Diese Kinder dürfen nicht in den Zeilen 16 und 17 enthalten sein.)

Nur bei verheirateten Eltern, die nicht dauernd getrennt gelebt haben:

16 | Anzahl der Kinder, für die wir für **2006** Kindergeld erhalten haben

17 | Anzahl der Kinder, für die die Kinderzulage von der Mutter auf den Vater übertragen wird

Bescheinigungen des Anbieters für 2006

Anzahl

18 | Beigefügte Bescheinigung(en) nach § 10 a Abs. 5 EStG über geleistete Altersvorsorgebeiträge

1.4 Zulagen-Rente

Weisen Sie Familie Schwingen auf folgende Neuerungen zur Riesterförderung hin:

- Kleinbetragsrenten können einmalig ausgezahlt werden
- überschaubareres Antragsverfahren
- Einführung eines Dauerzulageantrags
- Die Abschlusskosten können auf mindestens fünf Jahre verteilt werden
- Teilkapitalauszahlung bis zu 30 % bei allen Riesterprodukten in der Auszahlungsphase, allerdings volle Besteuerung – keine Kapitalertragsteuer-Meldung
- Der Sockelbeitrag wird auf einheitlich 60,00 € festgelegt
- ab 2006 Einführungspflicht so genannter Unisex-Tarife
- Garantie des Kapitalerhalts – Kapitalgedeckte Altersvorsorge
- Möglichkeit, zusätzlichen Risikoschutz wie etwa eine Berufsunfähigkeits- oder eine Hinterbliebenenabsicherung im selben Vertrag zu vereinbaren

Informieren Sie Familie Schwingen über die „Förderfähigen Anlageformen".

- Rentenversicherungen – Proximus (klassisch – fondsgebunden)
- Banksparpläne – niedrige Verzinsung
- Investmentfonds – Entnahmeplan und eine Privatrente ab 85 Jahren absichern
- Betriebliche Altersvorsorge
  - Direktversicherung
  - Pensionskassen
  - Pensionsfonds

  Hinweis: Auf die Renten werden Beiträge zur Sozialversicherung zu 100 % erhoben

Wichtig sind die Wahl des passenden Produktes und die optimale Nutzung der staatlichen Förderung. Aufgrund einer gründlichen Beratung (Zulagen, Steuern) empfehlen Sie Herrn und Frau Schwingen den Abschluss einer Rentenversicherung, weil sie zur lebenslangen Alterssicherung das optimale Produkt ist. Ferner könnte ein Berufsunfähigkeitsschutz eingeschlossen werden.

Berechnung: Proximus-Tarif

Herr Schwingen leistet zunächst in 2006 und 2007 einen Eigenbetrag von 1 071,00 €. Die Rente errechnet sich vorläufig aufgrund dieser Zahlungen. Spätere Erhöhungen des Beitrages und laufend gewährte Zulagen erhöhen die Altersrente. Da die Ehefrau selbst noch nichts zahlt, erwirbt sie die Rente nur durch die Zulagen. Herr Schwingen möchte jährlich zahlen.

Proximus-Tarif S 20 Männer

BA 35 Jahre:
Tarifbeitrag 1 200,00 € – 24,00 € = 1 176,00 € entspricht

laut Tarif:
- Altersrente ab 61 Jahren
- garantiert 165,16 €
- gesamt 175,55 € einschließlich Überschüsse
- Altersrente ab 65 Jahren
- garantiert 218,87 €
- gesamt 235,11 € einschließlich Überschüsse

Jahresbeitrag des Herrn Schwingen 1 071,00 – 24,00 € = 1 047,00 €

lt. Eigenleistung des Kunden
- Altersrente ab 61 Jahren
- garantiert 147,04 €
- gesamt 156,29 €
- Altersrente ab 65 Jahren
- garantiert 194,86 €
- gesamt 209,32 €

Nebenrechnung: 1 176 Prämie ≙ 165,16 Rente
1 047 Prämie ≙ ? Rente

$$x = \frac{165{,}16 \times 1\,047}{1\,176}$$

x = 147,04 € garantierte Rente

Da die Zulagen zu einem Termin eingehen, den wir nicht kennen, können die Einzahlungen erst bei Eingang der Zulagen gutgeschrieben werden. Stückkosten werden dann nicht mehr erhoben.

Da bei der fondsgebundenen Zulagen-Rente die garantierten Renten geringer ausfallen, will Familie Schwingen diese Form nicht vereinbaren.

Die „Garantiefonds" müssen gegen zu hohe Kursverluste mit Beitragsteilen abgesichert werden, so dass dann im garantierten Bereich weniger Mittel zur Verfügung stehen. Die hohe Gesamtrente wird nur dann erreicht, wenn die Fonds eine durchschnittliche Wertentwicklung von 8 % erzielen. Dieses Risiko will Herr Schwingen als konservativer Anleger nicht eingehen.

1.4 Zulagen-Rente

Sie weisen die Familie Schwingen auf die Anforderungen in der Ansparphase hin.

- Laufende freiwillige Eigenbeiträge bis
  - Vollendung des 60. Lebensjahres
  - Beginn einer Erwerbsminderungs-Rente
  - Altersrente
- Jährlicher Kontoauszug mit Kostentransparenz (Verwaltungskosten etc), Angaben über Verwendung der eingezahlten Beiträge und Höhe des gebildeten Kapitals, der Kosten und Erträge
- Wechsel möglich (Übertragung auf anderen VR)
- Ruhen möglich (Beitragsfreistellung)
- keine Beleihung, Pfändung
- Abschluss- und Vertriebskosten über 5 Jahre verteilen

Anforderungen in der Auszahlungsphase

- Leistungen erst nach dem 60. Lebensjahr oder nach Beginn der Altersrente
- (Mindest-)Ablaufleistung: Eingezahlte Beiträge gegebenenfalls bis zu 15 % Abzug für Erwerbminderungs- und Hinterbliebenenschutz (Risikobeitrag)
- Lebenslange Auszahlung mit gleichbleibenden oder steigenden Leistungen
- Auszahlung in Form einer monatlichen Leibrente oder eines Auszahlungsplans bis zum 85. Lebensjahr mit anschließender Leibrente bei einem Banksparplan oder einer Investmentanlage

Frau Schwingen fragt Sie:
Was passiert beim Tod von uns beiden oder bei Tod eines Elternteils?

- Bei Bank- und Investmentfondssparplänen sowie bei Rentenversicherungen mit Beitragsrückgewähr gehen die Ansprüche auf die Erben, also die Kinder über.
- Jedoch sind die bisher angefallenen steuerlichen Vorteile zurückzuzahlen, da das Ziel – die Absicherung des Lebensstandards des Zulageberechtigten im Alter – nicht erreicht werden kann.
- Man nennt dies eine „schädliche Verwendung".
- **Ausnahme:** Wird im Falle des Todes des Zulageberechtigten das angesparte Altersvorsorgevermögen auf einen auf den Namen des überlebenden Ehegatten laufenden Altersvorsorgevertrag übertragen, kann das Vorsorgevermögen, ohne dass die bislang angefallenen Erträge zu diesem Zeitpunkt versteuert werden müssen und ohne die nachteiligen Folgen der „schädlichen Verwendung" übertragen werden.

Herr Schwingen fragt:
Was geschieht, wenn ich Empfänger von Arbeitslosengeld II bin?

- Die „Riester-Rente" stellt staatlich gefördertes Altersvorsorge-Vermögen dar.
- Solange das Vermögen nicht „schädlich verwendet" wird, gilt es als geschütztes Vermögen.
- Es spielt daher bei der Ermittlung des verwertbaren Vermögens von Arbeitslosengeld-II-Empfängern keine Rolle.

▶ **Zwei Beispiele zum Umfang der Förderung familien- und einkommensabhängig**

Förderkonzept Riester-Rente: Beispiel 1

Förderkonzept Übersicht (ab 2008): Ehepaar, beide mit Altersvorsorgevertrag, zwei Kinder, nur ein Rentenversicherungspflichtiger

Rentenversicherungspflichtiges Vorjahreseinkommen	Grundzulage	Kinderzulage	Eigenbeitrag	Sparleistung insgesamt*	zusätzliche Steuerersparnis	Förderanteil am Gesamtbeitrag
in €	in €	in €	in €	in €	in €	
5 000	308	370	60	738	–	92 %
15 000	308	370	60	738	–	92 %
25 000	308	370	322	1 000	–	68 %
40 000	308	370	922	1 600	–	42 %
50 000	308	370	1 322	2 000	–	34 %
75 000	308	370	1 422	2 100	14	33 %

* Vier Prozent des Vorjahreseinkommens: höchstens 2 100 €

1.4 Zulagen-Rente

Förderkonzept Riester-Rente: Beispiel 2

Förderkonzept Übersicht (ab 2008): alleinstehend, ohne Kind

Rentenversicherungspflichtiges Vorjahreseinkommen	Grundzulage	Kinderzulage	Eigenbeitrag	Sparleistung insgesamt*	zusätzliche Steuerersparnis	Förderanteil am Gesamtbeitrag
in €	in €	in €	in €	in €	in €	
5 000	154	–	60	204	–	75 %
15 000	154	–	446	600	–	26 %
25 000	154	–	846	1 000	141	30 %
40 000	154	–	1 446	1 600	432	37 %
50 000	154	–	1 846	2 000	672	41 %
75 000	154	–	1 946	2 100	777	44 %

* Vier Prozent des Vorjahreseinkommens: höchstens 2 100 €

Die Riester-Rente auf einen Blick

Merkmale

- lebenslange, monatliche Rente, Teilauszahlung möglich
- garantierte Leistungen
- Möglichkeit, Hinterbliebenenschutz und Berufs- beziehungsweise Erwerbsunfähigkeit zusätzlich abzusichern
- Schutz vor einer vorzeitigen Verwertung („Hartz-IV-fest")

Wie werden die Beiträge besteuert?

Beiträge in die private Zusatzvorsorge werden aus dem Nettogehalt gezahlt, dafür gibt es staatliche Zulagen und gegebenenfalls einen Sonderausgabenabzug, so dass die Beiträge im Ergebnis steuerfrei gestellt werden.

Wie werden die Auszahlungen besteuert?

Besteuerung in voller Höhe, sofern die Beiträge steuerlich gefördert wurden.

Keine Sozialabgaben

Zentrale Zulagenstelle für Altersvermögen (ZfA) bei der Deutschen Rentenversicherung Bund

Postanschrift:	Deutsche Rentenversicherung Bund/ZfA
	10868 Berlin
Servicetelefon:	0800 1000 48040
Fax:	030 86527240
Internet:	www.deutsche-rentenversicherung-bund.de
E-Mail:	zulagenstelle@drv-bund.de

Bundesanstalt für Finanzdienstleistungsaufsicht (BaFin)

Postanschrift:	BaFin
	Postfach 1308
	53003 Bonn
Telefon:	0228 41080
Fax:	0228 41081550
Internet:	www.bafin.de
E-Mail:	poststelle@bafin.de

Verbraucherzentrale Bundesverband e. V. (vzbv)

Telefon:	030 258000
Fax:	030 25800218
Internet:	www.vzbv.de
E-Mail:	info@vzbv.de

Übungen

1. Aufgabe mit Lösungshinweisen

Situation

Familie Wiese, die bei Ihnen schon bereits eine Privat-Haftpflichtversicherung und Hausratversicherung abgeschlossen hat, bittet um einen Beratungstermin, da sie eine ergänzende Altersversorgung aufbauen möchte.

Für Familie Wiese könnten Produkte aus allen drei Schichten in Frage kommen. Um eine genaue Beratung durchzuführen, benötigen Sie noch weitere Daten. In einem Telefonat erfragen Sie noch einige Daten zur wirtschaftlichen und familiären Situation.

Kundendaten

Herr Alfred Wiese, 36 Jahre, Baggerführer, mit einem Vorjahresbruttoeinkommen von 36 000,00 €
Frau Waltraud Wiese, 34 Jahre, ist Hausfrau – kein Einkommen
drei Kinder im Alter von 3, 6 und 8 Jahren

Bestehende Versorgung

Für Herrn Wiese bestehen eine Unfall- und eine Berufsunfähigkeitsversicherung. Lebens- bzw. Rentenversicherungen bestehen nicht. Es besteht eine hohe Versorgungslücke.

Versorgungsanalyse und Profil erfragen

Beim Kundenbesuch gleichen Sie die Daten ab und vergewissern sich, dass Familie Wiese eine steuer- bzw. zulagenoptimierte Lösung zur Altersvorsorge favorisiert.

Lösungshinweise

Unter diesen Bedingungen bieten Sie Familie Wiese eine Förderrente an. Sie weisen aber auch auf die Nachteile dieser Förderrente hin.

Riester in vier Schritten (siehe Seite: 66 f.)

1. Ermittlung des Mindestbeitrages im Jahre 2008
   4 % vom Jahresbruttolohn 36 000,00 €   =   1 440,00 €

2. Ermittlung der Zulagen
   Ehemann   154,00 €
   Ehefrau   154,00 €
   drei Kinder 3 x 185 =   555,00 €   863,00 €

3. Ermittlung des Eigenbeitrages pro Jahr   577,00 €
                              pro Monat   48,08 €

4. Eine Günstigerprüfung durch das Finanzamt erübrigt sich aufgrund der hohen Zulagen und des geringen Steuersatzes (siehe Kapitel 6) Grenzsteuersatz 27,8 % von 1 440,00 € = 400,32 € Steuererstattung kleiner als Zulagen von 863,00 €, also bleibt es bei der Zulagenförderung.

Vertragsgestaltung	Alfred Wiese	Waltraud Wiese
Eigenanteil	577,00 €	reiner Zulagenvertrag
Grundzulage	154,00 €	154,00 €
drei Kinderzulagen	0,00 €	555,00 €

Berechnung

Da zunächst nur der Eigenanteil in den Vertrag des Ehemannes fließt, kann vorerst nur auf dieser Grundlage die Versicherungsleistung nach Tarif S20-Unisextarif berechnet werden.

Alfred Wiese Grundlage Eigenbeträge	Kapital bzw.		Rente mit 65 Jahren	
	garantiert	inkl. Bonus	garantiert	inkl. Bonus
Für 1 200,00 € Jahresprämie − 24,00 € Stückkosten 1 176,00 € Prämie	52 672,00 €	56 439,00 €	209,53 €	224,51 €
48,08 € Monatsbeitrag − 2,00 € Kosten 46,08 €				
= 46,08 € x 11,428571 = 526,63 €	23 587,23 €	25 274,14 €	93,83 €	100,54 €

Mit der späteren Gutschrift der Zulagen werden die Leistungen erhöht bzw. für Frau Waltraud Wiese berechnet.

Hinweis

Eine Kapitalentnahme ist bis zu 30 % möglich.

Protokoll erstellen und unterschreiben lassen

2. Aufgabe

Situation

Die Kundin Maria Tischer hat von der Konkurrenz ein steueroptimiertes Angebot zu ihrer Altersvorsorge erhalten. Man bietet ihr eine Basisrente mit einem von ihr gewünschten maximalen Monatsbeitrag von 200,00 € an. Es handelt sich um den Versicherer, der den Gruppenvertrag zur bAV ihres Arbeitgebers führt. Sie möchte sich bei Ihnen vergewissern, ob dieser Vorschlag für sie die optimale Lösung darstellt.

1.4 Zulagen-Rente

Kundendaten

Frau Maria Tischer ist 33 Jahre alt, ledig. Sie ist in der Reisebranche tätig und verfügt über ein Vorjahresbruttogehalt von 44 000,00 € p. a., Wohnort Pirna, Schössergasse 8.

Bestehende Versorgung

Über ihren Arbeitgeber hat sie vor 2 Jahren eine Entgeltumwandlung von 150,00 € monatlich beantragt, um im Gruppenvertrag der bAV eine arbeitnehmerfinanzierte Altersversorgung mit BU-Schutz zu erzielen. In Ihrem Bestand stellen Sie eine PHV, eine Kfz-Versicherung und eine Hausratversicherung fest. Die Vertragsdaten liegen Ihnen vor.

Versorgungsanalyse

Frau Tischer kann aufgrund ihrer Einkommenssituation noch 150,00 € bis maximal 200,00 € monatlich in eine zusätzliche Altersversorgung einzahlen. Sie wünscht eine steuer- und sozialabgabenoptimierte Lösung. Sie möchte sich eine Eigentumswohnung kaufen und möchte gegebenenfalls über einen Teil des Kapitals im Rentenalter verfügen. Da sie bereits über eine Altersgrundsicherung verfügt, ist sie bereit, ein höheres Anlagerisiko einzugehen, will aber ihre Einzahlungssumme auf keinen Fall verlieren. Sie schätzt, dass sie frühestens mit 65 Jahren in Rente gehen kann.

Aufgabe

Unterbreiten Sie Frau Tischer einen Versorgungsvorschlag ab 2008 und berücksichtigen Sie dabei die Aspekte Steuern, Sozialabgaben, Kapitalentnahme, chancenorientierte Anlage und Rente mit 65.

3. Aufgabe

Situation

Sie nehmen einen Antrag zur PHV bei Ihrer Kundin Frau Isolde Platz aus Leipzig auf. Im Gespräch weisen Sie Frau Platz auf die Notwendigkeit einer eigenen Altersvorsorge hin.

Kundendaten

Isolde Platz, 35 Jahre, geschieden, 2 Kinder, 5 und 7 Jahre, halbtags beschäftigt, Vorjahresbruttoeinkommen 12 000,00 € jährlich.

Bestehende Versorgung

Gesetzliche Rentenansprüche, geringer Versorgungsausgleich nach Scheidung, Unfallversicherung und 500,00 € BU-Absicherung – sonst keine Vorsorge, da nur geringe Mittel zur Verfügung stehen.

Versorgungsanalyse

Private Altersvorsorge nicht vorhanden und zu geringe Berufsunfähigkeitsrente, kein Hinterbliebenenschutz – aufgrund der fehlenden Mittel lehnt Frau Platz einen kompletten Schutz ab, da sie höchstens noch geringfügige Beitragszahlungen aufbringen kann.

Aufgabe

Unterbreiten Sie Frau Platz ein entsprechendes Angebot.

4. Aufgabe

Situation

Aufgrund einer „Riester"-Aktion haben mehrere Kunden Interesse bekundet und bitten Sie um ein Proximus-Angebot. Die Kundendaten haben Sie aus dem Agenturbestand und per Telefon überprüft bzw. aktualisiert.

a) Ehepaar Susanne (45 Jahre) und Bernd (48 Jahre) Nibbrig, beide Beamte – sicherheitsbewusste Anleger, Susanne 55 000,00 € Vorjahresbruttoeinkommen, Bernd 60 000,00 Vorjahresbruttoeinkommen

b) Ehepaar Iris (35 Jahre) und Norbert (38 Jahre) Koll, Iris ist Angestellte mit einem Vorjahresbruttoeinkommen von 30 000,00 €, Norbert ist selbstständiger Gärtner mit Vorjahreseinkommen von 65 000,00 €, chancenorientierte Anlage

c) Ehepaar Anna (30 Jahre) und Jakob (32 Jahre) Beckermann. Frau Beckermann ist Mutter von zwei Kindern (3 und 5 Jahre alt). Herr Beckermann ist Angestellter in der Computerbranche mit einem Vorjahresbruttogehalt von 120 000,00 €. Beide sind chancenorientiert.

Aufgabe

Unterbreiten Sie den drei Ehepaaren ein schriftliches Angebot – Beginn ab 1. 1. 2008 und gehen Sie insbesondere auf nachfolgende Aspekte ein: Zulagenförderung, Steuerförderung, Tarif, Leistungen aufgrund des Eigenbeitrages.

1.4 Zulagen-Rente

5. Aufgabe

Situation

Herr und Frau Beckermann sind an dem Abschluss einer Förderrente interessiert, haben aber noch einige Fragen zur Vertragsdurchführung und bitten, bevor sie den Antrag unterzeichnen, um Klärung:

a) Müssen wir den Antrag auf Altersvorsorgezulage auch dann stellen, wenn wir die Beitragszahlungen in unserer Steuererklärung angeben?
b) Welche Fragen werden mit dem Antrag auf Altersvorsorgezulage gestellt?
c) Wie und wo geben wir die Beiträge zur Förderrente in der Steuererklärung an?
d) Müssen wir jedes Jahr erneut die Anträge (Zulagen/Steuern) stellen?
e) Müssen wir eine evtl. Steuererstattung in die Riester-Verträge einzahlen?
f) Ist der angewandte Unisex-Tarif für uns beide günstiger?

Aufgabe

Antworten Sie Familie Beckermann in einem Brief.

1.5 Private Rentenversicherung

▶ Situation

Bei Ihnen meldet sich Herr Mahler, weil er auf ein Zeitungsinserat von Ihnen aufmerksam wurde. In der Werbung gingen Sie nochmals darauf ein, dass künftig riesige Vermögen vererbt werden und Sie die entsprechenden Lösungsansätze für eine optimale Absicherung haben.

Da Herr Mahler einen größeren Geldbetrag geerbt hat, vereinbaren Sie mit ihm einen persönlichen Beratungstermin und nehmen mit ihm gemeinsam den Kundenberatungsbogen auf.

Kundendaten / Beratungsablauf / Proximus Versicherung

	Kunde	Partner	Kind 1	Kind 2
Basisdaten Name: Wohnort: Straße und Hausnummer: Geschlecht: Geburtsdatum/Alter: Familienstand: Berufsstatus: Krankenversicherung: Bruttoeinkommen: Nettoeinkommen:	Günther Mahler Münster Münsterplatz 1 männlich 65 Jahre verheiratet Rentner Techniker Krankenkasse	Anna Mahler weiblich 69 Jahre verheiratet Hausfrau		
Bestehende Versorgung gesetzliche V-Ansprüche: private V-Ansprüche: sonstige Einkünfte im Alter:	ja nein			
Versorgungsanalyse/ Versorgungslücke Invalidität: Alter: Hinterbliebenen: Pflege:	 450,00 € zum ehemaligen Nettoverdienst			
Optimierungswunsch (Profil) des Kunden steuerliche Belastung: Sozialabgaben: besondere Sparziele:	Herr Mahler hat eine Erbschaft in Höhe von 100 000,00 € erhalten und möchte diese möglichst vorteilhaft anlegen			

1.5 Private Rentenversicherung

	Kunde	Partner	Kind 1	Kind 2
Versorgungsvorschläge Einzelprodukt/Produktportfolio Invalidität: Alter: Hinterbliebenen: Pflege:	sofort beginnende Rentenversicherung mit Rentengarantiezeit			
Beratungsprotokoll erstellen unterzeichnen lassen				
Sonstige Verträge des/der Kunden	Verbundene Gebäudeversicherung, Hausratversicherung und Privathaftpflichtversicherung			

Herr Mahler bittet Sie, einen Vorschlag zur Anlage der 100 000,00 € zu unterbreiten.

▶ **Erläuterung**

Sie empfehlen Herrn Mahler den Abschluss einer sofort beginnenden Rentenversicherung nach dem Tarif S 38 für Männer. Mit dem Tarif S 38 / S 39 haben Sie jeweils die Möglichkeit, größere Anlagebeträge z. B. aus Hausverkäufen, Erbschaften, Verkauf von Firmenbeteiligungen oder Aktien sowie ablaufenden Lebensversicherungsverträgen optimal zu verrenten.

Hier kann Herr Mahler mit dem Einzahlungsbetrag von 100 000,00 € eine monatliche Rente von 468,33 € bei seinem Eintrittsalter von 65 Jahren durch den Abschluss einer sofort beginnenden Rentenversicherung erzielen.

Diese Rente wird lebenslang gezahlt, selbst wenn Herr Mahler 100 Jahre oder älter wird.

Was geschieht, wenn Herr Mahler frühzeitig nach dem Vertragsabschluss versterben sollte?

Sollte Herr Mahler in den ersten fünf Jahren nach Vertragsabschluss versterben, wird die Rente weiterhin bis zum Ablauf der Rentengarantiezeit ausgezahlt.

Wie ist sichergestellt, dass es einen Ausgleich für künftige Preissteigerungen gibt und die Rentenleistung ihre Kaufkraft erhält?

Während der Rentenbezugszeit erhöht sich die laufende Rente durch die anfallenden Überschüsse – dynamische Gewinnrente. Diese Überschüsse resultieren aus Sterblichkeitsgewinnen, Verwaltungskosteneinsparungen und einer guten Kapitalanlage.

Herr Mahler möchte von Ihnen wissen, was er bei dem Bezug der Rentenleistung beachten muss:

Die monatliche Rente (brutto) muss etwas höher sein als die errechnete Versorgungslücke, da Leibrenten aus privaten Rentenversicherungen im Alter mit ihrem Ertragsanteil der Einkommensteuer unterliegen. Hierzu zeichnen Sie Herrn Mahler das nachfolgende Bild:

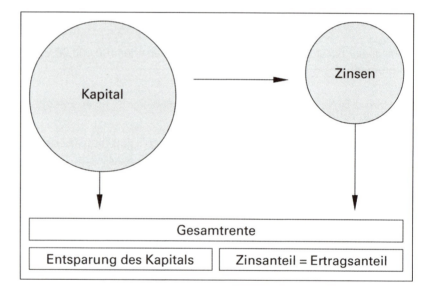

Mit Beginn der Rentenzahlung wird ein bestimmtes Kapital entspart, bezogen auf die Lebenserwartung der versicherten Person. Zusätzlich werden die Zinsen, die das Kapital erbringt, ausgezahlt. Diese Regelung gilt nur für die private Vorsorge in der Schicht 3.

In welcher Höhe fällt eine Besteuerung an?

Das Alter des Rentenberechtigten bei Beginn der Leibrente bestimmt für die gesamte Rentenzahlungsdauer den steuerpflichtigen Ertragsanteil.

1.5 Private Rentenversicherung

Auszug aus der Tabelle nach § 22 EStG:

Bei Beginn der Rente vollendetes Lebensjahr des Rentenberechtigten	Ertragsanteil in v. H.
0 bis 1	59
2 bis 3	58
4 bis 5	57
...	...
60 bis 61	22
62	21
63	20
64	19
65 bis 66	18
67	17
68	16
69 bis 70	15
71	14
72 bis 73	13
74	12
75	11
...	...

Für Herrn Mahler bedeutet dies, dass er als 65-Jähriger einen Ertragsanteil von 18 % berücksichtigen muss.

Bei einer Rente von 468,33 € monatlich – jährlich 5 619,96 € – bedeutet dies ein zu versteuerndes Einkommen von 1 011,59 € jährlich.

Herr Mahler fragt Sie, ob eine Anlage bei einer Bank nicht sinnvoller für ihn wäre?

Würde Herr Mahler den Geldbetrag von 100 000 € z. B. bei einer Bank anlegen und hierfür einen jährlichen Zins von 3,6 % erhalten, so hätte er steuerpflichtige Einnahmen von 3 600,00 € p. a. im Vergleich zu 1 011,59 € bei der Anlage in eine sofort beginnende Rentenversicherung.

Gibt es weitere Rentenleistungen, die versteuert werden müssen?

Sofern ein Rentenberechtigter keine weiteren Einkünfte hat, kommt es erst bei relativ hohen Rentenbeträgen zur tatsächlichen Steuerzahlung.

Ebenfalls mit ihrem Ertragsanteil sind Renten aus folgenden privaten Versicherungen zu versteuern:

- Renten aus einer Berufsunfähigkeits-Zusatzversicherung (diese werden als zeitlich begrenzte Leibrenten gemäß § 55 EStDV behandelt)
- Renten aus einer Pflegerenten-Zusatzversicherung (ist die Rentenzahlung zeitlich begrenzt, erfolgt die Besteuerung als zeitlich begrenzte Leibrente gemäß § 55 EStDV)
- Renten aus einer Unfall-Zusatzversicherung
- Renten aus einer Unfallversicherung

Zeitrenten, Renten aus der gesetzlichen Rentenversicherung, Renten aus der Basisversorgung (Schicht 1) unterliegen dagegen mit ihrem vollen Betrag der Einkommensteuer. Dieses wurde mit der Einführung des Alterseinkünftegesetzes beschlossen, wobei der Besteuerungsanteil ab 2005 jedes Jahr beginnend mit einem Basissatz von 50 % steigt:

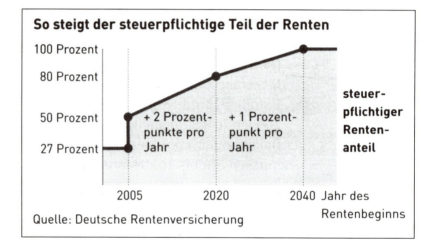

Damit ist mit dem Beginn des Jahres 2005 die steuerliche Belastung der Rentenbezieher gestiegen, wobei ein alleinstehender Rentner bei einer Rente von rund 19 000,00 € diese noch steuerfrei beziehen kann, sofern er keine weiteren Einkünfte hat. Hintergrund ist der Umbau des Steuersystems. Dadurch wird eine Vorbereitung auf die Altersvorsorge gefördert, um dann im Alter eine nachgelagerte Besteuerung zu erfahren.

1.5 Private Rentenversicherung

Die Proximus Versicherung bescheinigt die erbrachten Leistungen auf einem amtlich vorgeschriebenen Muster:

(Bezeichnung und Anschrift des Anbieters)

Datum der Absendung

(Bekanntgabe Adressat)

Wichtiger Hinweis:
Diese Mitteilung informiert Sie über die Höhe der steuerpflichtigen Leistungen aus Ihrem Altersvorsorgevertrag oder aus Ihrer kapitalgedeckten betrieblichen Altersversorgung. Die nachstehend mitgeteilten Beträge sind bei der Erstellung der Einkommensteuererklärung auf **Seite 2 der Anlage R** einzutragen.

Mitteilung zur Vorlage beim Finanzamt
über steuerpflichtige Leistungen aus einem Altersvorsorgevertrag oder aus einer kapitalgedeckten betrieblichen Altersversorgung (§ 22 Nr. 5 Satz 7 EstG)

für das Kalenderjahr _____

Name, Vorname	Geburtsdatum (soweit bekannt)
Straße, Hausnummer	
Postleitzahl, Wohnort	
Vertragsnummer (soweit vorhanden)	Sozialversicherungsnummer/ Zulagenummer (soweit vorhanden)
Anbieternummer (soweit vorhanden)	Zertifizierungsnummer (soweit vorhanden)

Grund für die Mitteilung:
- erstmaliger Bezug von Leistungen im Sinne des § 22 Nr. 5 Satz 1 bis 3 EstG
- Änderung des Leistungsbetrags gegenüber dem Vorjahr
- Bezug von Leistungen im Sinne des § 22 Nr. 5 Satz 4 bis 6 EstG
- Berichtigung der für dieses Kalenderjahr erstellten Mitteilung vom _____

Sie haben aus Ihrem Altersvorsorgevertrag oder aus Ihrer kapitalgedeckten betrieblichen Altersversorgung im Kalenderjahr _____ folgende steuerpflichtige Leistungen erhalten:

Leistungen, die nach § 22 Nr. 5 Satz 1 bis 3 Einkommensteuergesetz (EStG) der Besteuerung unterliegen

Nr.	Besteuerung nach	Betrag in Euro / Cent
1	§ 22 Nr. 5 Satz 1 EStG [1]	
2	§ 22 Nr. 5 Satz 1 i.V.m. § 52 Abs. 34b Satz 1 EStG (in Nr. 1 nicht enthalten) [2]	
3	§ 22 Nr. 5 Satz 2 i.V.m. § 22 Nr. 1 Satz 3 Buchstabe a Doppelbuchstabe aa EStG [3]	
4	§ 22 Nr. 5 Satz 2 i.V.m. § 22 Nr. 1 Satz 3 Buchstabe a Doppelbuchstabe bb EStG [4]	
5	§ 22 Nr. 5 Satz 2 i.V.m. § 22 Nr. 1 Satz 3 Buchstabe a Doppelbuchstabe bb Satz 5 EStG i.V.m. § 55 Abs. 2 EStDV [5]	
6	§ 22 Nr. 5 Satz 2 oder 3 i.V.m. § 20 Abs. 1 Nr. 6 EStG ggf. i.V.m. § 52 Abs. 36 Satz 5 EStG [6]	
7	§ 22 Nr. 5 Satz 3 EStG ohne Erträge, die dem Halbeinkünfteverfahren (§ 3 Nr. 40 EStG) unterliegen [7]	
8	§ 22 Nr. 5 Satz 3 EStG i.V.m. § 3 Nr. 40 EStG (Halbeinkünfteverfahren) [8]	

Leistungen, die nach § 22 Nr. 5 Satz 4 bis 6 Einkommensteuergesetz (EStG) der Besteuerung unterliegen

Nr.	Besteuerung nach	Betrag in Euro / Cent
9	§ 22 Nr. 5 Satz 4 EStG [9]	
10	§ 22 Nr. 5 Satz 5 EStG [10]	
11	§ 22 Nr. 5 Satz 6 EStG [11]	

Diese Bescheinigung ist maschinell erstellt und daher nicht unterschrieben. Die bescheinigten Leistungen werden gemäß § 22a EStG auch der zentralen Stelle (§ 81 EStG) zur Übermittlung an die Landesfinanzbehörden mitgeteilt (Rentenbezugsmitteilungsverfahren).

▶ Situation

Herr Jörres ist bereits seit vielen Jahren ein Kunde der Proximus Versicherung. Da Herr Jörres ein neues Auto erwerben möchte, kommt Herr Jörres in Ihr Ladenlokal, damit er eine Versicherungsbestätigung erhält. Während des Gespräches kommen Sie auch auf die Altersversorgung von Herrn Jörres zu sprechen und nehmen den folgenden Beratungsbogen auf:

Kundendaten / Beratungsablauf / Proximus Versicherung

	Kunde	Partner	Kind 1	Kind 2
Basisdaten				
Name:	Walter Jörres	Ingeborg Jörres		
Wohnort:	Hamburg			
Straße und Hausnummer:	Hauptstr. 1			
Geschlecht:	männlich	weiblich		
Geburtsdatum/Alter:	45 Jahre	44 Jahre		
Familienstand:	verheiratet	verheiratet		
Berufsstatus:	Großhandelskaufmann	Hausfrau		
Krankenversicherung:	BKK			
Bruttoeinkommen:	4 000,00 € mtl.			
Nettoeinkommen:	2 740,00 € mtl.			

Kundendaten / Beratungsablauf / Proximus Versicherung

	Kunde	Partner	Kind 1	Kind 2
Bestehende Versorgung gesetzliche V-Ansprüche: private V-Ansprüche: sonstige Einkünfte im Alter:	ja Rentenversicherung ab dem 65. Lebensjahr = Rente mtl. 450,00 € Unfallversicherung mit 250 000,00 € Invaliditätsleistung BU-Versorgung			
Versorgungsanalyse/ Versorgungslücke Invalidität: Alter: Hinterbliebenen: Pflege:	ausreichend Versorgungslücke 730,00 € (davon 330,00 € bereits abgedeckt)			
Optimierungswunsch (Profil) des Kunden steuerliche Belastung: Sozialabgaben: besondere Sparziele:	ja Absicherung im Alter, aber flexibel, ab wann die Leistung abgerufen wird			
Versorgungsvorschläge Einzelprodukt/Produktportfolio Invalidität: Alter: Hinterbliebenen: Pflege:	private Rentenversicherung			
Beratungsprotokoll erstellen unterzeichnen lassen	Kunde wünscht im Augenblick nur eine Schließung der Versorgungslücke im Alter			
Sonstige Verträge des/der Kunden	Hausratversicherung, Auslandsreisekrankenversicherung, Privathaftpflichtversicherung			

Sie haben gemeinsam mit Herrn Jörres die Vorsorgungslücke ermittelt. Jetzt gilt es, mit einem maßgeschneiderten Produkt die Versorgungslücke im Alter zu schließen.

▶ Erläuterung

Warum mit einer privaten Rentenversicherung vorsorgen?

Menschen werden durch den Fortschritt der Medizin und verbesserte Lebensumstände immer älter. Ein Blick auf die künftigen Altersstrukturen zeigt den entsprechenden Bedarf an einer privaten Altersvorsorge:

Veränderung der Altersstruktur bis 2050

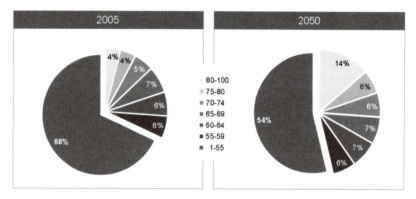

(Quelle: Statistisches Bundesamt, 2005)

Diese Entwicklung wird auch weiteren Einfluss auf die Rentenlücke haben:

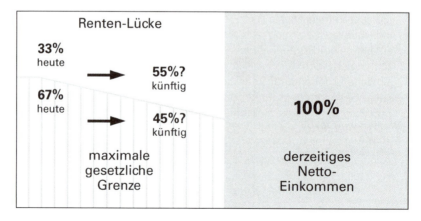

1.5 Private Rentenversicherung

Die gesetzliche Rente wird künftig nur noch eine Grundversorgung darstellen. Wer im Alter seinen Lebensstandard halten möchte, muss daher für ein zusätzliches Einkommen sorgen.

Je früher Herr Jörres mit der privaten Altersvorsorge zur Schließung der Versorgungslücke beginnt, desto geringer können die Sparbeiträge sein. In der Ansparphase kommt durch den Zinseszinseffekt auch mit kleinen Beiträgen ein beträchtliches Kapital zusammen.

Je älter man wird und je näher das Rentenalter rückt, desto höher müssen einerseits die Investitionen in den Aufbau der privaten Rente sein und desto sicherer sollten andererseits die Anlageprodukte sein. Denn mögliche Verluste lassen sich in relativ kurzen Ansparphasen nur schwer ausgleichen.

Daher gilt unabhängig vom Alter: Nur wer bereit ist, für eine mögliche höhere Rendite auch ein höheres Risiko einzugehen, sollte Aktien, Aktienfonds oder fondsgebundene Lebens- und Rentenversicherungen als Anlageform in Erwägung ziehen. Private Rentenversicherungen, Kapitallebensversicherungen, Banksparpläne und Rentenpapiere dagegen sind sichere Altersvorsorgeprodukte.

Herr Jörres möchte von Ihnen einen Versorgungsvorschlag erhalten, der auf seine persönlichen Anforderungen zugeschnitten ist:

Sie bieten Herrn Jörres eine private Rentenversicherung in der dritten Schicht an. Hierdurch hat Herr Jörres alle Freiheiten der individuellen Verwendung. Darüber hinaus hat Herr Jörres eine Vielzahl von weiteren Vorteilen:

- lebenslange Zusatzrente, egal wie alt Herr Jörres wird
- hohe Sicherheit
- garantierte Mindestverzinsung
- Herr Jörres profitiert von einer attraktiven Gewinnbeteiligung, die die spätere garantierte Rente erhöht.
- individuelle Gestaltung bei Laufzeit und Beitragshöhe
- anstelle einer Rentenleistung kann auch eine einmalige Kapitalauszahlung erfolgen
- jährliche Erhöhung der Beiträge möglich (Dynamisierung)
- keine Gesundheitsprüfung notwendig
- Steuervorteile, da die Rentenleistung seit 2005 mit einem deutlich niedrigeren Ertragsanteil besteuert wird. Auch bei Inanspruchnahme einer Kapitalleistung nach dem vollendeten 60. Lebensjahr und einer zwölfjährigen Mindestvertragslaufzeit ergeben sich attraktive Steuervorteile.
- Freie Vererbbarkeit besteht, d. h. dass bei Tod vor dem Rentenbeginn bei der Proximus Rentenversicherung alle Beiträge zurückerstattet werden und nach dem Beginn des Rentenbezuges eine Rentengarantiezeit vereinbart werden kann. Hierdurch entsteht zusätzlich ein Hinterbliebenenschutz.

Herr Jörres hat nach dem Abzug seiner bereits noch bestehenden Rentenversicherungsverträge eine Rentenlücke von 400,00 € im Monat.

Zur Schließung dieser Lücke empfehlen Sie Herrn Jörres den Proximus-Tarif S 36.

Die Prämien- und Leistungsabrechnung ergibt folgende Werte:

Tarif S 36 BA: 45 Jahre		AR am Anfang garantiert	RBP gesamt
für 1 200,00 € Jahresprämie − 24,00 € Stückkosten 1 176,00 € Nettoprämie	ergibt	85,28 €	92,61 €
		jährliche Nettoprämie	Jahresprämie inkl. Stückkosten (24,00 €)
$\dfrac{400 \times 1\,176}{92,61}$	ergibt	5 079,37 €	5 103,37 €

Aufgrund der Höhe des Beitrages möchte Herr Jörres aber den Beitrag nicht jährlich, sondern monatlich zahlen. Sie informieren ihn darüber, dass hierfür ein Ratenzahlungszuschlag in Höhe von 5 % bei monatlicher Zahlungsweise erforderlich ist, welchen Sie der Seite 6 des Proximus Bedingungswerkes 1 entnommen haben.

Mit Hilfe des Umrechnungsfaktors kann nun der Monatsbeitrag errechnet werden.

Umrechnungsfaktoren:

monatlich − jährlich = 11,428571
1/4 jährlich − jährlich = 3,883491
1/2 jährlich − jährlich = 1,960784

Daher nehmen Sie die folgende Berechnung des monatlichen Beitrages vor:

5 079,37 : 11,428571 = 444,44 €
zuzüglich Stückkosten monatlich = 2,00 €
monatlicher Beitrag inkl. Stückkosten = 446,44 €

Wie flexibel kann der Rentenbeginn gestaltet werden?

Im Rahmen der Rentenbeginnphase kann Herr Jörres ab dem 61. Lebensjahr über die nächsten zehn Jahre von Jahr zu Jahr entscheiden, ob er den Vertrag nicht fortbestehen lässt. So kann er flexibel auf Änderungen in seinem privaten und beruflichen Umfeld reagieren. Würde Herr Jörres seinen Vertrag bei der Proximus bis zum 71. Lebensjahr fortbestehen lassen, so erhielte er eine monatliche Rentenleistung, einschließlich der Mehrleistungen aus der Überschussbeteiligung, in Höhe von 1 004,72 €.

Für welche Zielgruppe ist eine aufgeschobene oder sofort beginnende Rentenversicherung die richtige Wahl?

Nicht nur für junge und ledige Menschen ist die private Rentenversicherung eine Alternative:

Auch für

- Verheiratete ist der Aufbau einer zusätzlichen Altersversorgung unerlässlich.
- Familien, wenn z. B. die Kinder aus dem Haus sind, gilt es darüber nachzudenken, wie die Lebensqualität durch eine private Zusatzrente erhalten bleiben kann. Insbesondere in diesem Kreis bestehen oftmals massive Versorgungslücken im Alter.
- Besserverdienende, die bereits die Zinsfreibeträge ausgenutzt haben und später eine steuerbegünstigte Kapital- oder Rentenleistung erhalten möchten bzw. Menschen, deren Einkommen über der Beitragsbemessungsgrenze liegen.
- im Alter Fortgeschrittene (wie z. B. Ruheständler), die eine einmalige Kapitalleistung (z. B. aus einer Erbschaft, Hausverkauf, Abfindung, fälligen Lebensversicherungsverträgen) erhalten haben, bildet die Rentenversicherung gegen Einmalbeitragszahlung eine optimale Ergänzung.

Übungen

1. Aufgabe mit Lösungshinweisen

Situation

Frau Schmitz bittet um ein Beratungsgespräch, um ihre Versorgungslücke im Ruhestand durch eine private Rentenversicherung zu schließen.

Kundendaten

Frau Schmitz, ledig, 40 Jahre, arbeitet als kaufmännische Angestellte. Sie beabsichtigt, ab dem 61. Lebensjahr in Rente zu gehen.
Nettogehalt zzt. 2 100,00 €
GRV-Monatsrente ca. 1 100,00 €
Vor einiger Zeit hat Frau Schmitz bereits einen Vertrag über die Zulagen-Rente abgeschlossen: voraussichtlicher Rentenanspruch 250,00 € im Monat.
Hoher Blutdruck wird durch Medikamente behandelt.

Bestehende Versorgung

Frau Schmitz hat eine private Unfallversicherung.

Kundenpräferenzen

Sie wünscht ein Produkt mit maximaler Sicherheit.

Lösungshinweise

Empfehlung einer Rentenversicherung mit aufgeschobener Rentenzahlung nach dem Proximus-Tarif S 37.

Durch die Rentenbeginnphase von 10 Jahren kann Frau Schmitz jährlich über die Auszahlung der Leistung entscheiden.

Eine Gesundheitsprüfung ist nicht erforderlich, von daher sind auch die Vorerkrankungen nicht relevant.

Die Versorgungslücke beläuft sich auf 750,00 € monatlich.

BA = 40 Jahre

Jahresbruttobeitrag einschließlich Stückkosten	1 200,00 €
Abzgl. Stückkosten	24,00 €
Jahresnettobeitrag	1 176,00 €
123,81 € monatliche Rente ≙	1 176,00 €
750,00 € monatliche Rente ≙	? €

1.5 Private Rentenversicherung

$$\frac{750{,}00 \times 1\,176{,}00}{123{,}81} = 7\,123{,}82\ \text{€ Jahresnettobeitrag}$$

Jahresnettobeitrag	7 123,82 €
zzgl. Stückkosten	24,00 €
Jahresbruttobeitrag	7 147,82 €

2. Aufgabe

Situation

Frau Schmitz möchte den Beitrag gemäß Ihres Versorgungsvorschlages monatlich entrichten.

Aufgabe

Bitte berechnen Sie den monatlichen Beitrag aus der Aufgabe 1.

3. Aufgabe

Situation

Nach einigen Jahren meldet sich Frau Schmitz besorgt, dass Sie von ihrer zukünftigen privaten Rente Steuern zahlen müsse. Sie ging bisher davon aus, dass sie keine oder nur geringe Steuern zu entrichten habe.

Aufgabe

Wie wird die Leistung aus der privaten Rentenversicherung versteuert?

4. Aufgabe

Situation

Sie treffen Ihren ehemaligen Mitschüler, Rolf Lauterbach, 24 Jahre. Er arbeitet zurzeit als Kfz-Schlosser. Sie vereinbaren mit ihm in den nächsten Tagen ein Telefongespräch. Sie wissen, dass Rolf Lauterbach privaten Rentenversicherungen eher ablehnend gegenübersteht und der Ansicht ist, dass der Staat schon im ausreichenden Maße für ihn vorsorgen wird.

Sie bereiten sich auf das Telefonat mir Rolf Lauterbach vor und suchen nach Argumenten für den Abschluss der privaten Rentenversicherung.

Aufgabe

Erläutern Sie Herrn Lauterbach anhand von drei Vorteilen den Abschluss einer privaten Rentenversicherung.

5. Aufgabe

Situation

Herr Weiler, Rentner, 63 Jahre, hat vor Jahren ein Haus geerbt. Da er bereits ein Einfamilienhaus besitzt, hat er letzten Monat dieses Haus veräußert. Hierbei erzielte er den stattlichen Verkaufspreis in Höhe von 250 000,00 €. Diesen Betrag möchte er zur Erhöhung seiner monatlichen Rente einsetzen.

Von seiner Hausbank hat er bereits ein Angebot mit einer Verzinsung in Höhe von 3,5 % p. a. erhalten.

Aufgabe

Herr Weiler bittet Sie, ihm einen Versorgungsvorschlag zu unterbreiten.

1.6 Risikoversicherung

▶ **Situation**

Herr Baum möchte mit Ihnen über die Absicherung seiner Familie sprechen. Hierzu haben Sie telefonisch einen Beratungstermin vereinbart. Herr Baum hat gerade sein Studium beendet und ist jetzt als Assistenzarzt tätig. Sollte ihm etwas passieren, sollen die Kosten des täglichen Lebens wie Auto, Mietkosten, Telefon, Strom und später das Taschengeld für seine Tochter jeden Monat entrichtet werden. In dem persönlichen Beratungsgespräch nehmen Sie gemeinsam mit Familie Baum deren Kundenbogen auf:

Kundendaten / Beratungsablauf / Proximus Versicherung

	Kunde	Partner	Kind 1	Kind 2
Basisdaten Name: Wohnort: Straße und Hausnummer: Geschlecht: Geburtsdatum/Alter: Familienstand: Berufsstatus: Krankenversicherung: Bruttoeinkommen: Nettoeinkommen:	Rene Baum Köln Gereonstr. 1 männlich 26 Jahre verheiratet Arzt (Städtisches Krankenhaus) privat versichert 55 520,40 € p. a.	Sigrid Baum dto. weiblich 24 Jahre verheiratet Hausfrau	Melanie Baum dto. weiblich 2 Jahre	
Bestehende Versorgung gesetzliche V-Ansprüche: private V-Ansprüche: sonstige Einkünfte im Alter:	GRV Zulagen-Vertrag keine	Zulagen-Vertrag keine		
Versorgungsanalyse/ Versorgungslücke Invalidität: Alter: Hinterbliebenen: Pflege:	3 000,00 € 1 000,00 € 277 602,00 €			
Optimierungswunsch (Profil) des Kunden steuerliche Belastung: Sozialabgaben: besondere Sparziele:	Absicherung der Familie zu einem möglichst geringen Beitrag, da noch ein Bafög-Darlehen zurückgezahlt werden muss			

Kundendaten / Beratungsablauf / Proximus Versicherung

	Kunde	Partner	Kind 1	Kind 2
Versorgungsvorschläge Einzelprodukt/Produktportfolio Invalidität: Alter: Hinterbliebenen: Pflege:	BU+Unfallvers. Rentenvers. Risikovers. Pflegezusatz			
Beratungsprotokoll erstellen unterzeichnen lassen	Kunde möchte erst einmal das Todesfallrisiko absichern			
Sonstige Verträge des/der Kunden	PHV, Hausratversicherung, Zulagenrente			

▶ Erläuterung

Sie empfehlen Herrn Baum den Abschluss einer Risikoversicherung. Eine Risikoversicherung ist eine reine Vorsorge für den Todesfall. Im Falle des Todes der versicherten Person – z. B. durch Unfall oder durch Krankheit – erhält eine von dem Antragsteller/Versicherungsnehmer benannte Person die vereinbarte Versicherungssumme und kann dadurch zumindest finanziell abgesichert werden. Anders als bei einer Kapital-Lebensversicherung wird kein Kapital angespart. Die Risikoversicherung ist immer dann richtig, wenn mit geringstem finanziellen Aufwand eine bestmögliche Hinterbliebenen-Vorsorge für Familienangehörige, Lebens- oder Geschäftspartner getroffen werden soll.

Darüber hinaus gehört seit dem 1. 1. 2004 die Zahlung eines Sterbegeldes nicht mehr zum Leistungsumfang der gesetzlichen Krankenversicherung. Hierdurch wird die persönliche Vorsorge immer wichtiger.

Zielgruppen für eine Risikoversicherung sind

- junge Familien und Alleinerziehende, die ihre Angehörigen mit geringstem finanziellen Aufwand absichern wollen,
- Ehepaare und unverheiratete Paare, die ihren Lebenspartner im Falle eines Falles finanziell absichern wollen,
- potentielle Erben größerer Sachwerte, die sich im Falle des Ablebens des Erblassers vor den Folgen der Erbschaftssteuer schützen wollen und
- Ehe-, Lebens- oder Geschäftspartner, die zur Verwirklichung ihrer Ziele größere Darlehen (z. B. Erwerb einer Immobilie) aufgenommen haben oder aufnehmen werden und

1.6 Risikoversicherung

- Existenzgründer, Unternehmer, Teilhaber und Schlüsselkräfte (Keyman[1]) in Unternehmen, damit bei einem plötzlichen Tod einer „Schlüsselperson" nicht schlagartig die Existenz der Firma auf dem Spiel steht.

Bei der Höhe der Todesfallleistung ist die eigene finanzielle und familiäre bzw. geschäftliche Situation zu berücksichtigen – es gibt keine pauschale Regelung. Soll die Familie für den Fall abgesichert werden, dass der Hauptverdiener verstirbt, wird das 3- bis 5-fache des Jahresgehalts des Hauptversorgers der Familie empfohlen. Bei der Absicherung von Darlehen kann die Darlehenshöhe als Maßstab dienen.

Da Frau Baum über kein Einkommen verfügt und keine sonstigen Vermögenswerte vorliegen, empfehlen Sie Herrn Baum, das 5-fache seines Einkommens abzusichern. Hierdurch würde sich eine erforderliche Todesfallleistung von 277 602,00 € ergeben.

Sie bieten Herrn Baum den Proximus-Tarif S 32 für Männer auf das Endalter 65 Jahre an. Aufgrund der vorsichtigen Kalkulation der Beiträge und der Risikoprüfung kann Proximus seinen Kunden neben günstigen Beiträgen einen so genannten Todesfallbonus[2] von 50 % zuzüglich zur versicherten Leistung gewähren.

Bei einem Beitrittsalter (BA) von 26 Jahren können Sie die Todesfallleistung aus der rechten Spalte entnehmen. Zur Absicherung des Betrages muss damit eine Versicherungssumme von 185 068 € beantragt werden. Hierfür ist ein jährlicher Beitrag von 1 200,00 € zu entrichten.

Sie nehmen bei Herrn Baum zur Schließung der bestehenden Versorgungslücke für die Hinterbliebenen den folgenden Antrag auf. Gleichzeitig veranlassen Sie, dass ein Hausarztbericht aufgrund der Höhe der Todesfallleistung und des Endalters 65 erstellt wird. Die Angaben über die erforderlichen Gesundheitsfragen haben Sie dem Bedingungswerk 1 der Proximus Versicherung (Seite 7) entnommen:

---

1 Keyman: Hierbei handelt es sich um Personen, die eine besondere Aufgabe in einem Unternehmen haben und die nicht ohne weiteres ersetzt werden können. Dies können z. B. Ingenieure in einer Entwicklungsabteilung sein oder Vertriebsbeauftragte, die einen persönlichen Kundenstamm aufgebaut haben.
2 Durch die vorsichtige Kalkulation der Beiträge entstehen bei einer Risikoversicherung Überschüsse. Diese resultieren daraus, dass nicht so viele Personen versterben, wie dies in dem Beitrag berücksichtigt wird und die Verwaltung kostengünstiger arbeitet als bei der Kalkulation des Beitrages prognostiziert wurde. Diese Vorteile werden an die Versichertengemeinschaft durch eine beitragsfreie zusätzliche Todesfallleistung, dem so genannten Todesfallbonus, zurückgegeben.

Antrag auf Renten-, Berufsunfähigkeits- oder Risikoversicherung mit dynamischer Anpassung

Antragsteller/Versicherungsnehmer

Vermittler-Nr.: 3,3,0,0 VS-Nr.: ____

Anrede: ☒ Herr ☐ Frau   Besondere Anrede/Titel: ____
Zuname/Firma: Baum   Namenszusatz: ____
Vorname/Firma: René   Geburtsname: ____
Straße, Haus-Nr.: Gereonstr. 1   Ortsteil: ____
Postleitzahl, Wohnort: Köln   Staatsangehörigkeit: dt.   Geburtsdatum: 26 Jahre
Berufliche Tätigkeit (genaue Bezeichnung), Branche: Arzt am Städt. Krankenhaus   Geburtsort: ____
☐ angestellt ☐ selbständig ☐ im öffentlichen Dienst
Telefon Firma: ____   Telefax Firma: ____   Telefon privat: ____   Telefax privat: ____
eMail: ____

Mit der Angabe der eMail-Adresse erkläre ich mich mit der Zusendung von Werbeinformationen online einverstanden.

Zu versichernde Person (nicht wiederholen, wenn mit Antragsteller identisch)

Anrede: ☐ Herr ☐ Frau   Besondere Anrede/Titel: ____
Zuname: ____   Namenszusatz: ____
Vorname: ____   Geburtsname: ____
Straße, Haus-Nr.: ____   Ortsteil: ____
Postleitzahl, Wohnort: ____   Staatsangehörigkeit: ____   Geburtsdatum: ____
Berufliche Tätigkeit (genaue Bezeichnung), Branche: ____
☐ angestellt ☐ im öffentlichen Dienst ☐ selbstständig

Vorsorge- und Vermögensplan (bitte nur eine Auswahl treffen)

☐ Basisversorgung (nachgelagerte Besteuerung der Renten)
☒ Privatversorgung (Besteuerung der Renten mit dem Ertragsanteil)

Antrag auf (bitte nur eine Auswahl treffen)

☐ Fondsgebundene Rentenversicherung
Tarif: ____
Rentenzahlweise: ☐ 1/12 ☐ 1/4 ☐ 1/2 ☐ 1/1
Versicherungsbeginn: ____   vorgesehener Rentenbeginn: ____
Endalter für die Beitragszahlung: ____ Jahre   Endalter für die Rentenzahlung: ____ Jahre
☐ Rentenbeginnphase   ☐ Rentengarantiezeit: ____ Jahre

☐ Private Rentenversicherung
Tarif: ____
Rentenzahlweise: ☐ 1/12 ☐ 1/4 ☐ 1/2 ☐ 1/1
Versicherungsbeginn: ____   vorgesehener Rentenbeginn: ____
Endalter für die Beitragszahlung: ____ Jahre   Endalter für die Rentenzahlung: ____ Jahre
☐ Rentenbeginnphase   ☐ Rentengarantiezeit: ____ Jahre
vorgesehene Rente: ____ Euro   Kapitalabfindung: ____ Euro

Überschussverwendung

vor Rentenbeginn: Anlage in den ausgewählten Fonds
nach Rentenbeginn: Dynamische Gewinnrente
☐ Erhöhte Startrente

vor Rentenbeginn: ____
nach Rentenbeginn: Dynamische Gewinnrente
☐ Erhöhte Startrente

☐ UZV
Versicherungssumme: ____

☐ Verzinsl. Ansammlung

1.6 Risikoversicherung

Beitrag	Beitragszahlung	☐ 1/12	☐ 1/4		
	☐ 1/2	☐ 1/1	☐ einmalig		
	Beitrag gemäß Zahlungsweise _____ Euro				

Dynamikform AV-Anpassung, mind. 5% ☐ ohne Dynamik

Leistungsempfänger (bitte nur eine Verfügung treffen)

Basisversorgung
1. Erlebensfall
   ☐ Versicherungsnehmer
2. Todesfall
   ☐ Ehegatte, mit dem der Versicherte im Zeitpunkt seines Todes verheiratet ist
   ☐ Kinder, für die der versicherten Person oder deren Ehegatten Kindergeld oder ein Freibetrag nach § 32 EStG zum Zeitpunkt des Todes zustand

Privatversorgung
1. Erlebensfall
   ☐ Versicherungsnehmer
   ☐ der Versicherte
2. Todesfall
   ☐ Versicherungsnehmer
   ☐ Ehegatte, mit dem der Versicherte im Zeitpunkt seines Todes verheiratet ist
   ☐ eheliche bzw. gesetzlich gleichgestellte Kinder des Versicherten
   ☐ Eltern des Versicherten; falls der Versicherte im Zeitpunkt seines Todes verheiratet ist, der Ehegatte

☐ eine andere Person
Name und Anschrift

☐ eine andere Person

Antrag auf Risikoversicherung (Privatversorgung)

Tarif: §32   Versicherungssumme: 185.068,- Euro   Versicherungsbeginn: 1.2.2007   Versicherungsablauf: 31.1.2046

Endalter für die Versicherung: 65 Jahre   Endalter für die Beitragszahlung: 65 Jahre

Überschussverwendung Bonussystem

Beitrag Beitragszahlung ☐ 1/12 ☐ 1/4 ☐ 1/2 ☒ 1/1 ☐ einmalig

Beitrag gemäß Zahlungsweise: 1.200,00 Euro

Dynamikform AV-Anpassung, mind. 5% ☐ ohne Dynamik

Leistungsempfänger (bitte nur eine Verfügung treffen)

Todesfall
☐ Versicherungsnehmer (für die Berufsunfähigkeit der Versicherte)
☒ Ehegatte, mit dem der Versicherte im Zeitpunkt seines Todes verheiratet ist
☐ eheliche bzw. gesetzlich gleichgestellte Kinder des Versicherten
☐ Eltern des Versicherten; falls der Versicherte im Zeitpunkt seines Todes verheiratet ist, der Ehegatte
☐ eine andere Person
Name und Anschrift

Antrag auf Berufsunfähigkeitsversicherung (Privatversorgung)

Tarif: _____   garantierte monatliche BU-Rente: _____   Versicherungsbeginn: _____   Versicherungsablauf: _____

Beitrag Beitragszahlung ☐ 1/12 ☐ 1/4 ☐ 1/2 ☐ 1/1 ☐ einmalig

Beitrag gemäß Zahlungsweise _____ Euro

Leistungsempfänger Bezugsberechtigt bei Berufsunfähigkeit ist der Versicherte

Überschussverwendung Bonussystem

Angaben zur Risikobeurteilung des Versicherten (VT)
Besondere Gefahren und Versicherungsanträge bei anderen Gesellschaften

1. Sind Sie besonderen Gefahren ausgesetzt
   1.1 im Beruf (z. B. Explosion, Strahlung)? ☒ nein ☐ ja, welchen
   1.2 in der Freizeit (z. B. Wettfahrten, Flugsport)? ☒ nein ☐ ja, welchen

2. Beabsichtigen Sie einen Aufenthalt von mehr als 2 Monaten außerhalb Europas? ☒ nein ☐ ja, wo, wann, wie lange

3.1 Bestehen bereits Lebens-, Berufsunfähigkeits- bzw. Pflegeversicherungen oder sind solche beantragt? ☐ nein ☒ ja
3.2 Wurden Anträge zu erschwerten Bedingungen angenommen, zurückgestellt oder abgelehnt? ☒ nein ☐ ja
Art der Versicherung, Gesellschaft
Höhe und Erschwerung

Zusätzliche Fragen bei einer jährlichen Berufsunfähigkeitsrente von mehr als 25.200 EUR

1. Haben Sie für den Fall der Berufs- oder Dienstunfähigkeit Renten zu erwarten (ohne gesetzliche Rente)? ☐ nein ☐ ja, wie hoch, woher (z. B. betriebl. Altersversorgung)

2. Wieviel Prozent Ihres Bruttoeinkommens betragen diese Renten? %

Erklärungen zum Gesundheitszustand
Bitte alle Fragen beantworten. Angaben, die Sie hier nicht machen möchten, sind unmittelbar und unverzüglich schriftlich nachzureichen.

Antrag ☐ ohne ärztliche Untersuchung ☒ mit ärztlicher Untersuchung veranlasst am *heutigen Tage*

Zeitlich befristete Fragen

1. Bestehen oder bestanden in den letzten 5 Jahren Krankheiten, Unfallfolgen, körperliche Schäden, Gesundheitsstörungen oder Beschwerden
1.1 der Atmungsorgane (auch Nasennebenhöhleninfektion, Heuschnupfen, Kehlkopferkrankung)? ☒ nein ☐ ja
1.2 des Herzens oder der Kreislauforgane (auch Bluthochdruck, Krampfadern, Thrombose)? ☐ nein ☒ ja
1.3 der Nieren, der Harnwege oder der Geschlechtsorgane? ☒ nein ☐ ja
1.4 der Verdauungsorgane (auch Bauchspeicheldrüsen-, Gallenblasen-, Lebererkrankung)? ☒ nein ☐ ja
1.5 des Stoffwechsels (auch Diabetes, Cholesterin-, Harnsäureerhöhung)? ☒ nein ☐ ja
1.6 der Augen (auch Netzhautablösung)? ☒ nein ☐ ja
   ☐ kurzsichtig ☐ weitsichtig
   Dioptrien links rechts
1.7 der Ohren (auch Schwindelzustände)? ☒ nein ☐ ja
1.8 der Wirbelsäule (auch Bandscheibenschaden)? ☒ nein ☐ ja
1.9 der Knochen, Gelenke und Muskeln (auch Meniskusschaden, Gicht, Rheuma)? ☒ nein ☐ ja

1.10 der Haut (auch Allergie)? ☒ nein ☐ ja
1.11 der Drüsen (auch Hormonstörung), der Milz oder des Blutes? ☒ nein ☐ ja
1.12 des Gehirns, der Nerven (auch Epilepsie, Lähmung, Multiple Sklerose) oder der Psyche (auch Angstzustände)? ☒ nein ☐ ja
1.13 Infektionskrankheiten (länger als 1 Monat)? ☒ nein ☐ ja
1.14 Tumore (auch gutartige)? ☒ nein ☐ ja

2. Sind Sie in den letzten 5 Jahren von Ärzten, Heilpraktikern oder Psychologen untersucht, beraten oder behandelt worden?
2.1 stationär (auch Kuren) ☒ nein ☐ ja
2.2 ambulant ☐ nein ☒ ja

3. Wurden Sie in den letzten 15 Jahren operiert bzw. wurde eine Strahlen- oder Chemotherapie durchgeführt? ☒ nein ☐ ja

4. Nehmen oder nahmen Sie in den letzten 15 Jahren regelmäßig Medikamente (auch Schlaf-, Schmerz- oder Beruhigungsmittel) bzw. besteht oder bestand eine Alkohol- oder Drogenabhängigkeit? ☐ nein ☒ ja

Zeitlich unbefristete Fragen
5. Haben Sie einen Selbsttötungsversuch unternommen? ☒ nein ☐ ja
6. Wurde eine HIV-Infektion festgestellt? ☒ nein ☐ ja

Weitere Fragen
7. Bestehen Behinderungen oder haben Erkrankungen Folgen hinterlassen? ☐ nein ☐ ja
8. Wie groß und schwer sind Sie? 174 cm 70 kg

Welcher Arzt kann über Ihre Gesundheitsverhältnisse am besten Auskunft geben (Name, Anschrift)? (Falls nicht zutreffend, bitte »keiner« eintragen.)

Geben Sie hier bitte Einzelheiten zu den Fragen an, die mit »ja« beantwortet sind. ergänzende Angaben siehe Zusatzblatt

Frage	Einzelheiten zu Diagnose, Krankheit, Unfall	Wann? Wie lange? Geheilt? Folgen?	Arzt, Behandler, Krankenhaus (Name, Anschrift)?
1.2 + 4	Bluthochdruck (blutdrucksenkende Mittel)	2 Jahren	Dr. Winter, Marthastr. 1, Köln

Erklärung nach dem Geldwäschegesetz (Bitte immer ausfüllen!)

a) Der Versicherungsnehmer handelt für ☒ eigene Rechnung ☐ Rechnung eines Dritten (Vorname, Name, Anschrift)

b) Identifizierung des Versicherungsnehmers: (Vorname, Name und – soweit im Ausweis vorhanden – Anschrift, Geburtsdatum)

Ausgewiesen durch: ☒ Personalausweis ☐ Reisepass ☐ sonstigen Ausweis (Bezeichnung)
Ausweis-Nr. 34789112345   ausstellende Behörde, Ort und Datum Köln, 2.1.2005 gültig bis 2.1.2015

Gesundheitserklärung bei Nachversicherung ohne Ereignis
Ich bestätige mit meiner Unterschrift, dass ich bis zum heutigen Tage weder einen Herzinfarkt erlitten habe, noch mit HIV infiziert (positiver HIV-Test) oder an einem Krebsleiden erkrankt bin.

Wichtige Hinweise
Bevor Sie diesen Antrag unterschreiben, lesen Sie bitte auf der Rückseite die Erklärungen des Versicherungsnehmers und des Versicherten sowie die besonderen Hinweise. Diese Erklärungen und Hinweise sind wichtiger Bestandteil Ihres Antrags und enthalten insbesondere **Ermächtigungen zur Entbindung von der Schweigepflicht und zur Datenverarbeitung** sowie zum Versicherungsnehmerwechsel (bei Tod des Versicherungsnehmers wird der Versicherte neuer Versicherungsnehmer). Auf der Rückseite finden Sie u. a. Hinweise zum Widerspruchsrecht (Ziffer I.4), zum vorläufigen Versicherungsschutz (Ziffer I.5) und zu den Vertragsgrundlagen (Ziffer II.1). Sie machen mit Ihren Unterschriften die Erklärungen und Hinweise zum Inhalt dieses Antrags. Eine Durchschrift/Kopie des Antrags wird Ihnen sofort nach Antragsunterzeichnung ausgehändigt.

Ort, Datum	Unterschrift Versicherungsnehmer ggf. Firmenstempel (bei Minderjährigen: gesetzlicher Vertreter)	Unterschrift Versicherter und ggf. Mitversicherter	Stempel, Unterschrift Vermittler
Köln, 2.1.2007	Baum	Baum	Brück

1.6 Risikoversicherung

Den Antrag reichen Sie weiter an die Risikoprüfung innerhalb der Hauptverwaltung der Proximus Versicherung. Hier geht auch gleichzeitig der angeforderte Arztbericht ein. Anhand der vorliegenden Unterlagen kann das objektive Risiko für die zu versichernde Person eingeschätzt werden.

Unter Berücksichtigung der Vorerkrankung und des gegenwärtigen Gesundheitszustandes wird aufgrund des Bluthochdruckes von Herrn Baum ein Risikozuschlag für die gesamte Dauer des Vertrages erforderlich. Der Risikozuschlag dient dazu, das erhöhte Todesfallrisiko auszugleichen („Übersterblichkeit" = Personen mit dieser Vorerkrankung sterben x-fach häufiger wie Personen ohne eine Vorbelastung).

Der erforderliche Risikozuschlag wird mit 50 % festgesetzt. Hierdurch ergibt sich die folgende, neue Beitragsberechnung:

vereinbarter Beitrag		1 200,00 €
Stückkosten	−	24,00 €
Nettobeitrag		1 176,00 €
50 % Risikozuschlag (50 % von 1 176,00 €)	+	588,00 €
Nettobeitrag inkl. Risikozuschlag		1 764,00 €
Stückkosten	+	24,00 €
erforderlicher Jahresbeitrag		1 788,00 €

Über den Jahresbeitrag von 1 788,00 € erstellt der Bereich Risikoprüfung ein so genanntes Erschwernisangebot und sendet Ihnen dieses zur weiteren Verhandlung mit Herrn Baum zu. Der Vertrag kann somit nur zustande kommen, wenn Herr Baum sich entschließt, den Mehrbeitrag zu akzeptieren.

Bei dem Folgetermin mit Familie Baum sprechen Sie auch über die Absicherung von Frau Baum und die Gefahr eines frühzeitigen Todes. Es soll auch weiterhin sichergestellt sein, dass im Falle eines Todes von Frau Baum Herr Baum weiter seiner Tätigkeit nachgehen kann und z. B. eine Haushaltshilfe / Erzieherin hinzugezogen werden kann, während Herr Baum seinen Diensten im Krankenhaus nachgeht.

Überschlägig kalkuliert die Familie Baum, dass sie insbesondere in den nächsten 10 Jahren bei dem Tod von Frau Baum Hilfe benötigen würde und kalkulieren den Aufwand mit 1 500,00 € pro Monat. Den Zinseffekt bei der Anlage eines Geldbetrages möchten sie erst einmal unberücksichtigt lassen, da beide der Ansicht sind, dass die Zinsen durch die laufende Anpassung der Lebenshaltungskosten aufgebraucht werden. So möchte die Familie Baum eine Todesfallleistung von 180 000,00 € für Frau Baum für die kommenden 10 Jahre absichern.

Hierfür wählen Sie den Proximus-Tarif S 31 für Frauen. Frau Baum ist 24 Jahre alt und Sie nehmen folgende Berechnung für sie vor:

Todesfallleistung einschließlich Todesfallbonus für einen Beitrag von 1 200,00 € jährlich ergibt 1 902 134,00 €.

Zuerst bringen Sie die Stückkosten vom Jahresbeitrag in Abzug:

1 200,00 € – 24,00 € Stückkosten = 1 176,00 € Nettobeitrag

1 902 134,00 € Todesfallleistung ≙ 1 176,00 €
180 000,00 € Todesfallleistung ≙   X   €

$$\frac{1\,176 \times 180\,000}{1\,902\,134} = 111{,}29\,€ \text{ Jahres-Nettobeitrag}$$

Hinzu kommen dann wieder die Stückkosten von 24,00 €:

Jahres-Nettobeitrag	111,29 €
zzgl. Stückkosten	24,00 €
zu zahlender Jahresbeitrag	135,29 €

Da ein Todesfallbonus von 50 % vereinbart ist, muss im Antrag nur eine verminderte, garantierte Todesfallleistung beantragt werden. Diese ermittelt sich wie folgt:

150 % der Versicherungssumme (VS) ≙ 180 000,00 €
100 % der Versicherungssumme (VS) ≙   X   €

$$\frac{180\,000 \times 100}{150} = 120\,000{,}00\,€ \text{ Versicherungssumme}$$

Beantragen muss Frau Baum eine Versicherungssumme von 120 000,00 € und wird hierfür – bei normalen Gesundheitsverhältnissen – einen günstigen Beitrag von jährlich 135,29 € zu entrichten haben.

Diesen Beitrag möchte Frau Baum gerne halbjährlich entrichten und bittet Sie um die Angabe des halbjährlichen Beitrages:

Zuerst ziehen Sie die Stückkosten vom Jahresbeitrag ab:

Brutto-Jahresbeitrag	135,29 €
abzüglich Stückkosten	24,00 €
Netto-Jahresbeitrag	111,29 €
111,29 : 1,960784	
(Faktor 1/2)	56,76 €
zuzüglich Stückkosten (6 Monate)	12,00 €
halbjährlicher Beitrag	68,76 €

1.6.1 Umtauschrecht

Nach einigen Jahren meldet sich Frau Baum bei Ihnen, da sich das Familieneinkommen erfreulich verbessert hat. Frau Baum möchte etwas für ihre Altersabsicherung machen und den wertvollen Todesfallschutz auch nicht verlieren.

Sie hatten seinerzeit im Rahmen der ursprünglichen Beratung einen Tarif gewählt, der ein so genanntes „Umtauschrecht" enthält. Im Versicherungsschein wurde dadurch folgende Vereinbarung aufgenommen:

Umtauschrecht

> Eine Risikoversicherung mit gleich bleibender Versicherungssumme können Sie jederzeit bis zum Ablauf des 55. Lebensjahres der versicherten Person, spätestens jedoch zum Ende des 10. Versicherungsjahres – ohne eine erneute Gesundheitsprüfung in eine Renten- und Kapitalbildende Lebensversicherung mit gleicher oder geringerer Todesfallleistung umtauschen.
>
> Bei Versicherungsdauern bis zu 10 Jahren müssen Sie Ihr Umtauschrecht spätestens 3 Monate vor Ablauf der Risikoversicherung ausüben.
>
> Im Rahmen Ihres Umtauschrechtes können Sie eine Vertragslaufzeit bis zum 65. Lebensjahr vereinbaren. Sollte es hierbei zu einer Verlängerung der Vertragslaufzeit kommen, so ist ebenfalls keine neue Gesundheitsprüfung erforderlich. Zu beachten sind jedoch die steuerlichen Fristen, welche bei einem Umtausch des Vertrages neu zu berechnen sind.

Mit dem Abschluss der Risikoversicherung hat Frau Baum einen wichtigen Schritt zur Absicherung ihrer Hinterbliebenen gemacht. Die Versicherung kann aber auch der Einstieg in ihre Altersversorgung sein.

Sie empfehlen Frau Baum, ihre Risikoversicherung in eine Rentenversicherung mit einer Todesfallleistung umzutauschen, dies bei gleicher Todesfallleistung ohne eine erneute Gesundheitsprüfung.

Aufgrund des im Versicherungsschein der Proximus Versicherung vereinbarten Umtauschrechtes kann eine Verlängerung der Vertragslaufzeit auf das 65. Lebensjahr erfolgen. Hierzu fordern Sie in der Hauptverwaltung der Proximus Versicherung einen Änderungsvorschlag an, da ein solcher Tarif in Ihrem Bedingungswerk nicht enthalten ist.

1.6.2 Steuerliche Auswirkungen

Im Todesfall der versicherten Person fließt die Leistung an die bezugsberechtigte Person, welche frei gewählt werden kann. Die Auszahlung der Todesfallleistung ist einkommensteuerfrei. Jedoch ist ggf. Erbschaftsteuer zu entrichten. Die Höhe der Steuer richtet sich nach dem Verwandtschaftsgrad und der Höhe der Todesfallleistung.

Wie hoch ist die Steuer?

Welcher Freibetrag dem jeweiligen Erwerber zusteht, richtet sich nach seiner Steuerklasse. Das Erbschaftsteuer- und Schenkungsteuergesetz unterscheidet nach dem Verwandtschaftsverhältnis des Erwerbers zum Erblasser (Schenker) die folgenden drei Steuerklassen:

- **Steuerklasse I**
  Sie gilt für den Ehegatten und für Kinder sowie die Stiefkinder des Erblassers, für Enkelkinder sowie für Eltern und Voreltern bei Erwerb von Todes wegen.

- **Steuerklasse II**
  Sie gilt für Eltern und Voreltern bei Erwerben durch Schenkung (für Erwerbe von Todes wegen siehe Steuerklasse I), Geschwister (auch Halbgeschwister), Geschwisterkinder, Stiefeltern, Schwiegerkinder, Schwiegereltern und den geschiedenen Ehegatten.

- **Steuerklasse III**
  Sie gilt für alle übrigen Erwerber und für Zweckzuwendungen.

Zunächst steht jedem Erwerber ein persönlicher Freibetrag zu, der sowohl für Erwerbe von Todes wegen als auch für Schenkungen unter Lebenden gilt. Er beträgt

- 307 000 € für den Ehegatten
- 205 000 € für Kinder und Stiefkinder
- 51 200 € für übrige Personen der Steuerklasse I
- 10 300 € für Personen der Steuerklasse II und
- 5 200 € für Personen der Steuerklasse III

Daneben wird dem überlebenden Ehegatten und den Kindern bis zum vollendeten 27. Lebensjahr noch ein besonderer Versorgungsfreibetrag gewährt, der nur für Erwerbe von Todes wegen gilt und um steuerfreie Versorgungsbezüge nach dem Erblasser zu kürzen ist.

Der Versorgungsfreibetrag beträgt

- 256 000,00 € für den überlebenden Ehegatten
- zwischen 52 000,00 € für Kinder bis zu 5 Jahren und 10 300,00 € für Kinder zwischen 20 und 27 Jahren.

Jedem Erwerber wird ein besonderer Freibetrag für den Erwerb von Hausrat usw. gewährt.

1.6 Risikoversicherung

Die Erbschaftsteuer wird nach folgenden Prozentsätzen erhoben:

Wert des steuerpflichtigen Erwerbs (§ 10 bis einschließlich €)	Prozentsatz in der Steuerklasse		
	I	II	III
52 000	7	12	17
256 000	11	17	23
512 000	15	22	29
5 113 000	19	27	35
12 783 000	23	32	41
25 565 000	27	37	47
über 25 565 000	30	40	50

Wie lautet die Rechtsgrundlage?

Rechtsgrundlage für die Erhebung der Erbschaftsteuer/Schenkungsteuer ist das Erbschaftsteuer- und Schenkungsteuergesetz in der Fassung der Bekanntmachung vom 27. Februar 1997 (BGBl 1 S. 378, BStBl. I S. 298) unter Berücksichtigung späterer Änderungen.

Um eine lückenlose Besteuerung aller Erwerbe zu gewährleisten, sieht das Erbschaftsteuer- und Schenkungsteuergesetz verschiedene Anzeigepflichten ab 1 200,00 € u. a. auch für Versicherungsunternehmen vor.

Damit die Freibeträge für einen Zeitraum von zehn Jahren nur einmal in Anspruch genommen werden können, werden alle Zuwendungen, die einer Person von ein und derselben Person anfallen, zum Zwecke der Berechnung der Steuer zusammengerechnet, also im Ergebnis wie eine Zuwendung behandelt.

Die Erbschaftsteuer/Schenkungsteuer fließt den Ländern zu. Sie wird von den Finanzämtern festgesetzt und erhoben.

▶ Hinweis

Familie Baum sollte sich überlegen, sich gegenseitig als Versicherungsnehmer und versicherte Personen einzusetzen. Bei größeren möglichen Erbschaftsbeträgen kann sie hiermit eine mögliche Erbschaftssteuer umgehen, wenn die Todesfallleistung an den Versicherungsnehmer ausgezahlt wird.

Übungen

1. Aufgabe

Situation

Sie sind Außendienstmitarbeiter der Proximus Versicherung und überlegen für eine Selektion Ihres Kundenstammes, für welche Kundengruppe ein besonderer Bedarf zum Abschluss einer Risikolebensversicherung besteht.

Aufgabe

Nennen Sie drei Personengruppen und begründen Sie Ihre Antwort.

2. Aufgabe

Situation

Herr Schulte ist 35 Jahre alt, verheiratet mit der Hausfrau Maria Schulte und möchte gemeinsam mit seiner Ehefrau ein Reihenhaus in seiner Nachbarschaft erwerben. Der Kaufpreis inkl. aller Kosten beläuft sich auf 260 000,00 €. Hierzu muss er einen Kredit bei seiner Hausbank aufnehmen, da er nur über ein Eigenkapital von 30 % verfügt.

Aufgabe

Unterbreiten Sie Herrn Schulte einen Vorschlag für die langfristige Absicherung seines Kredites.

3. Aufgabe

Situation

Herr Schulte erfährt im Beratungsgespräch, dass die Proximus Versicherung einen Todesfallbonus von 50 % gewährt.

Aufgabe

Ermitteln Sie für Herrn Schulte die zu beantragende Versicherungssumme für seinen Kredit (siehe Aufgabe 2).

4. Aufgabe

Situation

Herr Walther möchte ein Einfamilienhaus bauen. Zur Finanzierung dieses Vorhabens nimmt er ein Hypothekendarlehen in Anspruch, für das die Bank den Abschluss einer Risikolebensversicherung verlangt.

In einem Verkaufsprospekt hat Herr Walther gelesen, dass eine Risikolebensversicherung auch häufig als Risikoumtauschversicherung angeboten wird.

Aufgabe

a) Was bedeutet dies und unter welchen Voraussetzungen ist ein Umtausch möglich?
b) Welche Vorteile ergeben sich für das Versicherungsunternehmen, wenn es ein Umtauschrecht gewährt?

5. Aufgabe

Situation

Während eines Kundenberatungstermins bei Familie Schulte kommen Sie auch auf das Thema Steuern zu sprechen. In diesem Zusammenhang möchte Frau Schulte wissen, ob im Falle eines vorzeitigen Todes ihres Ehemanns sie Erbschaftssteuer zahlen muss und wenn ja, wie hoch die Steuer sein würde?

Aufgabe

Beraten Sie Frau Schulte.

1.7 Berufsunfähigkeitsversicherung

▶ **Situation**

Herr Wester bittet Sie, ihn über seine derzeitigen Versorgungslücken zu informieren und geeignete Vorsorgemaßnahmen vorzustellen.

Zur Einschätzung seiner finanziellen Situation legt er Ihnen seine Gehaltsabrechnung vor:

Steuerklasse: 1   Kinderfreibeträge: 0
Kirchensteuerpflicht: nein

Einkommen und Abgaben

Monatseinkommen (Brutto)	3 000,00 €
steuerpflichtiges Einkommen Brutto (Monat)	3 000,00 €
Lohnsteuer	557,08 €
Solidaritätszuschlag	30,63 €
Kirchensteuer	0,00 €
SV-Brutto (Monat)	3 000,00 €
Krankenversicherung	223,50 €
Rentenversicherung	292,50 €
Arbeitslosenversicherung	97,50 €
Pflegeversicherung	25,50 €
Auszahlung	1 773,29 €
Grenzsteuersatz	32 %
Lohnsteuer relativ	18,56 %
nach Abgaben verbleiben	59 %

▶ **Erläuterung**

Um sich ein Bild über die Versorgungssituation zu machen, benötigen Sie von Herrn Wester weitere Informationen. Sie halten diese Aussagen, nachdem er seine Einwilligung erteilt hat, schriftlich fest.

1.7 Berufsunfähigkeitsversicherung

Kundendaten / Beratungsablauf / Proximus Versicherung

	Kunde	Partner	Kind 1	Kind 2
Basisdaten Name: Wohnort: Straße und Hausnummer: Geschlecht: Geburtsdatum/Alter: Familienstand: Berufsstatus: Krankenversicherung: Bruttoeinkommen: Nettoeinkommen:	Manfred Wester 50374 Erftstadt Finkenstr. 1 männlich 26 Jahre ledig Bürokaufmann GKV + Zusatz – Proximus 36 000 € p. a. ca. 1 800 € mtl.			
Bestehende Versorgung gesetzliche V-Ansprüche: private V-Ansprüche: sonstige Einkünfte im Alter:	GRV 100 000 € Invalidität keine			
Versorgungsanalyse/ Versorgungslücke Invalidität: Alter: Hinterbliebenen: Pflege:	ca. 1 300 € mtl. 800 € mtl. entfällt mind. 60 € Tagegeld			
Optimierungswunsch (Profil) des Kunden steuerliche Belastung: Sozialabgaben: besondere Sparziele:	ja ja keine			
Versorgungsvorschläge Einzelprodukt/Produktportfolio Invalidität: Alter: Hinterbliebenen: Pflege:	BU Riester/bAV entfällt Pflegezusatzversicherung			
Beratungsprotokoll erstellen unterzeichnen lassen	Kunde wünscht im Augenblick nur den Abschluss einer BU			
Sonstige Verträge des/der Kunden	Hausratversicherung, PHV, Unfallversicherung			

Ermittlung der Versorgungslücke des Herrn Wester aufgrund der gesetzlichen Regelungen mit Hilfsmittel, z. B. Vorsorgeoptimierer der Proximus Versicherung.

- Altersrente mindestens 800,00 € (Bruttorente)
- Berufsunfähigkeitsrente mindestens 800,00 € bis 1 300,00 €
- Pflegefall Kunde (700,00 €–800,00 € Kostenerstattung) mindestens 25 € Pflegetagegeld
- Hinterbliebenenschutz entfällt

Die Lücke zur Altersrente kann durch den Abschluss eines Riester-Vertrages, einer Entgeltumwandlung (bAV), einer Rürup-Rente oder durch eine private Renten- bzw. Kapitalversicherung geschlossen werden.

Herr Wester möchte zunächst hierüber mit seinem Arbeitgeber reden und stellt den Abschluss dieser Versicherungen zurück.

Die erhebliche Lücke bei Berufsunfähigkeit will er sofort durch den Abschluss einer selbstständigen Berufsunfähigkeitsversicherung schließen, weil die Ansprüche in der gesetzlichen Rentenversicherung sehr niedrig sind und die Invaliditätsleistung seiner Unfallversicherung nur bei einem Unfallereignis erbracht wird und nur zur Abdeckung der sofort entstehenden Kosten dient.

Die Beantragung einer Pflegeversicherung wird ebenfalls zurückgestellt. Sie informieren Herrn Wester über die selbständige Berufsunfähigkeitsversicherung und den gesetzlichen Schutz.

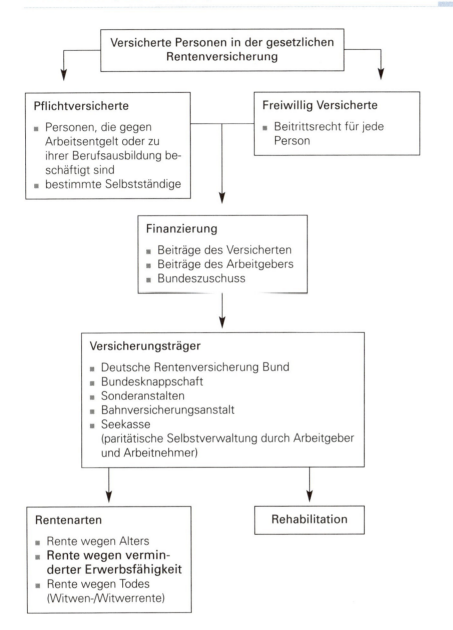

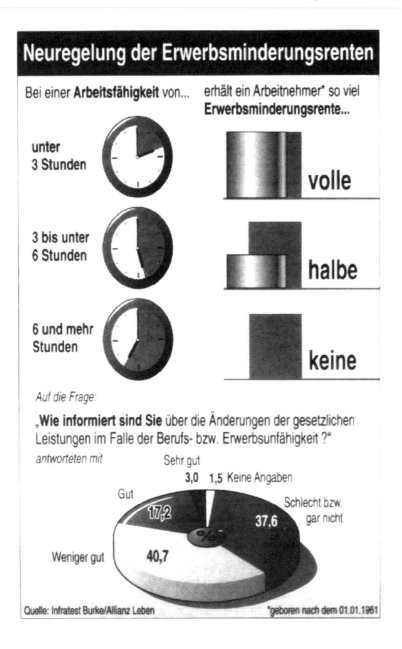

Die verminderte Erwerbsfähigkeit bezeichnet einen krankheits- oder behinderungsbedingten physischen bzw. psychischen Zustand, der die Fähigkeit eines Menschen, seinen Lebensunterhalt mit Ausübung einer beruflichen Tätigkeit zu verdienen, einschränkt. In Deutschland ist dieser Begriff vor allem für Leistungen aus der gesetzlichen Rentenversicherung von Bedeutung. Mit Inkrafttreten des Gesetzes zur Reform der Renten wegen verminderter Erwerbsfähigkeit zum 1. Januar 2001 (BGBl. I S. 1827 vom 20. Dezember 2000) wurde die gesetzliche Vorschrift, die einen Anspruch regelt, neu gefasst. Die Begriffe Berufs- und Erwerbsunfähigkeit sind vollständig entfallen und damit grundsätzlich auch der bisherige Berufsunfähigkeitsschutz. Eine Ausnahme ist in § 240 SGB VI geregelt. Eine teilweise Erwerbsminderung liegt nunmehr nur noch dann vor, wenn der Antragsteller auf dem allgemeinen Arbeitsmarkt – unabhängig vom erlernten Beruf – nur noch drei bis unter sechs Stunden täglich tätig sein kann (§ 43 SGB VI). Volle Erwerbsminderung ist dann gegeben, wenn die Erwerbsfähigkeit derart eingeschränkt ist, dass Tätigkeiten auf dem Arbeitsmarkt weniger als drei Stunden täglich verrichtet werden können, § 43 SGB VI. Die Rente wegen teilweiser Erwerbsminderung bei Berufsunfähigkeit ist eine Sonderregelung für vor dem 2. Januar 1961 geborene Versicherte, § 240 SGB VI. Diese genießen aufgrund ihrer beruflichen Qualifikation Berufsschutz. Bis zum 31. Dezember 2000 galt noch der alte Begriff der Erwerbsunfähigkeit.

Zu unterscheiden sind also folgende Begriffe:

Invalidität

Dauernde Beeinträchtigung der Arbeitsfähigkeit bzw. der körperlichen oder geistigen Leistungsfähigkeit als Unfallfolge. Sie kann, muss aber nicht, zu einer Berufs- bzw. Erwerbsunfähigkeit führen.

Berufsunfähigkeit

Berufsunfähigkeit ist eine ärztlich bestätigte, dauernde Beeinträchtigung der Berufsausübung durch Krankheit, Unfall oder Invalidität.

Bei Berufsunfähigkeit kann man seinen ausgeübten Beruf nicht mehr ausführen. Die Kriterien der Berufsunfähigkeit sind enger gefasst als die der Erwerbsunfähigkeit. Bei einer Berufsunfähigkeit kann der Betroffene noch weiterhin einem anderen Arbeitsverhältnis nachgehen, das seiner körperlichen und geistigen Konstitution entspricht, er kann lediglich seinen ursprünglichen Beruf nicht mehr ausüben.

Dienstunfähigkeit

Der Beamte auf Lebenszeit ist in den Ruhestand zu versetzen, wenn er infolge eines körperlichen Gebrechens oder wegen Schwäche seiner körperlichen oder geistigen Kräfte zur Erfüllung seiner Dienstpflichten dauernd unfähig (dienstunfähig) ist. Als dienstunfähig kann der Beamte auch dann angesehen werden, wenn er infolge Erkrankung innerhalb eines Zeitraumes von sechs Monaten mehr als drei Monate keinen Dienst getan hat und keine Aussicht besteht, dass er innerhalb weiterer sechs Monate wieder voll dienstfähig wird. Bestehen Zweifel über die Dienstunfähigkeit des Beamten, so ist er verpflichtet, sich nach Weisung der Behörde ärztlich untersuchen und, falls ein Amtsarzt dies für erforderlich hält, auch beobachten zu lassen.

Beantragt der Beamte, ihn nach § 43 Abs. 1 in den Ruhestand zu versetzen, so wird seine Dienstunfähigkeit dadurch festgestellt, dass sein unmittelbarer Dienstvorgesetzter aufgrund eines amtsärztlichen Gutachtens über den Gesundheitszustand erklärt, er halte ihn nach pflichtgemäßem Ermessen für dauernd unfähig, seine Amtspflichten zu erfüllen.

Erwerbsunfähigkeit – neu Erwerbsminderung

Sie liegt vor, wenn der Versicherte infolge von Krankheit oder anderer Gebrechen auf nicht absehbare Zeit eine Erwerbstätigkeit nicht mehr ausüben kann.

▶ Hinweis

Man kann auf alle bei der Agentur für Arbeit verfügbaren Berufe verwiesen werden – ungeachtet seiner Qualifikation, Lebensstellung oder Zumutbarkeit!

Berufstätige, die **vor dem 2. 1. 1961 geboren** wurden, werden bei der Einstufung der Berufsunfähigkeit wie bisher behandelt. Sie erhalten jedoch nur die halbe Erwerbsminderungsrente.

Arbeitnehmern sichert die gesetzliche Rentenversicherung also nur einen Teil des letzten Nettoeinkommens. Vor Erfüllung einer Wartezeit von 5 Jahren hat man in der Regel keinen Anspruch auf Leistungen – ein wichtiger Aspekt für **Berufsanfänger**.

Ferner muss der Versicherte in den letzten fünf Jahren vor Eintritt des Leistungsfalles mindestens 36 Pflichtbeiträge geleistet haben.

▶ Beispiel

Bei Herrn Wester liegt seit dem 10. 6. 2006 volle Erwerbsminderung vor. In der Zeit vom 10. 6. 2001 bis 10. 6. 2006 müssen 36 Pflichtbeiträge zur GRV gezahlt worden sein.

Selbstständige sind finanziell auf sich allein gestellt.

Freiberufliche müssen trotz Leistungen der Versorgungswerke mit erheblichen finanziellen Lücken rechnen.

Bei **Beamten** vergrößert sich durch die Dienstrechts- und Versorgungsreform die Einkommenslücke erheblich. Gekürzte Anerkennung von Ausbildungszeiten sowie Versorgung nur noch aus der tatsächlich erreichten Stufe waren die gravierendsten Änderungen.

1.7 Berufsunfähigkeitsversicherung

Höhe der Erwerbsminderungsrente

Erwerbsfähigkeit in irgendeiner Tätigkeit auf dem Arbeitsmarkt	Art der Rente	Höhe der staatlichen Rente bei einem aktuellen Bruttoeinkommen von			
		1 500 €	2 000 €	2 500 €	3 000 €
6 und mehr Stunden	keine	0 €	0 €	0 €	0 €
zwischen 3 und unter 6 Stunden	halbe Erwerbsminderungsrente	ca. 255 €	ca. 340 €	ca. 426 €	ca. 512 €
weniger als 3 Stunden	volle Erwerbsminderungsrente	ca. 512 €	ca. 685 €	ca. 852 €	ca. 1 024 €

Da Herr Wester die Wartezeit erfüllt, 36 Pflichtbeiträge in den letzten fünf Jahren geleistet hat, erhielte er bei seinem Bruttoeinkommen von 3 000,00 € bei voller Erwerbsminderung ca. 1 024,00 € Rente aus der GRV, so dass er mindestens noch 800,00 € Berufsunfähigkeitsrente absichern muss. Bei halber Erwerbsminderungsrente fehlen ihm sogar ca. 1 300,00 € mtl.

▶ Hinweis

Bei voller Erwerbsminderungsrente darf Herr Wester maximal 350,00 € dazuverdienen, so dass ein eventueller Nebenjob auch keine Lösung zur Schließung der Versorgungslücke darstellt.

Statistiken zeigen die hohe Brisanz dieser Thematik: In Deutschland gibt es zum jetzigen Zeitpunkt über 2,2 Millionen Frührentner, die durch Krankheit oder einen Unfall arbeitsunfähig geworden sind. Jeder fünfte Angestellte und jeder dritte Arbeiter scheidet vor Erreichen des Rentenalters wegen Berufs- oder Erwerbsunfähigkeit aus dem Berufsleben aus.

Die häufigsten Ursachen der im Jahr 2004 neu bewilligten Erwerbsminderungsrenten sind in der folgenden Grafik zusammengestellt.

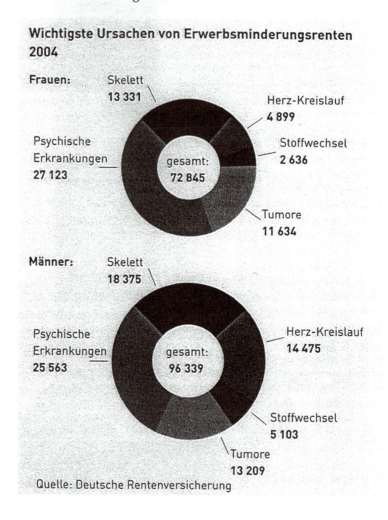

Renten wegen Erwerbsminderung werden grundsätzlich nur als Zeitrenten bewilligt. Sie werden längstens bis zum vollendeten 65. Lebensjahr gezahlt, danach werden sie in eine Altersrente in mindestens gleicher Höhe umgewandelt.

Rente bei voller Erwerbsminderung (alte Bundesländer)

Ein Versicherter mit ... Versicherungsjahren	hat folgenden Anspruch auf eine monatliche EM-Rente		
	bei einem insgesamt unterdurchschnittlichen Verdienst (70 % vom Durchschnitt = 0,7 EP*)	bei einem insgesamt durchschnittlichen Verdienst (100 % vom Durchschnitt = 1,0 EP*)	bei einem insgesamt überdurchschnittlichen Verdienst (130 % vom Durchschnitt = 1,3 EP*)
25	457 €	653 €	849 €
30	549 €	784 €	1 019 €
35	640 €	915 €	1 189 €
40	732 €	1 045 €	1 359 €
45	823 €	1 176 €	1 529 €

Rente bei voller Erwerbsminderung (neue Bundesländer)

Ein Versicherter mit ... Versicherungsjahren	hat folgenden Anspruch auf eine monatliche EM-Rente		
	bei einem insgesamt unterdurchschnittlichen Verdienst (70 % vom Durchschnitt = 0,7 EP*)	bei einem insgesamt durchschnittlichen Verdienst (100 % vom Durchschnitt = 1,0 EP*)	bei einem insgesamt überdurchschnittlichen Verdienst (130 % vom Durchschnitt = 1,3 EP*)
25	402 €	574 €	747 €
30	482 €	689 €	896 €
35	563 €	804 €	1 045 €
40	643 €	919 €	1 194 €
45	724 €	1 034 €	1 344 €

Die Werte sind bis zum 30. Juni 2006 gültig (ohne individuell anfallende Abschläge).

* EP = Entgeltpunkt. Einen Entgeltpunkt erhält man für ein Jahr Beitragszahlung nach dem statistischen Jahresdurchschnittsverdienst (2006 = 29 304,00 €).

Wer eine Rente wegen Erwerbsminderung vor dem 63. Lebensjahr bezieht, muss einen Rentenabschlag hinnehmen. Der für die Erwerbsminderungsrente geltende Abschlag bleibt in der Regel auch bei einer Folgerente (Alters- oder Witwen-/Witwerrente) bestehen.

Der Rentenabschlag beträgt bei Rentenbeginn im Alter von

Jahre/Monate		Prozent	Jahre/Monate		Prozent	Jahre/Monate		Prozent
60 und jünger		10,8	61		7,2	62		3,6
60	1	10,5	61	1	6,9	62	1	3,3
60	2	10,2	61	2	6,6	62	2	3,0
60	3	9,9	61	3	6,3	62	3	2,7
60	4	9,6	61	4	6,0	62	4	2,4
60	5	9,3	61	5	5,7	62	5	2,1
60	6	9,0	61	6	5,4	62	6	1,8
60	7	8,7	61	7	5,1	62	7	1,5
60	8	8,4	61	8	4,8	62	8	1,2
60	9	8,1	61	9	4,5	62	9	0,9
60	10	7,8	61	10	4,2	62	10	0,6
60	11	7,5	61	11	3,9	62	11	0,3
						63 und älter		0,0

Renten aus der gesetzlichen Unfallversicherung

Neben einer Versichertenrente aus der gesetzlichen Unfallversicherung wird Herrn Wester eine Rente wegen verminderter Erwerbsfähigkeit[1] nur gezahlt, soweit die Gesamtsumme einen bestimmten Höchstbetrag nicht überschreitet. Ausnahme: Die Rente aus der gesetzlichen Unfallversicherung wird für einen Unfall gezahlt, der sich nach Eintritt der Erwerbsminderung ereignet hat, oder der Leistungsanspruch beruht auf eigenen Beitragsleistungen beziehungsweise des Ehegatten.

1 bei Arbeitsunfällen ist eine Wartezeit nicht erforderlich

Die gefährlichsten und ungefährlichsten Berufe

Beruf	Anteil der BU-Renten an der gesetzlichen Rente der Jahre 1993–2002 (%)	Beruf	Anteil der BU-Renten an der gesetzlichen Rente der Jahre 1993–2002 (%)
Die gefährlichsten zehn Berufe		Die ungefährlichsten zehn Berufe	
Fahrzeugreiniger	87,0	Hochschullehrer	7,3
Eisenbahnschaffner	85,2	Arzt	7,3
Gleisbauer	77,4	Apotheker	7,4
Fahrbetriebsregler	70,0	Zahnarzt	7,9
Estrichleger	73,1	Physiker, Mathematiker	7,95
Energiemaschinist	68,6	Ingenieur	8,0
Pflasterer	64,9	Richter, Staatsanwalt	8,5
Gerüstbauer	62,4	Rechtsanwalt	9,1
Möbelpacker	61,3	Abgeordneter	9,8
Stuckateur	60,4	Wahlbeamter	9,8

▶ Zusammenfassung

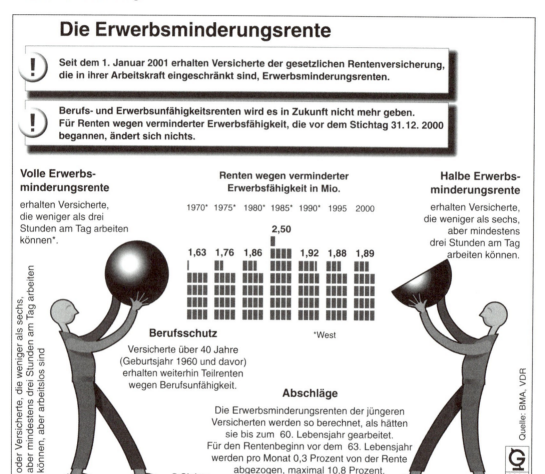

Resümee

Vor allem Jüngere können sich derzeit kaum auf die gesetzliche Erwerbsminderungsrente (EM-Rente) verlassen. Sie verlangt von den Arbeitnehmern, dass selbst Manager auch als Pförtner arbeitsunfähig sind, damit Erwerbsminderungsrenten gezahlt werden. Offen ist, ob die Koalition bei einer Rente mit 67 den restriktiven Schutz wieder ausweitet und die in der Tabelle dargestellten Versorgungslücken teilweise wieder schließt.

	junger Gutverdiener mit 3 400 € Monatsnettoeinkommen		älterer Gutverdiener mit 3 400 € Monatsnettoeinkommen	
tägliche Arbeitszeit	unter 3 Stunden	3 bis 6 Stunden	unter 3 Stunden	3 bis 6 Stunden
Renten- anspruch	volle EM-Rente	halbe EM-Rente	volle EM-Rente	halbe EM-Rente*
monatliche EM-Rente	1 374 €	687 €	1 475 €	738 €
Lücke zum Nettoverdienst	2 026 €	2 713 €	1 925 €	2 662 €

Gutverdiener stets mit höchsten Rentenbeträgen, jüngere nach 1. 2. 1961 geboren.
* Auch bei Berufsunfähigkeit. Quelle: DRV.

1.7.1 Private Berufsunfähigkeitsversicherung

Bei einer privaten Berufsunfähigkeitsversicherung handelt es sich um eine freiwillige Versicherung, die für jeden Berufstätigen empfehlenswert ist. Verbraucherverbände, Versicherungsratgeber und die Stiftung Warentest betrachten die Berufsunfähigkeitsversicherung als essentiell und dringend notwendig.

Die Berufsunfähigkeitsrente ist als **einzelner Vertrag** oder in der Form der **Zusatzversicherung** zu einer

- Risikolebensversicherung
- Kapitallebensversicherung
- Rentenversicherung
- Fondsgebundener Rentenversicherung
- Fondsgebundener Lebensversicherung

versicherbar. Der Hauptvorteil der Kombi-Variante besteht vor allem in der beitragsfreien Weiterführung des Hauptvertrages im Falle einer Berufs- oder Erwerbsunfähigkeit.

Da Herr Wester keine derartige Versicherung hat und noch keine abschließen will, bieten Sie ihm einen Einzelvertrag an. Die Berufsunfähigkeitsrente sollte seine Nettoeinkünfte nicht übersteigen. Empfehlenswert wären, da auch gesetzliche Ansprüche bestehen, ca. 70 % der Nettobezüge mit der Möglichkeit der Nachversicherungsgarantie an veränderte Verhältnisse (Karriere, Eheschließung usw.). Mit der Invaliditätsleistung aus seiner Unfallversicherung, die nur bei Unfällen leistet, kann er behindertengerechte Wohn- und Fahrverhältnisse schaffen und eine Geldreserve bilden.

1.7.1.1 Risikoprüfung

Damit die Proximus Versicherung das zu versichernde Risiko korrekt einschätzen kann, ist Herr Wester sowie ggf. die versicherte Person dazu verpflichtet, sämtliche Informationen, die für die Übernahme der Gefahr erheblich sind, bei Antragstellung anzugeben. Gefahrerheblich sind im Zweifel alle Angaben, nach denen die Proximus Versicherung im Antragsformular ausdrücklich fragt. Es gibt objektive Risiken und subjektive Risiken bei Herrn Wester.

Objektive Risiken sind solche, die der Versicherer eindeutig erfragen und kalkulieren kann. Dazu gehören insbesondere Angaben zum Gesundheitszustand sowie zu etwaigen Vorerkrankungen. Weiterhin zählen hierzu insbesondere Eintrittsalter, Geschlecht, Beruf, Sport- und Hobbyrisiken.

Subjektive Risiken sind solche, die nicht klar erfassbar und kalkulierbar sind. Hierzu zählen jene Risikofaktoren, die mit den individuellen Lebensumständen sowie den Persönlichkeitsmerkmalen der versicherten Person zu tun haben. Dazu gehören bestimmte Lebensgewohnheiten wie Alkohol-/Drogenkonsum, die persönliche Einstellung zu Körper und Gesundheit, Suizidgefahr, aber auch die finanzielle Situation des Antragstellers. Auch hierüber versuchen die risikotechnischen Fragen im BU-Antragsformular teilweise Aufschluss zu erlangen.

Darüber hinaus hat die Proximus Versicherung die Möglichkeit, Fragebögen zur Einschätzung von Vorerkrankungen oder sonstigen Risiken einzuholen bzw. eine Arztrückfrage zu halten.

Bei hohen Berufsunfähigkeitsrenten wird in der Regel auch eine finanzielle Risikoprüfung vorgenommen, um eine Überversorgung auszuschließen. Hierzu dienen z. B. Kopien der Einkommensteuerbescheide der letzten drei Kalenderjahre sowie spezielle Fragebögen zur finanziellen Risikoprüfung.

Neben den Gesundheitsfragen im Antragsformular werden ab einer bestimmten Größenordnung eine ärztliche Untersuchung inklusive HIV-Test sowie ggf. Labortests erforderlich (siehe Proximus Annahmerichtlinien).

Die meisten Lebensversicherer sind der so genannten „Mitteilungsstelle für Sonderwagnisse" angeschlossen. Hierüber erfährt ein Versicherer, ob für einen Antragsteller (Herrn Wester) bereits Vorversicherungen bei einer anderen Gesellschaft bestehen, die nur mit Erschwerung angenommen wurden bzw. ob schon einmal ein Antrag abgelehnt oder durch Rücktritt/Anfechtung aufgehoben wurde.

Zum Ausgleich eines erhöhten Risikos gibt es verschiedene Möglichkeiten. Die gängigsten Maßnahmen werden in der nachfolgenden Übersicht aufgezählt.

Maßnahmen zum Ausgleich erhöhter Risiken

- **Erhebung eines Risikozuschlags;** auch temporär möglich
- **Staffelung der Versicherungssumme**
  Sie findet Anwendung, wenn eine Risikoerhöhung als nur vorübergehend eingeschätzt wird. Hierzu ein Beispiel:
  Stirbt die versicherte Person im ersten Jahr, erhält der Bezugsberechtigte nur 20 % der Versicherungsleistung, bei Tod im 2. Jahr beträgt die Versicherungsleistung 40 % usw.
- **Zurückstellung des Risikos für einen bestimmten Zeitraum**
  Juristisch betrachtet handelt es sich hierbei um die Ablehnung des Antrags mit der Bereitschaft seitens des Versicherers, das Risiko zu einem späteren Zeitpunkt erneut zu prüfen.
- **Leistungsausschluss in der Berufsunfähigkeits-Zusatzversicherung**
  Hier werden die ausgeschlossene Vorerkrankung sowie deren Folgen bei der Prüfung der Anspruchsvoraussetzungen im Leistungsfall nicht berücksichtigt. Auf Anfrage sind manche Versicherer je nach zugrunde liegendem Krankheitsbild bereit, nach einem angemessenen Zeitraum neu zu prüfen, ob die Klausel für die Zukunft entfallen kann.
- **Schlussaltersbegrenzung**
  Durch eine Schlussaltersbegrenzung werden die Versicherungsjahre mit der höchsten Schadenwahrscheinlichkeit vom Versicherungsschutz ausgeschlossen. Die Schlussaltersbegrenzung wird häufig auch als Alternative zum Risikozuschlag angeboten.

Juristisch betrachtet ist ein Erschwerungsangebot seitens des Versicherers ein neuer Antrag, dem der Antragsteller schriftlich zustimmen muss.

1.7.1.2 Antragsprüfung

- **Risikoeinschätzung**
  Jeder VR schätzt das Risiko für eine BU nach eigenen Regeln ein. Ausschlusslisten bieten eine Orientierung – letztlich entscheiden die Gesellschaften individuell.
- **Berufe**
  Akrobaten oder Leibwächter leben gefährlich, auch Künstler, Sportstudiobetreiber, Abo-Werber und Stewardessen erhalten häufig nur schwer BU-Schutz. Lehrer häufig nur Rente bis 55 Jahre.
- **Krankheiten**
  Bei bestehenden Bandscheibenschäden, Tumoren, Allergien, Asthma und psychischen Leiden werden diese abgelehnt, vom Versicherungsschutz ausgeschlossen oder mit hohen Zuschlägen belegt.

> ■ **Hobbys**
> Drachenfliegen, Catchen, Tiefseetauchen, Autorennen oder Ultraleichtfliegen kosten vielfach mehr als 50 Prozent Prämienzuschlag.

Antragsfragen (besonders zum Gesundheitszustand) müssen unbedingt vollständig und wahrheitsgemäß beantwortet werden. Anderenfalls könnte der Versicherungsschutz gefährdet sein. Die Proximus Versicherung kann den Vertrag selbst zehn Jahre nach Antragstellung noch wegen arglistiger Täuschung anfechten. Herr Wester sollte die Gesundheitsfragen in Ruhe und bei unklaren Gesundheitsverhältnissen in Übereinstimmung mit dem Arzt beantworten.

BU-Berufsgruppeneinteilung Proximus Versicherung

Gruppe 1	Gruppe 2
Akademiker wie Ärzte, Rechtsanwälte, Wissenschaftler	Personen mit überwiegend kaufmännischer Tätigkeit
30 % Rabatt auf Normaltarif	Normaltarif
Gruppe 3	**Gruppe 4**
Personen mit überwiegend handwerklichen Tätigkeiten, z. B. Feinmechaniker	Personen mit schweren körperlichen Tätigkeiten, z. B. Maurer
20 % Zuschlag auf Normaltarif	Direktionsanfrage

Empfehlenswerte BU-Versicherungsbedingungen sollten folgende neun Punkte enthalten

Verweisungsverzicht	Sechs-Monats-Prognose eines Mediziners – dann Berufsunfähigkeitsrente	rückwirkende Anerkennung einer BU
Kein Beitrag bei Leistungsprüfung	Befolgung – ärztliche Anordnung –	Rücktritt des Versicherers maximal 5 Jahre, nur in schweren Fällen 10 Jahre
weltweiter Versicherungsschutz	Dienstunfähigkeitsklausel bei Beamten vereinbaren	Erwerbsminderung in der GKV

1.7.2 Alternativen zur Berufsunfähigkeitsversicherung

Neben der Berufsunfähigkeitsversicherung werben noch vier Versicherungsprodukte um Kunden.

Die Vor- und Nachteile der Einkommenssicherungen

Angebot	Leistungen bei ...	Was ist nicht versichert?	Wer erhält einen Vertrag?	Rente oder Einmalzahlung?
Berufsunfähigkeitsversicherung	... 50 % Invalidität und mehr	Geringere Invalidität, es gibt individuelle Ausschlüsse	Gesunde Erwachsene ohne Vorerkrankungen, ohne riskante Berufe und Hobbys	Rente bis Vertragsende
Erwerbsunfähigkeitspolice	... keine oder sehr geringe Arbeitsfähigkeit	Geringe und mittlere Invalidität	Police ist auch bei Problemberufen noch bezahlbar	Rente bis Vertragsende
Unfallversicherung	... dauerhaftem Gesundheitsschaden, bei Rente mindestens 50 % Invalidität	Alle Krankheiten	Alle, außer Menschen mit Höchstrisikojobs, alte Senioren und Schwerkranke	Anteilige Versicherungssumme analog zum Schädigungsgrad oder lebenslange Rente
Dread-Disease-Police	... schweren Krankheiten	Psychische und chronische Leiden	Auch Personen mit Risikoberuf und -Hobby, aber Ausschluss von Vorerkrankung	Einmalauszahlung der vereinbarten Versicherungssumme
Grundfähigkeitspolice	... Verlust der selbstständigen Lebensführung	Psychische Leiden, eine nur geringe Schädigung	Police versichert eine größere Anzahl an Risikoberufen und Hobbys als die BU	Rente bis Vertragsende

1.7.3 Beitragsberechnung für Herrn Wester

Kaufmännischer Angestellter = Normaltarif Gruppe 2
ohne Zu- bzw. Abschläge der Prämie – siehe Proximus Versicherung Seite 45

Laut Tarif S 34: 1 200,00 € – 24,00 € Stückkosten = 1 176,00 € Nettobeitrag

EA 39 Jahre – im Versicherungsfall erfolgt eine Rentenzahlung bis zum 65. Lebensjahr und die Beitragszahlung entfällt – danach tritt die Altersversorgung ein

garantierte Rente von	819,29 €
mit Bonusrente (nicht garantiert)	1 327,25 €

Für 819,29 €
garantierte Rente   berechnet Proximus   1 176,00 € Jahresprämie
                                         +   24,00 € Stückkosten p. a.
                                         1 200,00 € Gesamtprämie

bei jährlicher Zahlweise.

Für 1 300,00 €
garantierte Rente   berechnet Proximus   1 866,01 € Jahresprämie
                     dann   +   24,00 € Stückkosten p. a.
                                         1 890,01 € Gesamtprämie

bei jährlicher Zahlweise.

Herr Wester möchte monatlich seine Beiträge entrichten. In diesem Fall beträgt der Ratenzuschlag 5 Prozent und die monatlichen Stückkosten ohne Ratenzuschlag 2,00 €.

Zwei Vorschläge für Herrn Wester ➡	1 300,00 € Garantierente 2 106,00 €[1] mit Bonusrente*	819,29 € Garantierente 1 327,25 € mit Bonusrente*
Jahresprämie ohne Stückkosten	1 866,01 €	1 176,00 €
+ Ratenzuschlag 5 %	93,30 €	58,80 €
Jahresbeitrag inkl. Ratenzuschlag	1 959,31 €	1 234,80 €
Monatsbeitrag	163,28 €	102,90 €
+ Stückkosten	2,00 €	2,00 €
Monatsbeitrag	165,28 €	104,90 €

* nicht garantiert – sie kann höher oder niedriger je nach Geschäftserfolg der Proximus Versicherung ausfallen
1 Berechnung erfolgt im Dreisatz: Für 819,29 € Garantierente erhält man 1 327,25 € Gesamtrente – wie viel erhält man dann für 1 300,00 € Garantierente?

Bei einer laufenden Gewinnverrechnung würde der Monatsbeitrag sinken. Ohne Beitragsverrechnung, wie bei der Proximus Versicherung, erhöht sich die Rentenzahlung, so dass Herr Wester mit der Garantierente von **819,29 €** + der Gewinnrente insgesamt eine monatliche Rente von 1 327,25 € erhält und damit richtig beraten ist. Im anderen Berechnungsbeispiel könnte eine Rentenzahlung einschließlich Bonus zu einer nicht gewollten Überversorgung führen.

1.7 Berufsunfähigkeitsversicherung

▶ **Beispiele für die Höhe der Beiträge bei unterschiedlichen Lösungen**

versicherte Person:	männlich – 26 Jahre EA
Berufsgruppe:	2 / Kaufmännischer Beruf
Versicherungs- und Leistungsdauer:	39 Jahre
Monatsrente garantiert:	1 300,00 €[1]
und Beitragsbefreiung der BU-Vers.	
mit Bonusrente monatlich:	2 106,00 €[1]

Berufsunfähigkeitsversicherung	Monatsbeitrag*	
Vertragsarten	Brutto ohne Gewinnverrechnung – aber mit Bonussystem	Netto mit Gewinnverrechnung – daher keine Bonusrente
Selbstständige Berufsunfähigkeitsversicherung 1 300,00 € mtl. garantiert	112,67 €	87,78 €[1]
Risikoversicherung mit einer Versicherungssumme von 100 000,00 € und BUZ 1 300,00 €	190,57 €[1]	130,08 €[1]
Kapitalbildende Lebensversicherung mit einer Versicherungssumme von 100 000,00 € und BUZ 1 300,00 €	281,96 €[1]	258,21 €[1]

1   Nicht bei Proximus im Angebot
*   Die Beiträge können im Rahmen der „sonstigen Vorsorgeaufwendungen" geltend gemacht werden.
    Die Rente die im Leistungsfall gezahlt werden, sind nur in Höhe des Ertragsanteils einkommensteuerpflichtig.

1   Mit dem Dreisatz errechnen – Proximus Seite 45.

▶ **Hinweise**

Aufgrund der unterschiedlichen Berufsinhalte ist bei Frauen in der Regel eine günstigere Kalkulation möglich.

Folgende Begriffe zur Berufsunfähigkeitsversicherung sollten Sie kennen und gegebenenfalls im Lehrbuch Kapitel 5 erarbeiten.

- Versicherungsdauer
- Leistungsdauer
- 50 % Berufsunfähigkeit
- Leistungsstaffelung
- Pflegebedürftigkeit
- Leistungen der BUZ
- Nachweise im Versicherungsfall
- Leistungsbeginn der BUZ
- vier Ausschlüsse
- Verweisungsklausel abstrakte/konkrete
- Dynamik
- steuerliche Behandlung der Leistung – § 55 EStDV
- Rücktritt wegen Verletzung der vorvertraglichen Anzeigepflicht

Übungen

1. Aufgabe mit Lösungshinweisen

Situation

Basisdaten

Frau Regina Regner, 28 Jahre alt, kaufmännische Angestellte, kein erhöhtes Risiko

Bestehende Versorgung

Keine sonstigen Verträge Hausrat, PHV

Versorgungsanalyse

Nettolohn 3000,00 € durch gesetzliche Ansprüche ca. 30 Prozent abgedeckt
Ferner sollte Frau Regner die Lücke im Alter und bei Pflege abdecken – doch zunächst ist die Berufsunfähigkeitsdeckung die wichtigere Absicherung.

Vorschlag

Sie sollte mit monatlich 2 100,00 € Berufsunfähigkeitsrente einschließlich der Bonusrente die Versorgungslücke abdecken.

Kundenpräferenzen

Frau Regner bittet Sie zu berechnen:

a) den Jahresbeitrag sowie die entsprechende Rente
b) den Halbjahresbeitrag sowie die entsprechende Rente
c) den Vierteljahresbeitrag sowie die entsprechende Rente
d) den Monatsbeitrag sowie die entsprechende Rente

Lösungshinweise

Tarif S 35 – Frauen Seite 46

Monatsrente   1 517,44 € ≙
(Jahresprämie 1 200,00 € – Stückkosten 24,00 €) = 1 176,00 €
                                                    Nettoprämie

Berechnung

Gewünschte Rente   2 100,00 € ≙
(Jahresprämie 1 651,48 € – Stückkosten 24,00 €) = 1 627,48 €[1]
                                                    Nettoprämie

---

[1] **Nebenrechnung:** Für eine Monatsrente von 1 517,44 € zahlt man eine Nettoprämie p. a. von 1 176,00 €. Für eine Monatsrente von 2 100,00 € zahlt man eine Nettoprämie p. a. von X €

Bei jährlicher Zahlweise
  1 627,48 € Nettoprämie plus 24,00 € Stückkosten   = 1 651,48 €
Bei 1/2jährlicher Zahlweise
  1 627,48/1,960784 = 830,01 € + 12,00 € Stückkosten = 842,01 €
Bei 1/4jährlicher Zahlweise
  1 627,48/3,883491 = 419,08 € + 6,00 € Stückkosten = 425,08 €
Bei 1/12jährlicher Zahlweise
  1 627,48/11,42857 = 142,40 € + 2,00 € Stückkosten = 144,40 €

Protokoll erstellen und unterschreiben lassen.

2. Aufgabe

Situation

Sie wollen in einem Flyer Ihre Kunden über entstehende Versorgungslücken bei Berufs- bzw. Erwerbsunfähigkeit informieren.

In der Projektgruppe werden Ihnen dazu folgende Fragen gestellt:

a) In welche Zielgruppen müssen Sie den Agenturbestand selektieren?
b) Bis zu wie viel Jahren ist eine Versicherbarkeit bei Proximus möglich?
c) Wann wird die volle oder halbe Erwerbsminderungsrente aus der GRV gezahlt?
d) Wo liegt der Unterschied zwischen einer Berufsunfähigkeit, einer Erwerbsunfähigkeit bzw. einer Dienstunfähigkeit?
e) Wie hoch ist bei einem Nettoeinkommen von 2 500,00 € die durchschnittliche Erwerbsminderungsrente (halbe/volle)?
f) Was sind die drei häufigsten Ursachen, die zu einer Erwerbsminderung bei Frauen und Männern führen?
g) Wie hoch ist der maximale Rentenabschlag bei vorzeitigem Rentenbezug?

Beraten sie Ihre Kollegen und begründen Sie Ihre Aussagen.

3. Aufgabe

Situation

Sie sind in der Antragsabteilung (BU) der Proximus Versicherung tätig. Sie stellen für zwei neue Mitarbeiter Punkte zusammen, auf die die Kollegen bei der Antragsprüfung achten und angemessen reagieren müssen:

a) Beruf
b) Hobbys
c) Geschlecht
d) Alter/Höchstalter

e) Höhe der Berufsunfähigkeitsrente
f) Gesundheitsprüfung
g) Gewinnverwendung

Zur Kontrolle haben sich Ihre Kollegen nachfolgendes Beispiel ausgesucht:

Karl Froitzheim, Fliesenleger, 33 Jahre, selbstständig, 3 200,00 € Berufsunfähigkeitsrente (garantierte Rente); Höhe der Gesamtrente xxxx,00 €; Dauerproblem mit dem linken Kniegelenk, monatliche Zahlweise, Hobby: Tischtennis; keine sonstigen Erkrankungen

Aufgabe

a) Wenden Sie die vorgegebenen Kriterien auf den Proximus-Tarif an.
b) Prüfen Sie anhand der Kriterien das vorgegebene Risiko.

4. Aufgabe

Situation

Aufgrund Ihres Info-Schreibens meldet sich das Ehepaar Gustav und Eva Nordmann. Sie sind beide an dem Abschluss einer Berufsunfähigkeitsversicherung interessiert.

Kundendaten

Gustav Nordmann ist 45 Jahre, Hochschullehrer, beide wohnhaft in Hamburg, Nettoverdienst 3 500,00 €

Eva Nordmann ist 42 Jahre, im Buchhandel als Angestellte tätig, Nettoverdienst 1 500,00 €

Bestehende Verträge

Neben Sach- und Haftpflichtversicherungen, Riester-Verträge, private Lebensversicherung über je 100 000,00 € Ablaufsumme. Beide haben Ansprüche an die GRV.

Vorsorgeanalyse

Sie ermitteln, dass im Falle einer Berufsunfähigkeit und einer Pflege Lücken bestehen. Sie bieten dem Ehepaar eine Berufsunfähigkeits- und eine Pflegeversicherung an. Zunächst möchte das Ehepaar den dringlichsten Schutz (BU) abschließen, und zwar mit 60 % der letzten Nettobezüge. Das Ehepaar wünscht 1/2-jährliche Zahlweise.

Aufgabe

Unterbreiten Sie Eva und Gustav Nordmann ein Angebot.

Lösungshilfen

Vorsorgevorschlag unterbreiten und Beitragsberechnung lt. Proximus-Tarif vornehmen.

- Tarifvorschlag
- Höhe der Garantierente ermitteln
- Höhe der Bonusrente ermitteln und die Bildung dieses Wertes erklären
- spätere Lohnsteigerungen berücksichtigen
- Halbjahresbeitrag je Person ermitteln
- Protokoll erstellen

5. Aufgabe

Situation

Der Kunde Albrecht Tewes, Rechtsanwalt – 40 Jahre alt, hat Ihnen auf die Sprach-Mailbox gesprochen und um Rückruf gebeten. In einem Verbrauchermagazin sind mehrere Versicherungen zur Einkommenssicherung aufgeführt. Sie haben ihm aber nur die Berufsunfähigkeitsversicherung im kürzlich versandten Infobrief angeboten.

Aufgabe

Sie bereiten den Rückruf vor. Notieren Sie die Vor- und Nachteile dieser Einkommenssicherungspolicen in einer Tabelle.

1.8 Kapitalversicherung

▶ Situation

Sie haben Herrn Winter auf einer Informations-Messe über Kapitalanlagen in München kennen gelernt. Herr Winter wurde auf Sie aufmerksam durch folgendes Plakat:

Die wichtigsten Änderungen bei der privaten Vorsorge für alle Vertragsabschlüsse seit dem 1. 1. 2005:

- Bei Kapitalzahlungen am Vertragsende sind die Erträge vollständig zu versteuern – Todesfallleistungen bleiben weiterhin steuerfrei.
- Bei Kapitalzahlungen nach dem 60. Lebensjahr und mindestens zwölf Jahren Laufzeit werden die Erträge nur zur Hälfte besteuert.
- Als „steuerpflichtiger Ertrag" wird der Betrag angesetzt, der sich durch Subtraktion der eingezahlten Beiträge vom ausgezahlten Betrag ergibt. Man spricht dabei auch von der „Wertsteigerung" des Vertrags.
- Der Sonderausgabenabzug für Beiträge zu Lebensversicherungen mit Vertragsbeginn ab 2005 entfällt.

In einem persönlichen Gespräch vertiefen Sie die Beratung und nehmen den nachfolgenden Kundenbogen auf:

Kundendaten / Beratungsablauf / Proximus Versicherung

	Kunde	Partner	Kind 1	Kind 2
Basisdaten Name: Wohnort: Straße und Hausnummer: Geschlecht: Geburtsdatum/Alter: Familienstand: Berufsstatus: Krankenversicherung: Bruttoeinkommen: Nettoeinkommen:	Karl Winter München Marsweg 3 männlich 35 Jahre verheiratet Elektriker BKK Höchst 34 000,00 € p. a.	Ursula Winter wie Ehegatte weiblich 30 Jahre verheiratet Verkäuferin BKK Höchst 16 000,00 € p. a.	Bruno Winter männlich 4 Jahre	
Bestehende Versorgung gesetzliche V-Ansprüche: private V-Ansprüche: sonstige Einkünfte im Alter:	GRV versichert Zulagenrente Kapitalbildende Lebensversiche- rung Versiche- rungssumme: 20 000,00 € Beginn: 1. 12. 94 Beitrag mtl. 50,00 € zzt. nein	GRV versichert Zulagenrente zzt. nein		
Versorgungsanalyse/ Versorgungslücke Invalidität: Alter: Hinterbliebenen: Pflege:	 900,00 € 670,00 € 1 000,00 €	 700,00 € 514,00 €		
Optimierungswunsch (Profil) des Kunden steuerliche Belastung: Sozialabgaben: besondere Sparziele:	 Herr Winter hat vor Jahren eine kapitalbildende Lebensversiche- rung abgeschlos- sen und ist hiervon sehr überzeugt			

1.8 Kapitalversicherung

Kundendaten / Beratungsablauf / Proximus Versicherung

	Kunde	Partner	Kind 1	Kind 2
Versorgungsvorschläge Einzelprodukt/Produktportfolio Invalidität: Alter: Hinterbliebenen: Pflege:	Rentenversicherung in der Schicht 3 mit Todes- oder Hinterbliebenenabsicherung, Berufsunfähigkeitsversicherung	Rentenversicherung, Berufsunfähigkeitsversicherung		
Beratungsprotokoll erstellen unterzeichnen lassen		derzeit keine Berufsunfähigkeitsversorgung gewünscht		
Sonstige Verträge des/der Kunden	Hausratversicherung, Privathaftpflichtversicherung, Unfallversicherung			

Zunächst zeigen Sie Herrn Winter die Versorgungssituation anhand der nachstehenden Übersicht, aus der Herr Winter selbst seine Versorgungslücke erkennen kann.

Durch die Rentenreform haben Arbeitnehmer erneut drastische Einschnitte zu erwarten.

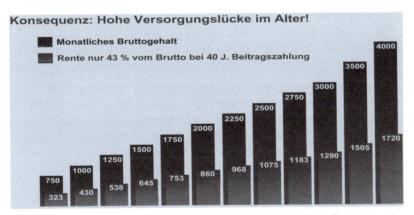

Quelle: Die gesetzliche Rentenversicherung in Zahlen 2004 („Welche Rente zu welchem Beitrag")

Herr Winter hatte vor einigen Jahren eine Kapitalversicherung abgeschlossen und war von dem Vertragsabschluss und Ziel des Vertrages sehr überzeugt. Aufgrund der Gesetzesänderung ist er jedoch ganz verunsicher und bittet Sie, die Auswirkungen auf seinen Vertrag noch einmal aufzuzeigen.

▶ Erläuterung

Herr Winter hat die Kapitalversicherung vor mehr als zwölf Jahren abgeschlossen, um Versicherungsschutz rund um die Uhr in der Freizeit, im Berufsleben, in der Ausbildung und bei Reisen ins Ausland zu haben.

Eine Entscheidung für die Kapitalversicherung war immer von der individuellen Situation des Einzelnen abhängig. Für Personen ohne Hinterbliebene ist eine Lebensversicherung sicherlich die teuerste Variante, um ein Vermögen aufzubauen. Das liegt daran, dass ein beträchtlicher Teil des zu zahlenden Beitrages für das Todesfallrisiko verwandt wird.

Die Kapitalversicherung – auch als gemischte Lebensversicherung bekannt – bietet finanzielle Sicherheit für eine bedarfsgerechte Absicherung der Hinterbliebenen durch einen Todesfallschutz und eine richtige Ergänzung der Altersvorsorge.

Bei vielen Verträgen ist die Versicherungssumme für den Todes- und den Erlebensfall gleich hoch. Statt gleich hoher Versicherungssummen für den Todes- und den Erlebensfall ist es vielfach auch möglich, den Versicherungsschutz individuell anzupassen. Bei einer jungen Familie dürfte z. B. das Todesfallrisiko – die Absicherung der Hinterbliebenen bei Tod des Versicherten – zunächst eine wesentlich höhere Priorität haben als die Versorgung im Erlebensfall, wenn zum Sparen überhaupt ausreichende finanzielle Mittel zur Verfügung stehen. Hier bietet sich an, eine Kapitalversicherung abzuschließen, bei der die im Todesfall ausgezahlte Versicherungssumme beispielsweise das Doppelte oder ein Mehrfaches der im Erlebensfall gezahlten Summe beträgt.

Die Kapitalversicherung war in der Vergangenheit mit Abstand die am meisten gefragte Lebensversicherung in Deutschland. Statistisch betrachtet hat jeder Bundesbürger eine Kapitalversicherung abgeschlossen. Ein wichtiger Grund hierfür war sicherlich die steuerliche Begünstigung dieses Versicherungsprodukts, insbesondere bis zur Änderung der steuerlichen Voraussetzungen zum 1. 1. 2005.

Was hat Herr Winter bei der Auszahlung der Erlebensfallleistung eines Neuvertrages steuerlich zu beachten?

Wird eine heute neu abgeschlossene Versicherung nach zwölf Jahren Laufzeit oder später ausgezahlt und wurde das 60. Lebensjahr erreicht, unterliegt die Auszahlungssumme abzüglich der gezahlten Beiträge „nur" zu 50 % der Einkommensteuer. Wird hingegen vor dem 60. Lebensjahr die Auszahlung vorgenommen oder die Vertragslaufzeit von

1.8 Kapitalversicherung

zwölf Jahren unterschritten, so unterliegt die Auszahlungssumme abzüglich der gezahlten Beiträge der vollen Besteuerung.

Sie erläutern Herrn Winter die Auswirkungen einer solchen Regelung. Würde er heute eine Kapitalversicherung abschließen mit einem Jahresbeitrag von 1 200,00 € – Gesamteinzahlung über 25 Jahre = 30 000,00 € – und einer voraussichtlichen Ablaufleistung von 49 400,00 €, ergibt sich folgende Darstellung:

volle Besteuerung: (keine 12 Jahre Vertragslaufzeit / Auszahlung vor dem 60. Lebensjahr)

19 400,00 € Differenz zur Auszahlungssumme	Hierauf zu entrichtende Steuer bei einem angenommenen persönlichen Steuersatz von 30 %: 5 820,00 € (zuzüglich Solidaritätszuschlag und Kirchensteuer)
30 000,00 € gezahlte Beiträge	Steuerfrei

hälftige Versteuerung: (12 Jahre Vertragslaufzeit / Auszahlung der Leistung ab dem 60. Lebensjahr)

9 700,00 € hälftige Differenz zur Auszahlungssumme	Hierauf zu entrichtende Steuer bei einem angenommenen persönlichen Steuersatz von 30 %: 2 910,00 € (zuzüglich Solidaritätszuschlag und Kirchensteuer)
9 700,00 € hälftige Differenz zur Auszahlungssumme	Steuerfrei
30 000,00 € gezahlte Beiträge	

In diesem Fall könnten bei der Beachtung der richtigen steuerlichen Behandlung insgesamt 2 910,00 € an Steuerlast gespart werden.

Für Verträge, die nach dem 1. 1. 2005 abgeschlossen werden, entfällt zudem die steuerliche Absetzbarkeit als Sonderausgabe.

Wie auch bei laufenden Rentenleistungen ist das Versicherungsunternehmen verpflichtet, die Auszahlungsleistung an eine zentrale Stelle bei der Deutschen Rentenversicherung mitzuteilen (wie bei der Rentenbezugsmitteilung). Diese zentrale Stelle führt die Daten zusammen und leitet sie ans Finanzamt weiter. Der Versicherungsnehmer erhält eine entsprechende Bescheinigung vom Versicherungsunternehmen für seine persönliche Steuererklärung.

▶ Situation

Herr Winter möchte nun einen höheren Monatsbeitrag zu seiner bestehenden Kapitalversicherung zahlen, da er aufgrund der stets größer werdenden Versorgungslücke im Rentenalter weniger zur Verfügung hat. Herr Winter möchte daher seine Versicherungssumme und damit die Ablaufleistung erhöhen. Zum anderen ist Herr Winter begeisterter Wassersportler und möchte seinen Hinterbliebenenschutz erweitern.

▶ Erläuterung

Bis zum 31. 12. 2004 abgeschlossene Kapital-Lebensversicherungen besitzen noch den Vorteil, dass unter gewissen Voraussetzungen die im Auszahlungsbetrag enthaltenen Erträge – Zinsanteile – steuerfrei sind.

Bedingungen für die steuerliche Vorzugsbehandlung waren bis 31. 12. 2004:

- Der mit der Versicherung vereinbarte Todesfallschutz muss mindestens 60 % der Versicherungssumme betragen.
- Mindestens fünf Jahre lang müssen Beiträge eingezahlt werden.
- Der Vertrag muss mindestens zwölf Jahre bestehen.

Werden diese Voraussetzungen nicht eingehalten, sind die Erträge kapitalertragsteuerpflichtig.

Daraufhin erläutern Sie Herrn Winter Folgendes:

„Ihr Vertrag, Herr Winter, erfüllt derzeit alle Voraussetzungen für eine steuerfreie Auszahlung der Ablaufleistung. Die Vertragsänderung – hier die Erhöhung der Versicherungssumme – ist an besondere Vorschriften der Finanzämter gebunden."

In verschiedenen Erlassen der Finanzverwaltung (zuletzt in der Verfügung der Oberfinanzdirektion Kiel vom 2. 5. 1996, S 2252 A-St 111) wird eine Vertragsänderung – insbesondere bei jeder Änderung des Beitra-

1.8 Kapitalversicherung

ges, der Versicherungsdauer oder der Versicherungssumme – mit einer Novation (= Neuabschluss) gleichgesetzt.

Die steuerliche Behandlung einer Vertragsänderung als Novation hat zur Folge, dass im Zeitpunkt der Vertragsänderung der Versicherungsvertrag als beendet und ein neuer Vertrag als abgeschlossen gilt. Nach jeder Vertragsänderung würde also die steuerliche Mindestvertragsdauer neu zu laufen beginnen.

Folgende Änderungen sind laut Rechtsprechung steuerunschädlich:

- Änderung der Zahlungsweise
- Einschluss/Ausschluss einer Zusatzversicherung
- Erhöhung der Versicherungssumme innerhalb der Dynamik
- Wechsel des Versicherungsnehmers

Herr Winter sollte deshalb die Erhöhung der Versicherungssumme nicht vornehmen, um seine steuerlichen Vorteile – insbesondere bei der Auszahlung der Erlebensfallleistung seines bestehenden Vertrages – nicht zu gefährden.

Für die Absicherung des Hinterbliebenenschutzes ist der sofortige Einschluss der Unfall-Zusatzversicherung für einen sehr geringen Beitrag möglich. Zielgruppe sind Personen, deren Leben aufgrund beruflicher Tätigkeit oder individueller Freizeitgestaltung erhöht unfallgefährdet ist.

Tritt der Tod der versicherten Person als Folge eines Unfalles innerhalb eines Jahres nach dem Unfall und während der Versicherungsdauer ein, wird die vereinbarte Versicherungssumme aus der Unfall-Zusatzversicherung fällig.

Damit im Falle des Todes von Herrn Winter durch einen Unfall nicht nur die vereinbarte Versicherungssumme aus der Kapitalversicherung fällig wird, möchte er im Falle des Unfalltodes zusätzlich eine Summe von 20 000,00 € versichern.

Für die Unfall-Zusatzversicherung erheben Sie gemäß des Proximus-Tarifauszuges 1‰ pro 1 000,00 € Versicherungssumme – siehe Seite 6 des Bedingungswerkes 1.

Es ergibt sich nun ein jährlicher Mehrbeitrag für die Unfall-Zusatzversicherung von 20,00 €.

Da Herr Winter seinen Beitrag monatlich entrichtet, rechnen Sie für ihn den Mehrbeitrag für die Unfall-Zusatzversicherung um:

jährlicher Mehrbeitrag	20,00 €
20,00 : 11,428571 (Faktor 1/12) =	1,75 €

Damit würde der neue monatliche Beitrag bei Einschluss der Unfall-Zusatzversicherung 51,75 € betragen (50,00 € für die Kapitalversicherung und 1,75 € für die Unfall-Zusatzversicherung).

Eine wichtige Alternative zur Unfall-Zusatzversicherung bietet die Risikoversicherung, die eine Absicherung rund um die Uhr und alle Todesfolgen – einschließlich der Selbsttötung nach 3-jähriger Vertragslaufzeit – umfasst. Auch eine Unfallversicherung kann hier eine sinnvolle Ergänzung sein, da hier nicht nur ausschließlich Hinterbliebene abgesichert werden.

Aufgrund der steuerlichen Änderungen in den letzten Jahren empfehlen Sie Herrn Winter – insbesondere aufgrund der verbesserten Ertragsanteilbesteuerung für private Rentenversicherungen –, eine private Rentenversicherung abzuschließen. Hier kann Herr Winter die Versorgungslücke schließen und hat gleichzeitig die Möglichkeit, Risiken wie z. B. Tod oder Berufsunfähigkeit als Zusatzbausteine abzusichern.

Zudem wahrt er alle Vorteile wie z. B.:

- eine garantierte Verzinsung für die gesamte Laufzeit
- Absicherung von biometrischen Risiken (Tod, Langlebigkeit, Invalidität)
- Vererblichkeit
- Beleihbarkeit während der Vertragslaufzeit
- Freie Wahl des Begünstigten für eine Leistung aus dem Vertrag
- Kapitalabfindung ist möglich, aber es ist die Versteuerung der Leistung zu beachten
- Flexibler Beginn der Leistung wählbar
- Einkommensteuerfreie Todesfallleistung, wenn der Baustein ausgewählt wird.

Beim Neuabschluss der privaten Rentenversicherung sollte man bereits jetzt schon an die Zukunft denken, da das Einkommen und der Lebensstandard mit der Zeit steigt. Damit ergeben sich wachsende Ansprüche an die spätere Versorgung und damit an die Höhe der Leistung.

Bei einer dynamischen Rentenversicherung erhöhen sich die garantierten Leistungen und Beiträge in regelmäßigen Abständen. Maßstab für die Erhöhung ist bei der Proximus Versicherung die Steigerung des Höchstbeitrags in der gesetzlichen Rentenversicherung. Damit reduziert sich die Gefahr, dass wieder eine neue Versorgungslücke entsteht.

Übungen

1. Aufgabe

Situation

Kerstin Schulz hat eine Lebensversicherung mit einer Unfall-Zusatzversicherung abgeschlossen. Sie hat in einer Fernsehsendung erfahren, dass viele Arbeitnehmer nicht ausreichend gegen die wirtschaftlichen Folgen von Freizeitunfällen abgesichert sind.

Frau Schulz möchte gerne von Ihnen wissen, ob ihr Versicherungsschutz ausreicht und was ihr der Abschluss einer zusätzlichen Unfallversicherung bieten würde.

Aufgabe

Beraten Sie Frau Schulz.

2. Aufgabe

Situation

Rainer Holtmann, 35 Jahre, möchte 150,00 € im Monat in eine Kapitalversicherung einzahlen und kann hierfür eine voraussichtliche Ablaufleistung der Versicherung von 79 000,00 € erwarten. Da er sich unsicher ist, ob er die Leistung lieber mit dem 59. oder dem 60. Lebensjahr beziehen möchte, bittet er Sie um Rat. Gehen Sie davon aus, dass Herr Holtmann im Alter einen Spitzensteuersatz von 37 % einschließlich Kirchensteuer und Solidaritätszuschlag hat.

Aufgabe

Welche Empfehlung geben Sie ihm? Begründen Sie Ihre Antwort.

3. Aufgabe

Situation

Die Finanzverwaltung hat durch verschiedene Erlasse Vertragsänderungen (Novation) einem Neuabschluss gleichgestellt.

Aufgabe

Beschreiben Sie drei steuerunschädliche Vertragsänderungen zu einer kapitalbildenden Lebensversicherung.

4. Aufgabe

Situation

Familie Klein hat 1990 eine Kapitalversicherung auf den Todes- und Erlebensfall abgeschlossen.

Aufgabe

Erläutern Sie, unter welchen Voraussetzungen die im Auszahlungsbetrag enthaltenden Erträge – Zinsanteile – steuerfrei sind.

5. Aufgabe

Situation

Sie kennen Herrn Julius Schuh bereits seit vielen Jahren. Er ist Handelsvertreter und sehr viel mit dem Auto unterwegs. Vor kurzem ist er bei Nebel nur knapp einem Autounfall auf der Autobahn entgangen. Da er bereits vor einiger Zeit bei Ihnen eine Kapitalversicherung mit einem Monatsbeitrag in Höhe von 200,00 € und einer Versicherungssumme von 100 000,00 € abgeschlossen hat, möchte er nun in gleicher Höhe die Unfall-Zusatzversicherung einschließen.

Aufgabe

Berechnen Sie den zukünftigen Monatsbeitrag für die Kapitalversicherung einschließlich Unfalltod-Zusatzversicherung.

1.9 Betriebliche Altersversorgung

▶ Situation

Auf einer Informationsveranstaltung zur betrieblichen Altersversorgung bei der Fa. Meyer KG lernen Sie den Arbeitnehmer, Herrn Huber, kennen, den Ihr Vortrag sehr beeindruckt hat. Um ihn umfassend über die Möglichkeiten einer Alters- und Hinterbliebenenabsicherung im Rahmen der betrieblichen Altersversorgung zu informieren, vereinbaren Sie für den nächsten Tag einen persönlichen Besuchstermin in Ihrem Büro. Hierbei nehmen Sie erst einmal mit Ihrem Kundenberatungsbogen die erforderlichen Daten für eine Beratung auf:

Kundendaten / Beratungsablauf / Proximus Versicherung

	Kunde	Partner	Kind 1	Kind 2
Basisdaten Name: Wohnort: Straße und Hausnummer: Geschlecht: Geburtsdatum/Alter: Familienstand: Berufsstatus: Krankenversicherung: Bruttoeinkommen: Nettoeinkommen:	Gerald Huber München, Isartor Großer Kurfürst 3 männlich 40 Jahre verwitwet Elektriker AOK Bayern 40 000,00 € p. a.	verstorben	Anna München Theaterstr. 3 weiblich 21 Jahre ledig Bankkauffrau BKK Bank 19 200,00 € p. a.	
Bestehende Versorgung gesetzliche V-Ansprüche: private V-Ansprüche: sonstige Einkünfte im Alter:	GRV-Rente Zulagenrente Risikovers. 10 000,00 € VS Berufsunfähig- keitsabsicherung: 1 000,00 € mtl.		GRV-Rente Berufsunfähig- keitsabsicherung: 825,00 € mtl.	
Versorgungsanalyse/ Versorgungslücke Invalidität: Alter: Hinterbliebenen: Pflege:	nein 410,00 € mtl. nein, Tagegeld mind. 50,00 €		nein 300,00 € mtl. nein, Invaliditäts- absicherung	
Optimierungswunsch (Profil) des Kunden steuerliche Belastung: Sozialabgaben: besondere Sparziele:	ja ja, Zusatzrente im Alter		ja ja	

Kundendaten / Beratungsablauf / Proximus Versicherung

	Kunde	Partner	Kind 1	Kind 2
Versorgungsvorschläge Einzelprodukt/Produktportfolio Invalidität: Alter: Hinterbliebenen: Pflege:	Betriebliche Altersversorgung mit 4 % der Beitragsbemessungsgrenze		Vermögenswirksame Leistung als betriebliche Altersversorgung	
Beratungsprotokoll erstellen unterzeichnen lassen	Tagegeld derzeit nicht gewünscht. Weitere Schließung der Versorgungslücke im Alter derzeit nicht gewünscht		Derzeit keine Unfallversicherung gewünscht. Weitere Schließung der Versorgungslücke im nächsten Jahr gewünscht	
Sonstige Verträge des/der Kunden	Privathaftpflichtversicherung, Hausratversicherung			

▶ Erläuterung

Warum ist eine betriebliche Altersversorgung so wichtig für Herrn Huber?

Zu Anfang des Beratungsgespräches erläutern Sie Herrn Huber, dass die betriebliche Altersvorsorge heute ein wichtiger Bestandteil der sozialen Sicherung der Arbeitnehmer in der Bundesrepublik Deutschland ist. Mit dem Alterseinkünftegesetz wurde das 3-Schichten-Modell zum 1. 1. 2005 eingeführt und der betrieblichen Altersvorsorge ein fester Platz in der Schicht 2 eingeräumt. Die Reform war notwendig, um die Rentenproblematik langfristig zu lösen.

Denn so viel werden Rentner tatsächlich einmal erhalten:

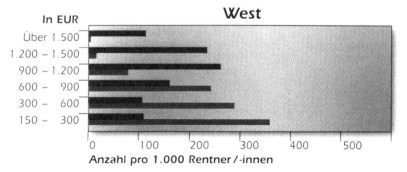

1.9 Betriebliche Altersversorgung

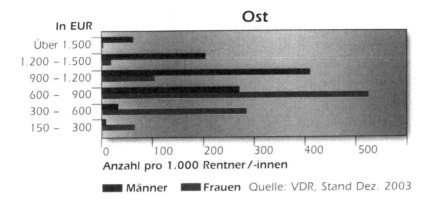

Zwar ist der heutige Anteil der betrieblichen Altersversorgung mit 5 % am Alterseinkommen noch gering, langfristig wird sich der Anteil laufend erhöhen, um den erreichten Lebensstandard nach dem Ausscheiden aus dem Arbeitsleben sichern zu können.

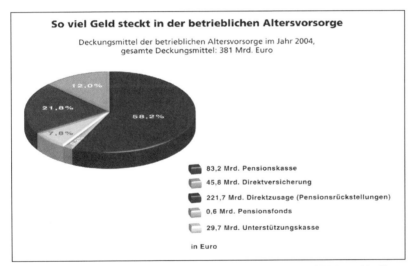

(Quelle: Informationszentrum der deutschen Versicherer „ZUKUNFT klipp + klar")

Ob eine betriebliche Altersversorgung eingerichtet wurde, hängt sehr stark von dem Wirtschaftszweig ab, in dem der Arbeitnehmer tätig ist:

Betriebliche Altersvorsorge nach Wirtschaftszweigen

So viel Prozent der Arbeitnehmer haben Anspruch auf betriebliche Altersversorgung

Branche	Prozent
Kredit-/Versicherungswesen	84%
Bergbau-/Stein-/Energiesektor	73%
Investitions-/Gebrauchtgüterindustrie	60%
Nahrungs-/Genussmittelbranche	58%
Produktionsgüterindustrie	56%
Handel/Reparatur/Verbrauchsgüter	40%
Baugewerbe	32%
Gastgewerbe/Unternehmensdienstleistungen	25%

Quelle: Informationszentrum der deutschen Versicherer „ZUKUNFT klipp + klar"

Was versteht man unter einer betrieblichen Altersversorgung?

Unter einer betrieblichen Altersversorgung versteht man alle Leistungen, die einem **Arbeitnehmer** zur **Alters- und/oder Hinterbliebenen- und/oder Invaliditätsversorgung** (biometrische Risiken, wie z. B. Langlebigkeit, Berufsunfähigkeit) von seinem **Arbeitgeber** aus Anlass des **Arbeitsverhältnisses** zugesagt wurden.

Auch bestimmte Nicht-Arbeitnehmer (z. B. freiberuflich für ein Unternehmen Tätige) können eine betriebliche Altersversorgung erhalten, wenn dies aus Anlass ihrer Tätigkeit für das Unternehmen geschieht. Aufgrund der bestehenden Versorgungssysteme sind aber z. B. Beamte von der betrieblichen Altersversorgung im Rahmen der Entgeltumwandlung ausgeschlossen.

Welche Leistungen können für Herrn Huber im Rahmen der betrieblichen Altersversorgung zugesagt werden?

Die versprochenen Leistungen können als einmalige Kapitalleistungen oder als regelmäßige Rentenzahlungen geleistet werden. Der Zweck der Leistung muss aber immer die Versorgung des Arbeitnehmers beim Ausscheiden aus dem Arbeitsleben bzw. die Versorgung seiner Hinterbliebenen sein.

Altersversorgungsleistungen werden deshalb in der Regel nur dann als betriebliche Altersversorgung anerkannt, wenn die Leistung frühestens ab dem Alter von 60 Jahren fällig wird.

In der Praxis wird ein Arbeitgeber mit der Einrichtung einer betrieblichen Altersversorgung in der Regel neben dem Versorgungszweck auch andere Zwecke verfolgen, etwa die Belohnung der Betriebstreue oder besonderer Leistungen. Tritt allerdings der Versorgungsgedanke in den Hintergrund, so handelt es sich nicht mehr um betriebliche Altersversorgung:

▶ Beispiel

Altersversorgung JA	Altersversorgung NEIN
Zusage einer lebenslangen Altersrente von 500,00 € an den Vertriebsleiter ab dem 65. Lebensjahr	Zusage einer einmaligen Kapitalleistung in Höhe von 10 000,00 € zum 50. Lebensjahr
Zusage einer lebenslangen Berufsunfähigkeitsrente von 1 000,00 € im Falle einer Berufsunfähigkeit	Jubiläumszahlung aufgrund des 125-jährigen Bestehens einer Firma

Herr Huber möchte gerne Beiträge in eine betriebliche Altersversorgung investieren, die auf seine Bedürfnisse zugeschnitten ist. Hierzu machen Sie Herrn Huber auf zwei Möglichkeiten aufmerksam:

1.9.1 Direktversicherung

Die Direktversicherung ist eine klassische oder fondsgebundene Lebens- oder Rentenversicherung oder Berufsunfähigkeitsversicherung, die der Arbeitgeber als Versicherungsnehmer und Beitragszahler auf das Leben seines Arbeitnehmers abschließt und bei welcher der Arbeitnehmer oder seine Hinterbliebenen hinsichtlich der Leistungen des Versicherers für den Erlebensfall oder im Todesfall bezugsberechtigt sind.

Ob dieses Bezugsrecht von Beginn an unwiderruflich oder, wie bei der arbeitgeberfinanzierten Direktversicherung üblich, zunächst (bis zum Eintritt der gesetzlichen Unverfallbarkeit) nur widerruflich eingeräumt wird, ist für den Status als Direktversicherung unerheblich. Im Versorgungsfall zahlt der Versicherer die Leistungen in der Regel direkt an den Arbeitnehmer bzw. dessen Hinterbliebenen.

Die Beitragszahlungen des Arbeitgebers an das Lebensversicherungsunternehmen sind als Betriebsausgaben abzugsfähig.

Ein Ausweis in der Bilanz des Arbeitgebers findet nicht statt!

Sie zeichnen für Herrn Huber das folgende Bild in dem Beratungsgespräch:

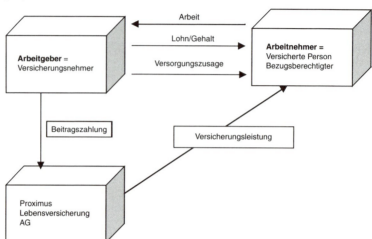

1.9.2 Pensionskasse

Eine Pensionskasse ist eine rechtsfähige Versorgungseinrichtung, die ihren Versorgungsberechtigten ebenfalls einen Rechtsanspruch auf die Leistungen einräumt. Die Pensionskasse ähnelt einem privaten Lebensversicherungsunternehmen und unterliegt ebenfalls der staatlichen Versicherungsaufsicht.

Pensionskassen gewähren Leistungen der betrieblichen Altersversorgung, die den Arbeitnehmern eines Unternehmens (so genanntes „Trägerunternehmen") sowie deren Hinterbliebenen (Ehegatte, Waisen, evtl. – unter bestimmten Voraussetzungen – Lebenspartnern) zugute kommen dürfen. Soweit im Leistungsfall keine leistungsberechtigten Hinterbliebenen existieren, fließen die vorhandenen Mittel im Rahmen der Überschussverwendung der Versichertengemeinschaft zu.

Grundsätzlich sind Rentenleistungen zur Alters-, Invaliditäts- und Hinterbliebenenversorgung vorgesehen. Kapitalabfindungen sind jedoch ebenfalls zulässig.

Die Beitragszahlungen des Arbeitgebers an die Pensionskasse sind als Betriebsausgaben abzugsfähig.

Ein Ausweis in der Bilanz des Arbeitgebers findet nicht statt!

Sie zeichnen für Herrn Huber das folgende Bild in dem Beratungsgespräch:

1.9 Betriebliche Altersversorgung

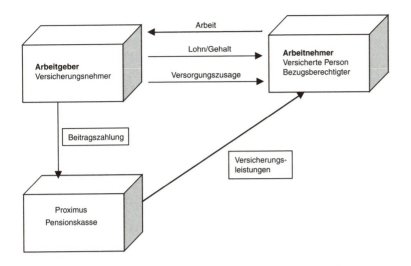

Mit der Einführung des Alterseinkünftegesetzes und der Überarbeitung des Betriebsrentengesetzes zum 1. 1. 2005 sind faktisch die arbeits- und steuerrechtlichen Voraussetzungen der Pensionskassen und der Direktversicherungen identisch. Nur bei Verträgen, die vor dem 31. 12. 2004 abgeschlossen wurden, gab es noch Unterschiede.

Eine Pensionskasse oder Direktversicherung ist das Richtige, wenn Herr Huber ...

... als Arbeitnehmer über seinen Arbeitgeber vorsorgen kann.
... Steuern und Sozialversicherungsbeiträge sparen möchte.
... direkt vom Bruttolohn in seine Altersvorsorge investieren will.

ist besonders interessant für ...

... Arbeitnehmer, die über ihren Arbeitgeber vorsorgen können und mit steuerlicher Förderung eine Versorgung aufbauen möchten. Die Versorgung kann Altersvorsorge, Familienabsicherung und die Absicherung von Berufsunfähigkeitsrisiken umfassen.

1.9.3 Steuerliche und sozialversicherungsrechtliche Auswirkungen

Durch die von Ihnen vorgenommene umfassende Beratung und Darstellung der Durchführungswege Direktversicherung und Pensionskasse entscheidet sich Herr Huber für eine Direktversicherung. Herr Huber möchte nun gerne mit seinem Arbeitgeber über die steuerlichen und sozialversicherungsrelevanten Rahmenbedingungen sprechen.

Hierzu zeigen Sie Herrn Huber Folgendes auf und unterscheiden die steuerliche und sozialversicherungsrelevante Förderung:

Durchführungsweg	Steuerliche Förderung AN+AG-finanziert[1] (Beitrag kann unversteuert in eine Altersversorgung fließen)	Sozialversicherungs- relevante Förderung bis Ende 2008
Pensionskasse / Direktversicherung / Pensionsfonds (§ 3.63 EStG)	max. 4 % der BBG (West) 2 520 € p. a. in 2007 _____ € p. a. in 2008 _____ € p. a. in 2010	AN+AG-finanziert: max. 4 % der BBG (West) 2 520 € p. a. in 2007 _____ € p. a. in 2008 _____ € p. a. in 2009
	Für Neuzusagen ab 1. 1. 2005: zusätzliche 1 800 € p. a. Festbetrag	Festbetrag von 1 800 € ist stets sozialabgabenpflichtig!

Sozialversicherungsrechtliche Förderung ab 2009

- Die Entgeltumwandlung ist über alle Durchführungswege der betrieblichen Altersversorgung komplett sozialversicherungspflichtig
- Beiträge zu AG-finanzierten Versorgungen bleiben im bisherigen Umfang sozialversicherungsfrei

Bei so vielen Steuer- und Sozialversicherungsvorteilen stellt sich für Herrn Huber die Frage, wie die Leistung im Versorgungsfall steuer- und sozialversicherungsrechtlich behandelt wird.

Dies können Sie Herrn Huber anhand des Schaubildes verdeutlichen.

Steuer- und sozialversicherungsrechtliche Behandlung von Leistungen

	Pensions- kasse	Pensions- fonds	Direktver- sicherung	Unterstüt- zungskasse	Pensions- zusage
Steuer	Nachgelagerte Besteuerung (§ 22 Nr. 5 EStG) (aber es gibt zusätzliche Freibeträge)			Nachgelagerte Besteuerung als bezogener Arbeitslohn (§ 19 Abs. 1 Nr. 2 EStG) (aber es gibt zusätzliche Freibeträge)	
Sozialversiche- rungsbeitrag	Die Sozialversicherungspflicht der Leistung gilt für alle gesetzlich und freiwillig Versicherten. Mitglieder von privaten Krankenversicherern brauchen keine zusätzlichen Beiträge zahlen.				

Der Arbeitgeber von Herrn Huber möchte sich nicht an einer betrieblichen Altersversorgung beteiligen. Gibt es trotzdem eine Möglichkeit, in den Genuss der Vorteile einer betrieblichen Altersversorgung zu gelangen?

---

[1] AN = Arbeitnehmer hat mit seinem Arbeitgeber eine Vereinbarung über Entgeltumwandlung geschlossen
AG = Arbeitgeber finanziert den Beitrag

1.9.4 Entgeltumwandlung

Eine betriebliche Altersversorgung liegt auch dann vor, wenn der Arbeitgeber die Mittel zu deren Finanzierung nicht zusätzlich zum Arbeitslohn aufbringt, sondern stattdessen der Arbeitnehmer bestimmte Bestandteile seines Arbeitsentgelts in eine wertgleiche Anwartschaft auf Versorgungsleistungen umwandeln lässt und somit zur Finanzierung seiner Versorgung wirtschaftlich selbst beiträgt.

Neu ist, dass es nun im Betriebsrentengesetz gesonderte Vorschriften für die Entgeltumwandlung gibt. Es wird darüber hinaus seit dem 1. 1. 2002 auch allen Arbeitnehmern das Recht eingeräumt, von ihren Arbeitgebern die Einrichtung einer Entgeltumwandlung zu verlangen.

Herr Huber hat somit die Möglichkeit, die von ihm gewünschte Direktversicherung zur Deckung einer Versorgungslücke abzuschließen und hierbei die Vorteile der betrieblichen Altersversorgung zu nutzen.

Betriebliche Altersvorsorge gegen Entgeltumwandlung oder private Vorsorge?

Herr Huber zweifelt noch, ob nicht eine private Rentenversicherung bei der Proximus Versicherung aus seinem versteuerten Nettoeinkommen für ihn aufgrund der steuerlichen Gegebenheiten im Alter von Vorteil ist.

Wenn Herr Huber 2 520,00 € (= 4 % der Beitragsbemessungsgrenze West in 2006/2007) von seinem Bruttoeinkommen über 25 Jahre in eine Direktversicherung einbringt, so erhält er am Ende der Laufzeit eine Jahresrente von 4 030,00 € (Tarif für die betriebliche Altersversorgung ist im Tarifwerk Proximus nicht enthalten und wurde durch die Hauptverwaltung berechnet).

Da im Alter kein so hohes Einkommen vorhanden ist, sinken auch die zugrunde liegenden Steuersätze. Im Alter sind bei einem angenommenen Steuersatz von 20 % 806,00 € an Steuer zu bezahlen. Außerdem fallen Kranken- und Pflegeversicherungsbeiträge (hier angenommen 14 % für die Krankenversicherung und 1,7 % für die Pflegeversicherung) an, so dass noch eine Summe von 632,71 € abzuziehen ist.

Würde Herr Huber die gleiche Summe in eine private Rentenversicherung einbringen wollen, so würden erst einmal die Steuern und Sozialabgaben von seinem Gehalt in Abzug gebracht werden. Dieses würde bedeuten, dass Herr Huber nur in den Jahren 2006–2008 tatsächlich 998,00 € von seinem Gehalt einsetzen könnte. Ab 2009 – durch die geplante Änderung der Sozialleistungen – könnte Herr Huber 1 552,00 € jährlich aus seinem Nettogehalt in eine private Rentenversicherung einbringen.

Zur Auszahlung käme im Alter von 65 Jahren eine jährliche Rente von voraussichtlich 2 250,00 €. Diese Jahresrente ist dann mit einem Ertragsanteil von 18 % zu versteuern, wobei folgende Rechnung die Vor- und Nachteile der Lösung verdeutlicht:

▶ **Beispiel**

2 250,00 € Jahresrente x
18 % Ertragssteuersatz   = 405,00 €

405,00 € x individuellen Steuersatz
(hier mit 20 % angenommen)   = 81,00 € Steuerlast

Sozialversicherungsbeiträge brauchen nicht von der Privat-Rente gezahlt werden. Das Ergebnis zum Vergleich:

	Direkt-versicherung	private Versorgung
Bruttorente im Alter 65	4 030,00 €	2 250,00 €
abzüglich Steuern	806,00 €	81,00 €
abzüglich Sozialversicherung	632,71 €	–
verfügbare Rente	**2 591,29 €**	**2 169,00 €**

Die folgenden Vorteile einer Direktversicherung oder Pensionskasse gegen Entgeltumwandlung haben Herrn Huber überzeugt:

- steuerfreie Einzahlung bis 4 % der Beitragsbemessungsgrenze (BBG West) der gesetzlichen Rentenversicherung und ein zusätzlicher Festbetrag in Höhe von 1 800,00 €
- Einsparung von Sozialabgaben auf Beiträge bis zu 4 %-Grenze (bis Ende 2008)
- attraktive Produkte bieten optimale Versorgungslösungen
- zusätzliche Überschussbeteiligung
- eine Versteuerung der Rentenleistung erst im Versorgungsalter, zu einem meist geringeren Steuersatz als im Erwerbsleben
- Flexibilität in der Beitragszahlung (Zuzahlungsmöglichkeit aus Sondergratifikationen)
- lebenslange Altersrente – alternativ auch eine Kapitalauszahlung
- keine Vermögensanrechnung auf das Arbeitslosengeld II

Mit seinem Arbeitgeber hat Herr Huber vereinbart, dass der entsprechende Direktversicherungsvertrag abgeschlossen werden kann. Darüber hinaus ist eine weitere Vereinbarung zwischen Herrn Huber und seinem Arbeitgeber über die Umwandlung von Arbeitsentgelt notwendig:

Vereinbarung über die Umwandlung von Arbeitsentgelt in Beiträge zu einer Direktversicherung bei der Proximus Versicherung

Zwischen

Herrn/Frau (Mitarbeiter) _____

und (Arbeitgeber) _____

wird mit Wirkung

vom _____ Folgendes vereinbart:

1. Der Gehalts-/Lohnanspruch des Mitarbeiters wird teilweise

   – in Höhe des im beiliegenden Versicherungsantrag angegebenen Beitrags

   oder

   – in Höhe eines **laufenden Betrags**

       von l/__ -jährlich _____ €

       zahlbar jeweils zum _____

       erstmals zum _____

   in einen Anspruch auf Versicherungsschutz in Form von Beiträgen

   – zu einer **klassischen Rentenversicherung** im Rahmen einer beitragsorientierten Leistungszusage nach § 1 Absatz 2 Nr. I des Betriebsrentengesetzes (BetrAVG) bei der Proximus Versicherung

   – zu einer **fondsgebundenen Rentenversicherung** im Rahmen einer Beitragszusage mit Mindestleistung nach § I Absatz 2 Nr. 2 des Betriebsrentengesetzes (BetrAVG) bei der Proximus Versicherung

   mit Anwendung des § 3 Nr. 63 EStG umgewandelt.

   Soweit eine Beitragsdynamik im Versicherungsvertrag vereinbart ist, erhöht sich der Umwandlungsbetrag entsprechend den künftigen dynamischen Beitragserhöhungen.

   – Zusätzlich wird der Gehaltslohnanspruch auf die vermögenswirksame Leistung des Mitarbeiters zum

   _____ um einen **einmaligen Betrag** von

   _____ Euro gekürzt und als **einmalige Zuzahlung** in den Versicherungsvertrag eingezahlt.

2. Dem Mitarbeiter ist bekannt, dass **bei einer Anwendung des § 3 Nr. 63 EStG**, soweit sozialversicherungspflichtiges Arbeitsentgelt umgewandelt wird, für einen Umwandlungsbetrag von bis zu 4 % der Beitragsbemessungsgrenze in der gesetzlichen Rentenversicherung der Arbeiter und Angestellten (West) bis einschließlich 2008 keine Sozialversicherungsbeiträge zu zahlen sind. Er ist darüber unterrichtet, dass damit auch eine entsprechende Minderung künftiger Ansprüche auf Sozialversicherungsleistungen (wie z. B. Renten, Arbeitslosengeld, Krankengeld etc.) verbunden ist. Ab 2009 unterliegt der Umwandlungsbetrag – soweit sozialversicherungspflichtiges Arbeitsentgelt umgewandelt wird – der gesetzlichen Sozialversicherungspflicht.

   Dem Mitarbeiter ist ferner bekannt, dass – soweit Entgeltansprüche auf einem Tarifvertrag beruhen –, eine Entgeltumwandlung hierfür nur vorgenommen werden kann, soweit dies durch Tarifvertrag vorgesehen oder zugelassen ist.

3. Bei Erhöhungen des laufenden Arbeitsentgelts sowie bei der Bemessung davon abhängiger Leistungen, wie Weihnachtsgratifikation, Jubiläumsgeld, Pensionsanspruch, Zuschläge etc., bleiben die gegenüber dieser Vereinbarung ungeminderten Bezüge maßgebend.

4. Die Rentenversicherung wird vom Arbeitgeber als Versicherungsnehmer auf das Leben des Mitarbeiters bei der Proximus Versicherung abgeschlossen. Die Versicherungsbeiträge wird der Arbeitgeber in der vereinbarten Höhe so lange und insoweit entrichten, als er zur Zahlung der Bezüge aus dem Dienstverhältnis verpflichtet ist.

   In der Zeit, in welcher der Arbeitgeber nicht verpflichtet ist, Versicherungsbeiträge zu zahlen, richten sich die Ansprüche aus der Rentenversicherung nach der Höhe der beitragsfreien Versicherungsleistung, welche sich aufgrund der Beitragszahlung bis zum Zeitpunkt ihrer Einstellung ergibt. Der Mitarbeiter hat jedoch das Recht, die Beitragszahlung während dieser Zeit zu übernehmen, um den Versicherungsschutz in vollem Umfang aufrechtzuerhalten.

5. Für das Versicherungsverhältnis gilt der Versicherungsvertrag einschließlich der zugrunde liegenden Versicherungsbedingungen. Einzelheiten über das Versicherungsverhältnis enthält der Versicherungsschein.

6. Scheidet der Mitarbeiter vor Eintritt des Versicherungsfalles aus den Diensten des Arbeitgebers aus, so geht die Versicherungsnehmerstellung zum Zeitpunkt des Ausscheidens auf den Mitarbeiter über. Er hat dann das Recht, die Versicherung mit eigenen Beiträgen fortzuführen oder in eine beitragsfreie Versicherung umwandeln zu lassen.

Soweit die Rentenversicherung im Rahmen einer beitragsorientierten Leistungszusage abgeschlossen wird, werden die Ansprüche des ausgeschiedenen Mitarbeiters gemäß § 2 Abs. 3 Satz 2 BetrAVG auf die Leistungen begrenzt, die aufgrund der bis zum Ausscheiden des Mitarbeiters vereinbarten Beitragszahlung aus dem Versicherungsvertrag fällig werden. Der Arbeitgeber wird dann innerhalb von drei Monaten etwaige Beitragsrückstände ausgleichen.

Erfolgt der Abschluss der Rentenversicherung im Rahmen einer Beitragszusage mit Mindestleistung, so richten sich die Ansprüche des ausgeschiedenen Mitarbeiters nach den Vorschriften des § 2 Abs. 5b BetrAVG.

Sollten sich die bei Abschluss dieser Vereinbarung maßgebenden Verhältnisse nachhaltig ändern, so kann diese Vereinbarung von jedem Vertragspartner mit einer Frist von _____ Monaten gekündigt werden

Eine zwischen den Vertragsparteien bereits bestehende Versorgungsregelung bleibt von dieser Vereinbarung unberührt.

_____ _____ _____
Ort / Datum   Unterschrift Arbeitgeber   Unterschrift Mitarbeiter

1.9.5 Insolvenzschutz

Nach ein paar Wochen treffen Sie Herrn Huber erneut und er zeigt sich besorgt über Berichte von zahlungsunfähigen Arbeitgebern. Für Herrn Huber ist seine Altersversorgung eine wichtige Größe. Vor jeder Renditeüberlegung steht bei ihm das Thema Sicherheit und Erfüllbarkeit der Leistung im Alter. Herr Huber möchte, dass sein Arbeitgeber nicht einfach über die Leistungen verfügen kann.

Sollte es einmal zu einer Insolvenz seines Arbeitgebers kommen, so gewährt der Pensions-Sicherungs-Verein Versicherungsverein auf Gegenseitigkeit (PSVaG) begünstigten Arbeitnehmern für ihre Versorgungsanwartschaften Versicherungsschutz.

Wird die betriebliche Altersversorgung über eine Direktzusage, Unterstützungskasse oder einen Pensionsfonds aufgebaut, werden die Anwartschaften auf eine Betriebsrente bei dem PSVaG geschützt.

Die Mittel für die Durchführung der Insolvenzsicherung sind durch Beiträge der Arbeitgeber aufzubringen. Der Pensions-Sicherungs-Verein Versicherungsverein auf Gegenseitigkeit (PSVaG) ist eine Selbsthilfeeinrichtung der deutschen Wirtschaft, der den Schadenaufwand eines Jahres auf seine Mitglieder umlegt.

Direktversicherung und Pensionskasse sind von der Insolvenz eines Arbeitgebers i. d. R. nicht betroffen, da es sich um ein wirtschaftlich unabhängiges Unternehmen (Lebensversicherung oder Pensionskasse) handelt. Hier werden dann im Alter die vereinbarten Leistungen durch das Versicherungsunternehmen oder die Pensionskasse erbracht.

Unter Insolvenzschutz stehen beim **PSVaG**

- rd. 3,8 Mio. Betriebsrentner
- rd. 4,9 Mio. Versorgungsberechtigte mit unverfallbarer Anwartschaft
- rd. 60 000 Versorgungsberechtigte insgesamt bei PSVaG-Mitgliedsunternehmen
- rd. 264 Mrd. € Kapitalwert der unter Insolvenzschutz stehenden Versorgungsverpflichtungen

Leistung

rd. 1,2 Mio. Versorgungsberechtigte Rentner und Anwärter, die dem PSVaG nach Insolvenz des Arbeitgebers zur Übernahme bzw. Aufrechterhaltung der Leistungen im Jahr 2005 gemeldet wurden.

Rd. 440 300 Rentenempfänger erhalten rd. 55,2 Mio. € monatlich, das sind im Durchschnitt monatlich 125,00 € je Rentner mit einer großen Bandbreite.

Durch den Anstieg der Insolvenzen erhöhte sich der Beitragssatz gemessen an den Zusagen für Betriebsrenten von 3,6 Promille im Jahr 2004 auf 4,9 Promille im Jahr 2005. Im Jahr 2006 sank der Beitragssatz wieder auf 3,1 Promille. Damit musste die deutsche Wirtschaft im Jahr 2006 deutlich weniger für die Pensionssicherung insolventer Unternehmen aufbringen als im Vorjahr.

Der Grund für den niedrigeren Beitrag ist die im Vergleich zum Vorjahr günstigere Entwicklung bei den Insolvenzen. Das Schadenvolumen aus Neuinsolvenzen liegt um mehr als die Hälfte niedriger.

Der Beitragssatz wird auf die von den Arbeitgebern bis 30. September eines Jahres gemeldete Beitragsbemessungsgrundlage bezogen. Dabei handelt es sich um die abgesicherten Rückstellungen für Betriebsrenten in den Bilanzen der Mitgliedsunternehmen, die 264 Mrd. € im Jahr 2006 betrugen. Insgesamt mussten die Mitgliedsunternehmen im Jahr 2006 rd. 818 Mio. € (im Vorjahr 1,2 Mrd. €) an Beiträgen zahlen.

1.9.6 Unverfallbarkeit von Leistungen

Zudem sind Ansprüche aus Beiträgen, welche der Arbeitnehmer im Rahmen der Entgeltumwandlung in eine betriebliche Altersversorgung einzahlt, sofort unverfallbar.

1.9 Betriebliche Altersversorgung

Das bedeutet, dass bei einem Wechsel des Betriebes oder einem vorzeitigen Ausscheiden aus einem Unternehmen die bereits erworbenen Anwartschaften erhalten bleiben bzw. der Arbeitgeber nicht eigenständig über die Leistung verfügen kann.

Die gesetzliche Regelung von unverfallbaren Anwartschaften war seinerzeit ein wichtiger Auslöser für die Schaffung des Betriebsrentengesetzes 1974.

Heute müssen Anwartschaften aus einer zugesagten Leistung des Arbeitgebers (außer Entgeltumwandlung) 5 Jahre bestanden haben und der Arbeitnehmer muss mindestens 30 Jahre alt sein, dann tritt die Unverfallbarkeit von Gesetzeswegen ein.

Die Anwartschaften, die Herr Huber mit seiner Direktversicherung gegen Entgeltumwandlung erwirbt, sind somit voll gegen den Zugriff seines Arbeitgebers geschützt. Auch im Falle einer Insolvenz seines Arbeitgebers besteht ein Schutz der Vermögenswerte.

Mehr Erreichen durch den Einsatz von vermögenswirksamen Leistungen (VL) in der betrieblichen Altersversorgung

Herr Huber fragt Sie bezüglich der vermögenswirksamen Leistungen (VL) seiner Tochter Anne. Sie hat nunmehr ihre Ausbildung beendet und ist in ein festes Arbeitsverhältnis gewechselt. Aufgrund ihres Einkommens ist nun keine Förderung (Arbeitnehmer-Sparzulage) mehr gegeben. Ninas Arbeitgeber überweist aufgrund des gültigen Tarifvertrages 40,00 Euro monatlich an vermögenswirksamen Leistungen.

Herr Huber war bisher nicht darüber informiert, dass Steuern und Sozialabgaben auf herkömmliche VL-Zuschüsse des Arbeitgebers erhoben werden. Hierdurch wird der Zuschuss erheblich belastet.

Weitaus besser ist die Umwandlung von vermögenswirksamen Leistungen in eine Betriebsrente. Dadurch verringert sich das Bruttogehalt und damit auch die zu zahlenden Steuern und Sozialabgaben.

Ein Vergleich zeigt in dem Beratungsgespräch, dass die Anlage – ohne Eigenleistung des Arbeitnehmers – verdoppelt werden kann.

	Bausparvertrag €	Direktversicherung €
Einkommen monatlich	1 600	1 600
AG-Zuschuss VL	40	0
AG-Zuschuss Direktversicherung	0	40
Gehaltsumwandlung	0	84
Einkommen monatlich	1 640	1 556
Steuern*	− 189	− 162 (27 € Vorteil)
Sozialabgaben (angenommener Arbeitnehmeranteil 21,05 %)	− 345	− 328 (17 € Vorteil**)
monatliches Nettogehalt	1 106	1 066
Einzahlung in Bausparvertrag	40	0
monatliche Auszahlung	1 066	1 066

* Berechnung des zu versteuernden Einkommens nach einem Näherungsverfahren, Ledige, Grundtabelle 2005
** Sozialabgabenfreiheit bei einem Beitrag bis max. 4 % der BBG (West) bis Ende 2008

Wie können die künftigen Leistungen bei der Anlage von VL-Leistungen aussehen?

Herr Huber bittet Sie, einen Versorgungsvorschlag für seine Tochter zu erstellen. In dem Vorschlag führen Sie aus:

> Mit der Direktversicherung von Proximus stellen wir ein flexibles und ertragsorientiertes Produkt zur Altersversorgung zur Verfügung, mit dem die staatliche Förderung in Form der steuerfreien Zuwendung der Beiträge gemäß § 3 Nr. 63 EStG optimal genutzt werden kann. Es ermöglicht eine ideale Anpassung der Beiträge an die individuelle Einkommensentwicklung.
>
> | | |
> |---|---|
> | Eintrittsalter | 21 Jahre |
> | Vertragslaufzeit | 44 Jahre |
> | Endalter des Vertrages | 65. Lebensjahr |
> | monatlicher Beitrag | 84,00 € |

1.9 Betriebliche Altersversorgung

> Rentenzahlung – Berechnung:
>
> Nach den derzeitig gültigen Kalkulationsgrundlagen legen wir zum Alter 65 eine monatliche Altersrente in Höhe von 35,21 € pro 10 000,00 € gebildetem Kapital zugrunde.
>
> Wird die angenommene Beitragszahlung zu den unterstellten Zahlungsterminen sowie unsere aktuell deklarierte Überschussbeteiligung zugrunde gelegt, so ergäbe sich zum 65. Lebensjahr bei einer angenommenen Wertentwicklung des Fonds von 8 % eine Kapitalabfindung von 226 924,00 €.
> Hieraus errechnet sich eine Altersrente in Höhe von monatlich 799,00 €

Bei dem Vertrag handelt es sich um eine fondsgebundene Rentenversicherung. Sie verdeutlichen Herrn Huber die Anlage der Sparanteile mit dem nachstehenden Schaubild:

Fondsgebundene Lebensversicherung

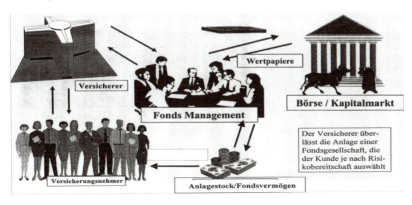

Fondsgebundene Rentenversicherung versus klassische Rentenversicherung in der betrieblichen Altersversorgung

Zum Vergleich, bei einer klassischen Rentenversicherung nach dem Proximus-Tarif als Direktversicherung (nicht im Bedingungswerk 1 abgedruckt) mit gleicher Beitragsleistung hätte sich eine Rente (einschließlich Überschussbeteiligung) von monatlich 351,00 € ergeben. Je länger die Laufzeit eines Vertrages, desto größer ist die Chance, mit einem fondsgebundenen Produkt eine verbesserte Rendite zu erzielen.

Egal für welchen Weg sich Ihre Kunden entscheiden; Sie bringen sie sicher in die Zukunft durch intelligente Altersversorgungen und die Absicherung von biometrischen Risiken. Davon profitieren Arbeitnehmer und Arbeitgeber durch steuer- und sozialrechtliche Gegebenheiten gleichermaßen.

Durch die betriebliche Altersversorgung erhöht sich die Attraktivität des Unternehmens am Arbeitsmarkt für Fachkräfte. Bei den Mitarbeitern erhöht sich die Motivation. Eine verstärkte Bindung an das Unternehmen wird erreicht.

Übungen

1. Aufgabe
Was versteht man unter dem Begriff „Betriebliche Altersversorgung"?

2. Aufgabe
Warum nimmt die Bedeutung der betrieblichen Altersversorgung zu?

3. Aufgabe

Situation

Bei einer Informationsveranstaltung zur betrieblichen Altersversorgung wird Herrn Stein u. a. die Direktversicherung und Pensionskasse vorgestellt. Herr Stein ist sich unschlüssig, welchen Durchführungsweg er wählen soll.

Aufgabe

Erläutern Sie Herrn Stein drei Vorteile für den Abschluss einer Direktversicherung gegen Entgeltumwandlung.

4. Aufgabe

Situation

Ihr Kunde, Herr Jan Meister, möchte von Ihnen wissen, wie seine Ansprüche aus seiner betrieblichen Altersversorgung gegen Insolvenz geschützt sind. Er ist seit 10 Jahren für die Elektrofirma Hofer tätig und hat eine Direktversicherung gegen Entgeltumwandlung über seinen Arbeitgeber vereinbart. Der Direktversicherungsvertrag besteht jetzt seit 2 Jahren.

Aufgabe

Beraten Sie Herrn Meister.

5. Aufgabe

Situation

Herr Thomas Seegers, Mitarbeiter der Kurze GmbH, erwägt mit seinem Arbeitgeber zu vereinbaren, dass ein Teil des Einkommens für eine Versorgungszusage im Rahmen einer Pensionskasse verwendet wird.

Aufgabe

Herr Seegers möchte nun wissen, welche steuerlichen Vorteile sich durch diese Umwandlung für ihn ergeben.
Begründen Sie Ihre Antwort.

6. Aufgabe

Welche Voraussetzungen müssen von einer Pensionskasse erfüllt sein, damit die Zuwendungen an eine Pensionskasse als Betriebsausgaben abzugsfähig sind?

7. Aufgabe

Wie erhält die Pensionskasse die notwendigen Mittel, um die zugesagten Versicherungszusagen zu erfüllen?

8. Aufgabe

Situation

Bei einer Betriebsversammlung Ihres Arbeitgebers wird Ihnen mitgeteilt, dass der Arbeitgeber beabsichtigt, eine betriebliche Altersversorgung für alle Arbeitnehmer einzuführen.

Aufgabe

Nennen Sie fünf Inhalte, die bei einer Vereinbarung über die Umwandlung von Arbeitsentgelt in Beiträge zu einer Direktversicherung berücksichtigt werden.

9. Aufgabe

Was passiert mit der Direktversicherung, wenn der Arbeitnehmer den Betrieb wechselt oder arbeitslos wird?

10. Aufgabe

Situation

In einer Fachzeitschrift lesen Sie, dass zunehmend mehr Arbeitgeber eine betriebliche Altersversorgung für ihre Mitarbeiter gewähren. Sehr besorgt hören sie aber zusätzlich in den Wirtschaftsnachrichten, dass einige Arbeitgeber Insolvenz anmelden müssen.

Aufgabe

a) Was ist ein Pensions-Sicherungs-Verein?
b) Warum sind Direktversicherungen und Pensionskassen gegen Entgeltumwandlung von der Insolvenz eines Arbeitgebers nicht betroffen?

1.10. Unfallversicherung

1.10.1 Gesetzliche Unfallversicherung

▶ **Situation**

In einem Beratungsgespräch bei Familie Richter kommen Sie auf die vielen Unfälle in den letzten Tagen zu sprechen. Herr und Frau Richter glauben, über die gesetzliche Unfallversicherung ihres Arbeitgebers ausreichend versichert zu sein.

Sie nehmen dies zum Anlass, Familie Richter umfassend über die gesetzliche Unfallversicherung zu informieren.

▶ **Erläuterung**

Sie zeigen dem Ehepaar folgende Übersicht und stellen den Schutz der gesetzlichen Unfallversicherung dar.

Übersicht gesetzliche Unfallversicherung

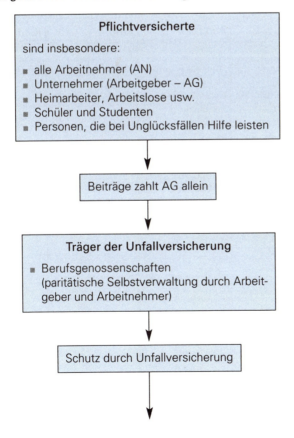

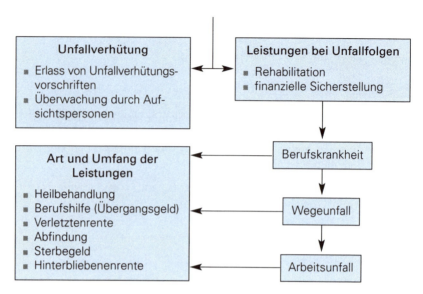

Ermitteln Sie anhand des Versorgungsbogens die Versorgungslücken.

Kundendaten / Beratungsablauf / Proximus Versicherung

	Kunde	Partner	Kind 1	Kind 2
Basisdaten				
Name:	Jens Richter	Annette Richter		
Wohnort:	Hamburg	Hamburg		
Straße und Hausnummer:	Lübecker Str. 10	Lübecker Str. 10		
Geschlecht:	männlich	weiblich		
Geburtsdatum/Alter:	30 Jahre	28 Jahre		
Familienstand:	verheiratet	verheiratet		
Berufsstatus:	Elektriker	Verkäuferin		
Krankenversicherung:	gesetzlich	gesetzlich		
Bruttoeinkommen:	32 000,00 € p. a.	20 000,00 € p. a.		
Nettoeinkommen:	1 620,00 € mtl.	1 020,00 € mtl.		
Bestehende Versorgung				
gesetzliche V-Ansprüche:	GRV	GRV		
private V-Ansprüche:	LV 100 000,00 €	–		
	+ BU-Rente	–		
	1 000,00 €			
sonstige Einkünfte im Alter:	keine			
Versorgungsanalyse/				
Versorgungslücke				
Invalidität:	1 000,00 €	1 000,00 €		
Alter:	1 000,00 €	600,00 €		
Hinterbliebenen:	200,00 €	— €		
Pflege:	ca. 2 000,00 €	ca. 2 000,00 €		

Kundendaten / Beratungsablauf / Proximus Versicherung

	Kunde	Partner	Kind 1	Kind 2
Optimierungswunsch (Profil) des Kunden steuerliche Belastung: Sozialabgaben: besondere Sparziele:	ja ja	ja ja		
Versorgungsvorschläge Einzelprodukt/Produktportfolio Invalidität: Alter: Hinterbliebenen: Pflege:	Unfall/BU Riester/bAV Unfall Pflegezusatz	Unfall/BU Riester/bAV – Pflegezusatz		
Beratungsprotokoll erstellen unterzeichnen lassen	Unfallvers. beantragen	Unfallvers. beantragen		
Sonstige Verträge des/der Kunden	Kfz, Hausrat, Privathaftpflichtversicherung beide sind begeisterte Bergsteiger			

Die Berufsgenossenschaften werden von allen Unternehmern des jeweiligen Gewerbezweiges finanziert. Im Gegensatz zu anderen Zweigen der Sozialversicherung werden von den Arbeitnehmern keinerlei Beiträge zur gesetzlichen Unfallversicherung erhoben.

Die Haftung des Unternehmens für Arbeitsunfälle und Berufskrankheiten ist abgelöst und auf die Berufsgenossenschaften übertragen. Die Ansprüche des Verletzten bzw. Erkrankten richten sich also unmittelbar gegen die Berufsgenossenschaften. Sie erbringen ihre Leistungen von Amts wegen, eines Antrages des Verletzten oder Erkrankten bedarf es grundsätzlich nicht.

Dieses Prinzip garantiert den Verletzten die medizinische Betreuung und finanzielle Absicherung bei Arbeitsunfällen.

1.10.1.1 Leistungen der gesetzlichen Unfallversicherung

Die gesetzliche Unfallversicherung zahlt nur für Unfälle im Zusammenhang mit dem Beruf bzw. dem Besuch eines Kindergartens/-horts oder einer Schule einschließlich des direkten Hin- und Rückwegs (siehe Kinderunfallversicherung).

Versicherungsschutz besteht nur im Inland (mit Ausnahme von Dienstreisen).

Die Leistung ist abhängig vom Einkommen in den letzten zwölf Monaten.

Rente gibt es erst, wenn die Erwerbsfähigkeit um mindestens 20 % vermindert ist und die Minderung länger als 26 Wochen andauert.

Bei 100 % Erwerbsunfähigkeit (Vollrente) gibt es von der gesetzlichen Unfallversicherung maximal zwei Drittel des Jahresverdienstes. Die Rente kann auch wieder entzogen werden, wenn sich der gesundheitliche Zustand bessert.

> Würden Herr und Frau Richter bei einem Arbeits- bzw. Wegeunfall zu 100 Prozent über die 26. Woche hinaus erwerbsunfähig, würde eine monatliche Rente gezahlt werden:
>
> Herr Richter
> 2/3 von 32 000,00 € = 21 333,33 € : 12 Monate = 1 777,78 €/Monat
> Frau Richter
> 2/3 von 20 000,00 € = 13 333,33 € : 12 Monate = 1 111,11 €/Monat

Bei einem geringeren Grad der Erwerbsunfähigkeit wird die Rente anteilig geleistet. Bei 50 Prozent wird also die Hälfte an Rente gezahlt. Wird die Erwerbsfähigkeit um 15 % gemindert, wird keine Rente erbracht, weil die gesetzliche Unfallversicherung erst ab einer Erwerbsminderung von 20 % eintritt.

Sterbegeld und Erstattung von Überführungskosten

- Sterbegeld: 1/7 der zum Zeitpunkt des Todes geltenden jährlichen Bezugsgröße der Sozialversicherung
- Überführungskosten: Werden erstattet, wenn der Tod nicht am Wohnort eingetreten ist.

Herr und Frau Richter haben grundsätzlich Anspruch auf eine Witwen- und Witwerrente mit folgenden Einschränkungen:

- Rente ist ab dem Todestag zu bezahlen, sie beträgt 30 % des Jahresarbeitsverdienstes
- In den ersten drei Monaten nach dem Sterbemonat beträgt sie 2/3 des Jahresarbeitsverdienstes
- Eigenes Einkommen der Witwe oder des Witwers ist anzurechnen
- Rente fällt weg, wenn Witwe oder Witwer wieder heiratet. Setzt bei Scheidung aber wieder ein.
- Frühere Ehegatten vom Versicherten erhalten auch Rente, wenn diese während des letzten Jahres Unterhalt bekommen haben oder Anspruch bestand

Sollte Familie Richter einmal Kinder haben, würde auch eine Waisenrente geleistet und zwar:

- Halbwaisenrente, wenn ein Elternteil verstorben ist. Vollwaisenrente, wenn beide verstorben sind.
- Waisenrente wird bis zum 18. Lebensjahr gezahlt, höchstens aber bis zum 27. Lebensjahr, wenn sich das Kind in Schul- oder Berufsausbildung befindet oder wegen Behinderung sich nicht selbst unterhalten kann.
- Halbwaisenrente 20 %, Vollwaisenrente 30 % des Jahresarbeitsverdienstes.
- Eigenes Einkommen der über 18-jährigen Waisen ist anzurechnen.

Ferner wäre ein Höchstbetrag der Hinterbliebenenrenten zu beachten und zwar:

Bei mehreren Rentenzahlungen dürfen sie zusammen nicht mehr als 80 % des Jahresarbeitsverdienstes übersteigen.

1.10.1.2 Versorgungslücke

Sie zeigen der Familie Richter die Lücken der gesetzlichen Unfallversicherung auf:

- der private Bereich (Freizeit) ist nicht abgesichert
- sie tritt erst bei einer Invalidität von 20% ein
- kein Schutz für Hausfrauen, Kinder unter drei Jahren und Rentner
- gilt nur im Geltungsbereich Deutschland
- Leistungen sind nicht individuell bzw. bedarfsgerecht wählbar
- Renten werden mit etwaigen Haftpflichtansprüchen verrechnet

Nur bei Folgen eines Arbeitsunfalls tritt also die gesetzliche Unfallversicherung ein. Der Arbeitnehmer genießt daher einen Unfallschutz, für dessen Beiträge der Arbeitgeber alleine aufkommt. Was jedoch, wenn er durch einen Unfall in seiner Freizeit ein Handicap erleidet? Denn: nur 30 % aller Unfälle geschehen am Arbeitsplatz.

70 % aller Unfälle geschehen nicht am Arbeitsplatz

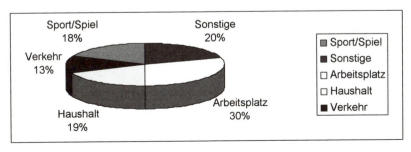

Rückgang des Risikos am Arbeitsplatz

Die Zahl der Arbeitsunfälle ist im vergangenen Jahr weiter gesunken. Der Hauptverband der Berufsgenossenschaften (HVBG) registrierte 811 060 meldepflichtige Unfälle – 3,6 % weniger als im Vorjahr. Anders als bei den Wegeunfällen; dort gab es einen leichten Anstieg um 0,2 Prozent auf 151 632 Ereignisse. Einen neuen Tiefststand erreichte auch die Zahl der tödlichen Unfälle. Auf dem Weg zur Arbeit oder von dieser nach Hause verunglückten 492 Menschen tödlich, bei Unfällen am Arbeitsplatz starben 590 Arbeiter und Angestellte.

Die meisten Unfälle passieren im Haushalt

Unglücklich ausgerutscht oder gestolpert – und schon hat man sich eine Verletzung zugezogen. Nach Hochrechnungen der Bundesanstalt für Arbeitsschutz und Arbeitsmedizin verletzten sich im Jahr 2002 in Deutschland 8,72 Millionen Menschen (ohne Bagatellunfälle); damit hatte jeder neunte Einwohner eine Verletzung zu beklagen. 19 829 Menschen starben an den Folgen von Unfällen. Das sind 0,2 Promille der Wohnbevölkerung oder jeder Fünftausendste. Besonders riskant ist der Straßenverkehr. Dort starben 7 164 Menschen; das waren 36 Prozent aller Getöteten. Die meisten Verletzungen gehen auf das Konto der Haushalts- und Freizeitunfälle.

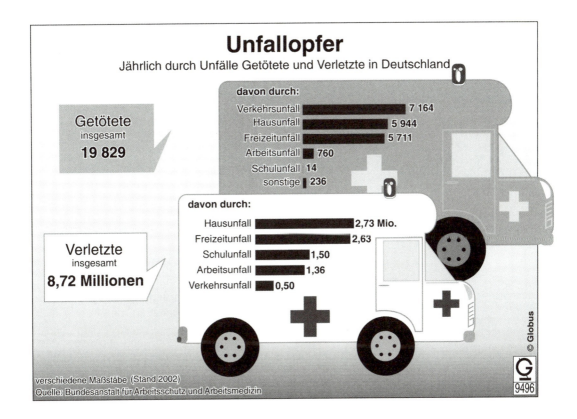

Klare Lösung:

Familie Richter sollte eine private Unfallversicherung bei der Proximus Versicherung beantragen.

1.10.2 Einzelunfallversicherung

Die Einzelunfallversicherung ist die wichtigste Säule der privaten Unfallversicherung. Durch sie werden Personen gegen die Folgen eines Unfalls versichert.

Die Einzelunfallversicherung umfasst in der Regel Unfälle, die sich innerhalb und außerhalb des beruflichen Bereichs ereignen, d. h. sie hat den Charakter einer Vollversicherung („volle Deckung") und ergänzt den Versicherungsschutz der gesetzlichen Unfallversicherung.

Eine allgemeine Unfallversicherung ermöglicht die Vereinbarung eines individuellen maßgeschneiderten Versicherungsschutzes.

In der Einzelversicherung kann auch der Lebenspartner mitversichert werden.

In der privaten Unfallversicherung bildet die Invaliditätsleistung das Kernstück der Versicherungsleistung.

Sie wird für den Fall gewährt, dass aufgrund eines Versicherungsfalls

- Invalidität, d. h. eine dauernde Beeinträchtigung der körperlichen und geistigen Leistungsfähigkeit eintritt, und zwar
- innerhalb eines Jahres nach dem Unfall (ärztliche Feststellung der Invalidität und Geltendmachung des Leistungsanspruches müssen vor Ablauf von weiteren drei Monaten erfolgen).

Die Invaliditätsleistung wird in der Regel als Kapitalleistung gewährt. Hat der Versicherte bei Eintritt des Unfalls das 65. Lebensjahr vollendet, wird die Invaliditätsleistung als Rente (Unfallrente) gezahlt (Altersgrenzen/Unfallversicherung).

Die Höhe der Invaliditätsleistung richtet sich

- nach dem Invaliditätsgrad, der sich bei betroffenen Gliedmaßen und Sinnesorganen nach der so genannten Gliedertaxe bemisst, und
- nach der für den Invaliditätsfall im Versicherungsvertrag vereinbarten Versicherungssumme (Unfallversicherungssumme).

Eine Unfallversicherung lässt sich auf fast jeden Bedarf anpassen. Wie hoch die eigentliche Invaliditätssumme sein sollte, ist abhängig vom Beruf, dem Einkommen und dem Lebensstandard des Versicherten.

Als Faustregel sollte man etwa acht bis zehn Brutto-Jahresgehälter als Invaliditätsleistung versichern. Diese Summe sollte ausreichen, um die ersten Kosten (z. B. für den Umbau des Autos oder – falls notwendig – den Kauf einer Eigentumswohnung) zu decken und künftige Lebenshaltungskosten zu bezuschussen.

Zu beachten ist: Eine Unfallversicherung sichert nur im Falle einer unfallbedingten Invalidität ab. Die Möglichkeit einer krankheitsbedingten Arbeitsunfähigkeit kann Familie Richter nur mit einer privaten Berufsunfähigkeitsversicherung versichern.

Je älter die versicherte Person ist, umso geringer kann die Absicherung ausfallen, weil andere Vorsorgemaßnahmen wirken und das Kapital für eine kürzere Dauer reichen muss. Bei den Zinserträgen aus der Kapitalabfindung müssen die Steuern noch abgezogen werden, sodass weniger aus diesem Zinseinkommen zum Lebensunterhalt zur Verfügung steht.

1.10 Unfallversicherung

Angebot / Proximus

Herr Jens Richter – Einzelunfallversicherung mit 5-jähriger Vertragsdauer

Bruttoeinkommen Invaliditätsentschädigung	8 bis 10-fache 240 000,00 € bis 320 000,00 €
Tarifgruppe B Modell 350	Tarif 30
Invalidität – Grundsumme Höchstleistung mit Progression	80 000,00 € zu 2,69 ‰ = 215,20 € 280 000,00 €
Tod	10 000,00 € zu 1,65 ‰ = 16,50 €
Übergangsleistung	10 000,00 € zu 3,31 ‰ = 33,10 €
KHTG	20 000,00 € zu 1,10 ‰ = 22,00 €
Bergungs- und Rettungskosten – beitragsfrei –	50 000,00 € 0,00
	286,80 €

Zuschlag 50 % Tarifgruppe B	143,40 €
Jahresbeitrag	430,20 €
5% Ratenzuschlag	21,51 €
Jahresbeitrag mit Ratenzuschlag	451,71 €
Dauerrabatt 10 %	45,17 €
Gesamtbetrag	406,54 €
Versicherungssteuer 19 %	77,24 €
Gesamtbetrag	483,78 €
monatlicher Beitrag	40,32 €

Angebot / Proximus

Frau Annette Richter – Einzelunfallversicherung mit 5-jähriger Vertragsdauer

Bruttoeinkommen Invaliditätsleistung	8 bis 10-fache 160 000,00 € bis 200 000,00 €

Angebot Tarif 502 – Beitragsbefreiung bei Arbeitslosigkeit –
Lady-Unfallversicherung mit progressiver Invaliditätsstaffel (Modell 500)

Invaliditäts- Grundsumme 40 000,00 €	Invaliditäts- Höchstleistung 200 000,00 €	Unfalltod 10 000,00 €	Kosmetische Operation 25 000,00 €
Unfallkranken- Haustagegeld 20,00 €	Bergungs- und Rettungskosten 50 000,00 € – beitragsfrei –		
Monatsbeitrag + 19 % V-Steuer	7,80 € netto 1,48 €		
Monatsbeitrag	9,28 € brutto		

Herr und Frau Richter bejahen das Angebot, insbesondere den günstigen Ladytarif, und möchten die Unfallversicherung bei Ihnen beantragen.

Unfallversicherung

Antrag

Antragsteller / Anschrift / besondere Anrede — Ehel. ☒

Jens und Annette Richter
Lübecker Str. 10
Hamburg

Betreuer-Nr.: 50287
GES-Nr.: 40 GS-Nr.: 20 Sammel-Nr.: 100
Vermittler-Nr.: 16754
Inkasso-Nummer: 20

Geburtsname: —
Geburtsdatum: 30 J.
Familienstand: verh
Staatsangehörigkeit: deutsch
Beruf: Elektriker
Arbeitgeber: Haustechnik GmbH, Hamburg

Zu versichernde Personen		Person Nr. 1	Person Nr. 2	Person Nr. 3
	Vorname	Jens	Annette	
	Zuname	Richter	Richter	
	Geburtsdatum	30 J.	28 J.	
	Ausgeübte Tätigkeit	Elektriker	Verkäuferin	
	Gefahrengruppe	A ☒ B ☐ Kind ☐	A ☒ B ☐ Kind ☐	A ☐ B ☐ Kind ☐
Beantragter Tarif		10 ☐ 20 ☐ 30 ☒ 31 ☐ 40 ☐ 50 ☐	10 ☐ 20 ☐ 30 ☐ 31 ☐ 40 ☐ 50 ☐	10 ☐ 20 ☐ 30 ☐ 31 ☐ 40 ☐ 50 ☐
	500 Lady-Plus	501 ☐ 502 ☐ 503 ☐	501 ☐ 502 ☒ 503 ☐	501 ☐ 502 ☐ 503 ☐
Beantragte Leistungen	Invaliditätsleistung	– mit Doppelaus. ab 90 % Inv.-Grad ☐ €___	– mit Doppelaus. ab 90 % Inv.-Grad ☐ €___	– mit Doppelaus. ab 90 % Inv.-Grad ☐ €___
		– mit 3-facher Leistung ab 70 % Inv.-Grad ☐ €___	– mit 3-facher Leistung ab 70 % Inv.-Grad ☐ €___	– mit 3-facher Leistung ab 70 % Inv.-Grad ☐ €___
		– mit progressiver Inv.-Staffel ☐ €___	– mit progressiver Inv.-Staffel ☐ €___	– mit progressiver Inv.-Staffel ☐ €___
		– Modell 225 ☐ €___	– Modell 225 ☐ €___	– Modell 225 ☐ €___
		– Modell 350 ☒ € 80 000,–	– Modell 350 ☐ € 40 000,–	– Modell 350 ☐ €___
		– Modell 500 ☐ €___	– Modell 500 ☒ €___	– Modell 500 ☐ €___
	Unfalltod	10 000 €	10 000 €	€
	Ambulante Hilfeleistung	€	€	€
	Übergangsleistung	10 000 €	€	€
	Kosm. Op.-kosten	€	25 000 €	€
	Oberschenkelhalsbruch	€	€	€
	Kurkostenbeihilfe	€	€	€
	Krankenhaustagegeld	20 €	20 €	€
	Genesungsgeld	€	€	€
	Unfall-Tagegeld	ab 8. Tag ☐ € ab 15. Tag ☐ €	ab 8. Tag ☐ € ab 15. Tag ☐ €	ab 8. Tag ☐ € ab 15. Tag ☐ €

1.10 Unfallversicherung

Versicherungsbeginn	Versicherungsdauer	Versicherungsablauf	Beitragszahlungsweise
1.2.20.. 12 Uhr	☒ 5 Jahre ☐ 1 Jahr	01.2.20.. 12 Uhr	☐ jährlich ☐ ¼-jährlich ☐ ½-jährlich ☒ ¹⁄₁₂-jährlich

Fragen zu den zu versichernden Personen / Besondere Vereinbarungen

Leidet eine der zu versichernden Personen an Krankheiten oder Gebrechen? ☐ nein ☒ ja, wer und an welchen? **Diabetes Ehefrau**

Besteht bei einer der zu versichernden Personen Kurzsichtigkeit von −8 oder mehr Dioptrien? ☒ nein ☐ ja, bei welcher? **4 Dioptrien Ehemann**

Welche Sportarten und/oder gefährliche Freizeitbeschäftigungen betreibt eine der versicherten Personen aktiv? **Bergwandern, Ballonfahren, Skirennen**

Ist eine der zu versichernden Personen zur Zeit gegen Unfall versichert? ☒ nein ☐ ja | Wenn nein: war eine der zu versichernden Personen schon gegen Unfall versichert? ☒ nein ☐ ja | Wurden gleichzeitig weitere Unfallversicherungen beantragt ☒ nein ☐ ja

Wurde eine der Fragen mit „ja" beantwortet, bitte Namen der betreffenden Person, der Gesellschaft und die Versicherungsschein-Nr. angeben

Sonstiges **Bergwandern beide; Ballonfahren Ehemann; Skirennen Ehefrau**

Lastschriftermächtigung (Die Abbuchung von Sparkonten ist nicht möglich) Konto-Nr. **17721515** Bankleitzahl **10020000**

Anschrift des Geldinstitutes (Name, PLZ, Ort, Straße) **Postbank Hamburg**

Ort/Datum	Unterschrift des Vermittlers	Unterschrift der mitversicherten Person	Unterschrift des Antragstellers, des oder der gesetzlichen Vertreter(s)
12.1.20..	Brück		Richter

Hinweis:
Bergungskosten 50 000,- €
 beitragsfrei eingeschlossen

Sie erläutern Familie Richter kurz die zu empfehlenden Leistungsbausteine.

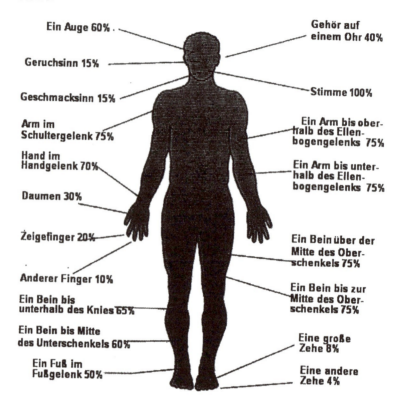

- Bei Teilverlust oder teilweiser Funktionsbeeinträchtigung eines dieser Körperteile wird der entsprechende Teil dieser Prozentsätze angenommen.
- Für andere Körperteile oder Sinnesorgane, die hier nicht genannt sind, bemisst sich der Invaliditätsgrad danach, inwieweit die normale körperliche oder geistige Leistungsfähigkeit insgesamt nach medizinischen Gesichtspunkten beeinträchtigt ist.
- Sind mehrere Körperteile oder Sinnesorgane durch den Unfall beeinträchtigt, so werden die Invaliditätsgrade addiert. Mehr als 100 Prozent wird jedoch nicht geleistet.

Invalidität

Bei dauernder Beeinträchtigung der körperlichen oder geistigen Leistungsfähigkeit nach einem Unfall wird je nach Invaliditätsgrad, Versicherungssumme und Progression eine Kapitalleistung erbracht.

▶ Berechnungsbeispiele

	Jens	Annette
100 % Invalidität maximal je Unfall	280 000,00 €	200 000,00 €
75 % Invalidität	180 000,00 €	130 000,00 €
50 % Invalidität	80 000,00 €	60 000,00 €
25 % Invalidität	20 000,00 €	10 000,00 €

Da der Geldbedarf nicht linear, sondern je nach Invaliditätsgrad überproportional steigt, wird dieser wachsende Bedarf durch eine Progression gebührend berücksichtigt.

Todesfallleistung

In vereinbarter Höhe, wenn der Tod innerhalb eines Jahres nach dem Unfall eintritt. Dient zur Abdeckung der Beerdigungskosten. Ferner kann bei schwerer Invalidität vorab in Höhe der Todesfallleistung reguliert werden.

Übergangsleistung

Bis zur ärztlichen Feststellung des letztendlichen Grades der Invalidität, welcher Grundlage für eine Zahlung aus der Invaliditätssumme ist, können einige Monate vergehen. Die Zeitspanne bis dahin kann eine „Übergangsleistung" überbrücken.

Die Übergangsleistung ist an folgende Voraussetzungen gebunden:

Die normale körperliche oder geistige Leistungsfähigkeit der versicherten Person ist im beruflichen oder außerberuflichen Bereich

- unfallbedingt nach Ablauf von sechs Monaten vom Unfalltag an gerechnet und
- ohne Mitwirkung von Krankheiten oder Gebrechen

noch um mindestens 50 % ununterbrochen beeinträchtigt.

Krankenhaustagegeld

Krankenhaustagegeld wird für jeden Tag (max. für zwei Jahre ab dem Unfalltag) geleistet, an dem sich der Versicherte unfallbedingt in medizinisch notwendiger vollstationärer Heilbehandlung befindet (nicht bei Kuraufenthalt u. ä.).

Kosmetische Operationen

Wir übernehmen die Kosten für unfallbedingte kosmetische Operationen und Zahnersatz von Schneide- und Eckzähnen bis zur Höhe der vereinbarten Versicherungssumme, wenn diese nach Abschluss der Heilbehandlung erforderlich werden.

Bergungskosten/Assistance-Leistungen

Die durch Such-, Rettungs- oder Bergungseinsätze von öffentlich- bzw. privatrechtlich organisierten Rettungsdiensten entstandenen Kosten werden ersetzt.

Beitragsfrei sind die Bergungskosten bis zur Höhe von 50 000,00 € mitversichert.

Frau Richter fragt: „Sind wir in der Freizeit und beim Sport durch diese private Unfallversicherung genügend abgesichert?"

Im Rahmen der privaten Unfallversicherung ist die normale sportliche Betätigung im vollen Umfang eingeschlossen. Ausgeschlossen sind Risiken als Luftfahrzeugführer bzw. Luftsportgeräteführer und der Rennsport mit Motorfahrzeugen. Bergwandern und Skirennen sind weltweit abgedeckt. Lediglich die Ballonfahrten als Besatzung sind ausgeschlossen. Als Fahrgast eines Ballons ist man durch diese Unfallversicherung versichert.

Gebrechen und Krankheit

Die Kurzsichtigkeit des Herrn Richter ist mit vier Dioptrien unbedeutend. Lediglich die Diabetes von Frau Richter könnte zu Leistungskürzungen führen, wenn die Diabetes an Unfallfolgen zu mehr als 25 % mitgewirkt hat. Verlängert sich der Heilungsprozess im Krankenhaus durch Diabetes um 30 %, so wird die Krankenhaustagegeldentschädigung um 30 Prozent gekürzt.

Herr Richter fragt: „Wo liegt der Unterschied zur Berufsunfähigkeitsversicherung"?

Eine Unfallversicherung leistet bei allen bleibenden Körperschäden, die durch einen Unfall entstehen – unabhängig davon, ob man durch die Verletzung berufsunfähig wird oder nicht. Eine Berufsunfähigkeitsversicherung dagegen würde dann Leistung erbringen, wenn eine ärztlich attestierte Berufsunfähigkeit vorliegt.

▶ Beispiel

Erleidet ein Informatiker nach einem Unfall einen Schaden am Kniegelenk, dann muss er dadurch nicht zwangsläufig auch berufsunfähig werden.

Eine Berufsunfähigkeitsversicherung würde hier also wahrscheinlich nicht leisten, weil eine tatsächliche Berufsunfähigkeit gar nicht vorliegt. Anders, wenn dasselbe einem Dachdecker passieren würde. Der wäre dadurch sogar sehr wahrscheinlich berufsunfähig und würde die Berufsunfähigkeitsrente zusätzlich erhalten.

Der Vorteil einer Unfallversicherung ist also, dass diese im Invaliditätsfall auch dann leistet, wenn keine direkte Berufsunfähigkeit vorliegt. Der eindeutige Nachteil ist aber, dass kein Versicherungsschutz bei krankheitsbedingten Ursachen besteht.

Die Berufsunfähigkeitsversicherung hat also den Vorteil, dass diese nicht nur bei Unfällen, sondern auch bei krankheitsbedingten Ursachen leistet. Die Rente wird fällig, wenn der derzeitige Beruf zu 50 % nicht mehr ausgeübt werden kann. Daher ist sie teurer als eine Unfallversicherung und es findet auch eine erweiterte Risikoprüfung statt.

Der Abschluss einer Berufsunfähigkeitsversicherung ist für Frau Richter trotz einer Unfallversicherung noch dringend zu empfehlen.

▶ Zusammenfassung

Unterschied zwischen gesetzlicher und privater Unfallversicherung (UV)

Kriterium	gesetzliche UV	private UV
versicherter Personenkreis	Beschäftigte und andere kraft Gesetzes oder freiwillig Versicherte	grundsätzlich jede Person (Ausnahme: Geisteskranke, Pflegebedürftige) bei Abschluss eines Versicherungsvertrages
versicherte Gefahren	Arbeitsunfälle, Berufskrankheiten	auch Freizeitunfälle
Versicherungstatbestände	Unfälle, die bei einer versicherten Tätigkeit eintreten und zu einer dauernden Körperschädigung führen	Unfälle, die den Unfalltatbestand erfüllen und zu einer bleibenden Körperschädigung geführt haben
Bemessung der Leistungshöhe	nach dem Umfang der Minderung der Erwerbsunfähigkeit und dem zuletzt erzielten Jahresarbeitsverdienst	Feststellung der körperlichen und geistigen Leistungsfähigkeit, meist mit Hilfe der Gliedertaxe
Mindestgrad der Invalidität	Leistungen ab einem Invaliditätsgrad von 20 %	ohne Einschränkung (auch Angebote, die erst ab einem Invaliditätsgrad von 50 % Leistung erbringen)
Renten- und Kapitalzahlung	Renten bei Tod und Vollinvalidität	Kapitalauszahlung (Ausnahme: nach dem 65. Lebensjahr nur Rentenzahlung)
Territoriale Geltung	Deutschland; kraft „Ausstrahlung" auch bei beruflichen Auslandsreisen und bei Entsendung ins Ausland	weltweit
Anrechnung	keine Anrechnung etwaiger Leistungen der privaten UV	keine Anrechnung etwaiger Leistungen der gesetzlichen UV (Leistungskürzung, wenn Krankheit oder Gebrechen bei einer durch Unfall hervorgerufenen Gesundheitsschädigung zu mind. 25% mitgewirkt haben)

1.10.3 Kinderunfallversicherung

▶ Situation

Auf dem Weg zur Schule wurde die Freundin von Maren Schwingen von einem Radfahrer erfasst und verletzt. Frau Elisabeth Schwingen erinnert sich an Ihre Empfehlung, für beide Kinder eine Kinderunfallversicherung abzuschließen. Aufgrund des Vorfalles bittet Sie Frau Schwingen, die Familie über die Kinderunfallversicherung und über den gesetzlichen Unfallschutz aufzuklären.

▶ Erläuterung

Sie legen Frau Schwingen eine Unfallstatistik vor:

Alle 4 Sekunden passiert in Deutschland ein Unfall. Das sind pro Tag mehr als 20 000 Unfälle: bei fast einem Drittel davon sind die Opfer Kinder. Denn Kinder sind neugierig und erkennen Gefahren oft zu spät. Dadurch passieren viele Unfälle – jeden Tag über 6 000 in Deutschland.

Die häufigsten Unfallursachen

- Stürzen
- Schneiden
- Quetschen
- Verbrennen/Verbrühen
- Ersticken
- Ertrinken
- Vergiftungen
- Verletzungen durch Strom und Tiere

In einer Million Fällen muss der Arzt aufgesucht werden.

Wo sind Kinder Gefahren ausgesetzt?

- Gefahren in Wohnung, Haus, Garten, Garage
- auf dem Spielplatz
- im Kinderzimmer
- in der Freizeit
- im Urlaub
- in der Schule
- im Straßenverkehr

Sie ermitteln die Versorgungslücken von Maren und Pia mit dem Kundenberatungsbogen.

Kundendaten / Beratungsablauf / Proximus Versicherung

	Kunde	Partner	Kind 1	Kind 2
Basisdaten				
Name:	Kai Schwingen	Elisabeth Schwingen	Maren	Pia
Wohnort:	Baden-Baden	Baden-Baden	dto.	dto.
Straße und Hausnummer:	Goethestr. 12	dto.	dto.	dto.
Geschlecht:	männlich	weiblich	weiblich	weiblich
Geburtsdatum/Alter:	35 Jahre	31 Jahre	7 Jahre	4 Jahre
Familienstand:	verheiratet	verheiratet		
Berufsstatus:	Angestellter	Hausfrau	Schülerin	
Krankenversicherung:	gesetzlich	gesetzlich	Familienvers.	Familienvers.
Bruttoeinkommen:	8 000 € mtl.	–	–	–
Nettoeinkommen:	ca. 5 000 € mtl.	–	–	–
Bestehende Versorgung				
gesetzliche V-Ansprüche:	1 500 €	200 €	GUV-Ausschnittdeckung	GUV-Ausschnittdeckung
private V-Ansprüche:	400 €	50 €	ca. 510 € mtl.	ca. 380 € mtl.
sonstige Einkünfte im Alter:	150 €	200 €	Schule	Kindergarten
Versorgungsanalyse/ Versorgungslücke				
Invalidität:	3 500 €		2 000 €	2 000 €
Alter:	2 500 €			
Hinterbliebenen:		2 000–3 000 €		
Pflege:	1 000 €	1 000 €	2 000 €	2 000 €
Optimierungswunsch (Profil) des Kunden				
steuerliche Belastung:	ja			
Sozialabgaben:	ja			
besondere Sparziele:				
Versorgungsvorschläge Einzelprodukt/Produktportfolio				
Invalidität:	BU-Renten	Unfall	Kinderunfall	Kinderunfall
Alter:				
Hinterbliebenen:	Risikovers.			
Pflege:	Pflegezusatz		Pflegezusatz	Pflegezusatz
Beratungsprotokoll erstellen unterzeichnen lassen			zunächst Beantragung einer Kinderunfallversicherung mit hoher Invaliditätssumme	dto.
Sonstige Verträge des/der Kunden	Kapitalvers. 100 000 € mit Berufsunfähigkeits-Schutz 1 500 € mtl. Riester-Verträge			

Eine andere Statistik gibt Aufschluss über Schulunfälle

Viele Kinder verlassen morgens mit der freundlichen Ermahnung „Und sei vorsichtig …" das Haus. Zwar passiert nur ein kleiner Teil (8,8 Prozent) der Schüler-Unfälle auf dem Schulweg, doch sind diese oft folgenschwer. Am unfallträchtigsten im Bereich rund um Schule ist der Schulsport. Über 618 000 Unfälle wurden dem Bundesverband der Unfallkassen im Jahr 2004 angezeigt. Dass sich die Schüler in der Pause viel bewegen, ist ausdrücklich erwünscht. Doch kommt es auch beim Toben auf dem Schulhof immer wieder zu heftigeren Blessuren, wo es mit einem Pflaster oder einer Kühlpackung nicht getan ist. – Vom ersten Schultag an stehen Schülerinnen und Schüler im Unterricht, in der Pause und bei anderen Schulveranstaltungen wie Arbeitnehmer unter dem Schutz der gesetzlichen Unfallversicherung. Der Versicherungsschutz ist für die Eltern beitragsfrei. Die Kosten tragen Gemeinden und Länder.

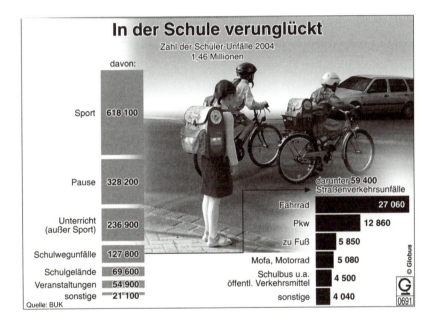

Wie oft schaut ein Kind nach der Schule noch einmal bei einem Freund vorbei? Sollte es dabei zu einem Unfall kommen, greift die gesetzliche Schüler-Unfallversicherung nicht! Säuglinge und Kleinkinder sind überhaupt nicht abgesichert.

Die gesetzliche Unfallversicherung für das Kind reicht nicht aus. Denn sie ist begrenzt auf Unfälle, die in der Schule oder im Kindergarten passieren sowie auf dem jeweiligen direkten Hin- und Rückweg. Doch auch wenn die gesetzliche Unfallversicherung eintritt, stellt sie nur eine Grundabsicherung dar, die durch private Vorsorge ergänzt werden sollte.

Bei Spiel und Sport, zu Hause, an Wochenenden und in den Ferien dagegen besteht überhaupt kein Unfallversicherungsschutz. Aber genau in dieser Zeit ereignen sich rund 80 Prozent aller Kinderunfälle. Kleinkinder haben noch nicht einmal die Grundabsicherung.

1.10.3.1 Gesetzliche Unfallversicherung

Kinder in Schul- und Kindergarten	Kleinkinder
Freizeit kein Versicherungsschutz	kein Versicherungsschutz
In Schule und Kindergarten sowie auf dem Weg hin und zurück gesetzlich versichert	

Besonders schwer wiegt es, dass Kinder ihre Umwelt anders wahrnehmen und ganz andere Reaktionszeiten haben als Erwachsene. Wenn sie hinter einem Ball auf die Straße laufen, dann lassen sie sich leicht ablenken und schätzen den Straßenverkehr oft falsch ein. Und weil sich das Bewusstsein für Gefahren erst mit etwa zehn Jahren entwickelt hat und Kinder erst dann vorausschauend ein Risiko erkennen können und Maßnahmen zur Unfallvermeidung erlernt haben, ist bis dahin das Unfallrisiko besonders groß.

Aus der folgenden Tabelle kann Familie Schwingen in etwa die monatlichen Rentenleistungen aus der gesetzlichen Schülerunfallversicherung entnehmen. Sollte der Unfall aber kein „Arbeitsunfall" – Schulunfall sein, sind keine Leistungen zu erwarten! Selbst wenn die gesetzliche Unfallversicherung leistet, sind die Rentenzahlungen eher spärlich. Hinzu kommt, dass die meisten Unfälle einen Invaliditätsgrad haben, der unter 70 Prozent liegt.

Fazit: Eine Vorsorge für Kinder ist dringend notwendig

Alter des Verletzten	Grad der Invalidität in Prozent	Monatliche Rente in €	
		Alte Bundesländer	Neue Bundesländer
bis zum 6. Lebensjahr	100	381,94	322,11
	80	305,24	257,69
	60	229,06	193,27
	40	152,87	128,85
	20	76,18	64,42
ab dem 6. bis zum 14. Lebensjahr	100	500,74	429,49
	80	406,99	343,59
	60	305,24	257,69
	40	203,49	171,79
	20	101,75	85,90
Jugendliche ab dem 14. bis zum 18. Lebensjahr	100	610,99	515,38
	80	488,80	412,10
	60	366,60	309,33
	40	244,40	206,05
	20	122,20	103,28
ab dem 18. Lebensjahr	100	916,24	773,07
	80	733,19	618,66
	60	549,13	463,74
	40	366,60	309,33
	20	183,04	154,41

Sozialgesetzbuch VII

Wenn ein Kind aufgrund eines Unfalls nicht für seinen eigenen Unterhalt sorgen kann, dann müssen die Eltern möglicherweise bis zu ihrem Tode für den Unterhalt aufkommen, denn Kinder haben keinen Anspruch auf eine Rente aus der gesetzlichen Rentenversicherung.

Viele Eltern glauben, dass ihr Kind bei Unfällen versichert ist. Die Krankenversicherung kommt jedoch nur für die ärztliche Behandlung auf. Daher gibt es keinen Ausgleich für die finanziellen Folgen durch bleibende Schäden.

1.10.3.2 Private Unfallversicherung

Die finanziellen Folgen aus dem Unfall eines Kindes können daher die Existenz der gesamten Familie bedrohen, denn die gesetzliche Leistung ist, wie dargelegt, völlig unzureichend. Eine private Unfallversicherung ist deshalb die einzige Möglichkeit, Kinder gegen die finanziellen Folgen eines Unfalls abzusichern.

Die Leistungen aus der privaten Unfallversicherung müssten in dem Fall also ein Leben lang reichen. Für ein Kind sollte man deshalb immer die höchst mögliche Versicherungssumme vereinbaren. Eventuell ist eine Unfallrente empfehlenswert. Diese sichert dem Kind bei bleibenden Körperschäden von mehr als 50 % eine lebenslange monatliche Rente zu. Pro 100,00 € Versorgungslücke sollte eine Versicherungssumme von 20 000,00 € versichert werden. Bei einer Versorgungslücke von 2 000,00 € monatlich, also eine Versicherungsleistung von 400 000,00 €.

Die Versicherungssumme für den Invaliditätsfall sollte demnach so hoch abgeschlossen werden, dass daraus im Falle einer dauernden Invalidität zumindest zu einem gewissen Teil der Lebensunterhalt bestritten werden kann. Um auf Dauer eine monatliche Rente mit einer Kaufkraft von 1 000,00 € abzusichern, wird ein Kapitalbetrag von über 200 000,00 € benötigt. Das muss also die Mindestversicherungssumme für ein Kind sein. Auf jeden Fall sollte eine Progression vereinbart werden (erhöhte Leistungen bei hohen Invaliditätsgraden). Es empfiehlt sich auch, eine kleine Todesfallsumme mitzuversichern (vielleicht 5 000,00 oder 10 000,00 €), weil nach einem schweren Unfall Vorauszahlungen im ersten Jahr nur bis zur Höhe der Todesfallsumme gewährt werden und eventuell Beerdigungskosten abgedeckt sind.

1.10 Unfallversicherung

Beitragsrechnung zum Angebot der Proximus Versicherung – Kindertarif

	Prämie Maren	Prämie Pia
Versicherungsleistung Betrag Tod 5 000 € x 0,69 ‰	3,45 € p. a.	3,45 € p. a.
Invalidität 225 Progression 200 000,00 € x 0,87 ‰ Spitzenleistung 450 000,00 €	174,00 € p. a.	174,00 € p. a.
Kosmetische Operation 1 000,00 € x 0,69 % Bergungskosten 50 000,00 € Krankenhaustagegeld 30,00 € x 0,64	6,90 € p. a. beitragsfrei 19,20 € p. a. __203,55 €__	6,90 € p. a. beitragsfrei 19,20 € p. a. __203,55 €__
Gesamtbeitrag p. a. + 3 % Ratenzuschlag bei 1/2jähr- licher Zahlweise Minus 10 % Dauerrabatt Halbjahresbeitrag (netto) + 19 % V-Steuer Halbjahresbeitrag (brutto)	407,10 € 12,21 € 419,31 € 41,93 € 377,38 € 188,69 € 35,85 € __224,54 €__	

Hinweis zum Tarif: Familienrabatt erst ab 3 Personen

Sie weisen die Familie auf die tariflichen und vertraglichen Besonderheiten der Proximus Versicherung hin:

- günstiger Kindertarif – Umstellung mit 18 Jahren (Erwachsenentarif)
- Neugeborene – beitragsfreier Vorsorgeschutz
- Vergiftungsschäden bis zum 10. Lebensjahr eingeschlossen
- Beitragsbefreiung der Kinderunfallversicherung bei Tod des VN
- Festlegung des Invaliditätsgrades bei Kindern bis 14 Jahre evtl. erst nach 5 Jahren ab Unfallgeschehen
- bei Unfällen Minderjähriger erfolgt die kosmetische Operation spätestens vor Vollendung des 21. Lebensjahres

▶ **Hinweise zur Beratung**

Statt einer sehr hohen Progression wird von Familie Schwingen für die gleiche Prämie eine höhere Grundsumme gewünscht, damit bei geringeren Invaliditätsgraden, die häufiger vorkommen, mehr von der Proximus Versicherung geleistet wird. Für die gleiche Prämie könnte auch eine höhere Progression mit einer geringeren Grundsumme vereinbart werden, die bei einer hohen Invalidität mehr leisten würde. Letztlich sollte nach einer eingehenden Information der Kunde selbst über die Wahl der Progression entscheiden.

Das Krankenhaustagegeld benötigt Frau Schwingen zur Bezahlung einer Haushaltskraft, wenn sie ein Kind bei der stationären Heilbehandlung besuchen bzw. im Krankenhaus übernachten muss.

1.10 Unfallversicherung

Achtung Laufzeit des Vertrages: 5 Jahre

Unfallversicherung

Antrag

Antragsteller / Anschrift / besondere Anrede: [X] Herr [ ] Frau [ ] Frl. [ ] Ehel.

Kai Schwingen

Baden-Baden, Goethestr. 12

Betreuer-Nr.	82670
GES-Nr.	50
GS-Nr. / Sammel-Nr.	760
Vermittler-Nr.	2576
Unterstellung	175
Inkasso-Nummer	125

Geburtsname: —
Geburtsdatum: 35 J.
Familienstand: verh.
Staatsangehörigkeit: deutsch
Telefon privat (mit Vorwahl): —
Telefon geschäftlich (mit Vorwahl): —
Beruf: Kfm. Angestellter [ ] selbständig
Branche: Computer
Arbeitgeber: Computer-Software GmbH

Zu versichernde Personen		Person Nr. 1	Person Nr. 2	Person Nr. 3
	Vorname	Maren	Pia	—
	Zuname	Schwingen	Schwingen	—
	Geburtsdatum	7 Jahre	4 Jahre	—
	Ausgeübte Tätigkeit	Schüler	Kindergarten	—
	Gefahrengruppe	[A] [B] [X] Kind	[A] [B] [X] Kind	[A] [B] [ ] Kind
Beantragter Tarif		10 [X] 20 [ ] 30 [ ] 31 [ ] 40 [ ] 50 [ ]	10 [ ] 20 [ ] 30 [ ] 31 [ ] 40 [ ] 50 [ ]	10 [ ] 20 [ ] 30 [ ] 31 [ ] 40 [ ] 50 [ ]
	500 Lady-Plus	501 [ ] 502 [ ] 503 [ ]	501 [ ] 502 [ ] 503 [ ]	501 [ ] 502 [ ] 503 [ ]
Beantragte Leistungen	Invaliditätsleistung – mit Doppelaus. ab 90 % Inv.-Grad	[ ] €	[ ] €	[ ] €
	– mit 3-facher Leistung ab 70 % Inv.-Grad	[ ] €	[ ] €	[ ] €
	– mit progressiver Inv.-Staffel	[ ] €	[ ] €	[ ] €
	– Modell 225	[X] 200000 €	[X] 200000 €	[ ] €
	– Modell 350	[ ] €	[ ] €	[ ] €
	– Modell 500	[ ] €	[ ] €	[ ] €
	Unfalltod	5000 €	5000 €	€
	Ambulante Hilfeleistung	€	€	€
	Übergangsleistung	€	€	€
	Kosm. Op.-kosten	5000 €	5000 €	€
	Oberschenkelhalsbruch	€	€	€
	Kurkostenbeihilfe	€	€	€
	Krankenhaustagegeld	30 €	30 €	€
	Genesungsgeld	€	€	€
	Unfall-Tagegeld ab 8. Tag / ab 15. Tag	[ ] € / [ ] €	[ ] € / [ ] €	[ ] € / [ ] €

Versicherungsbeginn	Versicherungsdauer	Versicherungsablauf	Beitragszahlungsweise
1.4.20.. ☒12 Uhr	☐ 5 Jahre ☐ 1 Jahr	01.4.20.. 12 Uhr	☐ jährlich ☐ ¼-jährlich ☒ ½-jährlich ☐ ½-jährlich

Fragen zu den zu versichernden Personen / Besondere Vereinbarungen

Leidet eine der zu versichernden Personen an Krankheiten oder Gebrechen? ☒ nein ☐ ja, wer und an welchen?

Besteht bei einer der zu versichernden Personen Kurzsichtigkeit von –8 oder mehr Dioptrien? ☒ nein ☐ ja, bei welcher?

Welche Sportarten und/oder gefährliche Freizeitbeschäftigungen betreibt eine der versicherten Personen aktiv?

Ist eine der zu versichernden Personen zur Zeit gegen Unfall versichert? ☒ nein ☐ ja | Wenn nein: war eine der zu versichernden Personen schon gegen Unfall versichert? ☐ nein ☐ ja | Wurden gleichzeitig weitere Unfallversicherungen beantragt ☐ nein ☐ ja

Wurde eine der Fragen mit „ja" beantwortet, bitte Namen der betreffenden Person, der Gesellschaft und die Versicherungsschein-Nr. angeben

Sonstiges

Für die Versicherung gelten die Allgemeinen Unfallversicherungs-Bedingungen, die dem Antragsteller zusammen mit dem Versicherungsschein, auf Wunsch jedoch früher, zugeschickt werden.
Eine Durchschrift dieses Antrages wurde dem Antragsteller übergeben. An diesen Antrag halte ich mich einen Monat lang gebunden.
Mir ist bekannt, daß der Versicherer – soweit hierzu ein Anlaß besteht – Angaben über meinen Gesundheitszustand, auch über frühere Erkrankungen oder Unfälle oder über frühere, bestehende oder beantragte Versicherungsverträge bei anderen Unfall-, Kranken- oder Lebensversicherern zur Beurteilung der Risiken eines von mir beantragten Vertrages überprüft. Zu diesem Zweck befreie ich Ärzte, Zahnärzte, Angehörige anderer Heilberufe sowie Angehörige von Krankenanstalten und Gesundheitsämtern, die mich in den letzten zehn Jahren vor Antragstellung untersucht, beraten oder behandelt haben, von ihrer Schweigepflicht – und zwar auch über meinen Tod hinaus – und ermächtige sie, dem Versicherer die erforderlichen Auskünfte zu erteilen. Dies gilt auch für Angehörige anderer Kranken-, Lebens- und Unfallversicherer, mit denen ich bisher in Vertragsbeziehungen stand oder stehe. Diese Ermächtigung endet fünf Jahre nach Antragstellung.
Diese Erklärung gebe ich auch für meine mitzuversichernden Kinder sowie die von mir gesetzlich vertretenen mitzuversichernden Personen ab, da die Bedeutung dieser Erklärung nicht selbst beurteilen können.
Ich willige ferner ein, daß die Versicherer im erforderlichen Umfang Daten, die sich aus den Antragsunterlagen

oder der Vertragsdurchführung (Beiträge, Versicherungsfälle, Risiko-/Vertragsänderungen) ergeben, an Rückversicherer zur Beurteilung des Risikos und zur Abwicklung der Rückversicherung sowie zur Beurteilung der Risiken und der Ansprüche an andere Versicherer und/oder an den HUK-Verband e.V. zur Weitergabe dieser Daten an andere Versicherer übermittelt. Diese Einwilligung gilt auch, unabhängig vom Zustandekommen des Vertrages, sowie für entsprechende Prüfungen bei anderweitig beantragten (Versicherungs-) Verträgen und bei künftigen Anträgen.
Ich willige ferner ein, daß der Versicherer, soweit dies der ordnungsgemäßen Durchführung meiner Versicherungsangelegenheiten dient, allgemeine Vertrags-, Abrechnungs- und Leistungsdaten in gemeinsamen Datensammlungen führt und an seine Vertreter weitergibt.
Gesundheitsdaten dürfen nur an Personen- und Rückversicherer übermittelt werden; an Vertreter dürfen sie nur weitergegeben werden, soweit es zur Vertragsgestaltung erforderlich ist.
Diese Einwilligung gilt auch, wenn ich die Möglichkeit hatte, in zumutbarer Weise vom Inhalt des vom Versicherer bereit gehaltenen Merkblattes für Datenverarbeitung Kenntnis zu nehmen.
Untenstehend angegebenes Geldinstitut ermächtige(n) ich/wir widerruflich, zu Lasten meines/unseres Kontos eingehende Lastschriften zugunsten des Versicherers einzulösen. Wenn mein/unser Konto die erforderliche Deckung nicht aufweist, besteht für das kontoführende Geldinstitut keine Verpflichtung zur Einlösung.

Lastschriftermächtigung (Die Abbuchung von Sparkonten ist nicht möglich)

Konto-Nr. 12547013   Bankleitzahl 27010066

Anschrift des Geldinstitutes (Name, PLZ, Ort, Straße)   VR-Bank Baden-Baden

Vom vorstehend beschriebenen Vertragsinhalt abweichende Nebenabreden, Erklärungen, Erläuterungen und/oder Zusagen werden für den Versicherungsträger nur dann verbindlich, wenn sie von ihm ausdrücklich und schriftlich bestätigt worden sind.

Ort/Datum	Unterschrift des Vermittlers	Unterschrift der mitversicherten Person	Unterschrift des Antragstellers, des oder der gesetzlichen Vertreter(s)
Baden-Baden	Brück		Schwingen

1.10 Unfallversicherung

Alternativen / Ergänzung zur Unfallversicherung[1]

- Unfallversicherung mit Beitragsrückgewähr
- Pflegeversicherung
- Schulunfähigkeitsversicherung
- Krankenhaustagegeldversicherung
- Kinderinvaliditätsversicherung (zahlt auch bei krankheitsbedingter Invalidität)
- Grundfähigkeitsversicherung
- Unfallrentenversicherung

Der Gesetzgeber belohnt evtl. die Entscheidung mit Steuervorteilen.

Wer eine private Kinderunfallversicherung mit Beitragsrückgewähr abschließt, zahlt statt der üblichen 19 % zzt. nur 3,8 % Versicherungssteuer.

Wenn die Kinderunfallversicherung bis zum vereinbarten Auszahlungstermin mindestens 12 Jahre läuft, wird die garantierte Rückgewähr der Netto-Prämie steuerfrei ausgezahlt. Im Rahmen der Vorsorgeaufwendungen können alle Prämien in der Einkommensteuererklärung geltend gemacht werden.

Die Kapitalauszahlungen sind steuerfrei. Rentenleistungen werden mit dem sehr niedrigen Ertragsanteil zur Einkommensteuer erfasst.

---

1 Nicht alle Versicherungen werden von Proximus angeboten

Übungen

1. Aufgabe

Situation

Sie stellen fest, dass nur wenige Kunden in Ihrem Bestand eine Kinderunfallversicherung abgeschlossen haben. Sie wollen Informationsarbeit leisten und machen sich Gedanken, wie Sie Ihre Kunden erfolgreich vom Sinn und Zweck dieses Schutzes informieren können. Von einem Werbefachmann erhalten Sie den Tipp, einen ansprechenden Flyer zu kreieren, der die wichtigsten Informationen enthält.

Aufgabe

a) Welche Informationen sollten aufgenommen werden?
b) Entwerfen Sie einen Flyer am PC.
c) Machen Sie sich Gedanken über die Zielgruppe und wie erhalten Sie eine Trefferliste?
d) Wie kann der Flyer kostengünstig erstellt und an die Kunden verteilt werden?
e) Welche Aktion muss der Verteilung folgen?

2. Aufgabe

Situation

Der Untervertreter Schiffer hat aufgrund Ihres Flyers weitere Fragen zur Kinderunfallversicherung, nachdem er sich mit den Bedingungen, Tarifen und Klauseln der Proximus Versicherung beschäftigt hat.

Aufgabe

a) Wann nehme ich den Kinder- und wann den Schülertarif?
b) Wann und wie wird der Kindertarif umgestellt?
c) Was bedeutet die Beitragsfreistellung bei der Kinderunfallversicherung?
d) Bis zu welcher Höhe kann die Todesfallsumme abgeschlossen werden?
e) Wann kommt die Kinder-Vorsorgeversicherung zum Tragen?
f) Welchen Sinn erfüllt die Nachuntersuchungsfrist von 5 Jahren bei Kindern?

3. Aufgabe

Frau Daniela und Herr Martin Westphal möchten für ihre drei Kinder eine Unfallversicherung abschließen. Die Summen haben sie einem Konkurrenzangebot entnommen.

1.10 Unfallversicherung

Kinder	Alter	Tod	Invalidität	Übergangs-leistung	Unfalltage-geld ab
			Modell 350		dem 15. Tag
Laura	8 J.	5 000 €	140 000 €	5 000 €	10,00 €
Lina	12 J.	5 000 €	140 000 €	5 000 €	10,00 €
David	14 J.	5 000 €	140 000 €	5 000 €	10,00 €

Zahlweise: 1/2-jährlich, Versicherungsdauer 5 Jahre

Aufgabe

Unterbreiten Sie Familie Westphal ein Angebot zur Kinderunfallversicherung.

4. Aufgabe

Situation

Die allein erziehende Mutter Melanie Söntgen fragt aufgrund Ihres Flyers an, wie viel eine Kinderunfallversicherung für ihren dreijährigen Sohn Timm kostet und ob sie mit einem Rabatt rechnen kann. Sie hat sich zur folgenden Summe aufgrund der Summenkombinationen im Flyer entschieden:

Tod 3 000 € / Invalidität 50 000 € Spitzenprogression 250 000 € / Krankenhaustagegeld ohne Genesungsgeld

Aufgabe

Ermitteln Sie für Frau Söntgen die Entschädigung bei 20 %, bei 40 %, bei 60 % und bei 80 % Invalidität.

5. Aufgabe

Situation

Sie beraten Herrn Werner Sommer wegen des Abschlusses einer privaten Unfallversicherung. Herr Sommer ist 45 Jahre alt und kaufmännischer Angestellter. Er ist gesetzlich krankenversichert.

Aufgabe

Mit welchen fünf Argumenten können Sie den Einwand von Herrn Sommer begegnen, er halte eine private Unfallversicherung für überflüssig, da er ja sozialversichert sei?

Begründen Sie Ihre Antwort.

1.11 Pflegezusatzversicherung

▶ **Situation**

Jens und Annette Richter bitten Sie dringend um ein Beratungsgespräch, nachdem ein Bekannter der Familie in Folge eines Badeunfalls querschnittgelähmt ist, dauernde Pflege benötigt und seine Eltern zur Zahlung der Pflegekosten herangezogen werden. Frau Richter erinnert sich in diesem Zusammenhang an den Brief der Proximus Versicherung.

Proximus Versicherung – Infodienst

Sehr geehrte Frau Richter,

derzeit sind über 2 Millionen Menschen auf Pflege angewiesen. Und mit steigender Lebenserwartung wächst die Zahl derer, die in Zukunft pflegebedürftig sein werden. Aber der Pflegefall ist nicht nur eine Frage des Alters. Auch Krankheit oder Unfall können einen eben noch gesunden Menschen plötzlich der Fähigkeit berauben, für sich selbst zu sorgen.

Dabei ist der Eintritt der Pflegebedürftigkeit nicht nur ein Schlag für den Betroffenen. Auch der Partner und die Familie sind in der Regel überfordert, nicht nur emotional – auch die finanziellen Folgen können sehr schnell zu einer existenziellen Belastung werden, denn die Leistungen der Pflegepflichtversicherung decken die Kosten nur teilweise.

Beispiel für eine monatliche Abrechnung bei stationärer Schwerstpflegebedürftigkeit (Stufe III):

Kosten für stationäre Pflege z. B.	3 500,00 €	3 500,00 €
Erstattung der Kosten durch die Pflegepflichtversicherung	1 432,00 €	(Härtefall 1 688,00 €)
Versorgungslücke	2 068,00 €	1 812,00 €

Für die Differenz müssen Sie selbst oder Ihre Familie aufkommen, im schlimmsten Fall das Sozialamt, und das Monat für Monat. Kein schöner Gedanke! Wir haben die Lösung für Sie.

1.11 Pflegezusatzversicherung

> Die spezielle Pflegeversicherung für den Schwerstpflegefall mit folgenden Highlights:
>
> - Sie ist preiswert.
> - Sie erhalten vertraglich garantierte Leistungen ab dem ersten Tag.
> - Im Leistungsfall brauchen Sie keine Beiträge mehr zu zahlen.
>
> Sorgen Sie jetzt vor, um unüberschaubare finanzielle Belastungen zu vermeiden. Lassen Sie sich beraten.
>
> Mit freundlichen Grüßen
> Proximus Versicherung

▶ Erläuterung

Sie benutzen die Versorgungsanalyse von Ihrem vorhergehenden Besuch bei Familie Richter und kontrollieren die Richtigkeit der Angaben.

Kundendaten / Beratungsablauf / Proximus Versicherung

	Kunde	Partner	Kind 1	Kind 2
Basisdaten				
Name:	Jens Richter	Annette Richter		
Wohnort:	Hamburg	Hamburg		
Straße und Hausnummer:	Lübecker Str. 10	Lübecker Str. 10		
Geschlecht:	männlich	weiblich		
Geburtsdatum/Alter:	30 Jahre	28 Jahre		
Familienstand:	verheiratet	verheiratet		
Berufsstatus:	Elektriker	Verkäuferin		
Krankenversicherung:	gesetzlich	gesetzlich		
Bruttoeinkommen:	32 000,00 € p. a.	20 000,00 € p. a.		
Nettoeinkommen:	1 620,00 € mtl.	1 020,00 € mtl.		
Bestehende Versorgung				
gesetzliche V-Ansprüche:	GRV	GRV		
private V-Ansprüche:	LV, BU, Unfallversicherung	Unfallversicherung		
sonstige Einkünfte im Alter:	keine	keine		
Versorgungsanalyse/ Versorgungslücke				
Invalidität:				
Alter:	1 000,00 € mtl.	600,00 € mtl.		
Hinterbliebenen:	200,00 € mtl.			
Pflege:	2 000,00 € mtl.	2 000,00 € mtl.		

Kundendaten / Beratungsablauf / Proximus Versicherung

	Kunde	Partner	Kind 1	Kind 2
Optimierungswunsch (Profil) des Kunden steuerliche Belastung: Sozialabgaben: besondere Sparziele:	ja ja	ja ja		
Versorgungsvorschläge Einzelprodukt/Produktportfolio Invalidität: Alter: Hinterbliebenen: Pflege:	 Riester/bAV Pflegezusatz	 Berufsunfähigkeits-Vers. Riester/bAV – Pflegezusatz		
Beratungsprotokoll erstellen unterzeichnen lassen	Kunde möchte zunächst nur das Pflegerisiko absichern	Kundin möchte zunächst nur das Pflegerisiko absichern		
Sonstige Verträge des/der Kunden	Kfz, Hausrat, PHV, Unfallversicherung Leben mit BU für VN			

1.11.1 Pflegepflichtversicherung

Sie informieren Familie Richter über die Absicherung im Pflegefall durch die Pflegepflichtversicherung.

Die Pflegeversicherung gibt es in zwei Formen:

1. Die seit 1995 geltende Pflegepflichtversicherung, die von der GKV und der PKV angeboten wird.
2. Die Pflegezusatzversicherung, die von privaten Unternehmen angeboten wird.

Für Personen, die in der Krankenkasse versichert sind, gilt der Grundsatz, dass die Pflegepflichtversicherung in aller Regel der Krankenversicherung folgt.

1.11 Pflegezusatzversicherung

Versicherte Personen
- Pflichtversicherte
- Familienversicherte
- Weiterversicherte

Finanzierung
- SPV
  - Beiträge der Versicherten und Arbeitgeber je zur Hälfte
  - Beitragssatz 1,7 % vom Bruttoarbeitsentgelt
  - Wegfall eines Feiertags (Buß- und Bettag)
  - Kinderlose ab 23. Jahr – Zuschlag 0,25 % vom Bruttoarbeitsentgelt
- PPV
  - Tarifbeitrag nach Alter und Geschlecht
  - Arbeitgeberzuschuss

Versicherungsträger
- Pflegeversicherungskassen (eingerichtet bei den Krankenkassen der GKV und PKV)

Pflegeversicherungsarten

Leistungen bei
- häuslicher Pflege
- teilstationärer Pflege, kurzzeitiger Pflege
- vollstationärer Pflege

Pflegestufe 1

Leistung
- erheblich Pflegebedürftige z. B. Körperpflege, Ernährung, Hilfe mind. 2-mal täglich
- für vollstationäre Pflege im Heim 1 023,00 €
- für häusliche Pflege durch Fachpersonal 384,00 €
- für häusliche Pflege durch Pflegepersonen 205,00 €

Pflegestufe 2

Leistung
- Schwerpflegebedürftige z. B. Körperpflege, Ernährung, Hilfe mind. 3-mal täglich
- für vollstationäre Pflege im Heim 1 279,00 €
- für häusliche Pflege durch Fachpersonal 921,00 €
- für häusliche Pflege durch Pflegepersonen 410,00 €

Pflegestufe 3

Leistung
- Schwerstpflegebedürftige z. B. Körperpflege, Ernährung, Hilfe rund um die Uhr – in Härtefällen 1 687,26 €/ 1 917,34 €[1]
- für vollstationäre Pflege im Heim 1 432,00 €
- für häusliche Pflege durch Fachpersonal 1 432,00 €
- für häusliche Pflege durch Pflegepersonen 665,00 €

1 bei häuslicher Pflege

1.11.2 Pflegezusatzversicherung

Die Pflegezusatzversicherung ist keine Frage des Alters, denn durch einen Unfall oder Krankheit kann jeder zum lebenslangen Pflegefall werden.

Derzeit sind in Deutschland ca. 2 Millionen Menschen als anerkannte Pflegefälle registriert. Mit steigender Lebenserwartung wächst die Zahl derer, die in Zukunft auf Pflege angewiesen sein werden.

Zahl der pflegebedürftigen Menschen in Deutschland:

Jahr	Millionen	
2003	2,01	
2010	2,13	1/3 Männer
2020	2,64	2/3 Frauen
2030	3,09	

Quelle: Bundesministerium für Gesundheit und soziale Sicherheit. Stand 2003

Im Fall der Pflegebedürftigkeit erhält man die gesetzlich festgelegten Leistungen der sozialen oder privaten Pflegepflichtversicherung. Die durchschnittlichen Kosten eines Pflegeplatzes im Pflegeheim werden dadurch nicht annähernd gedeckt.

Aufgrund des zunehmenden Anteils älterer Menschen an der Gesamtbevölkerung werden die Pflegefälle und damit die Pflegekosten weiter ansteigen. Deshalb sollte man den gesetzlichen Schutz durch eine private Pflegekostenversicherung individuell ergänzen.

Wer in einem Heim versorgt werden muss, zahlt dafür je nach Pflegebedürftigkeit und Heim häufig 2 500,00 bis 3 500,00 € im Monat. Die Pflegeversicherung – für Kassenpatienten und für privat Krankenversicherte gesetzlich vorgeschrieben – stellt nur eine Grundsicherung dar. Die Pflegepflichtversicherung zahlt höchstens 1 688,00 € und das auch nur in Härtefällen. Kosten, die sie nicht abdeckt, muss jeder aus eigener Tasche bezahlen. Da sind Rente und Vermögen schnell aufgebraucht. Im Ernstfall heißt das: Das Sozialamt muss einspringen, wenn nahe Verwandte nicht zahlen können. Bei hohem Einkommen oder großem Vermögen sind Kinder, Ehepartner und Eltern von pflegebedürftigen Angehörigen in der Pflicht. Da liegt die Suche nach einer geeigneten Zusatzversicherung nahe, die die Leistung der Kasse ergänzt. Gerade in jungen Jahren lohnt sich die Beschäftigung mit dem Thema: Frühe Vorsorge bei Proximus ist günstig.

Angeboten wird der Zusatzschutz einer Pflegekostenversicherung für den Fall der Pflegebedürftigkeit. Die Pflegekostenversicherung übernimmt einen großen Teil der Differenz zwischen den gesetzlichen Leistungen der Pflichtversicherung und den höheren tatsächlichen Pflegekosten.

1.11.3 Beispielrechnungen

▶ Beispiel für die Kosten einer vollstationären Pflege

Pflegestufe II

Gesamtkosten*	2 150,00 €/Monat
Leistungen der PPV	1 279,00 €/Monat
Restkosten	871,00 €/Monat
abgedeckt z. B. durch Renteneinkünfte und Pflegekostenversicherung	

Pflegestufe III

Gesamtkosten*	3 000,00 €/Monat
Leistungen der PPV	1 432,00 €/Monat
Restkosten	1 568,00 €/Monat
abgedeckt durch z. B. Renteneinkünfte und Pflegekostenversicherung	

- bei sehr guter Unterbringung in einem Pflegeheim sind die Kosten erheblich höher. Sie liegen dann bei ca. 4 000,00 €

* beispielhafte durchschnittliche Pflegekosten

Das bedeutet auf Dauer:

Vier Jahre stationäre Pflege in Pflegestufe II und drei Jahre stationäre Pflege in Pflegestufe III ergeben:

871,00 €/Monat x 12 Monate x 4 Jahre = 41 808,00 €
+ 1 568,00 €/Monat x 12 Monate x 3 Jahre = 56 448,00 €
= **98 256,00 € Eigenanteil** während einer Dauer von sieben Jahren Pflegebedürftigkeit

Leistungen der Pflegekostenversicherung bei der Proximus Versicherung

Häusliche und teilstationäre Pflege

Pflegestufe I	Restkosten bis 192,00 € / Monat
Pflegestufe II	Restkosten bis 460,50 € / Monat
Pflegestufe III	Restkosten bis 716,00 € / Monat

Bei vollstationärer Pflege und Kurzzeitpflege werden ebenfalls bis 716,00 € (Restkosten) erstattet. Bei einem außergewöhnlich hohen Pflegeaufwand übernimmt die Proximus Versicherung bis zu 959,00 € p. M.

Frau Richter erkundigt sich bei Ihnen nach den Geltungsbereichen der Pflegeversicherung

Der Versicherungsschutz aus der Pflegekostenversicherung gilt im deutschen Bundesgebiet. Bei dauerhaftem Verzug in einen Staat zugehörig zum europäischen Wirtschaftsraum kann der Versicherungsschutz in ein Pflegetagegeld umgewandelt oder gekündigt werden.

Annette Richter möchte wissen, wie lange der Versicherungsschutz gilt

Ihr Versicherungsschutz gilt nach Ablauf der Wartezeiten während der gesamten Zeit der ärztlich festgestellten Pflegebedürftigkeit, sofern der Vertrag ungekündigt ist.

Herr Richter erkundigt sich, wer den Grad der Pflegebedürftigkeit festlegt?

Der Bewertungsmaßstab für die Einstufung des Pflegefalles sind Art und Umfang der täglich erforderlichen Hilfe nach objektivem ärztlichem Befund (Pflegegutachten für die Pflegepflichtversicherung).

Pflegestufe I	–	erheblich Pflegebedürftige
Pflegestufe II	–	Schwerpflegebedürftige
Pflegestufe III	–	Schwerstpflegebedürftige

Pflegekostenversicherung – Angebot der Proximus Versicherung		
Jens Richter	30 Jahre	4,88 € mtl.
Annette Richter*	28 Jahre	8,87 € mtl.
		13,75 € mtl., keine V-Steuer

* Frauen zahlen aufgrund der höheren Lebenserwartung höhere Beiträge

Dieser Beitrag kann bei den Vorsorgeaufwendungen jährlich im Rahmen der Höchstbeträge steuerlich geltend gemacht werden.

In den Anträgen zur Pflegeversicherung werden immer Fragen zur Gesundheit gestellt. Diese müssen unbedingt vom Antragsteller selbst und wahrheitsgemäß beantwortet werden, um im Leistungsfall den Versicherungsschutz nicht zu gefährden.

Bestehende bzw. abgelehnte Versicherungen

Pflegetagegeld/Pflegerente (mtl. Rente)	wo?	seit wann oder abgelehnt?	Tagegeldhöhe in €

Gesundheitsfragen

1. Beziehen Sie bereits Leistungen aufgrund einer Pflegebedürftigkeit oder sind solche beantragt? ❏ ja ❏ nein

2. Bestehen oder bestanden in den letzten 10 Jahren eine der nachstehend aufgeführten Erkrankungen? ❏ ja ❏ nein
Herzerkrankung (z. B. Herzinfarkt), Krebserkrankung, HIV-Infektion/Aids, psychische sowie neurologische Erkrankungen (z. B. Alzheimer-Krankheit, Schizophrenie, Depressionen, Schlaganfall, Hirnblutung, Demenz, Multiple Sklerose), Niereninsuffizienz, Suchtkrankung, erblich bedingte Muskelerkrankung, Diabetes mellitus

Wird eine Frage mit „ja" beantwortet, ist eine Annahme des Antrages aus versicherungsmedizinischen Gründen nicht möglich.

1.11.4 Versorgungssituation

Versorgungssituation des Ehepaares Jens und Annette Richter im Pflegefall – Pflegekosten 3 000,00 €

	Jens	Annette
Erwerbsminderungsrente	492,00 €	325,00 €
Private BU-Rente mit Bonus	1 000,00 €	0,00 €
Pflegepflichtversicherung	1 432,00 €	1 432,00 €
Pflegekostenversicherung	716,00 €	716,00 €
	3 640,00 €	2 473,00 €

Frau Richter hat noch eine Lücke von ca. 500,00 € monatlich, die durch den Abschluss einer Berufsunfähigkeitsversicherung oder eine Erhöhung der Pflegezusatzversicherung unbedingt auszugleichen wäre.

Im Falle eines Unfalles könnten beide mit der zusätzlichen Leistung aus ihrer privaten Unfallversicherung behindertengerechte Umbaumaßnahmen, ein behindertengerechtes Fahrzeug und behindertengerechte Möbel finanzieren. Das Restkapital wäre ausreichend, um die restlichen Pflegekosten abzudecken. Bei einem Berufsunfall würde die gesetzliche Unfallversicherung bei voller Invalidität 2/3 ihrer letzten Bruttobezüge als Jahresrente erbringen.

Herr Richter verfügt über einen ausreichenden Schutz und könnte zum Lebensunterhalt seiner Frau und zur Bereitstellung eines eigenen Taschengeldes im Pflegefalle beitragen.

Varianten der privaten Pflegezusatzversicherung

Wer sein Leben lang für sich allein aufgekommen ist, will bei Pflegebedürftigkeit ungern Dritte auf Dauer belasten. Deshalb gibt es zur Schließung der finanziellen Pflegelücke durch eine private Pflegezusatzversicherung keine Alternative.

Die Zusatztarife werden in drei verschiedenen Varianten von privaten Kranken- oder Lebensversicherungsunternehmen angeboten:

- Pflegerentenversicherungen
- Pflegekostenversicherung – Proximus Versicherung
- Pflegetagegeldversicherungen

Nur eine Million Personen haben in der BRD bis jetzt einen Zusatzschutz für den Pflegefall vereinbart.

Die Pflegerentenversicherung ist grundsätzlich nicht zu empfehlen. Hierbei handelt es sich um eine intransparente Kombination aus Versicherungsschutz (gegen Pflegebedürftigkeit und Tod) und einem Sparvertrag. Die Beiträge hierfür sind hoch. Besser ist es, nur das reine Pflegerisiko abzudecken und darüber hinaus zur Verfügung stehendes Kapital selbst anzulegen.

Die Pflegekostenvariante orientiert sich an der gängigen Praxis der Krankenversicherer: Erstattet werden die tatsächlich entstandenen Kosten (bis zu einem bestimmten Höchstbetrag oder Prozentsatz), die durch Rechnungen nachzuweisen sind. Damit passt sie sich automatisch der Kostenentwicklung an. Die Kosten für Unterkunft und Verpflegung muss der Versicherte allerdings selbst tragen.

Demgegenüber wird bei der Pflegetagegeldvariante ein vereinbarter Geldbetrag pro Tag versichert. Für jeden Tag, an dem der Versicherte ärztlich nachgewiesen pflegebedürftig ist, wird ohne einen Nachweis der tatsächlichen Kosten das Tagegeld bezahlt. Wie viel Tagegeld der Versicherte tatsächlich bekommt, hängt von der Pflegestufe ab. Den vollen Tagessatz gibt es erst bei Pflegestufe III. Viele Versicherungsunternehmen behalten sich vor, die Einstufung des medizinischen Dienstes der Krankenkasse noch einmal selbst überprüfen zu lassen.

Einige Anbieter offerieren bereits sogenannte „Assistance-Leistungen". Hiermit ist gemeint, dass der Versicherte bei Eintritt des Pflegefalles beratend unterstützt wird. Zu diesen Beratungsleistungen gehört z. B. die Hilfe bei der Wahl eines geeigneten Pflegeheimes oder Pflegedienstes, Hilfe beim Zahlungsverkehr mit der Pflegeeinrichtung sowie eine umfassende Beratung über die Möglichkeiten in der neuen, oft völlig unerwartet eingetretenen Situation.

Alternativen

Für die Zeit des Erwerbslebens ist die wesentlich wichtigere private Berufsunfähigkeitsversicherung mit ihrer monatlichen Rentenzahlung bei Pflegebedürftigkeit durch Krankheit und Unfall auch eine Art „Pflegezusatzversicherung", wie auch die private Unfallversicherung und die Berufsgenossenschaft (beschränkt auf Unfälle bzw. Berufsunfälle).

Der Nachteil einer Berufsunfähigkeitsrente liegt in der zeitlichen Begrenzung, z. B. Zahlung nur bis zum 60. Lebensjahr. Die Leistungen dieser Versicherungen dürfen sich kumulieren.

Übungen

1. Aufgabe

Situation

Die Kundin Renate Schmidt hat in einem Bericht zur Pflegeproblematik in der BRD die Begriffe private Pflegepflichtversicherung, gesetzliche Pflegepflichtversicherung und Pflegezusatzversicherung gehört.

Aufgabe

Erläutern Sie ihr die Unterschiede zu diesen drei Formen der Pflegeversicherung.

2. Aufgabe

Situation

Sie stellen fest, dass in Ihrem Agenturbestand im Augenblick nur wenige Personen eine Pflegezusatzversicherung abgeschlossen haben. Sie wollen alle Kunden, die in Frage kommen, anschreiben und ihnen den Abschluss einer Zusatzversicherung empfehlen.

Aufgabe

Erstellen Sie einen Verkaufsprospekt und gehen Sie insbesondere auf die

a) Zielgruppe
b) Argumente für den Abschluss
c) Beispielrechnung – Auszug aus dem Tarif
d) steuerliche Behandlung der Beiträge
e) Leistungen der Proximus Versicherung
f) subsidiäre Leistung des Sozialamtes

ein.

3. Aufgabe

Situation

Herr Heinz Reher (ledig – 30 Jahre) ist gesetzlich versichert. Ferner hat er eine Berufsunfähigkeitsversicherung (bis Endalter 65) mit privater Rentenversicherung (ab 65. Lebensjahr) mit einer Monatsrente von je 1 100,00 € abgeschlossen. Eine Unfallversicherung mit Tod und Invaliditätsschutz 100 000,00 € (Progression 350 Prozent) sowie eine Krankenhaustagegeldversicherung über 50,00 € ist ebenso abgeschlossen. Im Übrigen ist er über seinen Arbeitgeber in der gesetzlichen Unfallversicherung versichert.

1.11 Pflegezusatzversicherung

Herr Reher hat Ihr Schreiben (Aufgabe 2) erhalten und glaubt an einen Irrläufer, weil er der Meinung ist, dass eine zusätzliche Pflegeversicherung für ihn überflüssig sei, da er doch ausreichend versichert ist.

Aufgabe

Begründen Sie die Richtigkeit Ihres Schreibens und stellen Sie Herrn Reher die Versorgungslücken anhand einer Grafik dar.

4. Aufgabe

Situation

Mit Ihrem Schreiben (Aufgabe 2) haben Sie Familie Willi Grevenstein überzeugt. Herr Grevenstein beantragt für die ganze Familie eine Pflegezusatzversicherung:

Willi Grevenstein	Alter	45 Jahre	Autoverkäufer
Therese Grevenstein	Alter	39 Jahre	Telefonistin
Sohn Andreas	Alter	12 Jahre	Schüler
Tochter Sabrina	Alter	9 Jahre	Schülerin

Beginn der Versicherung: 1. Februar
Einzugsermächtigung erteilt
Normales Risiko liegt vor

Aufgabe

a) Berechnen Sie den Monatsbeitrag.
b) Wie viel kann Familie Grevenstein in der Steuererklärung steuerlich geltend machen?
c) Unter welchen Bedingungen werden die Leistungen des Versicherers gezahlt?

5. Aufgabe

Situation

Aufgrund Ihres Schreibens (Aufgabe 2) ruft Sie Günther Loschke an und teilt Ihnen mit, dass er weitere Angebote eingeholt hat. Bei diesen Angeboten befinden sich auch eine Pflegerentenversicherung und eine Pflegetagegeldversicherung.

Aufgabe

Erläutern Sie Herrn Loschke die Unterschiede.

Lernziele

In diesem Kapitel erwerben Sie Kenntnisse und Fertigkeiten für folgende Leistungsziele:

Sie

- erklären Bedeutung, Aufbau und Finanzierung der gesetzlichen Rentenversicherung
- stellen den Umfang und die Bedeutung der Versicherungspflicht heraus
- beschreiben die Grundlagen der Beitragsbemessung für Arbeitnehmer
- handhaben vollwertige Beitragszeiten, beitragsfreie Zeiten und Berücksichtigungszeiten
- erklären Rente wegen Alters und deren Anspruchsvoraussetzungen
- erklären Renten wegen verminderter Erwerbsfähigkeit und deren Anspruchsvoraussetzungen
- erklären Renten wegen Todes und deren Anspruchsvoraussetzungen
- schildern die Auswirkungen der vorzeitigen oder der späteren Inanspruchnahme bei Rentenbezug
- erklären Auswirkungen von Einkommensanrechnungen und Hinzuverdienst bei Rentenbezug
- stellen anhand von Beispielen den Versorgungsverlauf dar
- beschreiben die steuerliche Behandlung der Aufwendungen und Leistungen

2. Gesetzliche Rentenversicherung

2.1 Träger und Finanzierung

Die gesetzliche Rentenversicherung ist ein Eckpfeiler des deutschen Sozialstaats. Die Grundlagen wurden bereits vor mehr als 100 Jahren gelegt. Damals wurde auf Initiative von Reichskanzler Bismarck das erste kollektive Altersvorsorgesystem in Deutschland eingerichtet.

Finanziert wurden die Renten schon damals durch Beiträge, von denen die Hälfte der Versicherte und die andere Hälfte der Arbeitgeber zahlt sowie durch einen Zuschuss des Staates. Die Zahlungen für die Rentner waren allerdings sehr gering und konnten nur als Ergänzung zum Lebensunterhalt dienen.

Das ändert sich 1957. In einer weit reichenden Rentenreform wurde das System grundlegend umgestellt: Kernstück war die Einführung der „dynamischen Rente". Seitdem folgen die Rentenanwartschaften und Rentenbezüge der Einkommensentwicklung.

Dadurch soll nicht nur der während des Arbeitslebens erreichte Standard aufrechterhalten werden. Die Rentnerinnen und Rentner sollen auch an Produktivität, Fortschritt und an dem laufenden Einkommenszuwachs der aktiven Beschäftigten beteiligt werden.

Außerdem wird 1957 in einem „Generationenvertrag" das Prinzip der Umlagefinanzierung eingeführt: Die aktiv Beschäftigten zahlen Beiträge, die fast umgehend an die Rentner wieder ausgezahlt werden. Einen Kapitalstock gibt es nicht mehr.

Zudem beteiligt sich der Staat mit Steuermitteln:

Entwicklung des Bundeszuschusses[1] zur GRV

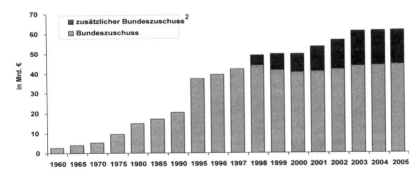

[1] Ohne Beitragszahlungen für Kindererziehungszeiten (2005: 11,7 Mrd. €)
[2] finanziert aus MWSt.- und Ökosteuer-Aufkommen

Quelle: Deutsche Rentenversicherung

Die Ausgaben für die soziale Sicherung machen fast die Hälfte der Gesamtausgaben des Bundes aus, ein Drittel hiervon geht an die gesetzliche Rentenversicherung (Bundeszuschuss):

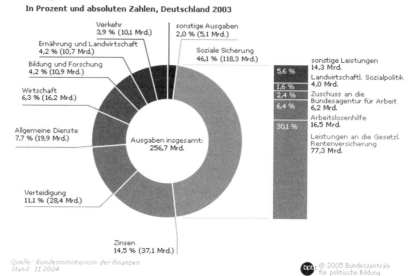

Die vorhandenen Reserven sind durch Währungsverluste vernichtet worden, so dass eine Umstellung von einer Kapitaldeckung auf das Umlageverfahren erfolgte.

Ein Wiederaufbau wäre nur mit einer erheblichen Doppelbelastung der aktiven Generation verbunden, die neben der Finanzierung der laufenden Renten dann auch noch die in die Rücklagen erforderlichen Beiträge aufzubringen hätte. Seit dem Jahr 2002 wird erstmals auch die Ergänzung der umlagefinanzierten gesetzlichen Rentenversicherung durch die kapitalgedeckte private und betriebliche Zusatzvorsorge staatlich gefördert.

Als Folge der andauernden und vor allem arbeitsmarktbedingten Finanzierungsschwierigkeiten weist die gesetzliche Rentenversicherung nur noch kleine Rücklagen auf, die weniger als eine Monatsausgabe abdecken und alleine dazu dienen, Einnahmeschwankungen im Jahresverlauf auszugleichen. Allerdings ist die Zahlungsfähigkeit der Rentenversicherung durch die finanzielle Gesamtverantwortung des Bundes gedeckt.

Wer ist der Träger der gesetzlichen Rentenversicherung?

Seit Oktober 2005 treten alle Rentenversicherungsträger unter dem gemeinsamen Dach „Deutsche Rentenversicherung" auf. Aus der Bundesknappschaft, der Bahnversicherungsanstalt und der Seekasse wurde ein zweiter Bundesträger gebildet, die Deutsche Rentenversicherung Knappschaft-Bahn-See. Die Landesversicherungsanstalten wurden am 1. Oktober 2005 umbenannt. Sie heißen jetzt zum Beispiel Deutsche Rentenversicherung Baden-Württemberg oder Deutsche Rentenversicherung Nord.

Über einen Verteilungsschlüssel wird künftig die Zuständigkeit für die Versicherten im Zufallsprinzip geregelt.

2.2 Umfang und Bedeutung der Versicherungspflicht

2.2.1 Versicherter Personenkreis

Wer muss sich eigentlich in der gesetzlichen Rentenversicherung absichern?

Es müssen sich unabhängig von ihrer Staatsangehörigkeit alle Personen, die in Deutschland versicherungspflichtig sind, in der gesetzlichen Rentenversicherung absichern.

Pflichtversichert in der gesetzlichen Rentenversicherung sind:

- abhängig Beschäftigte (angestellte Arbeitnehmerinnen und Arbeitnehmer)
- arbeitnehmerähnliche Selbstständige, wenn sie im Wesentlichen und auf Dauer nur für einen Auftraggeber tätig sind und keine sozialversicherungspflichtigen Arbeitnehmer beschäftigen
- Beschäftigte in der so genannten Gleitzone, die zwischen 400,01 und 800,00 € monatlich verdienen
- Auszubildende
- Menschen mit Behinderungen, die in anerkannten Behindertenwerkstätten arbeiten
- Wehr- und Zivildienstleistende
- Helfer in einem sozialen oder ökologischen freiwilligen Jahr
- Studierende, die eine mehr als nur geringfügige Beschäftigung haben
- Bezieher von Entgeltersatzleistungen (Krankengeld, Verletztengeld, Arbeitslosengeld, Arbeitslosengeld II, Unterhaltsgeld, Übergangsgeld). Die Versicherung erfolgt hier über den jeweiligen Sozialleistungsträger.
- Pflegepersonen, die einen anerkannt Pflegebedürftigen mindestens 14 Stunden pro Woche nicht erwerbsmäßig pflegen. Die Beiträge zahlt hier die Pflegekasse nach vorheriger Beantragung.
- Erziehungspersonen in den ersten drei Lebensjahren nach der Geburt des Kindes. Die Beiträge zahlt der Bund.
- Rentnerinnen oder Rentner, die eine **Teil**rente wegen Alters oder wegen voller/teilweiser Erwerbsminderung beziehen, wenn sie eine weitere Beschäftigung ausüben. Hier sind zudem die Zuverdienstgrenzen zu beachten.

Befreit von der Pflicht zur gesetzlichen Rentenversicherung sind:

- geringfügig Beschäftigte
- Selbstständige und Beschäftigte, die bestimmte Voraussetzungen erfüllen (siehe dazu weiter unten)
- Berufsgruppen, die über ein eigenes System der Alterssicherung verfügen (zum Beispiel Beamte, Zeitsoldaten, Richter)
- Studierende, während sie ein für die Studienzeit vorgeschriebenes Pflichtpraktikum durchführen
- Bezieher von Altersrenten, die nach Vollendung ihres 65. Lebensjahres nebenbei noch arbeiten

Für nicht versicherungspflichtige Personen besteht meistens die Möglichkeit, sich freiwillig zu versichern.

Besondere Regelungen für Selbstständige:

- Selbstständige Handwerker sind grundsätzlich versicherungspflichtig. Sie können sich aber von der Versicherungspflicht befreien lassen, wenn sie mindestens 18 Jahre lang in die Pflichtversicherung eingezahlt haben.
- Bestimmte selbstständig tätige Berufsgruppen wie freiberufliche Lehrer, Erzieher, Pflegepersonen, Hebammen, Seelotsen und Hausgewerbetreibende sind trotz ihrer Selbstständigkeit versicherungspflichtig, ebenso unter bestimmten Voraussetzungen Küstenschiffer und Küstenfischer.
- Ich-AGler sind unabhängig von der Höhe ihres Einkommens versicherungspflichtig.
- Künstler und Publizisten sind nach dem Künstlersozialversicherungsgesetz in der gesetzlichen Rentenversicherung pflichtversichert, wenn ihr Jahreseinkommen mindestens 3 900 € beträgt.
- Alle Selbstständigen, die nicht ausdrücklich versicherungspflichtig sind, können sich freiwillig in der gesetzlichen Rentenversicherung versichern. Dazu müssen sie spätestens bis fünf Jahre nach Aufnahme der selbstständigen Tätigkeit einen Antrag stellen.

Besondere Regelungen gelten auch für versicherungspflichtige Arbeitnehmer, die aufgrund einer gesetzlichen Verpflichtung Mitglieder einer öffentlich-rechtlichen Versicherungs- oder Versorgungseinrichtung ihrer Berufsgruppe sind. Dies betrifft zum Beispiel Ärzte, Apotheker, Architekten und Rechtsanwälte. Sie können sich auf Antrag von der Versicherungspflicht befreien lassen. Gleiches gilt unter bestimmten Voraussetzungen auch für selbstständige Handwerker.

2.2.2 Grundlagen der Beitragsbemessung

In welcher Höhe sind Beiträge in die gesetzliche Rentenversicherung zu entrichten?

Die Beitragshöhe zur gesetzlichen Rentenversicherung hängt vom tatsächlichen Arbeitsentgelt ab. Die Beitragspflicht besteht allerdings nur bis zur so genannten Beitragsbemessungsgrenze (= Höchstgrenze für die Beitragszahlung), die alljährlich – getrennt nach alten und neuen Bundesländern – neu festgesetzt wird.

Die Beitragsbemessungsgrenze beträgt für das Jahr 2007 jährlich für die alten Bundesländer 63 000,00 € und für die neuen Bundesländer 54 600,00 € und hat sich in den letzten Jahren wie folgt entwickelt:

Jahr	West/ monatlich	Ost/ monatlich	West/ jährlich	Ost/ jährlich
2005	5 200 €	4 400 €	62 400 €	52 800 €
2006	5 250 €	4 400 €	63 000 €	52 800 €
2007	5 250 €	4 550 €	63 000 €	54 600 €
2008[1]				
2009[1]				
2010[1]				

1 Bitte Werte ergänzen!

Der Beitragssatz für die Rentenversicherung beträgt im Jahr 2007 19,9 Prozent vom Bruttoeinkommen. Von einigen Ausnahmen abgesehen, sind die Beiträge je zur Hälfte vom Arbeitgeber und vom Arbeitnehmer zu tragen.

In den letzten Jahren hat sich der Beitragssatz kontinuierlich erhöht:

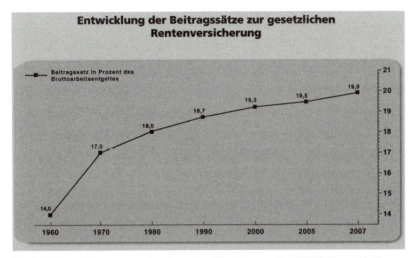

Quelle: Informationszentrum der deutschen Versicherer „ZUKUNFT klipp + klar"

2.3 Rentenrechtliche Zeiten und Rentenformel

Vor ein paar Wochen besuchten Sie Familie Neumann und sprachen über die entstehenden Versorgungslücken. Da Herr Neumann nunmehr erneut um ein Beratungsgespräch bittet, nehmen Sie den Beratungsbogen, welchen Sie seinerzeit ausgefüllt haben, wieder zur Hand:

Kundendaten / Beratungsablauf / Proximus Versicherung

	Kunde	Partner	Kind 1	Kind 2
Basisdaten Name: Wohnort: Straße und Hausnummer: Geschlecht: Geburtsdatum/Alter: Familienstand: Berufsstatus: Krankenversicherung: Bruttoeinkommen: Nettoeinkommen:	Frank Neumann Hamburg Rathausstr. 35 männlich 42 Jahre alt verheiratet kaufmännischer Angestellter AOK Hamburg 4 700,00 € mtl. 3 300,00 € mtl.	Silke Neumann weiblich 30 Jahre alt verheiratet Arzthelferin (zzt. im Erziehungsurlaub)	Ivonne weiblich 8 Jahre	Max männlich 2 Jahre
Bestehende Versorgung gesetzliche V-Ansprüche: private V-Ansprüche: sonstige Einkünfte im Alter:	Ja, aber geringe BU-, Unfallvers. Fondssparplan mit 300,00 € mtl. Rente	Ja, aber geringe BU- + Risikovers. keine		
Versorgungsanalyse/ Versorgungslücke Invalidität: Alter: Hinterbliebenen: Pflege:	1 366,45 € 1 933,55 €			
Optimierungswunsch (Profil) des Kunden steuerliche Belastung: Sozialabgaben: besondere Sparziele:	ja ja Schließung der Versorgungslücke durch eine sichere Altersversorgung	ja ja Schließung der Versorgungslücke durch eine sichere Altersversorgung		

2.3 Rentenrechtliche Zeiten und Rentenformel

Kundendaten / Beratungsablauf / Proximus Versicherung

	Kunde	Partner	Kind 1	Kind 2
Versorgungsvorschläge Einzelprodukt/Produktportfolio Invalidität: Alter: Hinterbliebenen: Pflege:				
Beratungsprotokoll erstellen unterzeichnen lassen				
Sonstige Verträge des/der Kunden	Kfz, Hausrat, Gebäude, BU-, Unfall- und Risikoversicherung			

Herr Neumann möchte für sich und seine Familie wissen, was er aus der gesetzlichen Rentenversicherung erwarten kann?

Die Höhe der Monatsrente ergibt sich, wenn die persönlichen Entgeltpunkte, der Rentenartfaktor und der aktuelle Rentenwert miteinander vervielfacht werden.

$$\begin{aligned}&\text{persönliche Entgeltpunkte} \\ \times\ &\text{Rentenartfaktor} \\ \times\ &\text{aktueller Rentenwert} \\ \hline =\ &\text{monatliche Rente}\end{aligned}$$

Sie erläutern Herrn Neumann, dass sich die persönlichen Entgeltpunkte wie folgt zusammensetzen:

- Entgeltpunkte für Beitragszeiten
- Entgeltpunkte für beitragsfreie Zeiten und
- Zuschläge für beitragsgeminderte Zeiten

Die Entgeltpunkte entscheiden für die individuelle Rentenhöhe, da sie sich an dem Bruttoverdienst orientieren.

Das durchschnittliche Bruttoarbeitsentgelt aller Versicherten wird durch Rechtsverordnung der Bundesregierung mit Zustimmung des Bundesrates jährlich unter Berücksichtigung vom statistischen Bundesamt erhobener Daten festgestellt.

In der Vergangenheit entwickelte sich das Durchschnittsentgelt wie folgt:

Jahr	Durchschnittsentgelt	maximal zu berücksichtigender Verdienst
1989	40 063,00 DM	73 200,00 DM
1990	41 946,00 DM	75 600,00 DM
1991	44 421,00 DM	66 182,00 DM
1992	46 820,00 DM	81 600,00 DM
1993	48 178,00 DM	83 933,00 DM
1994	49 142,00 DM	89 824,00 DM
1995	50 665,00 DM	93 600,00 DM
1996	51 678,00 DM	96 000,00 DM
1997	52 143,00 DM	98 400,00 DM
1998	52 925,00 DM	100 800,00 DM
1999	53 507,00 DM	102 000,00 DM
2000	54 256,00 DM	102 496,00 DM
2001	55 216,00 DM	104 400,00 DM
2002	28 626,00 €	53 874,00 €
2003	28 938,00 €	60 909,00 €
2004	29 060,00 €	61 800,00 €
2005	29 569,00 €	62 400,00 €
2006	29 304,00 €	63 000,00 €
2007	29 488,00 €	63 000,00 €
2008		
2009		

1 Entgeltpunkt entspricht im Jahr 2006 – 29 304,00 €
(vorläufiger Durchschnittsverdienst)

Für Herrn Neumann erläutern Sie die Auswirkungen anhand eines Beispieles:

▶ Beispiel

Hätte Herr Neumann im Jahr 2006 34 000,00 € brutto verdient, würde sich folgende Berechnung der Entgeltpunkte ergeben:

29 304,00 € = 1 Entgeltpunkt
34 000,00 € = 1,1603 Entgeltpunkte

Angenommen, Frau Neumann hätte 16 000,00 € brutto verdient, so würden sich folgende Entgeltpunkte ergeben:

29 304,00 € = 1 Entgeltpunkt
16 000,00 € = 0,5460 Entgeltpunkte

Die Ansammlung der Entgeltpunkte ist bis zur Beitragsbemessungsgrenze (= Höchstgrenze für die Beitragszahlung) begrenzt. Dies bedeutet, dass bei Versicherten mit einem Jahreseinkommen oberhalb der Beitragsbemessungsgrenze die Versorgungslücke noch größer wird:

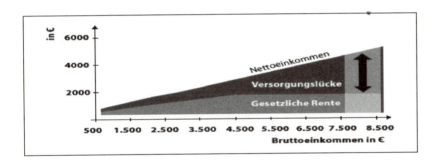

Familie Neumann ist eine junge, aktive Familie. Herr und Frau Neumann haben jeweils eine Berufsausbildung, Herr Neumann hat im Anschluss seinen Wehrdienst abgeleistet und Frau Neumann hat ihre Eltern über einen Zeitraum von 1 1/2 Jahren gepflegt. Jetzt nimmt Frau Neumann die Erziehung der gemeinsamen Kinder wahr.

Herr Neumann fragt sich, ob diese Zeiten in seinem Rentenverlauf Berücksichtigung finden. Hier können Sie ihn beruhigen: Für Zeiten der Berufsausbildung, der Kindererziehung, der ehrenamtlichen Pflege und des Wehr- und Zivildienstes existieren Sonderregelungen zur Aufwertung:

Berufsausbildung

Bis Ende 2004 wurden die ersten 36 Monate mit Pflichtbeiträgen pauschal mit 75 % höher bewertet. Hierbei spielte es keine Rolle, ob die

Berufsausbildung tatsächlich stattfand. Zeiten der Schul- und Hochschulausbildung werden nach einer Übergangsfrist ab 2009 nicht mehr rentensteigernd bewertet. Zeiten der Schulausbildung mit berufsbildendem Charakter dagegen schon.

Kindererziehungszeiten

Hier übernimmt der Staat die Pflichtbeiträge in einer fiktiven Höhe. Diese richtet sich nach dem Verdienst eines Durchschnittsverdieners (2006 voraussichtlich 29 304,00 €). Für jedes vor dem 1. Januar 1992 geborene Kind wird ein Jahr Kindererziehungszeit angerechnet. Für nach dem 31. Dezember 1991 geborene Kinder sind es drei Jahre. Jeder Monat der Kindererziehungszeit wird mit 0,0833 Entgeltpunkten bewertet. Das ergibt einen ganzen Entgeltpunkt pro Jahr. Damit ist ein Jahr der Kindererziehung so viel wert, als wäre in dem Jahr der Kindererziehung der Durchschnittsverdienst erzielt worden.

Pflegezeiten

Auch für nicht erwerbsmäßig tätige Pflegepersonen werden Pflichtbeiträge in die Rentenversicherung eingezahlt. Wenn Frau Neumann nach dem 1. April 1995 einen Pflegebedürftigen, der Leistungen aus der Pflegeversicherung erhält, in ihrer häuslichen Umgebung pflegt, ist sie in dieser Zeit versicherungspflichtig. Die Pflege muss wenigstens 14 Stunden pro Woche betragen. Die Pflichtbeiträge zahlt die Pflegekasse.

Wehr- und Zivildienst

Für Wehr- und Zivildienstleistende werden seit dem Jahr 2000 Beiträge aus einem fiktiven Verdienst in Höhe von 60 % der sich jährlich ändernden so genannten Bezugsgröße gezahlt.

Lohnersatzleistungen

Für Zeiten des Bezugs von Lohnersatzleistungen, insbesondere Zeiten von Krankheit und Arbeitslosigkeit, werden Beiträge zur GRV gezahlt. Diese gelten grundsätzlich seit 1992 als Pflichtbeitragszeit, wenn zuvor eine Versicherungspflicht bestand. Hier übernimmt dann die Agentur für Arbeit die Beitragszahlung. Der Beitrag wird auf der Grundlage von 80 % des letzten Bruttoarbeitsentgeltes berechnet. Dadurch steigt die Rente aber nicht wie bisher, weil sich der Beitrag aus einem niedrigeren Verdienst berechnet und die Versorgungslücke wird größer.

Auch für Bezieher von Arbeitslosengeld II zahlt die Arbeitsagentur Rentenversicherungsbeiträge. Ihre Zahlung erfolgt auf Basis von 400,00 € monatlich – unabhängig von der tatsächlichen Höhe des Arbeitslosengeldes II. Derzeit ergibt sich für ein Jahr Bezug von Arbeitslosengeld II eine monatliche Rentenanwartschaft in Höhe von 4,28 €.

2.3 Rentenrechtliche Zeiten und Rentenformel

Weitere rentenrechtliche Zeiten sind:

Beitragsfreie Zeiten

- Anrechnungszeiten
- Zurechnungszeiten
- (Ersatzzeiten) und

Berücksichtigungszeiten

Beitragsfreie Zeiten

Anrechnungszeiten § 58 SGB VI	- Zeiten, in denen eine versicherungspflichtige Beschäftigung oder Tätigkeit durch Krankheit unterbrochen worden ist - Zeiten, in denen eine versicherungspflichtige Beschäftigung oder Tätigkeit durch Schwangerschaft oder Arbeitslosigkeit unterbrochen worden ist - Zeiten, in denen Versicherte nach dem vollendeten 17. Lebensjahr eine Schule, Fachschule oder Hochschule besucht haben, anrechenbar insgesamt jedoch höchstens 36 Monate - gegebenenfalls Zeiten des Bezuges einer Rente
Zurechnungszeit § 59 SGB VI	- Zeit, die bei einer Rente wegen Berufsunfähigkeit oder Erwerbsunfähigkeit oder einer Rente wegen Todes hinzugerechnet wird, wenn der Versicherte das 60. Lebensjahr noch nicht vollendet hat - Die Zurechnungszeit beginnt mit dem Eintritt der Minderung der Erwerbsfähigkeit bzw. bei Hinterbliebenenrenten mit dem Tod des Versicherten. Sie endet mit dem Erreichen des 60. Lebensjahres und setzte sich bis Ende 2000 aus zwei Teilen zusammen: – aus dem Gesamtzeitraum bis zur Vollendung des 55. Lebensjahres und – der Zeit vom vollendeten 55. Lebensjahr bis zum vollendeten 60. Lebensjahr, die jedoch nur zu $\frac{1}{3}$ angerechnet wird. Bei einem Rentenbeginn ab 2004 gilt die gesamte Zeit vom Rentenbeginn bis zum vollendeten 60. Lebensjahr als Zurechnungszeit. Bei Rentenbeginnen zwischen Januar 2001 und Dezember 2003 wird die Zeit zwischen Alter 55 und Alter 60 stufenweise von $\frac{1}{3}$ (= $\frac{18}{54}$) auf volle Anrechnung angehoben.

Ersatzzeiten § 250 SGB VI	Im wesentlichen Zeiten vor dem 1. 1. 1992: <ul><li>Zeiten des militärischen oder militärähnlichen Dienstes,</li><li>Zeiten des deutschen Minenräumdienstes nach dem 8. 5. 1945,</li><li>Zeiten der Kriegsgefangenschaft und einer anschließenden Krankheit oder unverschuldeten Arbeitslosigkeit,</li><li>Zeiten der Internierung oder Verschleppung und einer anschließenden Krankheit oder anschließender unverschuldeter Arbeitslosigkeit,</li><li>Zeiten der Freiheitsentziehung oder Freiheitsbeschränkung,</li><li>Zeiten der Vertreibung, Flucht, Umsiedlung oder Aussiedlung und</li><li>Gegebenenfalls Zeiten des Freiheitsentzuges im Beitrittsgebiet (d. h. in der ehemaligen DDR) in der Zeit vom 8. 5. 1945 bis zum 30. 6. 1990.</li></ul>

Mit dem **Rentenartfaktor** wird die spezielle Rentenart ins Verhältnis zur Altersrente gesetzt.

Der Rentenartfaktor beträgt für die:

Rente wegen Alters	1,0
Rente wegen teilweiser Erwerbsminderung	0,5
Rente wegen voller Erwerbsminderung	1,0
Rente wegen Berufsunfähigkeit	0,6667
Rente wegen Erwerbsunfähigkeit	1,0
Erziehungsrente	1,0
kleine Witwen- bzw. Witwerrente bis zum Ende des dritten Kalendermonats nach dem Todesmonat	1,0
anschließend	0,25
große Witwen- bzw. Witwerrente bis zum Ende des dritten Kalendermonats nach dem Todesmonat	1,0
anschließend	0,55
Halbwaisenrente	0,1
Vollwaisenrente	0,2

Durch den **Zugangsfaktor** werden aus den bisher ermittelten Entgeltpunkten persönliche Entgeltpunkte. Der Zugangsfaktor bewertet die Unterschiede bei der Rentenbezugsdauer. Er beträgt beim Renteneintritt mit 65 Jahren 1,0. Wer vorzeitig in Rente geht, hat einen Zugangsfaktor kleiner als 1 und erhält deshalb weniger Monatsrente.

Für jeden Monat des vorgezogenen Rentenbeginns werden 0,3 % Rentenabschlag berechnet.

Der Zugangsfaktor ist größer als 1,0, wenn eine Rente wegen Alters trotz erfüllter Wartezeit erst nach Vollendung des 65. Lebensjahres in Anspruch genommen wird. Die Rente erhöht sich um 0,5 % für jeden Kalendermonat, in dem die Regelaltersrente nach der Vollendung des 65. Lebensjahres erstmalig beantragt wird.

▶ Beispiele zur Erläuterung

Die volle Erwerbsminderungsrente soll die Rente in voller Höhe ersetzen. Daher hat sie den Rentenartfaktor 1,0. Die Rente wegen teilweiser Erwerbsminderung sichert demgegenüber nur 50 Prozent ab, daher ist der Rentenartfaktor 0,5. Die große Witwenrente beträgt 55 Prozent der Rente des verstorbenen Versicherten, daher beträgt der Rentenartfaktor 0,55.

Bei dem **aktuellen Rentenwert** handelt es sich um den Monatsbetrag der Rente, der sich für einen Entgeltpunkt ergibt.

Er dient der Dynamisierung der Rente. Mit ihm wird die Rente an die wirtschaftliche Entwicklung angepasst. Solange noch unterschiedliche Einkommensverhältnisse in den alten und neuen Bundesländern herrschen, ist für das Beitrittsgebiet ein eigener aktueller Rentenwert maßgebend.

Der aktuelle Rentenwert für die alten Bundesländer (der aktuelle Rentenwert West) beträgt seit dem 1. 7. 2003 26,13 €. Für die neuen Bundesländer beträgt der aktuelle Rentenwert (Rentenwert Ost) dagegen seit dem 1. 7. 2003 22,97 €.

Darüber hinaus gibt es weitere Alterssicherungssysteme aufgrund knappschaftlicher Rentenversicherungen (hier z. B. Bergleute) und die Alterssicherung der Landwirte.

Der Nachhaltigkeitsfaktor

Seit dem 1. Juli 2005 wird erstmalig der Nachhaltigkeitsfaktor in die Berechnung der Rente mit einbezogen. Dieser Faktor soll die demografische Entwicklung der deutschen Bevölkerung mit berücksichtigen.

Der Nachhaltigkeitsfaktor berücksichtigt das Verhältnis von Leistungsbeziehern (Personen, die Rente erhalten) und versicherungspflichtigen Beschäftigten (den Beitragszahlenden). Er wirkt sich auf die Rentenanpassung aus, die jedes Jahr zum 1. Juli erfolgen soll.

Bevölkerungsentwicklung und Altersstruktur

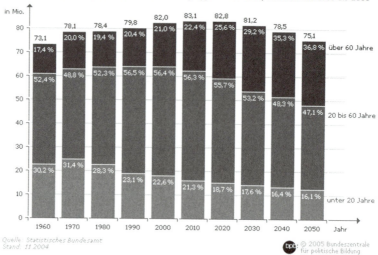

Für die individuelle Rentenhöhe sind die Anzahl der Versicherungsjahre und die erreichten Entgeltpunkte von entscheidender Bedeutung. Die Entgeltpunkte werden errechnet, indem das Einkommen des Einzelnen mit dem Durchschnittseinkommen aller Versicherten für den gleichen Zeitraum verglichen wird. So ergibt sich das Verhältnis der individuellen Leistung des Einzelnen und der durchschnittlichen Einkommenssituation.

Ein Entgeltpunkt von 1,0 pro Jahr bedeutet, dass der Versicherte genau im Durchschnitt verdient hat. Ein Entgeltpunkt von 0,75 bedeutet, dass der Versicherte bei 75 Prozent des Durchschnittsverdienstes lag.

Individuelles Entgelt für 2006	Vorläufiges Durchschnittsentgelt 2006	Entgeltpunkte
63 000,00 €	29 304,00 €	2,15
29 304,00 €	29 304,00 €	1,00
15 000,00 €	29 304,00 €	0,51

Bei den Versicherungsjahren sowie den Entgeltpunkten ergeben sich eindeutige geschlechtsspezifische Unterschiede. Frauen haben infolge ihrer oft kurzen und/oder unterbrochenen Berufsbiografien erheblich weniger Versicherungsjahre aufzuweisen. Zugleich liegt ihr Verdienst unter dem Durchschnittsverdienst, so dass sie weniger Entgeltpunkte als Männer verzeichnen können. Hier wirken sich Teilzeitarbeit und Teilzeiteinkommen, schlechtere Einkommenspositionen und Arbeit in schlechter bezahlten Branchen aus.

2.3 Rentenrechtliche Zeiten und Rentenformel

Die Rentenformel
Die Höhe der Rente hängt von diesen Faktoren ab:

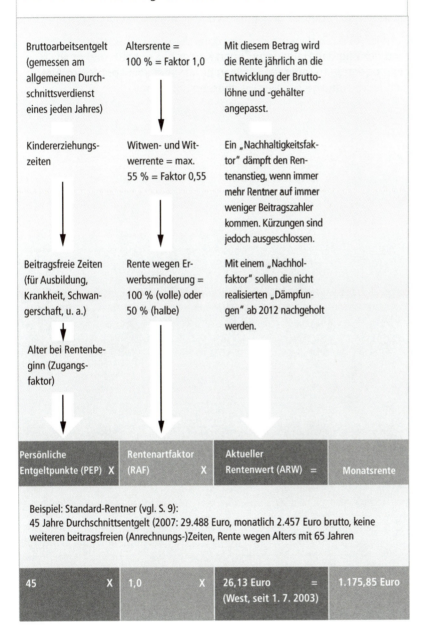

Die Versicherungsrenten fallen deshalb für Frauen im Durchschnitt sehr viel niedriger aus als für Männer.

Bei einer Scheidung werden die während der Ehe erworbenen Ansprüche auf eine Altersversorgung aufgeteilt. Das Familiengericht führt zu diesem Zweck den so genannten Versorgungsausgleich durch.

Dem liegt der Gedanke zugrunde, dass derjenige Ehegatte, der während der Ehe das Haus geführt und Kinder betreut hat, und deshalb nicht oder nur im geringen Umfang berufstätig sein konnte, im Alter eine eigenständige soziale Absicherung haben soll.

2.4 Rentenarten

Für Herrn Neumann nehmen Sie die folgende vereinfachte Darstellung vor, um zu erläutern, wie es von der Beitragszahlung zur Leistungsauszahlung kommt:

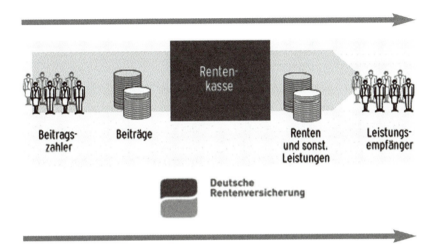

Es wird in der gesetzlichen Rentenversicherung zwischen drei Arten von Renten unterschieden:

1. Altersrente
2. Erwerbsminderungsrente
3. Hinterbliebenenrente

Um die Leistungen dieser drei Renten in Anspruch zu nehmen, muss man mindestens fünf Jahre versichert gewesen sein. Diese Mindestversicherungszeit nennt man Wartezeit. Für andere Renten, zum Beispiel für die Altersrente für Frauen oder die Altersrente für langjährig Versicherte, sind die Wartezeiten höher.

2.4.1 Altersrente

Anspruch auf eine Altersrente hat nur der Versicherte selbst – diese Rente ist also für Angehörige nicht von Bedeutung.

Bei der Altersrente gibt es folgende Unterscheidungen:

Regelaltersrente

Wartezeit: 5 Jahre

berücksichtigt werden: Beitragszeiten, Ersatzzeiten, Versorgungsausgleich

Die Regelaltersrente erhält man erst ab dem 65. Lebensjahr (nicht früher!), wenn man die Wartezeit von fünf Jahren erfüllt hat.

Als Bezieher von Regelaltersrente darf man unbegrenzt dazu verdienen.

Altersrente für langjährig Versicherte

Wartezeit: 35 Jahre

berücksichtigt werden: Beitragszeiten, Ersatzzeiten, Anrechnungszeiten, Berücksichtigungszeiten

Anspruch auf die Altersrente für langjährig Versicherte hat man, wenn man

- das 65. Lebensjahr vollendet hat (unter bestimmten Umständen und mit Abschlägen, also Rentenkürzungen, gilt auch das 63. Lebensjahr)
- die Wartezeit von 35 Jahren erfüllt hat
- nur im festgelegten Rahmen dazu verdient

Altersrente für Frauen

Wartezeit: 15 Jahre

berücksichtigt werden: Beitragszeiten, Ersatzzeiten, Versorgungsausgleich

Die Altersrente für Frauen kann man erhalten, wenn man

- vor dem 1. Januar 1952 geboren wurde
- das 60. Lebensjahr vollendet hat
- nach Vollendung des 40. Lebensjahres mindestens 10 Jahre lang Pflichtbeiträge für eine versicherte Beschäftigung oder Tätigkeit eingezahlt hat und
- die Wartezeit von 15 Jahren erfüllt hat.

Bei der Altersrente für Frauen darf man nur in einem festgelegten Rahmen dazu verdienen.

Altersrente wegen Arbeitslosigkeit oder nach Altersteilzeitarbeit

Wartezeit: 15 Jahre

berücksichtigt werden: Beitragszeiten, Ersatzzeiten, Versorgungsausgleich

Die Altersrente wegen Arbeitslosigkeit oder nach Altersteilzeitarbeit können Personen erhalten, die

- vor dem 1. Januar 1952 geboren sind
- das 63. Lebensjahr vollendet haben
- nach der Vollendung des Alters von 58 Jahren und sechs Monaten insgesamt 52 Wochen arbeitslos waren
- die Wartezeit von 15 Jahren erfüllt haben
- und die in den letzten 10 Jahren vor Beginn der Rente mindestens acht Jahre lang die Pflichtbeiträge für eine versicherte Beschäftigung gezahlt haben.

Wer bis einschließlich 1945 geboren wurde, hat die Möglichkeit, diese Rente schon ab dem 60. Lebensjahr in Anspruch zu nehmen. Bei einem vorzeitigen Rentenbeginn müssen allerdings Abschläge in Kauf genommen werden.

Im Rahmen dieser Rentenart darf man nur in einem festgelegten Rahmen hinzuverdienen.

Altersrente für schwerbehinderte Menschen

Wartezeit: 35 Jahre

berücksichtigt werden: Beitragszeiten, Ersatzzeiten, Anrechnungszeiten, Berücksichtigungszeiten

Diese Altersrente erhält man, wenn man

- das 63. Lebensjahr vollendet hat (auch ab 60 Jahren möglich, mit Abschlägen bei der Rente)
- die Wartezeit von 35 Jahren erfüllt hat
- bei Beginn der Altersrente als schwerbehinderter Mensch anerkannt ist (Grad der Behinderung von mindestens 50 %)

Im Rahmen dieser Rentenart darf man nur in einem festgelegten Rahmen hinzuverdienen.

Rentenarten und ihre zu berücksichtigenden Zeiten

Die Wartezeiten auf einen Blick:

Rentenart	Wartezeit	Zeiten, die berücksichtigt werden
Regelaltersrente	5 Jahre	Beitragszeiten, Ersatzzeiten, zusätzliche Wartemonate
Altersrente für Frauen	15 Jahre	Beitragszeiten, Ersatzzeiten, zusätzliche Wartemonate
Altersrente wegen Arbeitslosigkeit oder nach Altersteilzeitarbeit	15 Jahre	Beitragszeiten, Ersatzzeiten, zusätzliche Wartemonate
Altersrente für langjährig Versicherte	35 Jahre	Beitragszeiten, Ersatzzeiten, Anrechnungszeiten, Berücksichtigungszeiten, zusätzliche Wartemonate
Altersrente für schwerbehinderte Menschen	35 Jahre	Beitragszeiten, Ersatzzeiten, Anrechnungszeiten, Berücksichtigungszeiten, zusätzliche Wartemonate

Die Rentenanwartschaften der gesetzlichen Rentenversicherung erreichen zurzeit ein Niveau von maximal 67 % des letzten Bruttoeinkommens. Diese „Eckrente" wird jedoch nur bei 45 Beitragsjahren erreicht.

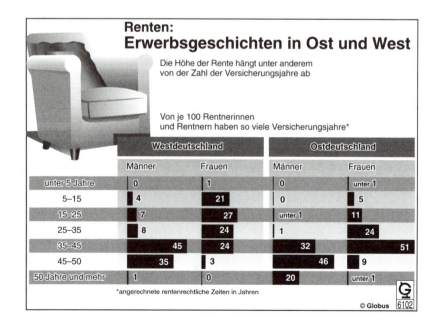

Zur Verdeutlichung der Situation zeigen Sie Herrn Neumann anhand eines Durchschnittsverdieners die zu erwartende Altersrente auf:

So hoch ist der Monatsverdienst im Durchschnitt:	So viel gesetzliche Altersrente erhält ein Rentner im Durchschnitt:
im Monat/2005	im Monat/zum 31. 12. 2004
2.464 € brutto abzüglich Steuern und Sozialversicherung* 1.572 € netto	abzüglich Kranken- und Pflegeversicherung der Rentner**: 988 € (Männer/West) 1.072 € (Männer/Ost) 467 € (Frauen/West) 663 € (Frauen/Ost)
* für einen Alleinstehenden ohne Kind ** Ab 2005 werden auch die Renten stufenweise stärker besteuert.	

Quelle: Informationszentrum der deutschen Versicherer „ZUKUNFT klipp + klar"

Vorzeitige Rentenleistungen

Herr Neumann beabsichtigt mit dem 63. Lebensjahr in Rente zu gehen. Nun wird der Zugangsfaktor gekürzt und zwar um einen Rentenabschlag von 0,3 % für jeden Monat des vorgezogenen Rentenbeginnes. Je früher Herr Neumann in Rente gehen möchte, umso größer ist der Rentenabschlag, und desto kleiner ist der Zugangsfaktor:

Altersrentenbeginn	Rentenabschlag	Zugangsfaktor
ab 65	0,0 %	1,000
ab 64	3,6 %	0,964
ab 63	7,2 %	0,928
ab 62	10,8 %	0,892
ab 61	14,4 %	0,856
ab 60	18,0 %	0,820

2.4.2 Erwerbsminderungsrenten

Die Erwerbsminderungsrente soll Lücken im Einkommen füllen, wenn aus bestimmten Gründen nicht mehr in vollem Umfang oder gar nicht mehr gearbeitet werden kann. Gründe hierfür sind u. a.:

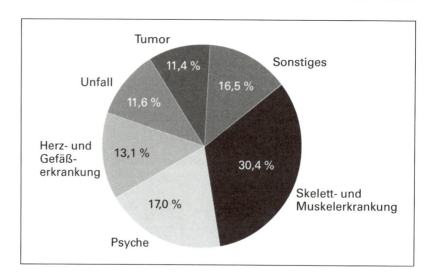

Im Gegensatz zur Altersrente wird die Erwerbsminderungsrente höchstens bis zum 65. Lebensjahr gezahlt, denn ab dem 65. Lebensjahr schließt sich die gesetzliche Regelaltersrente an. Die Regelaltersrente kann nie geringer ausfallen als die Erwerbsminderungsrente, die zuvor gezahlt wurde.

Erwerbsminderungsrenten werden grundsätzlich nur als „Zeitrenten" gewährt. Das bedeutet, dass sie nicht automatisch für unbegrenzte Zeit ausgezahlt werden, sondern zunächst auf drei Jahre befristet sind. Diese Befristung kann wiederholt werden.

Versicherungsrechtliche Voraussetzungen

Versicherte haben nur dann Anspruch auf die Erwerbsminderungsrente, wenn sie in den letzten fünf Jahren vor der Erwerbsminderung mindestens drei Jahre lang Pflichtbeiträge für die Sozialversicherung geleistet haben. Außerdem muss die allgemeine Wartezeit von mindestens fünf Jahren bereits vor Eintritt der Erwerbsminderung erfüllt sein.

Die Pflichtbeitragszeit von drei Jahren und die Erfüllung der allgemeinen fünfjährigen Wartezeit sind nicht notwendig, wenn die Erwerbsminderung durch einen Arbeitsunfall eingetreten ist oder durch andere Ereignisse die Wartezeit vorzeitig erfüllt wurde.

Arbeitsfähigkeit täglich	Erwerbsminderungsrente (EM-Rente)
unter 3 Stunden	volle EM-Rente
3 bis unter 6 Stunden	halbe EM-Rente Steht kein Teilzeitarbeitsplatz zur Verfügung, wird die volle Rente gezahlt.
6 Stunden und mehr	keine EM-Rente

EM-Renten werden grundsätzlich nur befristet bewilligt.

Im Gespräch zeigen Sie Herrn Neumann auf, mit welchen durchschnittlichen Erwerbsminderungsrenten er und seine Frau rechnen müssen:

Durchschnittlicher monatlicher Rentenzahlbetrag* bei Rentenzugang	Frauen	Männer
Rente wegen teilweiser Erwerbsminderung	343 €	471 €
Rente wegen voller Erwerbsminderung	729 €	936 €

Quelle: Internetauftritt BfA, Stand 2004
* Der Rentenzahlbetrag ist die um den Eigenbeitrag des Rentners zur Kranken- und Pflegeversicherung und um Abschläge wegen Einkommensanrechnung reduzierte monatliche Rente.

2.4.3 Hinterbliebenenrente

Witwen und Witwer haben nach dem Tod des versicherten Ehegatten Anspruch auf Witwenrente oder Witwerrente, wenn der Ehegatte die allgemeine Wartezeit von 5 Jahren erfüllt hat.

Ist die Ehe in der Zeit ab dem 1.1.2002 geschlossen worden, besteht ein Anspruch auf die Witwen- oder Witwerrente jedoch nur, wenn die Ehe mindestens 1 Jahr gedauert hat.

Hierbei unterscheidet sich weiterhin eine kleine und große Witwen- oder Witwerrente.

Kleine Witwen- oder Witwerrente

Nach dem Tod des Versicherten besteht Anspruch auf die so genannte kleine Witwen-/Witwerrente, wenn

- die Witwe/der Witwer zum Zeitpunkt des Todes mit dem/der Verstorbenen rechtsgültig verheiratet war,
- die Witwe/der Witwer nicht wieder verheiratet ist und
- die Wartezeit von 60 Monaten (aus der Versicherung des Verstorbenen) erfüllt ist.

Die kleine Witwen-/Witwerrente beträgt 25 % des Rentenanspruchs des Verstorbenen.

Große Witwen- oder Witwerrente

Die so genannte große Witwen-/Witwerrente erhält der Hinterbliebene, der zusätzlich zu den Voraussetzungen für die kleine Witwen-/Witwerrente

- das 45. Lebensjahr vollendet hat oder
- ein Kind unter 18 Jahren (eigenes Kind oder Kind des Verstorbenen) erzieht oder
- ein Kind, das sich aufgrund körperlicher, geistiger oder seelischer Behinderung nicht selbst unterhalten kann, im Haushalt versorgt oder
- selbst berufs- oder erwerbsunfähig ist.

Die große Witwen-/Witwerrente beträgt 60 % des Rentenanspruchs des Verstorbenen – sofern die Ehe vor dem 1. 1. 2002 geschlossen wurde und beide Ehepartner vor dem 1. 1. 1962 geboren sind.

2.4 Rentenarten

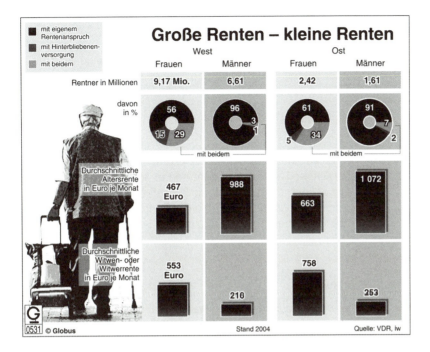

Für Ehepaare, die nach dem 31. 12. 2001 geheiratet haben oder bei denen beide Partner am 1. 1. 2002 noch unter 40 Jahre alt waren (also nach dem 1. 1. 1962 geboren), gibt es ein neues Hinterbliebenenrecht.

Hat die Ehe bis zum Tod des/der Versicherten weniger als 1 Jahr angedauert, ist ein Anspruch auf Witwenrente beziehungsweise Witwerrente nur möglich, wenn die Ehe nicht überwiegend aus Versorgungsgründen geschlossen wurde.

Die „große" Witwenrente oder Witwerrente beträgt nicht mehr 60 Prozent, sondern nur noch 55 Prozent der Rente wegen voller Erwerbsminderung bzw. der Altersrente des oder der verstorbenen Versicherten.

Zum Ausgleich wird die Kindererziehung bei der Hinterbliebenenrente zusätzlich berücksichtigt. Hinterbliebene, die Kinder erzogen haben, erhalten einen dynamischen Zuschlag an persönlichen Entgeltpunkten, der zur Witwenrente oder Witwerrente geleistet wird. Er entspricht bei einem Kind und durchgehender mindestens 3-jähriger Erziehung 2 Entgeltpunkten: Das waren im Jahr 2006 monatlich 52,26 € in den alten und 45,94 € in den neuen Bundesländern. Für jeden weiteren Kindererziehungsmonat erhöht sich die große Witwen-/Witwerrente um 0,73 € in den alten und um 0,64 € in den neuen Bundesländern.

Die „**kleine**" Witwenrente oder Witwerrente wird künftig nur noch **24** Monate gezahlt.

Waisenrente

Kinder haben nach dem Tod von Vater oder Mutter einen Anspruch auf Waisenrente, wenn der Vater oder die Mutter die allgemeine Wartezeit von 5 Jahren erfüllt hat. Es ist dann eine Halbwaisenrente zu zahlen. Sind beide Elternteile verstorben, ist eine Vollwaisenrente zu zahlen.

Rentenhöhe

Zunächst wird die Rente der oder des Verstorbenen für den Zeitpunkt des Todes berechnet. Die Halbwaisenrente beträgt rund 10 Prozent dieser Rente. Die Vollwaisenrente wird aus 2 Renten, also im Regelfall aus der Rente der verstorbenen Mutter und der Rente des verstorbenen Vaters errechnet. Sie beträgt rund 20 Prozent der Summe dieser beiden Renten.

Anspruchsdauer

Waisenrente wird bis zur Vollendung des 18. Lebensjahres gezahlt. Darüber hinaus kann sie bis zur Vollendung des 27. Lebensjahres gezahlt werden, wenn die Waise

- sich in Schul- oder Berufsausbildung befindet,
- sich in einer Übergangszeit befindet, die zwischen 2 Ausbildungsabschnitten oder zwischen einem Ausbildungsabschnitt und der Ableistung des gesetzlichen Wehr- oder Zivildienstes oder der Ableistung eines freiwilligen sozialen oder ökologischen Jahres liegt,
- ein freiwilliges soziales oder freiwilliges ökologisches Jahr ableistet oder
- behindert ist, sofern bestimmte Einkommensgrenzen nicht überschritten werden.

Wenn eine Schul- oder Berufsausbildung durch gesetzlichen Wehr- oder Zivildienst unterbrochen oder verzögert wird, kann sich der Anspruch auf die Waisenrente auch über das 27. Lebensjahr hinaus ergeben. Längstens jedoch für die Dauer des abgeleisteten Dienstes.

2.5 Aktuelle Entwicklung in der gesetzlichen Rentenversicherung

Nach aktuellen Berechnungen der Bundesregierung wird es einen weiteren Abwärtstrend des Rentenniveaus geben: Im Jahr 2018 dürfte das Brutto-Rentenniveau bei 42,4 Prozent und das Netto-Rentenniveau vor Steuern bei 46,5 Prozent liegen.

Hintergrund für die Verschlechterung des Rentenniveaus sind vor allem die Maßnahmen, die in den letzten Jahren im Rahmen der mehrfachen Rentenreformgesetze eingeleitet wurden:

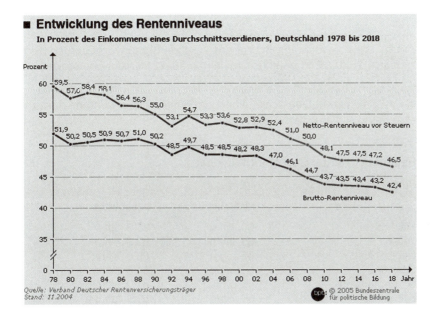

Im Februar 2006 hat das Bundeskabinett aufgrund der aktuellen Entwicklung die schrittweise, von 2012 beginnende und 2029 abgeschlossene Anhebung des Renteneintrittalters auf 67 Jahre beschlossen. Für den Geburtsjahrgang ab 1964 und damit auch für Herrn und Frau Neumann gilt grundsätzlich das Alter 67 als Renteneintrittsalter. Diejenigen, die mindestens 45 Pflichtbeitragsjahre aus Beschäftigung, Kindererziehung und Pflege erreicht haben, sollten mit 65 Jahren abschlagsfrei in Rente gehen können.

Und so soll die Altersgrenze ab 2012 steigen:

Jahrgang	Rentenbeginn	Jahrgang	Rentenbeginn
1947	65 Jahre + 1 Monat	1956	65 Jahre + 10 Monate
1948	65 Jahre + 2 Monat	1957	65 Jahre + 11 Monate
1949	65 Jahre + 3 Monat	1958	66 Jahre
1950	65 Jahre + 4 Monat	1959	66 Jahre + 2 Monate
1951	65 Jahre + 5 Monat	1960	66 Jahre + 4 Monate
1952	65 Jahre + 6 Monat	1961	66 Jahre + 6 Monate
1953	65 Jahre + 7 Monat	1962	66 Jahre + 8 Monate
1954	65 Jahre + 8 Monat	1963	66 Jahre + 10 Monate
1955	65 Jahre + 9 Monat	1964	67 Jahre

Ziel ist, dass der Beitragssatz zur gesetzlichen Rentenversicherung bis zum Jahr 2020 20 % und bis zum Jahr 2030 22 % nicht übersteigt.

Doch schon heute sieht die Realität anders aus. Auch im internationalen Vergleich steht Deutschland bei dem tatsächlichen Renteneintrittsalter heute mit an einem Spitzenplatz:

Beginn der Rente: Gesetz und Realität

Renteneintrittsalter (Durchschnittswerte)

	gesetzlich	tatsächlich
Frankreich	60 Jahre	59,3 Jahre
Italien	65 Jahre	59,3 Jahre
Deutschland	65 Jahre	60,5 Jahre
Spanien	65 Jahre	61,1 Jahre
Großbritannien	65 Jahre	62,0 Jahre
Schweden	65 Jahre	63,3 Jahre
USA	65 Jahre	65,1 Jahre
Japan	65 Jahre	69,1 Jahre
Norwegen	67 Jahre	64,2 Jahre

Quelle: OECD (Stand: 2005)

Übungen

1. Nennen Sie drei Personenkreise, die von der gesetzlichen Rentenversicherung befreit sind.

2. Beschreiben Sie zwei besondere Regelungen für Selbstständige.

3. In einem Beratungsgespräch mit Frau Schmitz, 28 Jahre, weisen Sie auf die Versorgungslücke durch die gesetzliche Rentenversicherung hin. Hierbei kommen Sie auch auf die Höhe der zukünftigen Monatsrente zu sprechen.

    a) Aus welchen Kriterien ergibt sich die Höhe der Monatsrente?
    b) Welche rentenrechtlichen Zeiten werden auf die allgemeine Wartezeit angerechnet?
    c) Grenzen Sie Anrechnungszeiten- und Zurechnungszeiten an je einem Beispiel voneinander ab.

4. Sie beraten das Ehepaar Meier, um eine Versorgungslücke zu schließen. Es hat zwei Kinder im Alter von 7 und 12 Jahren. Frau Meier, 40 Jahre, interessiert sich für ihre persönliche Absicherung bei einer dauerhaften Erkrankung. Sie weist folgenden Versicherungsverlauf nach:

    Berufsausbildung ab 16 Jahre: 3 Jahre
    Bürokauffrau im Anschluss: 8 Jahre

    Seitdem ist sie Hausfrau und Mutter.

    Wie stellt sich zurzeit der Anspruch bei verminderter Erwerbsfähigkeit von Frau Meier dar?

5. Bei einem Beratungsgespräch zur Altersversorgung erhalten Sie von Kurt Fischer folgende Angaben:

    Besuch des Gymnasiums bis zum 19. Lebensjahr. Anschließend 4 Jahre Studienzeit, jedoch ohne Abschluss. Nach einer 3-jährigen Berufstätigkeit erfolgt nochmals ein Fachschulbesuch mit einer Dauer von 3 Jahren.

    Herr Fischer möchte von Ihnen wissen, in welchem Umfang seine Zeiten der schulischen Ausbildung für seine spätere Rente berücksichtigt werden.

6. Herr Schneider, 63 Jahre, ist seit dem 16. Lebensjahr ununterbrochen berufstätig. Aufgrund einer plötzlich aufgetretenen Erkrankung fragt er Sie, unter welchen Voraussetzungen er zum heutigen Zeitpunkt in Rente gehen kann.

7. Während eines Beratungsgespräches kommen Sie auf die Erwerbsminderungsrente zu sprechen. Ihr Kunde ist skeptisch, ob für ihn diese Rente in Frage kommen könnte.

   Erläutern Sie ihm die versicherungsrechtlichen Voraussetzungen, um Anspruch für eine Erwerbsminderungsrente zu haben.

8. Heute erfahren Sie von Ihrer Kundin, Maria Müller, dass ihr Mann, 39 Jahre, bei einem Verkehrsunfall getötet worden ist. Er hinterlässt zwei Kinder im Alter von 13 Jahren und 15 Jahren.

   Frau Müller möchte von Ihnen wissen, wie lange die Waisenrente für ihre Kinder gezahlt wird.

9. Herr Klein ist vor einigen Jahren bei Renovierungsarbeiten in seiner Ferienwohnung vom Gerüst gestürzt und hat dabei eine Wirbelfraktur erlitten. Seitdem ist er schwerbehindert. Er übt jedoch seinen Beruf weiterhin aus. Er bittet Sie um grundsätzliche Auskunft, wann der ungekürzte Bezug von Altersrente für Schwerbehinderte möglich ist.

10. Herr Schmidt, 30 Jahre, ist seit sieben Jahren Angestellter eines großen Industrieunternehmens. Als angestellter IT-Spezialist möchte er sich nunmehr selbstständig machen. Er fragt Sie:

    a) Wie lange er noch Ansprüche wegen einer Erwerbsminderungsrente aus der gesetzlichen Rentenversicherung hat?
    b) Kann ich durch Zahlung eines Mindestbeitrages Ansprüche aufrechterhalten?

11. In einer Zeitung hat Herr Meiser gelesen, dass im Falle seines Todes seine Ehefrau Anspruch auf eine Witwenrente hat. Er hat auch gelesen, dass in eine kleine und große Witwenrente unterschieden wird. Herr Meiser möchte wissen, unter welchen Voraussetzungen seine Ehefrau eine große Witwenrente erhalten kann.

    Stellen Sie Herrn Meiser die Voraussetzungen dar.

12. Frau Richter erzählt Ihnen, dass Sie nach der Geburt des zweiten Kindes nicht mehr einer beruflichen Tätigkeit nachgehen wird. Sie geht davon aus, dass sie bis zur Erreichung des Rentenalters keine Erwerbstätigkeit mehr ausüben wird. Sie möchte wissen:

    a) Wie viele Jahre werden mir rentenrechtlich für die beiden Kinder in der GRV anerkannt?
    b) Ab wann kann ich frühestens eine Altersrente beanspruchen, wenn ich tatsächlich bis zur Erreichung des Rentenalters keiner beruflichen Tätigkeit mehr nachgehen werde?

13. Frau Fischer erzählt Ihnen, dass Sie vor der Geburt des Kindes in ihrem Blumenladen insgesamt zwölf Jahre als Angestellte gearbeitet hat. Direkt nach der Geburt des Kindes konnte Frau Fischer den Blumenladen von der alten Besitzerin erwerben. Frau Fischer möchte von Ihnen wissen:

    a) Wie viele Jahre werden mir in der gesetzlichen Rentenversicherung anerkannt?
    b) Habe ich zurzeit Anspruch auf eine teilweise bzw. volle Erwerbsminderungsrente aus der gesetzlichen Rentenversicherung? Seit Beginn der Selbstständigkeit habe ich keine Beiträge in die gesetzliche Rentenversicherung eingezahlt.

    Begründen Sie Ihre Antwort.

14. Frau Rauscher hat von einer Freundin gehört, dass Sie in der gesetzlichen Rentenversicherung für die Zwillinge unterschiedliche rentenrechtliche Zeiten anerkannt und auch bewertet bekommt. Frau Rauscher möchte in Zukunft keine weiteren Kinder mehr haben. Sie möchte von Ihnen wissen:

    a) Wie viele Jahre an Kindererziehungszeiten werden anerkannt?
    b) Wie hoch ist die Bewertung der Kindererziehungszeiten in meinem Fall?

15. Diskutieren Sie die aktuelle Entwicklung in der gesetzlichen Rentenversicherung.

Lernziele

In diesem Kapitel erwerben Sie Kenntnisse und Fertigkeiten für folgende Leistungsziele:

Sie

- erklären die Bedeutung der Basis- bzw. Rürup-Rentenversicherung
- ermitteln Zielgruppen und stellen den unterschiedlichen Bedarf heraus
- stellen die Voraussetzungen der staatlich geförderten Basisrente in einem Beratungsgespräch dar
- erklären die steuerliche Behandlung von Beiträgen und Leistungen
- erläutern die förderfähigen Produkte
- schildern die verschiedenen Formen der Beitragszahlung
- stellen die Vorteile einer Sofortrente heraus
- begründen die einzelnen Kriterien beim Abschluss einer Basisrentenversicherung
- stellen die Besonderheiten für die Basisrente heraus

3. Basis- bzw. Rürup-Rentenversicherung

Soviel ist sicher, die gesetzlichen Renten unterliegen weiteren Kürzungen und werden als einzige Vorsorge wohl nicht ausreichen – wie bereits ausführlich begründet. Dabei gilt die einfache Regel: je mehr man heute verdient, umso schwieriger ist es, im Alter die Versorgungslücke zu schließen – eine eigene zusätzliche Absicherung wird dementsprechend immer wichtiger.

Eine neue Form der privaten Leibrentenversicherung ist die „Rürup-Rente". Sie steht als dritte Möglichkeit einer staatlich geförderten Altersvorsorge neben der „Riester-Rente" und der betrieblichen Altersversorgung zur Verfügung.

Seit Januar 2005 wird die private Altersvorsorge in Form einer Basisrente vom Gesetzgeber durch entsprechende steuerliche Rahmenbedingungen gefördert. Gemeinsam mit der gesetzlichen Rente soll die Basisrente die Grundlage für das finanzielle Auskommen im Alter durch Schließung der Deckungslücke bilden.

Die Rürup-Rente ist – ähnlich wie die „Riester-Rente" – eine private, also kapitalgedeckte Leibrentenversicherung, die bestimmte Bedingungen erfüllen muss.

> Rürup-Rente, Riester-Rente und bAV dürfen nebeneinander abgeschlossen werden. Es besteht also kein Kumulierungsverbot. Die Grenzen werden hier wohl mehr durch die Liquidität des Kunden als durch den Gesetzgeber gezogen.

Die Basisrentenversicherung ist besonders als Altersabsicherung für Selbstständige gedacht, die ansonsten für ihre Beitragszahlungen auf die Altersvorsorge keine Steuererleichterungen erwarten können. Sie ist der Gesetzlichen Rentenversicherung auch in der steuerlichen Behandlung nachgebildet und hat ausschließlich die Versorgung im Alter zum Ziel. Um in den Genuss der großzügigen Steuererleichterungen zu kommen, sind daher an die Basisrentenversicherung strenge Voraussetzungen geknüpft, wie die Auszahlung einer lebenslangen monatlichen Rente, frühestens ab dem vollendeten 60. Lebensjahr ohne die Möglichkeit einer einmaligen Kapitalabfindung.

3.1 Zielgruppen

Grundsätzlich eignet sich die Basisrente für jeden Steuerpflichtigen. Ob und in welcher Höhe im Einzelfall ein steuerlicher Vorteil besteht, kann aufgrund der Kohorten bei Beitrag und Leistung nur mit Hilfe eines Vorsorgeoptimierers am PC ermittelt werden.

- Arbeiter ⟹ GRV
- Angestellte ⟹ GRV
- Beamte ⟹ Pensionsanspruch
- Pensionäre ⟹ Pension
- Vorstände einer AG ⟹ evtl. GRV
- Selbstständige ⟹ oft keine oder nur geringe Ansprüche an GRV
- GmbH-Geschäftsführer ⟹ evtl. GRV
- Freiberufler ⟹ berufsständische Versorgungswerke
  - Ärzte
  - Rechtsanwälte
  - Architekten
- Landwirte ⟹ Alterskasse

Verheiratete profitieren von dem maximalen Sonderausgabenabzug in Höhe bis zu 40 000,00 € jährlich. Dies gilt besonders für Verheiratete, bei denen nur einer berufstätig ist. Die Basisrente ist für Selbstständige die einzige Möglichkeit, steuerlich geförderte Altersvorsorge – existenzsichernde Grundversorgung durch eine Leibrente – zu betreiben.

3.2 Basisrentenversicherung

Bei der Basisrentenversicherung handelt es sich also um eine freiwillige private Leibrentenversicherung, die staatlich gefördert wird und bei einem Lebensversicherungsunternehmen abgeschlossen werden kann. Ihr Konzept ähnelt dem der gesetzlichen Rentenversicherung. Oft wird auch die Bezeichnung Rürup-Rente verwendet, benannt nach Professor Bert Rürup, der der Sachverständigenkommission zur Neuordnung der Altersversorgungsbesteuerung vorsteht.

Mit diesem neuen Produkt haben große Teile der Bevölkerung erstmals die Möglichkeit, aus unversteuertem Einkommen privat für ihr Alter vorzusorgen. Das Angebot wendet sich, wie erwähnt, vor allem an Selbstständige und Freiberufliche, die den Förderrahmen komplett für ihre private Vorsorge nutzen können. Aber auch Angestellte und insbesondere ältere Sparer profitieren von der großzügig bemessenen Förderung über steuerfreie Beiträge.

In den Genuss der staatlichen Förderung kommen grundsätzlich alle einkommensteuerpflichtigen Personen, die ihren Wohnsitz oder ihren gewöhnlichen Aufenthalt in Deutschland haben. Die staatlich geförderte Basisrente muss verschiedene, gesetzlich vorgeschriebene Voraussetzungen erfüllen.

Vorteile der Basisrente

- Die Basisrente garantiert schon heute eine feststehende Rentenmindesthöhe ein Leben lang.
  - Der Kunde hat feste Kalkulationsgrößen, die die gesetzliche Rente nicht bietet.
- Die Beiträge sind steuerlich abzugsfähig, ab 2005 bis zu 60 %, dann kontinuierlich jährlich um 2 % steigend.
  - Interessant als Steuersparmodell für Selbstständige, Besserverdiener, Beamte und ältere Personen
- Mindestverzinsung von 2,75 %, seit 1. 1. 2007 für Neuverträge 2,25 %
  - Garantieverzinsung für die gesamte Laufzeit bei sicherer Anlage,
- Gewinnbeteiligung
  - Höhe Rentierlichkeit von zurzeit bis 5 % der Sparanteile
- Steuerfreie Zinserträge
  - In der Ansparphase sind alle Erträge steuerfrei – ein Freistellungsauftrag ist nicht erforderlich.
- Variable Beitragszahlung
  - Sonderzahlung und Beitragsänderungen sind jederzeit möglich – für das laufende Versicherungsjahr bis zum 31. 12.

- Freie Wahl der Zahlweise
  - Ob jährlich, halbjährlich, vierteljährlich, monatlich oder einmalig
- Verlagerung der Steuerbelastung
  - Steuerbelastung in der niedrigeren besteuerten Rentenbezugsphase.
- Die Basisrente ist nicht pfändbar.[1]
  - Bei Zahlungsproblemen eines Kunden bleibt die Rente erhalten.
- Die Basisrente ist insolvenzsicher.[1]
  - Sollte ein Selbstständiger Insolvenz anmelden müssen, bleibt der Wert erhalten – keine Zwangsliquidation.
- Die Basisrente ist Hartz-IV-sicher.[1]
  - Ein Hartz IV-Empfänger muss diese Rente nicht auflösen und wirtschaftlich verwerten.
- Die Basisrente bietet nach Vereinbarung und Extrabeitragszahlung auch Hinterbliebenenschutz evtl. Todesfallschutz
  - Bei Tod wird eine Hinterbliebenen-Leistung an den Ehegatten oder bei Ledigen an kindergeldberechtigte Kinder als Rente gezahlt.
  - Ab dem 60. Lebensjahr kann man den Rentenbeginn frei bestimmen.
- Die Sparanteile der Basisrente können klassisch oder fondsgebunden angelegt werden.
  - Die persönliche Risikobereitschaft und Anlagestrategie des Kunden kann damit berücksichtigt werden.
- Die Basisrente kann um eine Berufsunfähigkeitsversicherung bzw. Erwerbsunfähigkeitsversicherung erweitert werden.
  - Zusatzdeckung ist sinnvoll, da steuerlich absetzbar, wenn die Beitragsanteile der Zusatzdeckung nicht mehr als 49,9 % des Gesamtbeitrages betragen.
- Die Basisrente kann dynamisiert werden.
  - Um die steigende Versorgungslücke zu schließen, kann eine automatische Anpassung vereinbart werden.
- Die Basisrente kennt keine Gesundheitsprüfung.
  - Bei Zusatzdeckungen kann eine Prüfung erforderlich sein.
- Die Basisrente unterliegt einem Insolvenzschutz der Versicherer.
  - Die Protektor Lebensversicherungs-AG steht für die Erfüllung der zugesicherten Leistungen gerade.

---

1 Neben dem manchmal überstrapazierten Steueraspekt im Rahmen der Altersversorgung hat der Kunde mit Abschluss einer Basisrente die Sicherheit, dass seine Anwartschaft vor dem Zugriff Dritter, z. B. im Falle einer Insolvenz oder bei der Anrechnung von Arbeitslosengeld II (Hartz IV), geschützt ist. Die Insolvenzsicherheit spielt speziell bei der Beratung von Freiberuflern eine immer größere Rolle.

Arbeitslosengeld II – Was darf bleiben?

Hilfebedürftige Arbeitsuchende müssen vorhandenes Vermögen für ihren eigenen Lebensunterhalt verwenden, bevor sie Arbeitslosengeld II beanspruchen können. Bis zu bestimmten Obergrenzen gibt es aber Freibeträge. Für Vermögen jeder Art räumt der Gesetzgeber einen Grundfreibetrag bis zu 150,00 € je Lebensjahr ein. Für jeden volljährigen Hilfebedürftigen und seinen Partner gilt ein Freibetrag von mindestens 3 100,00 € und maximal jeweils 9 750,00 €. Hilfebedürftige, die vor dem 1. Januar 1948 geboren sind, profitieren von deutlich höheren Vermögensfreibeträgen von 520,00 € je Lebensjahr, höchstens aber 33 800,00 €. Die staatliche Rente, Betriebsrenten, die staatlich geförderte Altersvorsorge (Riester-Rente) und die Erträge daraus bleiben unangetastet. Ob Wertgegenstände als Vermögen berücksichtigt werden, hängt davon ab, ob das wirtschaftlich sinnvoll wäre – ein Verlust von mehr als zehn Prozent des Substanzwertes bei Verkauf gilt als unwirtschaftlich. Ein selbst bewohntes Haus oder eine Eigentumswohnung bis etwa 130 Quadratmeter gelten als angemessen. Bezahlt ein Hilfebedürftiger Raten für Wohneigentum, übernimmt der Staat die Schuldzinsen in angemessenem Umfang sowie die Grundsteuer, öffentliche Abgaben und Nebenkosten. Die Tilgungsraten selbst zahlt der Staat nicht. Arbeitsuchende dürfen ein angemessenes Auto bis zu einem Richtwert von etwa 5 000,00 € Verkaufswert besitzen. Auch die Partner dürfen ein Auto besitzen, wenn sie erwerbsfähig sind.

Anrechnung von Vermögen

Hat der Hilfebedürftige oder die mit ihm in Bedarfsgemeinschaft lebenden Personen Vermögen, muss dieses vor Bezug von ALG II verwertet werden. Vermögen im Sinne dieser Verordnung liegt vor, wenn es die folgenden Freibeträge übersteigt: (Stand August 2006)

Frei verfügbares Vermögen	nach 1. Januar 1948 geborene	vor 1. Januar 1948 geborene (Bestandsschutz)
Grundfreibetrag je vollendetes Lebensjahr	150 € (mindestens jedoch 3 100 €)	520 €
maximal jedoch	9 750 €	33 800 €
Freibetrag für notwendige Anschaffungen	750 €	750 €
Beispiele:		
40-Jähriger	40 x 150 € + 750 € = 6 750 €	
40-Jähriger + 35-jähriger Partner	(40 x 150 €) + (35 x 150 €) + (2 x 750 €) = 12 750 €	
20-Jähriger	3 100 € + 750 € = 3 850 €	
59-Jähriger		59 x 520 € + 750 € = 31 430 €
59-Jähriger + 68-jähriger Partner		(59 x 520 EUR) + (33 800 €) + (2 x 750EUR) = 65 9800 €

Arbeitslosengeld II: Geschütztes Vermögen

Geldvermögen

Grundfreibetrag für den
Arbeitslosen und den Partner **je 150 Euro pro Lebensjahr**
Mindestbetrag .... 3 100 Euro
Höchstbetrag .... 9 750 Euro
Grundfreibetrag für jedes minderjährige Kind **3 100 Euro**

Freibetrag für vor
1948 Geborene .... **520 Euro pro Lebensjahr**
Höchstbetrag .... 33 800 Euro

Beispiele:

18-Jähriger (18 x 150) = **2 700 Euro**
40-Jähriger (40 x 150) = **6 000 Euro**
60-Jähriger (60 x 520) = **31 200 Euro**

Außerdem geschützt:

- **Vermögen**
  Freibetrag .... **250 Euro pro Lebensjahr**
  Höchstbetrag .... 16 250 Euro

- **Vermögen**
  aus Riester-Anlageformen ... unbegrenzt

- Freibetrag für jedes Mitglied der Bedarfsgemeinschaft für
  notwendige Anschaffungen .... **750 Euro**

- **Immobilien**
  - selbst genutztes Hausgrundstück oder Eigentumswohnung in angemessener* Größe
  - bei Eigenheimen Übernahme der Neben- und Heizkosten, Hypothekenzinsen, Grundsteuer, Gebäudeversicherungen
  - selbst genutzte Ferienimmobilien müssen vermietet oder verkauft werden
  - Mieterträge aus Wohneigentum müssen für den Lebensunterhalt reichen – oder das Objekt muss verkauft werden

- **Auto** .... in angemessener* Größe

*Was als „angemessen" eingestuft wird, hängt vor allem von der Zahl der im Haushalt lebenden Personen, den Lebensumständen und dem regionalen Preisniveau ab. Die Bewertungen beziehen sich immer auf den konkreten Einzelfall.

© Globus 1086

Nachteile der Basisrente

- Sie ist nicht beleihbar.
- Sie ist nicht vererbbar.
- Sie ist nicht vor dem 60. Lebensjahr zahlbar.
- Sie ist nicht kapitalisierbar, auch nicht in Teilen.
- Sie ist nicht veräußerbar.
- Sie ist steuerpflichtig nach dem Kohortenmodell.
- Sie ist nicht übertragbar – ein VN-Wechsel ist nicht möglich.

3.2 Basisrentenversicherung

▶ **Zusammenfassung**

Selbstständig fürs Alter vorsorgen:
Die Basisrentenversicherung auf einen Blick

- Schließung der Versorgungslücke im Alter
- jeden Monat eine sichere Rente, ein Leben lang
- steuerbegünstigt
- keine Gesundheitsprüfung

Beispiel: **Proximus Versicherung**

versicherte Person	Herr Klein, geb. 1970
Aufschub- bzw. Zahldauer	30 Jahre
garantierte Monatsrente	250,00 €
mögliche monatliche Anfangsrente (inkl. Überschussbeteiligung)*	375,12 €
Beitrag jährlich**	1 303,89 €
monatlich	114,04 €

* Unverbindliche Leistung inkl. Überschussbeteiligung bei einer angenommenen jährlich gleichbleibenden Verzinsung von 4,6 %. Die angegebene Leistung aus der Überschussbeteiligung kann nicht garantiert werden. Sie gilt nur unter der Annahme, dass der angesetzte Zinssatz für die Verzinsung des Versicherungsguthabens während der gesamten Versicherungsdauer unverändert bleibt.

** reduziert sich durch Steuererstattung, ab 2025 voll abzugsfähig – je nach Steuersatz kann die Erstattung zwischen 400,00 € und 600,00 € betragen.

3.3 Steuerliche Auswirkungen

Zur Basisversorgung (Schicht 1) zählen:

- Basisrente als geförderte private Rentenversicherung
- die gesetzliche Rentenversicherung (Arbeitnehmer- und Arbeitgeberbeitrag)
- berufsständische Versorgungseinrichtungen, die der gesetzlichen Rentenversicherung vergleichbare Leistungen erbringen (z. B. Versorgungswerke für Ärzte, Rechtsanwälte und sonstige Freiberufler)
- landwirtschaftliche Alterskassen

Für die steuerliche Gleichbehandlung mit der gesetzlichen Rentenversicherung sind strenge Anforderungen zu erfüllen.

Steuerfreistellung der Beiträge

Altersvorsorgebeiträge für den Aufbau der Basisversorgung unterliegen künftig nach dem Ablauf einer Übergangsfrist keinerlei Besteuerung mehr:

- ab 2025 zu 100 % steuerfrei
- maximal bis zu einem Höchstbetrag von 20 000,00 € jährlich
- bei Verheirateten bis zu einem Höchstbetrag von maximal 40 000,00 € jährlich

Kürzung des Höchstbetrags und Beiträge zur gesetzlichen Rentenversicherung (GRV)

Zu den steuerlich abziehbaren Altersvorsorgeaufwendungen zählen die Beiträge zur gesetzlichen Rentenversicherung. Dies gilt für:

- den Arbeitgeberanteil
- und den Arbeitnehmeranteil

Steuerersparnis eines Arbeitnehmers – Rürup-Vertrag

Beiträge für eine zusätzliche Altersvorsorge (Rürup-Rente) sind im Rahmen der Sonderausgaben absetzbar. Beim Lohnsteuerabzug wird nach § 10 Abs. 1 Nr. 2 EStG allerdings die Vorsorgepauschale (siehe Steuern) abgezogen, die für rentenversicherungspflichtige Arbeitnehmer der Höhe der absetzbaren Sozialversicherungsbeiträge entspricht. Da der Steuerpflichtige bis 2025 einen steigenden Anteil seiner Altersvorsorgeaufwendungen steuermindernd geltend machen kann, steigt seine Steuerersparnis.

Ein Kunde (Arbeitnehmer) wendet jährlich einen Betrag von 1 200,00 € für eine Basisvorsorge auf. Wie entwickelt sich seine Steuerersparnis?

Alleinstehende					Verheiratete				
Jahres-brutto-entgelt	Steuerersparnis (€)				Jahres-brutto-entgelt	Steuerersparnis (€)			
	2006	2010	2020	2025		2006	2010	2020	2025
18 000	124	226	316	344	28 000	0	0	218	236
20 000	194	227	287	317	30 000	0	2	238	256
22 000	210	235	298	327	32 000	0	19	264	274
24 000	216	243	306	338	34 000	0	139	314	348
26 000	223	251	317	347	36 000	55	222	292	348
28 000	230	258	325	359	38 000	156	226	285	317
30 000	237	266	335	369	40 000	186	230	291	321
32 000	245	273	345	379	42 000	203	234	298	327
34 000	251	282	354	389	44 000	213	236	300	331
36 000	258	289	364	400	46 000	215	243	304	338
38 000	266	298	373	410	48 000	219	247	310	342
40 000	272	305	383	421	50 000	222	249	317	348
42 000	280	313	394	432	52 000	226	253	321	352
44 000	287	321	403	441	54 000	228	257	325	359
46 000	293	329	413	453	56 000	234	260	329	363
48 000	301	337	422	462	58 000	236	264	333	367
50 000	308	344	431	474	60 000	238	270	340	373
52 000	314	351	441	484	62 000	245	272	344	380
54 000	322	360	450	494	64 000	247	279	350	384
56 000	328	367	460	504	66 000	249	281	354	388
58 000	330	372	469	515	68 000	255	285	361	397
60 000	329	372	478	525	70 000	257	289	363	401

Steuerersparnis errechnet nach dem Steuertarif 2006 mit Solidaritätszuschlag, ohne Kirchensteuer

Ermittlung des jährlich geförderten Höchstbeitrags – Arbeitnehmer

Der Beitragssatz für die gesetzliche Rentenversicherung wird tendenziell steigen. Dagegen bleibt die Höchstförderung konstant bei 20 000,00 €. Der freibleibende Teil für Beiträge zur Basisrente kann also sinken. Die rechnerisch mögliche Höchstgrenze sollte daher nicht voll ausgeschöpft werden.

Beitragsbemessungsgrenze in der gesetzlichen Rentenversicherung (BBG GRV):

- West
  2005: 62 400,00 € pro Jahr   2006: 63 000,00 €   2007: 63 000,00 €
- Ost
  2005: 52 800,00 € pro Jahr   2006: 52 800,00 €   2007: 54 600,00 €

Beitragssatz für Arbeitnehmer- und Arbeitgeberbeitrag: 19,5 % bis 2006; 19,9 % ab 2007 – führt zur Reduzierung einer Absetzbarkeit der Prämie zur möglichen Basisrente.

Der geförderte Höchstbetrag für Beiträge zur Basisrente errechnet sich danach wie folgt:

Angestellter, ledig, Einkommen über BBG-West

- ledig: steuerfreier Höchstbeitrag = 20 000,00 €
- Beitragssatz GRV 2007 19,9 %
- Einkommen über BBG: Es sind 63 000,00 € Jahreseinkommen zu berücksichtigen

Gesamtbeitrag zur GRV: 63 000,00 € mal 19,9 % = 12 537,00 €

Steuerfreier Höchstbeitrag minus GRV-Beitrag (West)

Jahr 2005 = 7 832,00 € maximal geförderter Jahresbeitrag für Basisrente 652,67 € pro Monat

Jahr 2006 = 7 715,00 € maximal geförderter Jahresbeitrag für Basisrente 642,92 € pro Monat

Jahr 2007 = 7 463,00 € maximal geförderter Jahresbeitrag für Basisrente 621,92 € pro Monat

Bei Selbstständigen müssen keine Sozialversicherungsbeiträge berücksichtigt werden. Auch bei Unternehmern in einer Personengesellschaft kann der volle Förderrahmen ausgeschöpft werden. Bei einem Alleingesellschafter und Geschäftsführer einer GmbH stehen immer die vollen 20 000,00 € zur Verfügung, auch wenn für ihn eine bAV aufgebaut wird. Die Altersversorgung durch Bildung einer Pensionsrückstellung bei einer GmbH mindert seine gesellschaftlichen Ansprüche auf den GmbH-Gewinn und finanziert letztlich seine eigene bAV.

▶ Beispiel

für die individuelle Ermittlung des steuerlich abziehbaren Altersvorsorgebetrags im Betrachtungszeitraum 2008

Herr Klein, ledig, Angestellter

	pro Jahr
Arbeitnehmeranteil zur gesetzlichen Rentenversicherung (GRV)	2 300,00 €
Arbeitgeberanteil zur GRV	2 300,00 €
Gesamtbeiträge zur GRV	4 600,00 €
Beiträge für Basisrente	(+) 2 400,00 €
Gesamt	7 000,00 €
davon sind 66 % als Vorsorgeaufwand steuerfrei	4 620,00 €
abzüglich steuerfreier Arbeitgeberanteil zur GRV zu 100 %	2 300,00 €
steuerlich abziehbarer Altersvorsorgebetrag	2 320,00 €

3.3 Steuerliche Auswirkungen

Hinweis zu diesem Beispiel:	20 000,00 €
maximal abziehbarer Altersvorsorgebetrag	4 600,00 €
bei einem Beitrag (Rürup-Beitrag) von	15 400,00 €
20 000,00 € mal 66 % minus 2 300,00 € Arbeit-	
geberanteil = absetzbar	10 900,00 €

Herr Fischer, Selbstständiger

	pro Jahr
Arbeitnehmeranteil zur gesetzlichen Rentenversicherung (GRV)	– €
Arbeitgeberanteil zur GRV	– €
Beiträge für Basisrente (+)	12 000,00 €
gesamt	12 000,00 €
davon sind 66 % als Vorsorgeaufwand steuerfrei	7 920,00 €
abzüglich steuerfreier Arbeitgeberanteil zur GRV (–)	– €
steuerlich abziehbarer Altersvorsorgebetrag	7 920,00 €
maximaler Altersvorsorgebetrag	20 000,00 €
20 000,00 € mal 66 % minus 0,00 € Arbeitgeberanteil = absetzbar	13 200,00 €

▶ **Beispiele**

für den Sonderausgabenabzug ohne und mit Basisversorgung

Beispiel – **ohne Rürup**: Willi Esser zahlt im Jahr 2008 einen AN-Anteil zur GRV von 3 000,00 €. Steuerfreier AG-Anteil 3 000,00 €. Wie hoch sind die abzusetzenden Sonderausgaben im Jahr 2008?

Förderung in 2008 „Durchschnittsverdiener"

	pro Jahr
Höchstbetrag	20 000,00 €
Arbeitnehmerbeitrag GRV	3 000,00 €
Arbeitgeberbeitrag GRV	3 000,00 €
maximaler Beitrag für Rürup	14 000,00 €
tatsächlicher AN-Beitrag für GRV	3 000,00 €
tatsächlicher AG-Beitrag für GRV	3 000,00 €
insgesamt	6 000,00 €
davon 66 %	3 960,00 €
abzüglich steuerfreier AG-Anteil	3 000,00 €
absetzbare Altersvorsorgeaufwendungen	960,00 €
Steuererstattung bei 30 %	288,00 €

Förderquote auf eigene Rentenbeiträge 9,6 %

Beispiel – **mit Rürup**: Willi Esser zahlt im Jahr 2008 einen AN-Anteil zur GRV von 3 000,00 €. Steuerfreier AG-Anteil

3 000,00 €. Ferner eine Basisrente (Rürup) von 2 000,00 €. Wie hoch sind die abzusetzenden Sonderausgaben im Jahr 2008 und wie verändert sich die Steuererstattung?

Förderung in 2008 „Durchschnittsverdiener"

	pro Jahr
Höchstbetrag	20 000,00 €
Arbeitnehmerbeitrag GRV	3 000,00 €
Arbeitgeberbeitrag GRV	3 000,00 €
maximaler Betrag für Rürup-Vertrag	14 000,00 €
Rürup beantragt	2 000,00 €
noch offen für Rürup	12 000,00 €
tatsächlicher AN-Beitrag für GRV	3 000,00 €
tatsächlicher AG-Beitrag für GRV	3 000,00 €
Basisversorgung	2 000,00 €
insgesamt	8 000,00 €
davon 66 % absetzbar	5 280,00 €
abzüglich steuerfreier AG-Anteil	3 000,00 €
absetzbare Altersvorsorgeaufwendungen	2 280,00 €
jetzt Steuererstattung bei 30 % Steuersatz	684,00 €
ohne Rürup betrug die Steuererstattung	288,00 €
zusätzliche Steuererstattung durch Rürup	396,00 €

Förderquote auf Rürup-Vertrag 19,8 %

Förderung in 2008 „Arbeitnehmer mit hohem Einkommen"

	pro Jahr
Höchstbetrag	20 000,00 €
Arbeitnehmeranteil zur GRV	6 025,00 €
Arbeitgeberanteil zur GRV	6 025,00 €
maximaler Betrag für Rürup	7 950,00 €
tatsächlicher AN-Beitrag für GRV	6 025,00 €
tatsächlicher AG-Beitrag für GRV	6 025,00 €
Basisversorgung	2 000,00 €
insgesamt	14 050,00 €
davon 66 %	9 273,00 €
abzüglich steuerfreier AG-Anteil	6 025,00 €
absetzbare Altersvorsorgeaufwendungen	3 248,00 €
Steuererstattung bei 45 % inkl. Soli	1 461,60 €

Förderquote 29,7 % (594,00 € auf 2 000,00 € Rürup)

Förderquote erhöht sich durch die Kohorte und durch die Steuerprogression bei hohen Einkünften.

3.3 Steuerliche Auswirkungen

Kürzung des Höchstbetrags um fiktiven GRV-Beitrag

Bei bestimmten Personen, die ganz oder teilweise ohne eigene Beitragsleistung einen Anspruch auf Altersversorgung erwerben, wie:

- Vorstände und Geschäftsführer, für die eine betriebliche Altersvorsorge ganz oder teilweise kostenlos aufgebaut wird
- Beamte
- in der gesetzlichen Rentenversicherung Versicherungsfreie
- von der gesetzlichen Rentenversicherungspflicht Befreite
- in der gesetzlichen Rentenversicherung Nachzuversichernde
- Abgeordnete

ist der Höchstbetrag um einen fiktiven Betrag zu kürzen, der sich aus den Einnahmen und dem jeweils aktuellen Beitragssatz zur gesetzlichen Rentenversicherung ergibt. Einnahmen über der Bemessungsgrenze der gesetzlichen Rentenversicherung bleiben dabei unberücksichtigt. Bei den Steuerpflichtigen, die einen Arbeitgeberanteil an den Altersvorsorgebeiträgen bzw. einen steuerfreien Arbeitgeberzuschuss zu den Altersvorsorgebeiträgen erhalten, sind die ermittelten abzugsfähigen Altersvorsorgeaufwendungen letztendlich noch um die steuerfreien Beiträge bzw. Zuschüsse zu vermindern.

Die volle Förderung wird erst schrittweise bis 2025 erreicht. Dennoch ist der steuerliche Abzug bereits jetzt großzügig bemessen:

Herr Schmitz, ledig, Beamter mit 30 000,00 € Brutto-Jahresbezügen

	pro Jahr
Arbeitnehmeranteil zur GRV	– €
Arbeitgeberanteil zur GRV	– €
Beiträge für Basisrente	2 400,00 €
gesamt	2 400,00 €
davon 66 % als Vorsorgeaufwand steuerfrei	1 584,00 €
abzüglich steuerfreier Arbeitgeberanteil zur GRV	– €
steuerlich abziehbarer Altersvorsorgebetrag	1 584,00 €

maximal abziehbarer Altersvorsorgebetrag:
Höchstbetrag minus fiktiver Betrag zur GRV mal 66 % in 2008
maximaler Altersvorsorgebetrag 30 000,00 € mal 19,9 % GRV-Beitragssatz ergibt einen fiktiven GRV-Beitrag in Höhe von 5 970,00 €
20 000,00 € minus 5 970,00 € mal 66 % = wären
maximal absetzbar   9 259,80 €

▶ **Beispiel**

für die steuerliche Behandlung der 1. Schicht – Selbstständig

Herr Schulz ist 35 Jahre alt, ledig und selbstständig tätig. Er ist weder in der gesetzlichen Rentenversicherung noch hat er einen privaten Rentenversicherungsvertrag. 2005 schließt Herr Schulz eine lebenslange private Rentenversicherung als Basisversorgung ab.

	mit Basisversorgung		ohne Basisversorgung
	2005	2025	2005/2025
zu versteuerndes Jahreseinkommen	40 000 €	40 000 €	40 000 €
Beitrag zur privaten Leibrentenversicherung	5 000 €	5 000 €	0 €
Davon sind steuerlich als Sonderausgaben abziehbar:			
60 % des Beitrags	3 000 €		0 €
100 % des Beitrags		5 000 €	0 €
verbleibendes, zu versteuerndes Jahreseinkommen	37 000 €	35 000 €	40 000 €
Einkommensteuer hierauf (inkl. Kirchensteuer und Solidaritätszuschlag)	9 333 €	8 540 €	10 561 €
konkrete Steuerersparnis	1 228 €	2 021 €	0 €
jährlicher Nettoaufwand	3 772 €	2 979 €	

Leistungen aus der Beitragszahlung	
lebenslange Jahresrente	2 883 €
Anteil der zu versteuernden Rente im Jahr 2035	95 %
in Euro	2 738,85 €
Anteil der steuerfreien Rente bei Erstbezug im Jahr 2035	5 %
in Euro – Freibetrag bis Lebensende	144,15 €

▶ **Beispiel**

für eine langfristige Betrachtung der Steuervorteile

Wirtschaftsingenieur(in) 40 Jahre alt, Rentenbeginn mit 65, 70 000,00 € Jahreseinkommen; Basisrente 6 000,00 € Jahresbeitrag

Unter Berücksichtigung von 25 Jahren Laufzeit der Basisrente und der Annahme von konstanten Werten über die gesamte

Laufzeit für den Beitrag zur Basisrente, den Beitragssatz zur GRV, die Beitragsbemessungsgrenze und die für den Sonderausgabenabzug geltende Obergrenze, ergeben sich auf das Einkommen zusätzliche anrechenbare Vorsorgeaufwendungen in Höhe von 133 200,00 € gegenüber einer vergleichbaren Person ohne Abschluss einer Basisrente.

Durch die schrittweise Erhöhung der Abzugsfähigkeit der Rentenversicherungsbeiträge erhöht sich das Nettoeinkommen über die gesamte Laufzeit.

Besteuerung der Basisrente

Leistungen aus der Basisrente sind – wie jene der gesetzlichen Rentenversicherung – künftig grundsätzlich voll steuerpflichtig. Sie werden nachgelagert besteuert. Dabei wird nicht untersucht, ob die Leistungen gegebenenfalls auf steuerfreien oder auf versteuerten Beiträgen beruhen. Die volle Besteuerung der Leistungen greift allerdings erst ab dem Jahr 2040. Zunächst beträgt bei Renteneintritt im Jahr 2005 der steuerpflichtige Anteil der Rente nur 50 Prozent des ausgezahlten Betrages. Der steuerpflichtige Anteil der Rente wird jährlich für jeden neu hinzukommenden Rentenjahrgang bis zum Jahr 2020 um zwei Prozentpunkte erhöht (zum Beispiel Renteneintritt 2006: 52 Prozent steuerpflichtiger Anteil), danach um einen Prozentpunkt. Die Differenz zwischen der Jahresrente und dem der Besteuerung unterliegenden Anteil dieser Rente ist der individuelle Freibetrag, der für jeden Rentnerjahrgang auf Dauer festgeschrieben wird.

Durch den Abschluss einer Basisrente wird die im Vergleich höhere Besteuerung während des Berufslebens auf die in der Regel niedrigere Besteuerung im Rentenalter verschoben.

Die zu zahlende Steuer wird nicht von der Rentenleistung einbehalten, sondern ist vom Steuerpflichtigen im Zuge der Steuerveranlagung zu zahlen. Auch wenn in Deutschland keine unbeschränkte Einkommensteuerpflicht besteht (z. B. Wohnsitz im Ausland), werden die Leistungen der Basisversorgung der deutschen Einkommensteuer unterworfen.

3.4 Formen der Basisrente

Klassische Rürup-Rente

Den Sparanteil der Prämie investiert der Versicherer in seine Anlageformen, über die er unter Berücksichtigung der Anlagevorschriften des VAG alleine entscheidet. Er gewährt einen Garantiezins (von 2,75 % bzw. 2,25 %) auf die Einlage. Bei einem höheren Anlageerfolg (im Augenblick etwa 4 % bis 5 %) beteiligt der Versicherer die Kunden an dem Anlageergebnis in Form einer Gewinnbeteiligung, wie das auch in anderen Lebens-/Rentenversicherungen üblich ist.

Basisrente mit Investmentfonds

Diese Versicherung ist speziell für Vorsorgesparer gedacht, die bei der Kapitalanlage ein höheres Risiko eingehen wollen. Die Anlage erfolgt in der Regel vollständig in Investmentfonds entsprechend der vom Kunden gewählten Anlagestrategie. Vor dem erstmaligen Rentenbezug wird der Wert des bis dahin angesparten Vorsorgekapitals ermittelt und während der Rentenzahldauer wie bei einer klassischen Rentenversicherung angelegt.

Bei diesem Produkt ist zu beachten, dass die Höhe der späteren Rente von der Wertentwicklung der Fonds beziehungsweise von der Börsenentwicklung abhängt. Wer Verlustrisiken vermeiden will, kann eine Garantieleistung vereinbaren. Dabei wird ein Teil des Beitrages dafür verwendet, dass bei Rentenbeginn in jedem Fall die bis dahin eingezahlten Beiträge zur Verfügung stehen.

Vorteile

- hohe Renditechancen durch Anlage in Investmentfonds
- chancen- und wachstumsorientierte Kunden entscheiden über die Anlage
- optionale Beitragsgarantie: mindestens die eingezahlten Beiträge stehen am Ende der Laufzeit zur Verrentung zur Verfügung

3.4.1 Zusatzbausteine

Im Todesfall des Versicherten während der Ansparphase verfällt das Vermögen zugunsten der Versichertengemeinschaft. Dem kann durch verschiedene Lösungen entgegengewirkt werden. Auf Wunsch kann die Basisrente mit Zusatzbausteinen kombiniert werden, die wichtige Lebensrisiken absichern.

Tritt der Todesfall des Versicherten während der Rentenphase ein, leistet der Versicherer entsprechend einer eventuell vereinbarten Rentengarantiezeit nur an Hinterbliebene. Um die eingezahlten Beiträge für die Hinterbliebenen zu sichern, ist die Policierung einer Rentengarantiezeit besonders wichtig.

Ferner bietet sich für den Todesfall die Vereinbarung einer Rente für hinterbliebene Ehegatten und Kinder an. Andere Personen können in den Schutz nicht eingeschlossen werden. Die Vereinbarung des Hinterbliebenenbausteins ist auch nachträglich noch möglich, etwa bei Heirat und/oder dann, wenn sich Nachwuchs einstellt.

Auf Wunsch kann eine zusätzliche Risikolebensversicherung angehängt werden, aus der die Angehörigen eine einmalige Kapitalleistung erhalten.

Die zusätzliche Vereinbarung einer Berufsunfähigkeits- oder Erwerbsunfähigkeitsvorsorge ist ebenfalls möglich. Folgende Leistungen können vereinbart werden:

- die Befreiung von weiterer Beitragszahlung bei vollem Erhalt der versicherten Alters- und ggf. Hinterbliebenenrente sowie
- eine Berufsunfähigkeitsrente bis maximal zur Höhe der Altersrente

▶ Hinweis

Damit der Versicherungsbeitrag steuerlich abzugsfähig bleibt, darf der Beitrag für die in den Vertrag eingeschlossenen Zusatzbausteine zusammen nicht mehr als 49,99 % des Gesamtbeitrages ausmachen.

Berufsunfähigkeitszusatzversicherung

Die Basisrente wird mit BU-Zusatzversicherung angeboten. Aufgrund der Vorgaben durch das AltEinkG müssen die Beiträge überwiegend in die Hauptversicherung fließen. Zu beachten ist, dass BUZ-Renten, die aus geförderten Beiträgen stammen, voll nachgelagert zu versteuern sind. Daher empfiehlt es sich von Anfang an, eine höhere Berufsunfähigkeitsrente zu versichern.

Überschusssystem

Beitragsvorwegabzug – Überschüsse vermindern den Beitrag – ist nicht wählbar. Die Beitragsbefreiung bezieht sich nur auf die Hauptversicherung und nicht etwa auf die Witwenrente.

Die Laufzeit der Zusatzversicherung muss der Laufzeit der Hauptversicherung entsprechen. Dies führt dazu, dass die Wahl einer BUZ ausscheidet, wenn Erwerbsstatus oder Beruf nur ein geringeres Endalter als die Vollendung des 60. Lebensjahres zulassen. Man kann dann eine selbstständige Berufsunfähigkeitsrente vereinbaren. Die entsprechenden Beiträge sind dann lediglich nach den Anforderungen für sonstige Vorsorgeaufwendungen absetzbar. Dafür unterliegen eventuelle Renten nur der Ertragsanteilbesteuerung.

Berufsunfähigkeitsdeckung

	Schicht 1 Basisversorgung	Schicht 3 Privatversorgung
Allgemeine Hinweise	Der Beitragsanteil für die BUZ[1] ist auf 49,9 % des Gesamtbeitrages begrenzt. Daher nur BUZ möglich.	BUZ[1] und BV[2] als Ergänzung
Behandlung der Prämien	Analog Schicht 1, schrittweise komplett absetzbar bis max. 20 000 € im Rahmen der obigen Grenzen.	Nicht steuerlich absetzbar. (BV-Beiträge, wenn noch Platz, im Rahmen sonstiger Vorsorgeaufwendungen)
Behandlung der BU-Renten	Ab 2005 50 % Besteuerung für alle Renten, jährliche Anhebung um erst 2 dann 1 % bis 100 % im Jahr 2040	Ertragsanteilbesteuerung für temporäre Leibrenten gegen laufende Beitragszahlung —— volle Zinsbesteuerung bei einer Einmalzahlung

1 BUZ ➡ Zusatzversicherung
2 BV ➡ selbstständiger Vertrag

Hinterbliebenenrenten-Zusatzversicherung (Witwenrente)

Stirbt die versicherte Person nach dem Versicherungsbeginn, so wird die Hinterbliebenenrente an die mitversicherte Person ausgezahlt. Der Anspruch auf Hinterbliebenenrente erlischt mit dem Tod der mitversicherten Person. Die Hinterbliebenenrente wird zu den gleichen Fälligkeitsterminen, die für die Zahlung der Rente der versicherten Person vereinbart waren, gezahlt. Erstmalig wird zu dem Termin, der auf den Tod der versicherten Person folgt, geleistet. Stirbt die mitversicherte Person vor der versicherten Person, erlischt die Hinterbliebenenzusatzversicherung. Eine Leistung entsteht in diesem Fall nicht. Eine Absicherung von eingetragenen Lebenspartnern ist nicht möglich.

▶ Hinweis

Bei Einschluss der Hinterbliebenenrente zu einer aufgeschobenen Rentenversicherung ist für den aus der Hauptversicherung Berechtigten eine Gesundheitsprüfung erforderlich. Bei der sofort beginnenden Rente ist auch für die Hinterbliebenenrente keine Gesundheitsprüfung erforderlich.

3.4.2 Todesfallschutz

Um die entstehende Lücke im Risikoschutz vor und nach Rentenbeginn zu schließen, wurden spezielle Risikolebensversicherungen mit frei wählbarem Bezugsrecht entwickelt. Es handelt sich dabei, wie auch bei jeder anderen Risikolebensversicherung, um Schicht-3-Produkte, die steuerlich nicht gefördert werden. Beiträge werden lediglich in der Aufschubzeit entrichtet. Eine Gesundheitsprüfung ist meist nicht erforderlich, da die Todesfallleistung bei Antragstellung sehr niedrig ist.

Todesfallleistung vor Rentenbeginn

Die Todesfallleistung ist bei Vertragsschluss in der Höhe so ausgestaltet, dass sie jeweils in etwa den bezahlten Beiträgen der Basisrente entspricht. Dabei wird eine Versicherungssumme in Höhe der Hälfte der Beiträge ausgewiesen, während der fehlende Teil per Todesfallbonus ergänzt wird.

Im Ergebnis verläuft die Todesfallleistung bei Einmalbeiträgen konstant, während sie bei laufender Beitragszahlung jährlich ansteigt.

Todesfallleistung nach Rentenbeginn

Die Todesfallleistung angedockt an eine Basisrente erstreckt sich über die Ansparphase hinaus in den Rentenbezug. Sie fällt nach Rentenbeginn 12 Jahre lang gleichmäßig bis auf null ab. Damit wird der Tatsache Rechnung getragen, dass bereits über einen längeren Zeitraum Renten ausbezahlt wurden.

Der Abschluss des Todesfallschutzes muss extra beantragt werden. Dabei wird der auf den Risikoschutz entfallende Beitrag gesondert ausgewiesen. Rechtlich und technisch handelt es sich jeweils um eigenständige Risikolebensversicherungsverträge. Diese können jedoch mit

- einem Angebot,
- einem Antrag
- und einer Unterschrift

abgeschlossen werden. Es werden dann zwei Policen erstellt.

Beitragsteile, die auf den Todesfallschutz entfallen, bleiben bei der 49,9 %-Regelung außer Betracht, weil sie in einen selbstständigen Vertrag fließen.

3.4.3 Dynamik

Bei Einschluss einer Dynamik wird der Versicherungsbeitrag erhöht und damit automatisch auch die Versicherungsleistung. Die Dynamik-Option kann nur für Haupt- und Zusatzversicherung gemeinsam vereinbart werden. Dabei erfolgt für die Zusatzversicherung keine erneute Gesundheitsprüfung. Vor dem Erhöhungstermin erhält der Versicherte eine Mitteilung über die Erhöhung von Leistung und Beitrag. Bei der Anpassung muss darauf geachtet werden, dass die Zusatzdeckungen nicht mehr als 49,9 % des Gesamtbeitrages abdecken. Die Dynamikvereinbarung entfällt, wenn der Durchführung an drei aufeinander folgenden Terminen widersprochen wird.

Dynamik-Varianten

a) Der Vorjahresbeitrag erhöht sich jeweils im selben Verhältnis wie der Höchstbeitrag der gesetzlichen Rentenversicherung der Angestellten, mindestens jedoch um 5 %. Darüber hinaus kann eine Erhöhung des Vorjahres-Beitrags um zusätzlich 3 % vereinbart werden (Karrieretrend).
b) Der Vorjahresbeitrag erhöht sich jeweils um einen festen Prozentsatz.

3.4.4 Nachversicherungsgarantie

Die Nachversicherungsgarantie ohne erneute Gesundheitsprüfung gilt für alle Verträge mit Hinterbliebenenzusatzversorgung des Ehepartners. Ist kein Hinterbliebenenschutz vereinbart, dann ist ohnehin keine Gesundheitsprüfung erforderlich.

Aus verschiedenen Gründen kann es zweckmäßig werden, einen bestehenden Vertrag zu ändern (Beitrag, Versicherungsleistung) oder eine vereinbarte Nachversicherungsgarantie auszuüben. Soweit der Beitrag erhöht wird, kann es im Einzelfall zu steuerlichen Nachteilen kommen. Dies gilt insbesondere dann, wenn die Summe aller Beiträge zu Versicherungsformen der Basisversorgung 20 000,00 € jährlich übersteigt (fehlender Sonderausgabenabzug bei voller nachgelagerter Besteuerung), bei zusammen veranlagten Ehegatten 40 000,00 € p. a.

3.5 Formen der Beitragszahlung

Aufgeschobene Rentenversicherung gegen laufende Beitragszahlung mit Zuzahlungsoption

Der Kunde zahlt einen festgelegten Beitrag nach festgelegter Zahlweise. Gerade wichtig für Selbstständige ist die Möglichkeit einer jährlichen Zuzahlung bis zum 31. 12., um die staatliche Förderung bei guter Gewinnlage im abgelaufenen Steuerjahr optimal auszunutzen.

Aufgeschobene Rentenversicherung gegen Einmalbeitrag mit Zuzahlungsoption

Durch die Möglichkeit laufender Zuzahlungen wird die Zahlungsweise besonders flexibel. Die maximale individuelle steuerliche Förderung kann damit noch im jeweils laufenden Jahr voll ausgeschöpft werden.

Aufgeschobene Rente

Die Rente wird ab dem vereinbarten Rentenzahlungsbeginn frühestens nach Vollendung des 60. Lebensjahres garantiert lebenslang ausbezahlt. Dabei wird die Beitragshöhe bei Vertragsschluss so kalkuliert, dass bei regelmäßigem Vertragsverlauf eine Rente von mindestens 50,00 € erreicht wird.

Todesfallschutz

Soweit keine zusätzliche Witwenrente oder Todesfallschutz vereinbart wurden, werden bei Tod des Berechtigten aus dem Basis-Vertrag keine weiteren Leistungen erbracht (Rente pur/nicht vererblich).

Flexibler Rentenbeginn

Anstelle der Rentenzahlung ab dem vereinbarten Rentenzahlungsbeginn kann man beantragen, Rentenbeginn auf einen nach der Vollendung des 60. Lebensjahres liegenden Rentenzahlungsbeginn, maximal 5 Jahre, vorzuverlegen. Die Höhe der ursprünglich vereinbarten Rente vermindert sich dann nach den anerkannten Regeln der Versicherungsmathematik. Wurde z. B. eine Rentenversicherung auf das Endalter 68 abgeschlossen und nutzt der Berechtigte die Möglichkeit, die Versicherungsleistung zum 63. Lebensjahr abzurufen, führt dies natürlich zu einer deutlichen Verminderung der garantierten Rente. Denn es fehlen 5 Jahre Beitragszahlung und die Rente muss 5 Jahre länger gezahlt werden. Analog kann auch der Rentenbeginn nach hinten bis zum 85. Lebensjahr verschoben werden.

Kündigung

Im Falle der Vertragskündigung kann kein Rückkaufswert ausbezahlt werden. Der Vertrag wird vielmehr beitragsfrei gestellt. Dabei kann es je nach Laufzeit und Beitragshöhe dazu kommen, dass nur sehr geringe Renten erreicht werden. Der Kunde kann die Auszahlung von Monatsrenten in Höhe von 10,00 € verlangen. Es besteht die Möglichkeit, den beitragsfrei gestellten Vertrag zu einem späteren Zeitpunkt wieder aufleben zu lassen, damit eine angemessene Rente erzielt werden kann. Im Übrigen besteht ebenso wie bei Riester-Renten die Möglichkeit, bei Rentenbeginn Kleinbetragsrenten in einer Summe abzufinden.

Sofort beginnende Basisrente mit Einmalbeitrag

Die Sofortrente kommt nur für Personen ab dem vollendeten 60. Lebensjahr in Frage. Heutige Rentner haben zum Teil hohe Einkünfte und damit eine hohe Steuerbelastung durch das Alterseinkünftegesetz. Es werden keine Beiträge mehr an die GRV oder ein Versorgungswerk geleistet. Damit sind die Freibeträge 20 000,00 € / 40 000,00 € pro Jahr noch komplett ungenutzt. Im Übrigen besteht eine hohe Chance für ein Wiederanlagegeschäft, da die meisten Kapitallebensversicherungen zwischen dem 60. und 65. Lebensjahr fällig werden.

3.6 Sofortrente

Nach Zahlung eines Einmalbeitrags wird die garantierte Rente ab dem vereinbarten Rentenzahlungsbeginn, frühestens nach Vollendung des 60. Lebensjahres, auf Lebenszeit des Berechtigten gezahlt. Die Rentenzahlungsweise ist immer monatlich. Die erste Rentenzahlung erfolgt dann erstmalig an dem auf den Versicherungsbeginn folgenden Monats-Ersten. Der Einmalbeitrag ist so zu bemessen, dass die festgelegte Mindestrente von 50,00 € erreicht wird. Soweit keine zusätzliche Hinterbliebenenrente für den Ehepartner vereinbart wurde, werden bei Tod des Berechtigten keine weiteren Leistungen erbracht (Rente pur).

▶ Beispiel

Funktionsweise am Beispiel für einen Arzt, Alter 60, verheiratet

Das Beispiel zeigt deutlich den Steuervorteil von jeweils 10 %.

Folge von Einmalbeiträgen	Absetzbarkeit Beitrag	Besteuerung Rente
2005	60 %	50 %
2006	62 %	52 %
2007	64 %	54 %
2008	66 %	56 %

Die Kunden können jedes Jahr flexibel über das Ob und Wie einer jährlichen Zahlung entscheiden. Die Grenze liegt bei Verheirateten bei maximal 40 000,00 € p. a. abzüglich eventueller Aufwendungen für ein berufsständisches Versorgungswerk.

Keine Kapitalabfindung

Da die angesparten Beiträge der Altersversorgung dem Berechtigten zugute kommen müssen, ist die Vereinbarung eines Kapitalwahlrechtes ausgeschlossen. Dies gilt für alle Rürup-Verträge.

Hinterbliebenenversorgung

Bei Bedarf besteht die Möglichkeit, auch den Ehepartner finanziell abzusichern. Beim Ableben des Versicherungsnehmers erhält der Partner eine lebenslange monatliche Rente.

Überschussbeteiligung

Die garantierte Rente erhöht sich durch die Überschussbeteiligung.

Vorteile der Sofortrente

- keine Gesundheitsfragen
- kein Kapitalanlage-Risiko
- sofortiger Beginn der Rentenzahlung
- bei Bedarf Versorgung der Hinterbliebenen

3.7 Allgemeine Merkmale zur Hauptversicherung

Rente pur

Der große Vorteil der Basis-Produkte liegt darin, dass sie im Gegensatz zur gesetzlichen Rentenversicherung garantierte lebenslange Rentenzahlungen bieten. Dadurch, dass kein Recht zur Kapitalabfindung besteht (nicht kapitalisierbar) und keine Garantiezeiten (außer Hinterbliebenenschutz) wählbar sind (nicht vererblich), lassen sich im Ergebnis höhere Renten erzielen als bei herkömmlichen Produkten. Für die Hauptversicherung allein ist keine Gesundheitsprüfung erforderlich.

Berechtigter = VN[1] = VP[2] = BZ[3]

Dadurch, dass die angesparten Beiträge nach den gesetzlichen Vorgaben auch tatsächlich zur eigenen Altersversorgung verwendet werden müssen, ist der Versicherungsnehmer immer auch Versicherte Person und Beitragszahler (VN = VP = BZ). Ein Bezugsberechtigter kann nicht benannt werden. Abtretungen oder Verpfändungen sowie die Übertragung der Versicherungsnehmereigenschaft sind ausgeschlossen. Daher wird hier nachfolgend jeweils von dem Berechtigten gesprochen.

1 = Versicherungsnehmer
2 = versicherte Person
3 = Beitragszahler

Mindestendalter

Die Rentenzahlungen dürfen nicht vor Vollendung des 60. Lebensjahres des Berechtigten erbracht werden.

Merkformel: Entspricht die gewünschte Rentenzahlung dem Geburtsmonat, beträgt das Mindestendalter 60 Jahre; entspricht die gewünschte Rentenzahlung einem früheren Zeitpunkt als dem Geburtsmonat, so beträgt das tarifliche Mindestendalter 61 Jahre.

▶ Beispiel

Geburtsdatum: 1. 8. 1970

Beginn der Versicherung: 1. 6. 2007
Fälligkeit der Versicherung: 1. 6. 2031

Begründung: Am 1. 6. 2030 hat der Versicherte das 60. Lebensjahr noch nicht vollendet – daher erste Rentenzahlung am 1. 6. 2031

Beginn der Versicherung: 1. 9. 2007
Fälligkeit der Versicherung: 1. 9. 2030

Begründung: Am 1. 9. 2030 hat er das 60. Lebensjahr vollendet.

3.8 Abschluss einer Basisrentenversicherung

Antragstellung

Beim Ausfüllen des Antrages sollte man sich von einem Versicherungsfachmann helfen lassen. Wichtig sind korrekte und vollständige Angaben zum Antragsteller und/oder der versicherten Person. Die Daten für den Vertragsbeginn und Vertragsablauf müssen genau eingetragen werden. Nur so kann der Versicherungsschutz umgehend gewährt werden.

Förderung

Bei der Basisrente muss kein Antrag auf staatliche Förderung gestellt werden: Um die staatliche Förderung zu erhalten, ist ein entsprechendes Formular (Sonderausgaben) im Rahmen der Einkommensteuererklärung auszufüllen und beim Finanzamt einzureichen.

Gesundheitsprüfung

Beim Abschluss einer Basisrente ist normalerweise keine Gesundheitsprüfung erforderlich. Notwendig wird dies jedoch, wenn die Rentenversicherung mit einer Berufsunfähigkeitsversicherung oder/und einem Hinterbliebenenschutz kombiniert wird. In diesem Fall ist zu beachten, dass die Gesundheitsfragen präzise und umfassend beantwortet werden.

AVB

Wichtig ist die sorgfältige Durchsicht des „Kleingedruckten". Es gibt Auskunft über alle Details des Vertrages und über Rechte sowie Pflichten beider Vertragsparteien.

Berechnung des Alters

Soweit die Prämie oder Versicherungsleistung auch vom (erreichten) Alter der versicherten Person abhängt, wird dies nach dem rechnungsmäßigen Lebensalter ermittelt.

Rechnungsmäßiges Lebensalter ist die Differenz zwischen dem Kalenderjahr, in dem das jeweilige Versicherungsjahr beginnt, und dem Geburtsjahr der versicherten Person.

Tarifbeschreibung – Basisversorgung

Als Basisversorgung gilt unter anderem die private Rentenversicherung, deren Beiträge als Sonderausgaben geltend gemacht werden können.

3.8 Abschluss einer Basisrentenversicherung

Die Renten hieraus unterliegen der Einkommensteuer. Beiträge zur ergänzenden Absicherung des Eintritts von Hinterbliebenen- und des Berufsunfähigkeitsschutzes sind im Rahmen des Höchstbetrages zur Basisrente abzugsfähig, wenn mehr als 50 % der Beiträge auf die eigene Altersversorgung entfallen. Die Ansprüche aus dieser Versicherung sind nicht vererbbar, nicht übertragbar, nicht beleihbar, nicht veräußerbar und nicht kapitalisierbar (§ 10 Abs. 1 Nr. 2 b EStG).

Berechtigte Hinterbliebene in der Basisversorgung (wenn vereinbart)

- der Ehegatte, mit dem die versicherte Person zum Zeitpunkt ihres Todes verheiratet ist. Dieser erhält eine lebenslange Rente.
- leibliche Kinder, Adoptiv- und Pflegekinder der versicherten Person im Sinne von § 32 EStG. Der Anspruch auf Waisenrente ist dabei auf den Zeitraum begrenzt, in dem das Kind die Voraussetzungen von § 32 EStG erfüllt. Die Finanzverwaltung beanstandet es nicht, wenn die Waisenrente auch für den Zeitraum gezahlt wird, in dem das Kind nur die Voraussetzungen von § 32 Abs. 4 Satz 1 EStG erfüllt. Der Anspruch auf Waisenrente endet mit dem Tod der Waise, spätestens mit Vollendung des 27. Lebensjahres.

Sind keine berechtigten Hinterbliebenen vorhanden, endet die Versicherung bei Tod, ohne dass eine Leistung erbracht wird.

Kosten und Gebühren

Bei der Kalkulation der Prämie werden berücksichtigt:

- Abschlusskosten
  - Provision
  - Antragsprüfung
  - Policierung
- Verwaltungskosten
- Inkassokosten

Falls aus besonderen Gründen, die der Kunde zu verantworten hat, Aufwendungen entstehen, werden die Kosten als Abgeltungsbetrag mit dem Guthaben des Vertrages verrechnet.

Proximus Lebensversicherung – Vorschlag für Interessent/Interessentin

Daten der versicherten Person

Versicherte Person	Willi Imgrund
Geburtsdatum	10. 5. 1960
Eintrittsalter	47 Jahre
Geschlecht	männlich
Beruf	Bauunternehmer

Tarif ARS1W

Aufgeschobene Rentenversicherung Basisrente mit Überschusssystem:

Bonus mit

- planmäßiger Erhöhung der Beiträge und Leistungen ohne erneute Gesundheitsprüfung (Dynamik)

(alle Angaben in €)

Die Hauptversicherung

Überschusssystem	Bonus	garantierte Rente mtl.	1 091,80
Versicherungsbeginn	1. 1. 2007	Gesamtrente inkl. Überschussbeteiligung im 1. Jahr	
Aufschubdauer	18 Jahre		
Ablauf der Versicherung	1. 1. 2025	Bei Wahl der Bonusrente	1 351,56
Beitragszahlungsdauer	18 Jahre		
		monatlicher Beitrag	1 000,00
Gesamtbeitrag monatlich	1 000,00	im Jahr 2007 zu 64 % absetzbar steigend	
Rente monatlich	1 351,56	im Jahr 2025 zu 85 % steuerpflichtig – Freibetrag bleibt für das ganze Leben konstant	

Planmäßige Erhöhung der Beiträge und Leistungen ohne erneute Gesundheitsprüfung (Dynamik)

Der Beitrag für diese Versicherung erhöht sich jeweils:

- im gleichen Verhältnis wie der Höchstbeitrag in der gesetzlichen Rentenversicherung der Angestellten, mindestens jedoch jährlich um 5 % des jeweiligen Vorjahresbeitrags.

Hinweise zum Vorschlag

Überschuss-beteiligung	Bei der Überschussbeteiligung ist zwischen laufendem Überschuss und Schlussüberschuss zu trennen. Mit der laufenden Überschussbeteiligung werden den Verträgen regelmäßig Überschüsse zugeteilt. Der Schlussüberschuss ist dagegen eine Form der einmaligen Überschussbeteiligung bei Vertragsende.
Schlussüber-schussanteile	Bei Rentenversicherungen mit laufender Beitragszahlung sind Schlussüberschussanteile zum Rentenzahlungsbeginn vorgesehen, bei Vereinbarung einer Abrufphase zu deren Beginn sowie danach zum Ende jedes Versicherungsjahres bis zum Beginn der Rentenzahlung (Zuteilungszeitpunkte). Bei Ablauf der BUZ erhöhen eventuell fällige Schlussüberschussanteile die laufende Überschussbeteiligung der Hauptversicherung. Ob und in welcher Höhe Schlussüberschussanteile zugeteilt werden, richtet sich ausschließlich nach dem Überschussverteilungsplan für den Zeitraum, in den der in Betracht kommende Zuteilungszeitpunkt fällt.

Proximus Überschussbeteiligung für die Basisrentenversicherung

Überschussentstehung

Überschüsse erzielt Proximus in der Regel aus dem Kapitalanlage-, dem Risiko- und dem Kostenergebnis. Die Überschüsse sind umso größer, je erfolgreicher die Kapitalanlagepolitik ist, je weniger Versicherungsfälle eintreten und je sparsamer man wirtschaftet.

Kapitalanlageergebnis

Der größte Teil des Überschusses stammt aus den Erträgen der Kapitalanlagen. Damit Proximus die Verpflichtungen aus den Versicherungsverträgen jederzeit erfüllen kann, muss eine Deckungsrückstellung gebildet werden und Mittel in entsprechender Höhe angelegt werden (z. B. in festverzinslichen Wertpapieren, Hypotheken, Darlehen, Aktien und Immobilien). Die Anlageentscheidung überwachen der verantwortliche Aktuar und der Treuhänder für das Sicherungsvermögen. Bei der Berechnung der Deckungsrückstellung wird ein Zinssatz von 2,25 % zugrunde gelegt. Dies bedeutet, dass sich die Vermögenswerte mindestens in dieser Höhe verzinsen müssen. In der Regel übersteigen die Kapitalerträge diesen Mindestzins, da Proximus das Vermögen nach den Prinzipien möglichst großer Rentabilität und Sicherheit anlegt. Außerdem beachtet die Proximus Versicherung den wichtigen Grundsatz der Mischung und Streuung. Dadurch lassen sich bei gleichem Risiko höhere Renditen erzielen, weil sich Ertragsschwankungen teilweise untereinander ausgleichen.

Steigt der Wert der Kapitalanlagen über die Anschaffungskosten hinaus, entstehen Bewertungsreserven. Diese bilden einen Puffer, mit dem die Überschussbeteiligung für die Kunden auch in Zeiten schwacher Kapitalmärkte eine Zeit lang stabil gehalten wird. Bewertungsreserven sorgen für Sicherheit, weil beispielsweise Kursrückgänge an den Aktienmärkten nicht sofort auf das Anlageergebnis durchschlagen. Sie können aber auch genutzt werden, indem etwa bei niedrigen Kapitalmarktzinsen Bewertungsreserven aufgelöst und Aktien mit Kursgewinn verkauft werden. Hierbei orientiert sich Proximus an den Erwartungen über die künftige Kapitalmarktentwicklung und dem Ziel, die Überschussbeteiligung an Kunden möglichst unabhängig von kurzfristigen Ausschlägen an den Kapitalmärkten zu halten.

Risikoergebnis

Bei der Tarifkalkulation hat Proximus vorsichtige Annahmen über den Eintritt von Versicherungsfällen zugrunde gelegt. Dadurch wird sichergestellt, dass die vertraglichen Leistungen langfristig auch dann noch erfüllt werden können, wenn sich die versicherten Risiken ungünstig entwickeln. Ist der Risikoverlauf dagegen in der Realität günstiger als kalkuliert, entstehen Risikoüberschüsse.

Kostenergebnis

Ebenso hat die Proximus Versicherung auch Annahmen über die zukünftige Kostenentwicklung getroffen. Wirtschaftet Proximus sparsamer als kalkuliert, entstehen Kostenüberschüsse.

Ermittlung der Überschüsse

Die Überschüsse werden nach den Vorschriften des Handelsgesetzbuches ermittelt und jährlich im Rahmen des Jahresabschlusses festgestellt. Der Jahresabschluss wird von einem unabhängigen Wirtschaftsprüfer geprüft und ist der Aufsichtsbehörde einzureichen.

Künftige Überschussbeteiligung

Die Höhe der Überschussbeteiligung hängt von vielen Einflüssen ab. Diese sind – allein schon wegen der langen Vertragslaufzeit – nicht vorhersehbar und von Proximus nur begrenzt beeinflussbar. Wichtigster Einflussfaktor ist dabei die Zinsentwicklung des Kapitalmarkts. Aber auch die Entwicklung des versicherten Risikos und der Kosten sind von Bedeutung. Die absolute Höhe der künftigen Überschussbeteiligung kann also nicht garantiert werden.

Laufende Überschussbeteiligung – Basisversorgung

Überschussverwendung vor Rentenbeginn

Nach folgenden Überschusssystemen erhält der Kunde – je nach Auswahl im Antrag – zu Beginn eines jeden Versicherungsjahres, erstmals zu Beginn des dritten Versicherungsjahres, einen Überschussanteil.

Bonusrente

Die jährlichen Überschussanteile werden als Einmalbeitrag für die Bildung einer beitragsfreien Zusatzrente verwendet. Bei Tod der versicherten Person werden keine Leistungen aus den Bonusrenten erbracht.

Verzinsliche Ansammlung

Die jährlichen Überschussanteile werden verzinslich angesammelt. Das Überschussguthaben wird bei Rentenbeginn zur Erhöhung der Rente verwendet. Bei Tod der versicherten Person vor Rentenbeginn stellt Proximus das Überschussguthaben zur Verrentung an berechtigte Hinterbliebene bereit.

Investmentbonus

Die jährlichen Überschussanteile legt Proximus in Fondsanteilen entsprechend der Antragsangaben an. Bei Fälligkeit einer Leistung steht das vorhandene Fondsguthaben zur Erhöhung der Altersrente oder zur Verrentung für berechtigte Hinterbliebene zur Verfügung.

Überschussverwendung nach Rentenbeginn – gilt auch für Fondspolicen

Dynamische Gewinnrente

Die Rente kann sich jährlich erhöhen, erstmals ab dem zweiten Rentenbezugsjahr. Sie ist am Überschuss beteiligt und wird zugleich mit der Rente ausgezahlt. Einmal durchgeführte Rentenerhöhungen sind für die gesamte Rentenzahlungsdauer garantiert.

Erhöhte Startrente

Ab der ersten Rente kann eine erhöhte Zusatzrente gezahlt werden, die sich erstmals ab dem zweiten Rentenbezugsjahr jährlich erhöhen kann. Die Höhe dieser Zusatzrente ist nicht garantiert und kann sich während der Rentenbezugszeit ändern. Die Zusatzrente kann ggf. auch ganz entfallen.

3.9 Rententarife fondsgebunden in der Basisversorgung

Überschussverwendung vor Rentenbeginn

Zusätzlich zu den ausgeschütteten Fondserträgen erhält die fondsgebundene Rentenversicherung Risiko- und Kostenüberschussanteile, die der Versicherung in Form zusätzlicher Fondsanteile zugewiesen werden.

Berufsunfähigkeits-Zusatzversicherung in der Basisversorgung

System Beitragsverrechnung

Die Überschussanteile werden jährlich mit dem zu zahlenden Beitrag der Zusatzversicherung verrechnet. Die Überschussanteile werden jährlich neu festgesetzt und können ggf. entfallen.

BUZ-Bonusrentensystem

Die Bonusrente wird zusammen mit einer Berufsunfähigkeitsrente gezahlt. Solange eine Berufsunfähigkeit der versicherten Person noch nicht eingetreten ist, wird der für die Bonusrente maßgebliche Prozentsatz (Bonussatz) jährlich neu festgesetzt und kann ggf. auch entfallen. Mit Beginn der Rentenzahlung ist die Höhe des Bonussatzes und damit der Bonusrente für die weitere Dauer der Berufsunfähigkeit garantiert. Falls nur Beitragsbefreiung versichert ist, wird die Bonusrente bei Eintritt der Berufsunfähigkeit nicht bar ausgezahlt, sondern zusammen mit den weiteren Überschussanteilen, die sich nach dem Deckungskapital der Zusatzversicherung bemessen, verzinslich angesammelt. Dieses Überschussguthaben wird bei Fälligkeit einer Leistung aus der Hauptversicherung zur Erhöhung dieser Leistung verwendet.

Hinterbliebenen-Zusatzversicherung in der Basis- bzw. in der Privatversorgung

Die Überschussverwendung der Hinterbliebenenrenten-Zusatzversicherung erfolgt vor und nach Rentenbeginn nach dem gleichen Überschusssystem wie die Hauptversicherung.

Waisenrenten-Zusatzversicherung in der Basisversorgung

Die Überschussverwendung der Waisenrenten-Zusatzversicherung erfolgt nach Eintritt des Leistungsfalles nach dem System „Dynamische Gewinnrente". Eine Überschussbeteiligung vor Eintritt des Leistungsfalles wird nicht gewährt.

3.10 Besonderheiten

§ 1 Abs. 3 AVB

Kapitalabfindung

Beträgt die monatliche Rente bei Rentenbeginn nicht mehr als 1 % der monatlichen Bezugsgröße nach § 18 des vierten Sozialgesetzbuches, kann die Rente durch eine einmalige Zahlung in Höhe des dafür gebildeten Kapitals abgefunden werden.

Rentenbezugsmitteilung

Die Versicherer sind verpflichtet, die Leistungsempfänger der zentralen Stelle bei der Deutschen Rentenversicherung Bund zu melden.

Insolvenzschutz

Zur Absicherung der Ansprüche aus der Lebensversicherung besteht ein gesetzlicher Sicherungsfonds (§§ 124 ff. des VAG), der bei der Protektor Lebensversicherungs-AG, Friedrichstr. 191, 10117 Berlin (www.protektor-ag.de) errichtet ist. Im Sicherungsfall wird die Aufsichtsbehörde die Verträge auf den Sicherungsfonds übertragen. Geschützt durch den Fonds sind die Ansprüche der Versicherungsnehmer, der versicherten Person, der Bezugsberechtigten und sonstiger aus dem Versicherungsvertrag begünstiger Personen.

Prämienfreistellung

Bei Einstellung der Prämienzahlung erfolgt eine Umwandlung des Vertrages in eine prämienfreie Form mit anteiliger Reduzierung der Leistung. Für die Prämienfreistellung ist kein Mindestbetrag festgesetzt. Minirenten werden im Leistungsfall mit einer Kapitalzahlung abgegolten.

Kündigung

Eine Kündigung ist nur vor Fälligkeit der ersten Rente möglich. Es erfolgt dann eine Umwandlung in eine prämienfreie Versicherung. Die Rückzahlung des Rückkaufswertes ist gesetzlich ausgeschlossen.

Leistungen der Rentenversicherung

Ab dem Rentenbeginn zahlt der Versicherer die Rente lebenslang an den vereinbarten Fälligkeitstagen. Bei Tod der versicherten Person nach Rentenbeginn endet die Zahlung der Rente. Ein abweichendes Bezugsrecht kann nicht vereinbart werden.

Leistungen aus dem Vertrag erbringt der Versicherer gegen Vorlage des Versicherungsscheines und eines amtlichen Zeugnisses über den Tag der Geburt der versicherten Person.

Leistungen für Hinterbliebene

Stirbt die versicherte Person nach dem Rentenbeginn und ist eine Rentengarantiezeit für den Ehepartner vereinbart, zahlt der Versicherer eine Rente aus dem Wert der Renten, die bis zum Ablauf der vereinbarten Rentengarantiezeit noch zu zahlen wären, entsprechend der Zahlungsverfügung für den Todesfall, falls dann Hinterbliebene im Sinne dieser Verfügung vorhanden sind. Die Rente wird bei Tod der versicherten Person nach dem dann aktuellen Tarif und dem Lebensalter der berechtigten Person berechnet. Sind keine berechtigten Hinterbliebenen vorhanden, endet die Versicherung bei Tod, ohne dass eine Leistung erbracht wird.

Erbschaftsteuer

Die Zahlung von Versicherungsleistungen, die an einen anderen als den Versicherungsnehmer erbracht werden, muss vom Versicherer dem zuständigen Finanzamt angezeigt werden.

Versicherungsteuer/Umsatzsteuer

Prämien zur Basisversorgung einschließlich der Zusatzdeckungen unterliegen weder der Versicherungsteuer noch der Umsatzsteuer.

Doppelbesteuerung für jüngere Kunden

So werden ab 2005 erst einmal 60 % der eingezahlten Beiträge als Sonderausgabenabzug anerkannt. Pro Jahr steigt die Förderung um zwei Prozentpunkte. Erst 2025 wird daher die volle Steuerfreiheit erreicht. Wer ab 2005 insgesamt 35 Jahre in die Basisrente einzahlt, muss bei einem Renteneintritt im Jahr 2040 aber seine Einkünfte voll zu 100 % versteuern.

Besteuerung der Beiträge

Beiträge sind als Altersvorsorgeaufwendungen bis zur Höhe von 20 000,00 € von der Steuer abziehbar. Bis 2025 gilt eine Übergangsregel.

Besteuerung der Auszahlungen

Ab 2040 erstmalig ausgezahlte Renten werden in voller Höhe versteuert. Bis dahin gilt eine Übergangsregel.

▶ **Ausblick**

Angebotserweiterung (Jahressteuergesetz 2007)

Neben den Versicherungsunternehmen können künftig auch die Anbieter von Bank- und Fondsprodukten Basisrenten vereinbaren, § 10 Abs. 2 Nr. 2 b EStG.

Die Basisrente auf einen Blick:

- lebenslange, monatliche Rente
- garantierte Leistungen
- frühestens ab Vollendung des 60. Lebensjahres
- Möglichkeit, Hinterbliebenenschutz und Berufs- bzw. Erwerbsunfähigkeit zusätzlich abzusichern
- Schutz vor vorzeitiger Verwertung („Hartz-IV-sicher")

Übungen

1. Welchen Zielgruppen kann man eine Basisrente anbieten?
2. Erläutern Sie einem Kunden fünf Vorteile einer Basisrente.
3. Erläutern Sie einem Kunden fünf Nachteile einer Basisrente.
4. Welche Höchstbeträge sind in der Steuererklärung absetzbar?

    a) selbstständig ledig/verheiratet
    b) Angestellter ledig/verheiratet
    c) Beamter ledig/verheiratet

5. Beschreiben Sie das Kohortenmodell und stellen Sie die Auswirkung auf

    a) die Absetzbarkeit der Beiträge dar.
    b) die Besteuerung der Leistung dar.

6. Wann wird die Absetzbarkeit der Beiträge voll wirksam?
7. Wann werden die Renten aus der Basisrente voll steuerpflichtig?
8. Wie beurteilen Sie die Zusatzdeckungen zur Basisrente, und zwar

    - Berufsunfähigkeitsversicherung
    - Hinterbliebenenschutz
    - Todesfallschutz

9. Für wen ist eine sofort beginnende Basisrente gegen Einmalbeitrag sinnvoll?
10. Kann im Rahmen von Hartz IV auf eine Basisrente zugegriffen werden?
11. Wer ist an einem Rürup-Vertrag beteiligt?
12. Ist der Einschluss der Dynamik möglich?
13. Erläutern Sie die fondsgebundene Basisversorgung.
14. Erläutern Sie die Nachversicherungsgarantie.

15. Herr Schmaler möchte von Ihnen zu grundsätzlichen Fragen der Altersvorsorge informiert werden. Im Gespräch fällt in diesem Zusammenhang u. a. das Stichwort „3-Schichten-Modell".

    a) Erläutern Sie Herrn Schmaler dieses Modell und veranschaulichen Sie zusätzlich Ihre Ausführungen mit Hilfe einer grafischen Darstellung. Ordnen Sie dabei auch beispielhaft mögliche Vorsorgeprodukte den einzelnen Schichten des „3-Schichten-Modells" zu.
    b) Begründen Sie Herrn Schmaler die Zuordnung von Basisrente (Rürup-Rente) und Riester-Rente zu unterschiedlichen Schichten.

Lernziele

In diesem Kapitel erwerben Sie Kenntnisse und Fertigkeiten für folgende Leistungsziele:

Sie

- erklären die Bedeutung der Zulagen-Rente
- grenzen förderberechtigte und nicht förderberechtigte Personenkreise voneinander ab
- wenden die Begriffe zur Riesterrente im Beratungsgespräch anhand von Beispielen an
- ermitteln die Höchstbeträge, Sockelbeträge und Zulagen für ein bedarfsgerechtes Kundenangebot
- wenden die Grundsätze der Ehegattenförderung an
- schildern in einem Beratungsgespräch das Zulageverfahren
- erläutern die förderfähigen Produkte
- stellen die Voraussetzungen für eine staatliche Zertifizierung heraus
- erklären die steuerliche Behandlung von Beiträgen und Leistungen
- berücksichtigen die steuerschädliche Verwendung
- erläutern die zehn Schritte zur „Riester"-Altersvorsorge

4. Zulagen-Rente

Aufgrund der Vorsorgeprognosen ist für alle Beteiligten erkennbar, dass die gesetzliche Rente bei weitem nicht mehr so steigen wird wie heute, ja es ist sogar ein Absinken des Rentenniveaus mit der Rentenstrukturreform wie nachfolgend dargestellt verbunden.

4.1 Absenkung des Rentenniveaus – Nettobezug

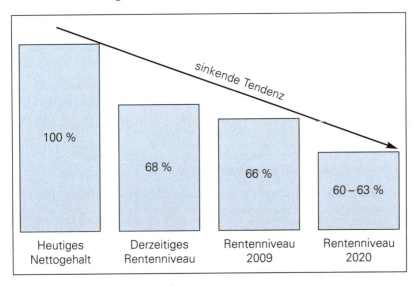

Unter Berücksichtigung von Steuern und Sozialabgaben errechnet sich lediglich nur noch ein Renten-Netto-Niveau von ca. 50 Prozent.

Das Rentenniveau bezieht sich auf den so genannten Eckrentner. Darunter versteht man einen Modell-Beitragszahler, der 45 Jahre Pflichtbeiträge aus dem errechneten Durchschnittsverdienst eingezahlt hat. Längst nicht alle haben ein jahrzehntelanges ununterbrochenes Angestelltenleben vorzuweisen. Viele Erwerbsbiografien sind unterbrochen durch Ausbildung, Kindererziehung, Arbeitslosigkeit oder Jobs ohne Anstellungsverhältnis. Die meisten Beitragszahler arbeiten jedoch weniger Jahre, zahlen weniger Beiträge und haben somit auch einen geringeren Rentenanspruch. Bei 30 Jahren Berufstätigkeit sind das etwa 40 Prozent des individuellen durchschnittlichen Nettoeinkommens.

Ein 35-jähriger	Bruttomonatsgehalt	2 200,00 €	
Durchschnitts-	letztes Nettoentgelt	1 665,00 €	
verdiener:	Rente der GRV	942,00 €	
	Steuern + Sozialabgaben	113,00 €	
	Nettomonatsrente	829,00 €	entspricht zirka 50 % des letzten **Nettogehaltes**

Quelle: Deutsches Institut für Altersvorsorge

Dieser Entwicklung sollte jeder Erwerbstätige entgegenwirken, und zwar mit einer ergänzenden Versorgung. Dabei ist die „Riester-Rente" das zweite Standbein einer ausgeglichenen Alterssicherung, die die zusätzliche Lücke der GRV schließt.

Wer zusätzlich etwas für seine Altersversorgung tut, wird vom Staat gefördert, und zwar mit Zulagen und Steuererleichterungen in der Ansparphase, sofern diese Anlageform zertifiziert ist.

Keiner wird zur „Riester"-Altersvorsorge, die die Lücke des Rentenstrukturgesetzes schließt, gezwungen. Wer sich jedoch zu einer

- privaten oder
- betrieblichen Altersvorsorge

entschließt, wird gefördert.

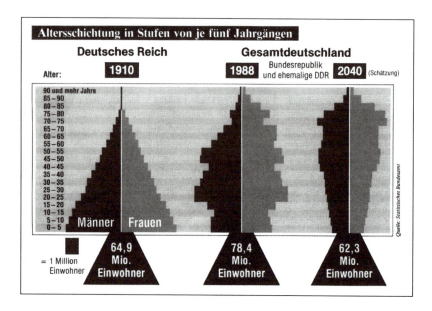

Die **Rentenstrukturreform** trägt dieser sich verändernden Bevölkerungsstruktur Rechnung. Die gesetzliche – umlagefinanzierte – Rentenversicherung basiert auf einem fiktiven Generationenvertrag zwischen Erwerbstätigen und Rentnern. Eine zentrale Aufgabe von **Generationenpolitik** ist es, einerseits ein ausreichendes Einkommensniveau der älteren Generation zu sichern und andererseits die zahlenmäßig schrumpfende junge Generation vor weiteren Beitragsbelastungen im Erwerbsleben zu bewahren.

Markt und Chancen

Von der Neuregelung sind 25 Mio. Pflichtversicherte in der gesetzlichen Rentenversicherung und deren Ehepartner betroffen. Dies sind rund 40 Mio. Kunden, die eine qualifizierte Beratung benötigen. Über diese Beratungsqualität kann eine langfristige Kundenbindung aufgebaut werden. Da durch „Riester-Produkte" eine laufende Betreuung notwendig wird (Riesterstufen, Förderantrag) gewinnt der Außendienstmitarbeiter ein Bild über die wirtschaftlichen Verhältnisse des Kunden und kann ihm andere notwendige Produkte anbieten.

Im Jahr 2006 haben sich 7,3 Mio. Bundesbürger für den Abschluss einer privaten Lebensversicherung entschieden. Besonders dynamisch verlief hierbei der Neuzugang an förderfähigen Lebensversicherungen (Riester-Rente). So wurden im Jahr 2005 über 1,1 Mio. Riester-Verträge neu eingelöst gegenüber lediglich rund 295 000 im Vorjahr. Dies entspricht einem Wachstum von fast 280 Prozent. Der laufende Beitrag für ein Jahr erreichte knapp 451 Mio. Euro und die versicherte Summe über 10 Milliarden Euro. Insgesamt bezifferte sich der Bestand an förderfähigen Lebensversicherungen Ende 2005 auf 4,4 Mio. Verträge und die versicherte Summe erreichte 32 Milliarden Euro. Auch für die weiteren Jahre ist bereits jetzt abzusehen, dass sich der Trend zur Riester-Rente weiter fortsetzt. Riester-Renten sind bei Arbeitslosigkeit vor dem Zugriff des Staates sicher. Sie werden als persönliche Rente lebenslang gezahlt. Während der Ansparphase werden staatliche Förderungen wie Steuervorteile und Zulagen gewährt.

Die Riester-Rente bringt trotz nachgelagerter Besteuerung einige Tausend Euro mehr ein als die klassische Privatpolice, die nicht staatlich bezuschusst wird. Das zeigt die Analyse von Morgen & Morgen, Spezialist für Versicherungsvergleiche. Bei einem Haushaltseinkommen von 100 000,00 € würde ein Ehepaar zum Rentenstart rund 2 500,00 € pro Jahr mehr erhalten – bei gleichem finanziellen Einsatz. Erst bei 135 000,00 € Jahreseinkommen würde die Riester-Rente so stark besteuert, dass sie geringer als die Privatrente ausfiele, so Morgen & Morgen.

Damit lohnt sich die Riester-Rente wirtschaftlich für weit mehr Menschen als dies oft wegen ihrer Bürokratisierung dargestellt wird.

■ Hohe Renditen mit Riester-Verträgen

Förderrenditen mit Zulagen und Steuervorteilen für einen Riester-Vertrag mit einer durchschnittlichen Verzinsung von 5 Prozent vor der Förderung.

Bruttoeinkommen pro Jahr (Euro)[1]	Alleinstehende Förderrendite[2] (in Prozent) bei Laufzeit			Ehepaar, einer rentenversicherungspflichtig Förderrendite[2] (in Prozent) bei Laufzeit			Ehepaar, beide rentenversicherungspflichtig Förderrendite[2] (in Prozent) bei Laufzeit		
	35 Jahre	25 Jahre	10 Jahre	35 Jahre	25 Jahre	10 Jahre	35 Jahre	25 Jahre	10 Jahre
Ohne Kind									
20 000	6,5	7,3	12,7	7,4	8,7	17,5	7,4	8,7	17,5
40 000	7,1	8,2	15,5	6,5	7,3	12,8	6,5	7,3	12,8
60 000	7,6	9,0	17,9	6,8	7,7	14,2	6,8	7,7	14,1
80 000	7,6	9,0	17,9	7,1	8,3	15,9	7,1	8,2	15,5
100 000	7,6	9,0	17,9	7,4	8,8	17,3	7,4	8,7	17,0
Mit 1 Kind									
20 000	7,4	8,7	19,2	9,2	11,4	29,0	9,2	11,4	29,0
40 000	6,9	8,0	15,0	6,7	7,7	14,6	6,7	7,7	14,6
60 000	7,6	8,9	18,0	6,7	7,7	14,0	6,7	7,7	13,9
80 000	7,6	9,0	18,3	7,0	8,2	15,6	7,0	8,1	15,2
100 000	7,6	9,0	18,4	7,4	8,7	17,4	7,3	8,6	16,7
Mit 2 Kindern									
20 000	9,1	11,0	31,6	12,2	15,6	50,4	12,2	15,6	50,4
40 000	7,0	8,1	15,3	7,4	8,5	19,2	7,3	8,5	19,2
60 000	7,4	8,8	17,4	6,9	7,9	15,2	6,7	7,6	13,8
80 000	7,7	9,1	18,8	7,0	8,1	15,5	7,0	8,0	15,0
100 000	7,7	9,1	18,8	7,3	8,6	17,1	7,3	8,5	16,4
Mit 3 Kindern									
20 000	11,8	14,0	54,2	14,1	17,7	61,0	14,1	17,7	61,0
40 000	7,5	8,7	19,8	8,0	9,3	24,4	8,0	9,3	24,4
60 000	7,3	8,7	16,9	7,3	8,4	18,4	7,0	8,0	16,3
80 000	7,7	9,1	19,3	7,4	8,5	18,4	6,9	8,0	14,8
100 000	7,7	9,1	19,2	7,5	8,8	18,5	7,2	8,4	16,2

Berechnungsannahmen: Eingezahlt wird der Mindestbeitrag für die volle Zulage. Keine zusätzlichen Einkünfte neben dem Bruttolohn, keine steuerlich absetzbaren Ausgaben, die über die gesetzlichen Pauschalen hinausgehen. **Berücksichtigung von Kindern:** Bei 35 Jahren Laufzeit Zulagen für 20, 17 und 14 Jahre, sonst für 15, 12 und 9 Jahre (1./2./3. Kind).

1) Bei Ehepaaren gemeinsames Bruttoeinkommen.
2) Inklusive Zulagen und Steuerersparnis. Solidaritätszuschlag und Kirchensteuer sind nicht berücksichtigt.

Quelle: Finanztest – Spezial

4.1 Absenkung des Rentenniveaus – Nettobezug

Aufgrund der größer werdenden Rentenprobleme beschloss die Bundesregierung im Jahre 2004 einige Maßnahmen zur Absicherung des zukünftigen Rentensystems.

Nachhaltigkeitsfaktor

Der Nachhaltigkeitsfaktor in der Rentenformel soll künftig den Anstieg der Altersbezüge drosseln, um die demografische Fehlentwicklung zwischen Berufstätigen und Rentnern auszugleichen. Gleichzeitig wird auf Basis des sog. Eckrentners ein Mindestrentenniveau eingeführt. Durch diese Maßnahmen sollen die Beiträge zur GRV bis zum Jahre 2020 maximal auf 20 % und bis 2030 auf höchstens 22 % steigen.

Die Rentenhöhe errechnet sich vom Bruttolohn

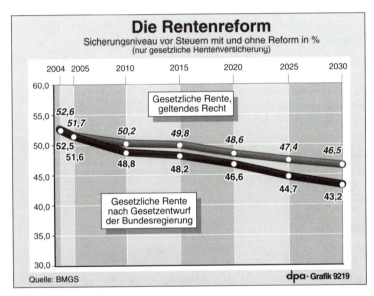

Bei einem Bruttolohn von 2 500,00 € beträgt die Rente im Jahre 2030 nur noch 1 080,00 € vor Steuern und Sozialabgaben.

Alterseinkünftegesetz

Die Renten aus der Sozialversicherung werden ab 1. 1. 2005 zunächst mit einem Ertragsanteil von 50 % steuerpflichtig. Die nicht steuerpflichtige Rente bleibt als Freibetrag für den jetzigen Rentner sein ganzes Leben lang unverändert. Mit jedem Jahrgang, der danach in Rente geht, steigt der steuerpflichtige Anteil um zwei, ab 2020 um einen Prozentpunkt pro Jahr. Ab 2040 ist dann die gesamte Rente aus der Sozialversicherung steuerpflichtig.

Bei der Analyse des Generationenvertrages wird schnell klar, dass eine Rentenreform wirklich nötig war,

a) weil sich die demografische Entwicklung geändert hat:
   - Die Lebenserwartung nimmt zu.
   - Die Zahl der alten Menschen steigt.
   - Die Geburtenrate sinkt.

b) weil sich das Erwerbsverhalten geändert hat:
   - Die Ausbildungszeiten sind länger.
   - Das Rentenalter beginnt früher.

c) weil sich die wirtschaftlichen Rahmenbedingungen (hohe Arbeitslosigkeit) geändert haben.

Dieser Generationenvertrag lässt sich ohne Reform nicht aufrecht erhalten, weil die finanzielle Belastung für den einzelnen Arbeitnehmer untragbar würde.

- 1957 finanzierten 3 Arbeitnehmer einen Rentner.
- Heute wird die gleiche Belastung von bereits weniger als 2 Arbeitnehmern getragen.
- Im Jahr 2030 übernimmt ein Arbeitnehmer die finanzielle Verantwortung für einen Rentner.

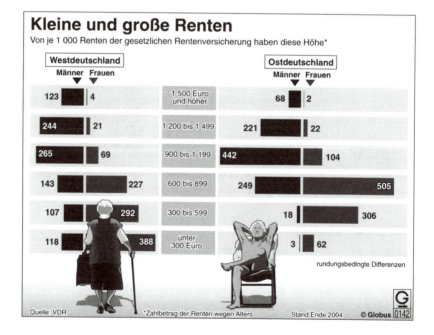

Geringere Anrechnungszeiten

Schul- und Hochschulzeiten werden nach einer Übergangsfrist von 2005 bis 2009 nicht mehr angerechnet.

Höhere Altersgrenze

Von 2006 bis 2008 wird die Grenze für den frühestmöglichen Renteneintritt von 60 auf 63 Jahre erhöht. Ferner wird die Altersrente in Stufen erst mit 67 geleistet.

Höhere Beiträge zur Kranken- und Pflegeversicherung

Seit dem 1. 4. 2004 müssen Rentner die Beiträge zur Pflegeversicherung in voller Höhe zahlen. Für angespartes Kapital aus der betrieblichen Altersversorgung – auch bei Gehaltsumwandlung – sind seit 1. 1. 2004 Kranken- und Pflegeversicherungsbeiträge zu entrichten. Wie sich dieser Maßnahmenkatalog auf die zukünftigen Rentner auswirkt, zeigen die Fallbeispiele.

Bei der Berechnung der Versorgungslücke müssen die Reduzierungen und Belastungen des künftigen Rentners einbezogen werden. Hierbei gilt der Grundsatz: je „jünger", umso negativer werden die Maßnahmen Wirkungen zeigen.

Alle Beispielrechnungen zeigen mehr als deutlich, dass eine ausreichende Altersvorsorge ohne Eigenvorsorge nicht mehr funktioniert. Daher unterstützen Staat und Unternehmen die Vorsorgeanstrengungen der Arbeitnehmer. Bei der Riester-Rente gibt es Zulagen und steuerliche Anreize, die profitable Vorsorgechancen eröffnen. Doch bei der Bewertung ist deutlich zu machen, dass die „Riester-Rente", wenn sie in voller Höhe genutzt wird, nur die Versorgungslücke ausgleicht, die durch das Absenken des Rentenniveaus erzeugt wird.

Gesetzliche und geförderte private Vorsorge können deshalb nur ein Baustein zur Absicherung sein. Zusätzliche private Vorsorge und die bAV sind nötig, um später den Ruhestand genießen zu können.

4.2 Personenkreis

Aufgrund der Rentenreduzierung wird auch klar, welcher Personenkreis die staatliche Förderung erhalten soll

- jeder Steuerpflichtige, der Pflichtbeiträge in die gesetzliche Rentenversicherung einzahlt
- jeder, der Lohnersatzleistungen bezieht, z. B. Arbeitslosen- oder Krankengeld
- nicht erwerbsmäßig tätige Pflegepersonen
- jede Pflegeperson und Behinderte, die in einer Behindertenwerkstatt arbeiten
- jeder Versicherte, der sich gerade in der anerkannten Kindererziehungszeit befindet
- jeder nicht pflichtversicherte Ehegatte dieses Personenkreises, sofern eine Zusammenveranlagung besteht und ein eigener Vertrag abgeschlossen wird (nur Zulage)
- Empfänger von Arbeitslosengeld II
- Empfänger von Vorruhestandsgeld

Dazu gehört auch

- jeder Azubi, Wehr- und Zivildienstleistende
- jeder geringfügig Beschäftigte, der auf Versicherungsfreiheit verzichtet hat
- jeder versicherungspflichtige Selbstständige, z. B. Handwerker, Künstler und voll erwerbstätige Landwirte
- jeder Beamte durch das Versorgungsänderungsgesetz – von 2003 bis 2011 Absenkung des Höchstversorgungssatzes von 75 % auf 71,75 %
- jeder Angestellte des öffentlichen Dienstes durch Änderung der Zusatzversorgung

▶ Hinweis für Beamte

Die Reformmaßnahmen wurden auf Beamte und Angestellte des öffentlichen Dienstes, zur Absicherung des Altersversorgungsniveaus, wirkungsgleich übertragen.

Eine Einverständniserklärung über Einkommen und Kinderzahl und zugleich ein Antrag auf Vergabe einer Zulagen-Nummer, sofern keine Sozialversicherungs-Nummer vorhanden, ist bei der zuständigen Besoldungsstelle erforderlich.

4.2 Personenkreis

Keine staatliche Förderung erhalten die, die nicht direkt von den Maßnahmen der Rentenkürzungen betroffen sind:

- alle Studenten
- alle Sozialhilfeempfänger
- alle Hausfrauen/-männer
- alle freiwillig Versicherten
- alle versicherungsfreien Selbstständigen
- alle Rentner, die eine Altersvollrente, Erwerbsminderungs- oder Berufsunfähigkeitsrente erhalten
- alle geringfügig Beschäftigten (ohne eigene Zuzahlung) § 8, 1 SGB IV
- alle Pflichtversicherten in der berufsständischen Versorgungseinrichtung

▶ **Hinweis für Ehepaare**

Wenn nur ein Ehepartner zum förderfähigen Personenkreis (primärer oder unmittelbarer Förderkreis) gehört, kann auch der selbst nicht förderfähige Ehepartner (fiktiv Begünstigter) die Zulagenförderung erhalten (sekundärer oder mittelbarer Förderkreis).

▶ **Beispiel**

Ehemann berufstätig, Ehefrau führt den Haushalt oder Ehefrau selbstständig und Ehemann Arbeitnehmer.

In beiden Fällen kann die Frau eigenständig für ihr Alter vorsorgen und somit die volle staatliche Förderung erhalten. Sie muss lediglich einen Vertrag zur Altersvorsorge auf ihren eigenen Namen abschließen. Zahlt ihr sozialversicherungspflichtiger Ehepartner seine Eigenbeiträge, dann erhält auch sie die Zulage jährlich, ohne einen eigenen Beitrag zu leisten.

Ausnahme

Hat die Frau Kinder unter drei Jahren, erwirbt sie in dieser Zeit automatisch eigene Rentenansprüche. Um die volle Förderung zu erhalten, muss sie dann einen kleinen Mindesteigenbeitrag aufbringen. Ist die gesetzliche dreijährige Kindererziehungszeit vorbei, muss sie keinen Beitrag mehr leisten. Wenn nichts anderes vereinbart wird, fließt die Kinderzulage immer automatisch auf das Konto der Ehefrau.

▶ Beispiel

Wie groß ist die Versorgungslücke in den Beispielen – vom Bruttolohn abgeleitet?

Beispiel 1

Arbeitnehmer, 45 Jahre, verheiratet,
Bruttogehalt 2 352,00 € monatlich (12 Gehälter)

Versorgungsziel (70 % des Bruttogehalts), ähnlich wie die Beamtenversorgung	1 646,40 €
GRV ab Alter 63	− 997,00 €
noch zu schließende Versorgungslücke = mindestens	649,40 €

Beispiel 2

Arbeitnehmer, 25 Jahre, ledig,
Bruttogehalt 1 738,00 € monatlich (12 Gehälter)

Versorgungsziel (70 % des Bruttogehalts), ähnlich wie die Beamtenversorgung	1 216,60 €
GRV ab Alter 63	− 614,00 €
noch zu schließende Versorgungslücke = mindestens	602,60 €

Die Rentner, die nach 2020 ihre Rente erhalten und einen normalen Versicherungsverlauf nachweisen können, erhalten zirka 60 % der Nettobezüge oder zirka 43 % der Bruttobezüge. Beide Vorgehensweisen sind bei der Beratung nur alternativ anwendbar.

4.3 Begriffe zur Riester-Rente

Um das System der staatlichen Förderung durch Zulagen und Steuern zu verstehen, muss man folgende Begriffe klären:

Grundzulage erhält jeder Zulagenberechtigte unabhängig vom persönlichen Einkommen.	§ 84 EStG
Kinderzulage wird pro Kind geleistet, für das Kindergeld gewährt wird.	§ 85,1 EStG
Mindesteigenbeitrag ist notwendig zum Erhalt der vollen Förderung, abhängig vom rentenversicherungspflichtigen Vorjahresbruttoeinkommen	§ 86,1 EStG
Sockelbetrag ist mindestens zu erbringen, um die ungekürzte Zulage zu erhalten.	§ 86,1 EStG
Höchstbeträge können max. als Sonderausgaben abgezogen werden.	§ 10a Abs. 1 EStG

Die Förderung begann am 1. Januar 2002. Die Höchstbeiträge, Sockelbeträge und Zulagen steigen in vier Schritten, die als so genannte Riestertreppe bezeichnet werden.

Höchstzulagen

Veranlagungszeiträume	Grundzulage Singles	Grundzulage verheiratet	Kinderzulage pro Kind
2002/2003	38,00 €	76,00 €	46,00 €
2004/2005	76,00 €	152,00 €	92,00 €
2006/2007	114,00 €	228,00 €	138,00 €
ab 2008	154,00 €	308,00 €	185,00 €

- **Grundzulage**
    - Anspruch haben beide Ehepartner (jeweils eigener Vertrag)
    - 2 x Grundzulage, sobald ein Partner versicherungspflichtig ist und Mindesteigenbeitrag gezahlt hat.
- **Kinderzulage**
    - für jedes kindergeldberechtigte Kind
    - je Kind nur einmal
    - Entscheidung über Kinderzulage liegt bei den Berechtigten.

Höchst-/Mindestbeiträge

Veranlagungs-zeiträume	Grenze für den Sonderausgabenabzug inkl. Zulage	Mindesteigenbeitrag (vom sozialvers.-pfl. Vorjahreseinkommen)*	Sockelbetrag (0/1/2 o. mehr Kinder)
2002/2003	525,00 €	1 %	45,00/38,00/30,00 €
2004/2005	1 050,00 €	2 %	45,00/38,00/30,00 €
2006/2007	1 575,00 €	3 %	60,00 €
ab 2008	2 100,00 €	4 %	60,00 €

* abzüglich Zulagen

- Bei Unterschreitung des Mindesteigenbeitrages nur anteilige Zulagen;
  – Kürzung: tatsächlicher Eigenbeitrag/Mindesteigenbeitrag.
- Kein Sockelbetrag für nicht versicherungspflichtigen Ehepartner

Wie errechnet sich der Mindesteigenbeitrag im Jahr 2008?

▶ Beispiel

Alleinerziehende Frau Nordmann mit einem Kind (2 Jahre)

Rentenversicherungspflichtiges Vorjahresbruttoeinkommen
20 000,00 € (2007)

gesamte Sparleistung in 2008*	800,00 €
Grundzulage	− 154,00 €
Kinderzulage	− 185,00 €
Mindesteigenbeitrag	= 461,00 €

* 4 % des Einkommens

Wie hoch ist der Mindesteigenbeitrag?

▶ **Beispiel**

Zulagenberechtigter Vater Brück mit zwei Kindern

Rentenversicherungspflichtiges Vorjahresbruttoeinkommen
10 200,00 € (2007).

geleisteter Eigenbeitrag des Herrn Brück nur 30,00 € pro Jahr	
gesamte Sparleistung in 2008*	408,00 €
Grundzulage	– 154,00 €
Kinderzulage	– 370,00 €
Mindesteigenbeitrag ergibt hier ein Negativbetrag	= – 116,00 €

* 4 % des Einkommens

Da in diesem Beispiel der Mindesteigenbeitrag negativ ist, verlangt der Staat eine moderate Eigenbeteiligung mindestens in Höhe des Sockelbetrages von 60,00 €, um die gesamte Zulagenförderung zu erhalten. Da Herr Brück nur die Hälfte des Sockelbetrages aufbringen will, wird ihm die Förderung um 50 % gekürzt. Die Zulage beträgt dann nur noch 262,00 €.

Was ist der Sockelbetrag?

Der sog. Sockelbetrag ist eine Art „Mindest-Eigenbeitrag". Ist der Mindesteigenbeitrag kleiner als der Sockelbetrag, muss der Sockelbetrag mindestens erbracht werden, um die ungekürzte Zulage zu erhalten.

Jahr	Kinderzahl	Sockelbetrag
2002 – 2005	ohne Kind	45,00 €
	1 Kind	38,00 €
	mehr als 1 Kind	30,00 €
Ab 2006 einheitlich	ohne Kind	60,00 €
	1 Kind	60,00 €
	mehr als 1 Kind	60,00 €

Der Sockelbetrag ist vom Gesetzgeber in der Höhe festgelegt. Er kann nicht von der Höhe des Einkommens abgeleitet werden. Der Mindesteigenbeitrag, der vom sozialversicherungspflichtigen Einkommen des Vorjahres und von den Zulagen errechnet wird, darf den Sockelbetrag nicht unterschreiten, wenn man die volle Förderung erhalten will. Sollte er ihn unterschreiten, so ist mindestens der Sockelbetrag zu leisten. Der Sockelbetrag wird nur bei Personen mit niedrigem Einkommen oder bei Personen mit hoher Zulagenförderung oder beidem wirksam.

Wie errechnet sich der Sockelbetrag bei der Kundenberatung?

▶ Beispiel

Arbeitnehmer verheiratet, Zusammenveranlagung, 3 Kinder, 1 Rentenversicherungspflichtiger

Rentenversicherungspflichtiges Vorjahresbruttoeinkommen 23 000,00 € (2007)

gesamte Sparleistung in 2008*	920,00 €
Grundzulage (154,00 € pro Person)	− 308,00 €**
Kinderzulage (185,00 € pro Kind)	− 555,00 €
Eigenleistung	= 57,00 €

* 4 % des Einkommens des Jahres 2007
** Die Ehefrau hat einen eigenen Vertrag.

Der Eigenanteil des Arbeitnehmers liegt mit 57,00 € gerade unter dem Sockelbetrag von 60,00 €, so dass dieser zu entrichten ist.

Die Gesamtsparleistung setzt sich wie folgt zusammen:

  Grundzulage
+ Kinderzulage
+ Eigenbeitrag bzw. Sockelbetrag
= Gesamtsparleistung
  (Betrag für die volle Zulagenförderung)*

* ohne Berücksichtigung der steuerlichen Vergünstigung

Gezahlt werden muss nur der Eigenbeitrag bzw. der Sockelbetrag.

Die staatliche Zulage wird nach Erhalt von der Zulagenstelle Deutsche Rentenversicherung Bund (DRB) durch die Anlagegesellschaft unmittelbar auf den begünstigten Vertrag gutgeschrieben.

4.3 Begriffe zur Riester-Rente

▶ **Beispiel**

Arbeitnehmer, verheiratet, 2 Kinder

Ehefrau nicht berufstätig, Zusammenveranlagung

rentenversicherungspflichtiges Vorjahresbruttoeinkommen
30 000,00 € (2007)

	Mann	Frau**
gesamte Sparleistung in 2008*	1 200,00 €	
Grundzulage	– 154,00 €	154,00 €
	– 154,00 €	
Kinderzulage	– 370,00 €	370,00 €
Mindesteigenbeitrag	522,00 €	
Einzahlung in die Verträge	676,00 €	524,00 €

* 4 % des Einkommens
** Ehefrau muss eigenen Vertrag abschließen und erhält die Kinderzulage, wenn nichts anderes vereinbart wird.

Wird der Mindesteigenbeitrag unterschritten, werden die Zulagen im gleichen Verhältnis gekürzt.

Auswirkungen der staatlichen Förderung bezogen auf das Jahr 2008, wenn 4 % des Jahreseinkommens gespart werden:

* alleinstehend, ohne Kinder

Einkommen des Vorjahres	Eigen-beitrag	Grund-zulage	Kinder-zulage	Spar-leistung insgesamt	zusätz-liche Steuer-ersparnis	Förder-quote
5 000	60	154	–	214	–	72 %
15 000	446	154	–	600	–	26 %
25 000	846	154	–	1 000	126	28 %
40 000	1 446	154	–	1 600	401	35 %
50 000	1 846	154	–	2 000	629	39 %

* verheiratet, 2 Kinder, ein Rentenversicherungspflichtiger

Einkommen des Vorjahres	Eigenbeitrag	Grundzulage	Kinderzulage	Sparleistung insgesamt	zusätzliche Steuerersparnis	Förderquote
5 000	60	308	370	738	–	92 %
15 000	60	308	370	738	–	92 %
25 000	322	308	370	1 000	–	68 %
40 000	922	308	370	1 600	–	42 %
50 000	1 322	308	370	2 000	–	34 %

Man sieht an diesen Tabellen, dass die Förderung für Familien mit Kindern besonders hoch ist (ab dem Jahre 2008 für eine Familie mit 3 Kindern und einem Einkommen von etwa 50 000,00 € immerhin 863,00 € pro Jahr). Das bedeutet, dass die Familie von dem Höchstbeitrag von 2 000,00 € nur 1 322,00 € selbst zu zahlen braucht. Wichtig: Die Kinderzulage fällt ab dem Folgejahr weg, in dem letztmalig Kindergeld gezahlt wurde.

Förderung gemäß „Riestertreppe" mit erheblicher Dynamik

Ehepaar, 2 Kinder, Einkommen 40 000,00 € konstant						
					Einzahlungen Vertrag	
Veranlagungszeiträume	Sparbeitrag	Grundzulage 2 x	Kinderzulage 2 x	Eigenbeitrag	Mann	Frau
	€	€	€	€	€	€
2002/2003	400	38	46	232	270	130
2004/2005	800	76	92	464	540	260
2006/2007	1 200	114	138	696	810	390
2008	1 600	154	185	922	1 076	524
Bei Berechnung des Eigenbeitrags werden Grund-/Kinderzulage zweimal abgezogen. Soll der Mann die Kinderzulage erhalten, muss dies besonders pro Jahr vereinbart werden.						

Höchstbetragsregelung

Begrenzt wird der förderungsfähige Altersvorsorgebeitrag durch eine steuerlich relevante Höchstbetragsregelung, die man nicht überschreiten sollte.

Bei Überzahlungen müssen Beiträge und Leistungen in förderfähige bzw. nicht förderfähige Anteile vom Versicherer ausgewiesen und der Zentralstelle gemeldet werden.

Wer mehr einzahlen will, sollte in eine private Rentenversicherung oder in einem Basisvertrag ansparen.

Riester-Treppe

(§ 10 a Abs. 1 EStG)

Maximaler Vorsorgeaufwand für primär geförderten
Personenkreis / je Person

Jahre	Betrag in €
Ab 2008	2 100,00
2006/2007	1 575,00
2004/2005	1 050,00
2002/2003	525,00

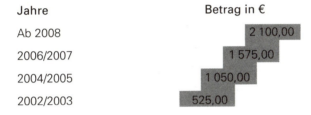

4.4 Zulageverfahren

Die Förderung der privaten Altersvorsorgebeiträge durch die gesetzliche Zulage wird von einem zentralen Zulagenamt (der Rentenversicherung) nach Antrag an den Anbieter überwiesen. Der Antrag auf die Zulage kann bis zu zwei Jahre nach der Beitragszahlung des Kunden erfolgen. Der Anbieter ist dabei verpflichtet, alle relevanten Daten der Anträge eines Kalendervierteljahres bis zum Ende des Folgemonats elektronisch an die DRB weiterzuleiten. Dabei geht es um:

- Vertragsdaten
- Sozialversicherungsnummer
- rentenversicherungspflichtiges Einkommen des Vorjahres (als Basis für die „Grundzulage")
- Kinderanzahl und
- die Höhe der geleisteten Beiträge

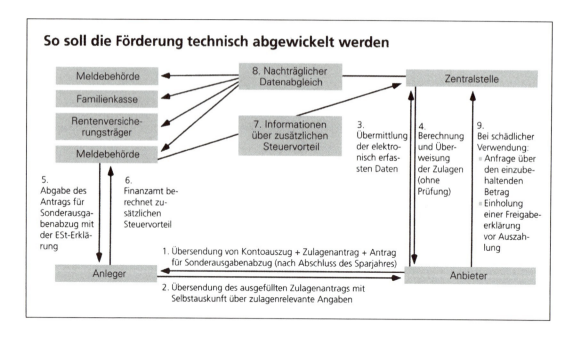

Die „zentrale Stelle" berechnet und überweist die Zulage an den Anbieter des Riester-Produkts, der diese unverzüglich gutzuschreiben hat. Die DRB führt dann einen Datenabgleich durch. Später erfolgt eine „Günstigerprüfung" durch das Finanzamt, das prüft, inwieweit sich der Sonderausgabenabzug als günstiger herausstellt. Ist die Steuerersparnis höher als die Zulagenförderung, so zahlt das Finanzamt die Differenz an den Steuerpflichtigen aus.

Vereinfachungen bei privater kapitalgedeckter Altersvorsorge – Riester-Rente

Ab 2005 werden Vereinfachungen bei der privaten kapitalgedeckten Altersvorsorge – der Riester-Rente – sowohl für die Steuerpflichtigen als auch die Anbieter umgesetzt. So werden zum Beispiel das Antragsverfahren überschaubarer und die so genannten Riester-Produkte flexibler gestaltet.

So wird u. a. das Antragsverfahren durch die Einführung eines Dauerzulageantrags vereinfacht. Das heißt, der Zulageberechtigte kann seinen Anbieter bevollmächtigen, für ihn jedes Jahr einen Zulageantrag bei der Zulagenstelle (zentrale Stelle) zu stellen. Eine einmalige Bevollmächtigung, z. B. bei Vertragsabschluss, reicht zukünftig aus. Außerdem wird der Katalog der Kriterien, die eine steuerliche Förderung von Vorsorgeprodukten möglich machen (Zertifizierungskriterien), vereinfacht.

Der Anleger hat zudem die Möglichkeit, zu Beginn der Auszahlungsphase 30 % des angesparten Kapitals zur freien Verwendung zu entnehmen. Allerdings fällt bei allen Riesterprodukten eine volle Besteuerung an.

Für Altersvorsorgeverträge, die nach dem 1. Januar 2006 abgeschlossen werden, ist die Verwendung geschlechtsneutraler Tarife – so genannter Unisex-Tarife – vorgeschrieben. Dies stellt sicher, dass Frauen und Männer bei gleichen Beiträgen auch die gleichen Auszahlungen erhalten.

Die Abschlusskosten können für den Außendienst auf 5 Jahre statt wie bisher auf 10 Jahre verteilt werden. Der Sockelbetrag beträgt einheitlich 60,00 € p. a.

Bereits abgeschlossene Altersvorsorgeverträge können aufgrund einer einvernehmlichen Vereinbarung zwischen Anbieter und Anleger grundsätzlich auf die neuen Kriterien umgestellt werden.

Geplante Neuerungen

- zusätzliche Zulage für Jugendliche, die einen Riestervertrag abschließen
- höhere Kinderzulage für Neugeborene

4.5 Förderungsfähige Produkte

§ 1 AltZertG

Es werden Anlageformen gefördert, die im Alter eine ergänzende lebenslange Zahlung garantieren. Hierfür kommen folgende Produkte infrage:

- Fondsgebundene Rentenversicherung
- Rentenversicherung
- Fondsanlage
- Banksparplan

Alle Anlageformen müssen bis ins hohe Alter durch eine monatliche Zahlung die Altersversorgung absichern. Ferner müssen die eingezahlten Beiträge als Mindestleistung zugesichert werden. Eine Mindestverzinsung wird nicht gefordert.

Die Anlagen können sowohl im Rahmen der

- betrieblichen als auch in der
- privaten Altersvorsorge erfolgen.

Sie dürfen weder

- verpfändet (Hartz-IV-sicher)
- beliehen

noch

- anderweitig verwendet

werden.

Im Übrigen dürfen sie nicht bei der Sozial- und Arbeitslosenhilfe angerechnet werden.

Sollte eine Anlage durch eine betriebliche Altersversorgung erfolgen, so wird die Riesterförderung nur bei

- einem Pensionsfonds
- einer Pensionskasse

oder

- einer Direktversicherung (➡ Für Vertragsabschlüsse ab 2005 gelten die gleichen Regeln wie für Pensionskassen)

gewährt.

§ 10 a EStG/11 § 3 Nr. 63 EStG

Es ist jedoch nicht möglich, dass der gleiche Beitrag des Arbeitnehmers zweimal gefördert wird. Allerdings steht es dem Berechtigten frei, mit jeweils gesonderten Zahlungen die Vorteile zu nutzen. Ferner dürfen Beiträge zu einem Altersvorsorgeprodukt nicht berücksichtigt werden, wenn Wohnungsbauprämie oder Arbeitnehmersparzulage beantragt wurde.

4.5 Förderungsfähige Produkte

In dieser Grafik erlebt der Versicherte eine jährliche Einkommenssteigerung von drei Prozent. Diese Annahme des Arbeitsministeriums nimmt sich im Vergleich zu den aktuellen Lohnsteigerungen sehr optimistisch aus. Sind die Einkommensfortschritte aber geringer als drei Prozent, wird auch die private Rente entsprechend niedriger ausfallen.

Produktauswahl

Mit dem AVmG, welches zum 1. Januar 2002 in Kraft trat, wird der Aufbau einer privaten kapitalgedeckten Altersvorsorge durch Zuschüsse oder steuerliche Vergünstigung auch für die Anlage in Investmentfonds und in einem Banksparplan gefördert.

Dabei kann der Kunde die indirekte Fondsanlage mittels einer Fondsgebundenen Rentenversicherung oder die direkte Fondsanlage in ein zertifiziertes „Riesterprodukt" wählen.

Banksparplan[1]

300 000 Stück bis Ende 2006

Die Ansparung erfolgt wie auf einem Sparkonto und ist damit für den Kunden sehr leicht übersichtlich. Die Kosten werden durch den niedrigen Zins ausgeglichen.

---

1 Anbieter, die nicht Lebensversicherungsunternehmen sind, können und dürfen eine lebenslange Rentenleistung nicht garantieren, weil die Übernahme eines solchen Versicherungsschutzes die Zulassung zum Versicherungsgeschäft voraussetzt.

Sparpläne werden auf zwei Arten verzinst:

Mit einem variablen Zinssatz, der an die Umlaufrendite von Bundeswertpapieren gekoppelt ist – oder mit einem niedrigen Basiszins, der einem anderen beweglichen Referenzzins folgt, plus Bonus

Vorteile

- häufig keine laufenden Kosten, da über Zinsabschlag kalkuliert
- einfache Handhabung
- leicht verständlich und überschaubar
- Auszahlplan oder Rentenversicherung
- Kapitalentnahme bis 30 Prozent
- Entnahmeplan

Nachteile

- geringe Renditechancen
- Zinsen und Bonuszins nicht garantiert
- keine klaren Regeln bei der Auszahlung

Bewertung

Banksparpläne sind unkompliziert, verständlich und kostengünstig, aber wenig renditestark

Die Angebote der Investmentgesellschaften variieren in der Zusammensetzung der Fondsanlagen. In der Regel handelt es sich um Kombinationen von chancenreichen/renditestarken Aktienfonds mit in der Regel wertstabileren Rentenfonds. Der Aktienfondsanteil bei einem Riester-

---

1 Anbieter, die nicht Lebensversicherungsunternehmen sind, können und dürfen eine lebenslange Rentenleistung nicht garantieren, weil die Übernahme eines solchen Versicherungsschutzes die Zulassung zum Versicherungsgeschäft voraussetzt.

Fondsprodukt kann durch das Lebensalter des Anlegers bestimmt sein. In diesem Fall gilt die Faustregel: „Je jünger der Anleger, desto höher der Aktienanteil". So genannte aktiv gemanagte Fondssparpläne können auch vorsehen, dass der Aktienanteil in Abhängigkeit von der aktuellen Marktlage variiert. In diesem Fall spielt das Alter des Anlegers keine Rolle.

Die Konzepte unterscheiden sich ferner durch den Einfluss des Anlegers auf die Fondsauswahl. Die Ausgestaltung der Produkte variiert sehr stark. Am Besten eignen sich als Basisanlage Aktienfonds, die welt- oder europaweit investieren. Diese Produkte bieten gute Ertragschancen, weil sie aus einem großen Aktienuniversum schöpfen und auch die Risiken breit streuen. Ferner spielt der Zeitfaktor eine wichtige Rolle, denn wer mehr als 10 Jahre regelmäßig in überdurchschnittlich gute weltweite Aktienfonds investiert, geht so gut wie kein Verlustrisiko ein.

Der Markt für Altersvorsorge mit Fonds wird in den nächsten Jahren weiter wachsen. So sind spezielle Multi-Asset-Produkte in Planung, die alle Vermögensklassen wie Aktien, Anleihen, Hedgefonds oder Rohstoffe berücksichtigen.

Auszahlungsplan

Kreditinstitute und Kapitalanlagegesellschaften können daher nur Auszahlungspläne anbieten, die Zeitrenten (nicht Leibrenten) gleichkommen. Dabei darf aber nicht das ganze Vorsorgekapital verbraucht werden, weil sonst die Rentner, die ein hohes Alter erreichen, nach Erschöpfung des Auszahlungsplans leer ausgingen. Um das zu verhindern, müssen Altersvorsorgeverträge mit Auszahlungsplänen die nachfolgend aufgeführten Zusatzbestimmungen enthalten:

a) Ab Altersrentenbeginn bis Vollendung des 85. Lebensjahrs gleichbleibende oder steigende Monatsraten oder derartige Teilraten mit zusätzlichen variablen Teilraten, ferner
b) Abschluss eines Rentenversicherungsvertrags bei Altersrentenbeginn über lebenslange gleichbleibende oder steigende Monatsrente, die zu Beginn mindestens so hoch ist wie die letzte Rate oder die nichtvariable Teilrate des Auszahlungsplans.

Die Bedingung a) will sicherstellen, dass vom Altersrentenbeginn bis zur Vollendung des 85. Lebensjahrs mindestens gleichbleibende Renten gewährleistet sind. Variable Zusatzleistungen könnten beispielsweise aus Kursgewinnen bei Aktien stammen. Nach b) ist aber schon bei Altersrentenbeginn der Abschluss eines Rentenversicherungsvertrags mit bis zum 85. Lebensjahr aufgeschobenem Rentenbeginn erforderlich, der das Langlebigkeitsrisiko abdeckt. Die daraus zu erwartenden Leistungen müssen mindestens so hoch sein wie die letzte Rate aus dem Auszahlungsplan. Auch daraus wird erkennbar, dass es dem

Gesetzgeber darum geht, spätere Verminderungen der Altersbezüge zu verhindern.

Rechenfaktoren für den Entnahmeplan

Die Werte in der Tabelle geben an, welche monatliche Rentenzahlung bei vollständigem Kapitalverzehr aus 100 000,00 € möglich ist – abhängig von Rendite und Rentendauer. In der letzten Zeile der Tabelle findet man die so genannte ewige Rente, die man ohne Kapitalverzehr allein aus den Zinserträgen bekommen könnte.

Rentendauer in Jahren	Rendite in Prozent pro Jahr														
	0	1	2	3	4	5	6	7	8	9	10	11	12	13	14	15
5	1666,67	1709,18	1751,98	1795,07	1838,43	1882,04	1925,90	1969,99	2014,31	2058,83	2103,56	2148,47	2193,57	2238,83	2284,26	2329,83
6	1388,89	1431,35	1474,25	1517,56	1561,26	1605,35	1649,80	1694,59	1739,72	1785,17	1830,92	1876,96	1923,27	1969,83	2016,64	2063,68
7	1190,48	1232,93	1275,95	1319,51	1363,59	1408,18	1453,25	1498,78	1544,75	1591,14	1637,93	1685,10	1732,64	1780,51	1828,70	1877,20
8	1041,67	1084,13	1127,29	1171,12	1215,60	1260,71	1306,42	1352,70	1399,52	1446,87	1494,70	1543,01	1591,77	1640,94	1690,51	1740,45
9	925,93	968,41	1011,72	1055,84	1100,74	1146,38	1192,73	1239,76	1287,45	1335,75	1384,63	1434,07	1484,04	1534,49	1585,41	1636,76
10	833,33	875,84	919,32	963,74	1009,06	1055,24	1102,24	1150,03	1198,58	1247,83	1297,75	1348,31	1399,47	1451,19	1503,42	1556,15
11	757,58	800,12	843,78	888,49	934,24	980,96	1028,62	1077,17	1126,57	1176,77	1227,72	1279,39	1331,72	1384,66	1438,18	1492,24
12	694,44	737,03	780,86	825,89	872,06	919,33	967,64	1016,95	1067,20	1118,34	1170,31	1223,06	1276,53	1330,68	1385,45	1440,78
13	641,03	683,66	727,67	773,01	819,61	867,43	916,40	966,46	1017,56	1069,62	1122,59	1176,40	1230,99	1286,30	1342,27	1398,84
14	595,24	637,92	682,12	727,77	774,80	823,17	872,79	923,60	975,53	1028,51	1082,46	1137,31	1192,99	1249,43	1306,56	1364,31
15	555,56	598,29	642,68	688,64	736,11	785,02	835,29	886,85	939,61	993,48	1048,39	1104,25	1160,99	1218,51	1276,75	1335,63
16	520,83	563,63	608,20	654,47	702,38	751,84	802,76	855,05	908,62	963,38	1019,23	1076,08	1133,83	1192,41	1251,71	1311,66
17	490,20	533,05	577,80	624,40	672,74	722,74	774,30	827,32	881,70	937,32	994,09	1051,90	1110,64	1170,22	1230,54	1291,51
18	462,96	505,87	550,82	597,73	646,51	697,05	749,25	802,99	858,16	914,63	972,29	1031,02	1090,72	1151,26	1212,54	1274,48
19	438,60	481,56	526,70	573,93	623,15	674,23	727,06	781,51	837,45	894,75	953,28	1012,92	1073,52	1134,99	1197,19	1260,03
20	416,67	459,69	505,03	552,57	602,22	653,84	707,29	762,44	819,15	877,26	936,64	997,14	1058,62	1120,96	1184,04	1247,73
21	396,83	439,91	485,44	533,30	583,38	635,53	689,61	745,45	802,90	861,81	922,01	983,34	1045,67	1108,84	1172,74	1237,23
22	378,79	421,93	467,66	515,84	566,35	619,03	673,71	730,24	788,43	848,10	909,09	971,23	1034,36	1098,33	1163,00	1228,24
23	362,32	405,53	451,44	499,94	550,88	604,09	659,38	716,57	775,48	835,90	897,66	960,58	1024,47	1089,19	1154,59	1220,53
24	347,22	390,49	436,60	485,42	536,79	590,51	646,40	704,26	763,86	825,02	887,52	951,18	1015,80	1081,23	1147,31	1213,90
25	333,33	376,67	422,97	472,11	523,90	578,14	634,62	693,12	753,42	815,28	878,50	942,86	1008,18	1074,29	1141,00	1208,19
26	320,51	363,91	410,41	459,86	512,07	566,83	623,89	683,03	743,99	806,54	870,45	935,50	1001,48	1068,21	1135,53	1203,28
27	308,64	352,10	398,80	448,57	501,20	556,46	614,10	673,86	735,47	798,69	863,26	928,96	995,56	1062,89	1130,77	1199,03
28	297,62	341,14	388,04	438,12	491,17	546,93	605,14	665,51	727,76	791,62	856,83	923,14	990,34	1058,23	1126,62	1195,37
29	287,36	330,94	378,03	428,43	481,89	538,16	596,92	657,89	720,76	785,24	851,06	917,97	985,73	1054,14	1123,01	1192,20
30	277,78	321,43	368,71	419,42	473,30	530,06	589,37	650,92	714,40	779,48	845,89	913,36	981,64	1050,54	1119,86	1189,46
Ewig	0,00	82,95	165,16	246,63	327,37	407,41	486,76	565,41	643,40	720,73	797,41	873,46	948,88	1023,68	1097,89	1171,49

4.5 Förderungsfähige Produkte

▶ **Beispiel**

Auszahlungsplan mit unmittelbar anschließender lebenslanger Teilkapitalverrentung

Frau Neumann möchte mit 63 Jahren eine Rente als „Entnahmeplan" erhalten. Nach Abschluss der Rentenversicherung ab 85 Jahren steht noch ein Kapital von 60 000,00 € zur Verfügung.

Dauer: 22 Jahre   Verzinsung: 4 %
bei 100 000 = 501,20 € monatliche Rente
bei   60 000 = 300,72 € monatliche Entnahme möglich, so dass das Kapital mit 85 Jahren aufgebraucht ist.

```
┌─────────────────────────────────────────┐
│         Rentenversicherungen            │
│  5 730 000 Stück bestehend Ende 2006    │
└─────────────────────────────────────────┘
```

- für sicherheitsbewusste Kunden
- Garantien deutlich höher als gefordert
- Verzinsung der Sparbeiträge mit 2,25 % Rechnungszins ab 1. 1. 2007
- Riestersparer mit geringem Ansparplan

Rentenversicherung mit begrenztem Fondsanteil

- Nur die Überschüsse kommen in die Fondsanlage lt. Wahl des Anlegers, sonst wie die klassische Rentenversicherung
- Rentenleistungen sind nicht so sicher wie bei klassischer Variante

Rentenpolice mit Fondsanteilen

- für renditeorientierte Kunden – insbesondere junge Personen
- Garantien genau im geforderten Umfang
- Anlage nicht für die Garantien benötigter Beitragsteile
- Anlage in verschiedene Fonds zur freien Verfügung
- gleichzeitig maximal drei Fonds – in der Regel
- ein kostenloser Fondswechsel jährlich – in der Regel

Jeder muss für sich die beste Lösung finden. Aber Vorsicht: Nicht alle Verträge erhalten die Förderung. Einen förderfähigen Vertrag erkennt man an folgendem Zusatz: „Der Altersvorsorgevertrag ist zertifiziert worden und damit im Rahmen von § 10 a des Einkommensteuergesetzes förderfähig."

Zusatzdeckungen

- Hinterbliebenenrenten an Ehegatten oder an kindergeldberechtigte Kinder sind möglich. Waisenrenten dürfen nicht länger laufen als die Gewährung von Kindergeld.
- Einschluss der verminderten Erwerbstätigkeit bis zu 15 % der Gesamtbeiträge wird ermöglicht.

4.6 Zertifizierung der Altersvorsorgeverträge

Die Anbieter von Altersvorsorgeverträgen müssen ihre Produkte von der **BaFin (Bundesanstalt für Finanzdienstleistungsaufsicht)** zertifizieren lassen.

Ablauf des Zertifizierungsverfahrens

Der Finanzdienstleister stellt einen Zertifizierungsantrag bei einer beim DAR akkreditierten Zertifizierungsgesellschaft.

Das Unternehmen erhält einen Erhebungsbogen, um den Ist-Zustand zu prüfen.

Die weitere Vorgehensweise wird festgelegt (Termin für die Begutachtung im Unternehmen, Einschluss der sicherheitstechnischen Betreuung gemäß BGV A6, ...), der Zertifizierungsvertrag wird abgeschlossen.

Prüfung der QM-Dokumentation

(Wird der VQZ-Bonn als Zertifizierungsgesellschaft ausgewählt, entfällt i. d. R. eine Vorab-Prüfung der Dokumente, da der VQZ-Bonn TQsoft bereits geprüft hat. Außerdem kann – auf Antrag – durch den VQZ-Bonn auch gleich die sicherheitstechnische Betreuung gemäß BGV A6 geleistet werden – ohne Mehrkosten für TQsoft-Kunden).

Begutachtung im Unternehmen (Zertifizierungsaudit)

Erstellung des Auditberichtes

Beratung und Zustimmung des Zertifizierungsausschusses

Ausfertigung und Übergabe des Zertifikates durch die Zertifizierungsgesellschaft

Alle zwölf Monate Wiederholungsaudit

Staatliche Zertifizierung „Riester"-fähiger Anlagen

AltZertG

Die Zertifizierung bedeutet lediglich, dass der Vorsorgevertrag die folgenden formellen Voraussetzungen erfüllt, die der Staat an die Förderfähigkeit stellt. Sie ist kein wirtschaftliches Gütesiegel für das betreffende Produkt.

- laufende Beitragszahlung in der Ansparphase
- Kapitalgarantie zu Verrentungsbeginn – mindestens eingezahlte Beiträge
- volle Besteuerung der Rente gemäß § 22,5 EStG
- Übertragung des Kapitals auf einen anderen geförderten Vertrag
- Umwandlung eines Mindestkapitals in eine lebenslange Rentenzahlung – gleich bleibend oder steigend[1]
- Verteilung der Abschlusskosten auf die ersten fünf Jahre der Vertragslaufzeit
- Man kann den Vertrag jederzeit ruhen lassen
- Kostentransparenz vor Vertragsbeginn und während der Laufzeit durch schriftliche Information
- Leistung nicht vor dem 60. Lebensjahr abrufbar
- Bis zu 30 % des angesparten Kapitals können zu Beginn der Leistungsphase ausgezahlt werden
- Verträge dürfen nicht verpfändet, beliehen oder abgetreten werden
- Erwerb von Wohneigentum wird einbezogen (bis zu 50 000,00 € über Entnahmemodell)
- Verpflichtung des Anbieters zur jährlichen schriftlichen Information über
    - Verwendung der eingezahlten AVB[2],
    - das bisher gebildete Kapital,
    - die einbehaltenen anteiligen Abschluss- und Vertriebskosten,
    - die Kosten für die Verwaltung des gebildeten Kapitals,
    - die erwirtschafteten Erträge.
    - die bei Umwandlung eines bestehenden Vertrags in einen AVV[3] bis zum Umwandlungszeitpunkt angesammelten Beiträge und Erträge,
    - die Berücksichtigung ethischer, sozialer und ökologischer Belange bei der Verwendung der eingezahlten AVB[2].
- Erträge aus der Fondsanlage müssen thesauriert werden

---

1 Alternativ genügt ein Auszahlungsplan einer Investmentgesellschaft oder eines Banksparplanes bis zur Vollendung des 85. Lebensjahres. Ein Teil des Verrentungskapitals wird dabei in eine Rentenversicherung eingebracht, aus der ab dem 85. Lebensjahr dann eine Leibrente gezahlt wird.
2 Altersvorsorgebeitrag
3 Altersvorsorgevertrag

4.6 Zertifizierung der Altersvorsorgeverträge

So startete die Riester-Rente

4.7 Entnahmemodell zur Förderung des Wohneigentums

Das selbst genutzte inländische Wohneigentum wird gefördert, und zwar darf:

Bei Erwerb des ...	Bis Rentenbeginn ...	Bei Verkauf des ...
zur Herstellung und Anschaffung aus dem Altersvertrag ein Betrag von mindestens 10 000,00 € bis höchstens 50 000,00 € zinsfrei entnommen werden.	muss die Rückzahlung getätigt sein. Sie erfolgt nach 2 Jahren ohne Aufzins in monatlich gleich bleibenden Raten bis zum 65. Lebensjahr, sodass bei Rentenbeginn der volle Betrag wieder zur Verfügung steht[1].	muss der Entnahmebetrag in einem zertifizierten Altersvertrag zurückgezahlt oder in ein selbstgenutztes Ersatzobjekt investiert werden. Geschieht dies nicht, so liegt eine schädliche Verwendung vor.

Zinsloser Kredit

Das Entnahmemodell erlaubt es Sparern, ihr Vorsorgekonto für den Bau oder Kauf ihres Eigenheims vorübergehend einzusetzen. Mindestens 10 000,00 € und höchstens 50 000,00 € dürfen sie dafür aus ihrem angesparten Vorsorgekapital entnehmen. Spätestens bis zu ihrem 65. Geburtstag müssen sie den Entnahmebetrag in monatlichen Raten in einen geförderten Altersvorsorgevertrag zurückzahlen. Sie nehmen sich aus ihrem Guthaben einen zinslosen Kredit und füllen das Riester-Konto bis zum Rentenbeginn wieder auf.

---

[1] Da das Anlageinstitut auf die entnommene Summe keine Zinsen gewähren konnte, ist der Kapitalwert geringer als ohne Entnahme. Doch letztlich wird sich die Entnahme rechnen. Denn die Zinsen für das Hypothekendarlehen werden in aller Regel über der Rendite liegen, die das Guthaben auf dem Riester-Vertrag während der Restlaufzeit erbringt.

Entnahme für Eigenheim frühestens in acht Jahren

Bruttoeinkommen pro Jahr (€)	Guthaben auf Riester-Konto[1] (€) nach				
	8 Jahren	10 Jahren	12 Jahren	15 Jahren	20 Jahren
20 000	4 542[2]	6 648[2]	8 969[2]	12 905	20 891
30 000	6 813[2]	9 572[2]	13 454	19 357	31 336
40 000	9 084[2]	13 296	17 938	25 810	41 782
50 000	11 356	16 620	22 423	32 262	52 227

1 Einzahlung des für die volle Förderung nötigen Eigenbeitrags ab 2002, Zins 5 Prozent.
2 Entnahme noch nicht möglich.

Verlust der Förderung

Gerät der Hauseigentümer mit mehr als zwölf Monatsraten in Rückstand, fordert das Finanzamt alle Zulagen und Steuervorteile zurück, die anteilig auf den nicht zurückgezahlten Betrag gezahlt wurden. Die anteilige Förderung verlangt der Staat auch zurück, wenn der Vorsorgesparer sein Haus vermietet oder verkauft. Ausnahmen: Der Geförderte legt sich spätestens im folgenden Kalenderjahr eine neue Immobilie zu, die er wieder selbst nutzt. Oder er zahlt den Restbetrag innerhalb eines Jahres komplett auf einen geförderten Vorsorgevertrag ein.

Welcher Vertrag eignet sich für Bauherren?

Jeder zertifizierte Vorsorgevertrag bietet die Chance, sich vorübergehend Geld fürs Eigenheim zu borgen. Dennoch sind viele Verträge nicht für die Entnahme geeignet. So werden die Abschluss- und Verwaltungskosten der Rentenversicherungen besonders dann zur Reduzierung der Rendite führen, wenn der Sparer sein Vorsorgekonto lange vor Rentenbeginn reduziert. Bei einer Entnahme nach zehn Jahren ist häufig nicht garantiert, dass der Bauherr die eingezahlten Beiträge wiederbekommt. Eine ordentliche Versicherungsrendite ist in dieser Zeit kaum drin. Fondssparpläne mit relativ hohem Aktienanteil eröffnen zwar gute Renditechancen, bergen aber bei einer Sparzeit von beispielsweise acht oder zwölf Jahren ein erhebliches Risiko. Eine Börsenflaute kann den Entnahmebetrag gewaltig drücken. Vorteile für Bauherren könnten daher die Banksparpläne bieten. Diese bieten derzeit nur geringe Zinsen. Dafür hat der Sparer die Gewissheit, dass die Rendite nicht durch hohe Kosten oder einen Kursrutsch verringert wird.

Kosten eines Vorsorgevertrages

Der Gesetzgeber fordert bei den geförderten Verträgen eine Kostentransparenz bei Abschluss des Vertrages, so dass die gesamten Belastungen dem Versicherungsnehmer schriftlich in aufgeschlüsselter Form mitgeteilt werden. Dabei werden die Kosten von Anbieter zu Anbieter und von Produkt zu Produkt unterschiedlich sein. Nur eines ist allen Produkten gemein, dass das Vorsorgekapital bei Ablauf mindestens der Summe der Einzahlungen entsprechen muss, da sonst keine Zertifizierung erfolgt.

Bei einem vier Mal so hohen Verwaltungsaufwand deckt der Kostenaufschlag gegenüber dem übrigen Geschäft zumindest in den ersten Jahren die Kosten nicht. Die Konkurrenten bei den Investmentfondsanbietern verlangen für Riesterverträge oft noch mehr: ca. 18 % berechnet Morgen & Morgen als Kostenquotient für branchenübliche Konditionen. Diese liegen bei 4,4 % Ausgabeaufschlag und 0,78 % jährlicher Managementgebühr.

Rentenversicherung

Durch den Abschluss des Altersvorsorgevertrages sowie durch dessen Verwaltung entstehen Kosten. Diese Kosten werden pauschal bei der Kalkulation der Prämie berücksichtigt.

Die beim Abschluss der Versicherung anfallenden Abschlusskosten werden in gleichmäßigen Jahresbeträgen über einen Zeitraum von 5 Jahren, höchstens jedoch bis zu Beginn der Rentenzahlung, verteilt.

Die Abschlusskosten sind von Gesellschaft zu Gesellschaft unterschiedlich, sie können jährlich 6–8 % der laufenden Prämie betragen. Auf staatliche Zulagen werden keine Abschlusskosten erhoben. Einmalbeiträge werden mit 4 % bis 6 % belastet.

Für die laufende Verwaltung werden z. B. 2,00 € monatlich (fix) und ein variabler Aufschlag von z. B. 0,05 % des Gesamtkapitals erhoben. Ferner wird ein Ratenzahlungszuschlag von 4–5 % berechnet.

Eine Beitragsfreistellung des Vertrages erfolgt häufig ohne Kostenbelastung.

Jedoch werden als laufende Verwaltungskosten in der verbleibenden Aufschubzeit ca. 2,5 % von der beitragsfreien garantierten Rente berechnet.

Mit Beginn der Rentenzahlung erhebt der Versicherer entweder einen Prozentsatz von der laufenden Rente, z. B. 1 %, oder einen Prozentsatz vom Deckungskapital.

Bei der Auflösung des Vertrages oder bei Übertragung nimmt der Versicherer einen Abschlag von z. B. 4 % des Zeitwertes, mindestens 50,00–100,00 € vor.

Auf das Ende der Vertragslaufzeit gerechnet, kalkulieren die Versicherer mit durchschnittlich 10–12 % der Beiträge.

Rücktritt

Einfach ist der Ausstieg für den Kunden, wenn der Anbieter seine Informationspflicht vor Vertragsabschluss verletzt hat. Er muss beispielsweise Auskunft über Höhe und zeitliche Verteilung der Abschluss- und Vertriebskosten gegeben haben und über die Kosten bei einem möglichen Produkt- oder Anbieterwechsel. Wenn der Anbieter diese Angaben nicht gemacht hat, kann der Kunde laut Altersvorsorgeverträge-Zertifizierungsgesetz binnen eines Monats nach Zahlung des ersten Beitrags zurücktreten.

Umdeckung des Riester-Vertrages

Wenn ein Kunde glaubt einen schlechten Altersvorsorgevertrag abgeschlossen zu haben, so kann er auf einen besseren umsteigen. Riester-Sparer können ihren Vertrag auch eine Weile ruhen lassen. Ferner können Sie ihn dem Ehepartner ohne schädliche Verwendung vererben.

Wer vorschnell einen privaten Altersvorsorgevertrag unterschrieben hat und nun feststellt, dass es bessere Angebote gibt oder sein Arbeitgeber eine optimale betriebliche Altersvorsorge anbietet, kann den Vertrag auflösen und das renditestärkere Angebot annehmen. Der Wechsel zum Besseren ist möglich – allerdings verbunden mit Kosten, und zwar bei der Proximus Versicherung mit mindestens 50,00 € Belastung.

Ein Sparer kann seinen Riester-Vertrag aber auch im Verlauf der Ansparphase ordentlich kündigen: Will er zu einem anderen Anbieter wechseln, kann er seinen Vertrag mit einer Frist von drei Monaten zum Quartalsende auflösen. Für den Wechsel kann der bisherige Anbieter allerdings Gebühren erheben, deren Höhe von der Versicherungsaufsicht nicht geregelt ist. Das bis dahin gebildete Kapital wird beim Wechsel auf den neuen Altersvorsorgevertrag übertragen, der ebenfalls zertifiziert sein muss. Die staatliche Förderung läuft weiter wie bisher. Ausgezahlt werden darf das Altersvorsorgevermögen nur als Rente. In der Ansparphase ist nur zur Eigenheimfinanzierung ein Darlehen auf die eigenen Ersparnisse möglich. Will der Kunde das Altersvorsorgevermögen dagegen für andere Zwecke verwenden, muss er Fördermittel und Steuervorteile zurückzahlen. Darüber hinaus muss er die im ausgezahlten Altersvorsorgevermögen enthaltenen Erträge und Wertsteigerungen als „sonstige Einkünfte" versteuern. Dies ist der Preis für die Zweckentfremdung des Kapitals, das eigentlich für die Rente gedacht ist. „Schädliche Verwendung" heißt das in der Expertensprache.

Hinweise zum richtigen Ausstieg

Wer aus einem schlechten Altersvorsorgevertrag aussteigen und zu einem besseren Anbieter wechseln will, findet z. B. Musterbriefe der Verbraucher-Zentrale Nordrhein-Westfalen unter www.vz-nrw.de oder als Faxabruf unter der Nummer 0 19 05/1 00 10 10 12.

Tätigkeitswechsel

Wer während der Ansparphase von einer angestellten in eine selbstständige Tätigkeit wechselt und somit den Anspruch auf Förderung verliert, sollte seinen Altersvorsorgevertrag ruhen lassen. Das bereits angesparte Kapital bleibt dann bis zur vorgesehenen Auszahlung im Alter erhalten. Man muss auch bereits erhaltene Zulagen nicht zurückzahlen.

Arbeitslosigkeit

Wenn der Kunde arbeitslos wird, geschieht grundsätzlich gar nichts. Denn auch Arbeitslose haben einen Anspruch auf die Förderung, wenn sie einen entsprechenden Eigenbeitrag leisten. Während der Phase einer Arbeitslosigkeit kann man die Einzahlung auch reduzieren. Bei Unterschreitung des Mindesteigenbeitrages wird die Förderung anteilig gekürzt.

Es besteht auch die Möglichkeit, den Vertrag beitragsfrei zu stellen. Allerdings zahlt der Staat keine Förderung, solange die Einzahlungen ruhen.

Hinterbliebene

Um Hinterbliebene abzusichern, sollte man für den Todesfall im Rahmen der Riester-Rentenversicherung eine Zusatzversicherung abschließen. Die Leistungen aus einem geförderten Altersvorsorgevertrag werden nicht auf die gesetzliche Hinterbliebenenrente angerechnet.

4.8 Schädliche Verwendung

Eine schädliche Verwendung liegt vor, wenn das angesparte Altersvorsorgevermögen an den Zulageberechtigten nicht

- als Leibrente (§ 1 Abs. 1 Satz 1 Nr. 4 AltZertG),
- im Rahmen eines Auszahlungsplans (§ 1 Abs. 1 Nr. 4 und 5 AltZertG) oder
- zur Verwendung für eine selbst genutzte Wohnung im Sinne des § 92 a EStG (§ 1 Abs. 1 Satz 1 Nr. 10 Buchstabe c AltZertG)

sondern beispielsweise in einem Einmalbetrag ausgezahlt wird.

Die steuerrechtlichen Folgen der „schädlichen Verwendung" haben den Zweck, sicherzustellen, dass das staatlich geförderte Altersvorsorgekapital auch tatsächlich für eine lebenslange Absicherung des Zulageberechtigten verwendet wird. Ziel der staatlichen Förderung zum Aufbau eines zusätzlichen Altersvermögens ist es, dem Begünstigten zu ermöglichen, sich eine gleichmäßige Versorgung im Alter zu schaffen.

Eine förderschädliche Verwendung liegt grundsätzlich vor bei:

- Vertragskündigung vor dem 60. Lebensjahr
- Auflösung im Todesfall
- dauernde Aufgabe des Wohnsitzes im Inland
- Kapitalentnahme > 30 % nach Renteneintritt

Eine Kündigung bei gleichzeitiger Übertragung der angesparten Gelder in ein förderfähiges Folgeprodukt ist für den Kunden förderunschädlich.

Beim Todesfall hat nur der verbliebene Ehegatte die Möglichkeit, den Vertrag des Verstorbenen förderschädlich auf ein eigenes förderfähiges AVmG-Produkt zu übertragen. Und das auch nur, wenn eine steuerliche Zusammenveranlagung bestand.

Die Aufgabe des Wohnsitzes oder gewöhnlichen Aufenthaltes im Inland kommt einer Beendigung der unbeschränkten Steuerpflicht gleich und damit treten für den AVmG-Vertrag die Folgen der schädlichen Verwendung ein.

§§ 93, 94, 95 EStG

Die Auswirkungen einer förderschädlichen Verwendung sind:

- Alle bisher erhaltenen staatlichen Zulagen müssen zurückbezahlt werden.
- Alle steuerlichen Vorteile aus dem Sonderausgabenabzug müssen zurückgezahlt werden.
- Alle erzielten Erträge und Wertentwicklungen müssen voll versteuert werden.

Diese Liste macht deutlich: Eine förderschädliche Verwendung führt zum vollständigen Verlust aller Zulagen und zu einer erheblichen Steuerbelastung! Bei Abschluss eines AVmG-Vertrages sollte der Kunde darauf deutlich hingewiesen werden. Ein AVmG-Vertrag zahlt sich nur voll aus, wenn an ihm bis zum Ende festgehalten werden kann.

Kündigung des Vertrages

Eine Kündigung zum Zweck des Wechsels in einen anderen Altersvorsorgevertrag ist nur während der Ansparphase möglich und ist keine schädliche Verwendung.

Die Kündigungsfrist beträgt 3 Monate zum Ende eines Kalenderjahres.

Ein Zulageberechtigter kündigt nach 20 Jahren, zehn Jahre vor Rentenbeginn seinen Altersvorsorgevertrag. Sein steuerlich gefördertes Altersvorsorgevermögen beträgt 52 000,00 €. Die festgestellte Steuerermäßigung beträgt 7 500,00 €. Hierbei handelt es sich um eine schädliche Verwendung.

Der Vertrag setzt sich wie folgt zusammen:

Eigenbeiträge		28 000,00 €
Zulagen	+	4 000,00 €
Erträge (Dividenden, Zinsen)	+	5 000,00 €
Wertsteigerungen	+	15 000,00 € = **52 000,00 €**

An die zentrale Stelle sind die Zulagen und die Steuerermäßigung in Höhe von insgesamt 11 500,00 € zurückzuzahlen.

Außerdem hat er die Wertsteigerungen und die Erträge zu versteuern. In dem Beispiel ergibt sich ein Betrag von 20 000,00 €, der als sonstige Einkünfte in der Steuererklärung zu deklarieren ist.

▶ **Weiteres Beispiel – Förderung zurückzahlen**

So viel von 55 000,00 € Kapital verliert ein Riester-Sparer an den Staat, wenn er das Geld nicht für die Rente verwendet, sondern eine schädliche Verwendung durchführt.

Der Staat fordert sein Geld zurück

Altersvorsorgekapital gesamt	55 000,00 €
− Zulagen	3 080,00 €
= Zwischensumme	51 920,00 €
− Steuervorteil (in der Ansparphase gewährt)	5 000,00 €
= dem Sparer bleiben nur	46 920,00 €

4.8 Schädliche Verwendung

Erträge bei Ermittlung der Einkommensteuer

Altersvorsorgekapital	55 000,00 €
− Zulagen	3 080,00 €
− eigene Beiträge	38 000,00 €
= zu versteuernder Betrag	13 920,00 €

Erbfall

Eine schädliche Verwendung ist grundsätzlich auch im Falle der Vererbung anzunehmen.

Lediglich der überlebende Ehegatte kann das hinterlassene Altersvorsorgekapital förderunschädlich in einen eigenen Altersvorsorgevertrag mit späterer Rentenleistung einzahlen oder das vorhandene Kapital wird für den Ehepartner verrentet. Mit Ausnahme eines so genannten Vorsorgefreibetrages ist das angesammelte Kapital allerdings erbschaftssteuerpflichtig. (Voraussetzung: Zusammenveranlagung zum Zeitpunkt des Todes).

Eine Übertragung des Vorsorgevermögens auf die Kinder ohne Verlust der staatlichen Förderung ist in der Regel dagegen nicht möglich. Wenn der verstorbene Riester-Sparer jedoch seine geförderte Altersvorsorge mit einer Zusatzversicherung für Hinterbliebene gekoppelt hatte, erhalten die Kinder, für die Kindergeld gezahlt wird, eine Hinterbliebenenrente.

Wenn im Todesfall keine Übertragung auf den Ehepartner möglich ist, kann das Altersvorsorgevermögen dennoch vererbt werden. Die Erben bekommen dann das vom Sparer eingezahlte Geld sowie die angefallenen Erträge. Allerdings müssen sie die gesamte staatliche Förderung zurückzahlen.

▶ **Beispiele zur schädlichen Verwendung**

1. Vertragskündigung in der Ansparphase

Hubert gehört zum begünstigten Personenkreis des § 10a EStG. Er hat sich daher entschlossen, eine staatlich geförderte private Altersvorsorge aufzubauen. Vor dem Ende der Ansparphase kündigt er den Altersvorsorgevertrag. Sein Altersvorsorgekapital setzt sich wie folgt zusammen:

von Hubert geleistete Eigenbeiträge	25 000,00 €
Summe der Zulagen	15 000,00 €
Erträge	13 000,00 €
Wertsteigerungen	7 000,00 €
Altersvorsorgevermögen	60 000,00 €

Hubert hat im Laufe der Jahre noch durch einen neben der Zulage angesetzten zusätzlichen Sonderausgabenabzug eine gesondert festgestellte Steuerermäßigung in Höhe von 1 000,00 € erhalten.

Hubert hat die steuerliche Förderung in Höhe von 16 000,00 € (Zulage [15 000,00 €] + Steuerermäßigung durch den Sonderausgabenabzug [1 000,00 €]) zurückzuzahlen (Rückzahlungsverpflichtung) sowie die Erträge und Wertsteigerungen – gegebenenfalls zusammen mit seinen anderen Einkünften – in Höhe von 20 000,00 € zu versteuern (§ 22 Nr. 5 Satz 4 EStG).

2. Teilkapitalentnahme

Hubert gehört zum begünstigten Personenkreis des § 10a EStG. Er hat sich daher entschlossen, eine staatlich geförderte private Altersvorsorge aufzubauen.

Vor dem Ende der Ansparphase benötigt er für die Anschaffung eines Pkws dringend 15 000,00 €. Er entschließt sich zu einer Teilkündigung seines Altersvorsorgevertrags zum 31. 12. 2004. Sein steuerlich gefördertes Altersvorsorgekapital beläuft sich zu diesem Zeitpunkt auf insgesamt 60 000,00 €. Es setzt sich wie folgt zusammen:

von Hubert geleistete Eigenbeiträge	25 000,00 €
Summe der Zulagen	15 000,00 €
Erträge	13 000,00 €
Wertsteigerungen	7 000,00 €
angespartes Altersvorsorgevermögen	60 000,00 €

Hubert hat im Laufe der Jahre noch durch einen neben der Zulage angesetzten zusätzlichen Sonderausgabenabzug eine gesondert festgestellte Steuerermäßigung in Höhe von 1 000,00 € erhalten.

Hubert hat den auf die Entnahme von 15 000,00 € entfallenden Anteil der steuerlichen Förderung zurückzuzahlen (Rückzahlungsverpflichtung), sowie den entsprechenden Anteil der Erträge und Wertsteigerungen zu versteuern (§ 22 Nr. 5 Satz 4 EStG).

Rückzahlungsverpflichtung

Gesamtkapital	60 000,00 €	
entnommenes Kapital	15 000,00 €	
Verhältnis Entnahmekapital/Gesamtkapital (15 000,00/60 000,00 x 100)		25 %
Summe der Zulagen	15 000,00 €	
zusätzliche Steuerermäßigung	1 000,00 €	

Höhe der steuerlichen Förderung nach dem AVmG	16 000,00 €
davon 25 %	4 000,00 €
Rückzahlungsverpflichtung	4 000,00 €

Zu versteuern (§ 22 Nr. 5 Satz 4 EStG)

Erträge	13 000,00 €
Wertsteigerungen	7 000,00 €
Gesamt	20 000,00 €
davon 25 %	5 000,00 €
Zu versteuern (§ 22 Nr. 5 Satz 4 EStG)	5 000,00 €

3. Altersvorsorgevertrag mit Hinterbliebenenabsicherung im Erbfall

Hubert hat einen Altersvorsorgevertrag mit einer zusätzlichen Hinterbliebenenabsicherung abgeschlossen. Er gehört während der gesamten Vertragslaufzeit zum begünstigten Personenkreis und hat die erforderlichen Sparbeiträge zugunsten des Vertrages erbracht. Zum 31. 12. 2004 verstirbt er und hinterlässt eine Ehefrau und eine aus der Hinterbliebenenabsicherung des Altersvorsorgevertrags begünstigte Tochter. Weitere Erben sind nicht vorhanden. Aus dem Altersvorsorgevertrag erhalten die Erben (Ehefrau und Tochter) insgesamt einen Betrag in Höhe von 60 000,00 €. Die Erben entscheiden sich, das Kapital in einen Altersvorsorgevertrag zugunsten der Ehefrau zu investieren. Die Tochter erhält aus der Hinterbliebenenabsicherung eine monatliche Rente in Höhe von 500,00 €.

Die Rechtsfolgen einer schädlichen Verwendung treten nicht ein, da das ausgezahlte Altersvorsorgekapital in einen Altersvorsorgevertrag zugunsten der Ehefrau investiert wird. Die von der Tochter bezogenen Rentenleistungen unterliegen zu 100 % der nachgelagerten Besteuerung.

Zahlungsschwierigkeiten

Bei Kündigung einer Riester-Rentenversicherung will nicht nur der Staat sein Geld zurück, sondern auch die Anbieter berechnen ihre Abschlusskosten. Wer kündigt, muss mit dem Rückkaufswert vorlieb nehmen. Je nach Vertrag erreichen die Rückkaufswerte erst nach vielen Jahren die eingezahlten Beiträge. Eine Kündigung führt in diesem Fall zu einem erheblichen Verlust.

Bei großen finanziellen Problemen des Sparers kann der weitere Aufbau der ergänzenden privaten Altersvorsorge gefährdet sein. So gibt es bei der Riester-Rente, im Gegensatz zu Pensionsfonds und Pensionskassen, keinen Schutz vor Pfändung der Beiträge, denn sie werden aus dem Nettoeinkommen bezahlt, nachdem es bereits gepfändet sein kann. Überschuldete Arbeitnehmer, deren Lohn gepfändet wird, haben keine Chance, die Beiträge zu zahlen.

Ruhen lassen

Selbst unter widrigen Umständen sollte der Kunde seinen Vertrag jedoch nicht kündigen, um die bereits beschriebenen Verluste dieser „schädlichen Verwendung" zu vermeiden. Die bessere Alternative ist, den Vertrag ruhen zu lassen. Der Riester-Sparer zahlt nicht mehr ein, sein Vermögen erzielt aber weiter Zinserträge. Eine Pfändung des Vermögens ist nicht möglich. Ruht der Vertrag während des gesamten Beitragsjahres, besteht in dem Jahr kein Anspruch auf die staatlichen Zulagen. Es ist nicht möglich, durch spätere Einzahlungen die verlorenen Fördermittel vergangener Jahre nachgezahlt zu bekommen.

4.9 Steuerliche Auswirkungen der Riesterprodukte

Beiträge

Mit der Anlage AV (Seite 322) werden die Beiträge dem Finanzamt mitgeteilt.

Die Steuerprogression des Steuerpflichtigen hat Auswirkungen auf die Höhe seiner Gesamtförderung.

Der Sonderausgabenabzugsbetrag ist unabhängig von der tatsächlichen Höhe des individuellen Einkommens. Bei dem Abzugsbetrag handelt es sich nicht um einen Freibetrag, sondern um einen Höchstbetrag, bis zu dem Sparbeiträge zugunsten eines Altersvorsorgevertrages berücksichtigt werden können. Innerhalb der Höchstgrenzen des § 10 a Abs. 1 EStG gehören zu den begünstigten Altersvorsorgeaufwendungen die vom Steuerpflichtigen selbst geleisteten Altersvorsorgebeiträge sowie der ihm zustehende Zulageanspruch.

Ist der Steuervorteil aus dem Sonderausgabenabzug größer als der Anspruch auf die Zulage, wird der zusätzliche Sonderausgabenabzug nach § 10 a Abs. 1 EStG gewährt (Günstigerprüfung).

Besonderheiten bei Ehegatten

Gehören beide Ehegatten zu dem nach § 10 a Abs. 1 EStG begünstigten Personenkreis, kann jeder Ehegatte Altersvorsorgesparleistungen im Rahmen des § 10 a Abs. 1 EStG als Sonderausgaben geltend machen. Nicht ausgeschöpftes Abzugsvolumen kann allerdings nicht von einem auf den anderen Ehegatten übertragen werden.

2006

Anlage AV

1 Name
2 Vorname
   ☐ Stpfl. / Ehemann
   ☐ Ehefrau
3 Steuernummer

Altersvorsorgebeiträge als Sonderausgaben nach § 10 a EStG

Bitte Anbieterbescheinigung(en) im Original beifügen!

| 39 |

				EUR
4	106/306 ☐	Ich bin für das Jahr 2006 unmittelbar begünstigt.		
5		Beitragspflichtige Einnahmen i. S. d. Rentenversicherung in **2005**	100/300	,—
6		Besoldung und Amtsbezüge, Einnahmen beurlaubter Beamter in **2005** (Ein Eintrag ist nur erforderlich, wenn Sie eine Einwilligung gegenüber der zuständigen Stelle abgegeben haben.)	101/301	,—
7		Entgeltersatzleistung oder sog. Arbeitslosengeld II in **2005**	104/304	,—
8		Tatsächliches Entgelt in **2005**	102/302	,—
9		Einkünfte aus Land- und Forstwirtschaft in **2004**	103/303	,—

Bei Zusammenveranlagung:

10 ☐ Mein Ehegatte ist mittelbar begünstigt.

11 ☐ Mein Ehegatte, der einen zertifizierten Altersvorsorgevertrag abgeschlossen hat oder über eine mit Altersvorsorgezulage förderbare Versorgung bei einer Pensionskasse, einem Pensionsfonds oder einer Direktversicherung verfügt, ist unmittelbar begünstigt.
Die eigene Anlage AV meines Ehegatten ist beigefügt.

12 106/306 ☐ **Ich bin für das Jahr 2006 mittelbar begünstigt.**
Mein Ehegatte gehört für das Jahr **2006** zum unmittelbar begünstigten Personenkreis.

Bei Zusammenveranlagung:

13 ☐ Die **Anlage AV** meines Ehegatten ist beigefügt.

Bei getrennter / besonderer Veranlagung:

14 ☐ Ich bin damit einverstanden, dass meine **Anlage AV** und die beigefügte(n) Anbieterbescheinigung(en) bei der Einkommensteuerveranlagung meines Ehegatten berücksichtigt werden.
(Bitte beachten Sie unbedingt die Erläuterungen zu den Zeilen 12 bis 14 auf der Rückseite.)

105/305 **Angaben zu Kindern**

Anzahl

15 Anzahl der Kinder, für die ich für **2006** Kindergeld erhalten habe
(Diese Kinder dürfen nicht in den Zeilen 16 und 17 enthalten sein.)

Nur bei verheirateten Eltern, die nicht dauernd getrennt gelebt haben:

16 Anzahl der Kinder, für die wir für **2006** Kindergeld erhalten haben

17 Anzahl der Kinder, für die die Kinderzulage von der Mutter auf den Vater übertragen wird

Bescheinigungen des Anbieters für 2006

Anzahl

18 Beigefügte Bescheinigung(en) nach § 10 a Abs. 5 EStG über geleistete Altersvorsorgebeiträge

4.9 Steuerliche Auswirkungen der Riesterprodukte

Wie wirkt sich der Sonderausgabenabzug aus?

▶ Beispiel

Arbeitnehmer ledig

rentenversicherungspflichtiges Vorjahres-Bruttoeinkommen
40 000,00 € (2006)

Anlagebetrag in 2007 (Höchstbetrag)	1 575,00 €
Grundzulage	− 114,00 €
Eigenbeitrag	1 461,00 €

Günstigerprüfung
Steuersatz z. B. 40 % inkl. Soli von 1 575,00 €
= 630,00 € minus 114,00 € Grundzulage = 516,00 €   Erstattung durch das Finanzamt

Eigenbeitrag nach Verrechnung
durch das Finanzamt   945,00 €

Das Finanzamt erstattet 516,00 € über den Jahresausgleich.

▶ Hinweis

Bei Personen mit hohem Steuersatz lohnt sich eine steueroptimierte Riesterförderung, das heißt, der Kunde sollte, wie im Beispiel gerechnet, den Höchstbetrag in den Vertrag einzahlen. Durch die steuerliche Förderung der kompletten Beiträge werden diese im Ergebnis aus dem Bruttolohn bestritten. Mit Hilfe der nachstehenden Steuertabellen kann man leicht eine grobe Günstigerprüfung durchführen und den zusätzlichen Steuervorteil bestimmen.

Steuertarife siehe Kapitel 6 Grund- und Splittingtabelle.

Förderkonzept Riester-Rente

ab 2008, alleinstehend, ohne Kind

Renten-versicherungs-pflichtiges Vorjahreseinkommen	Grundzulage	Kinderzulage	Eigenbeitrag	Sparleistung insgesamt*	Zusätzliche Steuerersparnis inkl. Soli[1]	Förderanteil am Gesamtbeitrag ca.
in €	in €	in €	in €	in €	in €	
5 000	154	–	60	204	–	75 %
15 000	154	–	446	600	–	26 %
25 000	154	–	846	1 000	156	31 %[2]
40 000	154	–	1 446	1 600	454	38 %[2]
50 000	154	–	1 846	2 000	706	43 %[2]
75 000	154	–	1 946	2 100	770	44 %[2]

1 ohne Kirchensteuer
2 Lt. Steuertabelle werden die letzten steuerpflichtigen Einkommensteile mit dem individuellen Spitzensteuersatz (Grenzsteuersatz) belastet, und zwar:
   Bei 25 000 € mit ca. 30 %
   Bei 40 000 € mit ca. 37 %
   Bei 50 000 € mit ca. 41 %
   Bei 75 000 € mit ca. 44 %

So zahlt ein Kunde auf sein Einkommen von 50 000 € p. a. einen Eigenanteil von 1 846,00 € plus erhaltene Zulage 154,00 € insgesamt 2 000,00 € in den Riestervertrag ein.

Steuersatz ca. 43 % lt. Tabelle inkl. Soli

2 000,00 € zu 43 %	= 860,00 €	Steuergutschrift
minus erhaltene	154,00 €	Zulage
	706,00 €	Steuererstattung
evtl. plus 9 %	63,54 €	Kirchensteuer
	769,54 €	insgesamt
Von den	2 000,00 €	Gesamtbeitrag
minus	769,54 €	Steuererstattung
minus	154,00 €	Zulage
	1 076,46 €	tatsächlicher Aufwand pro Jahr

4.9 Steuerliche Auswirkungen der Riesterprodukte

Alleinstehend / 1 Kind

2008

Beginn der 4. Stufe Rentenversicherungspflichtiges Einkommen des Vorjahres	Sparleistung insgesamt[1]	Zulage[2]	Eigenleistung[3]	Zusätzliche Entlastung durch Sonderausgabenabzug[4]	Förderquote[5]
in €	in €	in €	in €	in €	in %
5 000	399	339	60	–	85
10 000	399	339	60	–	85
15 000	600	339	261	–	57
20 000	800	339	461	–	42
25 000	1 000	339	661	–	34
30 000	1 200	339	861	10	29
35 000	1 400	339	1 061	101	31
40 000	1 600	339	1 261	201	34
45 000	1 800	339	1 461	311	36
50 000	2 000	339	1 661	431	39
75 000	2 100	339	1 761	592	44
100 000	2 100	339	1 761	592	44

Anmerkungen zu 2008:
1 Summe aus Eigenleistung sowie Grund- und Kinderzulage
2 Grundzulage (154,00 €) und Kinderzulage (je kindergeldberechtigtes Kind 185,00 €)
3 4 % des rentenversicherungspflichtigen Einkommens des Vorjahres, höchstens 2 100,00 €, abzüglich der Summe der Zulagen in Höhe von 339,00 €, mindestens jedoch 60,00 €
4 Einkommensteuer und Solidaritätszuschlag; unter Berücksichtigung des zweiten Gesetzes zur Familienförderung
5 Summe der Grund- und Kinderzulage und ggf. zusätzliche Steuerersparnis durch Sonderausgabenabzug im Verhältnis zur Sparleistung.

Staatliche Riester-Förderung/betriebliche Altersversorgung

Staatliche Zulage, steuerlicher Sonderausgabenabzug – das funktioniert nicht nur mit einem privaten Altersvorsorgevertrag à la Riester. Arbeitnehmer können dieses Förderprogramm der öffentlichen Hand auch im Rahmen einer betrieblichen Altersvorsorge nutzen. Besonders in größeren Betrieben, in denen die Zusatzvorsorge in großem Rahmen kollektiv für alle Mitarbeiter des Unternehmens organisiert wird, können Gruppenrabatte Kostenvorteile gegenüber einem privaten Riester-Vertrag bringen. Arbeitnehmer können die Riester-Förderung für einen betrieblichen Altersvorsorgevertrag verbrauchen. Sie können sie aber auch auf einen betrieblichen und einen privaten Riester-Vertrag verteilen. Mehr als zwei Verträge werden allerdings nicht gefördert.

Beitragsinkasso durch Arbeitgeber

Beiträge für eine Riester-geförderte Zusatzversorgung im Betrieb bezahlt der Arbeitnehmer wie bei einem privaten Vertrag selbst aus versteuertem Einkommen. Das Geld wird ihm hier direkt vom Gehalt abgezogen, denn der Arbeitgeber überweist die Riester-Beiträge für seine Angestellten an den Anbieter. Der Arbeitgeber ist auch für die Verwaltung der Zulagen zuständig. Meist wird dies aber der Anbieter der Riester-tauglichen betrieblichen Vorsorge übernehmen. Den Sonderausgabenabzug muss der Arbeitnehmer in seiner Steuererklärung dann selbst beantragen. Für ein Riester-Angebot im Betrieb sind nur drei der fünf Wege betrieblicher Altersvorsorge möglich: die Direktversicherung, die Pensionskasse und der Pensionsfonds. Vorgeschrieben ist, dass das Geld frühestens ab dem 60. Lebensjahr ausgezahlt wird. Zulässig ist eine lebenslange Rente oder ein Auszahlplan mit einer Verrentung des Restkapitals ab dem 85. Lebensjahr. Versicherte können ohne Obergrenze zusätzlich ihre Angehörigen oder Leistungen bei Invalidität absichern.

Arbeitgeber entscheidet

Welcher Weg und Anbieter zum Zuge kommt, ist Sache des Arbeitgebers. In tariflich gebundenen Unternehmen kann dies durch Tarifvertrag festgelegt werden. Für den Arbeitnehmer läuft beides auf das Gleiche hinaus: Anders als bei der Suche nach einem günstigen Privatvertrag muss er bei der betrieblichen Riester-Lösung nehmen, was er bekommt. In der Praxis dürfte in Unternehmen mit einem starken Betriebsrat dieser dabei wohl ein Wörtchen mitreden. Ebenso ist es in Betrieben mit wenigen Angestellten wahrscheinlich, dass der Arbeitgeber seine Mitarbeiter zumindest über Alternativen informiert, bevor er sich für einen bestimmten Anbieter entscheidet. Gibt es keine vorgeschriebene tarifliche Lösung und unternimmt der Arbeitgeber nichts, kann der Angestellte verlangen, dass für ihn eine Riester-taugliche Direktversicherung abgeschlossen wird. Das große Plus einer betrieblichen Riester-Vorsorge – die geringeren Verwaltungskosten – dürfte bei einem solchen Einzelvertrag aber entfallen.

Nachteile dieses Weges

Ohne Kostenvorteil wird der betriebliche Riester-Vertrag zur zweiten Wahl. Denn im Vergleich zum privaten Altersvorsorgevertrag ist er unflexibler. Eine Kapitalentnahme zur Immobilienfinanzierung ist im betrieblichen Riester-Vertrag beispielsweise nicht zulässig. Die nahtlose Fortsetzung des Vertrags bei einem Berufswechsel ist nicht gesichert. Der Arbeitnehmer darf den alten Vertrag zwar auf einen Vertrag bei seinem neuen Arbeitgeber übertragen. Die neue Firma muss das aber erst akzeptieren. Das sollte der Arbeitnehmer schon vor der Einstellung ansprechen. Ist eine Übertragung nicht möglich, kann der Sparer den alten Vertrag ruhen lassen und einen neuen beginnen. Er kann auch den bestehenden Vertrag privat weiterführen. Ein weiterer Nachteil ist die volle Berechnung der Sozialbeiträge zur GKV und Pflegeversicherung von den laufenden Rentenzahlungen. Hierdurch gehen zwei Komplettrenten an die Sozialversicherung verloren. Ferner wird durch den Riesterbeitrag der Höchstbetrag zur Entgeltumwandlung reduziert.

Leistungen

Der Aufbau der Altersversorgung wird vom Staat über Zulagen und Steuervorteile gefördert durch Einreichen des Zulagenantrages und der Anlage AV.

Daher ist die spätere Rente nachgelagert voll zu versteuern. Die Deklaration der Renteneinkünfte erfolgt in der Anlage R der Steuererklärung.

Bei einer konventionellen privaten Rentenversicherung unterliegt lediglich der Ertragsanteil der Besteuerung.

Wenn die erbrachten Leistungen sowohl auf geförderten als auch auf nicht geförderten Beiträgen beruhen, dann sind die Leistungen in der Auszahlungsphase aufzuteilen. Die Aufteilung hat dabei durch den Anbieter des Altersvorsorgevertrages zu erfolgen.

Das Vordruckmuster kann auf den Internetseiten des Bundesfinanzministeriums herunter geladen werden.

Nicht geförderte Beiträge sind Beträge:

- die zugunsten eines zertifizierten Altersvorsorgevertrages in einem Beitragsjahr eingezahlt werden, in dem der Anleger nicht zum begünstigten Personenkreis gehört.
- für die er keine Altersvorsorgezulage und keinen steuerlichen Vorteil aus dem Sonderausgabenabzug nach § 10 a EStG erhalten hat oder
- die den Höchstbetrag nach § 10 a EStG abzüglich der individuell für das Beitragsjahr zustehenden Zulage übersteigen, „Überzahlung", sofern es sich nicht um den Sockelbetrag handelt.

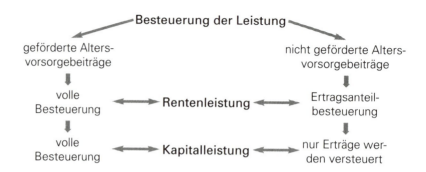

▶ Beispiel

Die Proximus Versicherung bescheinigt auf amtlichem Vordruck der Kundin Hillebrandt, dass sie ab dem 63. Lebensjahr eine monatliche Rente von 1 000,00 € erhält.
600,00 € der Rente gehen auf geförderte Beiträge zurück.
400,00 € der Rente beruhen auf nicht geförderten Beiträgen.

Berechnung

12 Monate zu 600,00 €	7 200,00 € p.a.
12 Monate zu 400,00 € × 20 % Ertragsanteil	960,00 € p.a.
Steuerpflichtige Einnahmen	8 160,00 € p.a.
minus Pauschbetrag § 9 a Satz 1 Nr. 3 EStG	102,00 € p.a.
Einkünfte – steuerpflichtiges Einkommen	8 058,00 € p.a.

4.9 Steuerliche Auswirkungen der Riesterprodukte

▶ Zusammenfassung

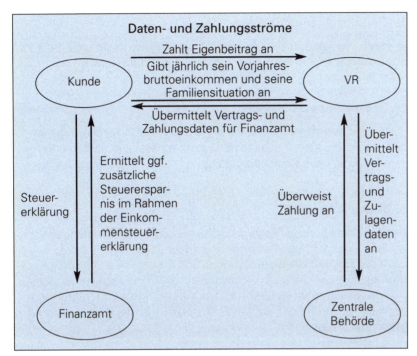

4.10 Zehn Schritte zur „Riester"-Altersvorsorge

1. Zunächst Anspruch prüfen

Ermitteln, wer Anspruch auf Förderung der Eigenvorsorge hat. Bei Ehepaaren reicht es aus, wenn ein Partner diese Anforderung erfüllt.

2. Transparenz verschaffen

Prüfen der Unterlagen, wie viel man jeden Monat in Sparverträge, Lebensversicherungen u. a. anspart. Ermittlung des finanzierbaren Eigenanteils für die neue Altersversorgung.

3. Bruttolohn ermitteln

Um 2007 die optimale Förderung zu bekommen, muss man das sozialversicherungspflichtige Einkommen im Jahr 2006 kennen. Genaue Auskunft darüber gibt die Jahresmeldung des Arbeitgebers zur Sozialversicherung, von der man zum Jahresanfang 2007 eine Kopie erhält. Wenn sich das Einkommen seit dem letzten Jahr nicht wesentlich geändert hat, kann der Bruttolohn auf der Lohnsteuerkarte des Vorjahres als Anhaltspunkt dienen.

4. Beratung/Information

Zunächst muss sich jeder über die Angebote der Anlageinstitute wie Banken oder Versicherungen informieren. Jede Beraterin und jeder Berater bei den Anlageinstituten ist verpflichtet, auf folgende Bedingungen hinzuweisen:

- Höhe und Verteilung der Abschluss- und Vertriebskosten
- Kosten für die Verwaltung der Geldanlage
- Kosten beim Wechsel zu einer anderen Anlageform oder einem neuen Anbieter

5. Geldanlage wählen

- Banksparplan
- Investmentfonds
- Rentenversicherung klassisch oder
- Rentenversicherung mit Fondsdeckung

6. Bestehende Verträge überprüfen

Es muss nicht immer eine neue Geldanlage sein. Auch laufende Verträge und Policen können förderfähig sein, wenn sie auf die neuen Bedingungen umgestellt werden. Aber Vorsicht, die „Riester-Rente" ist voll steuerpflichtig.

7. Sparraten festlegen

Anhand des letztjährigen Einkommens errechnet das Anlageinstitut, wie viel man monatlich mindestens sparen muss, um die volle staatliche Zulage zu erhalten. Wenn man mehr zurücklegt, kann man über die Zulage hinaus auch noch steuerliche Vorteile haben. So kann man im Jahr 2002 bis zu 525,00 € und ab 2008 bis zu 2 100,00 € jährlich im Rahmen der Einkommensteuererklärung geltend machen.

8. Förderung beantragen

Am Ende eines jeden Jahres schickt das Anlageinstitut einen Auszug des Kontos und einen Antrag auf Zulage zu. Man muss diesen Antrag mit folgenden Angaben ergänzen:

- sozialversicherungspflichtiges Einkommen des Vorjahres
- die Anzahl der Kinder. Diesen Antrag schickt man an das Anlageinstitut zurück. Die Förderung wird dann unmittelbar auf das Anlagekonto überwiesen

9. Steuererklärung abgeben

Einen Durchschlag des Antrags hebt man für die Steuererklärung auf. Man kann die Ausgaben für die Altersvorsorge beim Finanzamt geltend machen. Dazu gibt es ab 2002 die neue Anlage AV (Altersvorsorge) zur Steuererklärung. Das Finanzamt prüft dann automatisch, ob man für den Beitrag zur Eigenvorsorge auch noch Steuern zurückbekommt.

10. Neue Sparraten festlegen

Bis 2008 erhöhen sich alle zwei Jahre die förderfähigen Beiträge. Um die staatliche Förderung auszuschöpfen, sollte man also alle zwei Jahre die Sparsumme erhöhen. Man sollte die Sparsumme auch immer zum Jahresanfang anpassen, wenn sich im Vorjahr das Einkommen verändert hat. Das Anlageinstitut schickt dem Kunden jedes Jahr mit dem Kontoauszug eine entsprechende Aufforderung zu.

4.11 Anhang

Informationen im Internet zur „Riester-Rente":

- www.riester-produkte.de
- www.deutsche-rentenversicherung-bund.de
- www.riesterforum.de
- www.bundesfinanzministerium.de/rentenreform-.720.htm
- www.bmas.bund.de/BMAS/Navigation/Rente.html
- www.gdv.de
- www.bdv.de
- www.vdr.de
- www.meine-vorsorge.de
- www.warentest.de
- www.bvi.de

4.11 Anhang

▶ **Zusammenfassung**

Riester in vier Schritten

1. Schritt ➡	Mindestbetrag ermitteln
2. Schritt ➡	Zulagen errechnen
3. Schritt ➡	Eigenleistung festlegen
4. Schritt ➡	Günstigerprüfung durchführen

Antrag für:	Kunde	Ehepartner
	EUR	EUR
Rentenversicherungspflichtiges Brutto-Vorjahreseinkommen		
Schritte		
1. davon 3 % bzw. 4 % max. 1 575 EUR pro Person (2007) max. 2 100 EUR pro Person (2008)		
2. abzüglich Grundzulage		
2. abzüglich Kinderzulagen		
3. = Eigenbeitrag		
4. eventuell Steuervorteil mit Hilfe der Steuertabelle ermitteln		

Gesamtübersicht bei der Kundenberatung

Jahr	Altersvorsorgeaufwand (Anteil der im vorausgegangenen Jahr erzielten beitragspflichtigen Einnahmen zur gesetzlichen Rentenversicherung)	Zulagen		Sockelbetrag			maximaler Sonderausgabenabzug	
		Grundzulage	Kinderzulage	\multicolumn{3}{c}{Kinder}	ledig	verh.
				0	1	2		
ab 2002	1 %	38,00 €	46,00 €	45,00 €	38,00 €	30,00 €	525,00 €	1 050,00 €
ab 2004	2 %	76,00 €	92,00 €	45,00 €	38,00 €	30,00 €	1 050,00 €	2 100,00 €
ab 2006	3 %	114,00 €	138,00 €	60,00 €	60,00 €	60,00 €	1 575,00 €	3 150,00 €
ab 2008	4 %	154,00 €	185,00 €	60,00 €	60,00 €	60,00 €	2 100,00 €	4 200,00 €
		\multicolumn{2}{c}{Antrag über VR oder Bank an Zulagenstelle}	\multicolumn{3}{c}{Muss bei der Antragsaufnahme bei Geringverdienern oder bei Familien mit vielen Kindern genau ermittelt werden}	\multicolumn{2}{c}{Anlage AV beim Finanzamt beantragt}

Übungen

1. Welche Personengruppen werden staatlich gefördert?

2. Welche Personengruppen werden staatlich nicht gefördert?

3. a) Wie hoch ist die Versorgungslücke eines sog. Eckrentners der GRV in Prozent?
   b) Welche Aspekte sind bei dieser Berechnung zu berücksichtigen?
   c) Bestimmen Sie die am häufigsten gezahlte Rente für Männer und Frauen.
   d) Weshalb kann das Haushaltseinkommen höher sein als die ermittelte Rente?

4. Beschreiben Sie:

   a) Zertifizierungsverfahren
   b) Zulageverfahren.

5. a) Informieren Sie sich in Ihrem Unternehmen, welche förderfähigen Produkte angeboten werden.
   b) Informieren Sie sich über weitere Produkte, die die Konkurrenz anbietet!
   c) Beschreiben Sie das Riester-Produkt bei Proximus.

6. Welche Kosten entstehen bei den Riesterprodukten und in welcher Höhe fallen diese an?

7. Was ist ein Dauerzulagenantrag und wer zahlt die Zulagen an wen?

8. Was bedeutet Beitragsgarantie?

9. Wie werden die Beiträge und die Überschüsse in den einzelnen Riesterprodukten verwendet?

10. Wer erhält die Kinderzulage?

11. Was geschieht im Fall einer Erwerbsminderung?

12. Erläutern Sie die Begriffe:

    a) Mindestbetrag
    b) Eigenbeitrag
    c) Höchstbetrag
    d) Sockelbetrag

13. Welche Möglichkeiten bestehen bei finanziellen Engpässen?

14. Was passiert bei einer Änderung des Gehalts?

15. Erläutern Sie das Entnahmemodell zur Förderung des Wohneigentums.

16. Was geschieht mit der Riester-Rente bei Auswanderung?
17. Was versteht man unter einer Günstigerprüfung?
18. Informieren Sie einen Kunden über die steuerliche Behandlung

    a) der Beiträge
    b) der Leistung

    zu einem Riestervertrag.
19. Was passiert bei einer Überzahlung eines Riestervertrages?
20. Kann der Rentenvertrag an den Ehegatten vererbt werden?
21. Unterscheiden Sie die Förderrente von der privaten Rentenversicherung nach folgenden Aspekten:

    a) Beitragszahlung
    b) Versteuerung der Rente bzw. Kapitalleistung
    c) Art der Leistung
    d) Leistungsbeginn
    e) steuerliche Förderung der Beiträge

22. Ein Angestellter möchte 2 000,00 € Beitrag steuerlich wirksam zu seiner Alterssicherung aufwenden. Sollte er eine Basisrente oder eine Förderrente abschließen?

    Beraten Sie den Kunden.
23. Hat man bei der Riesterrente ein Kapitalwahlrecht?
24. Stellen Sie die Unterschiede einer Anlage in:

    a) Banksparplan
    b) Fondsanlage
    c) Rentenversicherung klassisch bzw. fondsgebunden

    dar.

25. Herr Meyer hat zur Riesterpolice einige Fragen: Bereiten Sie das Beratungsgespräch vor.

   a) Kann ich den Rentenvertrag an meine Ehefrau vererben?
   b) Kann ich auch vermögenswirksame Leistungen in diesen Vertrag einbeziehen?
   c) Was passiert im Todesfall mit dem angesparten Kapital und den gezahlten Zulagen, wenn kein Ehepartner vorhanden ist?
   d) Kann ich dem Vertrag während der Laufzeit bzw. im Alter eine größere Summe entnehmen, um z. B. eine Weltreise zu finanzieren?
   e) Kann ich einen bereits bestehenden Vertrag bei Proximus in die Förderung einbeziehen?

Lernziele

In diesem Kapitel erwerben Sie Kenntnisse und Fertigkeiten für folgende Leistungsziele:

Sie

- erläutern die unterschiedlichen Motive zum Abschluss einer Lebensversicherung
- grenzen verschiedene Angebotsformen bedarfsgerecht ab
- stellen den Leistungsumfang der Renten-/Lebensversicherung sowie der Zusatzversicherungen heraus
- erläutern die Zusammensetzung des Beitrages
- stellen die Faktoren für die Beitragsermittlung heraus
- erläutern Gründe für die Anpassung der versicherten Leistung
- grenzen Möglichkeiten der vertraglichen Anpassung ab
- erläutern die Antragsinhalte
- erklären die unterschiedlichen Bezugsrechte in ihrer Bedeutung
- erläutern die unterschiedlichen Überschussquellen
- stellen die Bedeutung der Überschussbeteiligung kundenorientiert dar
- grenzen mögliche Vertragserhaltungsmaßnahmen ab
- stellen die verschiedenen Versicherungsfälle dar
- erläutern die Verwendungsmöglichkeiten der Versicherungsleistungen

5. Lebensversicherung

5.1 Vorsorgemöglichkeiten

▶ Situation

Der Generalagent Weißmann besucht das Ehepaar Jutta und Thomas Weber, um sie zum Thema „Vorsorge durch Lebensversicherung" zu beraten. Frau Weber ist 29 Jahre alt, Hausfrau und hat bis zur Geburt ihrer Tochter Julia als Verwaltungsfachangestellte gearbeitet. Julia ist jetzt 5 Jahre alt. Herr Weber ist 34 Jahre alt und arbeitet in der Personalabteilung eines Energieunternehmens. Das Haushaltseinkommen der Familie Weber beträgt zurzeit ca. 50 000,00 € p. a.

Im Verlauf des Gesprächs stellt das Ehepaar eine Reihe von grundsätzlichen Fragen. Insbesondere ist Herrn Weber nicht klar, warum er sein Geld einem Lebensversicherungsunternehmen anvertrauen soll, wenn er sein Geld genauso gut auf ein Bankkonto anlegen oder Wertpapiere erwerben könnte.

▶ Erläuterung

Finanzielle Vorsorge kann sich auf Ereignisse beziehen, die vorhersehbar sind (z. B. Urlaubsreise, neues Auto, Hausbau). Dazu muss ein bestimmter Geldbetrag angespart werden.

Bei Ereignissen, deren Eintritt überhaupt ungewiss ist (z. B. Unfall, Feuer oder Krankheit) oder bei denen man zumindest den Zeitpunkt des Eintritts nicht kennt (z. B. Tod), wird die ausreichende finanzielle Vorsorge dadurch erschwert, dass der entsprechende Geldbedarf für den Vorsorgefall nicht immer im Voraus bestimmbar ist oder dass das dann benötigte Kapital in der zur Verfügung stehenden Zeit gar nicht angespart werden kann.

Soweit finanzielle Vorsorge für Fälle getroffen werden soll, die den einzelnen Menschen treffen können, bietet sich die Lebensversicherung als geeignete Vorsorgemöglichkeit an. Als Alternative zur Lebensversicherung werden auch zahlreiche andere Anlageformen angeboten, um Kapital anzusammeln.

5.1.1 Vorsorge durch Kapitalbildung ohne Todesfallschutz

Kontensparen dient in erster Linie dazu, Beträge bereitzustellen, die jederzeit verfügbar sein sollen. Dabei ist an Anschaffungen oder unvorhergesehene Ausgaben zu denken, für die kurzfristig Geld benötigt wird. Da der Zins gegenüber anderen Anlageformen relativ niedrig ist und kaum die Preissteigerungsrate ausgleicht, ist Kontensparen für langfristige Vorsorgemaßnahmen nicht zweckmäßig.

Sparpläne der Banken verpflichten einen Sparer, langfristig (bis zu 25 Jahren) regelmäßig einen bestimmten Betrag auf ein Sparkonto einzuzahlen. Je nach Vereinbarung gewährt die Bank zusätzlich zum festen oder variablen Zins jährlich oder am Ende der Laufzeit einen Bonus, so dass die tatsächliche Verzinsung im Vergleich zum Kontensparen deutlich höher liegt.

Damit eignen sich Sparpläne der Banken insbesondere für solche Anleger, die regelmäßig mit eher kleineren Beträgen für ihr Alter vorsorgen wollen.

Beim **Wertpapiersparen** kann man verschiedene Formen wählen:

- Rentenwerte oder festverzinsliche Wertpapiere bieten gleichmäßige Verzinsung und gute Sicherheit.
- Dividendenwerte sind mit dem Wagnis der Spekulation verbunden. Der Aktionär ist Miteigentümer einer Aktiengesellschaft. Das kann Gewinne (Dividende, Kurssteigerungen), aber auch Verluste bringen.
- Mit **Investmentzertifikaten** ist man am Vermögen eines Investmentfonds beteiligt. Solche Fonds tätigen Kapitalanlagen in Aktien, Rentenpapiere, Immobilien oder wiederum in andere Investmentfonds.

Wie bei der unmittelbaren Geldanlage in Aktien oder Rentenpapiere sind auch hier hohe Gewinne, aber auch Verluste möglich. Durch die breite Streuung der Anlage sind die Erträge aber mehr vom gesamten Marktgeschehen und nicht so sehr vom Wohl oder Wehe eines einzelnen Investitionsobjektes abhängig.

Mit den verschiedenen Formen des Wertpapiersparens kann also insbesondere bei einer günstigen Mischung der Anlageformen ein geeignetes Vermögen zur Altersvorsorge aufgebaut werden.

Ein **Bausparvertrag** hilft vorrangig bei der Verwirklichung eines Bauvorhabens, da nach Erreichen eines Mindestguthabens ein Anspruch auf ein zinsgünstiges Darlehen für wohnungswirtschaftliche Zwecke besteht. Außerdem kann ein Bausparvertrag auch als Anlagemöglichkeit nach dem Vermögensbildungsgesetz dienen.

Ein Bausparvertrag erfüllt damit einen bestimmten Zweck. Er stellt jedoch unmittelbar keine geeignete Alters- oder Hinterbliebenenversorgung dar. Auch durch die Verbindung mit einer Bauspar-Restschuldversicherung wird nur gewährleistet, dass im Todesfall des Versorgers die noch bestehenden Kreditverbindlichkeiten gegenüber der Bausparkasse getilgt werden.

Haus- und Grundbesitz kann zu Mieteinnahmen führen oder mietfreies Wohnen ermöglichen. Diesem finanziellen Nutzen stehen jedoch i. d. R. Aufwendungen für die Instandhaltung der Immobilie gegenüber. Darüber hinaus kann über die Mieterträge bzw. die Mietersparnis uneingeschränkt nur dann verfügt werden, wenn die Immobilie schuldenfrei ist und damit keine Zins- und Tilgungsverpflichtungen mehr bestehen.

Mögliche Alternativen zur Lebensversicherung als Vorsorgeinstrument berücksichtigen nachfolgende Aspekte:

- Sicherheit (Werterhalt)
- Rendite (Verzinsung) und
- Liquidität (Verfügbarkeit)

5.1.2 Motive und Kundengruppen

Herr Weber spricht mit Herrn Weißmann

Herr Weißmann, Sie haben mich überzeugt. Der garantierte Todesfallschutz, den die Lebensversicherung zusätzlich bietet, ist bei keiner anderen Sparform enthalten.

Gerade diese Leistung der Lebensversicherung ist mir wichtig, weil ich sichergehen will, dass meine Frau und meine Tochter auch dann finanziell versorgt sind, wenn ich vor Ablauf der Versicherung sterben sollte und vielleicht sogar nur kurze Zeit Beiträge in die Versicherung einzahlen konnte.

Ich hoffe natürlich, dass ich die Auszahlung der Lebensversicherung selbst erlebe, damit ich mit einem schönen finanziellen Polster mein Rentnerdasein genießen kann.

Hinterbliebenenschutz und Altersvorsorge

Im Gespräch mit dem Außendienstmitarbeiter werden von Herrn Weber die beiden Motive zum Abschluss einer Lebensversicherung angesprochen, die auch am häufigsten von Lebensversicherungskunden genannt werden:

- Aufbau oder Verbesserung der eigenen Altersversorgung
- finanzieller Schutz der Hinterbliebenen bei vorzeitigem Tod der versicherten Person

Versorgungsbedarf bei Selbstständigen

Viele **Selbstständige und Freiberufler** sind nicht Mitglied der gesetzlichen Rentenversicherung und können oder wollen ihr auch nicht beitreten. So ist die Lebensversicherung oft der Hauptträger der Alters-, Invaliditäts- und Hinterbliebenenversorgung.

Versorgungslücken bei Arbeitnehmern

Für **Arbeitnehmer** bildet die gesetzliche Rentenversicherung die Grundlage für die eigene Alters-, Hinterbliebenen- und Erwerbsminderungsversorgung.

Die Höhe der Versorgungsleistung ist aber nur in den seltensten Fällen ausreichend, um den bisherigen Lebensstandard aufrechtzuerhalten.

Durch die Rentenreform 2001 sinkt das Rentenniveau; Berufsunfähigkeitsrenten wurden durch die ungünstigere Erwerbsminderungsrente ersetzt, für nach 1961 geborene Personen wurde der Berufsunfähigkeitsschutz sogar völlig abgeschafft.

Die dadurch verstärkt entstehenden Versorgungslücken können mit einer ggf. vorhandenen betrieblichen Altersversorgung und geeigneten Tarifen der Lebensversicherung geschlossen werden.

Neues „3-Schichten-Modell" der Altersvorsorge

Unter dem Begriff „Drei-Säulen-Theorie" wurden bisher die gesetzliche, betriebliche und private Altersvorsorge als Basis für die finanzielle Sicherheit im Alter miteinander verknüpft. Das ist auch heute noch so, aber das neue Alterseinkünftegesetz vom 1. Januar 2005 stellt die gesetzliche, betriebliche und private Altervorsorge auf eine völlig neue Grundlage.

Der Staat folgt dabei dem Grundsatz: Die Förderung der privaten Altersvorsorge erfolgt über das Steuerrecht. Besondere steuerliche Förderung erhält dabei allerdings nur eine solche Vorsorge, die eindeutig auf das Ziel der finanziellen Sicherheit im Alter ausgerichtet ist.

Konkret folgt das neue Steuerrecht einem 3-Schichten-Modell, in dem deutlich zwischen Altersvorsorge (1. und 2. Schicht) und Vermögensaufbau (3. Schicht) unterschieden wird.

---

1. Schicht: Basisversorgung

- Gesetzliche Rentenversicherung
- Berufsständische Versorgungswerke
- Kapitalgedeckte Leibrente (= Basisrente/„Rürup-Rente")

---

2. Schicht: kapitalgedeckte Zusatzversorgung

- Betriebliche Altersversorgung
- „Riester-Rente"

---

3. Schicht: übrige Kapitalanlageprodukte

- Private Rentenversicherung (mit und ohne Kapitalwahlrecht)
- Kapitalversicherungen
- sonstige Altersvorsorgeprodukte (z. B. Sparbuch, Investmentfonds)

Weitere Motive für den Abschluss einer Lebensversicherung

Neben Altersvorsorge und Hinterbliebenenschutz sind als weitere Motive für den Abschluss einer Lebensversicherung von besonderer Bedeutung:

- sichere Kapitalanlage/ Vermögensbildung
- günstige Finanzierungsmöglichkeiten einschließlich Absicherung von Krediten bei vorzeitigem Tod des Kreditnehmers

Zusätzlich gibt es noch ein ganzes Bündel von Motiven, die oft auch in Verbindung mit den bereits genannten zum Abschluss einer Lebensversicherung führen können:

- Bereitstellung von finanziellen Mitteln für die Ausbildung oder Aussteuer der Kinder
- finanzielle Absicherung bei Pflegebedürftigkeit oder Berufsunfähigkeit
- Absicherung eines später erforderlichen Kapitalbedarfs, z. B. zur Abfindung von Teilhabern eines Unternehmens oder deren Erben
- Betriebliche Altersversorgung von Arbeitnehmern und Geschäftsführern

5.2 Formen der Lebensversicherung

Herr Weber:

Welche Lebensversicherung wäre für mich denn die Richtige, wenn ich gleichzeitig Todesfallschutz und eigene Altersvorsorge erreichen will?

Außerdem möchte ich sicherstellen, dass meine Tochter Julia auf jeden Fall genügend Geld für eine Ausbildung zur Verfügung hat, auch wenn ich vorher sterben sollte.

GA Weißmann:

Gerade weil es so viele unterschiedliche Gründe für den Abschluss einer Lebensversicherung gibt, muss der Versicherungsschutz individuell auf die Wünsche des einzelnen Kunden abgestimmt werden. Um einen möglichst bedarfsgerechten Versicherungsschutz aufbauen zu können, bietet jeder Lebensversicherer viele unterschiedliche Formen („Tarife") der Lebensversicherung an.

Ich möchte Ihnen die wesentlichen grundlegenden Tarife der Lebensversicherung vorstellen und dann aus dieser Angebotspalette einen Vorschlag machen, der auf Ihre Wünsche abgestimmt ist.

Bei den Formen der Lebensversicherung unterscheidet man grundsätzlich **Kapitalversicherungen, private Rentenversicherungen** und **Zusatzversicherungen**. Diese Grundformen können von den einzelnen Lebensversicherern durch eine Reihe von Besonderheiten bei der Vertragsgestaltung ergänzt oder verändert werden, sodass am Markt eine Vielzahl von unterschiedlichen Lebensversicherungstarifen angeboten wird.

Die Lebensversicherungsunternehmen sind frei in der kundenorientierten Ausgestaltung ihrer LV-Produkte.

Kapital- und Rentenversicherung

Bei der Lebensversicherung kann man grundsätzlich zwischen **Kapitalversicherungen** und **Rentenversicherungen** unterscheiden:

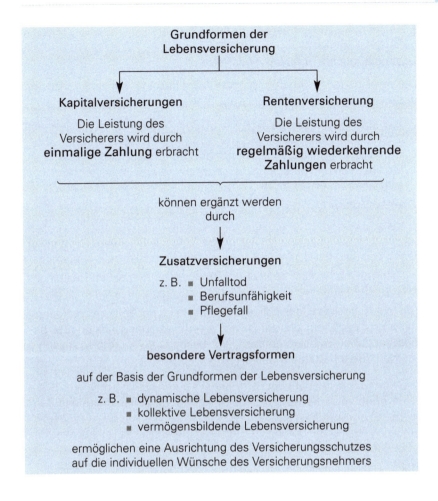

5.2.1 Kapitalversicherungen

Kapitalversicherungen

	auf den Todesfall	auf den Todes- und Erlebensfall	mit festem Auszahlungstermin	
	Risikolebens-versicherung	gemischte Lebens-versicherung	Termfix-versicherung	Aussteuer-versicherung
Die Leistung wird fällig:	bei Tod des Versi-cherten	bei Tod des Versicherten, spätestens bei Ablauf der Versicherung	bei Ablauf der Ver-sicherung	bei Heirat, spätestens bei Ablauf der Versicherung

5.2.1.1 Kapitalversicherung auf den Todesfall

Lebenslängliche Todesfallversicherung

Die vereinbarte Versicherungssumme wird bei der lebenslänglichen Todesfallversicherung bei Tod der versicherten Person fällig.

▶ **Beispiel**

> Herr Weber schließt eine Kapitalversicherung auf den Todesfall über 100 000,00 € Versicherungssumme ab, um seine Hinterbliebenen (Ehefrau und Tochter Julia) finanziell abzusichern.
>
> Die Leistung von 100 000,00 € wird fällig, wenn Herr Weber stirbt.

Diese Leistung hat der Versicherer also in jedem Falle zu erbringen, insofern besteht für ihn bei dieser Form der Lebensversicherung eine unbedingte Leistungspflicht.

Die lebenslängliche Todesfallversicherung kann neben der Versorgung der Hinterbliebenen auch zur Deckung von Bestattungskosten (**Sterbegeldversicherung**) oder anfallender Erbschaftsteuern abgeschlossen werden (**Erbschaftsteuerversicherung**).

Abweichend vom Zeitpunkt des Todes des Versicherten kann bei verschiedenen Versicherern auch vereinbart werden, dass die Leistung spätestens bei Erreichen eines hohen Alters, z. B. 85 Jahre, fällig wird. Dann handelt es sich faktisch um eine gemischte Lebensversicherung mit dem Endalter 85.

Bei der lebenslänglichen Todesfallversicherung kann auch vertraglich festgelegt sein, dass der Ablauf der Versicherung durch eine entsprechende Verrechnung der Überschussbeteiligung und durch spätere freiwillige Zuzahlungen vorgezogen wird. Bei dieser so genannten **Aufbauversicherung** wird die Todesfallversicherung dann schrittweise in eine gemischte Lebensversicherung umgewandelt.

Die Beiträge sind bis zum Tod des Versicherten zu zahlen, üblicherweise wird die Beitragszahlung jedoch auf das 85. oder besser noch auf das 65. Lebensjahr begrenzt, um das Risiko einer Überzahlung zu vermeiden und um der Gefahr zu entgehen, auch im Rentenalter noch Beiträge zahlen zu müssen. Die Versicherung besteht dann beitragsfrei und überschussberechtigt bis zur Fälligkeit der Versicherungsleistung weiter.

Risikoversicherung (temporäre Todesfallversicherung)

Die Risikoversicherung ist eine so genannte „abgekürzte" Todesfallversicherung, deren Leistung nur fällig wird, wenn die versicherte Person während der Vertragsdauer stirbt.

§ 1 (1) ALB (RisikoV)

▶ **Beispiel**

Herr Weber schließt eine Risikoversicherung mit einer Vertragsdauer von 26 Jahren über 100 000,00 € Versicherungssumme ab.

Die Leistung von 100 000,00 € wird nur fällig,

wenn Herr Weber innerhalb der Vertragsdauer von 26 Jahren stirbt.

Stirbt Herr Weber nach Ablauf der 26 Jahre, wird keine Leistung mehr aus der Risikoversicherung gezahlt.

Die Beiträge sind wie bei jeder Todesfallversicherung bis zum Tod des Versicherten, spätestens bis zum Ablauf der Versicherung zu entrichten. Stirbt die versicherte Person nicht während der Vertragslaufzeit, sind bei Ablauf des Vertrages die eingezahlten Beiträge für die Risikotragung verbraucht.

Damit ergibt sich für diese Form der Todesfallversicherung für den Versicherer nur eine zeitlich bedingte Leistungspflicht. Als Vertragsdauer können zwischen ein und 35 Jahre vereinbart werden. Die Todesfallversicherung endet jedoch spätestens mit dem 70. Lebensjahr der versicherten Person.

§ 1 (1) ALB (RisikoV)

Risikoversicherungen werden im Allgemeinen mit einem Umtauschrecht abgeschlossen. Dabei wird dem Versicherungsnehmer das Recht eingeräumt, die Risikoversicherung innerhalb einer bestimmten Frist (höchstens 10 Jahre) in eine gemischte Lebensversicherung mit maximal gleich hoher Versicherungssumme umzutauschen. Der Beitrag für die umgetauschte Versicherung wird dann auf der Basis des beim Umtausch erreichten Alters der versicherten Person und der neuen Vertragsdauer ermittelt. Vorteilhaft ist, dass der Versicherer auf eine neue Gesundheitsprüfung verzichtet.

§ 18 ALB (RisikoV)

Eine besondere Form der temporären Todesfallversicherung ist die **Darlehensrestschuldversicherung.**

Dabei fällt vereinbarungsgemäß die Versicherungssumme in regelmäßigen Abständen (z. B. monatlich) an und wird damit der sinkenden Restschuld eines Kredites angepasst. Stirbt der Kreditnehmer (= versicherte Person der Restschuldversicherung), kann die Versicherungsleistung zur Tilgung des noch bestehenden Kredites verwendet werden.

▶ **Beispiel**

Herr Weber möchte einen Kredit über 30 000,00 € absichern, der in 6 Jahren jährlich mit 5 000,00 € getilgt wird. Zur Deckung der jeweiligen Restschuld schließt er eine Risikoversicherung mit einer Anfangsversicherungssumme über 30 000,00 € ab, die in den folgenden Jahren jeweils um 5 000,00 € fällt.

Falls Herr Weber während der 6 Jahre Kredit- bzw. Versicherungslaufzeit stirbt, wird die vereinbarte Leistung aus der Restschuldversicherung fällig und kann zur Tilgung der noch vorhandenen Kreditschuld verwendet werden.

Stirbt Herr Weber z. B. im vierten Versicherungsjahr, zahlt der Lebensversicherer 15 000,00 € aus (= Kreditrestschuld im vierten Jahr).

Die Risikoversicherung kann auch mit variablen Summen vereinbart werden. Die Versicherungsdauer wird dazu in verschiedene zeitliche Phasen gegliedert; für jede Phase kann eine unterschiedliche Dauer und Höhe der Todesfallsumme gelten. Die Summe kann in jeder Phase gegenüber der vorherigen steigen, sinken oder konstant bleiben.

Bei einer Risikoversicherung auf verbundene Leben sind mehrere Personen in einem Vertrag versichert. Die Todesfallsumme wird nur einmal und zwar bei Tod des zuerst Sterbenden fällig.

5.2.1.2 Kapitalversicherung auf den Todes- und Erlebensfall (Gemischte Versicherung)

Grundform der gemischten Lebensversicherung

§ 1 (1) AVB für die kapitalbildende LV

Etwa drei Viertel der in Deutschland abgeschlossenen Lebensversicherungen gehören zum Typ der gemischten Versicherung. Dabei wird die Versicherungsleistung beim Tode der versicherten Person, spätestens beim Ablauf der vereinbarten Versicherungsdauer fällig.

Da die Erlebensfallleistung aus den während der Vertragslaufzeit eingezahlten Sparanteilen des Beitrages gebildet wird, werden gemischte Lebensversicherungen auch als **kapitalbildende Lebensversicherungen** bezeichnet.

Die gemischte Versicherung verbindet die Altersvorsorge mit der Hinterbliebenenversorgung. Sie eignet sich außerdem als Sicherheit bei Verbindlichkeiten oder zur Tilgung von Krediten.

▶ Beispiel

Herr Weber schließt eine Kapitalversicherung auf den Todes- und Erlebensfall mit einer Laufzeit von 26 Jahren über 100 000,00 € Versicherungssumme ab.

Die Leistung von 100 000,00 € wird fällig,

- wenn Herr Weber innerhalb der Vertragsdauer von 26 Jahren stirbt

  oder

- nach Ablauf der 26 Jahre, wenn Herr Weber diesen Zeitpunkt erlebt.

Die gemischte Lebensversicherung kann auch mit einer verminderten Erlebensfall- oder verminderten Todesfallsumme gewählt werden: Eine im Vergleich zur Todesfallsumme niedrigere Erlebensfallsumme werden z. B. jüngere Familienväter vereinbaren, bei denen die Hinterbliebenenversorgung zunächst Vorrang vor der eigenen Altersversorgung hat. Für Alleinstehende hat die Hinterbliebenenversorgung häufig einen geringeren Stellenwert, sodass es sinnvoll sein kann, die Todesfallsumme niedriger zu wählen als die für die eigene Altersversorgung wichtige Erlebensfallsumme.

Neben der Grundform der gemischten Versicherung bieten viele Versicherer Sonderformen der Kapitalversicherung auf den Todes- und Erlebensfall an.

Versicherung auf zwei verbundene Leben

Bei der Versicherung auf zwei verbundene Leben wird die Leistung beim Tode der zuerst sterbenden versicherten Person, spätestens bei Ablauf der Versicherung fällig. Bei gleichzeitigem Tod beider Versicherter wird die Summe nur einmal gezahlt. Diese Versicherung kann auch mit verminderter Erlebensfallsumme gewählt werden.

Sie wird zur finanziellen Sicherstellung von Teilhabern an Personengesellschaften abgeschlossen, um den Fortbestand der Gesellschaft auch beim Tode eines Geschäftspartners zu sichern (z. B. Auszahlung der Versicherungssumme an die Erben des Teilhabers) oder zur Hinterbliebenenversorgung von Ehepartnern und Kindern, wenn beide Partner zum Familieneinkommen beitragen.

Eine Unfall-Zusatzversicherung ist ebenfalls möglich. Bei gleichzeitigem Tod der versicherten Personen wird dann die doppelte Unfallsumme (bei doppeltem Beitrag für die Unfall-Zusatzversicherung) gezahlt.

Versicherung mit Teilauszahlungen, Abrufoption und flexible Altersgrenze

Viele Lebensversicherer ermöglichen es ihren Kunden, den Versicherungsschutz während der Vertragslaufzeit den privaten und beruflichen Entwicklungen anzupassen.

Versicherung mit Teilauszahlungen

Die Versicherung mit mehreren Teilauszahlungen berücksichtigt, dass viele Versicherungsnehmer nicht bis zum vereinbarten Ablauf der Leistung warten wollen, sondern schon vorher über einen Teil der Versicherungssumme verfügen möchten. Diese Tarifform sieht daher vor, dass nach frühestens 12 Jahren (steuerliche Sperrfrist) bei Erleben Teilbeträge der Versicherungssumme in bestimmten Abständen (z. B. nach 12, 15, 20, 25 usw. Jahren) ausgezahlt werden.

Im Todesfall werden – je nach vertraglicher Vereinbarung – bereits geleistete Teilauszahlungen mit der Todesfallsumme verrechnet oder es wird die volle (Anfangs-)Versicherungssumme gezahlt.

Abrufoption

Bei einer Abrufoption erhält der Versicherte die Möglichkeit, während des letzten Drittels der Versicherungsdauer den Vertrag vorzeitig aufzulösen. Es gelten die gleichen Fristen, wie für eine normale Kündigung des Lebensversicherungsvertrages; es entfällt jedoch die sonst übliche Stornogebühr, der Rückkaufswert enthält das erreichte Überschussguthaben den Schlussüberschussanteil und den Überschussanteil des laufenden Versicherungsjahres. Damit liegt der Auszahlungsbetrag der Versicherung wesentlich über dem, der sich bei normaler Kündigung ergäbe.

Flexible Altersgrenze

Eine frühzeitige Auflösung des Vertrages kann der Versicherte im Rahmen der flexiblen Altersgrenze in Anspruch nehmen, wenn er das 55. Lebensjahr erreicht hat und die Restlaufzeit des Versicherungsvertrages bis zum Ablaufdatum noch höchstens 7 Jahre beträgt. Dabei ergeben sich die gleichen Vorteile wie bei der Abrufoption.

5.2.1.3 Kapitalversicherung auf den Todes-, Erlebens- und Krankheitsfall („dread disease")

Zusätzlich zu den Leistungsfällen Tod oder Ablauf leistet der Versicherer auch, wenn die versicherte Person vor Erreichen des Ablauftermins schwer erkrankt (dread disease = furchtbares Leiden).

Die versicherten Erkrankungen (z. B. Herzinfarkt, Krebs, Bypassoperation, Schlaganfall, Multiple Sklerose) werden in den Bedingungen ausdrücklich aufgeführt. Die HIV-Infektion kann dazugehören.

▶ Beispiel

Herr Weber überlegt, ob er eine Kapitalversicherung **auf den Todes-, Erlebens- und Krankheitsfall** mit einer Laufzeit von 35 Jahren über 100 000,00 € Versicherungssumme abschließen sollte.

Die Leistung von 100 000,00 € würde fällig,

- wenn Herr Weber innerhalb der Vertragsdauer von 35 Jahren stirbt

  oder

- nach Ablauf der 35 Jahre Vertragslaufzeit, wenn Herr Weber diesen Zeitpunkt erlebt

  oder

- wenn Herr Weber innerhalb der Vertragsdauer an einer in den Versicherungsbedingungen genannten schweren Erkrankung, die den Versicherungsfall auslöst, leidet.

5.2.1.4 Kapitalversicherung auf festen Auszahlungszeitpunkt (Termfixversicherung)

Bei einer Kapitalversicherung auf festen Termin wird die vereinbarte Versicherungssumme zum im Versicherungsschein genannten Ablauftermin gezahlt, unabhängig davon, ob die versicherte Person diesen Zeitpunkt erlebt.

Die Beitragszahlung endet bei Tod der versicherten Person, spätestens mit Ablauf der vereinbarten Versicherungsdauer.

Diese Versicherung wird häufig abgeschlossen, um Mittel für eine über den Schulbesuch hinausgehende Ausbildung oder den Start in die Selbstständigkeit bereitzustellen. Sie wird deswegen auch als **Ausbildungsversicherung** bezeichnet.

Versicherte Person bei dieser Tarifform ist oft ein Elternteil (Versorger), während Großeltern oder andere Verwandte eher Versicherungsnehmer werden. Wenn die versicherte Person vor Fälligkeit der Versicherungssumme stirbt, endet die Verpflichtung zur Beitragszahlung. Die Versicherungsleistung wird unabhängig davon zu dem vereinbarten Termin fällig.

Der Versicherungsnehmer legt fest, wer zum fest bestimmten Zeitpunkt die Versicherungssumme erhalten soll. Stirbt diese bezugsberechtigte Person, beeinflusst das allerdings nicht den Fortbestand der Versicherung bzw. die Beitragszahlungspflicht.

▶ Beispiel

Herr Weber schließt für seine 5-jährige Tochter eine Ausbildungsversicherung über 20 000,00 € mit einer Laufzeit von 16 Jahren ab. Herr Weber ist versicherte Person.

Die Leistung aus dieser Versicherung wird nach Ablauf der 16 Jahre fällig. Die 20 000,00 € werden in jedem Falle zu diesem Zeitpunkt gezahlt, auch wenn Herr Weber während der Vertragsdauer sterben sollte. Die Versicherung wird dann ohne Beitragszahlung bis zur Fälligkeit weitergeführt.

5.2.1.5 Versicherung auf den Heiratsfall (Aussteuerversicherung)

Eine Variante der Kapitalversicherung auf festen Auszahlungstermin stellt die Versicherung auf den Heiratsfall dar. Sie bezieht die Heirat eines mitversicherten Kindes als zusätzlichen Leistungsfall gegenüber der Grundform der Termfixversicherung in den Versicherungsschutz mit ein. Die Leistung wird fällig, wenn das mitversicherte Kind heiratet, spätestens zu dem im Versicherungsschein genannten Ablauftermin.

▶ Beispiel

Herr Weber schließt für seine 9-jährige Tochter Julia eine Aussteuerversicherung über 20 000,00 € ab. Als Ablauf wird vereinbart: Ende des Versicherungsjahres, in dem Julia Weber 25 Jahre alt wird. Herr Weber ist versicherte Person; Julia Weber ist mitversicherte Person.

Die Leistung aus dieser Versicherung wird fällig,

- wenn Julia Weber vor Ablauf der Versicherung standesamtlich beurkundet heiratet,

spätestens

- wenn Julia Weber 25 Jahre alt wird.

Wenn Herr Weber während der Vertragslaufzeit sterben sollte, wird die Versicherung ohne Beitragszahlung bis zur Fälligkeit weitergeführt. Erst dann werden die 20 000,00 € zuzüglich Überschussbeteiligung ausgezahlt.

Stirbt das Kind vor Fälligkeit der Leistung, erstattet der Versicherer die eingezahlten Beiträge bis zur Höhe der Versicherungssumme einschließlich Überschussbeteiligung, mindestens jedoch den Rückkaufswert der Versicherung.

War die Versicherung durch den Tod des Versorgers oder wegen vorzeitiger Einstellung der Beitragszahlung beitragsfrei gestellt, wird der Rückkaufswert der Versicherung ausgezahlt.

Der Fälligkeitstermin der Leistung in der Versicherung auf den Heiratsfall kann durch die Festlegung des Heiratstermins subjektiv beeinflusst werden. Um dadurch mögliche Missbräuche zu minimieren, beträgt das Höchsteintrittsalter des mitversicherten Kindes bei vielen Lebensversicherungsunternehmen 10 Jahre. Gleichzeitig wird die Höchstversicherungssumme auf 50 000,00 € beschränkt.

5.2.2 Private Rentenversicherung

Mit dem Begriff „Private Rentenversicherung" werden Lebensversicherungen bezeichnet, bei denen die Versicherungsleistung in der Form von regelmäßig wiederkehrenden Zahlungen erbracht wird.

Leibrente und Zeitrente

Bei einer Rentenzahlung ist grundsätzlich zwischen Leib- und Zeitrente zu unterscheiden.

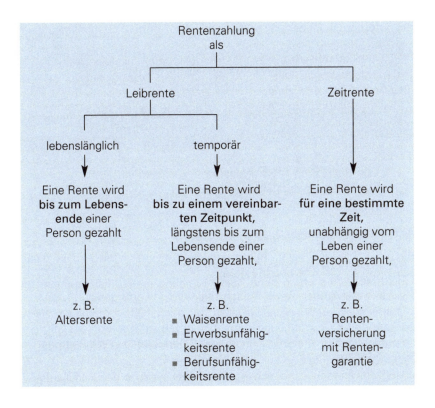

Arten der privaten Rentenversicherung

In der privaten Rentenversicherung können verschiedene Risiken versichert werden:

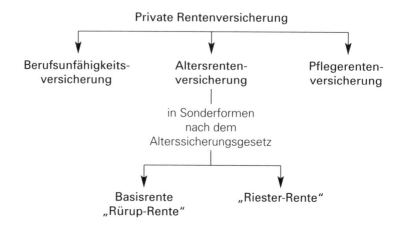

5.2.2.1 Altersrentenversicherung

Im Hinblick auf den Rentenzahlungsbeginn kann man Vertragsformen mit sofort beginnender und aufgeschobener Rente unterscheiden.

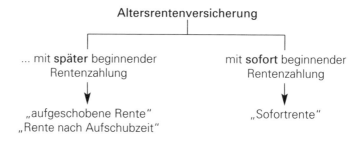

Aufgeschobene Rente

§ 1 (1) ALB für die Rentenversicherung mit aufgeschobener Rentenzahlung

Bei einer aufgeschobenen Rente zahlt der Versicherer nach Ablauf einer Aufschubzeit die vereinbarte Rente.

Während der **Aufschubzeit** (Ansparzeit) wird das erforderliche Kapital, aus dem die Rente finanziert werden soll, durch laufende oder einmalige Beitragszahlung des Versicherungsnehmers angespart. Üblicherweise entspricht bei vereinbarter laufender Beitragszahlung die Beitragszahlungsdauer der Aufschubzeit.

Sofortrente

Bei der Altersrente in Form der Sofortrente setzt die Rentenzahlung unmittelbar mit Beginn der Versicherung ein. Sie kann daher nur gegen Einmalbeitrag abgeschlossen werden.

§ 1 (1) ALB für die (RentenV) mit sofort beginnender Rentenzahlung

Die Vereinbarung einer Sofortrente bietet sich insbesondere für Menschen an, die bereits Kapital für ihre Altersversorgung angesammelt haben und diesen Betrag verrenten wollen.

Besondere Vereinbarungen zur Altersrente

Zusätzlich vereinbarte Todesfallleistung

Soweit eine Altersrentenversicherung ohne eine zusätzliche Todesfallleistung vereinbart wird, handelt es sich um eine reine Erlebensfallversicherung.

Vielfach wird jedoch zusätzlich zur Rentenleistung eine Todesfallleistung zum Schutz der Hinterbliebenen in den Vertrag mit eingeschlossen. Dies vermindert das Risiko des Versicherungsnehmers, dass bei einem Tod der versicherten Person während der Aufschubzeit und kurz nach Rentenbeginn ein großer Teil seiner Einzahlungen zugunsten des Versicherungskollektivs verfällt.

- Tod nach Rentenbeginn

  Bei Tod der versicherten Person nach Rentenbeginn erbringt der Versicherer die Todesfallleistung entweder in Form einer
  - einmaligen Kapitalzahlung an die Hinterbliebenen des Versicherten oder
  - einer Rentenzahlung für eine bei Vertragsabschluss festgelegte Zeitdauer („Rentengarantie").

  Die Dauer der Rentengarantie kann je nach Eintrittsalter zwischen 5 und 20 Jahren vereinbart werden. Der Bezugsberechtigte hat gegenüber dem Versicherer anstelle der Rentenzahlung alternativ den Anspruch auf Auszahlung des Barwertes der noch zu zahlenden Rente.

- Tod vor Rentenbeginn

  Bei Tod des Versicherten während der Aufschubzeit erstattet der Versicherer – soweit vereinbart – die bis dahin eingezahlten Beiträge (ohne Verzinsung, aber einschließlich der auf die Beiträge entfallenden Überschussbeteiligung).

Hinterbliebenenrenten-Zusatzversicherung

Zur weiteren Versorgung von Hinterbliebenen kann vertraglich festgelegt werden, dass nach Ablauf der Rentengarantie eine Hinterbliebenenrente bis zur Höhe der Rente aus der Hauptversicherung gezahlt wird. Sehr häufig werden 60 % der Hauptversicherungsrente gewählt.

Kapitalwahlrecht

§ 1 (3) ALB (RentenV)

Obwohl bei Abschluss einer Rentenversicherung grundsätzlich vereinbart wird, dass die Versicherungsleistung durch regelmäßig wiederkehrende Leistungen erbracht wird, schließt das nicht aus, dass die Rentenleistung auf Wunsch des Versicherungsnehmers mit einer Frist vor Beginn der Rentenzahlung (zwischen 2 und 3 Monaten vor Rentenbeginn bei Rentenversicherungen mit Todesfallleistung; bis zu 5 Jahre vor Rentenbeginn bei Rentenversicherungen ohne Todesfallleistung) kapitalisiert werden kann.

Die relativ lange Frist bei Rentenversicherungen ohne Todesfallleistung soll verhindern, dass Versicherte, die subjektiv von einer nur noch kurzen Lebenserwartung ausgehen, kurz vor ihrem vereinbarten Rentenbeginn das Kapitalwahlrecht ausüben und dadurch nur noch Versicherte mit einer überdurchschnittlich langen Lebenserwartung und damit Rentenzahlungsdauer die Versicherungsleistung als laufende Zahlung bis zum Todesfall in Anspruch nehmen.

Flexibler Rentenbeginn

Am Markt werden auch Rentenversicherungen angeboten, die keinen festgelegten Rentenbeginn, sondern eine **Rentenbeginnphase** (z. B. die letzten 5 Jahre der Aufschubzeit) vorsehen.

Dies ist ein besonders flexibles Anpassen an einen gewünschten Rentenbeginn (z. B. durch vorzeitigen Ruhestand).

Neue Vertragsvarianten

Eine neue Variante der Rentenversicherung für berufstätige Paare ermöglicht eine gleichberechtigte Absicherung. Stirbt einer der Partner während der Ansparzeit, muss der andere keine Beiträge mehr zahlen. Bleibt ein Partner während der Rentenbezugszeit übrig, sinkt die Rentenzahlung geringfügig, wird aber bis zum Lebensende des länger Lebenden gezahlt („Rente für zwei").

Dynamische Vertragsvarianten fangen den Kaufkraftverlust durch die Inflation auf, indem die Rentenzahlungen insgesamt oder Anteile davon („teildynamische Rente") in vereinbarten Steigerungsraten regelmäßig erhöht werden.

5.2.2.2 Selbstständige Berufsunfähigkeitsversicherung

▶ Situation

Herr Weber hat Sie als Außendienstmitarbeiter der Proximus Versicherung gebeten, ihn zum Thema Berufs- und Erwerbsunfähigkeit zu beraten.

Bei Ihrem Besuch stellt sich heraus, dass Herr Weber bereits zwei Tage vorher von einem Vertreter eines anderen Versicherungsunternehmens ein Angebot für eine Berufsunfähigkeitsversicherung erhalten hat. Da Herr Weber sich nicht gut beraten fühlte, bittet er Sie um detaillierte Auskunft, warum diese Versicherung für ihn wichtig ist.

Dem Angebot des anderen Versicherungsunternehmens entnehmen Sie, dass deren BU leistet, wenn „… der Versicherte voraussichtlich 6 Monate außerstande sein wird, seinen zuletzt ausgeübten Beruf auszuüben."

Die Bedingungen der Proximus Versicherung sehen in diesem Zusammenhang andere Regelungen vor. Erläutern Sie Herrn Weber den Unterschied zwischen beiden Regelungen.

▶ Erläuterung

Bedeutung der selbstständigen Berufsunfähigkeitsversicherung

Mit der im Jahr 2001 beschlossenen Rentenreform wurde nicht nur das Niveau der gesetzlichen Rentenversicherung gesenkt, sondern auch die bis dahin möglichen gesetzlichen Berufs- und Erwerbsunfähigkeitsrenten durch niedrigere Erwerbsminderungsrenten ersetzt.

Rente wegen **verminderter Erwerbsfähigkeit** erhält nur, wer nicht mindestens 6 Stunden pro Tag erwerbstätig sein kann.

- Die allgemeine Wartezeit für die gesetzliche Rente bei verminderter Erwerbsfähigkeit beträgt 5 Jahre; es müssen 3 Jahre Pflichtbeiträge in den letzten 5 Jahren vor Eintritt der Erwerbsminderung gezahlt worden sein
- Höhe der Rente: Entspricht der Hälfte der Rente, die bei voller Erwerbsunfähigkeit gezahlt würde

Rente wegen **vollständiger Erwerbsunfähigkeit** erhält, wer nicht mindestens 3 Stunden täglich erwerbsfähig sein kann.

Es gibt grundsätzlich keinen Berufsschutz. Die Rest-Erwerbsfähigkeit bezieht sich auf die Teilnahme am allgemeinen Arbeitsmarkt.

Für diejenigen, die zum Jahresbeginn 2001 jünger als 40 Jahre waren, wurde der Berufsunfähigkeitsschutz ganz abgeschafft.

Damit besteht für Arbeitnehmer ein zusätzlicher Vorsorgebedarf für den Fall der Berufs- oder Erwerbsunfähigkeit. Deshalb ist der Abschluss einer privaten Berufsunfähigkeitsversicherung besonders wichtig.

Vielfach wird der Berufsunfähigkeitsschutz in Verbindung mit einem Lebensversicherungsvertrag als Zusatzversicherung vereinbart.

Wer keinen Lebensversicherungsvertrag schließen möchte oder auf andere Weise Altersvorsorge getroffen hat, kann über die selbstständige Berufsunfähigkeitsversicherung trotzdem Versicherungsschutz für den Fall der Berufsunfähigkeit erhalten.

Berufsunfähigkeit

Es gibt keine einheitliche Definition der Berufsunfähigkeit (BU). Die Definitionen der BU in der Sozialversicherung, der privaten Krankenversicherung und der Lebensversicherung weichen erheblich voneinander ab; sogar zwischen verschiedenen Lebensversicherungsunternehmen gibt es Unterschiede in der Definition. Eine häufig verwendete Definition der BU in der privaten Lebensversicherung lautet:

Berufsunfähigkeit liegt vor, wenn die versicherte Person infolge Krankheit, Körperverletzung oder Kräfteverfalls, die ärztlich nachzuweisen sind, voraussichtlich sechs Monate ununterbrochen außerstande ist, ihren zuletzt ausgeübten Beruf auszuüben.

Teilweise Berufsunfähigkeit liegt vor, wenn die genannten Voraussetzungen nur in einem bestimmten Grad voraussichtlich sechs Monate ununterbrochen erfüllt sind.

Ist der Versicherte sechs Monate ununterbrochen pflegebedürftig gewesen und deswegen täglich gepflegt worden, so gilt dies als vollständige Berufsunfähigkeit.

Konkrete und abstrakte Verweisung

Versicherungsunternehmen, die die o. g. Definition der Berufsunfähigkeit dem Versicherungsvertrag zugrunde legen, leisten also, wenn der Versicherungsnehmer seinen „zuletzt ausgeübten Beruf" nicht mehr ausüben kann. Eine Ablehnung der Leistung unter Verweisung auf eine andere zumutbare Tätigkeit ist damit in diesem Fall ausgeschlossen – es sei denn, der VN übt bereits eine zumutbare verweisbare Tätigkeit konkret aus (**konkrete Verweisung**).

▶ Beispiel

Konkrete Verweisung

Herr Weber hat sich einige Jahre nach Abschluss seiner selbstständigen Berufsunfähigkeitsversicherung als Energieberater selbstständig gemacht, was mit einer intensiven Reisetätigkeit verbunden ist. Nach einer schweren Erkrankung kann er diese Tätigkeit nicht mehr ausüben und beantragt eine Leistung aus seiner Versicherung. Bei der Leistungsprüfung stellt sich heraus, dass er inzwischen bei einem Wirtschaftsprüfungsunternehmen in der Verwaltung tätig ist. Da er diese

Tätigkeit aufgrund seiner Ausbildung und Erfahrung (Arbeit in der Personalabteilung eines Energieunternehmens) ausüben kann und sie seiner bisherigen Lebensstellung entspricht, ist sie als zumutbar anzusehen, und der Versicherer kann ihn auf diese konkret von ihm ausgeübte Tätigkeit verweisen, sofern in seinem Vertrag ein solcher Verweis nicht ausdrücklich ausgeschlossen ist. Fazit: keine Leistung aus der Versicherung.

In den BU-Bedingungen anderer Lebensversicherer (z. B. bei der Proximus Versicherung) kann bestimmt sein, dass Berufsunfähigkeit vorliegt, wenn eine versicherte Person „ihren Beruf oder eine andere Tätigkeit, die ihrer Ausbildung und Erfahrung entspricht nicht mehr ausüben kann".

AVB für die BU-V § 2 (1)

Dann hat der Versicherer die Möglichkeit, eine BU-Leistung abzulehnen und die versicherte Person auf eine andere zumutbare Tätigkeit zu verweisen, soweit die versicherte Person diese auch ausüben kann. In diesem Fall erfolgt die Verweisung also rein abstrakt auf ein anderes Berufsbild (**abstrakte Verweisung**).

▶ Beispiel

Abstrakte Verweisung

Herr Weber weist durch Vorlage von ärztlichen Bescheinigungen nach, dass er „infolge seiner Erkrankung außerstande ist, seinen bisherigen Beruf oder eine andere Tätigkeit auszuüben, die er aufgrund seiner Ausbildung und Erfahrung ausüben könnte und die seiner Lebensstellung entspräche". Wenn sich dies bei der Leistungsprüfung bestätigt, kann der Versicherer ihn nicht abstrakt auf einen anderen Beruf oder eine andere Tätigkeit verweisen und muss die vertragliche Leistung erbringen.

Die Leistung der Berufsunfähigkeitsversicherung besteht zum einen in der Beitragsbefreiung, d. h. nach Eintritt der Berufsunfähigkeit entfällt die Verpflichtung, weiter Beiträge zu zahlen, und zum anderen in der Zahlung einer Rente in vereinbarter Höhe. Eine Kapitalisierung der Rente kommt nicht in Betracht, da mit ihr nicht der Möglichkeit Rechnung getragen werden kann, dass eine eingetretene Berufsunfähigkeit später wieder wegfällt (Reaktivierung).

AVB für die BU-V § 1 (1)

Der Anspruch auf Beitragsbefreiung und Rente erlischt, wenn die Berufsunfähigkeit nicht mehr besteht, der Versicherte stirbt oder die Versicherung abläuft.

Vertragslaufzeiten enden für Männer spätestens mit dem Alter 65, bei Frauen mit 60.

Versicherungsdauer (= Zeitraum, in dem Versicherungsschutz gewährt wird) und Leistungsdauer (= Zeitraum, in dem Versicherungsleistungen erbracht werden) können voneinander abweichen.

> Beispiel

Es besteht für Herrn Weber eine selbstständige Berufsunfähigkeitsversicherung. Er ist bei Vertragsabschluss 35 Jahre alt. U. a. hat er vereinbart: Versicherungsdauer bis Alter 55, Leistungsdauer bis Alter 60.

Fall A: Angenommen, Herr Weber wird berufsunfähig, wenn er 53 Jahre alt ist.

Fall B: Angenommen, Herr Weber wird berufsunfähig, wenn er 57 Jahre alt ist.

Lösung

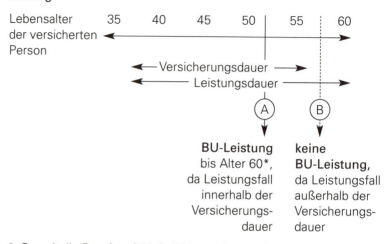

* Soweit die Berufsunfähigkeit bis zu diesem Zeitpunkt andauert.

50 %-Regelung

§ 1 (1) AVB zur BU-V

Bedingungsgemäß werden die vereinbarten Leistungen erbracht, wenn der Versicherte zu mindestens 50 Prozent berufsunfähig ist. Bei einem geringeren Grad der Berufsunfähigkeit besteht kein Anspruch auf Leistung aus der Berufsunfähigkeitsversicherung.

Beitragsanpassung

Da das subjektive Risiko in der Berufsunfähigkeitsversicherung sehr hoch ist, können die Versicherungsbedingungen eine Beitragserhöhung während der Vertragslaufzeit vorsehen, soweit die BaFin dem zustimmt.

5.2.2.3 Pflegerentenversicherung

Die Pflegepflichtversicherung im Rahmen der gesetzlichen bzw. privaten Krankenversicherung kann durch eine Pflegerentenversicherung, die die Lebensversicherungsunternehmen anbieten, ergänzt werden. Diese Pflegerentenversicherung wird als selbstständige Vertragsform oder als Zusatzversicherung am Markt angeboten.

> Nach den Allgemeinen Versicherungsbedingungen hat der Versicherer eine Pflegerente zu zahlen, wenn der Versicherte im Hinblick auf eine während der Dauer des Versicherungsvertrages eingetretene Pflegebedürftigkeit dauernd gepflegt werden muss.

Leistungen

Die Pflegerentenversicherung umfasst drei Leistungskomponenten:

1. Eine Rente für die Dauer der Pflegebedürftigkeit (frühestens nach 6 Monaten)
2. Eine Altersrente unabhängig vom Gesundheitszustand des Versicherten ab dem 80. bis zum 85. Lebensjahr (je nach Vereinbarung)
3. Eine Todesfallleistung von mindestens 24 und höchstens 36 Monatsrenten abzüglich bereits geleisteter Rentenzahlungen.

Die Höhe der Pflegerente wird mit einem festen Betrag vereinbart und richtet sich somit nicht nach dem tatsächlich entstehenden Pflegeaufwand. Die vereinbarte Pflegerente wird entsprechend dem in drei Pflegestufen eingeteilten Grad der Pflegebedürftigkeit in voller Höhe oder zum Teil fällig.

> **Pflegebedürftigkeit** liegt vor, falls der Versicherte infolge Krankheit, Körperverletzung oder Kräfteverfalls so hilflos ist, dass er zur Verrichtung gewöhnlicher und täglich wiederkehrender Leistungen in erheblichem Umfang fremder Hilfe bedarf:
>
> (1) ■ Aufstehen und Zubettgehen
> (2) ■ An- und Auskleiden
> (3) ■ Waschen, Kämmen, Rasieren
> (4) ■ Einnehmen von Mahlzeiten und Getränken
> (5) ■ Stuhlgang, Wasserlassen
> (6) ■ Fortbewegen im Zimmer

Jede der sechs Verrichtungen wird mit einem Punkt bewertet. Während die volle Beitragsbefreiung ab drei Punkten gewährt wird, erfolgt die Rentenzahlung entsprechend der Bewertung:

mit 3 Punkten	⇒ Pflegestufe I ⇒	40 % der vereinbarten Rente
mit 4 und 5 Punkten	⇒ Pflegestufe II ⇒	70 % der vereinbarten Rente
mit 6 Punkten	⇒ Pflegestufe III ⇒	100 % der vereinbarten Rente

Der Pflegestufe III wird auch ein Versicherter zugeordnet, der dauernd bettlägerig ist und nicht ohne fremde Hilfe aufstehen kann oder der Bewahrung durch eine Aufsichtsperson bedarf, um sich selbst oder Dritte nicht zu gefährden. Mindestens von der Pflegestufe I wird auch ein Versicherter erfasst, der wegen seelischer oder geistiger Behinderung der Aufsicht bedarf.

Beitrag

Die Beitragszahlung erfolgt einmalig oder laufend bis zum 60. bzw. 65. Lebensjahr (= Beginn der Altersrente). Für die Dauer der Rentenzahlung ruht die Beitragszahlung.

Die Rentenzahlung endet:

- wenn die Pflegebedürftigkeit unter das Ausmaß der Stufe I sinkt,
- mit Beginn der Zahlung der Altersrente oder
- bei Tod des Versicherten.

Die bei Ableben fällige Todesfallleistung in Höhe von 24 oder 36 Monatsrenten (abzüglich bereits geleisteter Pflege- und Altersrenten) hat lediglich Sterbegeldcharakter.

Die Aufschubzeit zwischen Versicherungsbeginn und Beginn der Altersrente beträgt mindestens 5 Jahre.

Ähnlich wie bei der selbstständigen Berufsunfähigkeitsversicherung kann bei entsprechendem Schadenverlauf eine Beitragsanpassung vorgenommen werden.

5.2.2.4 Basisrente

Die nach dem Sozialpolitiker Prof. Rürup benannte Basisrente („Rürup-Rente") wird der 1. Schicht des „3-Schichten-Modells" nach dem Alterseinkünftegesetz vom 1. Januar 2005 zugeordnet.

Mit Vorsorgeformen der ersten Schicht soll die grundlegende Aufgabe der Altersvorsorge erfüllt werden, nämlich die Absicherung des Langlebigkeitsrisikos – also die beim einzelnen Menschen unbekannte Zeitspanne zwischen dem Ausscheiden aus dem Erwerbsleben und dem Tod – durch eine lebenslange Rente.

Dies geschieht bei **Arbeitnehmern und bei Freiberuflern** über die Versorgungsansprüche aus der gesetzlichen Rentenversicherung bzw. berufsständischen Versorgungswerken und der landwirtschaftlichen Alterskasse.

Selbstständige haben keine Möglichkeit, in die gesetzliche Rentenversicherung einzuzahlen. Obwohl die Rürup-Rente allen Berufsgruppen offen steht, soll deshalb insbesondere den Selbstständigen mit der

Rürup-Rente die Möglichkeit gegeben werden, auch zu steuerlich vergleichbaren Bedingungen wie Arbeitnehmer eine grundlegende Altersvorsorge zu betreiben.

Weil die Rürup-Rente ebenso wie die Rente der gesetzlichen Rentenversicherung der grundlegenden Altersvorsorge dient, bezeichnen Versicherungsunternehmen diese Rentenform auch als **Basisrente**.

5.2.2.5 Private Rentenversicherung als staatlich geförderte „Riester-Rente"

Zur zweiten Schicht des 3-Schichten-Modells nach dem Alterseinkünftegesetz gehört neben der Betrieblichen Altersversorgung die sogenannte „Riester-Rente".

Unter Federführung des damaligen Bundesarbeitsministers Walter Riester hat der Bundestag im Jahr 2001 eine Rentenreform beschlossen, u. a. mit dem Ziel, wegen der ungünstigen demographischen Entwicklung (weniger Beitragszahler bei einer steigenden Zahl von Rentnern) das Niveau der gesetzlichen Renten langfristig zu senken und alle Rentenarten der gesetzlichen Rentenversicherung zukünftig langsamer steigen zu lassen.

Dadurch treten für die Sozialversicherungspflichtigen zusätzliche Versorgungslücken auf. Für diese Personen hat der Staat deshalb gesetzliche Regelungen getroffen, durch Zuschüsse und eine günstigere Besteuerung im Rahmen der Vorsorgeaufwendungen die individuelle Eigenvorsorge zu fördern. Diese Förderung erhält, wer einen entsprechenden Vertrag zur zusätzlichen Altersvorsorge abschließt.

Grundsätzlich handelt es sich bei einer Riester-Rente im Gegensatz zur umlagefinanzierten gesetzlichen Rente immer um eine kapitalgedeckte Altersversorgung.

Die Kapitaldeckung kann dabei durch einen Banksparplan, Investmentsparen oder eine private Rentenversicherung erfolgen.

Förderungsprinzip

Die Riester-Rente wird nach folgendem Prinzip gefördert:

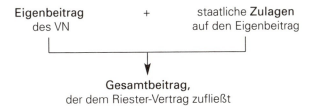

Altersvorsorge mit Rürup-Rente und Riester-Rente – ein Vergleich

	Basisrente Rürup-Rente	Riester-Rente
Wer wird gefördert?	alle Steuerpflichtigen, also auch Selbstständige und Pflichtversicherte in berufsständischen Versorgungseinrichtungen	alle in der gesetzlichen Rentenversicherung Pflichtversicherte, Beamte, Angestellte im öffentlichen Dienst, Zeitsoldaten, Künstler in der Künstlersozialkasse und Landwirte
Wie wird gefördert?	mit Steuervorteilen	mit Zulagen und u. U. auch mit Steuervorteilen
Welche Steuerregeln gelten in der Beitragsphase?	Sonderausgabenabzug bis zu einer Höchstgrenze, die höher liegt, als für die Riester-Rente	Es gibt einen speziellen Sonderausgabenabzug. Finanzamt prüft, ob Sonderausgabenabzug günstiger ist als die Zulagen.
Welche Steuerregeln gelten in der Rentenphase?	Renten sind wie die gesetzliche Rente steuerpflichtig; ab 2005 mit 50 %, dann steigend bis 2040 auf 100 %. Ab Rentenbeginn 2040 sind die Renten voll steuerpflichtig.	Renten- und Kapitalleistungen sind voll steuerpflichtig.
Wie können Hinterbliebene abgesichert werden?	Hinterbliebenenversorgung nur möglich für Ehegatten und Kinder durch Zusatzvertrag (sonst verfallen die Beiträge, wenn die versicherte Person vor der Vollendung ihres 60. Lebensjahres stirbt).	Hinterbliebenenversorgung für nicht dauernd getrennt lebende Ehegatten unter bestimmten Umständen möglich, für Kinder nur durch Zusatzvertrag.
Was kann als Kapital ausgezahlt werden?	Kapitalauszahlung in keinem Fall möglich.	Zu Beginn der Auszahlungsphase max. 30 % des zur Verfügung stehenden Kapitals möglich; in der Ansparphase u. U. bis zu 50 000,00 € für eine selbstgenutzte Immobilie, mit Rückzahlungsverpflichtung.

Quelle: Finanztest 1/2005 (Grundlage)

5.2.3 Zusatzversicherungen

Kapital- und Rentenversicherungen mit vereinbarten Todesfallleistungen können i. d. R. durch Zusatzversicherungen ergänzt werden. Diese Zusatzversicherungen bilden mit der Hauptversicherung eine Einheit. Dies bedeutet, dass die Zusatzversicherung nicht ohne Bestehen der Hauptversicherung geführt werden kann, dass Veränderungen des Hauptvertrages auch entsprechend für die Zusatzversicherung(en) gelten und dass die Leistungen an die Hauptversicherung gebunden sind.

5.2.3.1 Unfall-Zusatzversicherung (UZV)

Diese Zusatzversicherung sieht vor, dass zusätzlich zu der Leistung aus der Hauptversicherung die vereinbarte Unfall-Zusatzversicherungssumme fällig wird, wenn der Versicherte einen Unfall erleidet und innerhalb eines Jahres an dessen Folgen verstirbt. §1 (1) ALB für die UZV

Ein **Unfall** im Sinne der Versicherungsbedingungen liegt vor, wenn eine versicherte Person durch ein plötzlich von außen auf ihren Körper einwirkendes Ereignis unfreiwillig zu Tode kommt. §2 (1) ALB für die UZV

Der Unfall und der Unfalltod müssen während der Vertragsdauer eingetreten sein, um den Versicherer zur Leistung zu verpflichten. §1 (1) ALB für die UZV

▶ Beispiel

Herr Weber schließt eine kapitalbildende Lebensversicherung über 100 000,00 € Versicherungssumme inkl. 100 % UZV-Summe ab.

Erleidet Herr Weber während der Laufzeit des Vertrages einen Unfall und stirbt innerhalb eines Jahres an den Unfallfolgen, so zahlt der Lebensversicherer aus der Hauptversicherung 100 000,00 € und aus der UZV zusätzlich die gleiche Summe. Beim Unfalltod von Herrn Weber während der Vertragsdauer werden also insgesamt 200 000,00 € fällig.

Erlebt Herr Weber den Ablauf der Versicherung, zahlt das Lebensversicherungsunternehmen 100 000,00 € aus.

Verstirbt eine versicherte Person an den Folgen eines Unfalles nach dem Ende des Versicherungsjahres, in dem sie 75 Jahre alt wurde, leistet der Versicherer nur, wenn diese Person den Unfall bei der Benutzung eines öffentlichen Verkehrsmittels erlitt und das Verkehrsmittel dem Ereignis, das den Unfalltod verursacht hat, selbst ausgesetzt war. §1 (1 b) ALB für die UZV

Die Unfallversicherungssumme wird immer sofort fällig, auch wenn die Leistung aus dem entsprechenden Hauptvertrag erst später erfolgt (z. B. bei der Termfix-Versicherung).

Bei der Versicherung auf zwei verbundene Leben wird die Unfalltodsumme zweimal ausgezahlt, wenn beide Versicherte gleichzeitig durch denselben Unfall sterben.

Als gleichzeitig gilt auch, wenn die Versicherten innerhalb von 14 Tagen an den Folgen des Unfalles sterben.

5.2.3.2 Berufsunfähigkeits-Zusatzversicherung (BUZ)

Beitragsfreistellung

Diese Zusatzversicherung befreit den Versicherungsnehmer von der Beitragszahlung für die Hauptversicherung und die BUZ, wenn der Versicherte berufsunfähig wird.

> **Berufsunfähigkeit** liegt vor, wenn die versicherte Person infolge Krankheit, Körperverletzung oder Kräfteverfalls, die ärztlich nachzuweisen sind, voraussichtlich sechs Monate ununterbrochen außerstande ist, ihren zuletzt ausgeübten Beruf auszuüben.
>
> Teilweise Berufsunfähigkeit liegt vor, wenn die genannten Voraussetzungen nur in einem bestimmten Grad voraussichtlich sechs Monate ununterbrochen erfüllt sind.
>
> Ist der Versicherte sechs Monate ununterbrochen pflegebedürftig gewesen und deswegen täglich gepflegt worden, so gilt dies als vollständige Berufsunfähigkeit.

Beitragsfreistellung und Berufsunfähigkeitsrente

Es ist möglich, zusätzlich zur Beitragsfreistellung für die Dauer der Berufsunfähigkeit die Zahlung einer Rente zu vereinbaren.

Die Höhe der Rente kann zwischen mindestens 300,00 € und 48 % der Versicherungssumme jährlich (jedoch nicht mehr als 36 000,00 €) betragen.

Dabei soll eine angemessene Relation zum Einkommen nicht überschritten werden: Die gesamte Jahresrente einschließlich anderweitiger Berufsunfähigkeitsanwartschaften darf i. d. R. 70 % des letzten jährlichen Bruttoeinkommens des Versicherten nicht überschreiten.

Versicherungs- und Leistungsdauer können höchstens auf das Endalter 65 abgeschlossen werden, so dass BUZ-Renten maximal bis zum 65. Lebensjahr gezahlt werden.

Verlängerte Leistungsdauer

Wie bei der **selbstständigen** Berufsunfähigkeitsversicherung ist es bei der BUZ auch möglich, dass die Leistungsdauer zeitlich länger läuft als die Versicherungsdauer. Bei BUZ-Verträgen, die vor dem Endalter 65 (60) enden, kann deshalb bei Abschluss des Vertrages vereinbart werden, dass Renten aus einem Versicherungsfall, der während der Versicherungsdauer eingetreten ist, bis zum 65. (60.) Lebensjahr weitergezahlt werden.

Ob und in welchem Umfang der Versicherer bei Eintritt der Berufsunfähigkeit Leistungen aus der BUZ zu erbringen hat, richtet sich danach, ob der Versicherte bereits zu 50 % berufsunfähig ist.

Nachversicherungs- und Ausbaugarantie

Nach Abschluss einer Berufsunfähigkeits-Zusatzversicherung kann der Versicherungsschutz während der Vertragslaufzeit im Rahmen einer Nachversicherungsgarantie und einer Ausbaugarantie beruflichen und privaten Entwicklungen des Versicherungsnehmers angepasst werden.

Bei der Nachversicherungsgarantie hat der Versicherungsnehmer das Recht, den Berufsunfähigkeitsschutz durch eine Nachversicherung oder durch den Abschluss einer selbstständigen BU-Versicherung ohne Risikoprüfung zu erweitern. Dies ist möglich in bestimmten Lebenssituationen (z. B. Heirat oder Geburt eines Kindes des VN), sofern dieses Recht innerhalb von 6 Monaten seit Eintritt dieses Ereignisses ausgeübt wird. Darüber hinaus müssen bestimmte Rahmenbedingungen, wie z. B. Höchsteintrittsalter und Höchstrentenbeträge, beachtet werden. Zudem darf noch keine Berufsunfähigkeit des Versicherten vorliegen.

Mit der Ausbaugarantie für die BUZ erhält der Versicherte die Möglichkeit, innerhalb von 5 Jahren nach Vertragsabschluss eine bereits versicherte Rente gegen Mehrbeitrag ohne Gesundheitsprüfung zu erhöhen. Auch hierbei gelten jedoch z. B. bestimmte Höchsteintrittsalter und Höchstbeträge für Renten. Der Versicherte darf auch hier nicht bereits berufsunfähig sein.

5.2.3.3 Pflegerenten-Zusatzversicherung (PRZ)

Seit 1. Januar 1995 müssen alle, die in der GKV pflicht- oder freiwillig versichert sind, der gesetzlichen Pflege-Pflichtversicherung beitreten, bzw. alle, die in der PKV mit Anspruch auf allgemeine Krankenhausleistungen vollversichert sind, eine private Pflege-Pflichtversicherung abschließen.

Ergänzend bieten Lebensversicherungsunternehmen eine Pflegerenten-Zusatzversicherung an.

Wenn der Pflegefall für die versicherte Person während der Vertragsdauer eintritt, wird der Vertrag mit Haupt- und Zusatzversicherung für die Dauer der Pflegebedürftigkeit in vollem Umfang von der Beitragspflicht befreit und eine Pflegerente gezahlt.

Eintritt des Versicherungsfalles, Höhe und Dauer der Leistung richten sich nach den Regelungen, die für die selbstständige Pflegeversicherung gelten.

5.2.4 Besondere Vertragsformen

5.2.4.1 Fondsgebundene Lebensversicherung

Die fondsgebundene Lebensversicherung wird als

- Kapitalversicherung oder
- Rentenversicherung

angeboten.

§ 54 b VAG

Laut VAG werden bei dieser Vertragsform die Sparbeiträge in Anteile an einem Fonds angelegt. Die Anlage erfolgt wahlweise in Aktien-, Renten-, Immobilien- oder gemischten Fonds.

Die Entscheidung über die Fondsauswahl liegt beim Versicherungsnehmer, wobei er dabei unterschiedliche Anlagestrategien (z. B. sicherheits- oder ertragsorientiert) verfolgen kann. Ein Beitragssplitting, d. h. eine Verteilung des Beitrages auf mehrere Fonds (Fondsmix), ist möglich.

Darüber hinaus ist während der Vertragsdauer ein **Beitragsswitch** möglich, d. h., ein z. B. bisher in seinem Anlageverhalten eher sicherheitsorientierter Kunde wechselt die Anlagestrategie und zahlt zukünftig in einen wachstumsorientierten Fonds.

Beim ebenfalls möglichen **Deckungskapitalswitch** wird das gesamte bisher angesammelte Fondsvermögen mit einer veränderten Anlagestrategie (z. B. bei einem älteren VN von risikoreich auf risikoarm) angelegt.

> Die fondsgebundene Lebensversicherung bietet Versicherungsschutz und eine unmittelbare Beteiligung an dem Fondsvermögen. Dadurch trägt der Versicherungsnehmer das Anlagerisiko selbst: Im Falle einer Kurssteigerung erzielt der Kunde einen Wertzuwachs, bei Kursrückgängen mindert sich der Wert seines Fondsvermögens.

Die Versicherungsleistungen bei einer fondsgebundenen Lebensversicherung werden also weitgehend von der Wertentwicklung der Anlage der Sparanteile bestimmt.

Leistungen bei einer fondsgebundenen Kapitalversicherung

Da der Kunde das Kapitalanlagerisiko trägt, kann dem Versicherungsnehmer zu Beginn des Vertrages kein bestimmter Geldbetrag als **Erlebensfallleistung** garantiert werden. Bei Ablauf wird vielmehr der zu diesem Zeitpunkt erreichte Wert des Fondsguthabens fällig.

Für den **Todesfall während der Vertragsdauer** ist dagegen eine garantierte Todesfallleistung vorgesehen. Die Todesfallleistung wird in der Regel in Prozent der Beitragssumme, die während der gesamten Laufzeit des Vertrages zu entrichten ist, vereinbart. Die vor allem bei Verträgen vor 2005 aus steuerlichen Gründen erforderlichen Mindestleistungen von 60 % der Beitragssumme können bei vielen Versicherern auf bis zu 500 % erhöht werden.

Übersteigt der Wert der Fondsanlage die vereinbarte Todesfallleistung, so erhöht sich die tatsächliche Leistung im Todesfall entsprechend.

Im Versicherungsfall kann der Leistungsempfänger zwischen der Übertragung der ihm zustehenden Fondsanteile (Naturalleistung) auf ein eigenes Depot oder dem finanziellen Erlös der Anteile (Geldleistung) wählen.

Leistungen bei einer fondsgebundenen Rentenversicherung

Bei der fondsgebundenen Lebensversicherung handelt es sich um eine aufgeschobene Rentenversicherung mit Beitragsrückgewähr bei Tod während der Aufschubzeit – ohne Rücksicht auf die Höhe des vorhandenen Fondsguthabens.

Durch die Rückgewähr kann es also, insbesondere bei frühem Tod nach Vertragsabschluss oder schwacher Werteentwicklung des gewählten Fonds, zu einer Leistung über den Wert des Fondsguthabens des Versicherungsnehmers kommen. Möglich ist aber auch, dass im Todesfall die Prämienrückgewähr niedriger ist als der Geldwert des Fondsguthabens. In diesem Falle fällt der übersteigende Betrag dem Versicherungskollektiv zu.

Wie bei der fondsgebundenen Kapitalversicherung kann dem Versicherungsnehmer auch bei einer fondsgebundenen Rentenversicherung bei Vertragsabschluss keine in der Höhe bestimmte Versicherungsleistung garantiert werden. Bei Vertragsabschluss ist eine verbindliche Aussage über die zu erwartende Höhe der Rentenzahlung nicht möglich, da ungewiss ist, wieviel Kapital am Ende der Aufschubzeit für eine Verrentung verfügbar ist und welcher Rentenversicherungstarif dann maßgebend sein wird.

5.2.4.2 Vermögensbildende Lebensversicherung

§ 13 VermbG

Nach dem 5. Vermögensbildungsgesetz von 1986 können Arbeitnehmer monatlich bis zu 40,00 € (jährlich 480,00 €) vermögenswirksam anlegen. Dieser Betrag kann vom Arbeitgeber oder Arbeitnehmer allein oder von beiden gemeinsam aufgebracht werden.

Der Staat fördert bestimmte Anlageformen durch eine Arbeitnehmer-Sparzulage (Bausparen und Aufwendungen für den Wohnungsbau mit 10 % der Sparleistung, Anlagen in Vermögensbeteiligungen, wie Aktien, Anteilscheine an Aktien- oder Investmentfonds, Genussscheine und Gesellschaftsbeteiligungen mit 20 %). Beiträge zur Lebensversicherung für Verträge ab 1989 werden nach dem Steuerreform-Gesetz von 1990 im Rahmen der Arbeitnehmer-Sparzulage steuerlich nicht mehr gefördert.

Dennoch stellt die vermögensbildende Lebensversicherung eine Möglichkeit für Arbeitnehmer dar, die vom Arbeitgeber gewährten vermögenswirksamen Leistungen anzulegen.

Nach dem Wortlaut des 5. Vermögensbildungsgesetzes können vermögenswirksame Leistungen verwendet werden für

- Kapitalversicherungen auf den Todes- und Erlebensfall
- Kapitalversicherungen auf verbundene Leben
- Kapitalversicherungen mit festem Auszahlungstermin

soweit laufende Beitragszahlung vereinbart wird.

Versicherungen auf Risikobasis und Erlebensfall-Versicherungen werden nicht als Tarifform für vermögenswirksame Leistungen anerkannt.

5.3 Anpassung der versicherten Leistung

Beim Neuabschluss der privaten Rentenversicherung sollte man bereits jetzt schon an die Zukunft denken, so dass das Einkommen und der Lebensstandard mit der Zeit steigt. Damit ergeben sich wachsende Ansprüche an die spätere Versorgung und damit an die Höhe der Leistung.

Bei einer dynamischen Rentenversicherung erhöhen sich die garantierten Leistungen und Beiträge in regelmäßigen Abständen. Maßstab für die Erhöhung ist bei der Proximus Versicherung die Steigerung des Höchstbeitrags in der gesetzlichen Rentenversicherung. Damit reduziert sich die Gefahr, dass wieder eine neue Versorgungslücke entsteht.

Bei Proximus ist vorgesehen, dass nach den Besonderen Bedingungen für die Lebensversicherung mit planmäßiger Erhöhung der Beiträge und garantierten Leistungen eine regelmäßige Überprüfung stattfindet:

§ 1 Nach welchem Maßstab erfolgt die planmäßige Erhöhung der Beiträge?

(1) Der Beitrag für diese Versicherung einschließlich etwaiger Zusatzversicherungen erhöht sich jeweils im selben Verhältnis wie der an Ihrem Wohnort geltende Höchstbeitrag in der gesetzlichen Rentenversicherung.

(2) Die Beitragserhöhung bewirkt eine Erhöhung der Versicherungsleistungen ohne erneute Gesundheitsprüfung.

(3) Die Erhöhungen erfolgen längstens bis 3 Jahre vor Ablauf der Beitragszahlungsdauer, jedoch nicht länger, als bis die versicherte Person das rechnungsmäßige Alter von 65 Jahren erreicht hat.

Der Höchstbeitrag ist der Beitrag, der zur gesetzlichen Rentenversicherung maximal gezahlt werden kann.

Er wird jährlich neu festgelegt, indem der jeweilige Beitragssatz mit der Beitragsbemessungsgrenze vervielfältigt wird. Im Jahre 2007 ist zwar die Beitragsbemessungsgrenze nicht gestiegen – weiterhin 63 000,00 € – wohl aber der Beitragssatz: jetzt 19,9 % nach 19,5 %. Somit stieg der monatliche Höchstsatz von 1 023,75 € auf 1 044,75 €, also um 2,05 % an.

Im Jahre 2006 betrug der Höchstbeitrag 1 023,75 €. Damit ist der Höchstbeitrag von 2006 auf 2007 um 2,05 % gestiegen. Im gleichen Verhältnis erhöht sich nunmehr der Beitrag der Rentenversicherung von Herrn Winter.

Angenommen, Herr Winter hat 2006 im Alter von 34 Jahren eine Rentenversicherung mit Rentenbeginnalter 61 mit einem Jahresbeitrag von 1 200,00 € und einer Garantierente von 162,50 € monatlich abgeschlossen, so ergebe sich folgende Anpassung:

	Anpassung in %	Jahres-beitrag	Garantierte Rentenleistung zum	
			61. Lebensjahr	71. Lebensjahr
Grundvertrag		1 200,00 €	162,50 €	187,42 €
Dynamische Anpassung 2007	2,05	24,60 €	3,24 €	3,71 €

Herr Winter möchte gerne näher erläutert bekommen, wie es zu den vorstehenden Beiträgen kommt. Hierzu ist das Bedingungswerk 1 – Proximus Versicherung zu berücksichtigen, nachdem die vorstehenden Grundlagen mit Herrn Winter besprochen worden sind:

Beiträge und Leistungen einer Rentenversicherung mit Garantieleistung nach Tarif S 36 – Männer

Aufgeschobene Rentenversicherung mit Beitragsrückgewähr
Rentenbeginnalter 61 Jahre mit 10-jähriger Rentenbeginnphase (RBP)

Vorgabe: Beitrag von jährlich 1 200,00 EUR einschließlich Stückkosten

Alle Werte in EUR

BA	KA am Anfang der RBP garantiert	KA am Anfang der RBP gesamt	KA am Ende der RBP garantiert	KA am Ende der RBP gesamt	AR am Anf. der RBP garantiert	AR am Anf. der RBP gesamt	AR am Ende der RBP garantiert	AR am Ende der RBP gesamt
30	51.422	61.349	80.111	99.254	195,01	233,27	373,99	464,78
31	49.088	56.904	77.050	93.157	186,64	216,87	360,99	437,72
32	46.811	54.124	74.065	89.191	178,44	206,82	348,25	420,64
33	44.585	51.419	71.148	85.337	170,39	197,01	335,73	403,95
34	42.412	48.789	68.290	81.582	162,50	187,42	323,39	387,59
35	40.290	46.096	65.506	77.942	154,76	177,54	311,31	371,66
36	38.220	43.490	62.791	74.411	147,18	167,93	299,46	356,12
37	36.198	40.965	60.144	70.986	139,74	158,58	287,84	340,96
38	34.225	38.521	57.557	67.658	132,45	149,49	276,42	326,15
39	32.298	36.154	55.028	64.422	125,30	140,65	265,19	311,67

5.3 Anpassung der versicherten Leistung

Für die Prämien- und Leistungsabrechnung ergeben sich folgende Werte:

Tarif S 36 BA: 35 Jahre für die dynamische Anpassung	AR am Anfang garantiert	RBP Gesamt
Für 1 200,00 € Jahresprämie – 24,00 € Stückkosten ergibt 1 176,00 € Nettoprämie	154,76 €	177,54 €
Dynamische Anpassung: $\frac{24{,}60\text{ € Nettoprämie} \times 154{,}76\text{ € mtl. Rente}}{1\,176{,}00\text{ € Nettoprämie}}$ ergibt sich eine Rentenerhöhung von	3,24 €	3,71 €

Zusätzliche Stückkosten werden auf den Beitrag zur dynamischen Anpassung nicht erhoben. Diese sind bereits in dem Grundversicherungsvertrag enthalten. Wenn Herr Winter sich für die dynamische Anpassung entscheidet, so beträgt der neue Jahresbeitrag 1 224,60 €.

Bei Kapitalversicherungen erhöht sich die Versicherungssumme zunehmend geringer als der Beitrag. Dies liegt daran, dass die Erhöhung der Versicherungssumme aus der Beitragserhöhung auch ein steigendes Eintrittsalter berücksichtigen muss. Der Risikoanteil am zusätzlichen Beitrag nimmt durch die Alterserhöhung ständig zu. Der entsprechend sinkende zusätzliche Sparanteil führt deshalb dazu, dass die Erhöhung der Versicherungssumme kontinuierlich abnimmt. Diese Wirkung wird dadurch verstärkt, dass der sinkende Sparanteil am Beitrag auch nur noch für ständig abnehmende Restlaufzeiten verzinslich angelegt werden kann. Sinkende Sparraten in Verbindung mit kürzeren Restlaufzeiten für die verzinsliche Anlage der Sparanteile führen also zu immer geringeren Zuwächsen bei den Versicherungssummen.

Bei älteren Versicherten und in den Endphasen von Vertragslaufzeiten sollte deshalb kritisch geprüft werden, ob die Beitragssteigerungen noch zu angemessenen Steigerungen der Versicherungssummen führen. Möglicherweise empfiehlt sich in solchen Fällen, die automatische Anpassung der Versicherungssumme aufzugeben. Deshalb endet die Dynamikvereinbarung automatisch spätestens drei Jahre vor Ablauf.

Denn trotz der vereinbarten Automatik hat der Kunde das Recht, auf Anpassungen zu verzichten und damit die Entwicklung seines Versicherungsschutzes und des dafür zu zahlenden Beitrages selbst zu bestimmen.

Will der Versicherungsnehmer auf die vereinbarte Erhöhung des Beitrages für einen einzelnen Termin verzichten, so kann er dies tun, indem er innerhalb von einem Monat nach dem Erhöhungstermin der jeweili-

§ 5 (1) BB Dynamik

gen dynamischen Erhöhung widerspricht. Es gilt auch als Widerspruch zur Erhöhung, wenn der erhöhte Beitrag nicht innerhalb von zwei Monaten nach dem Erhöhungstermin gezahlt wird.

§ 5 (3) BB Dynamik

Der Versicherungsnehmer kann i. d. R. zwei aufeinander folgenden Erhöhungen widersprechen, ohne dass die Vereinbarung der Dynamik grundsätzlich aufgehoben wird. Verzichtet der Versicherungsnehmer auch auf die dritte aufeinander folgende Erhöhung, erlischt sein Erhöhungsrecht. Wünscht er danach erneut eine dynamische Anpassung oder sollen ausgelassene Erhöhungen nachgeholt werden, ist dies nur mit erneuter Gesundheitsprüfung möglich.

Vorteile der Dynamischen Lebensversicherung

Auch wenn die Erhöhung der Versicherungssumme mit zunehmendem Alter der versicherten Person immer teurer erkauft wird, so bleiben die Vorteile der Dynamischen Lebensversicherung doch erhalten:

- Automatische Anpassung der Versicherungssumme an einen zukünftigen erhöhten Geldbedarf, z. B. bei gestiegenem Lebensstandard
- Möglichkeit, den Versicherungsschutz zu erhöhen, auch wenn ein verschlechterter Gesundheitszustand den Abschluss eines zusätzlichen separaten Lebensversicherungsvertrages erschweren oder gar unmöglich machen würde
- Ausgleich des Kaufkraftschwunds (Inflationsausgleich)

Vielfach wird in der Praxis eine Mindesterhöhung – 3 % oder 5 % – mit der Dynamik vereinbart, auch wenn die Steigerungen in der Gesetzlichen Rentenversicherung geringer ausfallen. Hierdurch wird langfristig der Lebensstandard erhalten.

Übungen

1. Während eines Beratungsgespräches werden verschiedene Möglichkeiten, finanziell vorzusorgen, angesprochen. Dabei fallen u. a. auch die Stichworte „Kontensparen", „Wertpapiersparen" und „Bausparen".

   a) Beschreiben Sie Ihrem Kunden drei Möglichkeiten des Wertpapiersparens und nennen Sie dabei auch die jeweiligen Vor- und Nachteile dieser Sparformen.

   b) Stellen Sie dem Kunden in einem Vergleich „Kontensparen" und „Bausparen" anhand der Kriterien „Zweck" und „Rendite" gegenüber.

2. Herr Gerster möchte einen Lebensversicherungsvertrag abschließen, um seine Hinterbliebenen (Ehefrau ohne eigenes Einkommen und eine vierjährige Tochter) wirtschaftlich abzusichern.

   Nennen Sie für diesen Fall drei bedarfsgerechte Versicherungsprodukte und begründen Sie Ihr Angebot.

3. Als Außendienstmitarbeiter eines Lebensversicherungsunternehmens überlegen Sie, für welche Personengruppen ein besonderer Bedarf zum Abschluss einer Risikolebensversicherung besteht.

   Nennen Sie zwei Personengruppen und begründen Sie Ihre Antwort.

4. Geben Sie einem Ehepaar umfassend Auskunft über die Versicherung auf zwei verbundene Leben als eine besondere Form der kapitalbildenden Lebensversicherung.

   a) Beschreiben Sie diese Vertragsform im Vergleich zur Grundform der kapitalbildenden Lebensversicherung.

   b) Für welchen Versicherungsbedarf ist diese Vertragsform besonders geeignet?

5. Herr Hoffmann erwägt den Abschluss einer Ausbildungsversicherung für seine Tochter. Erläutern Sie den Unterschied zur gemischten Lebensversicherung, indem Sie die gemischte Lebensversicherung mit der Ausbildungsversicherung vergleichen im Hinblick auf

   a) die Fälligkeit der Leistung und

   b) die Beitragshöhe bei gleichen versicherungstechnischen Daten. Begründen Sie Ihre Antwort zu b).

6. Frau Schulte möchte zu ihrer eigenen Altersversorgung eine private Rentenversicherung abschließen.

   a) Beschreiben Sie ihr diese Tarifform. Gehen Sie dabei auch auf den Unterschied zwischen Leibrente und Zeitrente ein.
   b) Welche Leistung erbringt der Versicherer, wenn Frau Schulte während der Aufschubzeit stirbt?

7. Ein Kunde möchte von Ihnen zu grundsätzlichen Fragen der Altersvorsorge informiert werden. Im Gespräch fällt in diesem Zusammenhang u. a. das Stichwort „3-Schichten-Modell".

   a) Erläutern Sie dem Kunden dieses Modell und veranschaulichen Sie zusätzlich Ihre Ausführungen mit Hilfe einer geeigneten grafischen Darstellung. Ordnen Sie dabei auch beispielhaft mögliche Vorsorgeprodukte den einzelnen Schichten des „3-Schichten-Modells" zu.
   b) Begründen Sie dem Kunden die Zuordnung von Riester-Rente und Basisrente (Rürup-Rente) zu unterschiedlichen Schichten.

8. Stellen Sie als Vorbereitung auf ein Beratungsgespräch in einer vergleichenden Übersicht wesentliche Unterschiede zwischen einer Kapitalversicherung mit Berufsunfähigkeits-Zusatzversicherung und einer kapitalbildenden Lebensversicherung auf den Todes-, Erlebens- und Krankheitsfall heraus.

9. Herr Brecht ist VN einer gemischten Lebensversicherung mit BUZ (Eintrittsalter 25, Endalter 60). Nach 12 Vertragsjahren beantragt er Leistungen aus der Berufsunfähigkeits-Zusatzversicherung. Dem Antrag gibt der Versicherer grundsätzlich statt. Dem Wunsch von Herrn Brecht, statt die vereinbarte laufende Rente auszuzahlen, eine einmalige entsprechende Kapitalleistung vorzunehmen, kommt der Versicherer nicht nach.

   Begründen Sie Herrn Brecht die Entscheidung des Versicherers.

10. Aufgrund einer schweren Erkrankung wird Frau Halm (gemischte Lebensversicherung mit 30 000,00 € VS, 12 % BUZ-Rente) pflegebedürftig. Aufgrund der Punktetabelle erfolgt durch den Versicherer eine Einstufung in die Pflegestufe I.

    Frau Halm möchte wissen, wie hoch die Leistung des Lebensversicherers in diesem Fall ist, wenn die Rente vierteljährlich im Voraus gezahlt wird.

5.4 Zustandekommen des Vertrages

5.4.1 Beteiligte Personen

▶ Situation

Herr Weber möchte für seine 10-jährige Tochter Julia eine Aussteuerversicherung abschließen.

Besonders vereinbart werden soll, dass der Großvater von Julia die Beiträge für diese Versicherung zahlt und dass Julia im Versicherungsfall (ihre Heirat oder der Ablauf der Versicherung) die Leistung aus der Aussteuerversicherung erhält.

▶ Erläuterung

Ein Lebensversicherungsvertrag ist ein zweiseitiges Rechtsgeschäft. Er kommt durch zwei übereinstimmende rechtswirksam abgegebene Willenserklärungen der Vertragspartner zustande.

Vertragspartner sind der Versicherungsnehmer und der Versicherer.

§ 145 BGB
§ 148 BGB
§ 151 BGB

Darüber hinaus können weitere Personen am Versicherungsvertrag beteiligt sein.

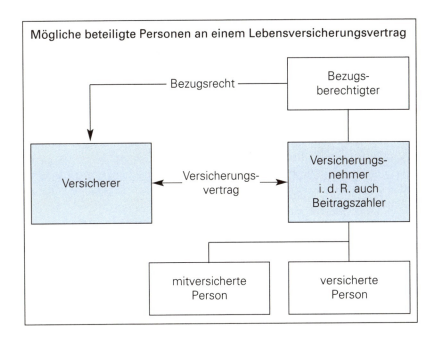

§ 1 ALV	**Herr Weber** wird im Zusammenhang mit der im Beispiel genannten Aussteuerversicherung Versicherungsnehmer und versicherte Person.

Julia ist in diesem Falle mitversicherte Person und Bezugsberechtigte.

Der **Großvater** wird Beitragszahler.

Versicherungsnehmer

Versicherungsnehmer ist die Person, die den Versicherungsvertrag beantragt hat. Während der Vertragsdauer kann die Versicherungsnehmer-Eigenschaft auf eine andere Person übertragen werden.

> Der Versicherungsnehmer (VN) ist Vertragspartner des Versicherers und damit Träger aller Rechte und Pflichten aus dem Vertrag.

Herr Weber wird also im Rahmen der beantragten Aussteuerversicherung Versicherungsnehmer.

§ 5 u. § 13 ALB	Er darf als Versicherungsnehmer z. B. im Rahmen seiner Gestaltungsrechte den Vertrag kündigen, ein Bezugsrecht verfügen sowie eine Beitragsfreistellung, Abtretung, Verpfändung oder die Beleihung des Vertrages vereinbaren.

Zu den Pflichten des Versicherungsnehmers gehört auch die Beitragszahlung. Eine andere Person (z. B. der Großvater von Julia oder auch ein Arbeitgeber, der die Beiträge zu einer vermögenswirksamen LV seines Arbeitnehmers zahlt) kann sich jedoch bereit erklären, die regelmäßige Zahlung des Beitrages zu übernehmen. Verantwortlich bleibt der Versicherungsnehmer.

> Sind Beitragszahler und Versicherungsnehmer nicht identisch, so erwirbt der Beitragszahler durch seine Beitragszahlung allein noch keinerlei Rechte aus dem Vertrag. Er übernimmt es lediglich, die vereinbarten Beiträge zu entrichten.

Geschäftsfähigkeit des Versicherungsnehmers

Um einen Versicherungsvertrag rechtswirksam abschließen zu können, muss der Versicherungsnehmer bei Abschluss des Vertrages geschäftsfähig sein.

§ 1629 Abs. 1 BGB	**Geschäftsunfähige** werden in der Regel durch beide Elternteile gemeinsam vertreten (siehe auch Seite 380).
§ 106 ff. BGB	Die Willenserklärungen **beschränkt Geschäftsfähiger** sind bis zur Einwilligung der oder des gesetzlichen Vertreters schwebend unwirksam.
§ 1643 Abs. 1 BGB § 1822 Abs. 1 Nr. 5 BGB	Ist ein Versicherungsnehmer bei Abschluss des Vertrages noch nicht voll geschäftsfähig und läuft der entsprechende Lebensversicherungsvertrag länger als ein Jahr über das 18. Lebensjahr hinaus, ist zusätzlich

5.4 Zustandekommen des Vertrages

zur Genehmigung durch die Eltern oder den Vormund die Zustimmung des Vormundschaftsgerichtes erforderlich.

Viele Lebensversicherungsunternehmen verzichten bei Verträgen mit minderjährigen Versicherungsnehmern jedoch darauf, die Zustimmung des Vormundschaftsgerichtes einzuholen.

Sobald der bisher beschränkt geschäftsfähige Versicherungsnehmer dann mit seiner Volljährigkeit auch seine uneingeschränkte Geschäftsfähigkeit erlangt, kann er durch seine eigene Genehmigung die noch fehlende Wirksamkeit seines Vertrages herbeiführen.

Dabei wird die schwebende Unwirksamkeit des Vertrages jedoch nicht allein durch die weitere Zahlung des laufenden Beitrages aufgehoben. Vielmehr muss der Versicherungsnehmer nach Eintritt der Volljährigkeit dem Vertrag ausdrücklich zustimmen, also nachträglich genehmigen.

Deshalb unterrichten die Lebensversicherungsunternehmen – soweit notwendig – die Versicherungsnehmer bei Eintritt ihrer Volljährigkeit über die bisherige schwebende Unwirksamkeit ihres mit ihnen geschlossenen Vertrages und informieren sie über die Genehmigungsbedürftigkeit.

Setzt ein Versicherungsnehmer daraufhin die Beitragszahlung fort, gilt dies als Genehmigung durch konkludentes (schlüssiges) Handeln.

Zahlt er dann jedoch keinen Beitrag mehr oder lehnt er die Genehmigung des Vertrages ausdrücklich ab, wird der Vertrag aufgehoben. Dies gilt auch, wenn der Versicherungsnehmer überhaupt nicht auf die Belehrung des Versicherers reagiert. Der Versicherer hat daraufhin dem Versicherungsnehmer die bisher gezahlten Beiträge einschließlich der Zinsen zurückzuzahlen.

§ 812 ff. BGB

Versicherte und mitversicherte Person

> Versicherte Person (VP) ist diejenige, auf deren Leben der Versicherungsvertrag abgeschlossen wurde.

Sie erwirbt jedoch keine Rechte aus dem Lebensversicherungsvertrag und übernimmt keinerlei Vertragsverpflichtungen.

Zusätzlich zur versicherten Person kann es auch noch eine weitere versicherte (**mitversicherte Person**) geben. Sie ist aber verpflichtet, alle notwendigen Informationen zu ihren gesundheitlichen und ggf. auch beruflichen Verhältnissen sowie zu etwaigen Sportaktivitäten und Hobbys zu erteilen und den Versicherungsantrag mit zu unterschreiben.

▶ **Beispiele**

Tarifform	versicherte Person (VP)		mitversicherte Person (MitVP)
Aussteuerversicherung (Heiratsversicherung)	z. B. Vater		z. B. Tochter
Leistungsfall durch	Tod der VP	oder	Heirat oder vereinbartes Endalter der MitVP
Versicherung auf verbundene Leben	z. B. Ehefrau Gesellschafter A		z. B. Ehemann Gesellschafter B
Leistungsfall durch	Tod der VP	oder	Tod der MitVP

§ 1 ALV

Bei der **Versicherung auf verbundene Leben** ist das Todesfallrisiko beider versicherten Personen in einem Vertrag zusammengefasst. Die versicherten Personen müssen deshalb in den Vertrag einwilligen und Angaben zu ihren Gesundheitsverhältnissen machen.

§ 1 ALV

Bei der **Aussteuerversicherung** muss die mitversicherte Person grundsätzlich nicht in den Vertrag einwilligen. Zu ihrem Gesundheitsverhältnis ist bei Vertragsabschluss keine Angabe notwendig.

Um den Beitrag für die Aussteuerversicherung zu berechnen, die Herr Weber für seine Tochter Julia abgeschlossen hat, muss von Julia als mitversicherter Person lediglich das Geburtsdatum angegeben werden.

Fremdversicherung in der Lebensversicherung

Versicherte Person und Versicherungsnehmer müssen nicht identisch sein. In diesem Fall spricht man von einer Fremdversicherung.

§ 159 Abs. 2 VVG

Liegt eine Fremdversicherung vor und übersteigt die Versicherungssumme die gewöhnlichen Beerdigungskosten (zzt. 8 000,00 €), muss die versicherte Person durch ihre Unterschrift auf dem Antrag ihre Einwilligung zum Abschluss des Vertrages geben. Andernfalls ist der Vertrag nichtig. Ein Widerruf dieser Einwilligung ist bis zum Vertragsabschluss möglich. Die Einwilligung des Versicherten kann nicht nachträglich eingeholt werden.

Regelungen bei minderjährigen versicherten Personen

Soll für einen Minderjährigen eine Fremdversicherung abgeschlossen werden, gelten besondere Vorschriften des VVG und des BGB.

Danach gilt, dass bei Abschluss einer Lebensversicherung mit Todesfallleistung auf das Leben von Personen, die noch keine 7 Jahre alt sind **(Kinderversicherung),** die Todesfallleistung höchstens 8 000,00 € (= Höhe der gewöhnlichen Beerdigungskosten) betragen darf. In diesem Falle ist die Einwilligung des versicherten Kindes in den Vertrag nicht notwendig.

§ 159 Abs. 3 VVG

Werden zusätzlich entsprechende Verträge abgeschlossen, darf auch die Gesamtversicherungssumme 8 000,00 € nicht überschreiten.

Wird eine höhere Todesfallleistung als 8 000,00 € für Kinder vereinbart, die noch nicht 7 Jahre alt sind, ist ausdrücklich in der entsprechenden Regelung des VVG vermerkt, dass in diesem Fall die Eltern das Kind bei seiner notwendigen Einwilligung in den Vertrag nicht vertreten dürfen. Die Vertretung des Kindes muss dann durch einen vom Vormundschaftsgericht bestellten Ergänzungspfleger erfolgen.

§ 159 Abs. 2 VVG

Auch Kinder im Alter von 7 bis 17 Jahren können beim Abschluss einer Lebensversicherung mit einer Todesfallleistung, die die gewöhnlichen Beerdigungskosten übersteigt, nicht von ihren Eltern vertreten werden.

Allerdings muss dabei auch kein Ergänzungspfleger das Kind vertreten, da das beschränkt geschäftsfähige Kind ohne Zustimmung eines gesetzlichen Vertreters rechtswirksam Willenserklärungen für Rechtsgeschäfte abgeben kann, durch die es lediglich einen rechtlichen Vorteil erlangt. Dies ist nach herrschender Lehre bei einer Fremdversicherung auf das Leben eines beschränkt Geschäftsfähigen der Fall.

§ 107 BGB

Mit diesen Bestimmungen soll vor allem verhindert werden, dass Versicherungsverträge auf das Leben von Kindern ohne deren Wissen abgeschlossen werden.

Bezugsberechtigter

Der Versicherungsnehmer ist berechtigt, bei Abschluss des Vertrages oder später einen Begünstigten, den Bezugsberechtigten, zu benennen.

§ 13 ALB

> Der Bezugsberechtigte erhält bei Fälligkeit die vertragliche Leistung aus dem Lebensversicherungsvertrag.

Die Bezugsberechtigung kann widerruflich oder unwiderruflich ausgesprochen werden, sie kann für den Todesfall, aber auch für den Erlebensfall gelten.

Wenn Herr Weber sich das Recht vorbehalten möchte, das Bezugsrecht seiner Tochter Julia im Zusammenhang mit der Aussteuerversicherung jederzeit während der Laufzeit des Vertrages zu ändern, wird er das Bezugsrecht für Julia nur widerruflich vereinbaren.

Übungen

1. Die 15-jährige Katharina möchte einen LV-Vertrag abschließen: Laufzeit 12 Jahre, Versicherungssumme 10 000,00 €. Katharina und ihre allein erziehende Mutter unterschreiben den LV-Antrag.

   a) Wodurch kommt rechtswirksam der entsprechende LV-Vertrag zustande?

   b) Angenommen, seitens des VR seien nicht alle Voraussetzungen zum rechtswirksamen Zustandekommen des Vertrages erfüllt worden: Welche rechtliche Situation ergibt sich, wenn Katharina mit ihrem 18. Geburtstag vom Lebensversicherer über die Genehmigungsbedürftigkeit ihres LV-Vertrages informiert wurde und
      1. daraufhin die bisher gezahlten Beiträge weiter entrichtet?
      2. auf die Belehrung durch den VR nicht reagiert und die Beiträge vom VR zunächst weiter eingezogen werden?
      3. den Vertrag auflösen will, weil sie Geld für ein Auto braucht?

2. Ein Ehemann schließt auf das Leben seiner Frau eine LV-Versicherung ab. Die Versicherungssumme beträgt
   1. 4 000,00 €,
   2. 50 000,00 €.

   a) Ordnen Sie VN und VP zu und erläutern Sie für beide Versicherungssummen die Zustimmungsbedürftigkeit des Vertrages durch die VP.

   b) Welche Rechte erhält die Ehefrau am Lebensversicherungsvertrag?

3. Ein Vater schließt eine kapitalbildende Lebensversicherung über 25 000,00 € ab. Versichert ist seine 6-jährige Tochter Mona.

   Wer muss diesem Vertrag zustimmen?

4. Sie beraten einen Kunden, der eine Aussteuerversicherung abschließen möchte.

   a) Erläutern Sie dem Kunden an einem selbst gewählten Beispiel die Aussteuerversicherung und ordnen Sie dabei Versicherungsnehmer, versicherte und mitversicherte Person entsprechend zu.

   b) Der Kunde möchte auch wissen, welche Bedeutung bei dieser Tarifform Alter und Gesundheitszustand der mitversicherten Person haben.

5.4.2 Antragstellung

Für das Zustandekommen eines Versicherungsvertrages gibt es keine gesetzlichen Formvorschriften. Trotzdem werden Anträge auf eine Lebensversicherung **schriftlich auf Antragsformularen** des Versicherers gestellt. Dies geschieht auch, um bei Auseinandersetzungen zwischen den Vertragsparteien wichtige Angaben oder Vereinbarungen leichter beweisen zu können.

Unabhängig davon hat der Versicherungsnehmer nach VVG einen Anspruch auf Aushändigung einer vom Versicherer unterzeichneten „Urkunde über den Versicherungsvertrag – (Versicherungsschein)". Dieser Anspruch bezieht sich auf die vollständige und richtige Wiedergabe des Vertragsinhaltes.

§ 3 Abs. 1 VVG

5.4.2.1 Antragsinhalt

Der Antrag ist eine Willenserklärung des Antragstellers, einen Lebensversicherungsvertrag mit den im Antrag angegebenen Daten abzuschließen.

Zur **Willenserklärung** gehören Angaben zu Beginn und Laufzeit der Versicherung, dem Tarif – ggf. mit Zusatzversicherungen – und der vereinbarten Versicherungsleistung sowie die Unterschrift des zukünftigen Versicherungsnehmers und – bei einer Fremdversicherung – der zu versichernden Person bzw. des gesetzlichen Vertreters.

Vgl. „Antrag auf eine Lebensversicherung" der Proximus Versicherung

Der Antrag enthält außerdem **Wissenserklärungen**, d. h. Fragen nach den Gesundheitsverhältnissen, dem Gewicht, der Größe und dem Beruf der zu versichernden Person.

Der Schlussteil des Antrages enthält noch weitere Erklärungen des Antragstellers bzw. der versicherten Person (= **Schlusserklärungen**).

Zu den Schlusserklärungen gehört u. a.

- die „Ermächtigungsklausel":

  Sie gibt dem Versicherer das Recht, alle Ärzte und Krankenhäuser zu befragen, die den Versicherten vor Abschluss des Vertrages, 3 Jahre nach Abschluss des Vertrages (BUZ 5 Jahre) und 1 Jahr vor dem Tode behandelt haben. Diese Ärzte und der Arzt, der die Todesursache festgestellt hat, sowie die Lebensversicherer, bei denen ebenfalls Lebensversicherungen bestanden haben, werden mit dieser Klausel von der Schweigepflicht entbunden.

- die „Datenschutzerklärung":

  Sie erlaubt dem Versicherer, persönliche Daten des Versicherungsnehmers bzw. der VP zu speichern und an andere Personenversicherer, Verbände des Versicherers und Rückversicherer weiterzugeben.

Vgl. „Erklärungen des Versicherungsnehmers und des Versicherten sowie besondere Hinweise" der Proximus Versicherung

Mit der Unterschrift unterwirft sich der Antragsteller den Allgemeinen Versicherungsbedingungen des entsprechenden Lebensversicherers, und er bestätigt ausdrücklich die Richtigkeit seiner Antragsangaben.

5.4.2.2 Verbraucherinformation, Widerrufsrecht, Widerspruchs- und Rücktrittsrecht, Annahmefrist

Verbraucherinformation

Die Vorschriften des VAG sehen vor, dass dem Antragsteller zusammen mit dem Antrag auch eine Tarifbeschreibung für den gewählten Tarif und die entsprechenden AVB ausgehändigt werden.

Anlage D zu § 10 a VAG

Darüber hinaus ist der Lebensversicherer verpflichtet, dem Antragsteller eine **schriftliche Verbraucherinformation** zukommen zu lassen.

So soll sichergestellt werden, dass jeder Versicherungsnehmer die für ihn wichtigen Informationen im Zusammenhang mit seinem Lebensversicherungsvertrag auch tatsächlich erhält.

Das VAG schreibt vor, welche Angaben die Verbraucherinformation mindestens enthalten muss:

„Verbraucherinformation"
(Anlage D zum VAG)

Mindest-Informationen des Antragstellers über ...
- Name, Anschrift, Rechtsform und Sitz des Versicherers
- Laufzeit des Versicherungsverhältnisses
- Prämienhöhe, Prämienzahlungsweise, etwaige Nebengebühren und Nebenkosten und Gesamtbeitrag
- Annahmefrist des Antrages
- Belehrung über das Recht zum Rücktritt
- Anschrift der BaFin
- die für die Überschussermittlung und Überschussbeteiligung geltenden Berechnungsgrundsätze und Maßstäbe
- die Rückkaufswerte, Mindestversicherungsbetrag für die Umwandlung in eine prämienfreie Versicherung, die Leistungen aus prämienfreier Versicherung
- bei der fondsgebundenen Lebensversicherung die der Versicherung zugrunde liegenden Fonds und die Art der darin enthaltenen Vermögenswerte
- die für die Versicherungsart geltende Steuerregelung

Antragsmodell

> Hat der Kunde **bei Antragstellung** alle erforderlichen Unterlagen (Antragskopie, AVB und Verbraucherinformation) erhalten, steht ihm ein **30-tägiges Rücktrittsrecht** zu.

§ 8 Abs. 5 VVG

Die Frist zum Rücktritt beginnt nach Antragsannahme durch den Versicherer (formeller Versicherungsbeginn). Dies ist im Allgemeinen der Zeitpunkt des Zuganges des Versicherungsscheins beim Versicherungsnehmer und damit der Zeitpunkt seiner Kenntnisnahme. Kann der Versicherer die Belehrung des Versicherungsnehmers über dieses Recht nicht nachweisen, endet diese Frist erst einen Monat ab Zahlung des ersten Beitrags.

Zur Wahrung der Frist genügt die rechtzeitige Absendung der Rücktrittserklärung.

Policenmodell

> Werden dem Antragsteller bei Antragstellung die vorschriftsmäßigen Unterlagen nicht oder nicht vollständig ausgehändigt, so hat er anstelle des Rücktrittsrechtes ein **30-tägiges Widerspruchsrecht.** Der Widerspruch muss schriftlich erfolgen, er ist wirksam, wenn die Absendung innerhalb der Widerspruchsfrist erfolgt.

§ 5 a Abs. 1 VVG

Die Frist zum Widerspruch beginnt erst, nachdem der Kunde den Versicherungsschein und alle Unterlagen erhalten hat (formeller Versicherungsbeginn).

§ 5 a Abs. 1 VVG

Gelingt es dem Versicherer nicht, nachzuweisen, dass der Kunde über dieses Widerspruchsrecht belehrt wurde, besteht für den VN die Möglichkeit, noch innerhalb eines Jahres nach Zahlung der ersten Prämie zu widersprechen.

§ 5 a Abs. 2 VVG

▶ Beispiel

Herr Weber hat bei der Antragstellung für die Aussteuerversicherung am 1. 6. 20.. eine Antragskopie, eine Tarifbeschreibung und die entsprechenden AVB erhalten. Die zusätzlich ausgehändigten Verbraucherinformationen erhielten jedoch keine Angaben zum Rückkaufswert seiner Versicherung.

Diese noch fehlenden Informationen wurden ihm zusammen mit dem Versicherungsschein am 5. 7. 20.. nachgereicht. Eine Belehrung über Widerspruchs- und Rücktrittsrecht kann der VR nachweisen.

Herr Weber möchte wissen, ob er noch nach dem 5. 7. 20.. den Vertrag rückgängig machen kann, obwohl der Vertrag mit diesem Datum rechtswirksam zustande kam?

Da Herr Weber bei Antragstellung keine Angaben zu den Rückkaufswerten seines Vertrages erhalten hat, sind ihm die notwendigen Unterlagen nicht vollständig ausgehändigt worden. Er kann deshalb dem Versicherungsvertrag innerhalb von 30 Tagen nach Zustandekommen des Vertrages (Zugang des Versicherungsscheines und der noch fehlenden Unterlagen am 5. 7. 20 ..) widersprechen.

Die Absendung des schriftlichen Widerspruches an den VR spätestens am 4. 8. 20 .. würde genügen.

Macht ein Versicherungsnehmer von seinem Rücktritts- bzw. Widerspruchsrecht Gebrauch, wird der Lebensversicherungsvertrag rückwirkend aufgehoben.

Welche konkreten Rechte der Antragsteller im Einzelnen hat, hängt u. a. davon ab, auf welchem Kommunikationsweg es zwischen potentiellem Kunden und Lebensversicherungsunternehmen zu einer Vertragsanbahnung und Antragstellung gekommen ist.

Widerrufsrecht bei Fernabsatzverträgen (Direktvertrieb)

BGB § 312 b, Abs. 2

> Versicherungsverträge, die unter ausschließlicher Verwendung von Fernkommunikationsmitteln zustande kommen, werden als **Fernabsatzverträge** bezeichnet. Fernkommunikationsmittel sind z. B. Briefe, Telefonanrufe, Telefaxe, das Internet bzw. E-Mails.

VVG § 48 b

Wird ein Lebensversicherungsvertrag als Fernabsatzvertrag geschlossen, muss der Lebensversicherer dem Antragsteller rechtzeitig **vor** Antragstellung Vertragsinformationen in Textform zur Verfügung stellen. Dazu gehören:

- die Vertragsbestimmungen einschließlich der AVB
- weitere umfangreiche Angaben entsprechend der „Anlage zu § 48 b VVG"

Diese Angaben müssen u. a.

- Informationen über das Lebensversicherungsunternehmen (z. B. seine Identität, Hauptgeschäftstätigkeit und Anschrift)
- Hinweise auf die zuständige Aufsichtsbehörde
- Angaben zur Mindestlaufzeit des Vertrages, zur Beitragshöhe und Beitragszahlung sowie zur Erfüllung des Vertrages
- Informationen zum Widerrufsrecht und zur Gültigkeitsdauer von Angeboten des Versicherers

enthalten.

Der Antragsteller ist außerdem hinzuweisen auf

- mögliche spezielle Anlagerisiken seiner Beitragsanteile
- seine Kündigungsrechte
- für den Insolvenzfall bestehende Garantiefonds oder andere Entschädigungsregelungen.

Wird der Lebensversicherungsvertrag auf Wunsch des Kunden telefonisch oder auf einem anderen Kommunikationsweg geschlossen, der eine Mitteilung in Textform vor Vertragsabschluss nicht gestattet, muss die Information des Kunden unverzüglich nach Vertragsabschluss erfolgen.

Lebensversicherungsverträge als Fernabsatzverträge kann der Versicherungsnehmer **innerhalb von 30 Tagen** widerrufen. Die Frist beginnt an dem Tag, an dem der Versicherungsnehmer über den Abschluss des Vertrages informiert wird. Erhält der Versicherungsnehmer die Vertragsinformationen einschließlich Belehrung über sein Widerrufsrecht später, beginnt diese Frist erst mit diesem Zeitpunkt.

Übt der Versicherungsnehmer sein Wiederrufsrecht aus, hat das Lebensversicherungsunternehmen nur den auf die Zeit nach Zugang des Widerrufs entfallenden Teil des Beitrags zu erstatten, wenn der Versicherungsschutz vor Ende der Widerrufsfrist vereinbarungsgemäß beginnen sollte und der Versicherungsnehmer auf sein Widerrufsrecht, die Rechtsfolgen und den zu zahlenden Beitrag hingewiesen wurde.

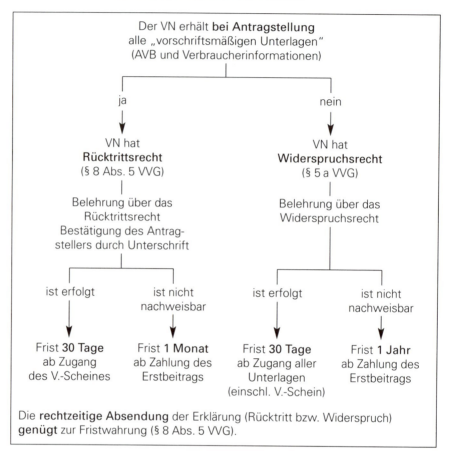

Neuregelung nach der VVG-Reform

Mit der Reform des Versicherungsvertragsgesetzes im Jahre 2007 ist eine Regelung zu erwarten, die das Zustandekommen von Lebensversicherungsverträgen nur über das „Antragsmodell" mit dem entsprechenden Rücktrittsrecht des Kunden zulässt.

Der Versicherer wird also zukünftig immer verpflichtet, alle Vertragsbestimmungen bereits bei Antragstellung dem zukünftigen Versicherungsnehmer auszuhändigen.

Eine Abwicklung des Antrags in Form des „Policenmodells" wird dann grundsätzlich nicht mehr möglich sein.

Zusammenfassend gilt für die Rücknahme eines Versicherungsantrages durch den Antragsteller in der Lebensversicherung:

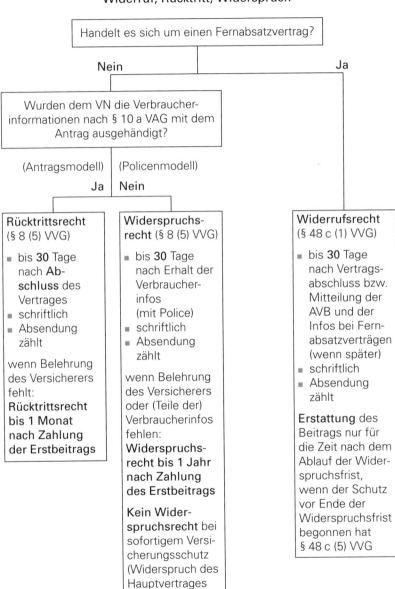

Annahmefrist

Im Antrag auf einen Versicherungsvertrag kann grundsätzlich vereinbart werden, dass der Antragsteller für eine bestimmte Zeit an seinen Antrag gebunden ist. Innerhalb dieser Frist soll der Versicherer den Antrag prüfen und über die Antragsannahme entscheiden. In der Vergangenheit wurde deshalb in der Lebensversicherung regelmäßig eine sechswöchige Annahmefrist vertraglich festgelegt.

Nach geltendem Recht kann ein Versicherungsnehmer in der Lebensversicherung jedoch seinen Antrag immer noch nach Zustandekommen des Vertrages im Rahmen der vorgesehenen Fristen durch Rücktritt oder Widerspruch zurücknehmen. Damit liegt aber eine zwingende Bindung des Antragstellers an seinen Antrag faktisch nicht mehr vor.

Die Vereinbarung einer Annahmefrist für die Lebensversicherung, wie sie in der Vergangenheit üblich war, ist deshalb nach neuem Recht ohne Bedeutung.

Übungen

1. Warum werden Versicherungsverträge i. d. R. schriftlich abgeschlossen, obwohl es keine gesetzlichen Vorschriften dazu gibt?

2. Während eines Beratungsgespräches möchte ein Kunde die „Ermächtigungsklausel" und die „Erklärung zum Datenschutz" erläutert haben.

   Geben Sie Auskunft, wenn der Kunde eine kapitalbildende Lebensversicherung mit BUZ abschließen möchte.

3. Das VAG schreibt den Lebensversicherern vor, dem VN eine schriftliche Verbraucherinformation zukommen zu lassen.
   a) Warum sind die Lebensversicherer dazu gesetzlich verpflichtet worden?
   b) Zählen Sie mindestens 6 Punkte auf, die dem VN im Rahmen der Verbraucherinformation als Mindestinformation gegeben werden müssen.

4. Herr Zabel hat bei Antragstellung alle erforderlichen Unterlagen, die ihm nach VAG ausgehändigt werden müssen, erhalten.
   a) Welches Recht steht ihm zu, wenn er nach Antragstellung den Lebensversicherungsvertrag nicht mehr wünscht. Welche Frist hat er dabei zu beachten (Beginn und Dauer)?
   b) Angenommen, der VR kann nicht nachweisen, dass Herr Zabel über das entsprechende Recht zur Aufhebung des Vertrages belehrt wurde. Welche Wirkung hat dies auf Dauer und Beginn der Frist, um das Aufhebungsrecht geltend zu machen?

5. Welche Bedeutung hat für neu abgeschlossene Lebensversicherungsverträge die Vereinbarung einer Annahmefrist?

6. Herr Groß unterschreibt am 25. 3. einen Antrag auf eine kapitalbildende Lebensversicherung (Laufzeit 20 Jahre) mit gewünschtem Versicherungsbeginn 1. 5. Ein vorläufiger Versicherungsschutz soll nicht gewährt werden. Der Antrag geht einen Tag später beim Versicherer ein. Nach der Risikoprüfung mit einer ärztlichen Untersuchung der VP am 14. 4. wird der Versicherungsschein am 20. 4. ausgefertigt und geht Herrn Groß am 22. 4. zu. Angenommen, er erhält erst nach Antragstellung alle notwendigen Unterlagen.

   Welche Rechtslage (Beginn des Vers.-Vertrages, letztmöglicher Zeitpunkt zur Aufhebung des Vertrages durch den VN) ergäbe sich, wenn Herrn Groß
   a) auch später vom VR nicht die vollständigen Unterlagen zu seinem Vers.-Vertrag zugingen? Eine Rechtsbelehrung erfolgte nicht.

b) alle Unterlagen und die entsprechende Rechtsbelehrung mit dem Vers.-Schein zugingen?
c) alle restlichen notwendigen Unterlagen einschl. Rechtsbelehrung nachträglich am 10. 5. zugingen?

Der Erstbeitrag wird in allen Fällen fristgerecht am 11. 5. bezahlt.

7. Frau Thiele hat über das Internet am 18. Januar dieses Jahres (d. J.) bei der Internationalia, die nur über das Internet Versicherungsverträge abschließt, einen Lebensversicherungsvertrag (Versicherungsbeginn 1. Februar d. J., keine vorläufige Deckungszusage; Laufzeit 15 Jahre) beantragt.

3 Tage später bestätigte der Versicherer per E-Mail die Annahme des Antrages. In einer weiteren E-Mail wurden ihr am 24. Januar alle gesetzlich vorgeschriebenen Vertragsinformationen einschließlich Belehrung über ihr Widerrufsrecht in Textform übermittelt.

Überraschend wird Frau Thiele Anfang Februar arbeitslos. Unter dem Eindruck dieses Ereignisses schreibt sie deshalb der Internationalia am 22. Februar folgenden Brief:

„Sehr geehrte Damen und Herren,

ich habe im Januar bei Ihnen per Internet eine Lebensversicherung abgeschlossen und am 28. Januar an Sie den ersten Jahresbeitrag überwiesen. Meine wirtschaftliche Lage hat sich jedoch plötzlich so verschlechtert, dass ich mich gezwungen sehe, meine Vertragsentscheidung zu widerrufen und meine Lebensversicherung bei Ihnen aufzuheben. Ich bitte Sie, mir die Vertragsaufhebung schriftlich zu bestätigen und den bereits gezahlten Jahresbeitrag auf mein Girokonto (....) zu überweisen.

Mit freundlichen Grüßen
........"

Die Internationalia meldet sich bis zum 1. März nicht bei Frau Thiele.

Frau Thiele bittet Sie, ihr die Rechtslage zu erläutern.

5.4.3 Risikoprüfung und Risikoeinschätzung

Das Risiko, das der Lebensversicherer übernimmt, wird vor allem durch die Gesundheitsverhältnisse der zu versichernden Person bestimmt.

> Zu den Risikomerkmalen, die vom Einzelnen nicht beeinflussbar sind (= **objektive Risikomerkmale**), gehören u. a. Alter, Geschlecht, Vorerkrankungen, gegenwärtiger Gesundheitszustand und Beruf.

Anhand dieser Merkmale kann das objektive Risiko für die jeweilige zu versichernde Person eingeschätzt werden.

Darüber hinaus kann jedoch die Wahrscheinlichkeit, mit der der Versicherungsfall für die zu versichernde Person eintritt, von ihren individuellen Lebensumständen, ihrem Verhalten oder ihren Persönlichkeitsmerkmalen abhängen (= subjektives Risiko).

> **Subjektive Risikomerkmale** sind u. a. Einkommens- und Vermögensverhältnisse, Lebenswille, Lebensgewohnheiten oder Lebenseinstellungen der zu versichernden Person.

Da die Kalkulation der Tarifbeiträge von einem durchschnittlichen Risiko, wie es in der Sterbetafel unterstellt wird, ausgeht, muss die Risikoprüfung feststellen, ob eine – insbesondere risikoerhöhende – Abweichung für die zu versichernde Person im Einzelfall vorliegt. Darüber hinaus soll durch die Risikoprüfung eine negative Risikoauslese verhindert werden. Die Gefahr der negativen Risikoauslese besteht, da Menschen, die für sich eine unterdurchschnittliche Lebenserwartung vermuten, eher zum Abschluss einer Lebensversicherung neigen.

Außerdem ist eine sorgfältige Risikoprüfung notwendig, weil der Lebensversicherer während der Vertragslaufzeit keine Möglichkeit hat, den Beitrag zu verändern, wenn sich der Gesundheitszustand der versicherten Person verschlechtert.

Grundlage jeder Risikoprüfung sind die Informationen, die der Versicherer von der zu versichernden Person durch die **Antragsangaben** selbst erhält.

Antrag auf eine Lebensversicherung

Angaben zur Risikobeurteilung des Versicherten (VT)
Besondere Gefahren und Versicherungsanträge bei anderen Gesellschaften

1. Sind Sie besonderen Gefahren ausgesetzt
   1.1 im Beruf (z. B. Explosion, Strahlung)? ☒ nein ☐ ja, welchen
   1.2 in der Freizeit (z. B. Wettfahrten, Flugsport)? ☒ nein ☐ ja, welchen

2. Beabsichtigen Sie einen Aufenthalt von mehr als 2 Monaten außerhalb Europas? ☒ nein ☐ ja, wo, wann, wie lange

3.1 Bestehen bereits Lebens-, Berufsunfähigkeits- bzw. Pflegeversicherungen oder sind solche beantragt? ☒ nein ☐ ja
3.2 Wurden Anträge zu erschwerten Bedingungen angenommen, zurückgestellt oder abgelehnt? ☒ nein ☐ ja
Art der Versicherung, Gesellschaft
Höhe und Erschwerung

Zusätzliche Fragen bei einer jährlichen Berufsunfähigkeitsrente von mehr als 25.200 EUR

1. Haben Sie für den Fall der Berufs- oder Dienstunfähigkeit Renten zu erwarten (ohne gesetzliche Rente)? ☒ nein ☐ ja, wie hoch, woher (z. B. betriebl. Altersversorgung)

2. Wieviel Prozent Ihres Bruttoeinkommens betragen diese Renten? %

Erklärungen zum Gesundheitszustand
Bitte alle Fragen beantworten. Angaben, die Sie hier nicht machen möchten, sind unmittelbar und unverzüglich schriftlich nachzureichen.

Antrag ☒ ohne ärztliche Untersuchung ☐ mit ärztlicher Untersuchung veranlasst am

Zeitlich befristete Fragen

1. Bestehen oder bestanden **in den letzten 5 Jahren** Krankheiten, Unfallfolgen, körperliche Schäden, Gesundheitsstörungen oder Beschwerden
   1.1 der Atmungsorgane (auch Nasennebenhöhleninfektion, Heuschnupfen, Kehlkopferkrankung)? ☒ nein ☐ ja
   1.2 des Herzens oder der Kreislauforgane (auch Bluthochdruck, Krampfadern, Thrombose)? ☒ nein ☐ ja
   1.3 der Nieren, der Harnwege oder der Geschlechtsorgane? ☒ nein ☐ ja
   1.4 der Verdauungsorgane (auch Bauchspeicheldrüsen-, Gallenblasen-, Lebererkrankung)? ☒ nein ☐ ja
   1.5 des Stoffwechsels (auch Diabetes, Cholesterin-, Harnsäureerhöhung)? ☒ nein ☐ ja
   1.6 der Augen (auch Netzhautablösung)? ☒ nein ☐ ja
       ☐ kurzsichtig ☐ weitsichtig
       Dioptrien links rechts
   1.7 der Ohren (auch Schwindelzustände)? ☒ nein ☐ ja
   1.8 der Wirbelsäule (auch Bandscheibenschaden)? ☒ nein ☐ ja
   1.9 der Knochen, Gelenke und Muskeln (auch Meniskusschaden, Gicht, Rheuma)? ☒ nein ☐ ja
   1.10 der Haut (auch Allergie)? ☒ nein ☐ ja
   1.11 der Drüsen (auch Hormonstörung), der Milz oder des Blutes? ☒ nein ☐ ja
   1.12 des Gehirns, der Nerven (auch Epilepsie, Lähmung, Multiple Sklerose) oder der Psyche (auch Angstzustände)? ☒ nein ☐ ja
   1.13 Infektionskrankheiten (länger als 1 Monat)? ☒ nein ☐ ja
   1.14 Tumore (auch gutartige)? ☒ nein ☐ ja

2. Sind Sie **in den letzten 5 Jahren** von Ärzten, Heilpraktikern oder Psychologen untersucht, beraten oder behandelt worden?
   2.1 stationär (auch Kuren) ☒ nein ☐ ja
   2.2 ambulant ☒ nein ☐ ja

3. Wurden Sie **in den letzten 15 Jahren** operiert bzw. wurde eine Strahlen- oder Chemotherapie durchgeführt? ☒ nein ☐ ja

4. Nehmen oder nahmen Sie **in den letzten 15 Jahren** regelmäßig Medikamente (auch Schlaf-, Schmerz- oder Beruhigungsmittel) bzw. besteht oder bestand eine Alkohol- oder Drogenabhängigkeit? ☒ nein ☐ ja

Zeitlich unbefristete Fragen

5. Haben Sie einen Selbsttötungsversuch unternommen? ☒ nein ☐ ja
6. Wurde eine HIV-Infektion festgestellt? ☒ nein ☐ ja

Weitere Fragen

7. Bestehen Behinderungen oder haben Erkrankungen Folgen hinterlassen? ☒ nein ☐ ja
8. Wie groß und schwer sind Sie? 175 cm 78 kg

Welcher Arzt kann über Ihre Gesundheitsverhältnisse am besten Auskunft geben (Name, Anschrift)? (Falls nicht zutreffend, bitte »keinen« eintragen.)

Geben Sie hier bitte Einzelheiten zu den Fragen an, die mit »ja« beantwortet sind. _ergänzende Angaben siehe Zusatzblatt_

Frage	Einzelheiten zu Diagnose, Krankheit, Unfall	Wann? Wie lange? Geheilt? Folgen?	Arzt, Behandler, Krankenhaus (Name, Anschrift)?

Erklärung nach dem Geldwäschegesetz (Bitte immer ausfüllen!)

a) Der Versicherungsnehmer handelt für ☒ eigene Rechnung ☐ Rechnung eines Dritten (Vorname, Name, Anschrift)

b) Identifizierung des Versicherungsnehmers: (Vorname, Name und – soweit im Ausweis vorhanden – Anschrift, Geburtsdatum)

Ausgewiesen durch: ☒ Personalausweis ☐ Reisepass ☐ sonstigen Ausweis (Bezeichnung)
Ausweis-Nr. 12345678   ausstellende Behörde, Ort und Datum Stadt Köln   gültig bis 31.12.2012

Gesundheitserklärung bei Nachversicherung ohne Ereignis
Ich bestätige mit meiner Unterschrift, dass ich bis zum heutigen Tage weder einen Herzinfarkt erlitten habe, noch mit HIV infiziert (positiver HIV-Test) oder an einem Krebsleiden erkrankt bin.

Wichtige Hinweise
Bevor Sie diesen Antrag unterschreiben, lesen Sie bitte auf der Rückseite die Erklärungen des Versicherungsnehmers und des Versicherten sowie die besonderen Hinweise. Diese Erklärungen und Hinweise sind wichtiger Bestandteil Ihres Antrags und enthalten insbesondere Ermächtigungen zur Entbindung von der Schweigepflicht und zur Datenverarbeitung sowie zum Versicherungsnehmerwechsel (bei Tod des Versicherungsnehmers wird der Versicherte neuer Versicherungsnehmer). Auf der Rückseite finden Sie u. a. Hinweise zum Widerspruchsrecht (Ziffer I. 4.), zum vorläufigen Versicherungsschutz (Ziffer I. 5.) und zu den Vertragsgrundlagen (Ziffer II. 1.). Sie machen mit Ihren Unterschriften die Erklärungen und Hinweise zum Inhalt dieses Antrags. Eine Durchschrift/Kopie des Antrags wird Ihnen sofort nach Antragsunterzeichnung ausgehändigt.

Ort, Datum | Unterschrift Versicherungsnehmer ggf. Firmenstempel (bei Minderjährigen: gesetzlicher Vertreter) | Unterschrift Versicherter und ggf. Mitversicherter | Stempel, Unterschrift Vermittler

> Herr Weber beantwortet wahrheitsgemäß die im Antrag gestellten Gesundheitsfragen (siehe Antragsformular [Ausriss] von Herrn Weber auf der vorigen Seite).
>
> Die Angaben, die Herr Weber zu seinen Gesundheitsverhältnissen gemacht hat, lassen auf kein vom Normalfall abweichendes Risiko schließen.

Ist anhand dieser Informationen eine begründete Risikoeinschätzung jedoch nicht möglich, z. B. weil der zu Versichernde im Antrag zu seinen Vorerkrankungen keine erschöpfende Auskunft gibt, kann der Versicherer als Ergänzung dazu von diesem einen entsprechenden spezielleren **Fragebogen** ausfüllen lassen.

Erscheint dem Versicherer die Selbstauskunft der zu versichernden Person für eine Risikoeinschätzung nicht aussagefähig genug, wird er von dem im Antrag angegebenen Hausarzt oder **vom behandelnden Arzt eine Auskunft** anhand von deren Patientenkartei erbitten.

Überschreitet der Antrag bestimmte Versicherungssummen, schreibt die BaFin in Abhängigkeit von der Versicherungssumme und vom Lebensalter der zu versichernden Person eine ärztliche Untersuchung zur Risikoeinschätzung vor („**Ärztliches Zeugnis**").

In einer Tabelle auf Seite 7 des Bedingungswerkes 1 der Proximus Versicherung sind Altersgrenzen und Versicherungssummen dargestellt, ab denen ein Ärztliches Zeugnis vorgeschrieben ist („Untersuchungsgrenzen").

Mitteilungsstelle für Sonderwagnisse

Schließlich kann es für den Lebensversicherer hilfreich sein, zu wissen, ob ein Antragsteller bereits bei einem anderen Lebensversicherungsunternehmen einen Antrag gestellt hat, der abgelehnt bzw. zurückgestellt oder nur mit einem Risikozuschlag angenommen wurde, oder ob ein Lebensversicherer einen Vertrag mit diesem Antragsteller schon einmal durch Anfechtung oder Rücktritt aufgehoben hat.

Diese Informationen stehen den Lebensversicherungsunternehmen zur Verfügung, die der **Mitteilungsstelle für Sonderwagnisse** angeschlossen sind.

Aus Datenschutzgründen sind hier aber nur Teile des Namens und des Geburtsdatums sowie ein Kennzeichen für den Erfassungsgrund angegeben. Wenn der Versicherer eine Auskunft haben möchte, muss er sich an den anderen Versicherer wenden, der dann prüft, ob die in Frage kommende Person tatsächlich identisch mit der vorgemerkten Person ist, bevor er eine Auskunft erteilt.

Übungen

1. In der Lebensversicherung unterscheidet man wie in anderen Versicherungssparten subjektive und objektive Risikomerkmale.

   a) Was versteht man allgemein unter „subjektiven Risikomerkmalen", was unter „objektiven Risikomerkmalen" in der Lebensversicherung?

   b) Zählen Sie jeweils 4 subjektive bzw. objektive Risikomerkmale auf.

   c) Wie kann das subjektive Risiko in der Lebensversicherung erfasst werden?

2. Welche Bedeutung hat im Zusammenhang mit der Risikoprüfung die „Mitteilungsstelle für Sonderwagnisse"?

3. Nennen Sie die Versicherungssummen bei einer kapitalbildenden Lebensversicherung („Untersuchungsgrenzen"), bis zu denen Lebensversicherungsunternehmen im Rahmen ihrer Antragsprüfung auf ein Ärztliches Zeugnis einschließlich HIV-Test verzichten.

4. Als Ergänzung zu seiner Altersrente aus der gesetzlichen Rentenversicherung möchte Herr Bauer bei einem Lebensversicherungsunternehmen eine private Rentenversicherung als Leibrente abschließen. Er hat jedoch bereits einen Herzinfarkt erlitten und fürchtet deshalb, dass er – wenn überhaupt – nur mit erheblichen Zuschlägen zum Tarifbeitrag versichert werden kann.

   Welche Bedeutung hat der Gesundheitszustand von Herrn Bauer in diesem Falle bei der Risikoprüfung?

5. Herr Kappler weiß, dass Versicherungsunternehmen risikogerechte Beiträge von Kunden verlangen. Er hat deshalb Sorge, dass für seine kapitalbildende Lebensversicherung (ohne Vereinbarung einer Dynamik) die Beiträge steigen könnten, wenn er nach Abschluss des Vertrages schwer erkrankt.

   Er möchte von Ihnen wissen, welche Möglichkeit(en) ein Lebensversicherungsunternehmen hat, den Beitrag für seine Lebensversicherung zu erhöhen, wenn sich der Gesundheitszustand der versicherten Person während der Laufzeit des Vertrages erheblich verschlechtert hat.

5.4.4 Entscheidung über den Antrag

5.4.4.1 Ablehnung des Antrages

Schätzt der Versicherer das Risiko für den Eintritt des Versicherungsfalles als für ihn zu hoch ein, wird er den Antrag ablehnen oder zurückstellen.

Die Zurückstellung ist rechtlich eine Ablehnung des Antrages mit der Bereitschaft, den Antrag zu einem späteren Zeitpunkt erneut zu prüfen, z. B. wenn zu erwarten ist, dass sich der Gesundheitszustand der zu versichernden Person wesentlich verbessern könnte.

5.4.4.2 Annahme des Antrages

Uneingeschränkte Annahme

Bei einer uneingeschränkten Annahme des Antrages wird der Versicherungsschein ausgefertigt und dem Versicherungsnehmer zugeschickt.

Annahme mit Erschwerung

Möglicherweise wird der Versicherer gezwungen sein, die versicherte Person als erhöhtes Risiko einzustufen. Dann hat er in Abhängigkeit von der Ursache der Risikoerhöhung, von der Dauer der Versicherung und dem Alter der zu versichernden Person, folgende Möglichkeiten, einen wirtschaftlichen Ausgleich für dieses zusätzliche Risiko zu vereinbaren:

Bei einer Annahme mit Erschwerung ist der Versicherer also nicht bereit, den Versicherungsschutz wie beantragt zu gewähren. Deshalb kommt so kein Versicherungsvertrag zustande.

Rechtlich stellt die Annahme mit Erschwerung ein neues Angebot des Lebensversicherers dar. Nur wenn der Antragsteller dieses ausdrücklich annimmt, kommt ein Versicherungsvertrag abweichend vom Antrag zustande.

Risikozuschlag

> Je nach Erschwerungsgrad wird ein Zuschlag auf den Tarifbeitrag erhoben, der das erhöhte Risiko ausgleichen soll.
>
> Üblich sind Risikozuschläge für die gesamte Beitragszahlungsdauer. Bei manchen Versicherern können aber auch zeitlich begrenzte Zuschläge vereinbart werden, z. B. wenn sich ein bei Antragstellung erhöhtes Risiko – etwa nach einer Operation – erfahrungsgemäß nach einiger Zeit wesentlich mindert.

In seltenen Fällen werden die gezahlten Risikozuschläge auf Wunsch des Antragstellers auch erstattet, wenn die versicherte Person den Ablauftermin erlebt. Allerdings werden dann Rückgewährzuschläge eingerechnet und keine Verzinsung vorgesehen.

Dauerverkürzung

Eine Dauerverkürzung (Abkürzung der beantragten Versicherungsdauer auf ein niedrigeres Endalter) wird vorgeschlagen, wenn bei der zu versichernden Person bereits eine Gesundheitsschädigung vorliegt, die wahrscheinlich erst in einem höheren Alter die Lebenserwartung (bei BUV/BUZ die Berufsunfähigkeit) beeinträchtigen dürfte (z. B. bei Diabetes Typ I oder Asthma).

Staffelung der Versicherungssumme

Wird eine Risikoerhöhung nur als vorübergehend angesehen, kann der Versicherer auch vereinbaren, dass bei voller Beitragszahlung die versicherte Summe in den ersten Versicherungsjahren durch eine Staffelung der Versicherungssumme erst schrittweise die volle Versicherungsleistung erreicht. Bei Unfalltod wird jedoch i. d. R. unabhängig von einer Staffelung der Versicherungssumme geleistet.

Eine verbreitete Staffelung ist die in $1/5$-Schritten:

Versicherungsfall im ...	Auszahlung
1. Versicherungsjahr	$1/5$ der VS
2. Versicherungsjahr	$2/5$ der VS
3. Versicherungsjahr	$3/5$ der VS
4. Versicherungsjahr	$4/5$ der VS
ab 5. Versicherungsjahr	die vereinbarte VS

Damit wirkt eine Staffelung der Versicherungssumme wie ein zeitlich begrenzter, mit der Zeit sinkender Risikozuschlag.

Verminderte Todesfallsumme

Hierbei wird für die ersten Versicherungsjahre – im Gegensatz zur Staffelung – ein feststehender Prozentsatz der Versicherungssumme als Todesfallsumme vereinbart, wenn das Todesfallrisiko nur für eine begrenzte Zeit als erhöht eingeschätzt wird.

Leistungsausschluss in der BUV und BUZ

Während in der Kapitalversicherung und in der Unfall-Zusatzversicherung üblicherweise keine Risikoausschlüsse vereinbart werden, schließen die Lebensversicherer in der Berufsunfähigkeits(-Zusatz)versicherung häufig die Leistungspflicht für bereits bestehende Leiden, die die Berufsunfähigkeit der versicherten Person unmittelbar beeinflussen, aus.

5.4.5 Versicherungsbeginn

Mit der Übersendung des Versicherungsscheines oder einer Annahmebestätigung kommt der Lebensversicherungsvertrag zustande **(formeller Beginn).**

PROXIMUS
Lebensversicherung AG

Versicherungsschein zum Altersvorsorgeplan
Versicherungsscheinnummer AV 64856R

Versicherungsnehmer:	Thomas Weber
	Am Graben 10
	99084 Erfurt
Versicherte Person:	Thomas Weber, geboren am 13.12.1967
Versicherungsbeginn:	01.04.2007
	Für alle im Versicherungsschein genannten Termine ist mittags 12.00 Uhr maßgebend.

Rentenversicherung mit Garantieleistung nach Tarif S36 für Männer

Altersrente ab:	01.04.2028	
Monatliche Altersrente:	118,29 Euro	zum 01.04.2028
Oder		
Einmalige Kapitalabfindung:	30.417,00 Euro	zum 01.04.2028

Rentenbeginnphase

Beginn der Rentenbeginnphase:	01.04.2028	
Ende der Rentenbeginnphase:	01.04.2038	(Spätester Rentenbeginn)

In der Rentenbeginnphase kann der Versicherungsnehmer einen Zeitpunkt für den Rentenbeginn wählen. Dieser muß auf einen Monatsersten fallen und dem Versicherer mindestens einen Monat vorher mitgeteilt werden. Während der Rentenbeginnphase erhöhen sich die garantierte Monatsrente und die einmalige Kapitalabfindung.

Altersrente ab: 01.04.2038

Monatliche Altersrente:	254,19 Euro	zum 01.04.2038
Oder		
Einmalige Kapitalabfindung:	52.565,00 Euro	zum 01.04.2038

Jahresbeitrag ab 01.04.2007:	1.200,00 Euro

Überschussbeteiligung:

Die Rentenversicherung ist an den von uns erzielten Überschüssen beteiligt. Die Überschussbeteiligung vor Rentenbeginn der Rentenversicherung erfolgt nach dem System der „Verzinslichen Ansammlung".

Während der Rentenlaufzeit (Rentenbezugsphase) erfolgt die Überschussbeteiligung in Form der „Dynamischen Gewinnrente".

Dynamische Anpassung

Die dynamische Anpassung von Leistung und Beitrag sind vereinbart.

Bezugsrecht

Bezugsberechtigt im Erlebensfall:	der Versicherungsnehmer
Bezugsberechtigt im Todesfall:	der Ehegatte, mit dem der Versicherte im Zeitpunkt seines Todes verheiratet ist

Vertragsgrundlagen

Vertragsgrundlagen sind:

- Der Versicherungsantrag nebst Schweigepflichtentbindung
- Die Verbraucherinformation
- Der Versicherungsschein
- Die Allgemeinen Bedingungen für die Rentenversicherung mit aufgeschobener Rentenzahlung
- Die Verbraucherinformation zur Überschussermittlung und –beteiligung
- Die Allgemeinen Bedingungen für den vorläufigen Versicherungsschutz
- Die Besonderen Bedingungen für die Lebensversicherung mit planmäßiger Erhöhung der Beiträge und Leistungen ohne erneute Gesundheitsprüfung

München, den 09.03.2007
Proximus Lebensversicherung AG

Der im Versicherungsschein genannte Beginn (**technischer Beginn**) bestimmt den Zeitpunkt, von dem an ein Beitrag für die Lebensversicherung berechnet wird (Beginn des „beitragsbelasteten Zeitraumes").

Der Beitrag für die mit dem obigen Versicherungsschein dokumentierte Ausbildungsversicherung wird also ab 1. 7. 20 . . berechnet.

Rückdatierung

> Der technische Beginn kann jedoch durch eine **Rückdatierung** in die Vergangenheit verlegt werden.

Damit kann das rechnerische Eintrittsalter der versicherten Person sinken und zu einer Beitragsersparnis für die gesamte Laufzeit des Lebensversicherungsvertrages führen.

▶ Beispiel

Am 20. 3. 2006 führt ein Außendienstmitarbeiter der Proximus Versicherung ein Beratungsgespräch: Ein Kunde möchte eine kapitalbildende Lebensversicherung abschließen.

Geburtstag der zu versichernden Person: 8. 5. 1959; gewünschter Beginn der Versicherung (technischer Beginn): 1. 12. 2005.

Für die vom Kunden gewählte Versicherungssumme und Vertragslaufzeit von 19 Jahren ermittelt der Außendienstmitarbeiter folgenden monatlichen Beitrag:

lt. Tarifunterlagen bei Eintrittsalter 46: 200,00 €,
lt. Tarifunterlagen bei Eintrittsalter 47: 210,00 €.

Der Versicherer berechnet das Eintrittsalter (EA) nach der Methode: „Beginnjahr minus Geburtsjahr".

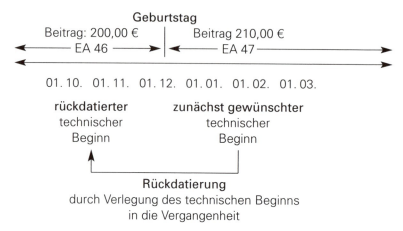

Durch die Rückdatierung zahlt der VN **zusätzlich Beitrag** für Dezember und Januar = 2 x 200,00 € = 400,00 €.

Er **spart** jedoch während der gesamten Laufzeit des Vertrages (19 Jahre) monatlich (210,00 € − 200,00 €) = 10,00 €. ➡ **2 280,00 €**.

Finanzieller Vorteil für diesen VN durch die Rückdatierung: 2 280,00 € − 400,00 € = 1 880,00 €.

Für den Versicherungsnehmer ist eine Rückdatierung also grundsätzlich dann vorteilhaft, wenn die Beitragsminderung durch das niedrigere Eintrittsalter größer ist als der zusätzliche Beitragsaufwand für den Zeitraum der Rückdatierung. Zu beachten ist allerdings immer, dass durch eine Rückdatierung kein Versicherungsschutz für die Vergangenheit vereinbart wird.

Der Beginn des Versicherungsschutzes **(materieller Beginn)** wird durch den Zeitpunkt der Beitragszahlung bestimmt. In der Lebensversicherung gilt die einfache Einlösungsklausel, d. h. mit dem Tag, an dem vom Versicherungsnehmer der Beitrag gezahlt wird, beginnt der Versicherungsschutz, sofern der formelle Beginn (Vertragsabschluss) und der technische Beginn gegeben sind.

§ 3 (1) ALV

Soweit vom Versicherungsnehmer dem Versicherer eine Einzugsermächtigung erteilt wurde (Lastschriftverfahren), gewährt der Versicherer Versicherungsschutz ab vereinbartem (technischem) Beginn, wenn am Fälligkeitstag der Beitrag vom entsprechenden Konto abgebucht werden kann (das Konto also eine entsprechende Deckung aufweist), auch wenn der Lebensversicherungsbeitrag tatsächlich erst später eingezogen wird.

Vorläufiger Versicherungsschutz

Auf Wunsch des Antragstellers kann ein Lebensversicherer vorläufigen Versicherungsschutz ab Antragstellung gewähren.

Der Lebensversicherer gewährt dann im Todesfall Versicherungsschutz, obwohl der Hauptvertrag noch nicht zustande gekommen ist:

Voraussetzungen

- der Versicherte ist zwischen 7 und 70 Jahren alt
- der gewünschte technische Beginn liegt nicht später als 2 Monate nach Antragstellung
- der Einlösebeitrag muss bezahlt sein oder eine Einzugsermächtigung muss erteilt worden sein

Beginn

mit Eingang des Antrages beim Versicherer, spätestens 3 Tage nach Unterzeichnung des Antrages

Ende

▪ mit materiellem Beginn des Hauptvertrages ▪ mit Ablehnung des Antrages ▪ bei Rücknahme oder Anfechtung des Antrages durch den Antragsteller	▪ wenn der Antragsteller dem Antrag widersprochen hat oder vom Vertrag zurücktritt ▪ wenn der Einzug des Einlösungsbeitrages nicht möglich war

§ 9 AGBG
BGB-Urteil v. April 1996

Eine Beendigung des vorläufigen Versicherungsschutzes durch Zeitablauf (z. B. spätestens 2 Monate nach Unterzeichnung des Antrages) verstößt nach einem BGH-Urteil gegen das Gesetz zu den Allgemeinen Geschäftsbedingungen (AGBG) und ist deshalb unwirksam, sofern der Versicherer dann nicht ausdrücklich auf den Ablauf der vorgesehenen Zeit hinweist.

Leistungsumfang

Leistungen wie im Hauptvertrag, jedoch maximal 100 000,00 €, einschl. Unfall-Zusatzversicherung.

Leistungsausschluss

▪ bei Tod der versicherten Person durch Selbstmord bzw. durch Tod in mittel- oder unmittelbarem Zusammenhang mit inneren Unruhen und kriegerischen Ereignissen	▪ bei Tod der versicherten Person durch Gesundheitsstörungen, die bei Antragstellung bestanden.

Beitrag

Der Versicherer erhebt für den Zeitraum des vorläufigen Versicherungsschutzes keinen zusätzlichen Beitrag.

Tritt jedoch der Versicherungsfall in der Zeit während des vorläufigen Versicherungsschutzes ein, wird ein anteiliger Beitrag auf der Grundlage der beantragten Versicherung (maximal jedoch für 100 000,00 € ggf. einschl. UZV) für den Zeitraum von Beginn des vorläufigen Versicherungsschutzes bis zum Eintritt des Versicherungsfalles von der Versicherungsleistung abgezogen.

Übungen

1. Ein Lebensversicherungsunternehmen teilt nach Risikoprüfung einem Antragsteller mit, dass die Entscheidung über seinen Lebensversicherungsantrag zurückgestellt wird.
   a) Welche rechtliche Bedeutung hat diese „Zurückstellung" für den Antrag?
   b) Unter welchen Umständen wird ein Lebensversicherer die Annahme eines Antrages zurückstellen?

2. Ein LV-Vertrag über 45 000,00 € VS ist mit der Vereinbarung einer $1/5$-Staffelung zustande gekommen. Der Versicherungsfall tritt 30 Monate nach Abschluss des Vertrages ein.

   Ermitteln Sie die Versicherungsleistung (ohne Überschussanteile).

3. Ein Lebensversicherungsunternehmen nimmt einen Antrag mit einem Risikozuschlag auf den Tarifbeitrag an. Der VN legt den vom Antrag abweichenden Versicherungsschein ungelesen zu seinen Unterlagen. Eine Einzugsermächtigung wurde bei Antragstellung nicht erteilt.

   Nehmen Sie Stellung zur Rechtslage.

4. „Eine Staffelung der Versicherungssumme wirkt sich wie ein zeitlich begrenzter, mit der Zeit sinkender Risikozuschlag aus."

   Erläutern Sie diese Aussage an einem selbst gewählten Beispiel.

5. Ein Lebensversicherungsvertrag wird – abweichend vom Antrag – mit der Vereinbarung einer zeitlich begrenzten Todesfallleistung angenommen.

   Unter welchen Umständen wird der Versicherer diese Form der erschwerten Annahme wählen?

6. Im Rahmen eines Beratungsgespräches empfiehlt der Außendienstmitarbeiter dem Kunden eine Rückdatierung der Lebensversicherung.
   a) Unter welchen Umständen kann eine Rückdatierung sinnvoll sein?
   b) Beschreiben Sie an einem selbst gewählten Beispiel die Wirkung der Rückdatierung.

7. Ordnen Sie den formellen, materiellen und technischen Beginn zu: Ein Versicherungsinteressent unterschreibt am 26. 9. einen Antrag auf eine kapitalbildende Lebensversicherung ohne Vereinbarung eines vorläufigen Versicherungsschutzes. Auf dem Antrag vermerkter Beginn der Versicherung: 1. 11.

Der Versicherungsvertreter nimmt den Antrag entgegen und schickt ihn mit der Post am 28. 9. an den Lebensversicherer (Eingang dort 29. 9.). Ende der Risikoprüfung und Ausfertigung des Versicherungsscheines im Versicherungsunternehmen (ohne Abweichung vom Antrag) am 10. 10. Zugang des Vers.-Scheines beim VN am 11. 10. Der Lebensversicherer zieht am 28. 10. den Erstbeitrag per Lastschrift ein.

5.5 Beitrag in der Lebensversicherung

Durch die Beiträge der Versicherungsnehmer sollen dem Lebensversicherungsunternehmen die finanziellen Mittel zufließen, die zumindest erforderlich sind, um die zukünftigen Leistungen aus den Versicherungsverträgen erbringen zu können und die Kosten der Versicherung zu decken.

5.5.1 Grundlagen der Beitragskalkulation

5.5.1.1 Zusammensetzung des Beitrages

Im Gegensatz zur Schadenversicherung wird in der Lebensversicherung im Leistungsfall nicht ein tatsächlich entstandener Schaden ersetzt, sondern eine bei Vertragsabschluss vereinbarte Summe ausgezahlt (**Summenversicherung**).

Während es bei der Schadenversicherung für jedes einzelne Risiko ungewiss ist, ob, wann und in welcher Höhe ein Schaden reguliert werden muss, ist bei den meisten Versicherungsformen der Lebensversicherung nur der Zeitpunkt der Leistung unbekannt. Nur bei einer reinen Todesfall- bzw. Risikoversicherung, bei der Unfall-Zusatzversicherung und bei einer Berufsunfähigkeitsversicherung ist auch ungewiss, ob es überhaupt zu einem Leistungsfall kommt.

Der Beitrag in der Lebensversicherung hat also immer einen Anteil für Risiko und Kosten zu berücksichtigen. In den Tarifen mit vereinbarter Ablaufleistung ist darüber hinaus auch ein Sparanteil enthalten.

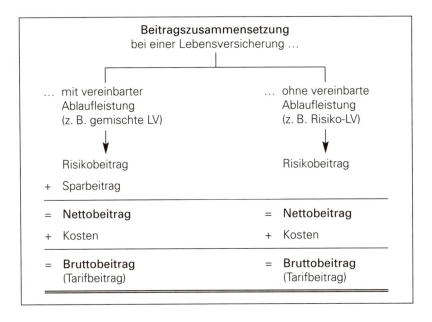

Einen **Risikobeitrag** erhebt das Lebensversicherungsunternehmen für das Todesfallrisiko in der Kapitalversicherung bzw. das Erlebensfallrisiko in der Rentenversicherung. Die Höhe dieses Beitrages ist vor allem abhängig von den Einstufungsmerkmalen Eintrittsalter, Tarifform, Vertragslaufzeit und Versicherungssumme bzw. Rente.

Neben den Risikobeitrag tritt ein **Sparbeitrag**, wenn – wie bei der Mehrzahl der Tarife – vereinbart wird, dass das Versicherungsunternehmen in jedem Fall (d. h. bei Tod oder Erleben) eine bestimmte Versicherungsleistung zu erbringen hat. Der Sparbeitrag wird verzinslich (Rechnungszins) angesammelt und ergibt dadurch zum Ablauf des Vertrages zusammen mit der Verzinsung die Versicherungssumme bzw. bei der Rentenversicherung den Barwert der künftigen Rentenleistungen.

Stirbt die versicherte Person vor Ablauf des Vertrages, wird die Leistung aus der zu diesem Zeitpunkt vorhandenen Summe der verzinslich angesammelten Sparbeiträge (= Deckungskapital) und der Differenz zur Versicherungssumme (= riskiertes Kapital) aus dem Risikobeitrag gedeckt.

Risiko- und Sparbeitrag bilden zusammen den **Nettobeitrag**.

Aus der Summe von Nettobeitrag und **Kosten** ergibt sich der Bruttobeitrag, der in den Tarifunterlagen der Lebensversicherungsunternehmen als Promillesatz oder für je 1 000,00 € Versicherungssumme angegeben wird.

siehe z. B. Tarifauszüge zur Kapital- und Rentenversicherung der Proximus Versicherung

Der Bruttobeitrag wird deshalb auch als **Tarifbeitrag** bezeichnet.

Vereinfacht lässt sich der Zusammenhang zwischen den einzelnen Elementen des Lebensversicherungsbeitrages und der Leistung der Lebensversicherung wie folgt darstellen:

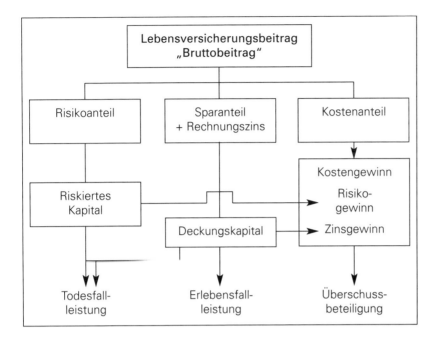

5.5.1.2 Rechnungsgrundlagen

Um die Beitragsbestandteile eines Lebensversicherungsbeitrages kalkulieren zu können, benötigt das Versicherungsunternehmen Informationen über die Wahrscheinlichkeit, mit der der Versicherungsfall für die versicherte Person eintritt, über die Kosten des Unternehmens und über die Zinssätze, zu denen er das ihm zufließende Kapital anlegen kann.

Beitragselement	Rechnungsgrundlage
Risikoanteil ⟷	**Wahrscheinlichkeit** für den Todes-, Berufsunfähigkeits-, Heirats- bzw. Pflegefall
	ermittelt anhand entsprechender Statistiken (z. B. Sterbetafeln)
Sparanteil ⟷	**Rechnungszinssatz**
	festgelegt durch die BaFin unterschiedliche Sätze für das Neugeschäft und für die Bestände
Kostenanteil ⟷	**Kostenzuschläge**
	ermittelt anhand der unternehmenseigenen Kostenrechnung

5.5.1.2.1 Rechnungszins

Beitrags- und Leistungszahlungen fallen in der Lebensversicherung zeitlich nicht zusammen. Die Versicherer können deshalb die für die Versicherungsleistung angesammelten Beitragsanteile zinsbringend anlegen.

Für die Beitragskalkulation wird mit Hilfe des Rechnungszinses deshalb der Barwert der künftigen Versicherungsbeiträge und der Barwert der zukünftigen Versicherungsleistung ermittelt.

> Der **Rechnungszins** ist der Zinssatz, mit dem die Lebensversicherungsunternehmen die Lebensversicherungsbeiträge und die Versicherungsleistung für den Zeitraum der Vertragsdauer abzinsen, um sie vergleichbar zu machen.

Da nach dem Äquivalenzprinzip gilt:

Barwert der während der Laufzeit = Barwert der zukünftigen
zu zahlenden Beiträge   Versicherungsleistung

lässt sich aus der Gleichsetzung von beiden Barwerten der Beitrag für eine Lebensversicherung ermitteln.

Von der BaFin wird nur der Zinssatz bestimmt, den die Lebensversicherer zur Barwertermittlung der Versicherungsleistungen (Deckungsrückstellung) anwenden müssen.

§ 65 VAG

Den Zinssatz für die Berechnung der Barwerte der Beiträge dürfen die Lebensversicherungsunternehmen frei wählen. Üblicherweise legen die Unternehmen bei der Abzinsung der Beiträge jedoch auch den Zinssatz zugrunde, den ihnen die BaFin für die Abzinsung der Versicherungsleistungen vorschreibt.

Der Zinssatz für die Barwertermittlung der Versicherungsleistungen wird von der BaFin in Abhängigkeit vom Zinssatz von Staatsanleihen festgelegt, wobei die Obergrenze des Zinssatzes für die Deckungsrückstellung 60 % der Verzinsung dieser Anleihen nicht überschreiten darf.

Die entsprechende Zinsentwicklung wird von der BaFin beobachtet und führt gegebenenfalls zu einer Veränderung des Rechnungszinses für die Deckungsrückstellung, was in den letzten Jahren oftmals der Fall war, so dass für die Bestände und das jeweilige Neugeschäft unterschiedliche Sätze maßgebend sind.

In der Vergangenheit ist der Zinssatz für langfristige Staatsanleihen in Deutschland und Europa kontinuierlich gesunken.

Entsprechend dieser Entwicklung wurde der Rechnungszins in den vergangenen Jahren ebenfalls kontinuierlich reduziert und beträgt zurzeit 2,25 %.

Die Auswirkung eines veränderten Rechnungszinssatzes auf den Sparbeitrag einer kapitalbildenden Lebensversicherung macht die folgende Tabelle deutlich:

▶ Beispiel

In einem Zeitraum von 20 Jahren soll ein Kapital (Erlebensfallsumme einer kapitalbildenden Lebensversicherung) von 1 000,00 € in gleich hohen jährlichen Sparbeiträgen angesammelt werden.

Bei den genannten Rechnungszinssätzen ergibt sich jeweils der folgende Jahresbeitrag:

Rechnungszinssatz in %	erforderlicher Jahresbeitrag
0	50,00 €
1	44,97 €
2	40,35 €
2,25	39,26 €
3	36,13 €
4	32,29 €

Sinkt also der Rechnungszinssatz, steigt der jährlich konstante Sparbeitrag für ein bestimmtes Endkapital.

Ohne Verzinsung sind also 20 Jahre lang jährlich 50,00 € zu entrichten, um ein Kapital (= Versicherungssumme) von 1 000,00 € anzusparen. Können die Sparbeiträge zu einem Zinssatz von beispielsweise 2,25 % p. a. angelegt werden, sinkt die jährliche Sparrate auf nur 39,26 €. Durch Zins und Zinseszins kann man dann nach 20 Jahren ebenfalls über einen Betrag von 1 000,00 € (= eingezahltes Kapital + Zinsen) verfügen.

5.5.1.2.2 Kosten

Im Rahmen der Beitragskalkulation werden Abschluss- und laufende Verwaltungskosten unterschieden.

Zu den vertraglichen **Abschlusskosten** gehören Gehälter und Spesen für den Außendienst, Vertreterprovisionen, Gehälter und Sachkosten der Antragsabteilung sowie Arztkosten.

Als vorvertragliche Antragskosten sind bei der Kalkulation auch Kosten für die Herstellung von Druckstücken wie Antragsformulare, Tarifunterlagen, Versicherungsbedingungen und Werbematerial zu berücksichtigen.

Verwaltungskosten entstehen durch den Beitragseinzug, Schriftwechsel mit den Versicherungsnehmern, Vertragsänderungen oder die Leistungsbearbeitung sowie durch die laufende Vertragsverwaltung, die Rechnungslegung und andere allgemeine Aufwendungen des Versicherers.

Die Höhe der Verwaltungskosten schwankt sehr stark von Versicherer zu Versicherer.

Die Kosten werden von den einzelnen Lebensversicherungsunternehmen in ihrer Kostenrechnung ermittelt.

5.5.1.2.3 Sterbetafeln

Um den Beitragsanteil für das Todesfallrisiko berechnen zu können, muss der Versicherer wissen, wie wahrscheinlich es ist, dass eine versicherte Person während der Vertragsdauer seines Lebensversicherungsvertrages stirbt.

Diese **Sterbewahrscheinlichkeiten** werden aufgrund statistischer Daten ermittelt und in Sterbetafeln dargestellt.

Die Sterbewahrscheinlichkeit ist vom Geschlecht und vom Alter abhängig.

> Eine Sterbetafel gibt aufgrund statistischer Aufzeichnungen aus der Vergangenheit – getrennt nach Männern und Frauen – an, mit welcher Wahrscheinlichkeit eine Person eines bestimmten Alters in dem entsprechenden Lebensjahr sterben wird (= **einjährige Sterbewahrscheinlichkeit**), z. B. mit welcher Wahrscheinlichkeit ein 22-jähriger Mann das Alter 23 nicht erreicht.

Sterbetafeln basieren auf dem Gesetz der großen Zahl und der Wahrscheinlichkeitsrechnung. Die Lebensversicherungsunternehmen gehen dabei davon aus, dass der Sterblichkeitsverlauf bei einem ausreichend großen Bestand an Lebensversicherungsverträgen so ist, wie ihn die Sterbetafeln ausweisen.

Nachdem die Tarife und Bedingungen der Lebensversicherung nicht mehr durch eine Aufsichtsbehörde genehmigt werden müssen, werden auch nicht mehr die Sterbetafeln vorgeschrieben, die der einzelne Versicherer verwenden muss. Grundsätzlich darf ein Lebensversicherer alle denkbaren Sterblichkeitsdaten zur Beitragsermittlung berücksichtigen. Die daraus resultierenden Beiträge müssen jedoch in jedem Fall nach den anerkannten Regeln der Versicherungsmathematik ermittelt worden sein und die dauernde Erfüllbarkeit der Verträge gewährleisten.

Die Lebenserwartung der Bevölkerung Deutschlands ist in den letzten Jahrzehnten ständig gestiegen. Der Trend ist bei privat rentenversicherten Personen stärker ausgeprägt als in der Gesamtbevölkerung. Diese Tatsache muss in der privaten Rentenversicherung noch mehr als bisher berücksichtigt werden.

Deshalb hat die Deutsche Aktuarvereinigung (DAV 2004) eine neue Sterbetafel für die Rentenversicherung veröffentlicht. Sie berücksichtigt diesen stärkeren Anstieg der Lebenserwartung.

Welche Daten flossen in die neue Tafel DAV 2004 R ein?

Grundlagen waren u. a.

- Versichertendaten von über 20 deutschen Lebensversicherern für die Jahre 1995 bis 2002
- Abgekürzte Bevölkerungssterbetafeln des Statistischen Bundesamtes für das frühere Bundesgebiet ab 1971/1973 bis 1998/2000
- Daten der gesetzlichen Rentenversicherung für das frühere Bundesgebiet von 1986 bis 2002 für die Alter von 66 bis 98 Jahren
- Analysen einschlägiger internationaler Literatur

Die neuen Rechnungsgrundlagen sind im **Neugeschäft ab dem 1. Januar 2005** berücksichtigt worden, damit Vorsorge für entsprechend längere Rentenzahlungen getroffen werden konnte.

Die DAV-Sterbetafel 1994 R war zwar hinsichtlich der beobachteten Langlebigkeit bisher noch ausreichend. Mit Einführung des Alterseinkünftegesetzes infolge der geänderten steuerlichen Vorschriften werden jedoch Rentenversicherungen weiter an Bedeutung gewinnen. Gerade deren langfristiger Charakter macht die Trendberücksichtigung so wichtig. Wenn heute für Kinder Altersvorsorgeverträge abgeschlossen werden, dann entstehen Vertragsverhältnisse, die mitunter 60, 70, 80 und mehr Jahre bestehen.

Ein heute 65-jähriger Mann erreicht nach den neuesten Ergebnissen der Tafel 2004 R ein durchschnittliches Alter von 89 Jahren, wobei unterstellt wird, dass die Lebenserwartung in Zukunft pro Jahr um 2,2 Monate zunehmen wird. Hierbei spielen der Fortschritt in der Medizintechnik, in der Pharmazie, die gezielte medizinische Versorgung im Alter, aber auch Veränderungen im Ernährungsverhalten und in der Lebensplanung eine Rolle.

Die neue Tafel spiegelt den steigenden Trend der Sterblichkeitsverbesserung wider und beinhaltet zugleich Sicherheitsmargen für außerplanmäßige Entwicklungen und Besonderheiten Rentenversicherter.

Nach der Tafel 1994 R würde ein heute 65-jähriger Mann 86 (drei Jahre weniger) erreichen. Vor zehn Jahren wurden 85 Jahre ermittelt. Der Vergleichswert der 1987er Tafel lag damals bei 80,3 Jahren.

65-Jährige leben deutlich länger

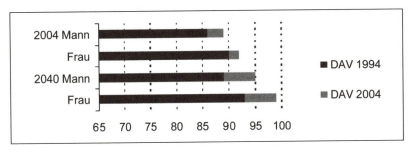

Übungen

1. In einem Beratungsgespräch möchte der Kunde wissen, wie das Lebensversicherungsunternehmen seinen Beitrag verwendet.

   Nennen und erläutern Sie ihm die Beitragselemente für eine kapitalbildende Lebensversicherung.

2. Der Rechnungszins stellt eine wichtige Kalkulationsgröße für den Lebensversicherer dar.

   a) Was versteht man allgemein unter dem Rechnungszins in der LV?
   b) Welche Funktion hat der Rechnungszins?

3. Ein Kunde möchte von Ihnen während eines Beratungsgespräches wissen, was man unter dem Äquivalenzprinzip in der Lebensversicherung versteht.

   Geben Sie ihm umfassend Auskunft.

4. Ein Lebensversicherer kalkuliert seine Beiträge für eine kapitalbildende Lebensversicherung neu und berücksichtigt dabei einen im Vergleich zu den bisherigen Rechnungsgrundlagen niedrigeren Rechnungszins.

   Welche Wirkung hat dies – bei sonst unveränderten Daten – auf die Höhe des Tarifbeitrages (mit Begründung)?

5. Der Rechnungszins für die Deckungsrückstellung wird von der BaFin festgelegt. Aufgrund welcher Daten ermittelt die BaFin diesen Zinssatz?

6. Ein Kunde möchte die Abschluss- und Verwaltungskosten verdeutlicht haben.

   Geben Sie zu diesen Kostenarten der Lebensversicherung jeweils zwei Beispiele.

7. Eine wesentliche Grundlage der Beitragskalkulation in der Lebensversicherung sind Sterbetafeln.

   a) Welche grundlegende Information geben Sterbetafeln?
   b) Welche Wirkung hat eine steigende Lebenserwartung der Bevölkerung auf die Daten einer aktualisierten Sterbetafel?

5.5.2 Verwendung der Versicherungsbeiträge

5.5.2.1 Deckungskapital

Deckungskapital bei kapitalbildenden Lebensversicherungen zur Finanzierung der Versicherungsleistung

In allen Lebensversicherungsverträgen, die eine Leistung in Kapital- oder Rentenform vorsehen oder die lebenslänglich laufen, muss aus dem Sparanteil des Beitrages Kapital gebildet werden. Dieses Kapital wächst während der Laufzeit des Vertrages mit Zinsen zur Versicherungssumme an und wird als **Deckungskapital** bezeichnet.

> Das **Deckungskapital** ist die mit dem Rechnungszins verzinste Ansammlung der Sparanteile des Lebensversicherungsbeitrages.

Die folgende Abbildung zeigt, wie das Deckungskapital für eine Kapitalversicherung auf den Todes- und Erlebensfall über 100 000,00 € Versicherungssumme und mit 25-jähriger Laufzeit während der Vertragsdauer anwächst.

Verlauf des Deckungskapitals bei einer Versicherung auf den Todes- und Erlebensfall ohne Berücksichtigung von Abschlusskosten

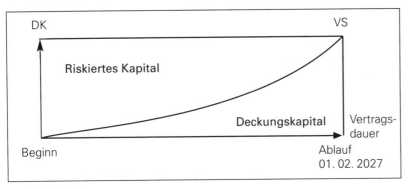

Werden in einen Lebensversicherungsbeitrag Abschlusskosten eingerechnet, so kann der Versicherer diese Kosten im Beitrag auf unterschiedliche Weise berücksichtigen:

Ratenweise Tilgung der Abschlusskosten

Unter der Voraussetzung, dass der Versicherer eine Abschlussprovision nicht einmalig bei Abschluss des Vertrages, sondern in Raten über die Laufzeit des Vertrages verteilt an den Außendienst auszahlt, kann der Versicherer entsprechend der ratenweisen Fälligkeit der Provision die

Abschlusskosten eines Vertrages auch ratierlich im Rahmen der laufenden Beitragszahlung vom VN tilgen lassen.

Zillmerung der Abschlusskosten

Abschlusskosten eines Lebensversicherungsvertrages einschließlich der gesamten Abschlussprovision fallen bis zum Zustandekommen des Vertrages an.

§ 10 ALV

Der Betrag der Abschlusskosten müsste deshalb eigentlich zusätzlich zum ersten Beitrag vom Versicherungsnehmer eingefordert werden. Um aber dem Versicherungsnehmer einen gleich bleibenden Beitrag bieten zu können, bevorschussen die Lebensversicherer die Abschlusskosten. Dieser Vorschuss wird dann während der Laufzeit getilgt.

Bei vorzeitiger Aufhebung des Vertrages müsste also deshalb jedes Mal geprüft werden, wie hoch der Betrag der noch nicht getilgten Abschlusskosten dieses entsprechenden Beitrages ist. Um diesen Betrag wäre dann ein eventuell vorhandener Rückkaufswert vor Auszahlung zu kürzen.

Der Mathematiker Dr. Zillmer (1831–1893) hat ein Verfahren entwickelt, nach dem die vom Versicherungsnehmer noch nicht getilgten Abschlusskostenraten von Beginn an vom Deckungskapital gekürzt werden, wodurch jederzeit der Stand der tatsächlichen Verbindlichkeiten gegenüber dem Versicherungsnehmer ersichtlich ist.

Beim Zillmerverfahren wird also das Deckungskapital um den Barwert der noch ausstehenden Abschlusskostenraten vermindert, sodass sich bei Vertragsbeginn ein negatives Deckungskapital ergibt. Die Tilgung dieses negativen Betrages erfolgt durch Anrechnung der fällig gewordenen Abschlusskostenraten, vor allem aber durch Verrechnung der gezahlten ersten Sparbeiträge. Die Bildung eines positiven Deckungskapitals wird deshalb zeitlich hinausgeschoben. Das gezillmerte Deckungskapital ist während der Vertragsdauer immer niedriger als das ungezillmerte. Beide erreichen aber zum Ablauf des Vertrages die Versicherungssumme.

5.5 Beitrag in der Lebensversicherung

Verlauf des Deckungskapitals bei einer Versicherung auf den Todes- und Erlebensfall mit Berücksichtigung von gezillmerten Abschlusskosten

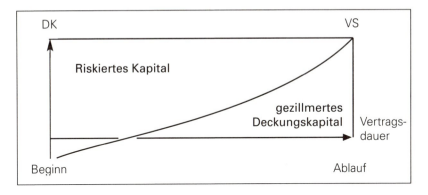

Für die Zillmerung hat die BaFin einen Höchstsatz von **40 ‰ der Beitragssumme** zugelassen, auch wenn die tatsächlichen Abschlusskosten bei einzelnen Lebensversicherungsunternehmen höher liegen sollten. Diese über dem Höchstsatz liegenden Kosten müssten dann aus dem Gewinn des Lebensversicherungsunternehmens zusätzlich finanziert werden.

Bei vorzeitiger Auflösung des Vertrages hat der Versicherungsnehmer oder Bezugsberechtigte Anspruch auf Auszahlung des vorhandenen Rückkaufswertes. § 176 Abs. 1 VVG

Wird ein Lebensversicherungsvertrag aufgelöst, für den noch kein Deckungskapital gebildet worden ist, kann grundsätzlich aus diesem Vertrag auch kein Rückkaufswert ausgezahlt werden. § 9 (3) ALV

Wird ein Lebensversicherungsvertrag aufgelöst, für den durch erst unvollständig getilgte Abschlusskosten zum Zeitpunkt der Vertragsbeendigung noch kein positives gezillmertes Deckungskapital vorhanden ist, kann deshalb aus diesem Vertrag auch kein Rückkaufswert ausgezahlt werden.

Eine Regelung, die für Versicherungsverträge mit einem an sich noch negativen gezillmerten Deckungskapital dennoch die Auszahlung eines Mindestrückkaufswertes vorsah, war seit 1987 vom seinerzeitigen Bundesaufsichtsamt für das Versicherungswesen (BAV) verfügt worden. Sie wurde 1994 mit Einführung des EU-Binnenmarktes wieder aufgehoben. Für Lebensversicherungsverträge, die seit dem 1. 1. 1995 abgeschlossen wurden, gibt es deshalb keine vorgeschriebene **Mindestrückkaufswertregelung** mehr. Versicherungsunternehmen können jedoch weiterhin freiwillig eine solche Regelung mit ihren Kunden vereinbaren. Das zu erwartende neue VVG wird allerdings wieder einen Mindestrückkaufswert vorsehen, dessen Berechnung jedoch zurzeit noch nicht geklärt ist.

Deckungskapital bei Risikoversicherungen

Der Risikoanteil am Gesamtbeitrag einer Risikolebensversicherung steigt mit zunehmender Vertragslaufzeit, da sich die Sterbewahrscheinlichkeit der versicherten Person mit fortschreitendem Lebensalter erhöht. Deshalb müsste eigentlich vom Versicherungsunternehmen ein fortlaufend höherer Bruttobeitrag erhoben werden.

Vereinbarungsgemäß sind jedoch während der gesamten Laufzeit eines Lebensversicherungsvertrages gleich bleibende Beiträge zu zahlen.

Dieser Durchschnittsbeitrag wird deshalb bei Risikoversicherungen mit längeren Laufzeiten so kalkuliert, dass der Versicherungsnehmer zunächst einen „zu hohen" Beitrag, gegen Ende der Vertragslaufzeit dann einen „zu niedrigen" Beitrag zahlt. Dadurch baut sich während der Vertragslaufzeit zunächst eine Risikorückstellung auf, aus der später der zusätzliche Beitragsbedarf finanziert wird. Am Ende der Vertragsdauer ist diese Rückstellung deshalb wieder verbraucht.

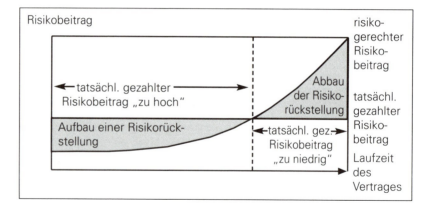

5.5.2.2 Deckungsrückstellung und Sicherungsvermögen

> Die Deckungskapitalien aller bei einem Versicherungsunternehmen bestehenden Verträge werden in der **Deckungsrückstellung** zusammengefasst.

§ 65 VAG

Im Versicherungsfall hat der Versicherer – soweit vertraglich vorgesehen – das Deckungskapital (ggf. abzüglich einer Stornogebühr) dem Versicherungsnehmer bzw. einem Bezugsberechtigten auszuzahlen. Um diese Verpflichtung erfüllen zu können, bildet der Lebensversicherer Rückstellungen, die als Fremdkapital zu den Passivpositionen einer Bilanz gehören. Diese Deckungsrückstellung ist üblicherweise bei einem Lebensversicherungsunternehmen der größte Posten auf der Passivseite der Bilanz.

5.5 Beitrag in der Lebensversicherung

Der Deckungsrückstellung gegenüber stehen Vermögenswerte als Aktivposten in der Bilanz. Sie sind als Teil des gebundenen Vermögens zum **Sicherungsvermögen** (früher Deckungsstock) zusammengefasst.

§ 66 VAG

Neben dem Sicherungsvermögen umfasst das gebundene Vermögen weitere Kapitalanlagen, die der Bedeckung anderer versicherungstechnischer Rückstellungen dienen.

Zusammenhang zwischen Sicherungsvermögen und Deckungsrückstellung

Das Sicherungsvermögen ist in einer vorschriftsmäßig aufgestellten Bilanz keine selbstständige Bilanzposition, sondern Teil der Bilanzposition „Kapitalanlagen".

	Aktiva	Bilanz	Passiva	
	....	....		
Versicherungs-	← Sicherungsvermögen	Deckungsrückstellung	← Beiträge	(Spar-)
leistungen		andere vers.-technische		der VN
	....	Rückstellungen		

Anlagegrundsätze für das Sicherungsvermögen

Für die Anlage des Sicherungsvermögens gelten Grundsätze, die im VAG genannt werden:

Auszug aus § 54 VAG

(1) Die Bestände des Sicherungsvermögens (§ 66) und das sonstige gebundene Vermögen ... (gebundenes Vermögen) sind unter Berücksichtigung der Art der betriebenen Versicherungsgeschäfte sowie der Unternehmensstruktur so anzulegen, dass möglichst große **Sicherheit** und **Rentabilität** bei jederzeitiger **Liquidität** des Versicherungsunternehmens unter Wahrung angemessener **Mischung und Streuung** erreicht wird.

(2) ...

Das Versicherungsunternehmen darf also die Sicherungsvermögenswerte nur so anlegen, dass ein Verlust der Werte ausgeschlossen werden kann. Deshalb sind Spekulationsgeschäfte (z. B. die Anlage in Edelmetalle oder Devisen) grundsätzlich verboten.

Die Werte des Sicherungsvermögens müssen sich aber – soweit durch Auszahlungsverpflichtungen notwendig – auch kurzfristig wieder in flüssige Mittel umwandeln lassen.

Die Anlageformen müssen eine Verzinsung bieten, die mindestens den Rechnungszins des jeweiligen Tarifwerkes erreicht. Zur Risikostreuung

AnlV § 2

sollen sich die Mittel des Sicherungsvermögens auf verschiedene Anlageformen und auf zahlreiche verschiedene Objekte verteilen. Diese Mischung und Streuung der Anlage bietet darüber hinaus eine größere Wahrscheinlichkeit für eine durchschnittlich gute Rendite.

Erlaubte Anlageformen

§ 1 AnlV

Die erlaubten Anlageformen sind in der „Verordnung über die Anlage des gebundenen Vermögens von Versicherungsunternehmen" vom 20. Dezember 2001 (AnlV) aufgezählt.

Diese Verordnung ersetzt mit Wirkung ab 1. 1. 2002 die Regelungen des ehemaligen § 54 a VAG, der aufgehoben wurde. Dabei wurden die Anlagevorschriften im Vergleich zu früher liberalisiert und berücksichtigen so stärker die zunehmend international ausgerichtete Kapitalanlagepolitik der Versicherungsunternehmen. Insbesondere werden zusätzliche neue Anlageformen erlaubt.

Der Grundsatz der Anlagesicherheit bleibt aber weiterhin entscheidendes Kriterium für die Anlagepolitik der deutschen Versicherungsunternehmen.

§ 1 AnlV

Nach der AnlV dürfen Lebensversicherungsunternehmen das Sicherungsvermögen anlegen in:

- Realkredite
- Wertpapierdarlehen
- Darlehen an die öffentliche Hand, internationale Organisationen und Unternehmen
- Policendarlehen
- festverzinsliche Wertpapiere (Pfandbriefe, Kommunalobligationen und Schuldverschreibungen)
- Nachrangdarlehen
- Genussrechte
- Schuldbuchforderungen
- Aktien
- Beteiligungen
- Grundstücke
- Investmentanteile
- Anlage bei Kreditinstituten

§ 2 AnlV

Die Anteile der jeweiligen Anlageformen an der Gesamtanlage des Sicherungsvermögens sind zum Teil prozentual begrenzt, um eine einseitige und dadurch risikoreichere Anlagepolitik von Versicherungsunternehmen zu verhindern.

Zum Beispiel beträgt die Höchstquote für Aktien, Investmentfonds und Beteiligungen an der Gesamtkapitalanlage 35 %.

Die Verwaltung des Sicherungsvermögens

Das Sicherungsvermögen ist Sondervermögen des Lebensversicherers. Zum Schutz der Versicherungsnehmer hat der Versicherer deshalb besondere Richtlinien für die Verwaltung zu beachten:

Der Vorstand muss dem Sicherungsvermögen laufend Werte in der Höhe zuführen, wie die Deckungsrückstellung anwächst.	§ 66 Abs. 1 VAG
Das Sicherungsvermögen ist gesondert vom übrigen Vermögen des Lebensversicherungsunternehmens zu verwalten.	§ 66 Abs. 5 VAG
Die Bestände des Sicherungsvermögens müssen einzeln in einem Vermögensverzeichnis eingetragen werden.	§ 66 Abs. 6 VAG
Alle im Verzeichnis eingetragenen Werte können bei einem Konkurs nicht gepfändet werden.	§ 77 Abs. 3 und Abs. 4 VAG
Zur Überwachung des Sicherungsvermögens ist vom Aufsichtsrat des Versicherungsunternehmens ein **unabhängiger Treuhänder** zu bestellen. Er hat u. a. das Recht, jederzeit die Bücher des Unternehmens einzusehen; ohne seine Zustimmung dürfen dem Sicherungsvermögen keine Werte entnommen werden.	§§ 70 ff. VAG

Verantwortlicher Aktuar

Neben dem Treuhänder für das Sicherungsvermögen ist nach den Vorschriften des VAG eine weitere Person zur Überwachung der finanziellen Situation des Versicherers zum Schutz der Versicherungsnehmer in den Lebensversicherungsunternehmen tätig, der Verantwortliche Aktuar. — § 11 a VAG

Zu den gesetzlichen Aufgaben des Aktuars gehören: — § 11 a Abs. 3 VAG

- Sicherstellung, dass Prämien und Deckungsrückstellung entsprechend den gesetzlichen Vorschriften ermittelt werden.
- Ständige Überprüfung der Finanzlage des Versicherungsunternehmens auf dauernde Erfüllbarkeit
- Bestätigungsvermerk der Richtigkeit der Deckungsrückstellung unter der Bilanz
- Information des Vorstandes und – wenn keine Abhilfe geschaffen wird – direkt der BaFin, wenn der Vermerk nicht uneingeschränkt gegeben werden kann
- Vorstandsvorlage von Vorschlägen zur Überschussbeteiligung des Versicherungsnehmers

Um diesen Aufgaben nachkommen zu können, ist der Vorstand verpflichtet, dem Verantwortlichen Aktuar sämtliche dazu notwendigen Informationen zugänglich zu machen. — § 11 a Abs. 4 VAG

Übungen

1. Für eine Informationsbroschüre Ihres Lebensversicherungsunternehmens sollen Sie die Begriffe „Deckungskapital" und „riskiertes Kapital" kundenverständlich erklären. Machen Sie einen entsprechenden Formulierungsvorschlag.

2. In einem Beratungsgespräch zu einer kapitalbildenden Lebensversicherung fallen die beiden Begriffe Deckungskapital und Versicherungssumme. Der Kunde, Herr Jansen, möchte wissen,

   a) welcher Zusammenhang ganz allgemein zwischen Deckungskapital und Versicherungssumme besteht und
   b) welche Bedeutung das Deckungskapital während der Laufzeit des Vertrages hat.

3. Für eine Schulungsveranstaltung der Außendienstmitarbeiter eines Lebensversicherers werden Sie gebeten, zum Stichwort Zillmerung der Abschlusskosten eine schriftliche Information zu formulieren. Dabei sollen Sie darlegen,

   a) was man unter Zillmerung und unter gezillmertem Deckungskapital versteht, und
   b) warum in der Lebensversicherung die Zillmerung angewandt wird.

4. Abschlusskosten dürfen bei neuen Verträgen maximal nur mit einem bestimmten Höchstsatz in der Beitragskalkulation berücksichtigt werden.

   Wie hat ein Lebensversicherer zu verfahren, wenn die tatsächlichen Abschlusskosten über dem zulässigen Höchstsatz von 40 ‰ der Beitragssumme liegen?

5. Inwiefern kann es bei einer kurzen Todesfallversicherung ohne Sparanteil im Beitrag zu einem Deckungskapital kommen?

6. Zur Schulung von Mitarbeitern ist eine Informationsmappe zu erstellen. Sie erhalten die Aufgabe, zu den Stichworten „Sicherungsvermögen" und „Deckungsrückstellung" Erläuterungen zu formulieren. Sprechen Sie dazu folgende Aspekte an:

   a) Erläuterung der Begriffe „Sicherungsvermögen" und „Deckungsrückstellung"
   b) Beschreibung des Zusammenhanges zwischen „Sicherungsvermögen" und „Deckungsrückstellung"
   c) Nennung und Erläuterung der Anlagegrundsätze für das Sicherungsvermögen nach dem VAG
   d) Beispielhafte Aufzählung von fünf Anlageformen, in die Lebensversicherer nach § 54 VAG Werte des Sicherungsvermögens anlegen dürfen.

5.6 Überschussbeteiligung in der Lebensversicherung

▶ Situation

Generalagent Weißmann berät Frau König, die eine kapitalbildende Lebensversicherung zur eigenen Altersversorgung abschließen möchte. Im Laufe des Gespräches werden auch die Überschüsse in der Lebensversicherung angesprochen.

Frau König möchte von ihm wissen,

- warum es überhaupt Überschüsse in der Lebensversicherung gibt; „Überschüsse können ja wohl nur entstehen, wenn die Beiträge höher als notwendig sind. Kalkulieren die Lebensversicherungsunternehmen nicht sorgfältig genug, um den von Anfang an richtigen Beitrag zu ermitteln?"
- wie sicher sie sein kann, dass die in einem Beispiel vorgerechnete Überschussbeteiligung auch bei ihrem Vertrag nach 28 Jahren Laufzeit wirklich erreicht wird.
- welche Form der Überschussbeteiligung für ihre persönliche Situation die vorteilhafteste ist.

5.6.1 Überschussentstehung

▶ Erläuterung

Ursachen für die Entstehung von Überschüssen

Lebensversicherungsverträge haben durchschnittlich eine Laufzeit von mehr als 20 Jahren. Es ist deshalb unmöglich, den finanziellen Bedarf des Lebensversicherers für die Leistungsfälle im Voraus genau zu berechnen. Während langer Vertragslaufzeiten können sich die rechnerischen Grundlagen, auf denen die Beiträge kalkuliert worden sind, wie z. B. Kapitalmarktzins, Lebenserwartung und Sterblichkeitsverlauf der Bevölkerung oder Kosten des Versicherungsbetriebes stark verändern.

Da die Lebensversicherungsunternehmen während der Vertragslaufzeit die Beiträge nicht erhöhen dürfen, aber trotzdem sicher sein wollen, jederzeit die Verpflichtungen aus den Lebensversicherungsverträgen erfüllen zu können, werden die Beiträge mit Sicherheitszuschlägen kalkuliert. Die insgesamt „vorsichtig" kalkulierten Beiträge führen so zwangsläufig zu Überschüssen.

Die Lebensversicherer lassen den größten Teil dieser Überschüsse ihren Versicherungsnehmern wieder zugute kommen. Die Überschussbeteiligung in der Lebensversicherung kann damit auch als nachträgliche Korrektur eines bei Vertragsabschluss bewusst zu hoch kalkulierten Beitrages betrachtet werden.

Werbung mit Überschüssen

Für die Werbung mit der Überschussbeteiligung hat der Gesamtverband der Deutschen Versicherungswirtschaft e.V. Empfehlungen gegeben:

> **Aus der unverbindlichen Verbandsempfehlung über die Darstellung der Überschussbeteiligung in der Lebensversicherung:**
>
> ...
>
> Beispielrechnungen mit der Darstellung der zukünftigen Überschussbeteiligung sind neben einem Unverbindlichkeitshinweis für die Zukunft zusätzlich mit einem ausdrücklichen Hinweis „unverbindliches Beispiel" zu versehen.
>
> Beispielrechnungen zur Gesamtleistung im Todes- und Rückkaufsfall müssen mindestens die Beträge für jedes 5. Versicherungsjahr sowie bei Ablauf nennen. Bei Ablauf ist darüber hinaus die Höhe der Überschussbeteiligung gesondert anzugeben.
>
> Vergangenheitsrechnungen müssen so gewählt sein, dass sie im betreffenden Zeitraum im Versicherungsbestand des Unternehmens vorgekommen sein könnten; der Ablauf darf nicht länger als 2 Jahre zurückliegen.
>
> Zusätzlich ist die Ablaufleistung bei 1 % geringerer bzw. höherer Verzinsung anzugeben.
>
> ...

Verbraucherinformation zur Überschussermittlung und -beteiligung

Frau König muss also erkennen, dass zukünftige Überschüsse aus einer Lebensversicherung nicht garantiert werden. Beispielrechnungen sollen dem Kunden jedoch unverbindliche Anhaltspunkte zur zukünftigen Entwicklung der Gewinnbeteiligung und der daraus resultierenden Versicherungsleistung geben.

Überschussquellen

Zum Rohüberschuss eines Lebensversicherungsunternehmens tragen **Risikogewinne, Zinsgewinne und Kostengewinne** bei:

Risikogewinn (Sterblichkeitsgewinn)	Zinsgewinn	Kostengewinn
Sterblichkeitsverlauf günstiger als kalkuliert	Erträge der Vermögensanlage höher als kalkuliert	Kosten des Versicherungsbetriebes niedriger als kalkuliert
Rohüberschuss (Rohergebnis)		

5.6.1.1 Ermittlung des Risikogewinnes

Alle Risikobeiträge (Beiträge für die reine Risikoversicherung und anteilige Risikobeiträge aus der kapitalbildenden Versicherung) werden während des Geschäftsjahres angesammelt.

Hiervon werden die Todesfallsummen für die Risikolebensversicherung und das riskierte Kapital (Versicherungssumme – Deckungskapital) der Todesfallsummen der kapitalbildenden Versicherung bezahlt.

Der jährliche Überschuss ist der **Risikogewinn.**

    kalkulierte Risikobeiträge
- Todesfallleistungen der Risikolebensversicherung
- (Todesfallleistungen – Deckungskapitalien)
    in der kapitalbildenden Lebensversicherung

= Risikogewinn

Der Risikogewinn wird auch **in % des kalkulierten Risikobeitrages** angegeben.

▶ **Beispiel**

Ein Versicherer hat für Versicherungsfälle in der kapitalbildenden Lebensversicherung 529 890 000,00 € ausgezahlt. Dieser Betrag enthielt Sparanteile in Höhe von insgesamt 212 760 000,00 €. Für die entsprechenden Versicherungsverträge hat der Lebensversicherer Risikobeitragsanteile in Höhe von 344 600 700,00 € erhalten.

Ermitteln Sie den Risikogewinn in € und in % des kalkulierten Risikobeitrags.

Lösung

kalkulierte Risikobeiträge:	344 600 700,00 €
– (tatsächliche Leistungen – ausgezahltes Deckungskapital) = 529 890 000,00 € – 212 760 000,00 €:	317 130 000,00 €
= Risikogewinn:	27 470 700,00 €

Risikogewinn in % des kalk. Risikobeitrags:

kalk. Risikobeitrag: 344 600 700,00 € = 100 %
Risikogewinn: 27 470 700,00 € = x %

x = 7,97 %

5.6.1.2 Ermittlung des Zinsgewinnes

Erzielt ein Lebensversicherungsunternehmen durch eine geschickte Anlagenpolitik Erträge aus der Vermögensanlage, die höher sind als der kalkulierte Rechnungszins, so steht ihm der Ertrag, der über den Rechnungszins hinausgeht, als Zinsgewinn („Überzins") für die Überschussbeteiligung zur Verfügung.

  Erträge aus Kapitalanlagen
- rechnungsmäßige Zinsen
- Aufwand für die Vermögensverwaltung
= Zinsgewinn

Der Zinsgewinn wird durch die Anlage des Deckungskapitals erzielt. Deshalb wird er **in % des Deckungskapitals** angegeben.

▶ Beispiel

Ein Lebensversicherungsunternehmen erzielt bei einem Deckungskapital von 56 897 000,00 € Zinserträge von insgesamt 2 901 747,00 €. Der kalkulierte Rechnungszins beträgt 2,25 %, die Kosten der Vermögensverwaltung betragen 284 485,00 €.

a) Wie hoch ist der Zinsgewinn in €?
b) Wie hoch ist der Zinsgewinn in % des Deckungskapitals?

Lösung a)

Rechnungszins = 2,25 % von 56 897 000,00 € = 1 280 182,50 €.

Zinserträge insgesamt:	2 901 747,00 €
− Rechnungszins:	1 280 182,50 €
− Kosten der Vermögensverwaltung:	284 485,00 €
= Zinsgewinn:	1 337 079,50 €

Lösung b)

Zinsgewinn in % des Deckungskapitals:

56 897 000,00 € = 100 %
1 337 079,50 € = x %

$$x = \frac{1\,337\,079{,}50 \times 100}{56\,897\,000}$$

$$x = 2{,}35\,\%$$

5.6.1.3 Ermittlung des Kostengewinnes

Durch einen rationellen und sparsamen Versicherungsbetrieb können die tatsächlich angefallenen Abschluss- und Verwaltungskosten eines Lebensversicherers unter den kalkulierten Kosten liegen. Überschüsse aus den Kosten fallen bei Lebensversicherungsunternehmen jedoch selten an.

    Im Beitrag einkalkulierte Abschluss- und Verwaltungskosten
    − tatsächliche Abschluss- und Verwaltungskosten
    = Kostengewinn

Der Kostengewinn wird **in ‰ der Versicherungssumme** angegeben.

▶ **Beispiel**

Bei einem Vertragsbestand mit einer Gesamt-VS von 3,3 Mrd. € betrugen die tatsächlichen Aufwendungen für Abschluss- und Verwaltungskosten 12 436 900,00 €, während als Kostenanteil im Beitrag 13 500 000,00 € kalkuliert waren.

Wie hoch war der Kostengewinn in ‰ der VS?

Lösung

Kalkulierter Kostenanteil:	13 500 000,00 €
− tatsächliche Kosten:	12 436 900,00 €
= Kostengewinn:	1 063 100,00 €

Kostengewinn in ‰ der VS:

$$3\,300\,000\,000{,}00\,€ = 100\,\%$$
$$1\,063\,100{,}00\,€ = x\,\%$$
$$x = \frac{1\,063\,100 \times 1000}{3\,300\,000\,000}$$
$$x = 0{,}322\,‰.$$

5.6.2 Überschussverteilung

Das Versicherungsaufsichtsgesetz verpflichtet die Lebensversicherungsunternehmen, die erwirtschafteten Überschüsse zu mindestens 90 % an die Versicherungsnehmer zurückzuerstatten.

§ 56 a VAG

In der Praxis zahlen die Lebensversicherungsunternehmen über 90 % der so erzielten Überschüsse an die Versicherungsnehmer zurück.

5.6.2.1 Abrechnungsverbände und Verteilungssysteme

Um eine gerechte Verteilung der Überschüsse vornehmen zu können, werden **Abrechnungsverbände** – getrennt nach Tarifformen – gebildet. So ermitteln die Lebensversicherungsunternehmen z. B. für die kapitalbildende LV, vermögensbildende LV, Rentenversicherungen, Berufsunfähigkeitsversicherungen oder fondsgebundene LV separat die in diesen Versicherungsformen entstandenen Überschüsse.

Die Zuteilung der Überschüsse auf die bestehenden Verträge kann über verschiedene Verteilungssysteme vorgenommen werden. Ein weit verbreitetes Verfahren ist die Verteilung der Überschüsse nach dem **natürlichen System,** bei dem jeder Vertrag in dem Maße am Gesamtüberschuss beteiligt wird, wie er selbst zu dessen Entstehung beigetragen hat:

Verteilung der Überschüsse nach dem „natürlichen System"

Gewinnquelle	wird verteilt ...	Die Gewinngutschrift ...
Zinsgewinn	... in % des Deckungskapitals	... steigt mit der Vertragslaufzeit
Risikogewinn	... in % des Risikobeitrages	... verändert sich mit dem Risikobeitrag
Kostengewinn	... in ‰ der Versicherungssumme für den Erlebensfall	... bleibt während der Vertragslaufzeit gleich

Insgesamt führt dieses System der Überschussverteilung also mit zunehmender Vertragsdauer zu steigender Gewinngutschrift für den einzelnen Vertrag.

5.6.2.2 Direktgutschrift

Die Versicherungsnehmer sollen möglichst zeitnah an den Überschüssen beteiligt werden. Deshalb erhalten die Kunden bei vielen Lebensversicherungsunternehmen noch im selben Geschäftsjahr eine **Direktgutschrift.**

Für Verträge, die bis zum 29. 7. 1994 abgeschlossen wurden, schreibt die Aufsichtsbehörde vor, dass der Betrag der Direktgutschrift zusammen mit den garantierten Zinsen eine Verzinsung des Deckungskapitals in Höhe von insgesamt 5 % ergeben muss: Bei einem Rechnungszins von beispielsweise 2,25 % beträgt die jährliche Direktgutschrift also 2,75 % des Deckungskapitals.

Mit der Aufhebung der Genehmigungspflicht für Geschäftspläne ist auch die Direktgutschrift nicht mehr zwingend vorgeschrieben. Viele Lebensversicherer beteiligen aber auch nach dem 29. 7. 1994 abgeschlossene Verträge vergleichbar zeitnah am Überschuss.

5.6.2.3 Rückstellung für Beitragsrückerstattung

Die Überschüsse bzw. – soweit eine Direktgutschrift erfolgte – der verbleibende Rest der Überschüsse, sind der Rückstellung für Beitragsrückerstattung (RfB) zuzuführen. Mit einer zeitlichen Verzögerung von etwa zwei Jahren werden dann die (verbleibenden) Überschüsse den Versicherungsverträgen gutgeschrieben. § 56 a Satz 3 VAG

Mit der zeitlich verzögerten Gutschrift der Überschüsse übernimmt die RfB die Funktion eines Puffers: Auch bei in der Höhe schwankendem Zufluss von Überschüssen kann so aus der angesammelten RfB eine relativ gleichmäßige Überschussbeteiligung in den einzelnen Jahren gewährt werden.

Vorschriften der Aufsichtsbehörde verhindern, dass ein Lebensversicherer zu hohe Beträge in der RfB ansammelt oder dem Versicherungsnehmer mit zu großem zeitlichen Verzug wieder zukommen lässt.

Neben dieser regelmäßigen Beteiligung der Verträge an den Überschüssen erhalten Verträge, die durch Tod oder Ablauf enden, zusätzlich einen **Schlussüberschussanteil.** Dieser wird ebenfalls der RfB entnommen. Die Höhe des Schlussüberschussanteils richtet sich nach dem Beitrag oder der Versicherungssumme und steigt außerdem mit der Anzahl der Versicherungsjahre. Der Schlussüberschussanteil wird insbesondere als Bonus für den vertragstreuen Kunden gewährt.

5.6.3. Überschussverwendung

Für die auf den einzelnen Versicherungsvertrag entfallenden Überschussanteile gibt es folgende Verwendungsmöglichkeiten:

Beitragsverrechnung „Sofortüberschussbeteiligung"

Insbesondere bei Risikoversicherungen wird der Überschuss häufig mit den laufenden Beiträgen verrechnet. Dadurch vermindert sich der tatsächlich zu zahlende Beitrag für den Versicherungsnehmer bei unveränderter Versicherungssumme.

Dieses Verfahren ist steuerunschädlich.

Verzinsliche Ansammlung

Die Überschussanteile werden für den Versicherungsnehmer angesammelt und verzinslich angelegt. Bei Fälligkeit wird der so zusätzlich angesparte Betrag mit der Versicherungssumme ausgezahlt.

Durch den Zinseszinseffekt steigt das entsprechende Sparguthaben der verzinslichen Ansammlung zunächst langsam, gegen Ende der Vertragslaufzeit jedoch stark an, sodass dieses Gewinnverwendungssystem besonders für Kunden günstig ist, die ihren Vertrag bis zum Ablauf fortführen und eine möglichst hohe Ablaufleistung wünschen.

Verkürzung der Versicherungsdauer

Werden die Überschussanteile verzinslich angesammelt, kann vereinbart werden, dass der Versicherungsnehmer das Recht hat, die Auszahlung seines Vertrages zu verlangen, wenn die Summe aus ursprünglichem Deckungskapital und Überschussguthaben die Versicherungssumme erreicht bzw. überschritten hat (**Auflösungsrecht** oder **Abrufklausel**). Der Versicherer verzichtet in diesem Fall der vorzeitigen Vertragsbeendigung auf den sonst üblichen Stornoabzug und gewährt zudem einen Schlussüberschussanteil.

Summenzuwachs (Bonussystem)

Der jährliche Überschussanteil wird als Einmalbeitrag angesehen und zur Berechnung einer zusätzlichen Versicherungssumme verwendet. Durch die so jährlich steigende Versicherungssumme wird der Risikoschutz für die laufenden Verträge erheblich verbessert. Hierdurch erhöht sich Jahr für Jahr die Versicherungssumme im Todes- und Erlebensfall.

Diese Form der Überschussbeteiligung führt bei frühzeitigem Eintritt des Todesfalles zu einer höheren Leistung als bei der verzinslichen Ansammlung, da die durch den Einmalbeitrag gebildete zusätzliche Versicherungssumme in der früheren Phase der Vertragslaufzeit zu einer höheren Versicherungssumme führt als die Summe aus Überschussanteil und Zins.

Sofortbonus

Bei diesem System erfolgt die Erhöhung der Rente und Todesfallleistung in der Weise, dass der jährliche Überschussanteil als Deckungskapital für eine zusätzliche beitragsfreie Rente oder Todesfallleistung – Bonus – herangezogen wird. Die Bonusrente ist also eine Rente oder zusätzliche Todesfallleistung, die im Leistungsfall gezahlt wird und die garantierte Leistung – die Versicherungssumme – erhöht.

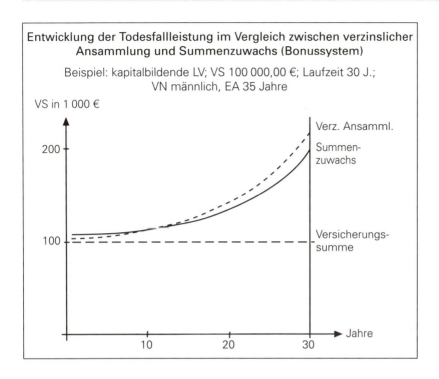

Die Tarifbestimmungen der Proximus Versicherung enthalten zusätzlich zu der Standardform des Summenzuwachses den „erlebensfallbetonten" Summenzuwachs. Dieser „erlebensfallbetonte" Summenzuwachs verwendet die durch die jährlichen Überschüsse zusätzlich gebildete Versicherungssumme ausschließlich zur Erhöhung der Versicherungsleistung im Erlebensfall. Bei Tod des Versicherten während der Vertragslaufzeit wird keine Leistung aus den Überschüssen gezahlt.

Soweit Frau König (siehe Eingangsbeispiel) zur Altersversorgung aus ihrer beabsichtigten Lebensversicherung eine möglichst hohe Ablaufleistung erzielen möchte, bietet sich für sie als vorteilhafte Form der Überschussbeteiligung also die verzinsliche Ansammlung der Überschussanteile an.

Wer dagegen z. B. als Familienvater für Ehefrau und Kinder eine Lebensversicherung vorrangig mit dem Ziel der maximalen Hinterbliebenenversorgung abgeschlossen hat, der sollte den Summenzuwachs als Überschussverwendungsart bevorzugen, da in diesem Fall die Todesfallleistung zunächst schneller als bei anderen Verwendungssystemen steigt.

Will Frau König ihren Beitragsaufwand zum Aufbau ihrer Altersversorgung für die vereinbarte Versicherungssumme minimieren, sollte sie die Überschüsse sofort mit dem Beitrag verrechnen lassen.

Wurde ein Lebensversicherungsvertrag über eine bestimmte Summe in der Absicht abgeschlossen, diesen Betrag spätestens zum Ablauf, möglichst jedoch früher zur Verfügung zu haben, so bietet sich insbesondere die Dauerverkürzung als Gewinnverwendungsart an: Sobald die Summe aus Deckungskapital und Überschussbeteiligung die vereinbarte Versicherungsleistung erreicht, wird dieser Betrag fällig.

Unterschiedliche Marktbedeutung der Gewinnverwendungsarten

Alle dargestellten Gewinnverwendungsarten werden am Markt angeboten. Eine Reihe von Lebensversicherungsunternehmen verzichtet jedoch darauf, den Versicherungsnehmer zwischen verschiedenen Gewinnverwendungsarten wählen zu lassen und vereinbart – insbesondere bei der kapitalbildenden Lebensversicherung – grundsätzlich als Form der Gewinnverwendung das Bonussystem (Summenzuwachs).

Falls die Versicherungsunternehmen verschiedene Arten der Gewinnverwendung vorsehen, bieten eine Reihe von Lebensversicherungsunternehmen häufig auch kombinierte Modelle an: So kann z. B. vereinbart werden, dass ein Teil des Überschusses zum Summenzuwachs verwendet wird und der Rest verzinslich angesammelt werden soll.

Besteht eine Zusatzversicherung zur Hauptversicherung, wird vielfach der Gewinnanteil aus der Zusatzversicherung zur Beitragssenkung (Sofortverrechnung) genutzt, während der Überschuss aus der Hauptversicherung zur verzinslichen Ansammlung oder zum Summenzuwachs verwendet wird.

Übungen

1. In einem Beratungsgespräch wird auch die Überschussbeteiligung in der Lebensversicherung angesprochen. Dazu entgegnet Ihr Gesprächspartner: „Lebensversicherungsunternehmen verlangen von ihren Kunden offensichtlich höhere Beiträge als tatsächlich notwendig. So entstehen Überschüsse, die dann den Kunden wieder erstattet werden. Warum nimmt man denn nicht von vornherein den richtigen Beitrag?"

   Nehmen Sie Stellung zu diesem Argument.

2. Erläutern Sie stichwortartig die drei wesentlichen Überschussquellen der Lebensversicherung.

3. Ein weit verbreitetes Verfahren zur Verteilung der Überschüsse in der Lebensversicherung ist das „natürliche System".

   a) Welchen Grundsatz verfolgt dieses System?
   b) Beschreiben Sie das natürliche System.

4. Ein Lebensversicherer hat im Jahre 2006 einen Zinsertrag von 7,3 % erzielt. Ist dieser Ertrag als Zinsgewinn zu betrachten?

   Begründen Sie Ihre Antwort.

5. Die Überschussbeteiligung in der Lebensversicherung erfolgt bei vielen Lebensversicherungsunternehmen z. T. in Form einer „Direktgutschrift".

   a) Was versteht man unter einer „Direktgutschrift"?
   b) Wie werden die VN dann am Rest des Rohüberschusses beteiligt?

6. „Die Rückstellung für Beitragsrückerstattung übernimmt u. a. die Funktion eines Puffers."
   Erläutern Sie diese Aussage.

7. Ihr Lebensversicherungsunternehmen bietet den Kunden als Form der Überschussbeteiligung wahlweise die verzinsliche Ansammlung oder das Bonussystem an.

   Frau Altmann bittet Sie, ihr zu erläutern, was unter

   a) verzinslicher Ansammlung bzw.
   b) Bonussystem als Form der Gewinnbeteiligung zu verstehen ist.
   c) Außerdem möchte sie wissen, welches dieser beiden Systeme für sie als Empfangsberechtigte der Versicherungsleistung günstiger ist, wenn
      1. der Versicherungsfall in den ersten Versicherungsjahren eintritt?
      2. der Versicherungsfall in späteren Jahren eintritt oder die Leistung erst bei Ablauf des Vertrages fällig wird?

8. Warum ist die Beitragsverrechnung gerade bei Risikolebensversicherungen als Form der Überschussverwendung verbreitet?

9. Herr Peters möchte die Überschussbeteiligung aus seiner Lebensversicherung zur Verkürzung der Versicherungsdauer verwenden.

   a) Unter welchen Umständen kann dies für Herrn Peters sinnvoll sein?
   b) Erläutern Sie ihm diese Art der Überschussbeteiligung.

10. Ermitteln Sie den Risikogewinn in ‰ der Versicherungssumme:

	kalkulierte Risikobeiträge	Vers.-Leistungen vermindert um die ausgezahlten Sparanteile	Versicherungsbestand (V.-Summe)
a)	35,560	19,470	6 721,000
b)	1 205,610	720,980	81 495,000
c)	197,300	103,850	14 830,000

    (Alle Angaben in Mio. €; Promillesätze auf 2 Dezimalstellen runden.)

11. Berechnen Sie den Zinsgewinn in % des Deckungskapitals für die folgenden Lebensversicherungsunternehmen bei einem kalkulierten Rechnungszins von 3,25 %:

	A	B	C
Kapitalanlagen (Deckungskap.):	23 129,0	2 080,0	4 367,2
Erträge aus Kapitalanlagen:	1 841,4	164,4	310,4
Aufwendg. f. Kapitalanlagen:	172,9	7,8	18,4

    (Alle Angaben in Mio. €; Ergebnisse auf 2 Dezimalstellen runden.)

12. Für zwei Lebensversicherungsunternehmen gelten folgende Daten (Auszug):

	VU A	VU B
tatsächl. Abschlusskosten	23,408 Mio. €	14,21 Mio. €
tatsächl. Verwaltungskosten (in % der Beiträge):	6,0 %	4,4 %
Kalkulierte Abschluss- u. Verwaltungskostenanteile (in % der Beiträge):	20,0 %	18,6 %
Versicherungsbestand (VS):	5,7 Mrd. €	3,1 Mrd. €
Beitragseinnahmen	192,6 Mio. €	104,5 Mio. €

    Ermitteln Sie den Kostengewinn in ‰ der VS. (Ergebnisse auf zwei Dezimalstellen runden)

5.7 Betreuung des Lebensversicherungsvertrages

5.7.1 Rechte Dritter am Lebensversicherungsvertrag

Aus einem Versicherungsvertrag zwischen Versicherungsnehmer und Versicherer können unter Umständen Außenstehende Rechte geltend machen. Man spricht dann von Rechten Dritter am Vertrag.

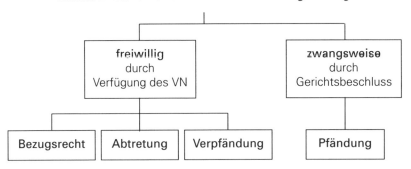

Dritte können Rechte am Vertrag erwerben, wenn der Versicherungsnehmer seinem Vertragspartner, dem Versicherungsunternehmen, gegenüber eine entsprechende Willenserklärung abgibt (freiwillige Verfügung). Bei der Pfändung erhält ein Außenstehender durch Gerichtsbeschluss ein Recht am Vertrag (zwangsweise Verfügung).

5.7.1.1 Bezugsrecht

▶ Situation

Herr Weber schreibt an die Proximus Lebensversicherung AG folgenden Brief:

> Sehr geehrte Damen und Herren,
>
> vor längerer Zeit habe ich bei Ihnen einen Lebensversicherungsvertrag abgeschlossen. Darin ist vermerkt, dass die Versicherungsleistung meine Erben erhalten, wenn ich vor Ablauf des Vertrages sterbe. Ich möchte aber jetzt, dass bei meinem Tod vor Ablauf des Vertrages die dann fällige Leistung allein meine Frau Ulrike Weber erhält und dass dieses Geld nicht mit in die Erbmasse fällt.
>
> Bitte ändern Sie entsprechend meinen Lebensversicherungsvertrag.
>
> ...

▶ Erläuterung

Herr Weber bestimmt in diesem Schreiben an seinen Versicherer eine bestimmte Person – seine Frau Ulrike Weber –, die im Falle seines Todes vor Ablauf der Versicherung die Versicherungsleistung erhalten soll. Seine Frau erhält ein Bezugsrecht für den Todesfall des Versicherungsnehmers (ihres Mannes).

> Mit dem Bezugsrecht wird bestimmt, wer im Versicherungsfall die Leistung aus dem Versicherungsvertrag erhält.

In der Regel wird ein Bezugsrecht nur für den Fall verfügt, dass der Versicherungsnehmer den Ablauf des Vertrages nicht erlebt. Im Erlebensfall will der Versicherungsnehmer die Leistung selbst in Empfang nehmen, während er für den Fall seines vorzeitigen Todes einen Dritten begünstigt.

Der Versicherungsnehmer ist dabei frei, die Begünstigung für die gesamte Versicherungsleistung oder nur einen bestimmten Teil davon auszusprechen; er kann einen oder mehrere Begünstigte einsetzen.

Werden mehrere Personen gleichzeitig als bezugsberechtigt bezeichnet, so sind alle zu gleichen Teilen begünstigt, sofern nichts anderes vom Versicherungsnehmer verfügt wurde.

Ausnahme: Wird die Begünstigung für den Erbfall verfügt, gilt diese nach Erbanteilen.

§ 167 Abs. 2 VVG — Bei einem Bezugsrecht für den Todesfall gehört die Versicherungsleistung nicht zum Nachlass des verstorbenen Versicherungsnehmers und wird deshalb vom Lebensversicherer unmittelbar an den Bezugsberechtigten ausgezahlt.

Mit der Verfügung eines Bezugsrechtes kann also Herr Weber sein Ziel erreichen, dass seine Frau Ulrike für den Fall seines Todes während der Laufzeit seines Lebensversicherungsvertrages die Versicherungsleistung allein und unabhängig von seinem Nachlass erhält.

§ 138 BGB — Da Herr Weber seine Ehefrau Ulrike namentlich begünstigt, bleibt sie auch nach einer möglichen Scheidung und Wiederverheiratung ihres geschiedenen Mannes (des VN) weiterhin bezugsberechtigt.

§ 170 Abs. 2 VVG — Wird der Tod der versicherten Person durch den für den Todesfall Bezugsberechtigten vorsätzlich durch eine widerrechtliche Handlung herbeigeführt, so gilt das Bezugsrecht als nicht erfolgt.

In diesem Fall gilt für den Anspruch auf die Versicherungsleistung:

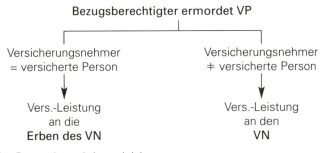

Ist der Bezugsberechtigte gleichzeitig Erbe des VN, können mögliche andere Erben das Erbe anfechten.	§ 2339 Abs. 1 BGB § 2340 BGB

Widerrufliches Bezugsrecht

Die Begünstigung eines Dritten durch ein Bezugsrecht ist eine einseitige Willenserklärung, die mit Zugang beim Versicherer wirksam wird. Einer Zustimmung des Versicherers bedarf es nicht.

Mit der Wirksamkeit der Bezugsrechtserklärung erwirbt der Bezugsberechtigte aber nur eine „wesenlose Anwartschaft". Erst mit dem Eintritt des Versicherungsfalles wird aus der Anwartschaft ein echter Rechtsanspruch. Bis dahin **kann der Versicherungsnehmer die Begünstigung jederzeit widerrufen und einen anderen Bezugsberechtigten benennen.**

Unwiderrufliches Bezugsrecht

Nur in Ausnahmefällen (z. B. zur Sicherung von Unterhaltsansprüchen oder zur Kreditsicherung) wird ein unwiderrufliches Bezugsrecht verfügt. Dies bedeutet, dass **ein einmal eingeräumtes unwiderrufliches Bezugsrecht nur noch mit Zustimmung des unwiderruflich Begünstigten geändert werden kann.**

Für das Wirksamwerden eines unwiderruflichen Bezugsrechtes können die AVB vorsehen, dass es der Bestätigung des Versicherers bedarf, um ein unwiderrufliches Bezugsrecht wirksam werden zu lassen. Bis zum Eingang dieser Bestätigung beim Versicherungsnehmer gilt dann das Bezugsrecht noch als widerruflich.

Soweit keine besondere Vereinbarung hierzu getroffen wurde, wird das Bezugsrecht mit Zugang der Erklärung des Versicherungsnehmers beim Lebensversicherungsunternehmen unwiderruflich.

Die wichtigsten Unterschiede zwischen widerruflichem und unwiderruflichem Bezugsrecht zeigt die folgende Übersicht:

Unterschiede zwischen widerruflichem und unwiderruflichem Bezugsrecht

	widerrufliches Bezugsrecht	unwiderrufliches Bezugsrecht
Mit der Verfügung erwirbt der Begünstigte ...	eine „wesenlose Anwartschaft".	einen Rechtsanspruch auf die fällige Versicherungsleistung.
Der Rechtsanspruch entsteht ...	bei Eintritt des Versicherungsfalles.	mit Wirksamwerden der Begünstigung.
Der VN kann die Verfügung ändern ...	jederzeit bis zum Eintritt des Versicherungsfalles.	nur mit Zustimmung des Begünstigten.
Bei Konkurs **des VN** fällt der Rückkaufswert ...	in die Konkursmasse des Versicherungsnehmers.	nicht in die Konkursmasse des VN. Der Rückkaufswert gehört steuer- u. vermögensrechtlich zum Vermögen des Begünstigten.
Bei Konkurs **des Begünstigten** fällt der Rückkaufswert ...	**nicht** in die Konkursmasse des Begünstigten.	in die Konkursmasse des Begünstigten. Die Fälligkeit der Leistung muss aber abgewartet werden.
Bei Tod des Begünstigten vor Eintritt des Versicherungsfalles ...	erlischt die Anwartschaft. Der VN kann einen anderen Bezugsberechtigten einsetzen. Bei mehreren Begünstigten fällt der Anteil des Verstorbenen den anderen Begünstigten zu.	geht das Bezugsrecht auf die Erben des unwiderruflich Begünstigten über.
Eine Abtretung oder Verpfändung der Vers.-Leistung ist durch den **VN** ...	jederzeit möglich.	nur mit Zustimmung des Begünstigten möglich.
Eine Abtretung oder Verpfändung der Vers.-Leistung ist durch den **Begünstigten** ...	nicht möglich.	jederzeit möglich.

Der Begünstigte hat niemals irgendwelche Gestaltungsrechte am Vertrag, d. h. der Begünstigte kann keine Vertragsänderungen mit dem Versicherer vereinbaren. Auch ein unwiderruflich Bezugsberechtigter kann daher z. B. nicht den Vertrag kündigen, um sich den Rückkaufswert auszahlen zu lassen.

Der VN kann also weiterhin sein Gestaltungsrecht ausüben.

Bezugsrecht in der Direktversicherung (§ 1 BetrAVG)

Der Arbeitgeber ist als Versicherungsnehmer Inhaber sämtlicher Rechte aus der Versicherung, soweit die Beiträge von ihm allein gezahlt werden. Er kann ein widerrufliches oder ein unwiderrufliches Bezugsrecht einräumen.

Widerrufliches Bezugsrecht

Bezugsberechtigt ist der Arbeitnehmer (AN) als versicherte Person. Für den Todesfall wird i. d. R. ein Zahlungsauftrag an die Hinterbliebenen des Arbeitnehmers verfügt.

Der Arbeitnehmer erwirbt damit einen unmittelbaren Anspruch auf die Versicherungsleistung gegen das Lebensversicherungsunternehmen, der jedoch erst mit Eintritt des Versicherungsfalles entsteht.

Für den Fall, dass ein Arbeitnehmer mit unverfallbaren Ansprüchen aus dem Unternehmen ausscheidet, braucht das Bezugsrecht nicht in ein unwiderrufliches umgewandelt werden; der Arbeitgeber darf lediglich das bisherige Bezugsrecht nicht mehr widerrufen. Die Versicherung muss dann insolvenz-gesichert werden.

Unwiderrufliches Bezugsrecht ohne Einschränkungen

Bei einem unwiderruflichen Bezugsrecht erwirbt der Arbeitnehmer sofort mit Versicherungsbeginn einen unmittelbaren Anspruch auf die Versicherungsleistung.

Alle anderen Gestaltungsrechte (z. B. Abtretung oder Beleihung) bleiben beim Arbeitgeber. Der Arbeitnehmer muss allerdings im Falle eines unwiderruflichen Bezugsrechts zur Abtretung oder Beleihung seine Zustimmung geben.

Unwiderrufliches Bezugsrecht mit Einschränkungen

Der Arbeitgeber kann dieses unwiderrufliche Bezugsrecht jedoch einschränken, indem er sich bei der Direktversicherung das Recht vorbehält, alle Versicherungsleistungen für sich in Anspruch zu nehmen,

1. wenn das Arbeitsverhältnis vor Eintritt des Versicherungsfalles endet und
2. bis zu diesem Zeitpunkt die Unverfallbarkeit der Ansprüche noch nicht gegeben ist.

5.7.1.2 Abtretung und Verpfändung

▶ Situation

Herr Weber berichtet Ihnen als Außendienstmitarbeiter der Proximus Lebensversicherung AG, dass er gestern bei seiner Bank ein Beratungsgespräch im Zusammenhang mit der Aufnahme eines Krediteς über 50 000,00 € geführt habe. Dabei habe der Berater der Bank vorgeschlagen, seine bei Ihnen abgeschlossene Lebensversicherung über 100 000,00 € als Kreditsicherung einzusetzen. Die Lebensversicherung könne dazu abgetreten oder verpfändet werden.

Herr Weber bittet Sie, ihm zu erläutern, welche Wirkung eine Abtretung oder Verpfändung seiner Lebensversicherung auf den Vertrag selbst und auf die Leistung im Versicherungsfall habe.

▶ Erläuterung

Abtretung

Durch einen bestehenden Lebensversicherungsvertrag und die Abtretung der Lebensversicherung an ein Kreditinstitut ergeben sich folgende Beziehungen:

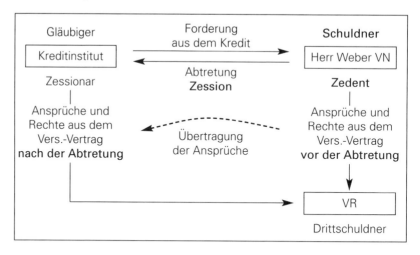

Bei einer Abtretung (Zession) tritt der VN (Herr Weber) die Ansprüche und Rechte aus seiner Lebensversicherung im vollem Umfang oder in einer vereinbarten Höhe an einen Dritten (die kreditgebende Bank) ab. Da die Versicherungssumme seines Vertrages 100 000,00 € beträgt, wird er nur einer Abtretung in Höhe seines Kredites von 50 000,00 € zustimmen.

Nichtpfändbare Forderungen – z. B. Anwartschaften aus einer BUZ – sind nicht abtretbar. Ebenso dürfen Lebensversicherungsverträge als Altersvorsorgeverträge (Riester-Rente und Rürup-Rente) nicht abgetreten werden.

§ 400 BGB

> Die Abtretung (Zession) ist eine Übertragung von Rechten und Ansprüchen auf einen Dritten.

Kommt der Schuldner (Herr Weber) seinen Verpflichtungen nicht nach, kann der Gläubiger (die Bank) den Lebensversicherungsvertrag kündigen und sich den Rückkaufswert der Versicherung – maximal die abgetretenen Ansprüche – auszahlen lassen. Die Bank kann jedoch auch bis zur Fälligkeit der Lebensversicherung warten und dann daraus ihre Ansprüche befriedigen.

Obwohl in der Praxis der Abtretung häufig ein Kreditgeschäft zugrunde liegt, ist das Vorliegen der Forderung eines Dritten keine Voraussetzung für die Abtretung.

Verpfändung

Im Gegensatz zur Abtretung kann eine Verpfändung nicht ohne eine Forderung eines Dritten (z. B. durch einen gewährten Kredit) bestehen.

Als Sicherheit für seinen Kredit über 50 000,00 € kann Herr Weber die Ansprüche aus seiner Versicherung in Höhe des Kredites an seine Bank verpfänden.

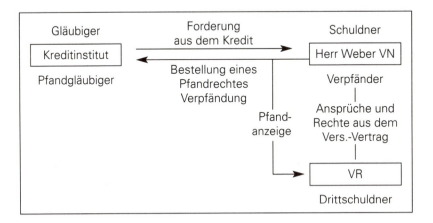

Wenn Herr Weber nun den fälligen Kredit nicht zurückzahlt, tritt die „Pfandreife" ein und das Kreditinstitut kann seine Forderung aus der Versicherungsleistung befriedigen.

Wird die **Versicherungsleistung vor der Pfandreife** fällig, kann der Versicherer nur an Versicherungsnehmer und Gläubiger gemeinsam leisten, d. h., beide müssen eine gemeinsame Erklärung über die Verwendung des Geldes abgeben (z. B. Einrichten eines Kontos mit gemeinsamer Verfügungsberechtigung).

Wird die **Versicherungsleistung nach der Pfandreife** fällig, kann der Gläubiger verlangen, dass die Versicherung von dem Versicherungsnehmer durch eine besondere Abtretungserklärung an ihn abgetreten wird. Der Gläubiger könnte dann die Versicherung kündigen.

Die Verpfändung hebt ein widerrufliches Bezugsrecht auf.

Rentenversicherungsverträge als Altersvorsorgeverträge (Riester-Rente und Rürup-Rente) dürfen nicht abgetreten werden.

> Bei der Verpfändung erwirbt der Gläubiger ein Pfandrecht an den verpfändeten Ansprüchen, das ihn berechtigt, sich aus den Ansprüchen zu befriedigen.

Wichtige Unterschiede zwischen Abtretung und Verpfändung zeigt folgende Gegenüberstellung:

	Abtretung	Verpfändung
rechtliche Grundlage	§§ 398 ff. BGB	§§ 1279 ff. BGB
Gläubiger gegenüber VR nach dem Vorgang	Zessionar	VN
zugrunde liegende Forderung	nicht notwendig (abstrakt, unabhängig von anderen Rechtsgeschäften)	notwendig (akzessorisch, zur Sicherung einer gegen ihn gerichteten Forderung)
Rechtswirksamkeit	**gegenüber dem VR** erst nach Anzeige wirksam (§ 13 Abs. 3 ALB)	nur mit Benachrichtigung des VR
Bezugsrechte	werden durch die Abtretung „überstimmt", d. h. „ausgesetzt"	müssen widerrufen werden „nachrangig"
Gestaltungsrechte	hat der Zessionar	nur Sicherungsrecht in Forderungshöhe
im Versicherungsfall Auszahlung an	Zessionar gegen Vorlage des Vers.-Scheines	**bei Pfandreife:** in Forderungshöhe an Pfandgläubiger, Rest an den VN oder den Bezugsberechtigten **noch keine Pfandreife:** an Pfandgläubiger und VN/Begünstigten bzw. Erben gemeinsam **Pfandreife vor dem Vers.-Fall:** Pfandgläubiger muss (Teil)-Abtretung des Rückkaufswertes verlangen
Übergabe des Versicherungsscheines	zur Rechtswirksamkeit nicht erforderlich, aber aus Sicherheitsgründen notwendig	notwendig

5.7.1.3 Pfändung und Überweisung

Bei der Proximus Lebensversicherung AG, bei der Herr Weber seine Lebensversicherung abgeschlossen hat, geht am 1. 12. 20.. folgendes Schreiben ein:

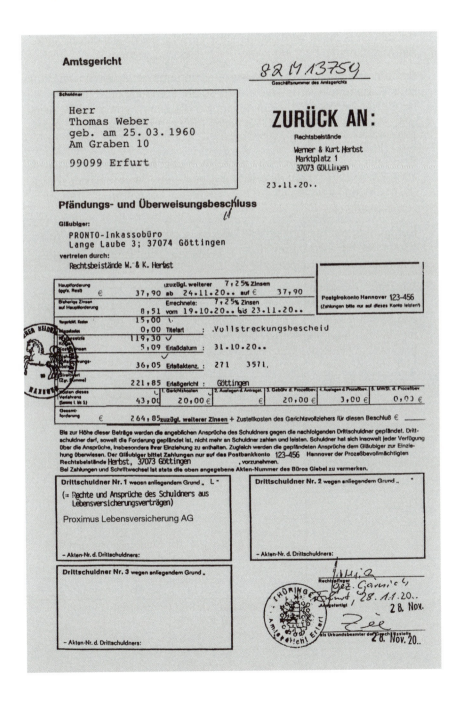

Die Pfändung einer Lebensversicherung ist im Gegensatz zur Abtretung oder Verpfändung eine gerichtliche Maßnahme.

Gepfändet werden können sowohl der Anspruch auf die im Versicherungsfall fällige Leistung als auch die Gestaltungsrechte.

§ 829 ZPO

Mit ordnungsgemäßer Zustellung des Pfändungs- und Überweisungsbeschlusses in der Direktion des Versicherers verliert der Versicherungsnehmer seine Verfügungsrechte in Höhe der gepfändeten Forderung.

Besteht allerdings für den Lebensversicherungsvertrag ein unwiderrufliches Bezugsrecht, so ist dieser Vertrag der Pfändung entzogen. Bei einer Abtretung oder Verpfändung ist eine Pfändung dann möglich, wenn sich diese Rechte nicht auf den vollen Rückkaufswert beziehen. Der freie Teil ist dann pfändbar.

Sind Ansprüche in voller Höhe abgetreten oder besteht ein unwiderrufliches Bezugsrecht, geht die Pfändung ins Leere. Darüber hinaus muss die Pfändung eindeutig einem oder mehreren bestimmten Verträgen zuzuordnen sein.

Gehen mehrere Pfändungs- und Überweisungsbeschlüsse beim Versicherer ein, hat eine zeitlich frühere Pfändung Vorrang vor einer späteren.

§ 177 VVG

Mit Zustimmung des Versicherungsnehmers können der Bezugsberechtigte bzw. – soweit kein Bezugsrecht eingeräumt wurde – Ehegatte und Kinder als neue Versicherungsnehmer in den Vertrag eintreten, sofern die Eintrittsberechtigten den Anspruch des Pfändungspfandgläubigers bis zur Höhe des Rückkaufswertes befriedigen.

Rechtsfolgen der Pfändung für den Lebensversicherungsvertrag

Welche Rechtsfolgen sich für einen Lebensversicherungsvertrag aus einer Pfändung ergeben, zeigt folgende Übersicht:

Rechtsfolgen der Pfändung für einen Lebensversicherungsvertrag

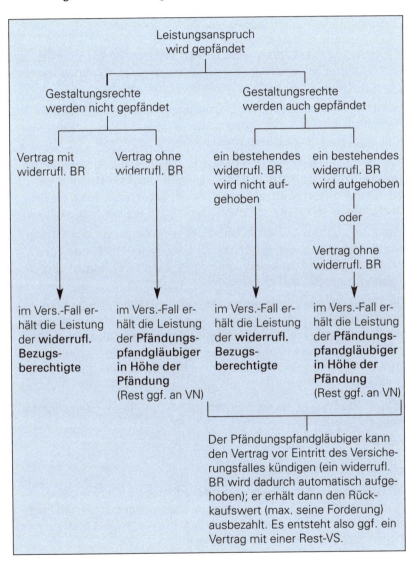

Pfändungsschutz

§ 850 ZPO

> Für die Lebensversicherung gilt folgender Pfändungsschutz:
>
> 1. Sterbegeldversicherungen bis 3 579,00 € Versicherungssumme.
> 2. Leibrenten werden dem sonstigen Arbeitseinkommen zugerechnet und sind dann als Teil des Arbeitseinkommens bis zu den jeweiligen Höchstgrenzen pfändungsgeschützt.
> 3. Basis-/Rürup-Renten und Riester-Renten sind pfändungsgeschützt.

Die kapitalbildende Lebensversicherung des Herrn Weber unterliegt also nicht dem Pfändungsschutz. Deswegen kann der Versicherungsvertrag in Höhe des Pfändungsbetrages gepfändet werden.

Da ein widerrufliches Bezugsrecht besteht, müsste der Pfändungspfandgläubiger dieses Bezugsrecht allerdings widerrufen, um im Versicherungsfall auch tatsächlich eine Leistung zu erhalten.

Der Pfändungspfandgläubiger könnte jedoch auch vor Eintritt des Versicherungsfalles den Vertrag teilkündigen und sich den Pfändungsbetrag aus dem Rückkaufswert auszahlen lassen. Soweit dann noch ein Deckungskapital vorhanden ist, würde der Vertrag mit der entsprechenden Rest-Versicherungssumme weitergeführt.

Erreicht das Deckungskapital nicht die festgelegte Mindestversicherungssumme, wird der entsprechende Rückkaufswert an den Versicherungsnehmer bzw. Bezugsberechtigten ausgezahlt.

Die **Pfändung einer Lebensversicherung** geschieht aufgrund eines vom Gläubiger des VN zu beantragenden und vom Amtsgericht ausgestellten Pfändungs- und Überweisungsbeschlusses. Der Gläubiger tritt dann hinsichtlich der Rechte aus dem Versicherungsvertrag an die Stelle des Versicherungsnehmers, aber nur bis zur Höhe der gepfändeten Forderung und Kosten.

Er kann dann den Vertrag z. B. durch Rückkauf auflösen oder durch Teilrückkauf herabsetzen.

Verwertungsausschluss

Bei Beantragung des Arbeitslosengeldes II muss der Antragsteller seine Vermögensverhältnisse darlegen. Dies erfolgt durch einen Fragebogen, den er von der Agentur für Arbeit erhält. Hier wird auch nach bestehenden Lebensversicherungen gefragt.

Gibt der Antragsteller einen Versicherungsvertrag an, dann prüft die Agentur, ob dieser Vertrag vom Antragsteller verwertet werden kann. Ist der Vertrag verwertbar, dann wird der Vertrag auf seinen Anspruch auf Arbeitslosengeld II angerechnet. Er erhält nicht das volle Arbeitslosengeld II. Der Versicherungsnehmer muss somit erst seinen Vertrag verbrauchen, also kündigen und das Geld für den laufenden Lebensunterhalt verwerten, bevor er das volle Arbeitslosengeld II erhält. Die Agentur für Arbeit gibt dem Antragsteller somit indirekt auf, seinen Vertrag zu kündigen.

Dem Antragsteller steht jedoch noch die Möglichkeit offen, einen Grundfreibetrag in Höhe von 150,00 € pro Lebensjahr (mind. 4 100,00 € / max. 9 750,00 €, bei Antragsstellern, die vor dem 1. 1. 1948 geboren sind 520,00 € / max. 33 800,00 €) für sich und seinen Partner auf sein bestehendes Vermögen aufzuteilen, um dieses vor der Anrechnung zu schützen. Weiterhin hat er die Möglichkeit, mit seinem Lebensversicherer einen „Verwertungsausschluss" zu vereinbaren, um den zusätzlichen Freibetrag für die Altersvorsorge zu nutzen. Dadurch kann er nochmals 250,00 € pro Lebensjahr, max. 16 250,00 € für sich und seinen Partner vor der Anrechnung schützen, sofern vertraglich ausgeschlossen wird, dass er diesen Betrag vor dem Eintritt in das Rentenalter verwerten kann.

5.7.1.4 Insolvenz des Versicherungsnehmers

Mit Eröffnung des Insolvenzverfahrens gehen Ansprüche und Rechte eines Versicherungsnehmers aus einem Lebensversicherungsvertrag in die Insolvenzmasse über. Das Verfügungsrecht über das zur Insolvenzmasse gehörende Vermögen erhält der Insolvenzverwalter.

Der Insolvenzverwalter wird Eigentümer der gegen den Versicherer gerichteten Forderung. Deshalb kann der Versicherer mit befreiender Wirkung eine Versicherungsleistung auch nur unmittelbar dem Insolvenzverwalter gegenüber erbringen.

Der Insolvenzverwalter hat die Möglichkeit zu entscheiden, ob ein noch nicht vollständig erfüllter Lebensversicherungsvertrag durch weitere Beitragszahlung fortgesetzt oder aber beendet werden soll.

Der Wert einer Lebensversicherung gehört zur Insolvenzmasse; soweit nicht Rechte Dritter dem entgegenstehen.

Besteht ein **widerrufliches Bezugsrecht**, ist dies vor Eintritt des Versicherungsfalles widerrufbar. Dieses Bezugsrecht muss jedoch ausdrücklich widerrufen werden, wenn die Versicherungsleistung dem widerruflich Bezugsberechtigten im Versicherungsfall nicht zufallen soll. Ist bei Insolvenzeröffnung der Versicherungsfall bereits eingetreten, bleibt der Vertrag dem Zugriff des Insolvenzverwalters entzogen.

Bei einem **unwiderruflichen Bezugsrecht** bleibt der Lebensversicherungsvertrag dem Zugriff des Insolvenzverwalters grundsätzlich entzogen. Alle Ansprüche aus dem Vertrag stehen weiterhin dem unwiderruflich Bezugsberechtigten zu.

War der Lebensversicherungsvertrag abgetreten, fallen die Ansprüche des Zessionars in der abgetretenen Höhe nicht in die Konkursmasse.

Übungen

1. Während eines Beratungsgespräches möchte ein Kunde wissen,

   a) was allgemein unter einem Bezugsrecht in der Lebensversicherung zu verstehen ist und
   b) welchen Vorteil die Verfügung eines Bezugsrechts für den Todesfall gegenüber dem Erbe aus einer Versicherungsleistung hat?

2. Im Versicherungsfall erfährt der Lebensversicherer, dass der bezugsberechtigte Kurt M. die versicherte Person vorsätzlich tötete. Kurt M. ist gleichzeitig Miterbe am Vermögen der versicherten Person. Prüfen Sie den Anspruch auf die Versicherungsleistung, wenn

   a) die versicherte Person gleichzeitig VN war
   b) der Ehegatte der versicherten Person VN war

3. Es besteht ein Lebensversicherungsvertrag

   a) mit einem widerruflichen Bezugsrecht
   b) mit einem unwiderruflichen Bezugsrecht

   Welche Folgen ergeben sich

   1. bei Konkurs des Begünstigten
   2. bei Konkurs des VN
   3. bei Tod des Begünstigten vor Eintritt des Versicherungsfalles?

4. Am 10. 5. 2005 benennt Herr Wenz für seine kapitalbildende Lebensversicherung einen unwiderruflich Bezugsberechtigten für den Todes- und Erlebensfall.

   a) Die entsprechenden ALB sehen vor, dass ein unwiderrufliches Bezugsrecht erst mit Bestätigung durch den Versicherer wirksam wird. Welche rechtliche Situation ergibt sich, nachdem die Erklärung zum unwiderruflichen Bezugsrecht beim Versicherer eingegangen ist, der Versicherer diese Verfügung jedoch noch nicht bestätigt hat?
   b) Unter welchen Umständen kann Herr Wenz das einmal verfügte unwiderrufliche Bezugsrecht ändern?
   c) Herr Wenz stellt die Beitragszahlung ein. Der unwiderruflich Bezugsberechtigte will die Beitragszahlung durch Herrn Wenz erzwingen, damit die von ihm erwartete Leistung aus dem Lebensversicherungsvertrag nicht gemindert wird.
   Wie ist die Rechtslage?
   d) Am 3. 8. 2006 möchte der unwiderruflich Bezugsberechtigte seine Ansprüche aus der Lebensversicherung verpfänden. Ist dies rechtlich wirksam möglich? (mit Begründung)

e) Um eine Finanzierungslücke zu schließen, will der unwiderruflich Bezugsberechtigte den Lebensversicherungsvertrag kündigen. Ist dies rechtswirksam ohne Zustimmung von Herrn Wenz möglich (Begründung)?

f) Der Versicherungsfall tritt 2 Jahre nach dem Tod des unwiderruflich Bezugsberechtigten ein. Die Erben des Herrn Wenz verlangen vom VR die Leistung.
Wem steht die Leistung zu?

5. Ein VN hat zur Sicherheit eines Darlehens seine Ansprüche aus einer Lebensversicherung einschließlich der Gestaltungsrechte an seine Bank abgetreten.

Welche Rechte kann die Bank ausüben, wenn der VN seinen Verpflichtungen ihr gegenüber nicht nachkommt? (Der Versicherungsfall ist noch nicht eingetreten.)

6. Ein Lebensversicherungsvertrag wird abgetreten.

a) Beschreiben Sie den rechtlichen Vorgang mit Hilfe eines selbst gewählten Beispiels.
b) Wann wird die Forderung des Zessionars frühestens aus dem entsprechenden Versicherungsvertrag befriedigt, wenn
   1. die Gestaltungsrechte nicht abgetreten wurden?
   2. die Gestaltungsrechte mit abgetreten wurden?
c) Nach der Abtretung erfährt der VR, dass der Zessionar zurzeit gar keine Forderung dem VN gegenüber hat. Welche Rechtsfolgen ergeben sich daraus für die Gültigkeit der Abtretung?

7. Es besteht ein Lebensversicherungsvertrag über 50 000,00 €. Versicherungsnehmer ist Frau A. Zugunsten von Herrn B. ist ein widerrufliches Bezugsrecht für den Todes- und Erlebensfall verfügt. Eine Bank hat Frau A. einen Kredit in Höhe von 50 000,00 € gewährt. Zur Sicherung dieses Kredites hat Frau A. die Ansprüche aus ihrer Lebensversicherung an die Bank verpfändet. Der Kredit der Bank läuft bis zum 30. 6. 2006. Die Versicherungssumme wird am 1. 5. 2006 fällig.

a) Wie kann die Verpfändung einer Lebensversicherung rechtswirksam durchgeführt werden?
b) Der Bezugsberechtigte ist der Meinung, dass ihm die am 1. 5. 2006 fällige Versicherungsleistung zustehe, da er schon vor der Verpfändung als Bezugsberechtigter benannt wurde.
Nehmen Sie zur Rechtslage Stellung.

8. Ein Lebensversicherungsvertrag (Versicherungssumme 100 000,00 €, Rückkaufswert zurzeit 34 000,00 €) wird gepfändet: Forderung 1 000,00 €. Es besteht ein widerrufliches Bezugsrecht.

Welche Rechte hat ein Gläubiger, der sowohl den Anspruch auf die Versicherungsleistung als auch die Gestaltungsrechte pfänden lässt?

5.7.2 Zahlungsschwierigkeiten des Versicherungsnehmers

▶ Situation

Am 22. 6. .. erhält die Proximus Lebensversicherung AG von Herrn Weber folgendes Schreiben:

> ...
>
> Ab 1. August werde ich für ein Jahr an einer beruflichen Umschulungsmaßnahme teilnehmen, die ich weitgehend selbst finanzieren muss. Ich bin deshalb aus wirtschaftlichen Gründen nicht mehr in der Lage, ab August die monatlichen Beiträge zu meiner kapitalbildenden Lebensversicherung mit Unfall-Zusatzversicherung zu bezahlen.
>
> Ich sehe im Augenblick keine andere Möglichkeit, als meine Lebensversicherung zu kündigen.
>
> Bitte teilen Sie mir mit, welcher Betrag dann von Ihnen ausgezahlt würde.
>
> Es wäre mir jedoch viel lieber, meine Lebensversicherung weiterzuführen. Gibt es vielleicht trotz meiner schwierigen finanziellen Situation Möglichkeiten dazu?
>
> Ich würde mich gerne dazu von Ihnen beraten lassen.
>
> ...

Aus dem Brief von Herrn Weber geht hervor, dass es ihm zumindest für eine bestimmte Zeit nicht möglich sein wird, die bisherigen laufenden Beiträge für seine Lebensversicherung zu bezahlen. Danach wird er möglicherweise wieder seine Beitragszahlungen in der ursprünglichen Höhe leisten können.

▶ Erläuterung

Kurzfristige Zahlungsschwierigkeiten

Hat ein Versicherungsnehmer **zeitlich begrenzt** (i. d. R. **bis maximal 2 Jahre**) Schwierigkeiten, seine Beiträge zu entrichten, so wird der Versicherer versuchen, ihm die Vorteile des bestehenden Lebensversicherungsvertrages deutlich zu machen und ihm gleichzeitig Möglichkeiten aufzeigen, den Versicherungsschutz trotz finanzieller Engpässe aufrechtzuerhalten.

Möglichkeiten der Bestandserhaltung bei kurzfristigen Zahlungsschwierigkeiten

Änderung der Zahlungsweise	Wenn der Beitrag bisher jährlich, halbjährlich oder vierteljährlich gezahlt wurde, kann zur Zahlungserleichterung eine Umstellung auf monatliche Zahlungsweise vorgenommen werden.
Risikozwischenbeitrag	Der Versicherungsnehmer zahlt für die begrenzte Zeit der voraussichtlichen Zahlungsschwierigkeiten nur den Risiko- und Kostenanteil zu seiner Versicherung und behält während dieser Zeit den vollen Versicherungsschutz. Die „fehlenden" Sparanteile kann der Versicherungsnehmer später nachentrichten.
Stundung der Beiträge	Für die begrenzte Zeit der Zahlungsschwierigkeiten zahlt der Versicherungsnehmer keine Beiträge und behält doch den vollen Versicherungsschutz. Die gestundeten Beiträge sind nachzuzahlen (einmalig oder durch Beitragszuschlag). Andernfalls wird die Versicherungssumme bei unveränderter Laufzeit und Beitragshöhe herabgesetzt.
Entnahme aus Gewinnguthaben	Ist für den entsprechenden Lebensversicherungsvertrag ein Gewinnguthaben vorhanden, wird daraus ein Beitragsrückstand oder der zu zahlende laufende Beitrag zeitlich begrenzt finanziert. Dies ist nicht möglich bei Verträgen mit der Vereinbarung, die Gewinnguthaben zur Verkürzung der Vertragslaufzeit zu verwenden
Vorauszahlung auf die Vers.-Leistung	In Höhe des Rückkaufswertes, ggf. abzüglich eines Sicherheitsabschlages der Lebensversicherung, ist eine Vorauszahlung auf die Versicherungsleistung möglich. Die Tilgung erfolgt spätestens durch Verrechnung mit der Auszahlung im Leistungsfall.

Falls der Lebensversicherer Herrn Weber überzeugen kann, trotz seiner finanziellen Schwierigkeiten den Vertrag weiterzuführen, sollte der Versicherer ihm die Zahlung eines Risikozwischenbeitrages empfehlen, vorausgesetzt, Herr Weber ist doch noch zur Zahlung eines wenn auch geringeren Beitrages als bisher in der Lage.

Will Herr Weber für die Zeit seiner Umschulung keine Beträge zahlen, bieten sich die Stundung der Beiträge, Entnahme aus dem Gewinnguthaben oder eine Vorauszahlung auf die Versicherungsleistung zur Überbrückung seiner Zahlungsschwierigkeiten an. Da Herr Weber seine Beiträge bereits monatlich zahlt, kommt eine Änderung der Zahlungsweise zur Zahlungserleichterung nicht mehr in Betracht.

Langfristige Zahlungsschwierigkeiten

Sollte Herr Weber aufgrund seiner beruflichen und finanziellen Situation jedoch **langfristig nicht in der Lage sein, den bisherigen Beitrag zu seiner Lebensversicherung zu zahlen,** so helfen ihm nur Möglichkeiten, bei denen er auf Dauer nur geringere oder gar keine Beiträge mehr aufbringen muss:

Möglichkeiten der Bestandserhaltung bei langfristigen Zahlungsschwierigkeiten

1. Der Kunde kann noch einen verringerten Beitrag zahlen:

Verlängerung der Vertragsdauer	Sie kommt für Verträge in Betracht, die nicht schon von vornherein mit einer langen Laufzeit abgeschlossen wurden. Durch die so entstehende längere Beitragszahlungsdauer ergibt sich ein geringerer laufender Beitrag. Der Risikoschutz bleibt voll erhalten, das Sparziel wird entsprechend der längeren Vertragsdauer später erreicht. Bei Kapitalversicherungen ist die Verlängerung der Vertragsdauer von einer erneuten Gesundheitsprüfung abhängig. Nachteil: Die Vertragsänderung ist steuerschädlich, d. h. die Erträge sind ab dem Zeitpunkt der Änderung hälftig oder voll zu versteuern.
Herabsetzung der Versicherungssumme	Die geringere Versicherungssumme mindert den Versicherungsschutz, führt aber dadurch auch zu einem Sinken der Beiträge. Vorgesehene Mindestversicherungssummen müssen dabei eingehalten werden.
Ausschluss von Zusatzversicherungen	Bisher vereinbarte BUZ oder UZV können zukünftig mit entsprechender Beitragsminderung ausgeschlossen werden. Der Verzicht auf die UZV wird allerdings nur zu relativ geringen Beitragsermäßigungen führen. Die Aufgabe der BUZ ändert schwer wiegend den Umfang des Versicherungsschutzes und ist deshalb i. d. R. nicht ratsam.

2. Der Kunde kann oder will keinen Beitrag mehr zahlen:

Beitrags-freistellung	Wenn die Versicherung einen Rückkaufswert aufweist und eine vom Versicherer festgelegte MindestVS durch Umwandlung in eine beitragsfreie Versicherung nicht unterschritten wird, ist die Beitragsfreistellung des Vertrages möglich. Dabei wird der vorhandene Rückkaufswert der Versicherung unter Berücksichtigung des aktuellen Eintrittsalters und der Restlaufzeit des Vertrages als Einmalbeitrag für die Berechnung einer neuen Versicherungssumme verwendet.

Nichtzahlung des Lebensversicherungsbeitrages

Werden für einen Lebensversicherungsvertrag keine Beiträge entrichtet, ohne dass sich der Versicherungsnehmer mit seinem Lebensversicherer über ein Verfahren zur Überbrückung seiner Zahlungsschwierigkeiten geeinigt hat, so kann der Versicherer seine Rechte nach VVG wahrnehmen, wie sie bei Nichtzahlung des Erst- bzw. Folgebeitrages vorgesehen sind.

Nichtzahlung des Erstbeitrages (Einlösungsbeitrages)

Wird der Versicherungsschein nicht eingelöst, ist der Versicherer leistungsfrei. Macht der Versicherer von seinem Recht, den Erstbeitrag innerhalb von 3 Monaten nach Fälligkeit gerichtlich geltend zu machen, keinen Gebrauch, wird dies als Rücktritt vom Vertrag angesehen (**fingierter Rücktritt**). Üblicherweise klagen Lebensversicherer den Erstbeitrag nicht ein. § 38 VVG

Natürlich kann ein Versicherer zur schnelleren Klärung der Rechtslage auch vor Ablauf von 3 Monaten nach Fälligkeit des Beitrages ausdrücklich zurücktreten.

Nichtzahlung des Folgebeitrages

Wird ein Folgebeitrag nicht fristgerecht gezahlt, erinnern die Lebensversicherungsunternehmen ihren Versicherungsnehmer an die Zahlungspflicht oder mahnen nach VVG. Verzugszinsen werden ab Fälligkeit berechnet.

Bei Mahnung ist der Versicherer nach Ablauf einer zweiwöchigen Mahnfrist von der Verpflichtung zur Leistung frei. § 39 VVG

Leistungsfreiheit in der Lebensversicherung bedeutet jedoch, dass – soweit ein Deckungskapital vorhanden ist – nach Ablauf der Mahnfrist eine weitergehende Leistungspflicht in Höhe der beitragsfreien Versicherungssumme besteht. § 175 VVG

§ 174 Abs. 2 und 3 VVG	Diese beitragsfreie Versicherungssumme ergibt sich, wenn das zum Ende der Versicherungsperiode vorhandene Deckungskapital (abzüglich der Beitragsrückstände) als Einmalbeitrag verwendet wird.
	Erreicht die beitragsfreie Versicherungssumme nicht die vorgesehene Mindestversicherungssumme, wird das Deckungskapital abzüglich der Rückstände ausgezahlt.
§ 39 Abs. 3 VVG	Die **Wiederinkraftsetzungsfrist** (Reaktivierungsfrist) beträgt nach VVG ein Monat nach Wirksamwerden der Kündigung. Manche Lebensversicherer setzen den Vertrag aber auch wieder in Kraft, wenn spätestens sechs Monate vom Fälligkeitstermin des erstmals unbezahlten Beitrages an alle Rückstände beglichen wurden.
	Sollte der Versicherungsnehmer nach Ablauf von sechs Monaten den Vertrag wieder aufleben lassen, so ist eine erneute Gesundheitsprüfung notwendig.

5.7.3 Beleihung einer Lebensversicherung (Policendarlehen)

▶ Situation

Herr Weber plant den Kauf eines neuen Autos. Zur Bezahlung des Kaufpreises möchte er sein altes Fahrzeug in Zahlung geben. Außerdem steht ihm zur Finanzierung das Guthaben auf einem Sparbuch zur Verfügung. Um den gesamten Kaufpreis bezahlen zu können, fehlen Herrn Weber 8 000,00 €.

In diesem Zusammenhang möchte sich Herr Weber darüber informieren, inwieweit seine kapitalbildende Lebensversicherung zur Finanzierung dieses Fehlbetrages herangezogen werden kann und welchen Betrag er maximal aus seiner Lebensversicherung im Voraus erhalten könnte.

▶ Erläuterung

Zur Überbrückung von Zahlungsschwierigkeiten oder als langfristiges Finanzierungsmittel können Lebensversicherungsunternehmen ihren Versicherungsnehmern Vorauszahlungen auf die Versicherungsleistung gewähren. Auf reine Todesfallversicherungen, Rentenversicherungen ohne Beitragsrückgewähr bei Tod der versicherten Person oder Pflegerentenversicherungen sind keine Vorauszahlungen auf die Versicherungsleistung möglich, da bei diesen Tarifformen ungewiss ist, ob der Versicherungsfall überhaupt eintritt und der Versicherer damit überhaupt eine Leistung erbringen muss.

Herr Weber könnte also grundsätzlich aus seiner kapitalbildenden Lebensversicherung eine Vorauszahlung auf die Versicherungsleistung erhalten.

In der Praxis wird für die Vorauszahlung auf die Versicherungsleistung auch der Begriff „Policendarlehen" verwendet.

Rechtlich handelt es sich bei der Vorauszahlung auf die Versicherungsleistung i. d. R. jedoch nicht um ein Darlehen; zwischen Versicherungsnehmer und Versicherer wird kein ausdrücklicher Darlehensvertrag geschlossen. Soweit der vom Versicherungsnehmer in Anspruch genommene Vorauszahlungsbetrag während der Laufzeit des Lebensversicherungsvertrages nicht oder nur teilweise zurückgezahlt wurde, verrechnet der Versicherer im Leistungsfall den noch ausstehenden Vorauszahlungsbetrag mit der Versicherungsleistung.

Bei einem echten Policendarlehen müsste der Versicherer über die Beleihung der Lebensversicherung einen ausdrücklichen Kreditvertrag mit dem Versicherungsnehmer schließen. Der Rückkaufswert der Lebensversicherung dient dann zur Kreditsicherung.

Im Vergleich zur in der Praxis üblichen Vorauszahlung auf die Versicherungsleistung hat das echte Policendarlehen im Rahmen der Beleihung einer Lebensversicherung am Markt keine Bedeutung. Es verursacht insbesondere wegen der gesonderten Verwaltung der entsprechenden Darlehensverträge einen zusätzlichen kostenintensiven Aufwand.

Ermittlung des Vorauszahlungsbetrages

Eine Vorauszahlung auf die Versicherungsleistung ist maximal in Höhe des Rückkaufswertes der Lebensversicherung möglich.

Sicherheitshalber vermindert der Lebensversicherer jedoch i. d. R. diesen Betrag noch rechnerisch

- um die Zinsen auf den Vorauszahlungsbetrag, die für ein Jahr anfallen würden
- um den Betrag der Kapitalertragsteuer (KESt) auf die rechnungsmäßigen und außerrechnungsmäßigen Zinsen des Lebensversicherungsvertrages.

Zur Vereinfachung der Berechnung dieses KESt-Betrages berücksichtigen die Lebensversicherer häufig Pauschalbeträge (in % des Betrages der Vorauszahlung).

Der Versicherungsnehmer erhält den Vorauszahlungsbetrag allerdings nicht vollständig ausgezahlt. Vielmehr werden bei Auszahlung der Vorauszahlung die Zinsen für die Zeit bis zur nächsten Fälligkeit des Beitrages und – soweit vereinbart – eine Gebühr einbehalten.

▶ Beispiel

Die kapitalbildende Lebensversicherung von Herrn Weber besteht seit 10 Jahren. Daraus soll eine maximal mögliche Vorauszahlung auf die Versicherungsleistung gewährt werden.

Der Rückkaufswert beträgt zurzeit 23 467,50 €, die Kapitalertragsteuer (KESt) wird sicherheitshalber pauschal mit 5 % des Vorauszahlungsbetrages berücksichtigt, der Zinssatz auf die Vorauszahlung beträgt 6,75 %.

Der Versicherer erhebt eine Bearbeitungsgebühr von 10,00 €.

Berechnen Sie die Höhe der Vorauszahlung und den Auszahlungsbetrag, wenn der Beitrag jährlich am 1. 10. fällig ist und die Vorauszahlung auf die Versicherungsleistung am 21. 4. ausgezahlt wird.

Vorüberlegung zur Ermittlung der Zinstage:

Die übliche Ermittlung der Zinstage ergibt:

21. 4. – 1. 10. = 160 Zinstage.

Bei Vorauszahlungen auf die Versicherungsleistung entspricht die Zinsperiode dem Beitragszahlungszeitraum. Deshalb gehört der 1. 10. **nicht** zum Zeitraum, für den Zinsen bis zur nächsten Beitragsfälligkeit zu zahlen sind.

Es sind nur 159 Zinstage zu berücksichtigen.

Lösung

KESt und Zinsen werden vom **Vorauszahlungsbetrag (= 100 %)** erhoben.

Damit ergibt sich:

1. Berechnung der Höhe der Vorauszahlung

Rückkaufswert	= 111,75 %	= 23 467,50 €
− Kapitalertragsteuerpauschale	= 5,00 %	
− Zinsen	= 6,75 %	
= Vorauszahlung	= 100,00 %	= x €

$$x = \frac{23\,467,50 \times 100}{111,75} = 21\,000,00 \text{ € Vorauszahlung.}$$

2. Berechnung des Auszahlungsbetrages

Vorauszahlung	21 000,00 €
− Zinsen vom 21. 4. – 30. 9. =	
6,75 % für 159 Tage	− 626,06 €
− Gebühr	− 10,00 €
= Auszahlungsbetrag	20 363,94 €

Wenn Herr Weber also eine Vorauszahlung auf die Versicherungsleistung seines Lebensversicherungsvertrages wünscht, könnte er zu diesem Zeitpunkt maximal 21 000,00 € erhalten, von denen er 20 363,94 € ausgezahlt bekäme.

Allgemein gilt für die Ermittlung des (höchstmöglichen) Vorauszahlungsbetrages und des Auszahlungsbetrages:

   Rückkaufswert
– Sicherheitsabschlag (Zinsen + KESt-Pauschale)
= **maximal möglicher Vorauszahlungsbetrag**
– Zinsen auf die Vorauszahlung (bis zur nächsten Beitragsfälligkeit)
– Gebühr
= **Auszahlungsbetrag**

Zinsen und Tilgung

Die Zinsen auf die Vorauszahlung werden als Teil des laufenden Beitrages entrichtet und haben rechtlich den Charakter eines Zusatzbeitrages. Deswegen gelten auch bei Nichtzahlung der Zinsen auf die Vorauszahlung die gleichen Rechtsfolgen wie bei der Nichtzahlung des Folgebeitrages: Die Vorauszahlung wird gekündigt, das Deckungskapital um die Vorauszahlung gemindert; aus dem Rest-Deckungskapital ist dann eine beitragsfreie Versicherungssumme zu bilden.

Rückzahlungen der Vorauszahlung auf die Versicherungsleistung sind während der Vertragsdauer jederzeit ohne Einhaltung einer Frist möglich. Dadurch wird der Versicherungsschutz in der ursprünglich vereinbarten Höhe wieder hergestellt.

Soweit vor Vertragsablauf die Vorauszahlung nicht oder nicht vollständig zurückgezahlt wurde, wird sie im Versicherungsfall von der Versicherungsleistung abgezogen.

Übungen

1. Herr Jacoby kann die laufenden Beiträge zu seiner Lebensversicherung nicht zahlen. Er wurde darüber informiert, dass er

   a) den Beitrag stunden oder
   b) den Vertrag beitragsfrei stellen lassen kann

   Erläutern Sie ihm beide Möglichkeiten.

2. Frau Gebel teilt Ihnen mit, dass sie die monatlichen Beiträge zu ihrer kapitalbildenden Lebensversicherung mit Unfall-Zusatzversicherung (VS 56 000,00 €, Laufzeit 35 Jahre) aufgrund der Verschlechterung ihrer wirtschaftlichen Verhältnisse langfristig nicht mehr zahlen kann. Sie möchte deshalb den seit 13 Jahren bestehenden Versicherungsvertrag kündigen.

   Zeigen Sie Frau Gebel Möglichkeiten auf, wie sie unter diesen Umständen ihren Lebensversicherungsvertrag trotzdem weiterführen kann. Erläutern Sie Frau Gebel auch Ihre Vorschläge.

3. Aus dem Brief eines VN geht hervor, dass er sich für einige Monate nicht in der Lage sieht, den laufenden Beitrag für seine gemischte Lebensversicherung zu zahlen. Der Versicherungsvertrag besteht seit 9 Jahren, der Beitrag wird monatlich gezahlt, die Überschüsse werden verzinslich angesammelt.

   Wie kann dem VN geholfen werden, diese zeitlich begrenzten Zahlungsschwierigkeiten zu überbrücken?

4. Als Finanzierungsmittel können Lebensversicherungsunternehmen ihren Kunden Vorauszahlungen auf die Versicherungsleistung gewähren.

   a) Für welche Lebensversicherungsprodukte ist grundsätzlich nur eine Vorauszahlung auf die Versicherungsleistung möglich?
   b) Wonach richtet sich die Höhe einer dem VN aus seiner Lebensversicherung zu gewährenden Vorauszahlung?
   c) Der VN muss die ihm gewährte Vorauszahlung verzinsen. Worin liegt die Begründung für diese Verzinsung?

5. Herr Bayer schreibt an sein Lebensversicherungsunternehmen:

   „… Für private Zwecke benötige ich dringend Geld. Aus meiner Lebensversicherung, in die ich seit 18 Jahren Beiträge zahle, habe ich bisher keine Leistungen erhalten. Bitte teilen Sie mir mit, welche Möglichkeiten der Geldbeschaffung sich von Ihrer Seite bieten …"

   Beantworten Sie das Schreiben Ihres VN.

6. Herr Mell hat eine Vorauszahlung auf die Versicherungsleistung erhalten. Er gerät mit der Beitragszahlung in Verzug und zahlt keine Beiträge mehr. Der Versicherer kündigt nach Ablauf der entsprechenden Zahlungsfrist nach § 39 VVG den Lebensversicherungsvertrag.

   Welche Wirkung hat dies auf die Vorauszahlung auf die Versicherungsleistung?

7. Berechnen Sie den auszuzahlenden Betrag einer höchstmöglichen Vorauszahlung auf die Versicherungsleistung, wenn die Zinsen jeweils bis zur nächsten Beitragsfälligkeit einbehalten werden:

	Rückkaufswert in €	zu berücksichtigende KESt	Zinssatz	Gebühr €	ausgezahlt am	Beitragsfälligkeit
a)	4 497,40	5 % pauschal	8,00 %	–	24. 03.	01. 07.
b)	67 500,00	5 % pauschal	7,50 %	300,00	11. 09.	01. 03.
c)	34 000,00	1 517,50 €	6,50 %	–	03. 08.	01. 12.
d)	14 306,10	5 % pauschal	5,90 %	100,00	26. 04.	01. 01.
e)	48 672,75	2 450,00 €	8,25 %	–	31. 10.	01. 05.

8. Am 13. 4. 20 .. erhält der VN von der Proximus Lebensversicherung eine verzinsliche Vorauszahlung über 12 400,00 €. Die im Voraus fälligen Zinsen betragen 6,5 %, die einmalige Bearbeitungsgebühr 1 % der Vorauszahlungssumme, maximal 30,00 €.

   Erstellen Sie die Abrechnung für den Überweisungsbetrag, wenn die Zinsen bis zur nächsten Beitragsfälligkeit am 1. 6. 20 .. sowie ein rückständiger Beitrag über 347,80 € neben der Bearbeitungsgebühr einbehalten werden.

9. Ein Lebensversicherungsunternehmen schreibt einem Versicherungsnehmer am 15. 9. 20 ..

   „Über die von Ihnen beantragte und heute gewährte Vorauszahlung geben wir Ihnen folgende Abrechnung:

Vorauszahlung	9 700,00 €
– Gebühren	20,00 €
– Zinsen bis 1. 10. 20 ..	24,25 €
= Auszahlungsbetrag	9 655,75 €

   Zahlen Sie bitte ab 1. 10. 20 .. jährlich an uns: Versicherungsbeitrag einschl. Zinsen 1 942,00 €."

   a) Zu welchem Zinssatz wurde die Vorauszahlung gewährt?
   b) Über welche Versicherungssumme lautet dieser Lebensversicherungsvertrag bei einem Beitragssatz von 34 ‰ (ohne Zuschläge, Rabatte und Zusatzversicherungen)?

5.7.4 Vorzeitige Beendigung des Vertrages

Lebensversicherungsverträge werden mit Laufzeiten über viele Jahre abgeschlossen, um langfristige Spar- oder Versorgungsziele zu erreichen.

Die vorzeitige Beendigung eines Lebensversicherungsvertrages ist i. d. R. nachteilig für beide Vertragspartner: Für den Versicherungsnehmer, da das Ziel, mit dem er seinen Lebensversicherungsvertrag abgeschlossen hat, dann nicht mehr erreicht werden kann, für den Versicherer, weil er beim außerplanmäßigen Ende des Vertrages einen wirtschaftlichen Nachteil erleidet, da er seine Beiträge und Kosten unter der Annahme der vollständigen Vertragserfüllung kalkuliert.

Zunehmend möchten jedoch die Versicherungsnehmer ihren Lebensversicherungsschutz während der Vertragslaufzeit den bei Vertragsabschluss nicht vorhersehbaren privaten und beruflichen Entwicklungen anpassen, insbesondere wünschen sie vielfach, den Versicherungsvertrag vorzeitig aufzulösen.

Deshalb bieten Lebensversicherungsunternehmen oft vertragliche Vereinbarungen an, die unter bestimmten Voraussetzungen eine Beendigung des Lebensversicherungsvertrages vor Ablauf ermöglichen, ohne dass die gravierenden wirtschaftlichen Nachteile den Kunden uneingeschränkt treffen.

Darüber hinaus sehen gesetzliche Regelungen vor, dass ein Lebensversicherungsvertrag unter bestimmten Voraussetzungen vorzeitig beendet werden kann.

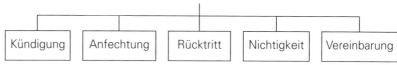

5.7.4.1 Kündigung des Vertrages

Kündigung durch den Versicherungsnehmer

§ 165 VVG

Ein Lebensversicherungsvertrag kann jederzeit auch ohne Vorliegen besonderer Gründe zum Ende der laufenden Versicherungsperiode schriftlich durch den Versicherungsnehmer gekündigt werden.

Bei monatlicher, vierteljährlicher oder halbjährlicher Zahlung des Beitrages ist außerdem in vielen ALB eine Kündigung mit Monatsfrist zum Ende eines jeden Ratenzahlungsabschnittes vorgesehen, frühestens jedoch zum Ende des ersten Versicherungsjahres.

Kündigen kann der Versicherungsnehmer bzw. der entsprechende Verfügungsberechtigte, also bei einer Pfändung der Pfändungspfandgläubiger oder bei einer Abtretung der Zessionar.

§ 176 Abs. 1 VVG

Mit der Kündigung wird der Vertrag aufgelöst. Der Rückkaufswert der Versicherung wird ausgezahlt.

Kündigung durch den Versicherer

Zum Schutz des vertragstreuen Versicherungsnehmers hat ein Versicherer in der Lebensversicherung grundsätzlich keine Möglichkeit, einen Versicherungsvertrag zu kündigen.

Abweichend von dieser Regelung kann ein Versicherer einen Lebensversicherungsvertrag in folgenden Fällen außerordentlich kündigen:

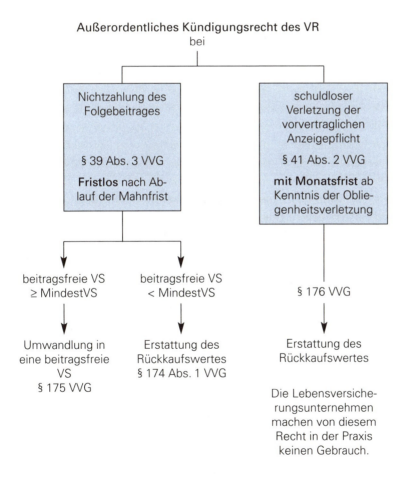

Berechnungen bei Kündigung eines Vertrages ohne Rückkaufswert

Abrechnung

▶ Beispiel

Ein Versicherungsnehmer hat die Beiträge mit monatlich 170,40 € zu seiner Risikolebensversicherung seit dem 1. 2. 20.. nicht bezahlt. Der Versicherer kündigt gemäß § 39 VVG. Die Kündigung wird am 27. 3. wirksam. Ein Rückkaufswert ist bei der Risikolebensversicherung nicht vorhanden.

Erstellen Sie die Abrechnung zum nächsten Monatsersten nach Wirksamwerden der Kündigung. Der Beitragsrückstand ist mit 8 % zu verzinsen, eine Mahngebühr von 5,00 € in Rechnung zu stellen.

Lösung

Ausstehende Beiträge für 2 Monate:	340,80 €
+ Verzugszinsen für Beitrag zum 1. 2. für die Zeit vom 1. 2. – 1. 4. = 60 Tage; => Zinsen von 170,40 € zu 8 % für 60 Tage:	2,27 €
+ Verzugszinsen für Beitrag zum 1. 3. für die Zeit vom 1. 3. – 1. 4. = 30 Tage; => Zinsen von 170,40 € zu 8 % für 30 Tage:	1,14 €
+ Mahngebühren:	5,00 €
= Forderung des Lebensversicherers:	349,21 €

§ 40 VVG

> Für den **Beitragsanspruch des Versicherers bei Kündigung** gilt: Der Versicherer hat Anspruch auf den Beitrag bis zum Ende der Beitragszahlungsperiode, in der die Kündigung wirksam wurde.

Berechnungen bei Kündigung eines Vertrages mit Rückkaufswert

Zeitwert und Rückkaufswert einer Lebensversicherung

Bis 1994 war das Deckungskapital auch die Basis für den Rückkaufswert der Versicherung, d. h. für den Teil des Vertragsguthabens, der dem Anspruchsberechtigten bei vorzeitiger Vertragsaufhebung ausgezahlt wird. Das VVG verwendete für den Rückkaufswert den Begriff „Prämienreserve".

An die Stelle der Prämienreserve ist im VVG der Begriff „Rückkaufswert" getreten.

§ 176 VVG

> Der Rückkaufswert ist nach den anerkannten Regeln der Versicherungsmathematik als **Zeitwert** des Vertrages für den Schluss der laufenden Versicherungsperiode zu berechnen. Beitragsrückstände werden vom Rückkaufswert abgezogen.

5.7 Betreuung des Lebensversicherungsvertrages

Der Zeitwert berücksichtigt **sämtliche Leistungen** des Lebensversicherers, soweit er dazu vereinbarungsgemäß verpflichtet ist.

Dies bedeutet, dass in den Zeitwert als Rückkaufswert nicht nur das Deckungskapital aus der garantierten Leistung (= die vertraglich vereinbarte Versicherungssumme) einfließt, sondern auch die Ansprüche aus der Überschussbeteiligung.

Erfolgt die Überschussbeteiligung zeitnah und verursachungsgerecht, ergeben sich im Normalfall keine Unterschiede zwischen dem Zeitwert und dem bisherigen Guthaben.

> Der **Zeitwert** ist bei gewinnberechtigten Versicherungen das gezillmerte, mit den Rechnungsgrundlagen der Beitragsberechnung kalkulierte Deckungskapital **einschließlich des bereits gutgeschriebenen oder erdienten Überschusses.**
>
> Der Zeitwert ist jedoch mindestens so hoch anzusetzen, dass aus ihm die vom Versicherer garantierte Leistung einer beitragsfrei gestellten Versicherung erbracht werden kann. Dies ist das gezillmerte, mit den Rechnungsgrundlagen der Beitragsberechnung kalkulierte Deckungskapital **ohne Überschussbeteiligung.**

Die Höhe der „erdienten" Überschüsse hängt vom jeweils vereinbarten System der Überschussbeteiligung ab und stellt den Barwert der entsprechenden zukünftigen Gewinne unter realistischer Erwartung von Renditen und wirklichkeitsnahen Annahmen über den Sterblichkeitsverlauf dar.

Eine einheitliche Festlegung der Berechnung des Zeitwertes fehlt bisher.

Abrechnung nach Kündigung mit Rückkaufswert

Ist bei Kündigung eines Lebensversicherungsvertrages ein Rückkaufswert vorhanden, so ist dieser zu ermitteln, um

▪ die bestehende Versicherung in eine betragsfreie Versicherung umzuwandeln oder	§ 175 VVG
▪ die Versicherung aufzulösen und den Rückkaufswert auszuzahlen. Dies geschieht, wenn die Mindestversicherungssumme nicht erreicht wird bzw. wenn der VN den Vertrag kündigt.	§ 176 Abs. 1 VVG

Die Abrechnung nach Kündigung mit Rückkaufswert erfolgt in 2 Schritten.

1. Schritt: Ermittlung des Rückkaufswertes

Soweit vertraglich vereinbart, darf der Versicherer bei Aufhebung des Vertrages den Zeitwert der Versicherung um einen Stornoabzug mindern.

> Der **Rückkaufswert** entspricht dem um einen Stornoabzug gekürzten Zeitwert. Der Stornoabzug ist jedoch nur zulässig, wenn er bedingungsgemäß vereinbart wurde.

§ 176 Abs. 4 VVG

Ein **Stornoabzug** darf nur dann vorgenommen werden, wenn das Lebensversicherungsunternehmen diesen Abzug mit dem Versicherungsnehmer bei Vertragsabschluss vereinbart hat und die Höhe des Abschlages „angemessen" ist.

Damit ist in diesem Rahmen der einzelne Versicherer frei, Stornoabzüge vorzunehmen.

Für Verträge, die bis zum 1. 7. 1994 abgeschlossen wurden, galten als Höchstsätze für den Stornoabzug 10 ‰ des Deckungskapitals zu Beginn der Versicherung und zum Ablauf hin fallend auf 2 ‰ des Deckungskapitals.

Die Deutsche Aktuarvereinigung hat den Lebensversicherungsunternehmen Richtwerte zum Stornoabzug für Verträge nach dem 1. 7. 1994 bei Kündigung und für den Fall der Beitragsfreistellung zur Verfügung gestellt.

Der Stornoabzug wird dabei in Prozent des riskierten Kapitals (= VS-Deckungskapital) berechnet. Die Prozentsätze setzen die Lebensversicherer „angemessen" fest; sie hängen jeweils vom Eintrittsalter und der Laufzeit des Vertrages ab.

Grundsätzlich wird der Rückkaufswert einer Lebensversicherung wie folgt berechnet:

Verzinslich angesammelte Sparanteile
− ungetilgte Abschlusskosten
= gezillmertes Deckungskapital
+ gutgeschriebene und erdiente Überschüsse
= Zeitwert   mindestens jedoch der Zeitwert für die garantierte beitragsfreie Vers.-Leistung

− Stornoabzug (soweit vereinbart)
= Rückkaufswert

▶ Beispiel

Für eine gemischte Lebensversicherung über 30 000,00 € wurden während einer Laufzeit von 27 Monaten ein Deckungskapital in Höhe von 2 040,00 € gebildet.

Nach den Unterlagen des Versicherers sind Abschlusskosten in Höhe von 812,00 € zu 90 % noch nicht getilgt.

5.7 Betreuung des Lebensversicherungsvertrages

Überschüsse (gutgeschrieben und erdient) sind mit 120,00 € zu berücksichtigen. Die Beitragssumme beträgt 20 300,00 €.

Berechnen Sie den Rückkaufswert dieses Vertrages, wenn ein Stornoabzug in Höhe von 1 % des riskierten Kapitals vereinbart wurde.

Lösung

Sparanteile:	2 040,00 €
ungetilgte Abschlusskosten 90 % von 812,00 €:	− 730,80 €
Überschüsse (gutgeschrieben und erdient)	+ 120,00 €
Stornoabzug 1 % von 30 000,00 € − 2 040,00 € = 1 % von 27 960,00 €:	− 279,60 €
= errechneter Rückkaufswert:	1 149,60 €

2. Schritt: Berechnung einer beitragsfreien Versicherungssumme

> Zur Berechnung einer **beitragsfreien Versicherungssumme** wird ein bei Kündigung vorhandener Rückkaufswert als Einmalbeitrag für eine technische Neuversicherung verwendet.

Der Rückkaufswert ist dabei jedoch zunächst zu kürzen, um etwaige Vorauszahlungen auf die Versicherungsleistung sowie ausstehende Beiträge einschließlich Zinsen und Kosten, die bis zum nächsten auf die Kündigung folgenden Monatsersten anfallen. Diese Regelung ist unabhängig von Zahlweise und Fälligkeit des Beitrages.

Außerdem ist immer zu prüfen, ob eine bestimmte beitragsfreie Mindest-Versicherungssumme (z. B. Proximus Versicherung: 5 000,00 €) nicht unterschritten wird. Wird sie nicht erreicht, so erfolgt die Auszahlung des Rückkaufswertes (Ausnahme: Vermögenswirksame LV).

▶ Beispiel

Die Proximus Lebensversicherung hat einen Versicherungsnehmer erfolglos zur Zahlung des Vierteljahresbeitrages von 288,00 €, fällig am 1. 8., aufgefordert. Sie kündigt daraufhin mit Wirkung zum 20. 10. die entsprechende Lebensversicherung über 50 000,00 €, Laufzeit 25 Jahre, Versicherungsperiode vom 1. 2. – 1. 2. Die Versicherung wird in eine beitragsfreie Versicherung umgewandelt (Mindest-VS 5 000,00 €).

Wie hoch ist die beitragsfreie Versicherungssumme, wenn das um die noch ausstehenden Abschlusskosten verminderte Deckungskapital 361 ‰ der Versicherungssumme, die Verzugszinsen 6,75 % und die Mahngebühren 10,00 € betragen?

Aufgrund des vereinbarten Überschussbeteiligungssystems sind bis jetzt 5 000,00 € erdient, aber noch nicht gutgeschrieben worden.

Der Einmalbeitrag für 1 000,00 € beitragsfreie V.-Summe beträgt 741,20 €. Ein Stornoabzug wird vom Versicherer nicht erhoben.

Als garantierte beitragsfreie VS werden für diesen Zeitpunkt 27 000,00 € genannt, Zeitwert dafür 20 000,00 €.

Lösung

1. Ermittlung des Rückkaufswertes und des Einmalbeitrages

- Ermittlung des Rückkaufswertes:
  361 ‰ der Versicherungssumme → 361 × 50 = 18 050,00 €
- zusätzliche Überschussbeteiligung   + 5 000,00 €
- fällige Abzüge bis 1. 11.
  (= Monatserster, der auf den Kündigungstermin 20. 10. folgt):
  ausstehender Beitrag vom 1. 8.   − 288,00 €
  Verzugszinsen vom 1. 8. – 1. 11.:
  288,00 € für 90 Tage zu 6,75 %   −   4,86 €
  Mahngebühren   −   10,00 €

zur Verfügung stehender Einmalbeitrag   = 22 747,14 €

2. Berechnung der beitragsfreien Versicherungssumme:

741,20 € → 1 000,00 € beitragsfreie Versicherungssumme
22 747,14 € →   x   € beitragsfreie Versicherungssumme

$$x = \frac{22\,747{,}14 \times 1\,000}{741{,}20}$$

x = 30 689,00 € beitragsfreie Vers.-Summe auf volle € abgerundet*

* Die garantierte beitragsfreie Versicherungssumme wurde überschritten.

5.7.4.2 Anfechtung, Rücktritt und Nichtigkeit

Herr Klein hat vor 4 Jahren bei der Proximus Lebensversicherung AG eine kapitalbildende LV mit BUZ abgeschlossen. Seit 4 Monaten erhält er Leistungen wegen Berufsunfähigkeit.

5.7 Betreuung des Lebensversicherungsvertrages

Gestern erhielt er per Einschreiben folgenden Brief:

> Sehr geehrter Herr Klein,
>
> ...
>
> Wie wir festgestellt haben, wurden uns bei Antragstellung nicht alle gefahrerheblichen Umstände angezeigt.
>
> Wir treten hiermit von dem Versicherungsvertrag (einschließlich der Berufsunfähigkeitszusatzversicherung) zurück.
>
> ...
>
> Gleichzeitig fechten wir den gesamten Vertrag wegen arglistiger Täuschung an.
>
> ...
>
> Die bisher gezahlten Leistungen fordern wir zurück.

Herr Klein bittet Sie in diesem Zusammenhang um die Beantwortung folgender Fragen:

- Worin unterscheiden sich Anfechtung und Rücktritt?
- Welche Folgen hat der Rücktritt bzw. die Anfechtung für meinen Vertrag?
- Ist die Proximus Lebensversicherung AG überhaupt berechtigt, bereits gezahlte Leistungen zurückzufordern?
- Habe ich bei Rückerstattung der Leistungen nicht auch einen Anspruch auf Rückerstattung der Beiträge, die ich bisher an meinen Lebensversicherer gezahlt habe?

Zunächst wäre für den beschriebenen Fall zu prüfen, ob das Verhalten von Herrn Klein die Proximus Lebensversicherung AG überhaupt zur Anfechtung, zumindest aber zum Rücktritt berechtigt.

Anfechtungs- und Rücktrittsgründe in der Lebensversicherung

Die folgende Übersicht zeigt, unter welchen Umständen ein Lebensversicherungsvertrag angefochten werden kann und welche Umstände zum Rücktritt vom Vertrag berechtigen:

	Anfechtung ...	Rücktritt ...
... durch VR bei	Irrtum bezüglich Angaben von Leistungen und Beiträgen (§§ 119 und 121 BGB)	Nichtzahlung des Erstbeitrages (§ 38 VVG)
	arglistiger Täuschung bei Verletzung der vorvertraglichen Anzeigepflicht (§ 123 BGB und § 22 VVG)	schuldhafter Verletzung der vorvertraglichen Anzeigepflicht (§§ 16, 17, 20 VVG) Aber: Rücktrittsrecht zeitlich begrenzt auf 10 Jahre (§ 163 VVG) Viele ALB schränken diese Frist weiter ein.
... durch VN bei	arglistiger Täuschung durch VR oder seinen Vermittler (§ 123 und § 124 BGB)	vollständiger Aushändigung aller „vorschriftsmäßigen Unterlagen" bei Antragstellung
	Irrtum (§ 119 und § 121 BGB)	14 Tg. ab Zustandekommen des Vertrages bzw. 1 Monat ab Zahlung der Erstprämie, wenn die Rechtsbelehrung unterblieb

§§ 123–124 BGB

Kann der Versicherer also nachweisen, dass der Versicherungsnehmer arglistig die vorvertragliche Anzeigepflicht verletzte, so kann er **innerhalb eines Jahres** nach Kenntnis der Obliegenheitsverletzung den Vertrag anfechten. Bei Irrtum muss der Versicherer unverzüglich nach Entdeckung des Irrtums anfechten.

§ 16 VVG
§ 20 VVG

Gelingt es dem Versicherer nicht, dem Versicherungsnehmer Arglist zu beweisen, kann er innerhalb eines Monats nach Kenntnisnahme der Anzeigepflichtverletzung vom Lebensversicherungsvertrag zurücktreten.

Die dazu notwendige Kausalität liegt im betrachteten Fall vor: Die verschwiegene Vorerkrankung führte zur Berufsunfähigkeit.

Die ALB der Proximus Versicherung AG sehen bei Verletzung der vorvertraglichen Anzeigepflicht generell ein Rücktrittsrecht des Versicherers innerhalb der ersten 3 Jahre (abweichend bei der BUZ innerhalb der ersten 5 Jahre) nach Vertragsabschluss vor.

Die BUZ-Versicherung des Herrn Klein (Beispiel) besteht erst 4 Jahre. Deshalb kann die Proximus Versicherung von diesem Vertrag noch wirksam zurücktreten.

Rechtsfolgen bei Rücktritt vom Vertrag

Tritt der Versicherer vom Vertrag zurück, wird der Vertrag rückwirkend aufgehoben.

Hat der Versicherungsnehmer noch keine Beiträge gezahlt, bestehen für den Versicherungsnehmer keinerlei Ansprüche gegenüber dem Versicherer, der Versicherer kann jedoch eine angemessene Geschäftsgebühr verlangen.

Soweit der Versicherungsnehmer bereits bis zum Rücktritt Beiträge gezahlt hat, sind diese verfallen. § 40 VVG

Tritt der Versicherer zurück, ohne dass der Versicherungsfall bereits eingetreten ist, hat er dem Versicherungsnehmer den evtl. vorhandenen Rückkaufswert zurückzuzahlen.

Bei Rücktritt des Versicherers aufgrund einer schuldhaften Verletzung der vorvertraglichen Anzeigepflicht nach Eintritt des Versicherungsfalles hat er voll zu leisten, soweit keine Kausalität besteht. Liegt in diesem Falle Kausalität vor, erhält der Versicherungsnehmer den evtl. vorhandenen Rückkaufswert der Versicherung.

Rechtsfolgen bei erfolgreicher Anfechtung eines Versicherungsvertrages

Durch eine erfolgreiche Anfechtung eines Versicherungsvertrages wird dieser Vertrag von Anfang an nichtig.

Dies bedeutet

- bei Anfechtung wegen arglistiger Täuschung

    … wenn der Versicherer anficht, wird dem Versicherungsnehmer der Rückkaufswert erstattet. Der Versicherer behält seinen Anspruch auf den Beitrag bis zum Ende der laufenden Versicherungsperiode. § 176 VVG § 40 VVG

    … wenn der Versicherungsnehmer anficht, hat der Versicherungsnehmer Anspruch auf Rückzahlung der Beiträge ohne Risikoanteil. Der Risikobeitrag steht dem Versicherer weiterhin zu. § 812 ff. BGB

- **bei Anfechtung wegen Irrtums**

  … wenn der Versicherer anficht, hat der Versicherungsnehmer Anspruch auf Rückzahlung des gesamten Beitrages. Wird der Lebensversicherungvertrag vom Versicherer wegen Irrtums jedoch erst nach Anzeige des Versicherungsfalles angefochten, steht dem Antragsteller die vertraglich vereinbarte Leistung zu, der Versicherer hat dann Anspruch auf den Tarifbeitrag.

  … wenn der Versicherungsnehmer anficht, hat der Versicherungsnehmer Anspruch auf Rückzahlung der Beiträge ohne Risikoanteil. Der Risikobeitrag steht dem Versicherer weiterhin zu.

Rechtsfolgen bei grundsätzlich von Anfang an nichtigen Verträgen

Anfechtbare Verträge werden erst durch erfolgreiches Anfechten von Anfang an ungültig. Im Gegensatz dazu sind Versicherungsverträge **immer von Anfang an nichtig** unter den folgenden Umständen:

Lebensversicherungsverträge sind **von Anfang an nichtig,** d. h. ungültig, wenn

§ 104 BGB
- der Versicherungsnehmer geschäftsunfähig ist und die Zustimmung des gesetzlichen Vertreters nicht vorliegt

§§ 106, 107 BGB
§§ 1643, 1822 BGB
- der VN beschränkt geschäftsfähig ist und der gesetzliche Vertreter bzw. das Vormundschaftsgericht die Genehmigung des Vertrages verweigern

§ 159 Abs. 2 VVG
- die versicherte Person dem Versicherungsvertrag nicht zustimmt.

Die Zustimmung entfällt, wenn die vereinbarte Leistung den Betrag der gewöhnlichen Bestattungskosten übersteigt.

§ 812 Abs. 2 BGB
Ist ein Lebensversicherungsvertrag **aus einem dieser aufgezählten Gründe** von Anfang an nichtig und wurden im Zusammenhang mit einem solchen Vertrag bereits Beiträge gezahlt oder Leistungen erbracht, sind sie in vollem Umfang dem jeweiligen Vertragspartner zurückzuerstatten.

5.7.4.3 Vorzeitige Auflösung durch vertragliche Vereinbarung

Damit Versicherungsnehmer noch während der Vertragslaufzeit in der Gestaltung ihres Lebensversicherungsvertrages nicht starr an einmal festgelegte Laufzeiten gebunden bleiben, bieten Lebensversicherer zunehmend vertragliche Regelungen an, unter bestimmten Umständen den Versicherungsvertrag vorzeitig zu beenden. Die dargestellten wirtschaftlichen Nachteile, die der Kunde bei einer Kündigung hinnehmen müsste, sollen dabei gemindert werden.

Abrufoption

Hat der Versicherungsnehmer eine Abrufoption vereinbart, kann er den Versicherungsvertrag im letzten Drittel der Versicherungsdauer zu folgenden im Vergleich zur regulären Kündigung vorteilhafteren Bedingungen beenden:

- eine Stornogebühr wird nicht berechnet,
- für das laufende Versicherungsjahr wird zusätzlich ein Überschussanteil gezahlt,
- der Schlussüberschussanteil wird mit einem höheren Rückkaufswert als bei einer Kündigung berücksichtigt.

Flexible Altersgrenze

Im Rahmen der Vereinbarung zur flexiblen Altersgrenze kann der Versicherungsnehmer seinen Vertrag vorzeitig auflösen, wenn

- der Versicherte das 55. Lebensjahr erreicht hat und
- die Restlaufzeit des Versicherungsvertrages bis zum vereinbarten Ablauf höchstens noch 7 Jahre beträgt.

In diesem Fall gelten für eine Auflösung die gleichen Bedingungen wie bei der Abrufoption.

Übungen

1. Im Zusammenhang mit der rechtswirksam vereinbarten Abtretung eines Lebensversicherungsvertrages kündigt die Bank als Gläubiger des VN den Vertrag durch ein entsprechendes Schreiben an den Lebensversicherer. Als der VN davon erfährt, widerspricht er der Kündigung, da er meint, nur er als Vertragspartner des VR sei zur Kündigung seines Vertrages berechtigt.

   a) Ist die Kündigung der Bank wirksam erfolgt?
   b) Welche Leistung erbringt der Lebensversicherer bei Kündigung des Vertrages?

2. Während eines Beratungsgespräches äußert Herr Nolte die Sorge, dass sein Lebensversicherungsunternehmen nach Abschluss des Vertrages bei einer späteren Verschlechterung seines Gesundheitszustandes den Vertrag kündigt, weil der Versicherer dann möglicherweise nicht mehr das erhöhte Todesfallrisiko tragen will.

   Geben Sie Herrn Nolte Auskunft und beantworten Sie ihm folgende Fragen:

   a) Warum hat ein Lebensversicherer grundsätzlich keine Möglichkeit, einen LV-Vertrag zu kündigen?
   b) Erläutern Sie die Fälle, in denen der Lebensversicherer ein außerordentliches Kündigungsrecht besitzt.
   c) Welche Ansprüche stehen dem VN bzw. Bezugsberechtigten in diesen Fällen jeweils zu?

3. a) Zählen Sie die Gründe auf, unter denen ein Lebensversicherer vom Vertrag zurücktreten kann.
   b) Welche Ansprüche stehen nach Rücktritt des VR
      - dem VN
      - dem VR
      zu?

4. a) Unter welchen Umständen kann ein Lebensversicherer einen Vertrag anfechten?
   b) Welche Fristen hat der VR dabei zu beachten?
   c) Welche Ansprüche stehen nach Anfechtung des Vertrages durch den VR
      - dem VN
      - dem VR
      zu?

5. Frau Gabel ist Versicherungsnehmerin einer seit mehreren Jahren bestehenden Risikolebensversicherung. Von Bekannten wurde ihr geraten, diesen Vertrag aufzugeben. Sie schreibt deshalb ihrem Versicherungsunternehmen: „... trete ich deshalb von meinem Lebensversicherungsvertrag zurück. Bitte überweisen Sie mir die bisher gezahlten Beiträge, da ich ja beim Rücktritt so gestellt werde, als habe der Vertrag nie bestanden."

Antworten Sie auf den Brief von Frau Gabel. Gehen Sie in Ihrem Schreiben insbesondere auf folgende Fragen ein:

a) Unter welchen Umständen kann ein VN von seinem bereits abgeschlossenen Lebensversicherungsvertrag zurücktreten?
b) Welche Fristen hat er dabei zu beachten?
c) Welche Leistungen werden beim berechtigten Rücktritt jeweils erstattet?

6. a) Zählen Sie zwei Umstände auf, die dazu führen, dass Lebensversicherungsverträge von Anfang an nichtig sind.
b) Welche Ansprüche haben dann die Vertragsparteien, soweit bereits Leistungen aus einem solchen Vertrag erbracht wurden?

7. Vor Eintritt des Versicherungsfalles erfahren Sie als Lebensversicherer, dass ein VN eine Tumorerkrankung bei Antragstellung zu seiner Lebensversicherung nicht angegeben hat.

Angenommen, der VN

a) hat bei Antragstellung von seiner Erkrankung noch nichts gewusst.
b) kannte bei Antragstellung seine Erkrankung, hat aber die Angabe im Antragsformular vergessen.
c) kannte bei Antragstellung seine Erkrankung, hat die Angabe aber bewusst unterlassen, weil er vermutete, dass er sonst nicht versichert würde.

Geben Sie für die Fälle a) bis c) jeweils an,

- welches Recht dem VR zusteht
- welche Fristen er zu beachten hat
- welche Ansprüche den Vertragspartnern bei Ausübung des möglichen Rechtes zustehen.

8. Für eine kapitalbildende Lebensversicherung über 90 000,00 € wurde bisher ein ungezillmertes Deckungskapital in Höhe von 3 465,00 € angesammelt. Die Abschlusskosten über insgesamt 2 480,00 € sind seit Vertragsbeginn erst zu 7 % getilgt.

Berechnen Sie den Rückkaufswert dieser Lebensversicherung, wenn dabei noch Überschüsse in Höhe von 410,00 € und Stornogebühren mit 1 % des riskierten Kapitals zu berücksichtigen sind.

5.8 Versicherungsfall

▶ **Situation**

Die Proximus Lebensversicherung AG erhält von Frau Weber folgendes Fax:

> „Sehr geehrte Damen und Herren,
>
> ich muss Ihnen die bedauerliche Mitteilung machen, dass mein Mann, Kurt Weber, vorgestern durch einen Verkehrsunfall ums Leben gekommen ist.
>
> Er hat bei Ihnen eine Lebensversicherung mit Unfall-Zusatzversicherung über 100 000,00 € abgeschlossen. Den Versicherungsschein habe ich diesem Schreiben beigefügt.
>
> Bitte überweisen Sie das Geld aus dieser Lebensversicherung auf das Konto, von dem Sie auch die Versicherungsbeiträge abgebucht haben..."

▶ **Erläuterung**

In den Allgemeinen Lebensversicherungs-Bedingungen werden die Ereignisse genannt, die den Versicherungsfall auslösen. Je nach vereinbartem Tarif können solche Ereignisse sein:

§ 1 UZV

§ 1 ALB (RentenV)

§ 1 BUZ

- Tod bzw. Unfalltod, soweit eine Unfall-Zusatzversicherung abgeschlossen wurde
- Vertragsablauf
- Erleben des Rentenzahlungszeitpunktes in der Rentenversicherung
- Berufsunfähigkeit
- Pflegefall
- Eheschließung des mitversicherten Kindes in der Heiratsversicherung
- Rückkauf

> **Als Versicherungsfall sind alle Ereignisse anzusehen, für die der Versicherer zu einer Leistung verpflichtet ist.**

Durch den Tod des Herrn Weber (siehe obiges Schreiben seiner Ehefrau) ist also für seine Lebensversicherung auf den Todes- und Erlebensfall der Versicherungsfall eingetreten. Wenn Herr Weber tatsächlich durch einen Unfall starb, wäre der Versicherer außerdem zur Leistung aus der Unfall-Zusatzversicherung verpflichtet.

5.8.1 Anzeige und Nachweise im Versicherungsfall

Anzeige des Versicherungsfalles

Ein Versicherungsnehmer ist grundsätzlich zur unverzüglichen Anzeige des Versicherungsfalles verpflichtet. § 33 VVG

Abgesehen von der Berufsunfähigkeits-, Krankheitsfall- und der Pflegerentenversicherung ist in der Lebensversicherung dem Versicherer der Eintritt des Versicherungsfalles jedoch nur bei Tod der versicherten Person mitzuteilen. § 11 Abs. 2 ALV

> Nach dem VVG hat in der Lebensversicherung die Anzeige des Versicherungsfalles innerhalb von drei Tagen nach Eintritt des Versicherungsfalles zu erfolgen, ohne dass jedoch Rechtsfolgen bei Verletzung dieser Anzeigepflicht genannt werden. § 171 Abs. 1 VVG
>
> In der Unfall-Zusatzversicherung ist dem Versicherer der Unfalltod innerhalb von 48 Stunden anzuzeigen, damit ggf. möglichst schnell eine Obduktion vorgenommen werden kann. § 5 Abs. 1 UZV

Nachweise im Versicherungsfall

Um Ansprüche aus dem Versicherungsvertrag geltend machen zu können, ist **grundsätzlich**

- der Versicherungsschein einschließlich evtl. ausgefertigter Nachträge

vorzulegen.

Unter Umständen verlangt der Versicherer auch einen Nachweis über die letzte Beitragszahlung.

Darüber hinaus muss der Anspruchsteller den Eintritt des Versicherungsfalles durch weitere geeignete Unterlagen nachweisen:

- in der Todesfallversicherung § 11 Abs. 2 ALV
    - amtliche Sterbeurkunde mit Angabe des Geburtsortes und -datums
    - ärztliches Zeugnis über Todesursache mit Angaben zum Verlauf der Krankheit, die zum Tod geführt hat (i. d. R. nur innerhalb der Rücktrittsfrist des VR)
- in der Unfall-Zusatzversicherung (zusätzlich)
    - Unfallbericht
    - Aktenzeichen der Staatsanwaltschaft, damit der Versicherer in die Ermittlungsakten einsehen kann, um ein Fremdverschulden zu prüfen
- in der Heiratsversicherung
    - Geburts- und Heiratsurkunde des mitversicherten Kindes
- in der Erlebensfallversicherung (Rentenversicherung)
    - regelmäßiger Lebensnachweis durch den Anspruchsberechtigten

§ 4 Abs. 1 BUZ	- in der Berufsunfähigkeitsversicherung
- Arztberichte mit Angaben über Ursache und Art sowie Beginn, Dauer und Verlauf des Leidens, Grad der Berufsunfähigkeit
- Nachweis über die zuletzt ausgeübte berufliche Tätigkeit einschl. Beschreibung des beruflichen Tagesablaufes
- in der Pflegefallversicherung
- Arztbericht über Ursache, Art, Beginn, voraussichtliche Dauer und Verlauf des Leidens
- Bescheinigung der Pfleger über Art und Umfang der Pflege
- in der Krankheitsfallversicherung
- Arztbericht über Ursache, Art, Beginn, voraussichtliche Dauer und Verlauf des Leidens

Frau Weber hat also den Unfalltod ihres Gatten fristgerecht angezeigt. Sobald der Versicherungsschein und die ebenfalls vorzulegende Sterbeurkunde eingegangen ist, wird der Lebensversicherer nun noch prüfen, ob die letzte Beitragszahlung erfolgte und welche Auskünfte zur tatsächlichen Todesursache der Unfallbericht enthält.

5.8.2 Prüfung der Leistungspflicht

Nach Klärung der Frage, ob der Versicherungsfall überhaupt vorliegt, wird ein Lebensversicherer weitere Gesichtspunkte überprüfen, um festzustellen, ob er tatsächlich zur Leistung verpflichtet ist, ehe er gegebenenfalls eine Versicherungsleistung auszahlt.

5.8.2.1 Verletzung der vorvertraglichen Anzeigepflicht

Mit Hilfe der ärztlichen Zeugnisse, die im Versicherungsfall vorgelegt werden, kann überprüft werden, ob der Versicherte bei Antragstellung falsche Angaben zu seinem Gesundheitszustand gemacht hat.

§ 16 VVG
§ 163 VVG

Wird eine **schuldhafte Verletzung** der vorvertraglichen Anzeigepflicht nachgewiesen, hat der Versicherer das Recht zum Rücktritt vom Vertrag. Dieses Recht wird jedoch im VVG zeitlich auf 10 Jahre nach Abschluss des Vertrages begrenzt, soweit die Anzeigepflicht nicht arglistig verletzt wurde.

§ 6 Abs. 3 ALV
§ 9 Abs. 10 BUZ

In den ALB ist diese Frist jedoch oft weiter eingeschränkt: Bedingungsgemäß kann der Versicherer i. d. R. nur innerhalb der ersten drei Jahre nach Vertragsabschluss zurücktreten. Für die BUZ gilt eine Rücktrittsfrist von 5 Jahren.

Hat der Versicherte den Versicherer bei Vertragsabschluss **arglistig getäuscht**, kann der Versicherer den Vertrag innerhalb eines Jahres nach Entdeckung der arglistigen Täuschung anfechten. Für die Anfechtung gilt eine Verjährungsfrist von 10 Jahren.

Leistungspflicht des Lebensversicherers bei Verletzung der vorvertraglichen Anzeigepflicht

Recht des VR		Leistungsumfang
Anfechtung durch VR	➡	VR erstattet den Rückkaufswert (§ 176 Abs. 1 VVG)
Rücktritt, ohne dass Kausalität vorliegt	➡	VR ist uneingeschränkt leistungspflichtig (§ 21 VVG)
Rücktritt; Kausalität liegt vor	➡	VR erstattet den Rückkaufswert (§ 176 Abs. 1 VVG)

5.8.2.2 Selbsttötung

Stellt der Versicherer bei der Prüfung der einzureichenden Unterlagen fest, dass der Tod durch Selbstmord eintrat, ohne dass ein „die freie Willensbestimmung ausschließenden Zustand krankhafter Störung der Geistestätigkeit" vorlag, ist der Versicherer leistungsfrei. Soweit die Versicherung einen Rückkaufswert ausweist, wird dieser erstattet.

§ 169 VVG

Die Versicherer leisten jedoch entsprechend ihren ALB nach einer Ausschlusszeit von zwei bis drei Jahren in der vertraglich vereinbarten Höhe.

5.8.2.3 Polizei- und Wehrdienst, innere Unruhen und Krieg

Versicherungsschutz besteht uneingeschränkt, wenn die versicherte Person bei Ausübung des Polizei- oder Wehrdienstes oder bei inneren Unruhen getötet wird.

Bei Tod der versicherten Person im Krieg wird nur der Zeitwert der Lebensversicherung als Rückkaufswert ausgezahlt. Diese Einschränkung gilt nicht für kriegerische Auseinandersetzungen im Ausland, soweit sich die versicherte Person daran nicht aktiv beteiligte (passives Kriegsrisiko).

In der BUZ besteht grundsätzlich kein Versicherungsschutz bei Berufsunfähigkeit, die durch Krieg oder Bürgerkriegsereignisse verursacht wird.

Wird eine versicherte Person jedoch auf Reisen im Ausland von Kriegs- oder Bürgerkriegsereignissen überrascht und nimmt an diesen Ereignissen nicht aktiv teil, besteht Versicherungsschutz für einen Zeitraum von 7 Tagen nach Ausbruch der kriegerischen Auseinandersetzungen auf dem Gebiet des Staates, in dem sich der Versicherte aufhält.

Dies gilt nicht bei Reisen in oder durch Staaten, in denen bereits Krieg oder Bürgerkrieg herrscht.

In der UZV besteht nur dann kein Versicherungsschutz für Unfälle, die durch Krieg oder innere Unruhen verursacht sind, wenn die versicherte

Person auf Seiten der Unruhestifter an den Auseinandersetzungen teilgenommen hat.

5.8.2.4 Unrichtige Altersangabe

> Die unrichtige Altersangabe wird nicht als Verletzung der vorvertraglichen Anzeigepflicht angesehen.

§ 162 VVG

Bei zu niedrig angegebenem Eintrittsalter (EA) und entsprechend geringerem tatsächlich gezahltem Beitrag wird die Versicherungsleistung im Verhältnis von zu niedrig gezahltem zu höherem richtigem Beitrag gekürzt.

▶ Beispiel

wegen des niedrigeren EA tatsächlich gezahlter Beitrag:	85,00 €
bei richtiger EA-Angabe hätte als Beitrag gezahlt werden müssen:	100,00 €
vereinbarte Versicherungsleistung:	70 000,00 €

Lösung

$$70\,000,00 \times \frac{85}{100} = 59\,500,00\ €$$

Wegen des zu niedrig angegebenen EA werden statt 70 000,00 € nur 59 500,00 € ausgezahlt.

Liegt allerdings das tatsächliche Eintrittsalter außerhalb der versicherbaren Grenzen eines Versicherers und ist außerdem der Versicherungsfall noch nicht eingetreten, kann der Versicherer auch bei unrichtiger Altersangabe vom Versicherungsvertrag zurücktreten.

In dem ungewöhnlichen Fall, dass bei einem Lebensversicherungsvertrag das angegebene Eintrittsalter höher war als das tatsächliche und der Versicherungsnehmer dadurch einen „zu hohen" Beitrag zahlte, ist der Lebensversicherer jedoch nicht zur Auszahlung der sich dann ergebenden höheren Versicherungssumme verpflichtet. Vielmehr kann der Versicherungsnehmer dann die Rückzahlung des zu viel gezahlten Teilbeitrages aus ungerechtfertigter Bereicherung verlangen.

5.8.3 Fälligkeit der Leistung

§ 11 VVG

Die Leistung des Versicherers ist fällig, wenn die für die Prüfung der Leistungspflicht erforderlichen Erhebungen abgeschlossen sind.

Eine angemessene Überlegungs- und Bearbeitungsfrist muss dem Versicherer also nach Eingang aller Unterlagen zugestanden werden.

Ein Leistungsempfänger hat jedoch die Möglichkeit, Abschlagszahlungen zu beantragen, wenn die Erhebungen für die Leistungspflicht 1 Monat nach Anzeige des Versicherungsfalles noch nicht abgeschlossen sind.

> Abschlagszahlungen können bis zur Höhe des Betrages verlangt werden, den der Versicherer aufgrund der Sachlage auf jeden Fall zu leisten hat.

▶ **Beispiel 1**

Es kann noch nicht eindeutig geklärt werden, ob die versicherte Person Selbstmord begangen hat oder eines natürlichen Todes gestorben ist. In diesem Fall wurde zunächst das Deckungskapital ausgezahlt.

▶ **Beispiel 2**

Steht noch nicht fest, ob der Versicherte an den Folgen eines Unfalles oder an einer Krankheit gestorben ist, muss zunächst auf Antrag die einfache VS gezahlt werden, während eine mögliche UZV-Summe bis zur Klärung der Todesursache zurückgehalten werden kann.

Bezogen auf das Eingangsbeispiel könnte Frau Weber also einen Monat nach Anzeige des Versicherungsfalles (vom Tag der Absendung ihres Faxes an die Proximus Lebensversicherung AG gerechnet) die Auszahlung der Versicherungsleistung aus dem Hauptvertrag beantragen, soweit ihr dieser Leistungsteil des Vertrages unstrittig zusteht, auch wenn die Frage eines Unfalltodes noch nicht endgültig geklärt wäre.

Zahlt ein Lebensversicherer gutgläubig an eine scheinbar berechtigte Person statt an den tatsächlich Bezugsberechtigten, hat diese berechtigte Person keinen Anspruch auf die nochmalige Auszahlung der Versicherungsleistung. §§ 407, 409 BGB

5.8.4 Klagefrist und Verjährung

> Lehnt der Versicherer die Leistungspflicht ab, so ist er endgültig von der Verpflichtung zur Leistung frei, wenn der Anspruchserhebende nicht innerhalb von **6 Monaten** nach Zugang des Ablehnungsschreibens den **Anspruch gerichtlich geltend** macht.

§ 12 (3) VVG

Die Leistungsfreiheit tritt aber nur ein, wenn vom Versicherer ganz eindeutig auf diese Rechtsfolge hingewiesen wurde. Die Ausschlussfrist von 6 Monaten kann jedoch vom Versicherer zugunsten des Anspruchstellers verlängert werden.

§ 12 (1) VVG

Die **Verjährungsfrist** für Leistungen des Versicherers beträgt **5 Jahre**.

Die Frist beginnt mit dem Ende des Jahres, in dem die Leistung verlangt werden kann.

§ 12 Abs. 2 VVG

Bei der Leistung des Versicherers ist die Frist bis zum Eingang der schriftlichen Entscheidung des Versicherers gehemmt:

	Vers.-Fall angezeigt	Schreiben des VR beim VN zugegangen	Verjährung
Beispiel 1:	14. 08. 02	28. 12. 02	31. 12. 07
Beispiel 2:	14. 08. 02	08. 01. 03	31. 12. 08

Leistungsort für die Leistungen des Versicherers ist der Sitz des Versicherungsunternehmens.

5.8.5 Leistungsberechnungen

Abrechnungen im Versicherungsfall

Die Leistung des Lebensversicherers wird bestimmt durch die vereinbarte Versicherungssumme, ggf. durch Leistungen von Zusatzversicherungen (z. B. UZV) und die Überschussanteile (Gewinnguthaben). Für die Berechnung des Auszahlungsbetrages sind im Einzelfall u. a. auch Vorauszahlungen auf die Versicherungsleistung, ausstehende Beiträge, Zinsen, Mahngebühren oder Kapitalertragsteuer zu berücksichtigen.

Dabei gilt allgemein für **Ansprüche des Versicherers:**

Im Leistungsfall hat der Versicherer Anspruch auf die **Beiträge** bis zum Ende der laufenden Zahlungsperiode, in der der Versicherungsfall eintritt.

Für **Vorauszahlungszinsen** endet der Anspruch des Versicherers mit dem Tag des Versicherungsfalles.

Für den Anspruch auf Darlehenszinsen gibt es in der Praxis auch andere Verfahrensweisen, z. B. Anspruch bis Ende des Monats, in dem der Versicherungsfall eingetreten ist.

▶ Beispiel

Wie hoch ist der Auszahlungsbetrag im Versicherungsfall für den folgenden Lebensversicherungsvertrag?

Versicherungsperiode:	1. 1.–1. 1.
Versicherungssumme:	48 000,00 €, bei Unfalltod Verdoppelung der Versicherungssumme
Überschussanteile:	13 700,00 €
gewährte Vorauszahlung:	18 000,00 €

5.8 Versicherungsfall

Beitrag (ohne Zinsen): 780,00 € halbjährlich am 1. 1. und 1. 7. zu zahlen

Vorauszahlungszinsen: 7 %, halbjährlich im Voraus mit dem Beitrag zu zahlen

Unfalltod der versicherten Person am 7. 7.; der Halbjahresbeitrag einschließlich Zinsen, fällig am 1. 7., wurde noch nicht überwiesen.

Lösung

Versicherungssumme:	48 000,00 €
+ Unfall-Zusatzleistung:	48 000,00 €
+ Überschussanteile:	13 700,00 €
− Vorauszahlung:	− 18 000,00 €
− ausstehender Beitrag:	− 780,00 €
− Vorauszahlungszinsen für 7 Tage (vom 1. 7.–7. 7.):	− 24,50 € (Zinsanspruch bis zum Tag des Versicherungsfalles)
= Auszahlungsbetrag:	90 895,50 €

Am 1. 7. beginnt der neue Prämienzahlungszeitraum. Da Prämienzahlungszeitraum = Zinszahlungszeitraum, ist der 1. 7. auch als Tag zu berücksichtigen, für den Vorauszahlungszinsen gezahlt werden müssen.

Übungen

1. Welche Unterlagen sind einem Lebensversicherer zur Auszahlung der Versicherungsleistung aus einer kapitalbildenden Lebensversicherung mit Berufsunfähigkeitszusatzversicherung einzureichen

   a) bei Ablauf
   b) im Todesfall
   c) bei Berufsunfähigkeit?

2. Einem Lebensversicherungsunternehmen wird fristgerecht mitgeteilt, dass die versicherte Person einer Risikolebensversicherung sich selbst umgebracht hat.

   Prüfen Sie die Leistungspflicht des Versicherers.

3. Bei der Bearbeitung eines Sterbefalles wird festgestellt, dass der verstorbene Versicherte bei Antragstellung als Geburtstag den 3.1.1960 angegeben hat. Das richtige Geburtsdatum ist 3.1.1957.

   a) Prüfen Sie die Leistungspflicht des Lebensversicherers.
   b) Wie wäre zu verfahren, wenn das tatsächliche Alter der versicherten Person niedriger wäre als im Antrag angegeben?

4. Herr Vollmer ist Empfangsberechtigter einer gemischten Lebensversicherung mit Unfall-Zusatzversicherung.

   Nach Eintritt des Versicherungsfalls durch Tod der versicherten Person, vermutlich durch Unfall, möchte er von Ihnen wissen, ob er eine Abschlagszahlung auf die Versicherungsleistung erhalten kann.

   a) Unter welchen Umständen und in welcher Höhe ist dies nach VVG möglich?
   b) Beschreiben Sie eine weitere Situation, in der eine Abschlagszahlung auf die Versicherungsleistung verlangt werden kann.

5. Bei der Bearbeitung eines angezeigten Versicherungsfalles stellt sich Folgendes heraus: Der Versicherte starb an den Folgen eines Herzinfarktes. Bei der Antragstellung vor zwei Jahren wurde verschwiegen, dass der Versicherte an Lungenkrebs gelitten hatte.

   a) Prüfen Sie die Leistungspflicht.
   b) Wie wäre zu entscheiden, wenn bei Antragstellung eine Herzerkrankung nicht angegeben worden wäre?

6. Ein VN hat am 1. 8. 1996 eine kapitalbildende Lebensversicherung abgeschlossen. Als Bezugsberechtigte wurde seine Ehefrau bestimmt. Als Karenzzeit (Ausschlusszeit) für Selbsttötung wurden fünf Jahre vereinbart. Am 3. 3. 2007 teilt die Ehefrau des VN dem Versicherungsunternehmen mit, dass ihr Ehemann am 1. 3. 2007 Selbstmord begangen habe. Sie weist darauf hin, dass ihr Ehemann zum Zeitpunkt des Selbstmordes unter starken Depressionen litt und seine Handlungen nicht kontrollieren konnte. Die Ehefrau möchte wissen, welche Unterlagen sie dem Versicherer vorlegen muss. Außerdem möchte sie wissen, ob sie nach Vorlage der erforderlichen Unterlagen mit der sofortigen Auszahlung der Versicherungssumme oder eines Teilbetrages rechnen könne.

   Beantworten Sie die Fragen der Ehefrau.

7. Ein Bezugsberechtigter erhält am 14. 5. vom Lebensversicherungsunternehmen ein Schreiben, in dem die Leistungspflicht des VR im Versicherungsfall abgelehnt wird. Für den Fall der Ablehnung von Leistungsansprüchen waren die gesetzlichen Fristen vereinbart worden. Der Bezugsberechtigte erhebt gegen den Bescheid Klage am 20. 12. des gleichen Jahres.

   Erläutern Sie die Rechtslage, wenn der Versicherer den Bezugsberechtigten über die entsprechenden Rechtsfolgen seines Ablehnungsschreibens

   a) nachweislich informierte
   b) nicht informierte

8. Ermitteln Sie für die folgenden Fälle den Beginn der Verjährungsfrist für Ansprüche aus Lebensversicherungsverträgen:

	Vers.-Fall angezeigt	Schreiben des VR zur Entscheidung über den V.-Fall beim VN zugegangen
a)	22. 03. 2007	11. 11. 2007
b)	19. 11. 2006	12. 02. 2007

9. Zwei Lebensversicherungsverträge (kapitalbildende Lebensversicherung) werden fällig. Ermitteln Sie anhand der folgenden Vertragsangaben den Überweisungsbetrag an den jeweiligen Bezugsberechtigten.

	Vertrag I	Vertrag II
Versicherungssumme:	56 000,00 €	68 000,00 €
Laufzeit:	21 Jahre	25 Jahre
Gewinnguthaben während der Laufzeit in % der VS:	91,3 %	109,3 %
Schlussgewinnanteil in ‰ der VS:	6,5 ‰	7,9 ‰

10. Die Leistung einer kapitalbildenden Lebensversicherung mit einer Laufzeit von 15 Jahren wird durch Ablauf am 1. 4. fällig: Versicherungssumme 24 000,00 €; Ansammlungsguthaben 11 458,00 €; Schlussgewinnanteil 1 080,00 €. Auf die V.-Leistung sind zwei Vorauszahlungen in Höhe von 4 500,00 € und 6 000,00 € zu 7 % Zinsen gewährt worden. Der am 1. 10. fällige Beitrag (61,00 € für 1 000,00 € VS) und die Halbjahreszinsen für die beiden Vorauszahlungen auf die Vers.-Leistung sind noch nicht bezahlt. Verzugszinsen (6 %) und eine einmalige Mahngebühr von 30,00 € sind zu verrechnen.

    Ermitteln Sie den Auszahlungsbetrag.

11. Eine kapitalbildende Lebensversicherung mit einer Versicherungssumme von 48 000,00 € läuft zum 1. 11. eines Jahres ab. Als Vierteljahresbeitrag werden 9,50 € pro 1 000,00 € Versicherungssumme gezahlt. Der Versicherungsnehmer bittet um vorfällige Auszahlung der Versicherungsleistung zum 1. 3.

    Berechnen Sie den Auszahlungsbetrag zum gewünschten Termin, wenn 114 % der Versicherungssumme als Überschussbeteiligung bei Ablauf zu berücksichtigen sind. Eine Vorauszahlung über 15 500,00 € und die noch ausstehenden Beiträge sind zu verrechnen. Der Zinssatz zur Barwertermittlung beträgt 9 % p. a. (Abzinsungsfaktoren: 9 % = 0,9174, 6 % = 09434).

12. Für den folgenden Lebensversicherungsvertrag ist der Überweisungsbetrag im Versicherungsfall zu ermitteln:

Versicherungsperiode:	1. 7.–1. 7.
Versicherungssumme:	67 000,00 €
Zusatzversicherung:	bei Unfalltod zusätzlich die doppelte Versicherungssumme
Ansammlungsguthaben:	22 590,00 €
gewährte Vorauszahlung:	21 000,00 €
Tilgung auf die Police-Vorauszahlung am 1. 2. 1996:	6 000,00 €
Beitrag:	vierteljährlich 12,80 ‰ einschl. UZV (fällig am 1. 7., 1. 10., 1. 1. und 1. 4.)
Vorauszahlungszinsen:	6,5 % p. a.; vierteljährlich im Voraus mit dem Beitrag zu zahlen
Verzugszinsen:	5 % ab Fälligkeit

    Unfalltod der versicherten Person am 20. 2. eines Jahres: der Vierteljahresbeitrag einschließlich Vorauszahlungszinsen, fällig am 1. 1. des Jahres, wurden bis zum Tag des Versicherungsfalles noch nicht überwiesen.

5.9 Die Verwendung der Lebensversicherungsleistung unter Renditeaspekten

5.9.1 Verwendungsmöglichkeiten der Versicherungsleistung

▶ Situation

Herr Baumann wird in vier Monaten 65 Jahre alt und in den Ruhestand gehen. Zu diesem Zeitpunkt wird seine kapitalbildende Lebensversicherung über 125 000,00 € fällig.

Er überlegt, wie er die erwartete Versicherungsleistung für sich am geeignetsten verwenden könnte.

Sein Ziel ist es, den Geldbetrag aus der Lebensversicherung so anzulegen, dass er daraus langfristig regelmäßige Einkünfte erzielt, die seine gesetzliche Rente aufbessern. Einen kleineren Betrag möchte er auf jeden Fall für die vollständige Tilgung einer noch auf seinem Zweifamilien-Wohnhaus bestehenden Hypothek verwenden, damit er zukünftig als Rentner „mietfrei" wohnen kann.

Er bittet um ein Gespräch mit einem Mitarbeiter der Proximus Versicherung, um sich über die für seine Situation vorteilhafteste Verwendung der Leistung aus seiner Lebensversicherung beraten zu lassen.

▶ Erläuterung

Mit der Auszahlung der Versicherungsleistung steht dem Versicherungsnehmer bzw. dem Bezugsberechtigten einmalig oder regelmäßig ein bestimmter Geldbetrag zur Verfügung.

Die Verwendung der Versicherungsleistung richtet sich vorrangig nach den Motiven, die zum Abschluss eines Lebensversicherungsvertrages geführt haben.

Soweit eine kapitalbildende Lebensversicherung (siehe o. g. Beispiel) abgeschlossen wurde, haben in Deutschland vorrangig drei Motive dazu geführt:

- Versorgung der Hinterbliebenen
- Vorsorge für das eigene Alter
- Tilgung von Krediten

5.9.1.1 Tilgung von Krediten

Die Leistung aus einer Lebensversicherung kann zur Kredittilgung dienen, indem sie bei Fälligkeit zur Rückzahlung eines Bankkredites oder einer Hypothek verwendet wird. Bei der Hypothekenversicherung ist die Versicherungsleistung von vornherein zur Ablösung der Darlehensverpflichtung bestimmt. Die sonst übliche Tilgung wird dabei bis zur Fälligkeit der Versicherung ausgesetzt.

5.9.1.2 Anlage der Versicherungsleistung

Wurde die Lebensversicherung abgeschlossen, um Hinterbliebene finanziell abzusichern oder um für das eigene Rentenalter vorzusorgen, sollte die Versicherungsleistung im Allgemeinen so angelegt werden, dass daraus für einen längeren Zeitraum regelmäßige Einkünfte zu erzielen sind.

Viele Versicherungsunternehmen bieten im Rahmen ihrer Finanzdienstleistungen dazu verschiedene Möglichkeiten an.

Rentenversicherung

Die klassische Form der Verwendung der Versicherungsleistung ist der Abschluss einer Leibrentenversicherung gegen Einmalbeitrag. Je nach Gestaltung des Vertrages wird die vereinbarte Rente sofort oder nach einer Aufschubzeit lebenslang an den Versicherten gezahlt.

Investmentfonds

Die Versicherungssumme kann auch in einen Investmentfonds eingezahlt werden. Aus ihm werden dann regelmäßig (monatlich, vierteljährlich, jährlich) Beträge entnommen. Solche „Entnahmepläne" werden am Markt mit oder ohne Kapitalverzehr angeboten.

Bei Verträgen mit Kapitalverzehr ist die Höhe der regelmäßigen Entnahmebeträge vom Einzahlungsbetrag, der Verzinsung und dem Entnahmezeitraum abhängig. Bei Verträgen ohne Verzehr des Kapitals sind für die Höhe der Entnahmebeträge der Einzahlungsbetrag und die Verzinsung maßgebend.

Kombination von Anlagemöglichkeiten

Wenn die Versicherungsleistung hoch genug ist, kann es vorteilhaft sein, die Sicherheit der Rentenversicherung mit der Rentabilität des Investmentsparens zu verbinden und ein solches „Anlagepaket" zu wählen.

5.9.2 Rendite als wesentliches Entscheidungskriterium für Kapitalanlagen (Ertragsrechnen)

Neben „Sicherheit" (Werterhaltung) und „Liquidität" (Verfügbarkeit) ist die „Rentabilität" (Verzinsung) ein wesentliches Kriterium, mit dem festgestellt werden kann, wie vorteilhaft eine Kapitalanlage, z. B. auch die Wiederanlage einer Versicherungsleistung, für den Kapitalanleger ist.

Kapitalanleger wollen wissen, wie sich ihr eingesetztes Kapital tatsächlich, d. h. effektiv verzinst hat bzw. welche Rendite ihre Geldanlage erzielt.

Unter Rendite versteht man allgemein:

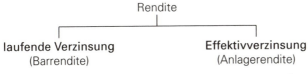

$$\text{Rendite (R)} = \frac{\text{Jahresertrag} \times 100}{\text{eingesetztes Kapital}}$$

Der Begriff Rendite hat in der Praxis unterschiedliche Bedeutung. Hier wird **Rendite als Oberbegriff** verwendet. Je nachdem, welche Größen in die Renditeberechnung einbezogen werden, unterscheidet man:

```
                        Rendite
                   ┌───────┴───────┐
         laufende Verzinsung    Effektivverzinsung
            (Barrendite)          (Anlagerendite)
```

Einbezogen werden in die Berechnung:

- laufende Erträge
  (Zinsen bei festverzinslichen Wertpapieren bzw. Dividenden und Steuergutschrift bei Aktien)
- ohne Kosten

Einbezogen werden in die Berechnung:

- laufende Erträge
  (Zinsen bei festverzinslichen Wertpapieren bzw. Dividenden und Steuergutschrift bei Aktien)
- Kosten
  (bei Ankauf, Verwahrung und Verkauf)
- Kursgewinn oder -verlust

Bevorzugte Anlageformen von **Versicherungsunternehmen** sind Wertpapiere, Immobilien und Darlehen.

Dabei spielt für die Anlageentscheidung die Rendite, d. h. die laufende und die effektive Verzinsung, eine entscheidende Rolle.

Private Geldanleger vergleichen häufig bei Anlageentscheidungen die Rendite von Wertpapieren und Immobilien.

5.9.2.1 Rendite von Wertpapieren

5.9.2.1.1 Laufende Verzinsung bei Aktien und festverzinslichen Wertpapieren

Laufende Verzinsung bei Aktien

Die laufende Verzinsung bei Aktien wird ermittelt, indem die **Dividende** (= Jahresertrag) ins Verhältnis gesetzt wird zum **Ankaufskurs** (= eingesetztes Kapital).

▶ Beispiel

Ein Lebensversicherungsunternehmen möchte für die folgende Anlage in Aktien die laufende Verzinsung ermitteln:

Kurswert bei Ankauf: 425,00 €
bisherige und zukünftig erwartete Dividende: 12,00 €

Lösung

$$\text{laufende Verzinsung} = \frac{12 \times 100}{425}$$

laufende Verzinsung = 2,82 %.

Allgemein gilt also:

$$\text{laufende Verzinsung bei Aktien} = \frac{\text{Dividende} \times 100}{\text{Ankaufskurs}}$$

Laufende Verzinsung bei festverzinslichen Wertpapieren

Zur Berechnung der laufenden Verzinsung bei festverzinslichen Wertpapieren wird der Jahresertrag für 100,00 € Nennwert ins Verhältnis gesetzt zum Ankaufskurs.

▶ Beispiel

Ein Versicherungsnehmer hat aus der Ablaufleistung einer Lebensversicherung 6 %-Pfandbriefe zum Kurs von 96 % erworben. Wie hoch ist die laufende Verzinsung?

Lösung

$$\text{laufende Verzinsung} = \frac{6 \times 100}{96}$$

laufende Verzinsung = 6,25 %.

Allgemein gilt also:

$$\text{laufende Verzinsung bei festverzinslichen Wertpapieren} = \frac{\text{Jahresertrag für 100,00 € Nennwert} \times 100}{\text{Ankaufskurs}}$$

5.9.2.1.2 Effektivverzinsung von Aktien

Zur Ermittlung der effektiven Verzinsung von Aktien sind neben der Dividende auch die Größen

- Anlagedauer
- Kosten des Erwerbs (Kaufspesen)
- Kosten des Verkaufs (Verkaufsspesen)
- Spesen und Gebühren der Verwaltung der Aktien
- Kursänderungen (Kursgewinn oder Kursverlust)

zu berücksichtigen.

Dividende

Aktionäre haben für ihre Dividendenerträge grundsätzlich 20 % Kapitalertragsteuer und einen Solidaritätszuschlag in Höhe von 5,5 % der Kapitalertragsteuer zu entrichten.

▶ **Beispiel**

Ein Aktionär besitzt 10 000 Stück Aktien der Nexus-AG. Die Hauptversammlung dieser Aktiengesellschaft beschließt eine Dividende von 2,00 €/Aktie zu zahlen.

Von seiner Bank erhält der Aktionär folgende Gutschrift:

Dividende (10 000 × 2,00 €)	20 000,00 €
− 20 % Kapitalertragsteuer (KESt) auf die **Dividende**	− 4 000,00 €
− 5,5 % Solidaritätszuschlag auf die **Kapitalertragsteuer**	− 220,00 €
Bankgutschrift für den Aktionär	= 15 780,00 €

Halbeinkünfteverfahren

Ein Aktionär (unabhängig davon, ob er juristische Person oder Privatperson ist) muss nach dem **Halbeinkünfteverfahren** nur die Hälfte der Dividende versteuern.

Im Beispiel bedeutet dies, dass lediglich die Hälfte der 20 000,00 € (also 10 000,00 €) der Steuer unterworfen werden. Die bereits von der

Bank einbehaltene KESt und der Solidaritätszuschlag werden auf die individuelle Steuerschuld des Aktionärs als Vorauszahlungen angerechnet.

Auch für Spekulationsgewinne gilt das Halbeinkünfteverfahren.

Wertstellung und Anlagedauer

Zur Ermittlung der Anlagedauer sind die Tage der Wertstellung beim Kauf bzw. Verkauf des Wertpapiers entscheidend.

Abrechnungen im Handel mit Wertpapieren werden wertmäßig zwei **Börsentage** nach dem Tag gebucht, an dem das Börsengeschäft abgeschlossen wurde = **Wertstellung**.

Börsentage sind die Kalendertage, an denen die Börse geöffnet ist (i. d. R. montags bis freitags und nicht an Feiertagen).

▶ Beispiel

Kauf einer Aktie:
Handelstag Di., 20. 1. ➡ Wertstellung Do., 22. 1.
Verkauf einer Aktie:
Handelstag Fr., 30. 11. ➡ Wertstellung Di., 4. 12.

Zur Vereinfachung wird im Folgenden zur Berechnung der Effektivverzinsung immer bereits das Datum der Wertstellung genannt.

Die Anlagedauer wird mit Hilfe der Regeln der Zinstageberechnung (jeder Monat hat 30 Zinstage; jedes Jahr 360 Zinstage) aus der Differenz zwischen Tag der Wert(stellung) beim Kauf und Tag der Wert(stellung) beim Verkauf **ermittelt**.

▶ Beispiel

Verkauf einer Aktie: Wert(stellung) 04. 12.   34. 11.
Kauf einer Aktie: Wert(stellung) 22. 01. ➡ − 22. 01.
                                              12. 10. = 312 Tage

Ermittlung der Effektivverzinsung bei Aktien

▶ Beispiel

Kauf von 170 Stück Aktien mit Wert 4. 4. 2002 zum Kurs von 400,00 €. Verkauf aller Aktien mit Wert 4. 9. 2002 zu 445,00 €.

- Dividendenerträge während
  des Anlagezeitraumes: 10,00 €/Stück und 11,00 €/Stück
- Depotgebühren insgesamt: 160,00 €
- Ankaufspesen: 1,06 % vom Kurswert
- Verkaufspesen: 1,06 % vom Kurswert

Lösung

A) Kapitaleinsatz

Kurswert (170 Aktien zu 400,00 €)	68 000,00 €
+ 1,06 % Ankaufspesen	+ 720,80 €
	68 720,80 €

B) Verkaufserlös

Kurswert (170 Aktien zu 445,00 €)	75 650,00 €
− 1,06 % Ankaufspesen	− 801,89 €
	74 848,11 €

C) Gesamtertrag während der Anlagedauer

- Anlagedauer: 4. 4. 2000–4. 9. 2002

$$\begin{array}{r} 4.\ 9.\ 2002 \\ -\ 4.\ 4.\ 2000 \\ \hline 5.\quad 2 \end{array} = 870\ \text{Tage}$$

- Erträge
  Dividende: 170 × 21,00 €/Stück = 3 570,00 €

  Kursveränderung:

Verkaufserlös	74 848,11 €	
− Kapitaleinsatz	68 720,80 €	
= Kursgewinn	6 127,31 €	+ 6 127,31 €

- Kosten
  Depotgebühren   − 160,00 €

  Gesamtertrag in 870 Tagen   9 537,31 €

D) Jahresertrag

Ertrag in 870 Tagen − 9 537,31 €
Ertrag in 360 Tagen − x €

$$x = \frac{9\,537{,}31 \times 360}{870} = 3\,946{,}47\ €$$

E) Effektivverzinsung

$$R = \frac{\text{Jahresertrag} \times 100}{\text{Kapitaleinsatz}}$$

$$R = \frac{3\,946{,}47 \times 100}{68\,720{,}80} = R = 5{,}74\ \%$$

Diese Anlage in Aktien hat sich jährlich durchschnittlich mit 5,74 % verzinst.

5.9.2.1.3 Effektivverzinsung von festverzinslichen Wertpapieren unter Berücksichtigung von Spesen, Kursänderung und Anlagedauer

Festverzinsliche Wertpapiere können danach unterschieden werden, ob

- der Rückzahlungstermin bei Ausgabe oder Erwerb des Wertpapieres schon feststeht **(gesamtfällige Anleihe)**

oder

- die Rückzahlung einer Anleihe für alle Anleger nicht am Ende der Laufzeit gleichzeitig erfolgt, sondern über einen längeren Zeitraum verteilt, gruppenweise nach Serien oder Reihen, vorgenommen wird **(Tilgungsanleihe)**.

Im Zusammenhang mit der Kapitalanlage von Versicherungsunternehmen ist in Deutschland nur die gesamtfällige Anlage von Bedeutung.

Effektivverzinsung bei gesamtfälligen Anleihen

▶ Beispiel

Kauf mit Wert am 12. 2. 2003 von nominal 30 000,00 € 5 %-Bundesanleihen zu 95 %. Rückzahlung der Anleihe mit Wert am 21. 7. 2007 zu 100 %.

Ankaufspesen:	172,50 €
Verkaufsspesen:	172,50 €
Depotgebühren für die Verwahrung:	100,00 €

Wie hoch ist die effektive Verzinsung dieser gesamtfälligen Anleihe?

Lösung

A) Kapitaleinsatz
    Kurswert: 30 000,00 € zu 95 %   =   28 500,00 €
    + Ankaufspesen   =   172,50 €
                                              28 672,50 €

B) Verkaufserlös
    Kurswert: 30 000,00 € zu 100 %   =   30 000,00 €
    − Verkaufsspesen   =   172,50 €
                                              29 827,50 €

C) Gesamtertrag während der Anlagedauer
    − Anlagedauer:
        12. 2. 2003–21. 7. 2007   21. 7. 2007
                                       12. 2. 2003
                                       9. 5.   4 = 1 599 Tage

- Erträge
  5 % Zinsen von 30 000 € für 1 599 Tage:

  $$z = \frac{30\,000 \times 5 \times 1\,599}{360 \times 100} = 6\,662{,}50\ €$$

  Kursveränderung: Verkaufserlös   29 827,50 €
                  − Kapitaleinsatz 28 672,50 €
                  = Kursgewinn   1 155,00 €   =   1 155,00 €

- Kosten:
  Depotgebühren   = − 100,00 €

  Gesamtertrag in 1 599 Tagen   = 7 717,50 €

D) Jahresertrag
In 1 599 Tagen − 7 717,50 € Ertrag
In   360 Tagen −   x   € Ertrag

$$x = \frac{7\,717{,}50 \times 360}{1\,599} = 1\,737{,}52\ (€)$$

E) Effektivverzinsung

$$R = \frac{\text{Jahresertrag} \times 100^{1}}{\text{Kapitaleinsatz}}$$

$$R = \frac{1\,737{,}52 \times 100}{28\,672{,}50} = 6{,}06\ \%$$

Diese Anlage in ein festverzinsliches Wertpapier hat sich durchschnittlich jährlich mit 6,06 % verzinst.

5.9.2.2 Rendite von langfristigen Darlehen

Im Rahmen ihrer Kapitalanlagen gewähren Lebensversicherer langfristige Darlehen.

Bei einem langfristigen Darlehen bestimmt die effektive Verzinsung den Zinsertrag für den Darlehensgeber, also z. B. für das Lebensversicherungsunternehmen. Für den Kreditnehmer wird mit dem Effektivzinssatz die tatsächliche finanzielle Belastung durch den Kredit gekennzeichnet.

Disagio

Langfristige Darlehen werden oft nicht zu 100 % ausgezahlt, sondern um ein Disagio (Abgeld, Damnum) vermindert.

Das Disagio stellt dadurch einen Ertrag für den Kreditgeber dar, da dieser ihm bereits bei Auszahlung des Kredites zufließt.

Der Kreditgeber kann deshalb für die laufenden Zinserträge einen niedrigeren Nominalzins anbieten. Dies führt beim Kreditnehmer zu niedrigeren Zinszahlungen während der Kreditlaufzeit. Je nach Art des Darlehens kann sich damit auch die gesamte finanzielle Belastung für den Kreditnehmer mindern. Darüber hinaus kann ein gewerblicher Kreditnehmer das Disagio steuermindernd geltend machen.

Formen langfristiger Darlehen

Je nachdem, wie langfristige Kredite getilgt werden, unterscheidet man bei langfristigen Krediten Festdarlehen und Tilgungsdarlehen:

	Festdarlehen	Tilgungsdarlehen
Tilgung	**einmalig** am Ende der Kreditlaufzeit	**fortlaufend** während der Kreditlaufzeit
Zinszahlung	**fortlaufend** während der Kreditlaufzeit	**fortlaufend** während der Kreditlaufzeit

(Langfristige Darlehen → Festdarlehen / Tilgungsdarlehen)

5.9.2.2.1 Effektivverzinsung von Festdarlehen

Darlehenstilgung mit Hilfe einer Lebensversicherung

Zur Tilgung eines Festdarlehens am Ende der Kreditlaufzeit wird häufig eine kapitalbildende Lebensversicherung i. d. R. auf die Person des Kreditnehmers abgeschlossen.

Dazu werden von den Lebensversicherungsunternehmen unterschiedliche Vertragsmodelle angeboten:

Modell A

Versicherungssumme = Darlehenssumme,
Laufzeit des Versicherungsvertrages = Laufzeit des Darlehens,
Überschussbeteiligung wird zur Erhöhung der Ablaufleistung verwendet.

Vorteile: Auch bei vorzeitigem Tod der versicherten Person reicht die Versicherungsleistung zur Tilgung aus.

Überschussbeteiligung steht dem VN zusätzlich zur Verfügung.

Nachteil: Vergleichsweise hoher Beitrag, da Überschussbeteiligung zusätzlich angespart wird.

Modell B

Versicherungssumme = Darlehenssumme,
Laufzeit des Versicherungsvertrages = Laufzeit des Darlehens,
Überschussbeteiligung wird zur Beitragssenkung verwendet.

Vorteile: Auch bei vorzeitigem Tod der VP reicht die Versicherungsleistung zur Tilgung aus.

Niedrigere Beiträge als bei Modell A.

Nachteil: –

Modell C

Versicherungssumme = Darlehenssumme,
Laufzeit des Versicherungsvertrages > Laufzeit des Darlehens,
Überschussbeteiligung wird zur Laufzeitverkürzung verwendet.

Vorteile: Auch bei vorzeitigem Tod der VP reicht die Versicherungsleistung zur Tilgung aus.

Niedrigere Beiträge als bei Modell A und B.

Nachteil: Laufzeitende der Versicherung und damit Zeitpunkt der Darlehenstilgung im Voraus nicht genau bestimmbar.

Vergleichsweise ungünstige Rendite.

Modell D

Versicherungssumme < Darlehenssumme*,
Laufzeit des Versicherungsvertrages = Laufzeit des Darlehens,
Überschussbeteiligung wird zur Erhöhung der Ablaufleistung verwendet.

Vorteil: Niedrigere Beiträge als bei Modell A.

Nachteil: Bei vorzeitigem Tod der VP reicht die Versicherungsleistung zur Tilgung nicht aus, wenn nicht zusätzlicher Todesfallschutz vereinbart wurde.

---

* Zusätzlicher Todesfallschutz wird i. d. R. vereinbart, damit Leistung bei vorzeitigem Tod der VP zur Tilgung der Darlehenssumme ausreicht.

Ermittlung der Effektivverzinsung bei Festdarlehen

▶ Beispiel

Ein Lebensversicherungsunternehmen gewährt einem Versicherungsnehmer ein Hypothekendarlehen über 100 000,00 € zu 8 % mit einer Laufzeit von 25 Jahren. Das Darlehen wird mit einem Disagio von 5 % ausgezahlt, die Bearbeitungsgebühr beträgt 1 % der Versicherungssumme. Die Tilgung des Kreditbetrages erfolgt einmalig aus der Versicherungsleistung der LV.

Ermitteln Sie die Effektivverzinsung für dieses Festdarlehen.

Lösung

A) Tatsächlicher Auszahlungsbetrag

Darlehensbetrag	100 000,00 €
– Disagio	5 000,00 €
– Gebühr	1 000,00 €
	94 000,00 €

B) Gesamtkosten des Kredites für den Kreditnehmer/Gesamtertrag für den Kreditgeber

8 % Zinsen für 25 Jahre	200 000,00 €
+ Disagio	5 000,00 €
+ Gebühr	1 000,00 €
	206 000,00 €

C) Durchschnittliche Kreditkosten/Krediterträge pro Jahr

206 000,00 € : 25 = 8 240,00 €

D) Effektivverzinsung des Kredites

$$R = \frac{8\,240,00 \times 100}{94\,000} = 8,77\,\%$$

Damit gilt allgemein:

$$\text{Effektive Verzinsung eines Festdarlehens} = \frac{\text{Kreditkosten/Krediterträge pro Jahr} \times 100}{\text{Auszahlungsbetrag des Darlehens}}$$

5.9.2.2.2 Effektivverzinsung von Tilgungsdarlehen

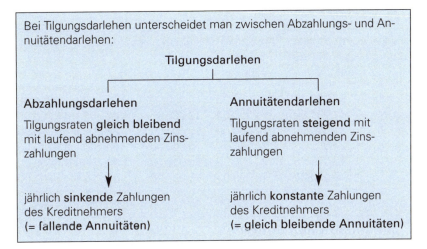

Die finanzmathematisch exakte Berechnung der effektiven Verzinsung beider Formen von Tilgungsdarlehen ist sehr kompliziert.

Deshalb wird hier auf die Darstellung der Berechnung der Effektivverzinsung bei Annuitätendarlehen verzichtet. Für Abzahlungsdarlehen ist es jedoch möglich, den Effektivzinssatz näherungsweise zu ermitteln.

Abzahlungsdarlehen

Um einen Abzahlungskredit grundsätzlich wirtschaftlich beurteilen zu können, reicht in der Praxis zunächst oft die einfachere **näherungsweise Berechnung des Effektivzinssatzes** aus:

▶ Beispiel

Ein Hypothekendarlehen über 60 000,00 € zu 8 % Zinsen mit einer Laufzeit von 6 Jahren soll **mit jährlich gleichen Tilgungsraten** getilgt werden. Das Disagio beträgt 5 %.

a) Erstellen Sie einen Tilgungsplan.
b) Ermitteln Sie den effektiven Zinssatz dieses Darlehens.

Lösung

a) Tilgungsplan

Jahr	tatsächlich gewährtes (Rest-)Darlehen	nominelles (Rest-) Darlehen	Tilgung + Zinsen = Annuität
1	57 000,00	60 000,00	10 000,00 + 4 800,00 = 14 800,00
2	47 000,00	50 000,00	10 000,00 + 4 000,00 = 14 000,00
3	37 000,00	40 000,00	10 000,00 + 3 200,00 = 13 200,00
4	27 000,00	30 000,00	10 000,00 + 2 400,00 = 12 400,00
5	17 000,00	20 000,00	10 000,00 + 1 600,00 = 11 600,00
6	7 000,00	10 000,00	10 000,00 + 800,00 = 10 800,00
	192 000,00	210 000,00	60 000,00 + 16 800,00 = 76 800,00

(Alle Angaben in €)

b) Ermittlung der Effektivverzinsung

A) Kosten des Kredites

Gesamtkosten des Kredites

Zinsen in 6 Jahren:	16 800,00 €
+ Disagio	3 000,00 €
	19 800,00 €

Kosten pro Jahr

19 800,00 € : 6 = 3 300,00 €

B) Durchschnittlich tatsächlich gewährtes Darlehen

$$\frac{\text{tatsächlich gewährtes Darlehen insg.}}{\text{Laufzeit}} = \frac{192\,000}{6} = 32\,000,00\,€$$

C) Effektivzinssatz

$$\frac{\text{Kosten pro Jahr} \times 100}{\text{durchschn. gewährtes Darlehen}} = \frac{3\,300 \times 100}{32\,000} = 10,31\,\%$$

Annuitätendarlehen

Auch wenn im Rahmen dieses Buches die komplizierten finanzmathematischen Methoden zur Berechnung der Effektivverzinsung bei Annuitätendarlehen nicht dargestellt werden, soll mit Hilfe des folgenden Tilgungsplans das Annuitätendarlehen verdeutlicht werden.

▶ Beispiel

Ein Lebensversicherer gewährt ein Hypothekendarlehen über 60 000,00 € zu 8 % mit einer Laufzeit von 6 Jahren.

Die finanzielle Belastung des Kreditnehmers soll über die Laufzeit konstant bleiben. Deshalb wurde vereinbart, dass in dieser Zeit jährlich gleich hohe Beträge für die Summe aus Tilgung und Zinsen zu zahlen sind.

Erstellen Sie den Tilgungsplan, wenn die Ermittlung der Annuität für einen Kredit mit einem Zins von 8 % bei einer Laufzeit von 6 Jahren anhand einer Tabelle 12 979,20 € ergibt.

Lösung

Jahr	(Rest-)Darlehen am Jahresanfang	Tilgung	+	Zinsen	=	Annuität
1	60 000,00	8 179,20	+	4 800,00	=	12 979,20
2	51 820,80	8 833,54	+	4 145,66	=	12 979,20
3	42 987,26	9 540,22	+	3 438,98	=	12 979,20
4	33 447,04	10 303,44	+	2 675,76	=	12 979,20
5	23 143,60	11 127,71	+	1 851,49	=	12 979,20
6	12 015,89	12 015,89	+	961,27	=	12 977,16

(Alle Angaben in €)

Hinweis aus der Praxis: Die Annuitäten werden anhand von Tabellen bzw. EDV-Programmen mit **Annuitätsfaktoren** ermittelt. Diese Annuitätsfaktoren sind mit dem jeweiligen Kreditbetrag zu multiplizieren:

Z. B. 60 000,00 € × 0,21632 = 12 979,20 €
(Kreditbetrag) (Annuitätsfaktor für (Annuität)
 8 % Zinsen und 6 Jahre
 Kreditlaufzeit: lt. Tabelle)

5.9.2.2.3 Exkurs: Die Sicherung langfristiger Darlehen

Langfristige Darlehen werden in der Regel durch Eintragung einer Grundschuld oder Hypothek als Grundpfandrechte im Grundbuch gesichert.

Grundschuld und Hypothek als Grundpfandrechte

Die **Hypothek** ist ein Pfandrecht an einem Grundstück, das stets zur Sicherung einer Forderung eingetragen wird.

§ 1113 BGB

Die Hypothek setzt also ein rechtsgültiges Schuldverhältnis voraus (akzessorisches Recht). Für die Hypothekenschuld haftet zum einen das Grundstück und zum anderen der Schuldner selbst mit seinem gesamten Vermögen (dingliche Haftung und persönliche Haftung).

§ 1191 BGB

> Die **Grundschuld** ist ein Grundpfandrecht, aufgrund dessen aus dem Grundstück eine bestimmte Geldsumme an den Begünstigten zu zahlen ist.

Im Gegensatz zur Hypothek wird also für die Grundschuld keine bestehende Forderung vorausgesetzt. Andererseits haftet für die Grundschuld nur das Grundstück, nicht der Schuldner selbst (nur dingliche, keine persönliche Haftung).

Entstehung und Erwerb der Grundpfandrechte

Bei Hypothek und Grundschuld als Grundpfandrechte muss zwischen Entstehung und Erwerb unterschieden werden.

§ 873 BGB

Grundpfandrechte **entstehen** durch	– **Einigung** über die Bestellung des Grundpfandrechtes, also über die Belastung eines Grundstückes, und
	– **Eintragung** des Grundpfandrechtes im Grundbuch.
Grundpfandrechte **werden** vom Gläubiger (z. B. einem VR als Kreditgeber) **erworben**	– als **Hypothek mit Bestehen der Forderung**
	– als **Grundschuld** bereits **mit Eintragung im Grundbuch**

Grundpfandrechte können **Brief- oder Buchrechte** sein. Beim Briefrecht wird über das Grundpfandrecht zusätzlich zur Eintragung im Grundbuch ein Hypothekenbrief bzw. ein Grundschuldbrief ausgefertigt. Besteht ein Briefrecht, wird das Grundpfandrecht vom Grundpfandgläubiger erst mit Übernahme des Briefes erworben. Beim Grundpfandrecht als Buchwert erwirbt der Grundpfandgläubiger das Pfandrecht mit der Eintragung ins Grundbuch.

▶ Beispiel

Die Eheleute Kurt und Anne Nagel wollen zum Umbau ihres Wohnhauses ein langfristiges Darlehen über 100 000,00 € von der Proximus Lebensversicherung aufnehmen. Die Absicherung des Darlehens soll durch Eintragung einer Briefgrundschuld auf das Grundstück der Eheleute Nagel erfolgen.

Dazu wird die einzutragende Grundschuld von einem Notar bestellt. In dieser Grundschuldbestellung haben sich die Eheleute Nagel und die Proximus Lebensversicherung über die Höhe der Grundschuld und die Bedingungen, die für die Grundschuld gelten sollen, geeinigt. Eine Ausfertigung der Grundschuldbestellungsurkunde erhält das Grundbuchamt zur Eintragung einer Briefgrundschuld. Eine weitere Ausfertigung erhält die Proximus Lebensversicherung.

Durch die **Einigung und die entsprechende Eintragung im Grundbuch** ist die **Briefgrundschuld entstanden.**

Mit der **Aushändigung des Grundschuldbriefes** an die Proximus Lebensversicherung hat sie als Kreditgeber und **Grundpfandgläubiger** das Grundpfandrecht in Form der **Briefgrundschuld erworben.**

Da ein Grundstück dem Pfandnehmer, also z. B. einem Kreditgeber, nicht als Faustpfand übergeben werden kann, ersetzt die Eintragung eines Pfandrechtes in ein Grundbuch die Übergabe.

Das Grundbuch

Das Grundbuch ist ein bedingt öffentliches Verzeichnis aller Grundstücke, das vom Grundbuchamt beim Amtsgericht des jeweiligen Bezirks geführt wird.

Bedingt öffentlich bedeutet, dass die Einsichtnahme in ein Grundbuch nur bei „berechtigtem Interesse" möglich ist. Dieses berechtigte Interesse muss u. U. (z. B. von einem Kaufinteressenten einer Immobilie) dem Amtsgericht gegenüber nachgewiesen werden.

Im Grundbuch ist verzeichnet, wer Eigentümer der einzelnen Grundstücke ist und ob bzw. welche Rechte und Lasten, z. B. hypothekarische Belastungen, auf dem Grundstück ruhen.

Das Grundbuch besteht aus den Grundbuchblättern für die einzelnen Grundstücke.

Aus dem **Bestandsverzeichnis** im Grundbuch kann der Käufer alles über die Gemarkung, Flur und Flurstück erfahren, außerdem die Lage und die genaue Größe des Grundstückes feststellen sowie mögliche Rechte für den Grundstückseigentümer erkennen.

▶ **Beispiel**

Bestandsverzeichnis

- Gemarkung „Gemeinde Wennigsen"
  „Gemarkung Hohes Feld"

- Nr. der Flur, „Flur 2"
  des Flurstückes und „Flurstück Nr. 345"
  des Liegenschaftsbuches „Liegenschaftsbuch Nr. 6789"

- Wirtschaftsart des Grundstückes „Wohnhaus mit Garten"

- Lage des Grundstückes „Erlenweg 14"

- Größe des Grundstückes „600 m²"

- Vermerk über Rechte, „Keine"
  die dem jeweiligen Eigentümer
  des Grundstückes (herrschendes
  Grundstück) zustehen

Das Grundbuch hat neben dem Bestandsverzeichnis noch drei so genannte Abteilungen, die die Rechtsverhältnisse des Grundstückes festhalten.

▶ **Beispiel**

Rechtsverhältnisse des Grundstückes (3 Abteilungen)

1. Abteilung

- Eigentumsverhältnisse „Eheleute
  – Eigentümer a) Kurt Nagel, geb. am
  – Art des Eigentums 25. 3. 1948, Wuppertal
  (Alleineigentum; gemein- b) Anne Nagel, geb. Wolf,
  schaftliches Eigentum) geb. am 3. 7. 1949, Bochum
  zu je ½-Anteil"

- Grundlage der Eintragung „Aufgelassen am 20. 1. 1979,
  eingetragen am 15. 7. 1981"

2. Abteilung

- Lasten und Beschränkungen „Ein Vorkaufsrecht für den Kaufmann Ludwig Klein, Hannover, unter Bezugnahme auf die Bewilligung vom 20. 12. 1994, eingetragen am 1. 2. 1995"

3. Abteilung

- Grundpfandrechte

„1. Einhunderttausend Deutsche Mark fällige Grundschuld mit 12 vom Hundert Zinsen für die Proximus Lebensversicherung, München. Gemäß Bewilligung vom 4. 3. 1993, eingetragen am 20. 3. 1993"

„2. Fünfzigtausend Deutsche Mark fällige Grundschuld mit 15 vom Hundert Zinsen für die ALB-Bausparkasse, Minden. Gemäß Bewilligung vom 16. 8. 1993, eingetragen am 7. 10. 1993"

Die Eintragungen im Grundbuch gelten als richtig. Damit genießt das Grundbuch – im Gegensatz zum Handelsregister – **vollen öffentlichen Glauben.** Ausgenommen davon sind jedoch die Katasterangaben wie Lage, Art und Größe der Immobilie. §§ 891, 892, 893 BGB

Die **Reihenfolge der Eintragungen** von Grundpfandrechten bestimmt ihren jeweiligen Rang. Dies hat besondere Bedeutung bei der Verwertung eines Grundpfandrechtes. § 879 BGB

Die Verwertung eines Grundpfandrechtes

Die Verwertung eines Grundpfandrechtes erfolgt aufgrund eines vollstreckbaren Titels (Gerichtsurteil oder Zwangsvollstreckungsklausel im Grundpfandrechtsvertrag) durch **Zwangsvollstreckung.** Sie kann im Wege der Zwangsverwaltung durch einen gerichtlich bestellten Verwalter oder durch Eintragung einer Sicherungshypothek vorgenommen werden.

Häufig geschieht die Zwangsvollstreckung jedoch in Form der Zwangsversteigerung. Der bei der Versteigerung erzielte Erlös fließt dabei dem oder den Gläubigern zu.

Gibt es Gläubiger aus verschiedenen Grundpfandrechten, so entscheidet der Rang der Eintragung im Grundbuch über die Reihenfolge, in der die einzelnen Ansprüche befriedigt werden. So müssen zunächst die Forderungen aufgrund einer erstrangigen Eintragung voll befriedigt sein, bevor die Rechte aus den nachrangigen Forderungen der Reihe nach zum Zuge kommen.

Im obigen Beispiel würde also im Rahmen einer Zwangsversteigerung zunächst die Forderung der Proximus Lebensversicherung aus dem Darlehen vollständig erfüllt. Erst wenn dann noch finanzielle Mittel aus der Verwertung der Immobilie vorhanden wären, würden diese an die ALB-Bausparkasse zur Darlehenstilgung fließen.

5.9.2.3 Rendite von Immobilien

5.9.2.3.1 Effektivverzinsung von Immobilien

Bei der Entscheidung, Geld in Immobilien anzulegen, spielt die Rendite oder Effektivverzinsung des eingesetzten Kapitals in der Regel eine wesentliche Rolle. Dies gilt insbesondere für Lebensversicherungsunternehmen, die einen bedeutenden Teil ihrer Kapitalanlagen in Immobilien tätigen.

▶ Beispiel

Zur Kapitalanlage wird ein Geschäftshaus zum Preis von 1 000 000,00 € erworben. Als Erwerbskosten fallen für Maklerprovision, Notargebühren und Grunderwerbsteuer an: 46 000,00 €. Eine Grundschuld über 400 000,00 € zu 7,5 % Zinsen wird übernommen. Die monatlichen Mieteinnahmen betragen 6 500,00 €. Der jährliche Aufwand für Instandhaltung, Abschreibung, Grundsteuer und Versicherungen wird mit 23 400,00 € kalkuliert.

Wie hoch ist die Rendite dieser Immobilie?

Lösung

A) Kapitaleinsatz (eingesetztes Eigenkapital)

Kaufpreis	1 046 000,00 €
– Grundschuld	400 000,00 €
	646 000,00 €

B) jährliche Erträge

Mieteinnahmen: 6 500,00 € × 12 = 78 000,00 €

C) jährliche Aufwendungen

Zinsen für die Grundschuld 7,5 % von 400 000,00 €	= 30 000,00 €
sonstiger Aufwand	= 23 400,00 €
	53 400,00 €

D) Reinertrag

jährliche Erträge:	78 000,00 €
– jährliche Aufwendungen:	– 53 400,00 €
	24 600,00 €

E) Effektivverzinsung

646 000,00 € – 100 %
24 600,00 € – x %

$$x = \frac{24\,600 \times 100}{646\,000} = 3{,}8\,\%$$

Daraus folgt allgemein:

Zur Berechnung der Immobilienrendite wird der Reinertrag der Immobilie in Beziehung zum eingesetzten Eigenkapital gesetzt:

$$\text{Rendite von Immobilien} = \frac{\text{Reinertrag} \times 100}{\text{eingesetztes Eigenkapital}}$$

wobei gilt:

Reinertrag = Ertrag – Aufwand

5.9.2.3.2 Ertragswert von Immobilien

Mit dem Ertragswert einer Immobilie kann bestimmt werden, wie hoch ein langfristiges Darlehen für diese Immobilie sein darf. Der Ertragswert ergibt sich aus der Kapitalisierung des Reinertrages mit einem Zinssatz, der von Kapitalanlegern üblicherweise mit 5–6 % kalkuliert wird.

Bei der Kapitalisierung setzt man den Reinertrag mit dem Zinssatz gleich und schließt daraus auf das einzusetzende Eigenkapital (entsprechend 100 %).

Im Rahmen der Ertragswertberechnung werden keine Hypothekenzinsen berücksichtigt.

▶ Beispiel

Für ein Geschäftsgebäude werden folgende Aufwendungen und Erträge festgestellt:

Mieteinnahmen:	90 000,00 €
Hypothekenzinsen:	20 000,00 €
Abschreibungen:	15 000,00 €
sonstige Kosten:	22 000,00 €

Ermitteln Sie den Ertragswert des Gebäudes, wenn ein Kapitalanleger einen Zinssatz von 5 % zur Kapitalisierung annimmt.

Lösung

A) Reinertrag pro Jahr (ohne Darlehenszinsen)

Mieteinnahmen:	90 000,00 €
– Abschreibungen:	– 15 000,00 €
– sonstige Kosten:	– 22 000,00 €
	53 000,00 €

B) Ertragswert

$$\begin{array}{rl} 5\,\% - & 53\,000{,}00\,\euro \quad \text{Reinertrag} \\ 100\,\% - & x\quad\euro \quad \text{Ertragswert} \end{array}$$

$$x = \frac{53\,000 \times 100}{5} = 1\,060\,000{,}00\,\euro$$

Allgemein gilt also für den Ertragswert von Immobilien:

$$\text{Ertragswert von Immobilien} = \frac{\text{Reinertrag (ohne Darlehenszinsen)} \times 100}{\text{Kapitalisierungszinssatz}}$$

5.9.2.3.3 Beleihungswert von Immobilien

Lebensversicherungsunternehmen und Kreditinstitute geben langfristige Darlehen für Grundstücke mit Wohngebäuden aus Sicherheitsgründen nur bis zu 60 % des Beleihungswertes.

Der Beleihungswert ist das Mittel aus Ertragswert und Bau- und Bodenwert:

$$\text{Beleihungswert: } \frac{\text{Ertragswert + Bau- und Bodenwert}}{2}$$

▶ Beispiel

Im Rahmen der Finanzierung eines Wohngebäudes werden dem Lebensversicherungsunternehmen als Kreditgeber folgende Daten zur Verfügung gestellt:

Grundstückswert:	300 000,00 €
Baukosten des Gebäudes:	500 000,00 €
Jährliche erwartete Mieteinnahmen:	96 000,00 €
Jährlicher erwarteter Gesamtaufwand (ohne Darlehenszinsen):	33 000,00 €

a) Ermitteln Sie den Beleihungswert, wenn 6 % Verzinsung des eingesetzten Eigenkapitals unterstellt werden.
b) Berechnen Sie den maximalen Darlehensbetrag, den ein Versicherer geben könnte. Beleihungsgrenze 60 % des Beleihungswertes.

Lösung

a) Ermittlung des Beleihungswertes

A) Reinertrag pro Jahr

jährliche Mieteinnahmen:	96 000,00 €
– jährlicher Gesamtaufwand:	– 33 000,00 €
	63 000,00 €

B) Ertragswert bei 6 % Kapitalisierungszinssatz

$$6\ \% - 63\,000{,}00\ €\quad \text{Reinertrag}$$
$$100\ \% - \quad x\quad €\quad \text{Ertragswert}$$

$$x = \frac{63\,000 \times 100}{6} = 1\,050\,000{,}00\ €$$

C) Boden- und Bauwert

Bodenwert:	300 000,00 €
Bauwert (= Baukosten):	500 000,00 €
	800 000,00 €

D) Beleihungswert

$$\text{Beleihungswert} = \frac{1\,050\,000{,}00 + 800\,000{,}00}{2} = 925\,000{,}00\ €$$

Der Beleihungswert dieser Immobilie beträgt 925 000,00 €.

b) Ermittlung des maximal möglichen Darlehensbetrages

Beleihungsgrenze = 60 % des Beleihungswertes
 = 60 % von 925 000,00 €
 = 555 000,00 €

Der Versicherer wäre bereit, für diese Immobilie maximal ein Darlehen in Höhe von 555 000,00 € zu gewähren.

Übungen

Die Ergebnisse der folgenden Aufgaben sind – soweit notwendig – auf 2 Dezimalstellen zu runden.

1. Ermitteln Sie die laufende Verzinsung der folgenden Aktien:

	Kurs €	Dividende €
a)	440,00	9,90
b)	720,00	12,00
c)	586,00	8,00

2. Ermitteln Sie die laufende Verzinsung der folgenden festverzinslichen Wertpapiere:

	Kurs	Zins und Bezeichnung
a)	99,00 %	7,0 %-Obligation
b)	89,70 %	5,0 %-Anleihe
c)	105,50 %	8,5 %-Pfandbrief

3. Ein Versicherer erwirbt nominal 34 000,00 € einer Obligation zu 104 % mit Wert am 9. 10. 2004.
   Berechnen Sie die effektive Verzinsung, wenn diese Wertpapiere mit Wert 11. 11. 2006 zu 100 % verkauft wurden. Zinssatz 7,5 %. (Kosten sind nicht zu berücksichtigen.)

4. Ein Versicherungsnehmer legt mit Wert vom 30. 5. 2005 den Auszahlungsbetrag seiner Lebensversicherung in nominal 134 000,00 € 7 %-Pfandbriefe zum Kurs von 95 an. Mit dieser Kapitalanlage möchte er ohne Berücksichtigung von An- und Verkaufskosten eine Effektivverzinsung von 8 % erreichen.

   Zu welchem Kurs müssten dann die Papiere am 30. 11. 2009 verkauft werden?

5. Ein Darlehen über 120 000,00 € wird zu einem Zinssatz von 9 % gewährt.

   Erstellen Sie den Tilgungsplan für die ersten 5 Jahre, wenn das Darlehen

   a) in 8 jährlich gleichen Tilgungsraten zurückgezahlt werden soll (Abzahlungsdarlehen),
   b) mit gleich bleibender Annuität getilgt werden soll.
      Der Faktor zur Berechnung der Annuität beträgt lt. Tabelle bei einem Zinssatz von 9 % und 8 Jahren Tilgungsdauer 0,18067.

6. Ein Lebensversicherungsunternehmen hat ein Annuitätendarlehen über 100 000,00 € zu 6 % mit einer Laufzeit von 5 Jahren gewährt.

   Erstellen Sie den Tilgungsplan, wenn als Annuitätsfaktor für diesen Kredit 0,23740 zu berücksichtigen ist.

7. Zur Tilgung eines Festdarlehens kann eine Lebensversicherung abgeschlossen werden.

   Beschreiben Sie zwei mögliche Vertragsformen und vergleichen Sie diese, indem Sie entsprechende Vor- und Nachteile gegenüberstellen.

8. Unterscheiden Sie Grundschuld und Hypothek als Grundpfandrechte.

9. Grundpfandrechte können Brief- und Buchrechte sein.

   Erläutern Sie den Unterschied im Zusammenhang mit dem Erwerb einer Grundschuld.

10. „Die Reihenfolge der Eintragung von Grundpfandrechten im Grundbuch bestimmt ihren Rang."

    Erläutern Sie die Bedeutung dieser Aussage.

11. Ein Versicherungsunternehmen kauft ein Bürogebäude zum Preis von 2 000 000,00 €. Eine bestehende Hypothek über 600 000,00 € wird übernommen. Folgende jährliche Aufwendungen und Erträge fallen an:

Mieteinnahmen:	137 000,00 €
Bewirtschaftungskosten ohne Hypothekenzinsen:	42 000,00 €
Hypothekenzinsen:	39 000,00 €

    Berechnen Sie die effektive Verzinsung des eingesetzten Eigenkapitals.

12. Ein Versicherungsagent hat ein Mietshaus zur Kapitalanlage erworben:

Kaufpreis der Immobilie:	950 000,00 €
Belastung mit einer Hypothek:	200 000,00 €
Mieterträge, monatlich:	6 200,00 €
Steuern und Abgaben, vierteljährlich:	1 500,00 €
Instandhaltungskosten, jährlich:	7 440,00 €
Abschreibungen, jährlich:	8 000,00 €
sonstige Bewirtschaftungskosten, jährlich:	1 000,00 €
Hypothekenzinsen, jährlich:	14 600,00 €

    Berechnen Sie die Effektivverzinsung des eingesetzten Eigenkapitals.

13. Ein Versicherungsunternehmen erzielt mit einer Kapitalanlage in ein Wohngebäude, dessen Kaufpreis 1 280 000,00 € betrug, eine effektive Verzinsung von 4 %.

    Welche Mieteinnahmen flossen dem Versicherer monatlich zu, wenn folgende Aufwendungen für das Gebäude entstanden:

Instandhaltung und Unterhalt:	10 200,00 €
Abschreibung:	1 % des Kaufpreises
Versicherung, jährlich:	1 200,00 €
Abgaben und Steuern, vierteljährlich:	650,00 €

14. Ermitteln Sie den Ertragswert für die folgenden Immobilien:

	Mieteinnahmen monatlich	Bewirtschaftungskosten jährlich	Kapitalisierungszinssatz
a)	1 350,00 €	8 800,00 €	5,0 %
b)	22 600,00 €	132 000,00 €	6,0 %
c)	5 090,00 €	33 580,00 €	5,5 %

15. Ein Lebensversicherungsunternehmen prüft die Vergabe eines Kredites für eine Immobilie. Dazu liegen folgende Angaben vor:

Grundstückswert: 530 000,00 €
Baukosten des Gebäudes: 700 000,00 €
Jährliche erwartete Mieteinnahmen: 112 000,00 €
Jährlicher erwarteter Gesamtaufwand
(ohne Darlehenszinsen): 47 100,00 €.

a) Ermitteln Sie den Beleihungswert, wenn mit einer Verzinsung des eingesetzten Eigenkapitals von 5,5 % gerechnet wird.
b) Berechnen Sie den maximalen Darlehensbetrag, den der Versicherer geben könnte, wenn die Beleihungsgrenze 60 % des Beleihungswertes beträgt.

Lernziele

In diesem Kapitel erwerben Sie Kenntnisse und Fertigkeiten für folgende Leistungsziele:

Sie

- verschaffen sich einen Überblick über die Steuern, die mit den Produkten der Renten- und Lebensversicherung in Verbindung stehen
- informieren sich über die Besteuerung der Alt- und Neuverträge im Zusammenhang mit dem Alterseinkünftegesetz
- sind in der Lage, die Beitragszahlungen zum 3-Schichten-Modell den Sonderausgaben zuzuordnen
- kennen die Kohorten, die Einkunftsarten und die Steuertabellen
- erfassen alle Leistungen der Renten- und Lebensversicherung, die der Steuerpflicht unterliegen
- ermitteln den steuerpflichtigen Ertrag aus den verschiedenen Leistungen der „Alt-" bzw. der Neuverträge
- kennen die steuerlichen Folgen einer Novation in der Renten- und Lebensversicherung
- sind in der Lage die Besteuerung der Leistungen im 3-Schichten-Modell übersichtlich darzustellen und in die Anlage R einzutragen
- erklären den Steuertarif mit dem Grenzsteuersatz und dem Splittingverfahren
- ermitteln das steuerpflichtige Einkommen und die Höhe der Steuern
- kennen die verschiedenen Meldeverfahren der Versicherer
- verschaffen sich einen Überblick über die Kapitalertragsteuer, den Freistellungsauftrag und die neue Abgeltungssteuer
- verschaffen sich einen Überblick über die Schenkung- und Erbschaftsteuer mit den Auswirkungen auf den Versicherungsvertrag
- weisen auf Lösungen, wie Erbschaftsteuerversicherung, steuerlich günstige Vertragsgestaltung und auf den Versicherungsnehmerwechsel hin
- ermitteln die steuerlich relevanten Werte bei einer Schenkung bzw. Erbschaft und informieren sich über vorgeschriebene Änderungen

6. Steuern bei Renten- und Lebensversicherungen

▶ Situation

Herr Weber, der bei der Proximus Versicherung AG sowohl eine Lebens- als auch eine Rentenversicherung mit BU-Deckung abgeschlossen hat, ruft Sie zum Jahresende an. „Ich habe gerade in der Zeitung den Artikel ‚Steuerliche Veränderungen bei den Versorgungswegen' gelesen und den komplexen Sachverhalt nicht ganz verstanden."

Er bittet Sie deshalb, ihm die steuerlichen Auswirkungen auf Beiträge und Leistungen für seine kapitalbildende Lebensversicherung sowie private Renten- und Berufsunfähigkeitsversicherung zu erklären. Im Übrigen möchte er über die steuerlichen Auswirkungen von Riester und Rürup informiert werden.

▶ Erläuterung

Künftig werden alle Berater die private wie die betriebliche Altersversorgung beherrschen und dem Kunden verständlich machen müssen. Dafür wird das Alterseinkünftegesetz, das auf eine vor- bzw. nachgelagerte Besteuerung abzielt, sorgen. Damit wird der einfache investive Akquiseansatz der komplizierten bedarfsorientierten Beratung, die auch die steuerlichen Folgen berücksichtigt, weichen müssen. Diese Umstände werden weder für die Kunden noch für die Vermittler die Materie vereinfachen.

Abschluss und Erfüllung von Lebensversicherungsverträgen haben eine Reihe von steuerlichen Konsequenzen. Die Prämienzahlungen können in gewissem Umfang als Vorsorgeaufwendungen die Steuerlast des Versicherungsnehmers mindern. Der in kapitalbildenden Lebens- und Rentenversicherungen angesammelte Wert unterlag bis zum 31. 12. 1996 der Vermögensteuer. Die Versicherungsleistungen konnten einkommensteuerfrei vereinbart werden, wenn bestimmte steuerschädliche Vertragsgestaltungen und Rechtshandlungen vermieden wurden. Bei Neuverträgen ist im Erlebensfall eine Steuerpflicht nicht mehr zu vermeiden. Schließlich ist die Erbschaft- und Schenkungssteuer zu beachten, die im Zusammenhang von Versicherungsleistungen an Hinterbliebene oder andere Personen anfällt.

Rentenleistungen aus BUZ oder Rentenversicherung werden teilweise einkommensteuerpflichtig (Ertragsanteilbesteuerung). Die sog. „Riester-Rente" und „Rürup-Rente" werden dagegen voll einkommensteuerpflichtig.

Alle Formen der Lebens- und Rentenversicherung einschließlich aller Zusatzversicherungen sind von der Versicherungsteuer befreit.

Folgende Übersicht stellt eine steuerliche Behandlung der Lebens- und Rentenversicherung für Privatpersonen dar. Bei der Rentenversicherung ist ein Kapitalwahlrecht berücksichtigt.

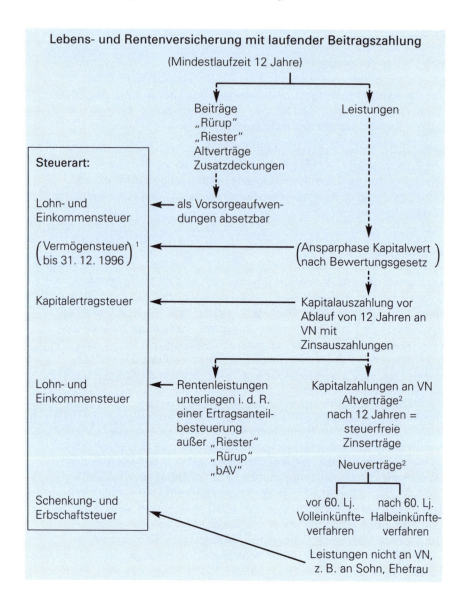

Die wichtigsten Gesichtspunkte sind getrennt nach Steuerarten zusammengestellt.

1 Das Vermögensteuergesetz wird gemäß der derzeitigen Rechtslage seit dem 1.1.1997 nicht mehr angewendet.
2 Altverträge bis 31.12.2004
  Neuverträge nach dem 31.12.2004

6.1 Einkommensteuer

Ihrem Wesen nach ist die Einkommensteuer eine

- Besitzsteuer ⇒ Besteuerungsgrundlage ist das Einkommen der natürlichen Personen
- Personensteuer ⇒ Berücksichtigung findet die wirtschaftliche Leistungsfähigkeit der natürlichen Person
- direkte Steuer ⇒ Steuerschuldner = Steuerzahler = Steuererklärer
  Arbeitgeber (AG) führt lediglich eine Vorauszahlung auf Steuerschuld ab
- Gemeinschaftsteuer ⇒ Aufteilung erfolgt auf Bund, Länder und Gemeinden
- Veranlagungssteuer ⇒ Das zu versteuernde Einkommen wird für jedes Kalenderjahr berechnet und die zu erhebende Einkommensteuer in einem Steuerbescheid festgesetzt.
  Besondere Erhebungsform bei

Lohnsteuer	Kapitalertragsteuer
↓	↓
Abzugsverfahren der Arbeitgeber	Quellensteuerverfahren der auszahlenden Stelle, z. B. Lebensversicherung

einbehaltene Lohn- bzw. Kapitalertragsteuer wird an das zuständige Finanzamt abgeführt und als Steuergutschrift bei der Einkommensteuer berücksichtigt

Als gesetzliche Grundlage einer Besteuerung dient das Einkommensteuergesetz mit seinen Nebengesetzen, z. B. der Einkommensteuer-Durchführungsverordnung.

Steuerliche Behandlung der Beiträge § 10 EStG

Der Gesetzgeber hat bestimmte Aufwendungen der Lebenshaltung aus wirtschaftlichen, sozialen oder gesellschaftspolitischen Gründen steuerlich begünstigt und daher zugelassen, dass sie als Sonderausgaben vom zu versteuernden Einkommen abgezogen werden dürfen.

Vorsorgeaufwendungen sind im Rahmen bestimmter Höchstbeträge begünstigt. Zu den Vorsorgeaufwendungen zählen:

- Beiträge zu Lebensversicherungen (hierzu gehören Beiträge zu Versicherungen auf den Erlebens- oder Todesfall, Beiträge zu privaten Rentenversicherungen sowie Witwen-, Waisen-, Versorgungs- und Sterbekassen) zu 88 % bei Altverträgen
- Beiträge zu privaten und gesetzlichen Krankenversicherungen
- Beiträge zu Unfallversicherungen
- Beiträge zu Haftpflichtversicherungen
- Beiträge zur gesetzlichen Rentenversicherung
- Beiträge zur Arbeitslosenversicherung
- Beiträge zu einer Pflegepflichtversicherung
- Beiträge zu einer privaten Pflegezusatzversicherung
- Beiträge zu einem zertifizierten Altersvorsorgevertrag
- Beiträge zu einer Basisrente

Bei Neuverträgen ist Folgendes zu beachten:

- **Berufsunfähigkeitsversicherungen mit Rentenleistungen**
  Beiträge zu eigenständigen Berufsunfähigkeitsversicherungen können zu 100 Prozent als Sonderausgaben im Rahmen der Höchstbeträge für sonstige Vorsorgeaufwendungen abgezogen werden, wobei max. 1 500 € für AN und 2 400 € für Selbstständige abziehbar sind. Renten werden mit dem Ertragsanteil besteuert.
- **Berufsunfähigkeitszusatzversicherung mit Kapitalleistung**
  Beiträge dieser eigenständigen Versicherung können zu 88 % bei den sonstigen Vorsorgeaufwendungen abgezogen werden. Kapitalleistungen sind steuerfrei.
- **Zusatzversicherungen zu Kapitalversicherungen (Neuverträge)**
  Beiträge, die auf Zusatzversicherungen zu Kapitalversicherung (Todesfall-Zusatzversicherung, Hinterbliebenenrenten-Zusatzversicherung, Dread-Disease-Zusatzversicherung, Unfalltod-Zusatzversicherung, Berufsunfähigkeits-Zusatzversicherung) entfallen, teilen steuerlich das Schicksal der Beiträge zur Hauptversicherung. Diese können wie die Beiträge zur Hauptversicherung nicht als Sonderausgaben abgezogen werden.
- **Risikolebensversicherung/ Vereinsgruppen-Sterbegeldversicherung**
  Beiträge können zu 100 % als Sonderausgaben im Rahmen der Höchstbeträge für sonstige Vorsorgeaufwendungen abgezogen werden.
- **Zusatzversicherungen zu Rürup-Vertrag**
  Zusatzdeckungen in einem Rürup-Vertrag (max. 49,9 % des Gesamtbeitrages) sind nach der Kohorte bei den Altersvorsorgeaufwendungen bis insgesamt 20 000 € absetzbar.

> - Alle kapitalbildenden Lebensversicherungen nach dem 31. 12. 2004 sind steuerlich nicht absetzbar, z. B.
>   - nach dem Vermögensbildungsgesetz
>   - mit mehrjährigen Auszahlungsterminen
>   - mit festen Auszahlungsterminen
>   - mit ermäßigtem Todesfallschutz
> - Das Gleiche gilt für Rentenversicherungen der 3. Schicht.

Für den Abzug der Beiträge als Vorsorgeaufwendungen ist es gleich, wessen Leben versichert oder wer als Bezugsberechtigter eingetragen wurde. Abzugsberechtigt ist nur derjenige, der Versicherungsnehmer und Beitragzahler ist.

Bei Ehegatten, die zusammen veranlagt werden, ist es für den Abzug als Vorsorgeaufwendungen ohne Bedeutung, welcher der Ehegatten Versicherungsnehmer und welcher Beitragzahler ist.

Risikoversicherungen	Beiträge absetzbar:
ohne Mindestlaufzeit	ja
ohne Mindestzahlungsdauer	ja

Die Mindestlaufzeit beginnt mit dem Abschluss des Vertrages, worunter regelmäßig das Datum der Ausstellung des Versicherungsscheines zu verstehen ist. Auch kann als Zeitpunkt des Vertragsabschlusses der im Versicherungsschein bezeichnete Tag des Versicherungsbeginns (technischer Beginn) angesehen werden, wenn der Versicherungsschein innerhalb von drei Monaten nach dem technischen Beginn ausgestellt ist und der erste Beitrag gezahlt wird. Aus steuerlichen Gründen ist eine längere Rückdatierung unzulässig.

Beitragsdepot

Da der Gesetzgeber keine 5-jährige Beitragszahlungspflicht bei Neuverträgen mehr fordert, hat das Beitragsdepot an Bedeutung verloren. Für Beitragsdepots, die nach dem 31. 12. 2006 abgeschlossen wurden, muss der Versicherer Kapitalertragsteuer abführen.

§ 43,1,7,6,2 EStG

Steuerschädliche Finanzierung

Wenn begünstigte Lebensversicherungen nach dem 13. 2. 1992 steuerschädlich zur Darlehenssicherung oder -tilgung eingesetzt werden, ist der gewährte Sonderausgaben-Vorteil nachzuversteuern. Eine steuerschädliche Verwendung liegt immer dann vor, wenn das mit dem Darlehen finanzierte Wirtschaftsgut als Werbungskosten oder Betriebsausgabe angesetzt werden kann.

Die Abtretung bzw. die Verpfändung einer steuerbegünstigten Lebensversicherung berührt den Sonderausgabenabzug der Prämie nicht. Das Gleiche gilt bei einer Vorauszahlung auf die Versicherungsleistung (Policendarlehen). Allerdings können die laufenden Zinszahlungen nicht als „Zusatzleistung" bei den Sonderausgaben geltend gemacht werden. Gegebenenfalls sind diese Zinsen bei den Werbungskosten der entsprechenden Einkunftsart zu berücksichtigen.

Höchstbeträge für Vorsorgeaufwendungen

Die Vorsorgeaufwendungen können nur bis zu bestimmten Höchstbeträgen vom steuerpflichtigen Einkommen abgezogen werden. Bei der Berechnung der Höchstbeträge sind zusammen veranlagte Ehegatten als Einheit zu behandeln. Die Anzahl der Kinder wirkt sich auf die Höchstbeträge für Vorsorgeaufwendungen nicht aus. Die Beiträge sind auf folgendem Formular bei der Steuererklärung einzutragen.

		Stpfl. / Ehemann EUR	Ehefrau EUR	52
	Sonderausgaben Beiträge zu			
61	– gesetzlichen Rentenversicherungen u. zu berufsständischen Versorgungseinrichtungen lt. Nr. 23 d. Lohnsteuerbescheinigung (Arbeitnehmeranteil) 30	,—	31 ,—	
62	– landwirtschaftl. Alterskassen sowie zu berufsständischen Versorgungseinrichtungen bei Nichtarbeitnehmern, die den gesetzlichen Rentenversicherungen vergleichbare Leistungen erbringen 32	,—	33 ,—	
63	– freiwilligen Versicherungen in den gesetzlichen Rentenversicherungen und Pflichtbeiträge von Nichtarbeitnehmern zu den gesetzlichen Rentenversicherungen 35	20 000 ,—	36 20 000 ,—	
64	– eigenen kapitalgedeckten Rentenversicherungen (§ 10 Abs. 1 Nr. 2 Buchstabe b EStG) mit Laufzeitbeginn nach dem 31. 12. 2004 – ohne Altersvorsorgebeiträge, die in Zeile 73 geltend gemacht werden – 37	,—	38 ,—	
65	Arbeitgeberanteil zu gesetzlichen Rentenversicherungen, Zuschüsse zu berufsständischen Versorgungseinrichtungen lt. Nr. 22 der Lohnsteuerbescheinigung 47	,—	48 ,—	
	Bei Zusammenveranlagung ist die Eintragung für jeden Ehegatten vorzunehmen: Haben Sie zu Ihrer Krankenversicherung oder Ihren Krankheitskosten Anspruch auf			
66	– steuerfreie Zuschüsse (z. B. Rentner aus der Rentenversicherung) oder – steuerfreie Arbeitgeberbeiträge (z. B. sozialversicherungspfl. Arbeitnehmer) oder – steuerfreie Beihilfen (z. B. Beamte, Versorgungsempfänger) ? 49	1=Ja 2=Nein	50 1=Ja 2=Nein	
67	**Nur bei steuerpflichtigen Personen, die nach dem 31.12.1957 geboren sind:** Beiträge zu einer zusätzlichen freiwilligen Pflegeversicherung (nicht in Zeile 69 enthalten) 82	EUR ,—	87 EUR ,—	
68	Beiträge (abzüglich erstatteter Beiträge und steuerfreier Zuschüsse) zu – gesetzlichen Versicherungen gegen Arbeitslosigkeit, Kranken- und Pflegeversicherung lt. Nr. 25 der Lohnsteuerbescheinigung 53	EUR ,—	54 EUR ,—	
69	– freiwilligen Versicherungen gegen Arbeitslosigkeit, Erwerbs- und Berufsunfähigkeitsversicherungen, Kranken- und Pflegeversicherungen – ohne Beiträge zu freiwilligen zusätzlichen Pflegeversicherungen in Zeile 67 – 55		Stpfl./Ehegatten EUR ,—	
70	– Unfall- und Haftpflichtversicherungen sowie zu Risikoversicherungen, die nur für den Todesfall eine Leistung vorsehen 42		,—	
71	– Rentenversicherungen mit Kapitalwahlrecht und Kapitallebensversicherungen mit mindestens 12 Jahren Laufzeit und Laufzeitbeginn sowie erster Beitragszahlung vor dem 1. 1. 2005 46		,—	
72	– Rentenversicherungen ohne Kapitalwahlrecht mit Laufzeitbeginn und erster Beitragszahlung vor dem 1. 1. 2005 (auch steuerpflichtige Beiträge zu Versorgungs- und Pensionskassen) – ohne Altersvorsorgebeiträge, die in Zeile 73 geltend gemacht werden – 44		,—	
73	Für die geleisteten **Altersvorsorgebeiträge** wird ein zusätzlicher Sonderausgabenabzug lt. **Anlage AV** geltend gemacht	✗ Stpfl. / Ehemann	✗ Ehefrau	

Hinweise zu den Vorsorgeaufwendungen

Vorsorgeaufwendungen ab 2005 mit Günstigerprüfung

- **Altersvorsorgeaufwendungen**
  (Basisversorgung) steigend absetzbar
  GRV* und Rürup-Rente ab dem 60. Lebensjahr bis zum Jahreshöchstbetrag von 20 000,00 € beim Ledigen
  ab 2025 volle Abzugsfähigkeit – zunächst 60 % ab dem Jahr 2005

- **sonstige Vorsorgeaufwendungen**
  GKV, Pflege, Arbeitslosen, LV vor 1. 1. 2005 zu 88 % absetzbar
  Kranken alleine finanziert 2 400,00 € p. a.
  Kranken mit Arbeitgeberzuschuss 1 500,00 € p. a.

- **Riester-Vorsorgeaufwendungen**
  bis zum Höchstbetrag jeweils absetzbar
  ab dem Jahre 2008 – 2 100,00 €

- **Pflegezusatzversicherung**
  nach dem 31. 12. 1957 Geborene – Höchstbetrag
  pro Jahr 184,00 € für private Pflegeversicherung

* + Beiträge zu berufsständischen Versorgungseinrichtungen

Die absetzbaren Vorsorgeaufwendungen zur Schicht 1 werden, wie im Beispiel dargestellt, nach folgenden Schritten unter Beachtung der Kohorten ermittelt:

Rürup-Vorsorge rentiert sich durch die Kohorte nur begrenzt – 2008-Berechnung

Arbeitnehmerbeitrag	6 084,00 €
Arbeitgeberbeitrag	+ 6 084,00 €
gezahlte Beiträge zur gesetzlichen Rentenkasse	= 12 168,00 €
berücksichtigungsfähig: 66 Prozent der gezahlten Beiträge	8 030,88 €
steuerfreier Arbeitgeberbeitrag	– 6 084,00 €
absetzbare Sonderausgaben	= 1 946,88 €
… entspricht 32 Prozent des eigenen Beitrags	
bei zusätzlichem Abschluss einer Rürup-Police in 2008	
gezahlte Beiträge zur gesetzlichen Rentenkasse AG + AN	12 168,00 €
maximal förderfähige Beiträge zur privaten Versicherung	+ 7 832,00 €
insgesamt gezahlte Beiträge zur Basisvorsorge	= 20 000,00 €
berücksichtigungsfähig: 66 Prozent des Höchstbetrags	13 200,00 €
steuerfreier Arbeitgeberbeitrag	– 6 084,00 €
absetzbare Sonderausgaben insgesamt	= 7 116,00 €
… entspricht 51,14 Prozent der eigenen Beiträge	13 916,00 €

Jedes Jahr wirkt sich der steuerliche Abzug positiver aus, wie folgende Tabelle veranschaulicht.

Kohortenmodell für die maximale Absetzbarkeit von Beiträgen 1. Schicht

Jahr	Bezugsgröße ledig	Bezugsgröße verheiratet	prozentual steuerfrei	Wert ledig	Wert verheiratet
2005	20 000,00 €	40 000,00 €	60,00 %	12 000,00 €	24 000,00 €
2006	20 000,00 €	40 000,00 €	62,00 %	12 400,00 €	24 800,00 €
2007	20 000,00 €	40 000,00 €	64,00 %	12 800,00 €	25 600,00 €
2008	20 000,00 €	40 000,00 €	66,00 %	13 200,00 €	26 400,00 €
2009	20 000,00 €	40 000,00 €	68,00 %	13 600,00 €	27 200,00 €
2010	20 000,00 €	40 000,00 €	70,00 %	14 000,00 €	28 000,00 €
2011	20 000,00 €	40 000,00 €	72,00 %	14 400,00 €	28 800,00 €
2012	20 000,00 €	40 000,00 €	74,00 %	14 800,00 €	29 600,00 €
2013	20 000,00 €	40 000,00 €	76,00 %	15 200,00 €	30 400,00 €
2014	20 000,00 €	40 000,00 €	78,00 %	15 600,00 €	31 200,00 €
2015	20 000,00 €	40 000,00 €	80,00 %	16 000,00 €	32 000,00 €
2016	20 000,00 €	40 000,00 €	82,00 %	16 400,00 €	32 800,00 €
2017	20 000,00 €	40 000,00 €	84,00 %	16 800,00 €	33 600,00 €
2018	20 000,00 €	40 000,00 €	86,00 %	17 200,00 €	34 400,00 €
2019	20 000,00 €	40 000,00 €	88,00 %	17 600,00 €	35 200,00 €
2020	20 000,00 €	40 000,00 €	90,00 %	18 000,00 €	36 000,00 €
2021	20 000,00 €	40 000,00 €	92,00 %	18 400,00 €	36 800,00 €
2022	20 000,00 €	40 000,00 €	94,00 %	18 800,00 €	37 600,00 €
2023	20 000,00 €	40 000,00 €	96,00 %	19 200,00 €	38 400,00 €
2024	20 000,00 €	40 000,00 €	98,00 %	19 600,00 €	39 200,00 €
2025	20 000,00 €	40 000,00 €	100,00 %	20 000,00 €	40 000,00 €

▶ **Beispiel zu den Vorsorgeaufwendungen von Frau Steffi Fey Sonderausgabenabzug – im Jahre 2007**

Die ledige Arbeitnehmerin Steffi Fey, mit einem Jahresarbeitslohn von 29 397,00 €, leistet für den Veranlagungszeitraum 2007 folgende Beiträge zu ihrer Altersabsicherung:

- Arbeitnehmerbeitrag zur gesetzlichen
  Rentenversicherung   2 925,00 €
- Arbeitgeberbeitrag zur gesetzlichen Renten-
  versicherung   2 925,00 €
- Rürup-Rente und BUZ   2 400,00 €
- eigene Beiträge zur Arbeitslosen-, Kranken-
  und Pflegeversicherung   3 300,00 €
- Beiträge zu einer „alten" Lebensversicherung   1 200,00 €
- Riestervertrag   1 575,00 €

Errechnen Sie die Steuererstattung bei einem Steuersatz von 30 % plus Soli und Kirchensteuer.

Ermittlung der Steuerersparnis

Sonderausgabenabzug – Lösung 2007

1. Altersvorsorgeaufwendungen nach § 10 Abs. 1 EStG
   Arbeitgeber GRV   2 925,00 €
   Arbeitnehmer GRV   2 925,00 €
   Rürup und BUZ   2 400,00 €
   Summe   **8 250,00 €**
   abzugsfähig 64 %   5 280,00 €
   abzüglich steuerfreier AG-Anteil   2 925,00 €
   **verbleiben als abzugsfähige
   Altersvorsorge** ⟶   2 355,00 € ⎫
2. sonstige Vorsorgeaufwendungen   ⎪
   insgesamt   4 356,00 €   ⎬ 5 430,00 €
   Höchstbetrag nach § 10 Abs. 4 EStG ⟶ 1 500,00 €   ⎪
3. Altersvorsorge (AV) Förderrente 1 461,00 €   ⎪
   in voller Höhe steuerlich wirksam ⟶ 1 575,00 €   ⎭

5 430,00 € hiervon 30 % Steuern = 1 629,00 + Soli 89,60 + K-Steuer 146,61 €
Gesamterstattung = 1 865,21 € Steuern – Zulagen 114,00 €
= 1 751,21 €

Für Beiträge zu einer freiwilligen Pflegezusatzversicherung wird ein weiterer Höchstbetrag für die Steuerpflichtigen gewährt, die nach dem 31. 12. 1957 geboren sind.

Höchstbetrag zur freiwilligen Pflegeversicherung

- für den Steuerpflichtigen   184,00 €
- für den Ehegatten   184,00 € = verh. 368,00 €

Vorsorgeaufwendungen im Überblick

	Angestellter Arbeiter	Beamter	Selbstständiger Freiberufler
Aufwendungen zur Basisversorgung (Kohorte)	20 000,00 € ./. GRV: AG + AN	20 000,00 € ./. fiktive Rentenbeiträge wie bei einem Angestellter	20.000,00 €
	Rest Rürup	Rest Rürup	Voll Rürup
sonstige Vorsorgeaufwendungen, z. B. Krankenversicherung Pflegeversicherung Alte LV zu 88 %	1 500,00 € p. a.	1 500,00 € p. a.	2 400,00 € p. a.
Riester Höchstbetrag	2007 ⟹ 1 575,00 € ab 2008 ⟹ 2 100,00 €	2007 ⟹ 1 575,00 € ab 2008 ⟹ 2 100,00 €	nein
private Pflegezusatzversicherung nach 1957 geboren	184,00	184,00	184,00

6.1 Einkommensteuer

Übersicht der alten Vorsorge-Höchstbetragsregelungen – nur noch wichtig für die Günstigerprüfung*

Sollte jemand nach dem alten System steuerlich besser stehen, dann wird dieses angewandt.

Vorsorgeaufwand	Jahr	Familienstand		reduziert das steuerpflichtige Einkommen
		alleinstehend €**	verheiratet €**	
(1) voll abzugsfähig nur für Versicherungsbeiträge/ Vorwegabzug	ab 2002	3 068,00	6 136,00	voll
(2) voll abzugsfähig für Versicherungsbeiträge/ Grundhöchstbetrag	ab 2002	1 334,00	2 668,00	voll
(3) zusätzlicher Betrag, aber nur zur Hälfte abzugsfähig/ hälftiger Höchstbetrag	ab 2002	1 334,00	2 668,00	halb
(4) Es können maximal steuerlichwirksam insgesamt aufgewendet werden	ab 2002	5 736,00	11 472,00	= maximale Aufwendungen
(5) bei Aufwendungen n. Spalte (4) sind abzugsfähig [siehe Spalte (3)]	ab 2002	5 069,00	10 138,00	= maximale Steuerwirksamkeit
(6) Aufwendungen private Pflegezusatzversicherung	ab 2002	184,00	368,00	+ Pflegezusatz voll wirksam
(7) Aufwendungen zur Riester-Rente Anlage AV (Altersvorsorge)	2002/2003 2004/2005 2006/2007 ab 2008	525,00 1 050,00 1 575,00 2 100,00	1 050,00 2 100,00 3 150,00 4 200,00	+ Riesterbetrag voll wirksam

* Auf die genaue Darstellung einer Günstigerprüfung wird verzichtet, weil sie in den meisten Fällen bedeutungslos ist und ab 2020 ganz abgeschafft wird.
** Beträge müssen durch Belege nachgewiesen werden. Es handelt sich also nicht um Freibeträge.

Günstigerprüfung – Altersvorsorgeaufwendungen

Von 2005 bis 2019 findet eine Günstigerprüfung durch das Finanzamt statt. Der Gesetzgeber möchte verhindern, dass jemand durch das neue System schlechter gestellt wird. Die Abzugsfähigkeit von Beiträgen zu einer Basisrente wird rückwirkend ab dem Beitragsjahr 2006 durch Modifizierung der Günstigerprüfung (§ 10 Abs. 4 a EStG) verbessert. Im Jahr 2005 ist das neue Recht ab einem Bruttoeinkommen von 26 000,00 € günstiger – im Zeitablauf wird das neue Recht immer günstiger, weil die derzeit geltenden Höchstbeträge ab 2011 kontinuierlich abgeschmolzen werden.

Jahr	Vorwegabzug wird langsam gesenkt
2005–2010	3 068,00 €
2011	2 700,00 €
2012	2 400,00 €
2013	2 100,00 €
2014	1 800,00 €
2015	1 500,00 €
2016	1 200,00 €
2017	900,00 €
2018	600,00 €
2019	300,00 €

Im Vergleich schneiden die neuen steuerlichen Vorschriften zur Absetzbarkeit der Vorsorgeaufwendungen im Zeitablauf durch die Kohortenregelung immer besser ab. Die Tabelle zeigt in Abhängigkeit von Zeit und Einkommenshöhe das Plus des neuen Sonderausgabenabzugs für den Steuerzahler.

Jährliche steuerliche Entlastung in Euro gegenüber der bisherigen Regelung

AN – ledig	Abzug der Rentenversicherungsbeiträge zu mindestens:		
Bruttolohn in €	60 % im Startjahr 2005 in €	80 % im Jahr 2015 in €	100 % im Endjahr 2025 in €
20 000,00	0,00	182,00	392,00
30 000,00	27,00	400,00	766,00
40 000,00	102,00	672,00	1 230,00
50 000,00	199,00	1 000,00	1 784,00
60 000,00	296,00	1 333,00	2 370,00

berechnet nach Einkommensteuertarif 2005

6.2 Neue Vorsorgeaufwendungen – Rürup

Vergleichsrechnung

Ein Angestellter, ein Beamter und ein Selbstständiger verfügen im Jahr 2008 über ein Einkommen von 50 000,00 €. Alle schließen einen Rürup-Vertrag über 6 000,00 € p. a. ab. Steuersatz 40 % inkl. Soli.:

	Angestellter	Beamter	Selbstständiger
Höchstbetrag – ledig/verheiratet – Verdoppelung	20 000,00 €	20 000,00 €	20 000,00 €
Arbeitgeberanteil zur GRV 19,9 % : 2	4 975,00 €	fiktiv 4 975,00 €	–/–
Arbeitnehmeranteil zur GRV 19,9 % : 2	4 975,00 €	4 975,00 €	–/–
offen für Rürup	10 050,00 €	10 050,00 €	20 000,00 €
für alle möglich, da im Rahmen der Höchstbetragsregelung	6 000,00 €	6 000,00 €	6 000,00 €
AG-Anteil	4 975,00 €	0,00 €	0,00 €
AN-Anteil	4 975,00 €	0,00 €	0,00 €
Rürup	6 000,00 €	6 000,00 €	6 000,00 €
Gesamtbetrag	15 950,00 €	6 000,00 €	6 000,00 €
66 % Kohorte	10 527,00 €	3 960,00 €	3 960,00 €
– AG-Anteil	4 975,00 €	0,00 €	0,00 €
steuerlich wirksam	5 552,00 €	3 960,00 €	3 960,00 €
Steuererstattung	2 220,80 €	1 584,00 €	1 584,00 €
Förderquote auf Basisversicherung	20,24 %	26,4 %	26,4 %

Vorsorgepauschale

Bei Steuerpflichtigen, die Arbeitslohn bezogen haben, wird für Vorsorgeaufwendungen beim Lohnsteuerabzug bzw. bei einer späteren Veranlagung eine Vorsorgepauschale berücksichtigt. Die Möglichkeit, bei der

Einkommensteuerveranlagung höhere Vorsorgeaufwendungen nachzuweisen, bleibt erhalten.

Die Vorsorgepauschale setzt sich aus zwei Komponenten zusammen. Zum einen gibt es 10 Prozent der Beiträge zur Rentenversicherung, die lohnsteuerfrei bleiben. Dieser Satz erhöht sich jährlich um zwei Prozent (Kohorte) und beträgt im Jahre 2025 als Endstufe 50 Prozent der Beitragszahlung zur GRV, die damit lohnsteuerfrei bleibt. Hinzu kommen 11 Prozent des Arbeitslohns, maximal 1 500,00 € pro Jahr. Für Personen, die nicht der gesetzlichen Rentenversicherungspflicht unterliegen, z. B. Beamte und Pensionäre, beträgt die Vorsorgepauschale 11 Prozent des Arbeitslohnes, höchstens 1 500,00 €. Bei Ehepaaren verdoppeln sich die Beträge.

Für nicht rentenversicherungspflichtige Arbeitnehmer (Beamte, Richter, Berufssoldaten, Geistliche und bei Gesellschafter-Geschäftsführern) kommt eine gekürzte bzw. gekappte Vorsorgepauschale von 11 % zum Tragen, höchstens jedoch 1 500,00 €. Mit diesem Betrag sind – ohne Nachweis von höheren Aufwendungen – sowohl die Vorsorge – als auch die übrigen Versicherungsbeiträge abgegolten.

Vorsorgepauschale 2006

Jahresarbeitsentgelt	Vorsorgepauschale für Alleinstehende	Jahresarbeitsentgelt	Vorsorgepauschale für Alleinstehende	Jahresarbeitsentgelt	Vorsorgepauschale für Verheiratete	Jahresarbeitsentgelt	Vorsorgepauschale für Verheiratete
18 000,00 €	2 189,00 €	38 000,00 €	2 390,00 €	24 000,00 €	4 800,00 €	44 000,00 €	4 030,00 €
20 000,00 €	2 001,00 €	40 000,00 €	2 436,00 €	26 000,00 €	4 922,00 €	46 000,00 €	4 077,00 €
22 000,00 €	2 015,00 €	42 000,00 €	2 483,00 €	28 000,00 €	4 962,00 €	48 000,00 €	4 124,00 €
24 000,00 €	2 062,00 €	44 000,00 €	2 530,00 €	30 000,00 €	5 002,00 €	50 000,00 €	4 170,00 €
26 000,00 €	2 109,00 €	46 000,00 €	2 577,00 €	32 000,00 €	5 018,00 €	52 000,00 €	4 217,00 €
28 000,00 €	2 156,00 €	48 000,00 €	2 624,00 €	34 000,00 €	4 698,00 €	54 000,00 €	4 264,00 €
30 000,00 €	2 202,00 €	50 000,00 €	2 670,00 €	36 000,00 €	4 378,00 €	56 000,00 €	4 311,00 €
32 000,00 €	2 249,00 €	52 000,00 €	2 717,00 €	38 000,00 €	4 058,00 €	58 000,00 €	4 358,00 €
34 000,00 €	2 296,00 €	60 000,00 €	2 904,00 €	40 000,00 €	4 002,00 €	60 000,00 €	4 404,00 €
36 000,00 €	2 343,00 €	ab 63 000,00 €	2 975,00 €	42 000,00 €	4 002,00 €	ab 63 000,00 €	4 475,00 €

Da die Vorsorgepauschale nur eine ungefähre Einbeziehung der Sozialabgaben eines Arbeitnehmers in die Lohnsteuerberechnung berücksichtigt, wird die jährliche Einkommensteuererklärung als Endabrechnung eines Steuerpflichtigen von entscheidender Bedeutung für die Berücksichtigung aller Vorsorgeaufwendungen, also auch der privaten Versicherungen, die unter die Höchstbetragsregelungen der Sonderausgaben fallen, z. B. sonstige Vorsorgeaufwendungen zu höchstens jedoch 1 500,00 €.

6.3 Riesterverträge

Die Förderung durch Zulagen (siehe staatlich geförderte Altersvorsorge), die dem Anlagekonto gutgeschrieben werden, ist nur ein Anreiz der zertifizierten Produkte. Eine weitere Förderungsmöglichkeit besteht über die Reduzierung des zu versteuernden Einkommens über den Sonderausgabenabzug. Diese Förderung beantragt man jährlich mit der Anlage AV (Altersvorsorge), und zwar für den Eigenbeitrag als auch für die Zulagen, indem man dieser Anlage eine Kopie des Antrages auf Zulagenförderung beifügt. Das Finanzamt prüft dann automatisch, ob man für den gesamten Beitrag zur Eigenvorsorge auch noch Steuern zurück bekommt (Günstigerprüfung gemäß § 10 a, Abs. 2, EStG). Der Steuerrückfluss wird dem Anlagekonto nicht gutgeschrieben, sondern wird über den Steuerjahresausgleich an den Steuerpflichtigen ausgezahlt.

Überlegungen zur Absetzbarkeit von Riester-Beiträgen lassen erkennen, dass die Höhe der Förderung über Sonderausgaben

- von der Einkommenshöhe
- von den gewährten Zulagen und
- von der Sparleistung

abhängig ist.

Da diese Gegebenheiten bei jedem Steuerzahler anders sind, überprüft das Finanzamt in jedem Einzelfall die mögliche Förderung über Sonderausgaben.

Diese Beiträge werden nicht auf die bisherigen Höchstbeträge der Sonderausgaben angerechnet. Sie sind immer bis zu den Höchstgrenzen voll abzugsfähig. Für die Jahre 2007 und 2008 beträgt der Höchstbetrag pro Person 1 575,00 € bzw. 2 100,00 €, hierbei handelt es sich nicht um einen Freibetrag.

Durch die steuerliche Begünstigung wird die Förderquote bei Personen mit einem hohen Steuersatz besonders attraktiv, so dass diese Steuerzahler den maximalen steuerlichen Höchstbetrag ausschöpfen sollten.

Sonderausgabenabzug bei Ehepaaren

Bei der Zusammenveranlagung bei originär geförderten Paaren sind die Höchstbeträge auf den Partner nicht übertragbar, so dass jeder auf sich einen Riestervertrag abschließen muss, um die maximale steuerliche Förderung zu erzielen. Ferner müssen die Eheleute uneingeschränkt einkommensteuerpflichtig sein und nicht dauerhaft getrennt leben. Ein Sonderausgabenabzug steht jedoch nur dem originär begünstigten Partner zu. Sollte der Ehemann zum begünstigten Personenkreis nach § 10 a Abs. 1 EStG gehören und die Ehefrau nicht, so ist die Ehefrau zwar ohne eigene Leistungen zulagenberechtigt. Etwaige eigene Zahlungen der Ehefrau können nur im Rahmen des Abzugsvolumens berücksichtigt werden, das dem nach § 10 a Abs. 1 EStG begünstigten Ehegatten zusteht. Für die Günstigerprüfung werden die beiden Ehegatten zustehenden Zulagen mit dem sich aus dem zusätzlichen Sonderausgabenabzug insgesamt für die Ehegatten ergebenden Steuervorteil verglichen.

Sonderausgabenabzug – Höchstbeträge

a) beide Ehepartner unmittelbar gefördert
   Jahr 2007   1 575,00 € + 1 575,00 € = 3 150,00 €
   Jahr 2008   2 100,00 € + 2 100,00 € = 4 200,00 €

b) ein Ehepartner mittelbar gefördert
   Jahr 2007   1 575,00 € + 0,00 € = 1 575,00 €
   Jahr 2008   2 100,00 € + 0,00 € = 2 100,00 €

▶ Beispiel

Das steuerpflichtige Ehepaar Ilse und Herbert Schäfer wird zusammen veranlagt. Nur Herbert ist unmittelbar begünstigt und hat den erforderlichen Mindesteigenbeitrag erbracht. Ilse hat einen eigenen Altersvorsorgevertrag abgeschlossen und ist daher mittelbar zulagenberechtigt. Herbert hat Beiträge in Höhe von 1 100,00 € und Ilse Beiträge in Höhe von 300,00 € im Jahre 2007 zugunsten des jeweiligen Vertrages gezahlt. Zu ermitteln sind die als Sonderausgaben abziehbaren Beträge.

Lösung

Zunächst ist das durch den unmittelbaren Zulageberechtigten ausgeschöpfte Abzugsvolumen zu ermitteln.

Dabei sind die von Herbert geleisteten Beiträge und die Herbert und Ilse zustehenden Zulagen zu berücksichtigen. Es erfolgt aber keine Verdoppelung des Höchstbetrages.

Eigenbeitrag Herbert	1 100,00 €
Zulagenanspruch Herbert	114,00 €
Zulagenanspruch Ilse	114,00 €
somit sind vom Höchstbetrag ausgeschöpft	1 328,00 €
Abzugsvolumen insgesamt	1 575,00 €
somit noch nicht ausgeschöpft	247,00 €

Von den Eigenbeiträgen der Ehefrau Ilse können somit noch 247,00 € als Sonderausgaben berücksichtigt werden. Insgesamt sind dann 1 575,00 € als Sonderausgaben abziehbar.

Die Steuererstattung beträgt im Beispiel unterstellt 600,00 € p. a. Sie muss den Ehegatten getrennt zugerechnet werden. Als Aufteilungsmaßstab wird hier das Verhältnis der Eigenbeiträge des unmittelbar zulagenberechtigten Ehegatten zu den wegen der Nichtausschöpfung des Höchstbetrages berücksichtigten Eigenbeiträgen des mittelbar zulagenberechtigten Ehegatten zugrundegelegt.

An Altersvorsorgebeiträgen wurden beim Ehemann 1 100,00 € und bei der Ehefrau 247,00 € berücksichtigt, in der Summe also 1 347,00 €.

Ehemann $\quad \dfrac{1\,100\,€}{1\,347\,€} \times 600\,€ = 490{,}00\,€$

Ehefrau $\quad \dfrac{247\,€}{1\,347\,€} \times 600\,€ = 110{,}00\,€$

Diese Beiträge und die Zuordnung zu den jeweiligen Verträgen sind gemäß § 10 a Abs. 4 EStG gesondert festzustellen und der ZfA mitzuteilen, um bei einer schädlichen Verwendung die genaue Rückforderung zu kennen.

Sonderausgabenabzug bei mehreren Verträgen

Wenn der Steuerpflichtige mehrere Altersvorsorgeverträge abgeschlossen hat, so ist das für die Gewährung des Sonderausgabenabzuges zunächst ohne Bedeutung, da er den Sonderausgabenabzug auch für Beiträge geltend machen kann, für die keine Zulage beantragt wurde oder aber aufgrund des § 87 Abs. 1 EStG (Zulage max. für zwei Verträge) keine Zulage gewährt wird.

▶ Beispiel

Der ledige steuerpflichtige Arnold hat drei Altersvorsorgeverträge abgeschlossen und im Jahr 2006 folgende Beiträge eingezahlt:

Vertrag 1   750,00 € p. a. Zulage 57,00 €
Vertrag 2   750,00 € p. a. Zulage 57,00 €
Vertrag 3   500,00 € p. a. keine Zulage

Obwohl insgesamt 2 000,00 € an eigenen Beiträgen geleistet worden sind, können beim Sonderausgabenabzug höchstens 1 461,00 € (+ 114,00 € Zulage = 1 575,00 €) an eigenen Beiträgen berücksichtigt werden. Unterstellte Steuerermäßigung: 760,00 €.

Von den insgesamt geleisteten Beiträgen in Höhe von 2 000,00 € wurden nur 1 461,00 € als Sonderausgaben berücksichtigt, mithin 73,05 %. Zusätzlich ist bei den Verträgen 1 und 2 noch die

Zulage zu berücksichtigen, so dass sich folgende Aufteilung für eine spätere Besteuerung der Rentenzahlungen aus diesen Verträgen ergibt:

Renten aus den begünstigten Beiträgen werden voll besteuert, wogegen Renten aus dem nicht begünstigten Teil nur mit dem Ertragsanteil steuerpflichtig werden.

Vertrag 1	750,00 € x 73,05 % =	547,88 €
	+ Zulage 57,00 € =	604,88 € insgesamt begünstigt
Vertrag 2	750,00 € x 73,05 % =	547,88 €
	+ Zulage 57,00 € =	604,88 € insgesamt begünstigt
Vertrag 3	500,00 € x 73,05 % =	365,25 € insgesamt begünstigt
	keine Zulage	

6.4 Besteuerung der Leistungen

Kapitalversicherungen und Rentenversicherung mit Kapitalwahlrecht – Altverträge

Leistungen aus der Lebensversicherung – auch der fondsgebundenen Lebensversicherung des Versicherungsnehmers – unterliegen nach Ablauf von 12 Jahren nicht der Einkommensteuer, wenn der Vertrag **bis zum 31. 12. 2004** abgeschlossen und mindestens ein Beitrag in 2004 geleistet wurde. Bei Auszahlungen vor Ablauf von 12 Jahren sind die rechnungsmäßigen und die außerrechnungsmäßigen Zinsen als Einkünfte aus Kapitalvermögen zu versteuern. § 2 EStG

Die vom Versicherer abgeführte Kapitalertragsteuer, die in der ausgestellten Steuerbescheinigung bescheinigt ist, wird bei der Einkommensteuerveranlagung in der Anlage KAP als Steuergutschrift berücksichtigt. Je nach der Höhe des zu versteuernden Einkommens des Steuerpflichtigen kommt es zu einer Steuernacherhebung oder zu einer Steuererstattung.

Neuverträge
Kapitalbildende Lebensversicherung

Wenn der Vertrag **nach dem 31. 12. 2004** abgeschlossen wurde, ist der Unterschied zwischen der Versicherungsleistung und der Summe der auf sie entrichteten Beiträge im Erlebensfall als Erträge unter Einkünfte aus Kapitalvermögen (Anlage KAP) voll zu versteuern (Volleinkünfteverfahren). § 20 Abs. 1 Nr. 6 EStG

Differenzverfahren:
Ablaufleistung – Prämiensumme = steuerpflichtiger Ertrag

Alterseinkünftegesetz (AltEinkG)

volle Besteuerung der Erträge (Volleinkünfteverfahren)
(Ablaufleistung ./. Prämiensumme)

- Ablaufleistung = 100 000,00 €
- Prämiensumme (exklusiv) Zusatzversicherungen = 54 000,00 €
- Ertrag aus LV = 46 000,00 €
- Steuer auf 46 000,00 € = 18 000,00 €
  bei einem steuerpflichtigen Einkommen
  von 24 000,00 € ohne Erträge der LV
- Minderung der gesamten Ablaufleistung um 18 %

Wird die Versicherungsleistung nach Vollendung des 60. Lebensjahres und nach Ablauf von 12 Jahren ausgezahlt, ist die Hälfte des Unterschiedsbetrages anzusetzen.

> **Differenzverfahren:**
> (Ablaufleistung − Prämiensumme) : 2 = steuerpflichtiger Ertrag.

Alterseinkünftegesetz (AltEinkG)

Hälftige Besteuerung der Erträge für Verträge, die nicht vor Vollendung des 60. Lebensjahres und frühestens nach einer Laufzeit von 12 Jahren fällig werden (Halbeinkünfteverfahren)

- Ablaufleistung = 100 000,00 €
- Prämiensumme (exklusiv) Zusatzversicherungen = 54 000,00 €
- Steuerpflichtiger Ertrag = 23 000,00 €
- Steuer auf 23 000,00 € = 8 000,00 €
  bei einem steuerpflichtigen Einkommen
  von 24 000,00 € ohne Erträge der LV
- Minderung der gesamten Ablaufleistung um 8 %

Die Höhe der Steuer auf die fällige Ablaufleistung zur Kapitalversicherung ist nur schwer berechenbar, weil sie von vier Größen abhängt, die nicht genau bekannt sind:

- Wie hoch ist das steuerpflichtige Einkommen bei Zufluss der Lebensversicherung?
- Erfolgt der Zufluss vor bzw. nach dem 60. Lebensjahr?
- Wie hoch sind die Erträge aus der Lebensversicherung?
- Wie hat sich Steuer im Zeitablauf verändert?

Die steuerliche Belastung basiert auf der jetzigen Rechtslage.

zu versteuerndes Einkommen	Vertrag A: 100 000 € Auszahlung, davon 43 300 € Erträge		Vertrag B: 300 000 € Auszahlung, davon 130 000 € Erträge	
	Steuer bei Auszahlung im Alter		Steuer bei Auszahlung im Alter	
	bis zu 60 Jahren	ab 60 Jahren	bis zu 60 Jahren	ab 60 Jahren
10 000,00 €	14 863,00 €	6 274,00 €	53 265,00 €	24 463,00 €
20 000,00 €	16 707,00 €	7 371,00 €	55 109,00 €	26 307,00 €
30 000,00 €	18 018,00 €	8 418,00 €	56 420,00 €	27 619,00 €
40 000,00 €	18 845,00 €	9 245,00 €	57 247,00 €	28 446,00 €
50 000,00 €	19 190,00 €	9 590,00 €	57 592,00 €	28 791,00 €
60 000,00 €	19 199,00 €	9 601,00 €	57 603,00 €	28 801,00 €

Annahme: Kapitallebensversicherung für einen Verheirateten ohne Kinder, kein Splittingvorteil. 20 Jahre Laufzeit. Berechnet nach dem Einkommensteuertarif 2005 (inklusive Solidaritätszuschlag, ohne Kirchensteuer). Quelle: Trendanalytik.

Kündigung

Das gleiche Ertrags-Differenzverfahren wird auch bei einer vorzeitigen Beendigung des Vertrages angewandt, wenn z. B. der Vertrag einen Rückkaufswert von 9 800,00 € aufweist und die Beitragszahlungen 8 900,00 € betragen haben, so werden nur 900,00 € steuerpflichtig. Bei einer vorzeitigen Auflösung kann das neue Verfahren günstiger sein als die alte Zinsbesteuerung in den ersten 12 Jahren.

Dynamik

Wird bei Vertragsabschluss eine planmäßige Anpassung von Beiträgen und Leistungen ohne erneute Gesundheitsprüfung vereinbart, so hat dies keinen Einfluss auf das Steuerprivileg der 50%-igen Besteuerung. Werden bei einer kapitalbildenden Lebensversicherung, bei der die Voraussetzungen der steuerlichen Begünstigung der um 50 Prozent reduzierten Besteuerung vorliegen, mehr als zwei aufeinander folgende Erhöhungen ausgelassen, so werden die Erträge, die auf die nachfolgenden Erhöhungen der Lebensversicherung entfallen, nur dann zu 50 Prozent versteuert, wenn eine verbleibende Vertragslaufzeit von 12 Jahren eingehalten wird.

Nachversicherungsgarantie

Wird bei einer kapitalbildenden Lebensversicherung, bei der die Voraussetzungen der steuerlichen Begünstigung der um 50 % reduzierten Besteuerung vorliegen, eine vertraglich eingeräumte Nachversicherungsgarantie wahrgenommen, so werden die Erträge, die auf die zusätzlichen Beiträge der Lebensversicherung entfallen, nur dann zu 50 % versteuert, wenn eine verbleibende Vertragslaufzeit von 12 Jahren eingehalten wird. Auszahlungen im Todesfall sind einkommensteuerfrei.

Gewinnguthaben

Das Überschussguthaben, das während der Vertragsdauer gutgeschrieben wurde, wird zum Auszahlungstermin einkommensteuerpflichtig, z. B. bei

- Gruppenrisikoversicherung (Verein)
- Berufsunfähigkeitsversicherungen
- Risikoversicherung
- Todesfallversicherung

Bei einer Gewinnverrechnung mit den Beiträgen fällt keine Steuer an.

Diese Regelung gilt für alle kapitalbildenden Lebensversicherungen (Neuverträge), wie

- Vermögensbildungspolicen
- Teilauszahlungen
- Abrufoptionen
- Terme-Fix-Policen
- ermäßigtem Todesfallschutz

Analog gelten diese Besteuerungsregelungen auch für Rentenversicherungen, wenn das Kapitalwahlrecht ausgeübt wird.

Der Versicherer hat von dem steuerpflichtigen Kapitalertrag nach § 43 a Abs. 1 Nr. 2 i. V. m. § 43 Abs. 1 Nr. 4 EStG Kapitalertragsteuer von 25 % des Ertrags zuzüglich 5,5 % Solidaritätszuschlag einzubehalten und an das Finanzamt abzuführen. Hierüber erhält der Kunde eine Bescheinigung zur Vorlage beim Finanzamt.

Die vorab einbehaltene Kapitalertragsteuer ist lediglich eine Vorauszahlung auf die persönliche Einkommensteuer, d. h. die steuerpflichtigen Erträge müssen in der betreffenden Einkommensteuererklärung angegeben werden und werden im Rahmen der Einkommensteuerveranlagung mit dem individuellen Steuersatz versteuert. Die voraus gezahlte Kapitalertragsteuer wird unter Vorlage der entsprechenden Steuerbescheinigung auf die persönliche Einkommensteuer angerechnet. Durch Vorlage eines Freistellungsauftrags oder einer Nichtveranlagungsbescheinigung kann der Kapitalertragsteuerabzug ganz oder teilweise vermieden werden. Die Beiträge zu Kapitalversicherungen können nicht als Sonderausgaben abgezogen werden.

▶ Hinweis

- **Todesfall-Zusatzversicherung**
  Kapitalleistungen aus einer Todesfall-Zusatzversicherung sind stets einkommensteuerfrei.

- **Hinterbliebenen-Zusatzversicherung**
  Rentenzahlungen aus einer Hinterbliebenenrenten-Zusatzversicherung unterliegen nur in Höhe des mit Wirkung zum 1. 1. 2005 herabgesetzten Ertragsanteils der Einkommensteuer.

- **Rentenversicherung**
  Beiträge zu Rentenversicherungen mit aufgeschobenem Rentenbeginn und Beitragsrückgewähr in der Aufschubzeit, die im Todesfall während der Aufschubzeit zurückgezahlt werden (Beitragsrückgewähr) sind stets einkommensteuerfrei.

- **Unfalltod- und Dread-Disease-Zusatzversicherungen**
  Kapitalleistungen aus einer Unfalltod- oder Dread-Disease-Zusatzversicherung sind stets einkommensteuerfrei.

- **Berufsunfähigkeits-Zusatzversicherungen**
  Renten aus Berufsunfähigkeits-Zusatzversicherungen sind als zeitlich begrenzte Leibrenten mit dem mit Wirkung zum 1. 1. 2005 herabgesetzten Ertragsanteil (§ 55 Abs. 2 EStG) zu versteuern. Kapitalleistungen aus Berufsunfähigkeits-Zusatzversicherungen sind stets einkommensteuerfrei.

- **Risikolebensversicherung/Vereinsversicherungen**
  Die Versicherungsleistung ist stets einkommensteuerfrei.

6.5 Fondsgebundene Lebensversicherung bzw. Rentenversicherung mit Kapitalwahlrecht (Neuvertrag)

Auch bei dieser Form wird über das Differenzverfahren der steuerpflichtige Ertrag, der voll bzw. halb versteuert wird, ermittelt.

Sollte sich der Kunde die Fondsanteile vom Versicherer privat in sein Depot übertragen lassen, so wird der Tageswert der Fondsanteile ermittelt, um über das Differenzverfahren den steuerpflichtigen Ertrag zu ermitteln. Die fondsgebundene Lebensversicherung wird fällig und der Kunde Manfred Schwingen möchte seine 862 Anteile des Aktienfonds in sein Depot bei seiner Hausbank übertragen lassen.

Laufzeit 20 Jahre Monatsbeitrag	100,00 €
862 Fondsanteile 38,00 €	32 756,00 €
20 Jahre x 12 Monate = 240 Monate x 100,00	24 000,00 €
Ertrag laut Differenzverfahren	8 756,00 €

Bei einer

- Übertragung vor dem 60. Lebensjahr wird der volle Betrag steuerpflichtig
- Übertragung nach dem 60. Lebensjahr wird der halbe Betrag steuerpflichtig, also nur 4 378,00 €

Rentenversicherungen

Leibrenten aus privaten Rentenversicherungen (Schicht 3) unterliegen in der Leistungsphase lediglich mit ihrem pauschalierten Ertragsanteil abzüglich einer Werbungskostenpauschale von jährlich 102,00 € je Rentenbezieher der Einkommensteuer. In der Ansparphase wird keine Steuer fällig.

Besteuerung einer privaten Rentenversicherung:

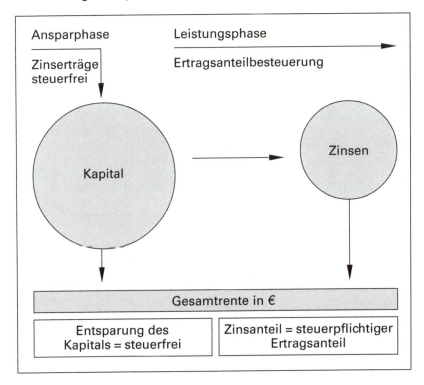

Mit Beginn der Rentenzahlung wird ein bestimmtes Kapital entspart, bezogen auf die Lebenserwartung der versicherten Person. Zusätzlich werden die Zinsen, die das Kapital erbringt, an die versicherte Person ausgezahlt. Dieser Zinsverlust wird über den Ertragsvorteil, der vom Alter abhängig ist, steuerpflichtiges Einkommen zu Beginn der Rente.

Das Alter des Rentenberechtigten bei Beginn der Leibrente bestimmt für die gesamte Rentenzahlungsdauer den steuerpflichtigen Ertragsanteil.

Die Ertragsanteile einer privaten Rente wurden mit dem Alterseinkünftegesetz zum 1. Januar 2005 um über 30 % gesenkt: Die Absenkung der Ertragsanteile gilt auch für bestehende Rentenverträge.

Alter bei Rentenbeginn	Ertragsanteil in v.H. 2004	ab 2005	Alter bei Rentenbeginn	Ertragsanteil in v.H. 2004	ab 2005	Alter bei Rentenbeginn	Ertragsanteil in v.H. 2004	ab 2005	Alter bei Rentenbeginn	Ertragsanteil in v.H. 2004	ab 2005
0	73	59	25	63	47	50	43	30	75	16	11
1	73	59	26	62	47	51	42	29	76	15	10
2	73	58	27	62	46	52	41	29	77	14	10
3	73	58	28	61	45	53	40	28	78	13	9
4	72	57	29	60	45	54	39	27	79	12	9
5	72	57	30	60	44	55	38	26	80	11	8
6	71	56	31	59	44	56	37	26	81	11	7
7	71	56	32	58	43	57	36	25	82	10	7
8	71	56	33	58	42	58	35	24	83	9	6
9	70	55	34	57	42	59	34	23	84	8	6
10	70	55	35	56	41	60	32	22	85	8	5
11	70	54	36	55	40	61	31	22	86	7	5
12	69	54	37	55	40	62	30	21	87	7	5
13	69	53	38	54	39	63	29	20	88	6	4
14	68	53	39	53	38	64	28	19	89	5	4
15	68	52	40	52	38	65	27	18	90	5	4
16	67	52	41	51	37	66	26	18	91	5	4
17	67	51	42	51	36	67	25	17	92	4	3
18	66	51	43	50	35	68	23	16	93	4	3
19	66	50	44	49	35	69	22	15	94	3	2
20	65	50	45	48	34	70	21	15	95	3	2
21	65	49	46	47	33	71	20	14	96	3	2
22	64	49	47	46	33	72	19	13	ab 97	2	1
23	64	48	48	45	32	73	18	13			
24	63	48	49	44	31	74	17	12			

Mit der Einführung der nachgelagerten Besteuerung durch das Alterseinkünftegesetz werden Renten aus der gesetzlichen Rentenversicherung (Schicht 1) nicht mehr nach dem Ertragsanteil besteuert.

Die Ertragsanteilbesteuerung gilt jedoch weiter für Renten, die durch den Einsatz von ausschließlich versteuertem Einkommen (Schicht 3) erworben werden.

Dazu gehören:

- Renten aus Kapitalversicherungen
- Renten aus Rentenversicherungen mit Kapitalwahlrecht
- Renten aus Direktversicherungen und Pensionskassen, deren Beiträge pauschal versteuert wurden.

Nicht unter die Ertragsanteilbesteuerung fallen Renten aus:

- Direktzusagen (Betriebsrenten) – Schicht 2
- zertifizierten Altersvorsorgeverträgen (Riester-Renten) – Schicht 2
- steuerbefreiten Beiträgen zur Altersversorgung (Rürup-Renten) – Schicht 1

Reine Zeitrenten, wie z. B. aus einem Bank- oder Fondssparplan unterliegen mit ihren Erträgen der vollen Besteuerung.

Abgekürzte Leibrenten

Renten, die auf eine bestimmte Zeit beschränkt sind, unterliegen mit ihrem Ertragsanteil nach § 55 Abs. 2 Einkommensteuer-Durchführungsverordnung (EStDV) der Besteuerung. Dies gilt für Berufs- bzw. Erwerbsminderungsrenten aus privaten Versicherungsverträgen. Der Ertragsanteil wurde ebenfalls 2005 herabgesetzt und richtet sich nach der vereinbarten Dauer der Rente. Ausgenommen von dieser Besteuerung sind die zeitlich begrenzten gesetzlichen Renten wie die Erwerbsminderungsrente. Alle Renten aus der 1. und 2. Schicht werden nachgelagert voll besteuert (evtl. Kohorte).

Witwen-, Waisen-, Pflege- und Berufsunfähigkeitsrenten sind nach wie vor mit dem verminderten Ertragsanteil nach § 55 Abs. 2 EStDV zu versteuern, sofern sie aus Schicht-3-Verträgen geleistet werden.

▶ Hinweis

Sofort beginnende abgekürzte Leibrenten gegen Einmalbeitrag unterliegen mit dem sog. Unterschiedsbetrag der Kapitalertragsteuer, wenn sie nach dem 31. 12. 2006 abgeschlossen werden. Dies gilt auch für die erste Rente, die verrechnet und nicht ausgezahlt wird. Altverträge werden weiter mit dem Ertragsanteil besteuert (§ 20 Abs. 1 Nr. 6 EStG).

Abgekürzte Leibrente lt. § 55 Abs. 2 EStDV (BU-Renten)*

Dauer/Jahre	Ertragsanteil		Dauer/Jahre	Ertragsanteil	
	2004	ab 2005		2004	ab 2005
01	0 %	0 %	26	43 %	27 %
02	2 %	1 %	27	44 %	28 %
03	4 %	2 %	30	47 %	30 %
04	7 %	4 %	31	48 %	31 %
05	9 %	5 %	32	49 %	32 %
10	19 %	12 %	33	50 %	33 %
15	28 %	16 %	34	51 %	34 %
20	35 %	21 %	35	51 %	35 %
23	39 %	24 %	36	53 %	36 %
25	41 %	26 %	37	53 %	36 %

* Der Ertragsanteil der Tabelle gemäß § 22 EStG kann bei einem ungünstigen Alter ab 2005 zur Anwendung gelangen.

Für die Bemessung der Laufzeit wird eine Umwandlung i. d. R. einheitlich mit Vollendung des 65. Lebensjahres zugrunde gelegt.

▶ **Beispiel**

Bei der Laufzeit von beispielsweise 15 Jahren (Zahlung ab dem 50. Lebensjahr und Umwandlung mit dem 65. Lebensjahr) beträgt der Ertragsanteil 16 Prozent der Rentenbezüge. Bei einer Rentenlaufzeit von 5 Jahren beträgt der Ertragsanteil nur noch 5 Prozent.

Wird schlüssig bewiesen, dass die Umwandlung früher erfolgt, so ist der frühere Umwandlungszeitpunkt maßgebend, aber der Ertragsanteil der Altersrente wird dann höher.

Reine Zeitrenten unterliegen der vollen Besteuerung.

▶ **Zusammenfassung**

Rentenart	Besteuerung
Schicht 1 ■ gesetzliche Leibrente ■ Rürup-Rente ■ Witwenrente ■ Berufsunfähigkeitsrente ■ Erwerbsminderungsrente	Besteuerung nach dem Kohortenmodell
Schicht 2 ■ Riester-Rente ■ Betriebsrenten	volle Besteuerung
Schicht 3 ■ Private Rente ■ Sofortrente	Ertragsanteilbesteuerung § 22 EStG
■ Berufsunfähigkeitsrente ■ sofort beginnende abgekürzte Leibrente vor 31. 12. 2006 beginnend	Ertragsanteilbesteuerung § 55 Abs. 2 EStDV
■ sofort beginnende abgekürzte Leibrente ab 1. 1. 2007 beginnend	Kapitalertragsteuer

Es gilt der Grundsatz:

Waren die Beiträge zur Altersvorsorge bei dem Arbeitgeber oder bei dem Arbeitnehmer voll absetzbar, dann ist die Rente voll steuerpflichtig.

Waren die Beiträge nicht oder nur teilweise absetzbar, dann bleibt es bei der Ertragsanteilbesteuerung.

6.6 Steuerformular für Renten

Durch die vor- bzw. nachgelagerte Besteuerung der Renten war eine neue Einkunftsart mit der Anlage R, die die verschiedenen Renten erfasst, notwendig.

Rentensteuer – Anlage R

- Seit 2005 gibt es einen neuen Vordruck – Anlage R
- zweiseitiges Formular – um Rentenbezüge zu deklarieren
  - BfA
  - Versorgungswerke
  - Lebensversicherungen
  - BAV
- enthält acht Rentenarten mit Angaben über:
  Beginn der Rente
  Versicherungsnehmer
  Rentenhöhe/Dynamik
  Nachzahlungen

▶ **Beispiel**

Herr Werner Görgen erhält nach einer Berufsunfähigkeit ab dem 50. Lebensjahr zwei Renten. Rentenbeginn 2007

- BU-Rente der Proximus Lebensversicherung AG über 1 000,00 € bis zu seinem 60. Lebensjahr.
- Erwerbsunfähigkeitsrente gesetzlich über 800,00 €, die mit seinem 65. Lebensjahr in eine Altersrente überführt wird.

Wie hoch ist sein steuerpflichtiges Einkommen aus diesen beiden Renten?

Lösung

Es handelt sich in beiden Fällen um eine abgekürzte Leibrente, die voraussichtlich

BU-Rente ⟹ 10 Jahre gezahlt wird
⟹ 12 % Ertragsanteil gemäß § 55 EStDV

BfA-Rente ⟹ ab 2007 gezahlt wird
⟹ 54 % Kohortenmodell

Berechnung

1 000,00 € x 12 Monate =
12 000,00 € x 12 % Ertragsanteil = 1 440,00 € steuerpflichtiges Einkommen

800,00 € x 12 Monate =
9 600,00 € x 54 % Kohorte = 5 184,00 € steuerpflichtiges Einkommen

➡ 6 624,00 € steuerpflichtiges Gesamteinkommen, das aufgrund der Freibeträge steuerfrei bleibt.

Sofern ein Steuerpflichtiger neben der Privatrente keine weiteren Einkünfte hat, kommt es erst bei relativ hohen Rentenbeträgen aufgrund der Ertragsanteilbesteuerung und der Freibeträge zur tatsächlichen Steuerzahlung.

▶ **Beispiel**

Herr Schmidt, ledig, erhält von der Proximus Versicherung eine Leibrente von 3 000,00 € monatlich aus seiner privaten Rentenversicherung. Bei Rentenbeginn hat er das 64. Lebensjahr vollendet. Sonstige Einkünfte erhält er nicht.

Lösung

Lt. Tabelle (§ 22 EStG) beträgt der Ertragsanteil 19 Prozent.

Monatsrente 3 000,00 € x 12 = 36 000,00 € Jahresrente
hiervon 19 % Ertragsanteil = steuerpfl. Einkommen
6 849,00 € p. a.

Aufgrund bestehender Freibeträge, z. B. Grundfreibetrag von 7 664,00 € u. a., ergibt sich für Herrn Schmidt keine steuerliche Belastung aus dieser Rentenzahlung.

Der Gesetzgeber hat bei der privaten Rentenversicherung nicht ohne Grund diese Bevorzugungen bei der Besteuerung eingeräumt. Damit soll der Steuerpflichtige bestärkt werden, eine eigenfinanzierte Alters- und Hinterbliebenenversorgung vorzunehmen und damit den Sozialstaat entlasten.

6.7 Einkommensteuertarif

Der Einkommensteuertarif, aus dem die Einkommensteuertabellen und – durch Einarbeitung der für die Arbeitnehmer geltenden Freibeträge und Pauschfreibeträge – auch die Lohnsteuertabellen abgeleitet werden, ist das Kernstück des Einkommensteuergesetzes. Der Aufbau des Einkommensteuertarifs wird wesentlich dadurch bestimmt, dass die Steuerbelastung sowohl dem Finanzbedarf des Staates als auch – unter dem Gesichtspunkt der steuerlichen Gerechtigkeit und aus sozialen Gründen – der Leistungsfähigkeit des Steuerpflichtigen angepasst sein muss.

Trotz aller Steuertarifdiskussionen bleibt es grundsätzlich bei der Dreiteilung des Tarifes in Nullzone, Progressionszone und zwei oberen Proportionalzonen.

Einkommen bis zum Grundfreibetrag bleiben steuerfrei (Nullzonen). Bei Einkommensteilen über 7 664,00 € beginnt die Grenzsteuerbelastung mit 19,9 % und steigt für die zusätzlichen Einkommensteile progressiv bis zu einem gleich bleibenden Steuersatz von 42 % an (Progressionszone). Einkommensteile ab 52 152,00 € werden gleichmäßig mit dem Spitzensteuersatz besteuert (Proportionalzone). Neu: Bei steuerpflichtigen Einkünften ab 250 000,00 € beträgt der Spitzensatz 45 Prozent.

Wie dem grafisch dargestellten Steuertarif zu entnehmen ist, ergeben sich durch das Steuerentlastungsgesetz 2001/2002/2003/2005/2007 Veränderungen beim Grundfreibetrag, beim Eingangssteuersatz sowie beim Höchststeuersatz.

▶ Beispiel

Herr Weber fragt Sie in einem Kundenberatungsgespräch, welche Einkünfte einkommensteuerpflichtig sind. Jeder Steuerpflichtige muss mit seiner Steuererklärung eine Einkommensbeichte ablegen, und zwar nach folgendem Muster der Finanzbehörde:

Steuerformular

	Steuernummer				
	Einkünfte im Kalenderjahr 2006	aus folgenden Einkunftsarten:	Bitte beachten: Bei Bruttoeinnahmen ab 17 500 € ist für jeden Betrieb / jede Tätigkeit, soweit keine Bilanz erstellt wird, zusätzlich der Vordruck Einnahmenüberschussrechnung (Anlage EÜR) abzugeben.		
31	Land- und Forstwirtschaft	lt. Anlage L			
32	Gewerbebetrieb / Selbständige Arbeit	lt. Anlage GSE	für steuerpflichtige Person (bei Ehegatten: Ehemann)	lt. Anlage GSE für Ehefrau	
33	Nichtselbständige Arbeit	lt. Anlage N	für steuerpflichtige Person (bei Ehegatten: Ehemann)	lt. Anlage N für Ehefrau	
34	Kapitalvermögen	lt. Anlage KAP	Die gesamten Einnahmen aus Kapitalvermögen betragen nicht mehr als **1421 €**, bei Zusammenveranlagung **2 842 €** (zur Anrechnung von Steuerabzugsbeträgen und bei **vergüteter Körperschaftsteuer** bitte Anlage KAP abgeben).		
35	Vermietung und Verpachtung	lt. Anlage(n) V	Anzahl		
36	Sonstige Einkünfte	Renten lt. Anlage R	für steuerpflichtige Person (bei Ehegatten: Ehemann)	Renten lt. Anlage R für Ehefrau	
37		lt. Anlage SO	**Private Veräußerungsgeschäfte**, insbesondere aus Grundstücks- und Wertpapierveräußerungen, wurden nicht getätigt. / führten insgesamt zu einem Gewinn von weniger als 512 €, im Fall der Zusammenveranlagung bei jedem Ehegatten weniger als 512 € (bei Verlusten bitte Anlage SO abgeben).		
	Angaben zu Kindern / Ausländische Einkünfte und Steuern / Förderung des Wohneigentums				
38	lt. Anlage(n) Kind	Anzahl	lt. Anlage(n) AUS	Anzahl	lt. Anlage(n) FW	Anzahl

Das Finanzamt fragt in dem Formular systematisch nach allen Einkunftsarten, die das EStG vorsieht.

Einkunftsarten gemäß EStG

- Land- und Forstwirtschaft §§ 13–14 a EStG
- selbstständige Arbeit § 18 EStG
- Gewerbebetrieb §§ 15–17 EStG
- nichtselbstständige Arbeit §§ 19 u. 19 a EStG
- Kapitalvermögen § 20 EStG
- Vermietung und Verpachtung § 21 EStG
- Renteneinkünfte § 22 EStG
- sonstige Einkünfte § 23 EStG z. B. Spekulationsgewinne

Die Einkommensteuer richtet sich nach dem im EStG definierten zu versteuernden Einkommen, das in der Grundtabelle des Tarifs auf einen durch 27 teilbaren Betrag abzurunden ist. Unverändert gilt das Splittingverfahren, nach dem sich bei zusammen veranlagten Ehegatten die Einkommensteuer auf das Doppelte des Steuerbetrags stellt, der sich für die Hälfte ihres gemeinsam zu versteuernden Einkommens nach der Grundtabelle ergibt.

Jede dieser Einkunftsarten wird durch eine „Anlage" zur Einkommensteuererklärung deklariert, z. B. Arbeitnehmereinkünfte durch die Anlage N, Kapitaleinkünfte durch die Anlage KAP, Renteneinkünfte durch die Anlage R usw.

6.7 Einkommensteuertarif

Bei jeder Einkunftsart können Werbungskosten – Aufwendungen bezüglich dieser Einkommensart – berücksichtigt werden.

Steuertarif 2007

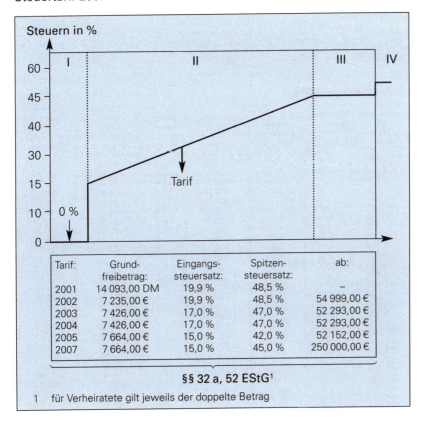

Tarif:	Grundfreibetrag:	Eingangssteuersatz:	Spitzensteuersatz:	ab:
2001	14 093,00 DM	19,9 %	48,5 %	–
2002	7 235,00 €	19,9 %	48,5 %	54 999,00 €
2003	7 426,00 €	17,0 %	47,0 %	52 293,00 €
2004	7 426,00 €	17,0 %	47,0 %	52 293,00 €
2005	7 664,00 €	15,0 %	42,0 %	52 152,00 €
2007	7 664,00 €	15,0 %	45,0 %	250 000,00 €

§§ 32 a, 52 EStG[1]

1 für Verheiratete gilt jeweils der doppelte Betrag

Abschnitt I ➡ Nullzone = steuerfreies Einkommen
Abschnitt II ➡ Progressive Zone = steigender Steuersatz auf Einkommen
Abschnitt III ➡ Proportionalzone I = gleich bleibender Satz auf Einkommen ab 52 152,00 € bis 249 990,00 €
Abschnitt IV ➡ Proportionalzone II Höchststeuersatz gleich bleibend ab 250 000,00 € steuerpflichtiges Einkommen

Von der zu zahlenden Einkommensteuer wird ein Solidaritätszuschlag von 5,5 % und sofern konfessionell gebunden, eine Kirchensteuer von 9 % bzw. 8 %[1] erhoben, so dass die Spitzensteuerlast bei über 50 % liegen kann.

1 Baden-Württemberg, Bayern, Bremen und Hamburg

steuerpflichtiges Einkommen	ab 52 152,00 €	ab 250 000,00 €
Spitzensteuersatz	42,00 %	45,000 %
+ 5,5 % Soli	2,31 %	2,475 %
+ 9 % Kirchensteuer	3,78 %	4,050 %
Gesamtbelastung	48,09 %	51,525 %

Zur groben Ermittlung der Steuervorteile bei den verschiedenen Vorsorgemaßnahmen sind die Grund- und die Splittingtabellen abgedruckt:

Einkommensteuer 2006 — Grundtabelle für Alleinstehende

zu versteuerndes Einkommen EUR	Einkommensteuer EUR	Solidaritätszuschlag EUR	Einkommensteuer mit Solidaritätszuschlag	Steuerbelastung in %	Grenzsteuerbelastung in %[1]	Steuerersparnis[2] EUR
7.700	5	0,00	5,00	0,1	15,06	5,00
8.000	51	0,00	51,00	0,6	15,59	51,00
8.500	131	0,00	131,00	1,5	16,48	131,00
9.000	216	0,00	216,00	2,4	17,36	165,00
9.500	305	0,00	305,00	3,2	18,24	174,00
10.000	398	0,00	398,00	4,0	19,13	182,00
10.500	496	0,00	496,00	4,7	20,01	191,00
11.000	598	0,00	598,00	5,4	20,90	200,00
11.500	705	0,00	705,00	6,1	21,78	209,00
12.000	816	0,00	816,00	6,8	22,66	218,00
12.500	932	0,00	932,00	7,5	23,55	227,00
13.000	1.051	15,80	1.066,80	8,2	28,91	250,80
13.500	1.172	40,00	1.212,00	9,0	29,18	280,00
14.000	1.294	64,40	1.358,40	9,7	29,46	291,60
14.500	1.418	77,99	1.495,99	10,3	26,14	283,99
15.000	1.542	84,81	1.626,81	10,8	26,38	268,41
15.500	1.668	91,74	1.759,74	11,4	26,62	263,75
16.000	1.794	98,67	1.892,67	11,8	26,86	265,86
16.500	1.922	105,71	2.027,71	12,3	27,10	267,97
17.000	2.051	112,80	2.163,80	12,7	27,34	271,13
17.500	2.182	120,01	2.302,01	13,2	27,59	274,30
18.000	2.313	127,21	2.440,21	13,6	27,83	276,41
18.500	2.445	134,47	2.579,47	13,9	28,07	277,46
19.000	2.579	141,84	2.720,84	14,3	28,31	280,63
19.500	2.714	149,27	2.863,27	14,7	28,55	283,80
20.000	2.850	156,75	3.006,75	15,0	28,79	285,91
20.500	2.987	164,28	3.151,28	15,4	29,03	288,01
21.000	3.125	171,87	3.296,87	15,7	29,28	290,12
21.500	3.264	179,52	3.443,52	16,0	29,52	292,24
22.000	3.405	187,27	3.592,27	16,3	29,76	295,40
22.500	3.546	195,03	3.741,03	16,6	30,00	297,51
23.000	3.689	202,89	3.891,89	16,9	30,24	299,62
23.500	3.833	210,81	4.043,81	17,2	30,48	302,78
24.000	3.978	218,79	4.196,79	17,5	30,72	304,90
24.500	4.124	226,82	4.350,82	17,8	30,96	307,01
25.000	4.271	234,90	4.505,90	18,0	31,21	309,11
25.500	4.420	243,10	4.663,10	18,3	31,45	312,28
26.000	4.569	251,29	4.820,29	18,5	31,69	314,39
26.500	4.720	259,60	4.979,60	18,8	31,93	316,50
27.000	4.872	267,96	5.139,96	19,0	32,17	319,67
27.500	5.025	276,37	5.301,37	19,3	32,41	321,77
28.000	5179	284,84	5.463,84	19,5	32,65	323,88
28.500	5.335	293,42	5.628,42	19,7	32,90	327,05
29.000	5.491	302,00	5.793,00	20,0	33,14	329,16
29.500	5.649	310,69	5.959,69	20,2	33,38	331,27
30.000	5.807	319,38	6.126,38	20,4	33,62	333,38
30.500	5.967	328,18	6.295,18	20,6	33,86	335,49
31.000	6.128	337,04	6.465,04	20,9	34,10	338,66
31.500	6.291	346,00	6.637,00	21,1	34,34	341,82
32.000	6.454	354,97	6.808,97	21,3	34,58	343,93

[1] Die Grenzsteuerbelastung ist die Steuer auf den letzten Euro der Einkommensspitze (mit Solidaritätszuschlag).

Quelle: Schallöhr Verlag

6.7 Einkommensteuertarif

Grundtabelle für Alleinstehende **Einkommensteuer 2006**

zu versteuerndes Einkommen EUR	Einkommensteuer EUR	Solidaritätszuschlag EUR	Einkommensteuer mit Solidaritätszuschlag	Steuerbelastung in %	Grenzsteuerbelastung in % [1]	Steuerersparnis[2] EUR
32.500	6.618	363,99	6.981,99	21,5	34,83	344,99
33.000	6.784	373,12	7.157,12	21,7	35,07	348,15
33.500	6.951	382,30	7.333,30	21,9	35,31	351,31
34.000	7.119	391,54	7.510,54	22,1	35,55	353,42
34.500	7.288	400,84	7.688,84	22,3	35,79	355,54
35.000	7.458	410,19	7.868,19	22,5	36,03	357,65
35.500	7.629	419,59	8.048,59	22,7	36,27	359,75
36.000	7.802	429,11	8.231,11	22,9	36,51	362,92
36.500	7.975	438,62	8.413,62	23,1	36,76	365,03
37.000	8.150	448,25	8.598,25	23,2	37,00	367,14
37.500	8.326	457,93	8.783,93	23,4	37,24	370,31
38.000	8.503	467,66	8.970,66	23,6	37,48	372,41
38.500	8.681	477,45	9.158,45	23,8	37,72	374,52
39.000	8.861	487,35	9.348,35	24,0	37,96	377,69
39.500	9.041	497,25	9.538,25	24,1	38,20	379,80
40.000	9.223	507,26	9.730,26	24,3	38,45	381,91
40.500	9.406	517,33	9.923,33	24,5	38,69	385,08
41.000	9.590	527,45	10.117,45	24,7	38,93	387,19
41.500	9.775	537,62	10.312,62	24,8	39,17	389,29
42.000	9.961	547,85	10.508,85	25,0	39,41	391,40
42.500	10.148	558,14	10.706,14	25,2	39,65	393,52
43.000	10.337	568,53	10.905,53	25,4	39,89	396,68
43.500	10.526	578,93	11.104,93	25,5	40,13	398,79
44.000	10.717	589,43	11.306,43	25,7	40,38	400,90
44.500	10.909	599,99	11.508,99	25,9	40,62	404,06
45.000	11.102	610,61	11.712,61	26,0	40,86	406,18
45.500	11.296	621,28	11.917,28	26,2	41,10	408,29
46.000	11.492	632,06	12.124,06	26,4	41,34	411,45
46.500	11.688	642,84	12.330,84	26,5	41,58	413,56
47.000	11.886	653,73	12.539,73	26,7	41,82	415,67
47.500	12.085	664,67	12.749,67	26,8	42,07	418,83
48.000	12.285	675,67	12.960,67	27,0	42,31	420,94
48.500	12.486	686,73	13.172,73	27,2	42,55	423,06
49.000	12.688	697,84	13.385,84	27,3	42,79	425,17
49.500	12.891	709,00	13.600,00	27,5	43,03	427,27
50.000	13.096	720,28	13.816,28	27,6	43,27	430,44
51.000	13.508	742,94	14.250,94	27,9	43,75	434,66
52.000	13.925	765,87	14.690,87	28,3	44,31	436,93
53.000	14.346	789,03	15.135,03	28,6	44,31	444,16
54.000	14.766	812,13	15.578,13	28,8	44,31	443,10
55.000	15.186	835,23	16.021,23	29,1	44,31	443,10
56.000	15.606	858,33	16.464,33	29,4	44,31	443,10
57.000	16.026	881,43	16.907,43	29,7	44,31	443,10
58.000	16.446	904,53	17.350,53	29,9	44,31	443,10
59.000	16.866	927,63	17.793,63	30,2	44,31	443,10
60.000	17.286	950,73	18.236,73	30,4	44,31	443,10
65.000	19.386	1.066,23	20.452,23	31,5	44,31	443,10
70.000	21.486	1.181,73	22.667,73	32,4	44,31	443,10
75.000	23.586	1.297,23	24.883,23	33,2	44,31	443,10
100.000	34.086	1.874,73	35.960,73	36,0	44,31	443,10

[2] Die Steuerersparnis ergibt sich für einen steuermindernden Aufwand von 1.000 Euro.

Quelle: Schallöhr Verlag

Entlastung von der Progression

Das Ehegatten-Splitting reduziert die Steuerprogression erheblich. Egal, ob ein Ehepartner mehr als der andere verdient – das Finanzamt rechnet zusammen, teilt durch zwei und tut so, als ob beide Ehepartner dasselbe (zu versteuernde) Einkommen erzielt hätten. Der progressive Steuertarif würde ohne dieses Splitting-Verfahren dazu führen, dass der Ehepartner mit dem höheren Einkommen auch mit einem höheren Steuersatz belastet würde.

Vom Ehegatten-Splitting profitieren also Ehen, in denen die Partner stark unterschiedlich verdienen bzw. Ehen, in denen ein Partner ganz auf die Erwerbstätigkeit verzichtet. Das Splitting bewirkt Folgendes: Ein Ehepaar mit nur einem Verdiener mit beispielsweise 50 000,00 € im Jahr wird steuerlich genau so behandelt wie ein Ehepaar mit zwei Verdienern mit jeweils 25 000,00 € (also insgesamt ebenfalls 50 000,00 €). Ehepartner, die beide berufstätig sind und ein annähernd gleich hohes Einkommen haben, profitieren also kaum vom Ehegatten-Splitting. Sie tragen die gleiche Steuerlast wie zwei unverheiratete Singles mit entsprechendem Einkommen.

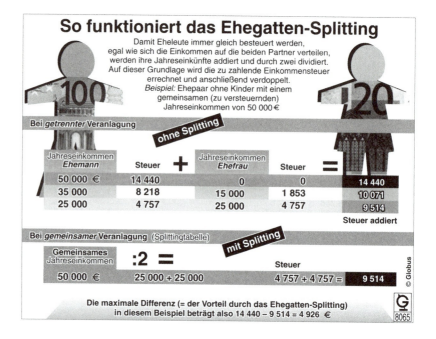

Die Splittingtabelle errechnet sich nach diesen Vorgaben aus der Grundtabelle, so dass letztlich nur eine Steuertabelle zur Berechnung der Einkommensteuer existiert.

6.7 Einkommensteuertarif

Einkommensteuer 2006 — Splittingtabelle für Verheiratete

zu versteuerndes Einkommen EUR	Einkommensteuer EUR	Solidaritätszuschlag EUR	Einkommensteuer mit Solidaritätszuschlag	Steuerbelastung in %	Grenzsteuerbelastung in % [1]	Steuerersparnis [2] EUR
15.400	10	0,00	10,00	0,1	15,06	10,00
16.000	102	0,00	102,00	0,6	15,59	102,00
17.000	262	0,00	262,00	1,5	16,48	160,00
18.000	432	0,00	432,00	2,4	17,36	170,00
19.000	610	0,00	610,00	3,2	18,24	178,00
20.000	796	0,00	796,00	4,0	19,13	186,00
21.000	992	0,00	992,00	4,7	20,01	196,00
22.000	1.196	0,00	1.196,00	5,4	20,90	200,00
23.000	1.410	0,00	1.410,00	6,1	21,78	169,20
24.000	1.632	0,00	1.632,00	6,8	22,66	144,45
25.000	1.864	0,00	1.864,00	7,5	23,55	142,24
26.000	2.102	31,60	2.133,60	8,2	28,91	167,08
27.000	2.344	80,00	2.424,00	9,0	29,18	206,39
28.000	2.588	128,80	2.716,80	9,7	29,46	243,88
29.000	2.836	155,98	2.991,98	10,3	26,14	261,64
30.000	3.084	169,62	3.253,62	10,8	26,38	261,64
31.000	3.336	183,48	3.519,48	11,4	26,62	265,86
32.000	3.588	197,34	3.785,34	11,8	26,86	265,86
33.000	3.844	211,42	4.055,42	12,3	27,10	270,08
34.000	4.102	225,61	4.327,61	12,7	27,34	272,19
35.000	4.364	240,02	4.604,02	13,2	27,59	276,41
36.000	4.626	254,43	4.880,43	13,6	27,83	276,41
37.000	4.890	268,95	5.158,95	13,9	28,07	278,52
38.000	5.158	283,69	5.441,69	14,3	28,31	282,74
39.000	5.428	298,54	5.726,54	14,7	28,55	284,85
40.000	5.700	313,50	6.013,50	15,0	28,79	286,96
41.000	5.974	328,57	6.302,57	15,4	29,03	289,07
42.000	6.250	343,75	6.593,75	15,7	29,28	291,18
43.000	6.528	359,04	6.887,04	16,0	29,52	293,29
44.000	6.810	374,55	7.184,55	16,3	29,76	297,51
45.000	7.092	390,06	7.482,06	16,6	30,00	297,51
46.000	7.378	405,79	7.783,79	16,9	30,24	301,73
47.000	7.666	421,63	8.087,63	17,2	30,48	303,84
48.000	7.956	437,58	8.393,58	17,5	30,72	305,95
49.000	8.248	453,64	8.701,64	17,8	30,96	308,06
50.000	8.542	469,81	9.011,81	18,0	31,21	310,17
51.000	8.840	486,20	9.326,20	18,3	31,45	314,39
52.000	9.138	502,59	9.640,59	18,5	31,69	314,39
53.000	9.440	519,20	9.959,20	18,8	31,93	318,61
54.000	9.744	535,92	10.279,92	19,0	32,17	320,72
55.000	10.050	552,75	10.602,75	19,3	32,41	322,83
56.000	10.358	569,69	10.927,69	19,5	32,65	324,94
57.000	10.670	586,85	11.256,85	19,7	32,90	329,16
58.000	10.982	604,01	11.586,01	20,0	33,14	329,16
59.000	11.298	621,39	11.919,39	20,2	33,38	333,38
60.000	11.614	638,77	12.252,77	20,4	33,62	333,38
61.000	11.934	656,37	12.590,37	20,6	33,86	337,60
62.000	12.256	674,08	12.930,08	20,9	34,10	339,71
63.000	12.582	692,01	13.274,01	21,1	34,34	343,93
64.000	12.908	709,94	13.617,94	21,3	34,58	343,93

[1] Die Grenzsteuerbelastung ist die Steuer auf den letzten Euro der Einkommensspitze (mit Solidaritätszuschlag).

Quelle: Schallöhr Verlag

Splittingtabelle für Verheiratete — **Einkommensteuer 2006**

zu versteuerndes Einkommen EUR	Einkommensteuer EUR	Solidaritätszuschlag EUR	Einkommensteuer mit Solidaritätszuschlag	Steuerbelastung in %	Grenzsteuerbelastung in % [1]	Steuerersparnis [2] EUR
65.000	13.236	727,98	13.963,98	21,5	34,83	346,04
66.000	13.568	746,24	14.314,24	21,7	35,07	350,26
67.000	13.902	764,61	14.666,61	21,9	35,31	352,37
68.000	14.238	783,09	15.021,09	22,1	35,55	354,48
69.000	14.576	801,68	15.377,68	22,3	35,79	356,59
70.000	14.916	820,38	15.736,38	22,5	36,03	358,70
71.000	15.258	839,19	16.097,19	22,7	36,27	360,81
72.000	15.604	858,22	16.462,22	22,9	36,51	365,03
73.000	15.950	877,25	16.827,25	23,1	36,76	365,03
74.000	16.300	896,50	17.196,50	23,2	37,00	369,25
75.000	16.652	915,86	17.567,86	23,4	37,24	371,36
76.000	17.006	935,33	17.941,33	23,6	37,48	373,47
77.000	17.362	954,91	18.316,91	23,8	37,72	375,58
78.000	17.722	974,71	18.696,71	24,0	37,96	379,80
79.000	18.082	994,51	19.076,51	24,1	38,20	379,80
80.000	18.446	1.014,53	19.460,53	24,3	38,45	384,02
81.000	18.812	1.034,66	19.846,66	24,5	38,69	386,13
82.000	19.180	1.054,90	20.234,90	24,7	38,93	388,24
83.000	19.550	1.075,25	20.625,25	24,8	39,17	390,35
84.000	19.922	1.095,71	21.017,71	25,0	39,41	392,46
85.000	20.296	1.116,28	21.412,28	25,2	39,65	394,57
86.000	20.674	1.137,07	21.811,07	25,4	39,89	398,79
87.000	21.052	1.157,86	22.209,86	25,5	40,13	398,79
88.000	21.434	1.178,87	22.612,87	25,7	40,38	403,01
89.000	21.818	1.199,99	23.017,99	25,9	40,62	405,12
90.000	22.204	1.221,22	23.425,22	26,0	40,86	407,23
91.000	22.592	1.242,56	23.834,56	26,2	41,10	409,34
92.000	22.984	1.264,12	24.248,12	26,4	41,34	413,56
93.000	23.376	1.285,68	24.661,68	26,5	41,58	413,56
94.000	23.772	1.307,46	25.079,46	26,7	41,82	417,78
95.000	24.170	1.329,35	25.499,35	26,8	42,07	419,89
96.000	24.570	1.351,35	25.921,35	27,0	42,31	422,00
97.000	24.972	1.373,46	26.345,46	27,2	42,55	424,11
98.000	25.376	1.395,68	26.771,68	27,3	42,79	426,22
99.000	25.782	1.418,01	27.200,01	27,5	43,03	428,33
100.000	26.192	1.440,56	27.632,56	27,6	43,27	432,55
102.000	27.016	1.485,88	28.501,88	27,9	43,75	436,77
104.000	27.850	1.531,75	29.381,75	28,3	44,31	440,99
105.000	28.272	1.554,96	29.826,96	28,4	44,31	445,21
106.000	28.692	1.578,06	30.270,06	28,6	44,31	443,10
108.000	29.532	1.624,26	31.156,26	28,8	44,31	443,10
110.000	30.372	1.670,46	32.042,46	29,1	44,31	443,10
115.000	32.472	1.785,96	34.257,96	29,8	44,31	443,10
120.000	34.572	1.901,46	36.473,46	30,4	44,31	443,10
125.000	36.672	2.016,96	38.688,96	31,0	44,31	443,10
130.000	38.772	2.132,46	40.904,46	31,5	44,31	443,10
135.000	40.872	2.247,96	43.119,96	31,9	44,31	443,10
140.000	42.972	2.363,46	45.335,46	32,4	44,31	443,10
145.000	45.072	2.478,96	47.550,96	32,8	44,31	443,10
150.000	47.172	2.594,46	49.766,46	33,2	44,31	443,10

[2] Die Steuerersparnis ergibt sich für einen steuermindernden Aufwand von 1.000 Euro.

Quelle: Schallöhr Verlag

Folgendes Beispiel veranschaulicht die Vorgehensweise des Finanzamtes bei der Einkommensteuerermittlung:

Vereinfachte Einkommensermittlung eines Arbeitnehmers

1. **Bruttoeinkünfte aus unselbstständiger Arbeit**
   ./. Werbungskosten/Pauschbetrag 920,00 € – Anlage N
   = zu versteuernde Einnahme aus unselbstständiger Tätigkeit

+ 2. **Kapitaleinkünfte**
   ./. Freibetrag/Werbungskosten – Anlage KAP
   = zu versteuernde Einnahme aus Kapitaleinkünfte

+ 3. **Renteneinkünfte**
   ./. 102,00 € Werbungskostenpauschbetrag – Anlage R
   = zu versteuernde Einnahmen aus Renten

+ 4. **Spekulationsgewinne/Verluste**
   ./. Werbungskosten – Anlage SO
   = zu versteuernder Spekulationsgewinn

Summe der Einkünfte

./. Sonderausgaben

./. außergewöhnliche Belastungen

./. Negativeinkünfte aus anderen Einkunftsarten,
z. B. Vermietung und Verpachtung

= **zu versteuerndes Gesamteinkommen p. a.**

▶ **Hinweis**

Im Rahmen der Einkommensteuer-Veranlagung wird verglichen, ob für die Eltern das Kindergeld oder die steuerliche Entlastung durch Kinder- und Betreuungsfreibetrag höher ist. Die Freibeträge werden also nicht zusätzlich zum Kindergeld gewährt. Die Grenze, ab der die steuerliche Entlastung aus dem Kinder- und dem Betreuungsfreibetrag größer ist als das Kindergeld, liegt bei Verheirateten mit einem Kind bei einem zu versteuernden Einkommen von rund 50 000,00 €. Bei Ehepaaren mit zwei berücksichtigungsfähigen Kindern liegt die Grenze, ab der die Freibeträge zu einer zusätzlichen steuerlichen Entlastung führen, bei einem zu versteuernden Einkommen von rund 56 000,00 €.

Es wird unterschieden zwischen dem **Bruttoeinkommen**, dem **Nettoeinkommen** und für die Besteuerung wichtigen zu versteuerndem **Einkommen**, das die Bemessungsgrundlage für die tarifliche Einkommensteuer bildet.

So sollte der Steuerzahler die steuerliche Wirksamkeit jeder Ausgabe während eines Kalenderjahres prüfen, die Belege sammeln, und sein steuerpflichtiges Einkommen reduzieren.

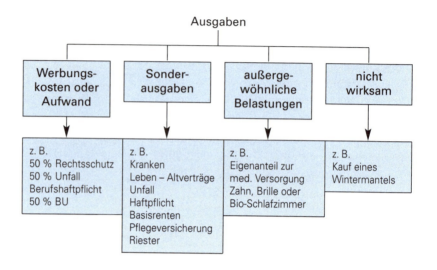

▶ Beispiel 1

Herr Weber, der als Handelsvertreter tätig ist, hat ein zu versteuerndes Jahreseinkommen von 30 000,00 €. Durch den Abschluss z. B. einer Rentenversicherung kann er sein zu versteuerndes Einkommen um 5 000,00 € reduzieren. Er möchte wissen, um wie viel € sich seine Steuerschuld vermindert.

Da er sein zu versteuerndes Einkommen von 30 000,00 € um 5 000,00 € auf 25 000,00 € reduziert, ergibt sich folgende Steuerersparnis:

Lösung		ledig	verheiratet
lt. Grund- bzw. Splittingtabelle reduziert er seine Steuerlast	von	5 807,00 €	3 084,00 €
	auf	4 271,00 €	1 864,00 €
Einkommensteuerminderung		1 536,00 €	1 220,00 €
+ Kirchensteuer 9 % (sofern konfessionell gebunden)		138,24 €	109,80 €
+ Soli 5,5 %		84,48 €	67,10 €
gesamte Steuerersparnis		**1 758,72 €**	**1 396,90 €**

6.7.1 Kapital-Lebensversicherungen

▶ **Beispiel 2**

Das zu versteuernde Einkommen des Unternehmers Meyer wird mit 75 000,00 € ermittelt. Durch den Abschluss von steuerbegünstigten Versicherungen kann er dieses Einkommen um 5 000,00 € auf 70 000,00 € vermindern. Wie viel € beträgt derzeit seine Steuerersparnis?

Lösung		ledig	verheiratet
lt. Grund- bzw. Splittingtabelle reduziert er damit seine Steuerlast	von	23 586,00 €	16 652,00 €
	auf	21 486,00 €	14 916,00 €
Steuerminderung		2 100,00 €	1 736,00 €
+ Kirchensteuer 9 % (sofern konfessionell gebunden)		189,00 €	156,24 €
+ Soli 5,5 %		115,50 €	95,48 €
gesamte Steuerersparnis		**2 404,50 €**	**1 987,72 €**

Der durch den Abschluss einer steuerbegünstigten Versicherung sich ergebende Betrag von 5 000,00 € erzeugt je nach Einkommenshöhe, Familienstand und Konfession unterschiedliche Steuerentlastung, wie die Beispiele zeigen.

▶ **Bitte beachten Sie!**

Ein Antrag auf Einkommensteuer-Jahresausgleich kann sich insbesondere lohnen,

- wenn man nicht ununterbrochen berufstätig war,
- wenn die Höhe des Arbeitslohnes im Laufe des Jahres geschwankt hat,
- wenn sich die Steuerklasse zugunsten des Steuerpflichtigen geändert hat,
- wenn erhöhte Werbungskosten, Sonderausgaben oder außergewöhnliche Belastungen entstanden sind,
- wenn man in einer Einkunftsart Negativeinkünfte erzielt hat,
- wenn die Bank oder der Versicherer Steuern auf Zinserträge an das Finanzamt abgeführt hat, die im Rahmen der Freibeträge lagen,
- wenn ein zertifizierter Altersvorsorgevertrag angespart wurde.

In diesen Fällen muss man die tatsächlich entstandenen Aufwendungen gegenüber dem Finanzamt nachweisen.

▶ **Beispielrechnung zur Einkommensteuerermittlung – Jahr 2007**

Versicherungskaufmann, ledig, 55 Jahre, Bruttogehalt 28 542,71 € je AG- + AN-Anteil zur GRV 2 840,00 €, übrige Sozialversicherung ohne GRV 3 237,00 €

Einkunftsart	Bruttoeinkünfte	Werbungskosten	Steuerpflichtiges Einkommen
Anlage N	28 542,71 €	920,00 € ohne Belege	27 622,71 €
Anlage KAP/AUS	3 700,00 €	51,00 €	
Sparerfreibetrag	→	750,00 €	+ 2 899,00 €
Anlage V	4 500,00 €	6 000,00 € mit Belegen	– 1 500,00 €
Negativeinkünfte			
Anlage R	6 000,00 €	102,00 €	+ 1 458,00 €
Rente ab dem 55. Lebensjahr nur Ertragsanteil von 26 %			
Summe der Einkünfte			30 479,71 €
– Sonderausgabenpauschbetrag			36,00 €
– Altersvorsorgeaufwendungen	5 680,00 €	hiervon 64 %-Regelung	795,20 €
– sonstige Vorsorgeaufwendungen maximal			1 500,00 €
– außergewöhnliche Belastungen über Zumutbarkeitsgrenze			148,51 €
zu versteuerndes Einkommen			**28 000,00 €**

Steuerguthaben aus Lohnsteuer, Kapitalertragsteuer, Zinsabschlagsteuer und Soli werden angerechnet

zu zahlende Einkommensteuer	5 179,00 €
Solidaritätszuschlag 5,50 %	284,85 €
Kirchensteuer 9 %	466,11 €
zu zahlende Steuer insgesamt	5 929,96 €
bereits gezahlte Steuern lt. Steuerkarte, Zinsabschlag	7 420,86 €
Erstattung durch das Finanzamt	**1 490,90 €**

6.7.2 Direktversicherung

Beiträge

Die Beiträge zur Direktversicherung werden bis zu den geltenden Höchstbeträgen[1] sofort vom Bruttolohn abgezogen (Entgeltumwandlung) und entziehen sich damit der Besteuerung durch das Finanzamt. Ein Eintrag bei den Vorsorgeaufwendungen erübrigt sich damit.

Leistungen

Im Jahressteuergesetz 2007 wurde beschlossen, dass ab dem 1. 1. 2007 bei Direktversicherungen in keinem Fall mehr Kapitalertragsteuer einzubehalten ist. Freistellungsaufträge können nicht mehr berücksichtigt werden. Stattdessen sind die steuerpflichtigen Erträge dem Leistungsempfänger zu bescheinigen. Es erfolgt in jedem Falle eine Kontrollmeldung an die zentrale Stelle.

---

[1] Die Beiträge zur Direktversicherung sind begrenzt auf 4 % der BBG zur gesetzlichen Rentenversicherung West. Plus um einen Festbetrag von 1 800,00 € für Neuzusagen. § 3 Nr. 63 EStG.

| Proximus Versicherung | Datum der Absendung |

| (Bekanntgabe Adressat) | |

Wichtiger Hinweis:
Diese Mitteilung informiert Sie über die Höhe der steuerpflichtigen Leistungen aus Ihrem Altersvorsorgevertrag oder aus Ihrer kapitalgedeckten betrieblichen Altersversorgung. Die nachstehend mitgeteilten Beträge sind bei der Erstellung der Einkommensteuererklärung auf **Seite 2 der Anlage R** einzutragen.

Mitteilung zur Vorlage beim Finanzamt

über steuerpflichtige Leistungen aus einem Altersvorsorgevertrag oder aus einer kapitalgedeckten betrieblichen Altersversorgung (§22 Nr. 5 Satz 7 EStG)

für das Kalenderjahr _____

Name, Vorname	Geburtsdatum (soweit bekannt)
Straße, Hausnummer	
Postleitzahl, Wohnort	
Vertragsnummer (soweit vorhanden)	Sozialversicherungsnummer/ Zulagennummer (soweit vorhanden)
Anbieternummer (soweit vorhanden)	Zertifizierungsnummer (soweit vorhanden)

Grund für die Mitteilung:

❒ erstmaliger Bezug von Leistungen im Sinne des § 22 Nr. 5 Satz 1 bis 3 EStG
❒ Änderung des Leitungsbetrags gegenüber dem Vorjahr
❒ Bezug von Leistungen im Sinne des § 22 Nr. 5 Satz 4 bis 6 EStG
❒ Berichtigung der für dieses Kalenderjahr erstellten Mitteilung vom _____

6.7.3 Die totale Erfassung der Einkommen

Um Steuer- und Sozialmissbrauch zu vermeiden, wurden Kontroll- und Meldeverfahren für nahezu alle Zahlungsströme eingeführt. Von der Kontroll- und Meldepflicht ist auch die Versicherungswirtschaft betroffen. Eine weitere Verfeinerung der Kontrollmöglichkeit soll durch eine individuelle Nummer eines jeden Bundesbürgers erzielt werden.

Zinskontrolle

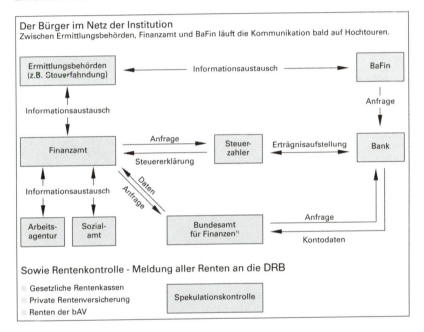

Steuer-Identifikationsnummer

Ab dem 1. Juli 2007 wird jedem Bundesbürger eine einheitliche Identifikationsnummer zugeordnet. Die insgesamt elfstellige Ziffer wird zum ständigen Begleiter für Steuerzahler und Empfänger staatlicher Leistungen. Bei jedem Antrag, jeder Erklärung oder Mitteilungen gegenüber den Ämtern muss der Bürger seine Kennnummer angeben. Mit Hilfe des Codes werden die Behörden immer besser untereinander vernetzt.

Die Steuer-Identifikationsnummer ist bei allen Anträgen, Erklärungen oder Mitteilungen gegenüber den Finanzbehörden anzugeben. So müssen sich beispielsweise Rentner auf schärfere Überprüfungen gefasst machen. Schon bisher verschicken die Rentenversicherungsträger Meldungen an die Finanzbehörden. Mit der neuen Identifikationsnummer können diese demnächst zweifelsfrei zugeordnet werden. Betroffen sind besonders Rentner, die neben ihren Überweisungen von der Rentenkasse weitere Einkünfte haben. Nach dem Alterseinkünftegesetz müssen seit dem Jahr 2005 sämtliche öffentlichen Renten zu mindestens 50 Prozent versteuert werden. Viele sind seitdem steuerpflichtig, ohne es bislang gemerkt zu haben.

Die Erfassung erfolgt über den Tod hinaus. Die gespeicherten Daten muss das Bundeszentralamt für Steuern erst löschen, wenn sie nicht mehr benötigt werden. Und das kann bis zu 20 Jahre dauern.

Gespeicherte Daten des Bundeszentralamtes für Steuern

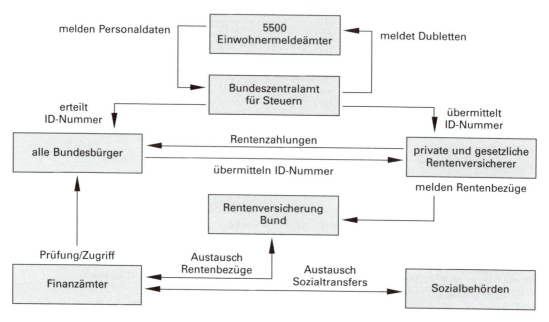

Umfassende Sammlung: Welche Daten das Bundeszentralamt für Steuern speichert.

- ID-Nummer
- Wirtschafts-ID-Nummer (für Unternehmer)
- Familiennamen
- Geburtsnamen/frühere Namen
- Vornamen
- Doktorgrad
- Künstlernamen
- Tag und Ort der Geburt
- Geschlecht
- gegenwärtige und letzte bekannte Anschrift
- zuständige Finanzamtbehörden
- Sterbetag

6.8 Kapitalertragsteuer

▶ Hinweis

> **Folgende Kapitel gelten nur für Altverträge.**

Die Kapitalertragsteuer stellt eine besondere Erhebungsform der Einkommensteuer dar. Da die Kapitalertragsteuer grundsätzlich auf die persönlichen Verhältnisse des Steuerpflichtigen keine Rücksicht nimmt, muss sie teilweise im Veranlagungsverfahren wieder erstattet werden. Dennoch ist es aus steuerrechtlicher Sicht sinnvoll, an dem Abzugsverfahren (Quellensteuerabzug bei der Lebensversicherung und Zahlstellensteuerabzug bei festverzinslichen Papieren) festzuhalten, da so die Erfassung der Kapitalerträge bei der Einkommensteuer gesichert ist.

Die Kapitalertragsteuerpflicht entsteht zu dem Zeitpunkt, in dem die Kapitalerträge dem Kapitalanleger zufließen. Zu diesem Zeitpunkt hat der Schuldner der Kapitalerträge (z. B. Lebensversicherer) oder die Kapitalerträge auszahlende Stelle (z. B. Bank) den Steuerabzug für Rechnung des Geldanlegers (z. B. VN einer Lebensversicherung) vorzunehmen und an das für die Besteuerung des Schuldners (z. B. Versicherer) oder der auszahlenden Stelle – nach dem Einkommen – zuständige Finanzamt abzuführen. Dieser Steuerabzug hat damit Vorauszahlungscharakter und keine abgeltende Wirkung auf die zu zahlende Einkommensteuer.

Die Kapitalertragsteuer beträgt 20 bzw. 25 % für Kapitalerträge, die der Quellenabzugspflicht unterliegen, und zwar für

- Gewinnanteile (Dividende bei Aktien) 20 %
- Zinsen aus Sparanteilen bei Lebensversicherungen 25 %

§ 20 Abs. 1 Nr. 6 EStG

Der Zinsabschlag (Zahlstellensteuer) beträgt 30 % bzw. 35 % auf Tafelgeschäfte.

Mit dem 1. 1. 1998 wurde auf die Steuerschuld (Betrag der Kapitalertragsteuer) der zurzeit gültige Solidaritätszuschlag von 5,5 % erhoben.

Die steuerlichen Vorschriften bestehen für Kapitalversicherungen und Rentenversicherungen mit Kapitalwahlrecht

Steuerprivilegien der Kapitallebensversicherung bis 31. 12. 2004

- Mindeslaufzeit 12 Jahre
- Beitragszahlungsdauer mindestens 5 Jahre
- Todesfallsumme kleiner als Erlebensfallsumme
  > so müssen alle gezahlten Beiträge – ohne Zusatzversicherung – mindestens 60 % Todesfallschutz ergeben.

↓

Neuverträge ab dem 1. Januar 2005

Halbeinkünfteverfahren bei Kapitalauszahlung oder Aushändigung der Investmentanteile nach dem 60. Lebensjahr und Mindestlaufzeit des Vertrages 12 Jahre – sonst Volleinkünfteverfahren – keine Mindestbeitragszahlungsdauer

Die Steuerpflicht besteht bei Verträgen, die nach dem 1. 1. 1974 bis zum 31. 12. 2004 abgeschlossen wurden

- Kapitalversicherungen (einschließlich fondsgebundener Lebensversicherungen) gegen Einmalbeitrag
- Kapitalversicherungen (einschließlich fondsgebundener Lebensversicherungen) gegen laufenden Beitrag mit einer Versicherungsdauer von weniger als 12 Jahren
- Rentenversicherungen gegen Einmalbeitrag mit Kapitalwahlrecht, wenn vom Kapitalwahlrecht Gebrauch gemacht wird
- Rentenversicherung gegen laufenden Beitrag, wenn die Ausübung des Kapitalwahlrechts vor Ablauf von 12 Jahren seit Vertragsabschluss möglich ist und davon Gebrauch gemacht wird
- Rückkauf vor Ablauf von 12 Jahren
- alleinige Auszahlung des Überschussguthabens

Steuerfrei sind somit die Zinsen aus begünstigten Lebensversicherungen, die nach dem 31. 12. 1973 abgeschlossen wurden, wenn sie

- mit Beiträgen verrechnet werden
- im Versicherungsfall ausgezahlt werden
- beim Rückkauf des Vertrages nach Ablauf von 12 Jahren ausgezahlt werden.

▶ Beispiel

Eine kapitalbildende Lebensversicherung wird von dem Versicherungsnehmer im 10. Versicherungsjahr gekündigt und die Auszahlung des Rückkaufswertes verlangt. Der Versicherer (Schuldner) schuldet dem Versicherungsnehmer (Gläubiger) den Rückkaufswert von 12 800,00 €, in dem 2 800,00 € Zinsen enthalten sind – einschließlich dem Gewinnguthaben.

Da an der „Quelle" die Kapitalertragsteuer erhoben wird, muss der Versicherer (Schuldner der Zinsen) für den Versicherungsnehmer (Gläubiger) an das Finanzamt 25 % von 2 800,00 € = 700,00 € Kapitalertragsteuer und 38,50 € Solidaritätszuschlag (2002: 5,5 %) abführen.

Die Kapitalertragsteuer zieht der Versicherer dem Versicherungsnehmer von der Leistung ab (Auszahlung = 12 061,50 €), und erteilt ihm eine Steuergutschrift über 738,50 €.

Diese Steuerbescheinigung wird bei der Einkommensteuererklärung als Gutschrift berücksichtigt, wobei die Zinsen als Einkünfte bei Kapitalerträgen Anlage KAP zu deklarieren sind.

Berechnung

Rückkaufswert	12 800,00 €	
./. Kapitalertragsteuer	700,00 €	} Beleg über Steuer-
./. Solidaritätszuschlag	38,50 €	Gutschrift (Anlage KAP)
Auszahlung	12 061,50 €	

6.8.1 Lebensversicherungen in Finanzierungen

Das Steueränderungsgesetz von 1992 enthält wichtige Neuerungen, die bei dem Einsatz von Lebensversicherungen in Finanzierungen zu beachten sind. Ein Verstoß gegen die Vorschriften hat zur Folge, dass die Lebensversicherung nicht mehr steuerbegünstigt, d. h. die Beiträge nicht mehr als Sonderausgaben absetzbar sind und die rechnungs- und außerrechnungsmäßigen Zinsen steuerpflichtig werden.

Selbstgenutzte Immobilien

Darlehen zum Kauf, Bau, zur Modernisierung sowie zur Umschuldung selbstgenutzter Immobilien sind von den Neuregelungen **nicht** betroffen, da hier die Zinsen weder Betriebsausgaben noch Werbungskosten sind.

Fremdgenutzte Immobilien

Die Steuerbegünstigung der Tilgungslebensversicherung wird nicht gefährdet, wenn das Darlehen unmittelbar und ausschließlich der Finanzierung von Anschaffungs- oder Herstellungskosten eines Wirtschaftsgutes dient, das dauernd zur Erzielung von Einkünften bestimmt ist,

und

die ganz oder zum Teil zur Tilgung oder Sicherung dienenden Ansprüche aus Versicherungsverträgen die mit dem Darlehen finanzierten Anschaffungs- oder Herstellungskosten nicht übersteigen (keine Zinsaufblähungsmodelle).

▶ Bitte beachten Sie!

Finanzierungskosten wie Zinsen, Schätzgebühren, Bereitstellungszinsen und Disagio sind keine Anschaffungs- oder Herstellungskosten. Werden mit einem Darlehen auch solche Kosten finanziert, die steuerlich nicht zu den Anschaffungs- oder Herstellungskosten gehören, verliert die zur Tilgung eingesetzte Lebensversicherung ihre Steuerbegünstigungen.

▶ Beispiel

Der Kaufpreis einer Eigentumswohnung beträgt 150 000,00 € inklusive Makler-, Notar-, Gerichtsgebühren sowie Grunderwerbsteuer. Von dem Darlehen in Höhe von insgesamt 160 000,00 € kürzt der Darlehensgeber das Disagio, die Bearbeitungsgebühren sowie Schätzkosten in Höhe von 10 000,00 €. Die Abtretung (Verwendung) der Ansprüche aus der Lebensversicherung muss auf den Auszahlungsbetrag von 150 000,00 € begrenzt werden.

Die gekürzten **einmaligen** Finanzierungskosten sind bei Fälligkeit des Darlehens gesondert aus dem sonstigen Vermögen des Kunden zu tilgen.

6.8.2 Übersicht über Zinsbesteuerung einer Kapital- bzw. Rentenversicherung bis 31. 12. 2004

Situation	Steuerfreiheit der Zinsen* bei einem Vertragsabschluss		
	vor dem 1. 1. 1974	ab dem 1. 1. 1974 bis 31. 12. 2004	
		begünstigter Vertrag	nicht begünstigter Vertrag
Rückkauf oder alleiniger Bonusrückkauf			
▪ innerhalb	ja	nein	nein
▪ nach Ablauf der ersten 12 Jahre	ja	ja	nein
alleinige Auszahlung des Überschussguthabens			
▪ innerhalb	ja	nein	nein
▪ nach Ablauf der ersten 12 Jahre	ja	nein	nein
Verfügung über laufende Überschussanteile:			
▪ Beitragsverrechnung	ja	ja	nein
▪ (lfd.) Bonusauszahlung			
– innerhalb	ja	nein	nein
– nach Ablauf der ersten 12 Jahre	ja	nein	nein
Versicherungsansprüche dienen nach dem 13. 2. 1992 in nicht begünstigten Fällen der Darlehenssicherung/ Darlehenstilgung	–	nein	nein
Policendarlehen			
vor 12 Jahren	ja	ja	nein
nach 12 Jahren	ja	ja	nein
Versicherungsfall			
▪ Beitragsrückgewähr eingezahlte Beiträge	keine Zinsen enthalten		
Gewinnanteile	ja	ja	nein
▪ Kapitalzahlung	ja	ja	nein
▪ Rentenzahlung	zu versteuern als Rente		
▪ Leibrente	bei der Einkommensteuer mit dem Ertragsanteil		
▪ abgekürzte Leibrente			

* Unter rechnungsmäßigen Zinsen sind die Zinsen zu verstehen, mit denen das Deckungskapital und etwaige Überschussguthaben geschäftsplanmäßig verzinst werden: 3,5 % bei den so genannten Alt-Tarifen bzw. 4,0 % bei neueren Tarifverträgen und 3,25 % bei neuen Verträgen.
Außerrechnungsmäßige Zinsen sind Kapitalerträge, die im Rahmen der Überschussbeteiligung gutgeschrieben werden.

▶ **Bitte beachten Sie!**

Fondsgebundene Lebensversicherungen (Altverträge) gehören mit ihren Beiträgen zwar nicht zu den begünstigten Versicherungen gemäß § 10 EStG; dennoch werden die Erträge der Fondsanteile den rechnungsmäßigen und außerrechnungsmäßigen Zinsen herkömmlicher Lebensversicherungen gleich gestellt, sofern die Bestimmungen über die Mindestlaufzeit eingehalten werden, d. h. es besteht Steuerfreiheit (§ 20 EStG).

Die **Steuervorteile**, die eine Lebensversicherung bietet, sollen nur denjenigen eingeräumt werden, die das Todesfallrisiko – im Verhältnis zur Versicherungssumme – angemessen mitversichert haben. Diesbezüglich gilt folgende neue Regelung für den Mindesttodesfallschutz:

- Für Lebensversicherungsverträge, die nach dem 31. März 1996 abgeschlossen wurden, ist für alle Steuerprivilegien Voraussetzung, dass der Todesfallschutz während der gesamten Laufzeit des Vertrages mindestens 60 % der Summe der nach dem Versicherungsvertrag für die gesamte Vertragsdauer zu zahlenden Beiträge ausmacht.

▶ **Beispiel**

Vertrag vor dem 1. 1. 2005 abgeschlossen

Herr Weber, alleinstehend, hat eine kapitalbildende Lebensversicherung mit vermindertem Todesfallschutz beantragt.

Laufzeit: 28 Jahre
garantierte Ablaufleistung: 140 000,00 €

Die vierteljährliche Prämie beträgt 780,00 € ohne BUZ zur Lebensversicherung. Dynamik ist nicht eingeschlossen. Die BUZ ist mit 12 % vereinbart. Die Vierteljahresprämie zur BUZ beträgt 42,00 €.

Sein Mindesttodesfallschutz muss 4 x 780,00 € = 3 120,00 € x 28 Jahre = 87 360,00 € x 60 % = 52 416,00 € betragen, um die Steuerprivilegien, wie Absetzbarkeit der Beiträge und steuerfreie Zinserträge, nicht zu verlieren.

6.8.3 Steuerliche Folgen bei Änderungen eines Lebensversicherungsvertrages

Die Änderung eines Versicherungsvertrages kann erhebliche steuerliche Konsequenzen haben, wenn die Vertragsänderung steuerlich wie ein Neuabschluss behandelt wird. Man spricht von einer Novation.

Welche Vertragsänderungen als Novation gelten, ist nicht gesetzlich geregelt, sondern in der Rechtsprechung des Bundesfinanzhofs (BFH) aus dem Jahre 1974 und diversen Erlassen der Finanzverwaltung in den Folgejahren entschieden. Neuere Rechtsprechung gibt es zu diesem Thema nicht. Deshalb sind viele Probleme nicht abschließend geklärt und werden in der Fachliteratur kontrovers diskutiert.

Eine Novation ist nach BFH-Rechtsprechung immer dann gegeben, wenn wesentliche Vertragsmerkmale wie z. B. Laufzeit, Versicherungssumme, Beitrag und Beitragszahlungsdauer verändert werden.

Liegt eine Novation vor, führt die Vertragsänderung auch nur dann zu steuerlichen Nachteilen, wenn die vertragliche **Restlaufzeit weniger als 12 Jahre** beträgt oder innerhalb dieser Frist gekündigt wird (steuerliche Laufzeiten wie bei einem „richtigen" Neuabschluss).

Ferner muss beachtet werden, dass bei einer Variation die Mindesttodesfallschutzregelung auf die gesamte Laufzeit, also auch auf die Zeiten vor dem 1. 1. 1996, anzuwenden ist.

Je nach gewünschter Änderung ist es angebracht, von einer Änderung des bestehenden Vertrages abzuraten, diesen unverändert weiter zu führen und einen neuen zusätzlichen Vertrag abzuschließen, mit dem der veränderte Bedarf gedeckt wird.

▶ **Beispiele einer Vertragsänderung**

Vertragsänderung	Novation?
▪ Beitragserhöhung	
– vereinbart, laufend (z. B. bei Anpassungsversicherungen)	nein
– sonst	ja
▪ Dynamikeinschluss	ja
▪ Dauerverlängerung	
– Leistung bleibt, Beitrag sinkt	nein
– Beitrag bleibt, Leistung steigt	ja
▪ Dauerverkürzung	
– Leistung bleibt, Beitrag steigt	ja
– Beitrag bleibt, Leistung sinkt	nein*
▪ Wiederinkraftsetzung	
– innerhalb von ca. 2 Jahren	nein
– später	ja
▪ Zuzahlungen	
– zur Erhöhung der Versicherungssumme	nein*
– zur Abkürzung der Versicherungsdauer	
– bei vorheriger Vereinbarung („Maßversicherung")	nein**
– sonst	nein*

  * Aber Restdauer nach der Zahlung noch mindestens 12 Jahre.
** Aber Prüfung, ob kein Missbrauch von rechtlichen Gestaltungsmöglichkeiten vorliegt.

6.8.4 Freistellungsauftrag

Sofern nach den genannten steuerlichen Grundsätzen überhaupt eine Kapitalertragsteuer anfällt, muss das Versicherungsunternehmen keine Kapitalsteuer einbehalten, soweit der Steuerpflichtige einen Freistellungsauftrag gemäß dem amtlichen Muster erteilt. Mit dem Freistellungsauftrag kann bereits beim Steuerabzug berücksichtigt werden, dass die Zinsen aus Lebensversicherungen zusammen mit anderen Kapitalerträgen bis zur Höhe des Sparerfreibetrages und des Werbungskosten-Pauschalbetrages steuerfrei bleiben, und zwar mit folgenden Beträgen:

Laufende Reduzierung des Sparerfreibetrages durch den Staat

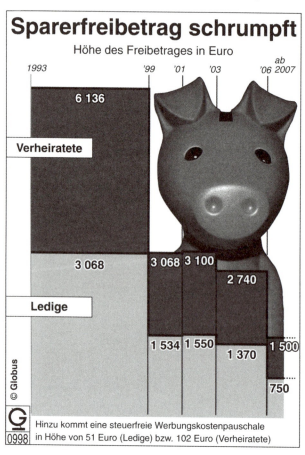

Ab 2007 gelten die niedrigeren Freibeträge für Neu- und Altverträge

Freistellungsbetrag – Kapitalerträge
auch bei vorzeitiger Kündigung einer Lebensversicherung
ab 2007

	Ledige	Verheiratete
Werbungskosten-Pauschbetrag	51,00 €	102,00 €
Sparerfreibetrag	750,00 €	1 500,00 €
gesamter Freistellungsbetrag pro Jahr	**801,00 €**	**1 602,00 €**

Dieser Gesamtbetrag von 801,00 €/1 602,00 € kann auf mehrere Freistellungsaufträge zur Vorlage bei verschiedenen Kreditinstituten (Banken, Sparkassen, Kapitalanlagegesellschaften) oder Versicherungsunternehmen aufgeteilt werden.

Freistellungsaufträge können von den Steuerpflichtigen ohne Mitwirkung des Finanzamtes erteilt werden. Allerdings werden die Finanzbehörden die erteilten Aufträge kontrollieren.

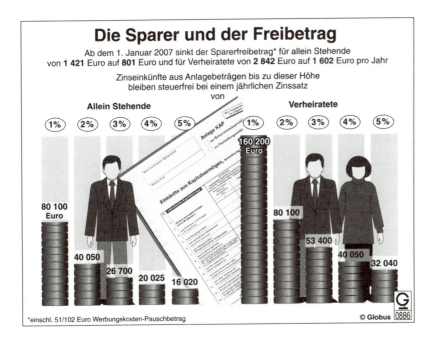

Vom Kapitalertragsteuer-Abzug kann ebenfalls abgesehen werden, wenn der Steuerpflichtige eine Nichtveranlagungsbescheinigung (NV) seines Finanzamtes vorlegt.

Minderjährige bzw. in Berufsausbildung befindliche Kinder ohne eigene sonstige Einkünfte und die Bezieher von Renteneinkünften dürften in aller Regel für NV-Bescheinigungen in Betracht kommen.

▶ **Beispiel**

Vertrag vor 1. 1. 2005 abgeschlossen

Das Ehepaar Meyer kündigt die Lebensversicherung vorzeitig und beantragt den Rückkaufswert.

Berechnung des Lebensversicherers

Rückkaufswert	13 600,00 €
rechnungsmäßige und außerrechnungsmäßige Zinsen insgesamt	3 600,00 € p. a.
./. Freistellungsauftrag	1 402,00 € p. a.
Kapitalertragsteuerpflichtiger Betrag	2 198,00 € p. a.
2 198,00 € zu 25 % K-St-Satz =	549,50 €
+ Solidaritätszuschlag 5,5 %	30,22 €
vom VR abzuführende Steuer	579,72 €
Auszahlung an das Ehepaar	13 600,00 €
./. abgeführte Steuer	579,72 €
an Familie Meyer überwiesen	13 020,28 €

Gleichzeitig erhalten Herr und Frau Meyer eine Bescheinigung über die abgeführte Kapitalertragsteuer, die bei der Veranlagung zur Einkommensteuer angerechnet wird.

Die ausgefüllten Formulare zu diesem Fall findet man auf den nachfolgenden Seiten.

6.8 Kapitalertragsteuer

Proximus Versicherung

Freistellungsauftrag für Kapitalerträge
(gilt nicht für Betriebseinnahmen und Einnahmen aus Vermietung und Verpachtung)

Proximus Versicherung
Theresienstraße 7
80333 München

Interne Vermerke

☐ Erstauftrag
☐ Änderungsauftrag
☐ Schließungsauftrag

Konto-/Depotnummer (siehe Hinweise auf Rückseite)

Gilt nicht für Konto-/Depotnummer (siehe Hinweise auf Rückseite)

Name, abweichender Geburtsname, Vorname, Geburtsdatum des Gläubigers der Kapitalerträge
Meier, Peter 10. 3. 1960

ggf. Name, abweichender Geburtsname, Vorname, Geburtsdatum des Ehegatten

Straße, Hausnummer, Postleitzahl, Ort
Meisengasse 10, 50374 Erftstadt

Hiermit erteile ich/erteilen wir*) Ihnen den Auftrag, meine/unsere*) bei Ihrem Institut anfallenden Zinseinnahmen vom Steuerabzug freizustellen und/oder bei Dividenden und ähnlichen Kapitalerträgen die Erstattung von Kapitalertragsteuer beim Bundeszentralamt für Steuern (BZSt) zu beantragen, und zwar

☐ bis zu einem Betrag von *1402,00* EUR (bei Verteilung des Freibetrags auf mehrere Kreditinstitute).
☐ bis zur Höhe des für mich/uns*) geltenden Sparer-Freibetrags und Werbungskosten-Pauschbetrags von insgesamt 801 Euro/1.602 Euro*).

Dieser Auftrag gilt ab dem *10. 3. 2007*

☐ so lange, bis Sie einen anderen Auftrag von mir/uns*) erhalten.
☒ bis zum *31. 12. des laufenden Kalenderjahres*

Die in dem Auftrag enthaltenen Daten werden dem BZSt übermittelt. Sie dürfen zur Durchführung eines Verwaltungsverfahrens oder eines gerichtlichen Verfahrens in Steuersachen oder eines Strafverfahrens wegen einer Steuerstraftat oder eines Bußgeldverfahrens wegen einer Steuerordnungswidrigkeit verwendet sowie vom BZSt den Sozialleistungsträgern übermittelt werden, soweit dies zur Überprüfung des bei der Sozialleistung zu berücksichtigenden Einkommens oder Vermögens erforderlich ist (§ 45 d EStG).

Ich versichere/Wir versichern*), dass mein/unser*) Freistellungsauftrag zusammen mit Freistellungsaufträgen an andere Kreditinstitute, Bausparkassen, das BZSt usw. den für mich/uns*) geltenden Höchstbetrag von insgesamt 801 Euro/1.602 Euro*) nicht übersteigt. Ich versichere/Wir versichern*) außerdem, dass ich/wir*) mit allen für das Kalenderjahr erteilten Freistellungsaufträgen für keine höheren Kapitalerträge als insgesamt 801 Euro/1.602 Euro*) im Kalenderjahr die Freistellung oder Erstattung von Kapitalertragsteuer in Anspruch nehme/n*).

Die mit dem Freistellungsauftrag angeforderten Daten werden auf Grund von § 44 a Abs. 2, § 44 b Abs. 1 und § 45 d Abs. 1 EStG erhoben.

Ort, Datum *6. 3. 2007*

Unterschrift *Meier*

ggf. Unterschrift Ehegatte, gesetzliche(r) Vertreter

☐ Zutreffendes bitte ankreuzen
*) Nichtzutreffendes bitte streichen

Der Höchstbetrag von 1.602 Euro gilt nur bei Ehegatten, bei denen die Voraussetzungen einer Zusammenveranlagung im Sinne des § 26 Abs. 1 Satz 1 EStG vorliegen. Der Freistellungsauftrag ist z. B. nach Auflösung der Ehe oder dauerndem Getrenntleben zu ändern.

2006

Anlage KAP

zur Einkommensteuererklärung [X]

zur Feststellungserklärung [ ]

1 Name / Gemeinschaft: Peter Meier
2 Vorname:
3 Steuernummer: 175-4271-612

Einkünfte aus Kapitalvermögen, Anrechnung von Steuern

Bitte Steuerbescheinigung(en) im Original beifügen!

Inländische Kapitalerträge — 54

	Zinsen und andere Erträge (ohne Dividenden)	Einnahmen (einschließlich freigestellter Einnahmen, anzurechnender / vergüteter Kapitalertragsteuer / Zinsabschlag / Solidaritätszuschlag / Körperschaftsteuer) Stpfl. / Ehemann / Gemeinschaft 1 EUR	Ehefrau 2 EUR	Anzurechnen sind inländische(r) Zinsabschlag / Kapitalertragsteuer lt. beigefügter Steuerbescheinigungen 3 EUR Ct
4	aus Guthaben und Einlagen (z. B. Sparguthaben)			
5	aus Bausparguthaben			
6	aus verzinslichen Wertpapieren (einschl. Stückzinsen)			
7	aus Tafelgeschäften mit festverzinslichen Wertpapieren			
8	aus Investmentanteilen (einschl. Zwischengewinne)			
9	aus sonst. Kapitalforderungen jeder Art, die dem Zinsabschlag unterliegen (z. B. Instandhaltungsrücklagen)			
10	Summe der Zeilen 4 bis 9 (Zinsabschlag) 40			
11	aus Wandelanleihen und Gewinnobligationen			
12	aus Lebensversicherungen, soweit einkommensteuerpflichtig	3600,-	1402,-	549,50
13	aus stiller Gesellschaft / bei partiarischen Darlehen			
14	Summe der Zeilen 11 bis 13 (Kapitalertragsteuer) 35			
15	aus sonst. Kapitalforderungen jeder Art, die **nicht** dem Zinsabschlag unterliegen (z.B.Darlehen zwischen Privatpersonen)			
16	Summe der Zeilen 4 bis 15	30	31	
17	die vom Finanzamt für Steuererstattungen gezahlt wurden	56	57	

Dividenden und ähnliche Erträge – Anrechnungsverfahren –

18	aus Investmentanteilen	14	15	60
19	anzurechnende Körperschaftsteuer zu Zeile 18			34
20	Summe der vergüteten Körperschaftsteuer			88

Dividenden und ähnliche Erträge – Halbeinkünfteverfahren –

Kapitalertragsteuer

21	aus Aktien und anderen Anteilen (auch bei Tafelgeschäften)			
22	aus Investmentanteilen			
23	aus Leistungen einer nicht von der Körperschaftsteuer befreiten Körperschaft, Personenvereinigung oder Vermögensmasse			
24	Summe der Zeilen 21 bis 23	16	17	61

Soli Rückseite: 30,22

▶ Ausblick

Die wohl wichtigste Änderung für Verbraucher und Unternehmer ist die Einführung der Abgeltungssteuer. Diese wird aber erst 2009 in Kraft treten. Kapitalgewinne werden dann mit einem einheitlichen Steuersatz von 25 Prozent besteuert. Gleichzeitig soll es für Personen, die einen niedrigeren Steuersatz als 25 Prozent haben, weiterhin möglich sein, die Einnahmen mit dem geringeren Satz zu versteuern. Mit der Einführung der Abgeltungssteuer wird auch die umstrittene Kontenabfrage durch die Finanzbehörden entfallen. Ausnahmen soll es lediglich bei Personen mit staatlicher Förderung (z. B. Sozialhilfe) geben, da hier Missbräuche vermieden werden sollen.

Die Abgeltungssteuer

Grundregel
Auf Kapitalerträge und Kursgewinne sind ab Januar 2009 pauschal 25 Prozent Abgeltungssteuer fällig, plus Solidaritätszuschlag und Kirchensteuer. Liegt der persönliche Satz bei der Einkommensteuer über 25 Prozent, ist dies unerheblich.

Steuererstattung
Kinder und Rentner ohne besondere sonstige Einkünfte wären mit 25 Prozent Abgabe schlecht bedient. Hier kann der Anleger den individuellen Tarif wählen.

Freibetrag
Sparerfreibetrag und Werbungskostenpauschale werden zum 801,00 €-Sparerpauschbetrag zusammengefasst. Zusätzliche Werbungskosten sind nicht absetzbar.

Erhebung
Inlandsbanken leiten die Steuer direkt ans Finanzamt weiter. Für ausländische Geldhäuser ist eine solche Verpflichtung nicht möglich. Einkünfte sind in der Erklärung nachzumelden (Steuersatz: 25 Prozent).

Übergang
Bestandsschutz gibt es für die Kursgewinne bei bis Ende 2008 erworbenen Papieren. Sie dürfen weiter nach zwölf Monaten steuerfrei verkauft werden.

Ausnahmen
Private Rentenversicherungen werden weiter mit dem günstigen Ertragsanteil besteuert. Gewinne aus Immobilienverkäufen bleiben nach der zehnjährigen Spekulationsfrist steuerfrei.

Man kann davon ausgehen, dass Lebens- und Rentenversicherungen in der Ansparphase nicht von der neuen Steuer betroffen sind. Das macht Fondspolicen gegenüber dem klassischen Fondssparen deutlich attraktiver. Versicherte ab dem 60. Lebensjahr, die sich nach zwölf Jahren

Vertragslaufzeit für die Kapitalabfindung entscheiden, bekämen künftig mehr ausgezahlt als reine Fondssparer – trotz Wegfalls des Steuerprivilegs für Lebensversicherungen. Noch größer wäre der Vorteil, wenn das Kapital verrentet wird.

Sog. Altpolicen bleiben weiterhin steuerfrei. Bei den sog. Neupolicen werden die Gewinne nur mit 12,5 Prozent besteuert, da in der Regel nur die Hälfte der Gewinne als steuerpflichtiges Einkommen gewertet wird.

Voraussetzungen

Bei einer Laufzeit von mindestens zwölf Jahren und einem Alter bei Auszahlung von mindestens 60 oder mehr Jahren bleibt das Halbeinkünfteverfahren erhalten. Damit sind die Lebenspolicen die größten Gewinner der Reform, da nur hier das Halbeinkünfteverfahren bestehen bleibt. Erträge wachsen über steuerfreie Zinseszinsen an, die Auszahlung zum Abschluss führt nicht mehr zum Anstieg des Steuersatzes für übrige Einkünfte. Besonders hilft das fondsgebundenen Policen.

Rentenversicherungen

Für private Rentenpolicen ändert sich nichts, sie unterliegen als sonstige Einkünfte nicht der Abgeltungssteuer. Zahlungen aus Rürup- und Riester-Policen gehören weiter in die Steuererklärung. Für Policen mit Ertragsanteilsbesteuerung bleibt es also unverändert günstig, sie kommen damit als Alternative für Aktienfonds- und Zertifikatsparpläne in Betracht.

6.9 Erbschaft- und Schenkungsteuer

▶ **Beispiel**

Herr Ferdinand Becker wird seinem Enkel Peter (Eltern bereits bei einem Unfall verstorben) gemäß den Berechnungen seines Steuerberaters eine Erbschaft von ca. 980 000,00 € (überwiegend Immobilien) hinterlassen.

Herr Becker bittet die Proximus Versicherung AG, ihn über die versicherungstechnischen Möglichkeiten der Abdeckung einer anfallenden Erbschaftsteuer zu informieren.

Informieren Sie Herrn Becker über eine versicherungstechnische Lösung seines Problems in einem Brief.

Die Erbschaftsteuer wird als Erbanfallsteuer erhoben. Die Schenkungsteuer ist ihrem Wesen nach eine Ergänzung zur Erbschaftsteuer. Sie ist notwendig, damit die Erbschaftsteuer für den künftigen Erbübergang nicht durch Schenkungen unter Lebenden umgangen werden kann. Dem entspricht es, dass Schenkungen unter Lebenden nach denselben Maßstäben der Besteuerung unterworfen werden wie Erwerb von Todes wegen.

Die Rechtsgrundlage für die Erhebung der Erbschaftsteuer/Schenkungsteuer ist das Erbschaftsteuer- und Schenkungsteuergesetz (ErbStG). Das Steueraufkommen fließt den Ländern zu.

Die Erbschaftsteuer/Schenkungsteuer wird von den Finanzämtern festgesetzt und erhoben. Um eine lückenlose Besteuerung aller Erwerbe zu gewährleisten, sieht das Erbschaftsteuer- und Schenkungsteuergesetz verschiedene Anzeigepflichten beim Finanzamt vor, wenn Zuwendungen an **Dritte** vorliegen.

- **Notare**
  z. B. Grundbuchumschreibungen, Grundbucheintragungen bei Grundbesitz

- **Banken**
  z. B. Konten, Depot, Schließfach bei Auflösung bzw. Übertragung

- **Versicherer**
  z. B. Auszahlung einer Lebensversicherung, Unfallversicherung

Natürlich gilt auch für den Erben oder den Beschenkten eine Anzeigepflicht gegenüber dem zuständigen Finanzamt.

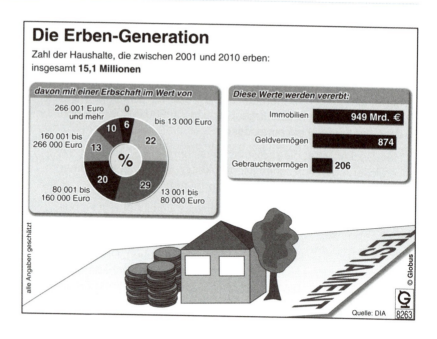

Auf die Aufbau-Generation folgt nun die Generation der Erben. Über 15 Mio. Haushalte erben in diesem Jahrzehnt ein Vermögen von insgesamt rund zwei Billionen €. Damit wird mehr als ein Fünftel des gesamten privaten Vermögens der Deutschen in die Hände der nächsten Generation übergeben. Insgesamt – so schätzt das Deutsche Institut für Altersvorsorge – beträgt das angesammelte Vermögen aller privaten Haushalte in Deutschland über neun Billionen €. Etwa die Hälfte davon entfällt auf Immobilienvermögen (einschließlich Betriebsvermögen); das Geldvermögen beziffern die Experten mit 3,6 Billionen €. Der Wert des Gebrauchsvermögens beläuft sich auf rund 920 Milliarden €.

Die Höhe der Erbschaften wird allerdings recht unterschiedlich ausfallen. Während manche Erblasser ihren Nachfahren gar nichts hinterlassen – den Berechnungen zufolge werden sechs Prozent der Erbenhaushalte leer ausgehen – wird jeder zehnte Erbschaftsfall einen Umfang von 266 001,00 € oder mehr haben. Innerhalb dieser Gruppe gibt es noch eine kleine Gruppe von Super-Reichen: zwei Prozent der Erben können sich an einem zu vererbenden Gesamtvermögen von insgesamt 520 Milliarden € erfreuen.

6.9.1 Meldepflicht der Lebensversicherung

Gemäß § 33 ErbStG und § 7 ErbStDV haben die Lebensversicherungsunternehmen dem zuständigen Finanzamt die Zahlung von Kapital- und Rentenleistungen anzuzeigen, wenn diese an **einen anderen als den Versicherungsnehmer** erfolgen. Keine Anzeige erfolgt, wenn

- die Leistung aus einer Kapitalversicherung 1 200,00 € nicht übersteigt.
- die Erlebensfallleistungen aus einer Direktversicherung an den Arbeitnehmer, obwohl er nicht Versicherungsnehmer ist, ausgezahlt werden.

Dagegen sind Todesfallleistungen aus Direktversicherungen an Hinterbliebene des Arbeitnehmers oder an sonstige Dritte zu melden; sofern sie jedoch als angemessen angesehen werden, bleiben sie steuerfrei, wenn es sich bei dem Empfänger um einen bezugsberechtigten Hinterbliebenen handelt.

Da bei einem Versicherungsnehmerwechsel der vermögensrechtliche Wert der Lebensversicherung auf einen Dritten übergeht, ist auch in diesen Fällen eine Anzeige beim Finanzamt durch den Versicherer vorgeschrieben. Zu Wertbestimmungen sind zwei Methoden möglich:

- tatsächlicher Wert
- 2/3 der gezahlten Beiträge

Letzte Möglichkeit ist bei Verträgen, die schon lange laufen für die Kunden vorteilhaft.

6.9.2 Vertragsgestaltungen

Steuerliche Auswirkungen bei Kapitalversicherungen

- widerrufliches Bezugsrecht bzw.
- unwiderrufliches Bezugsrecht

Die Einräumung eines Bezugsrechts zugunsten eines Dritten stellt noch keinen erbschaftsteuerlichen Erwerb dar. Erst der Eintritt des Versicherungsfalls löst beim Dritten die Steuerpflicht in Höhe des Auszahlungsbetrages aus.

Rentenversicherung

Widerrufliches Bezugsrecht

Erhält ein Dritter aufgrund eines widerruflichen Bezugsrechts Leistungen aus einer fälligen Rentenversicherung, sind nur die tatsächlich erhaltenen Renten im Zuflusszeitpunkt erbschaftsteuerpflichtig.

Unwiderrufliches Bezugsrecht

Bei Einräumung eines unwiderruflichen Bezugsrechts ist dagegen der Kapitalwert der fälligen Renten zu ermitteln.

Abtretung

Die Abtretung der Versicherungsansprüche zu Sicherungszwecken stellt keinen erbschaftsteuerpflichtigen Erwerb dar.

Beleihung

Im Fall der Beleihung einer Lebensversicherung ist nur die um Vorauszahlungen und aufgelaufene Beiträge gekürzte Versicherungsleistung als erbschaftsteuerpflichtiger Wert, sofern er an Dritte ausgezahlt wird, anzusetzen.

Versicherungsnehmerwechsel

Hiermit liegt ein erbschaftsteuerpflichtiger Erwerb in Höhe von 2/3 der bisher eingezahlten Beiträge oder des niedrigen Rückkaufswertes vor. Dagegen löst die Übertragung einer Direktversicherung auf den Arbeitnehmer keine Steuerpflicht aus. Ebenfalls ist die Übertragung einer privaten Lebensversicherung als Direktversicherung steuerunschädlich.

Beitragszahlung durch Dritte

Beiträge, die ein Dritter für den Versicherungsnehmer unentgeltlich entrichtet, sind schenkungsteuerpflichtig. Zum Beispiel Onkel Karl zahlt für seinen Neffen die Beiträge zur Lebensversicherung.

Haben der Dritte und der Versicherungsnehmer vereinbart, dass dem Dritten ein unwiderrufliches Bezugsrecht auf die Versicherungsleistung im Todes- und Erlebensfall zustehen soll, ist weder die Beitragszahlung (beim Versicherungsnehmer) noch die Auszahlung der Versicherungsleistung (beim Dritten) schenkung-/erbschaftsteuerpflichtig.

▶ **Beispiel**

Sven schließt auf das Leben seines Vaters Ralf eine Todesfallversicherung über 60 000,00 € ab, um damit die anfallende Erbschaftsteuer abzudecken. Der Vater Ralf ist versicherte Person und Versicherungsnehmer. Sohn Sven ist unwiderruflich Begünstigter und Beitragszahler.

Bei dieser Vertragsgestaltung der Todesfallversicherung fällt weder für Vater Ralf Schenkungsteuer noch für Sohn Sven Erbschaftsteuer aus der Todesfallversicherung an.

6.9.3 Besteuerungsverfahren

Von dem Wert der Erbschaft dürfen folgende Beträge in Abzug gebracht werden:

- Erblasserschulden in allen Formen (hierdurch ist auch eine Negativerbschaft möglich, die man innerhalb von 6 Wochen ausdrücklich mit notarieller Beglaubigung ablehnen muss, sofern man die Negativerbschaft nicht antreten will).
- Verbindlichkeiten aus der Abwicklung des Nachlasses sowie Kosten der Nachlassregelung (z. B. Erbschein)
- Bestattungskosten, Pauschalbetrag 10 300,00 €

Freibeträge

Die Höhe der Erbschaftsteuer richtet sich nicht einfach nach dem Umfang des Nachlassvermögens. Vielmehr muss zur Ermittlung des steuerpflichtigen Erwerbs bei den Erben (oder Beschenkten) ein Freibetrag abgezogen werden.

Die gewährten Freibeträge variieren in ihrer Höhe nach dem Grad der Verwandtschaft zwischen dem Erblasser und dem Erben.

Die Höhe des Erbschaftsteuersatzes hängt von dem Wert des übergegangenen Nettovermögens und vom Grad der Verwandtschaft zwischen den beteiligten Personen ab.

Die Erwerber sind in drei Steuerklassen unterteilt: § 15 ErbStG

Steuerklasse I

1. der Ehegatte
2. die Kinder und Stiefkinder
3. die Abkömmlinge der in Nummer 2 genannten Kinder und Stiefkinder
4. die Eltern und Voreltern bei Erwerben von Todes wegen

Steuerklasse II

1. die Eltern und Voreltern, soweit sie nicht zur Steuerklasse I gehören
2. die Geschwister
3. die Abkömmlinge ersten Grades von Geschwistern
4. die Stiefeltern
5. die Schwiegerkinder
6. die Schwiegereltern
7. der geschiedene Ehegatte

Steuerklasse III

alle übrigen Erwerber und die Zweckzuwendungen

Steuerklassen und Freibeträge

Steuerklasse nach Verwandtschaftsgrad	persönlicher Freibetrag in € § 16 ErbStG	Besonderer Versorgungsfreibetrag in € § 17 ErbStG	Freibetrag für Hausrat, Kunst, Sammlungen § 13 ErbStG	Freibetrag für persönliche Gegenstände
Steuerklasse I				
Ehegatte	307 000	256 000	40 900	10 300
Kind, Stiefkind, Enkel (soweit Eltern bereits verstorben)	205 000	52 000 bis zum 5. Lebensjahr 41 000 bis zum 10. Lebensjahr 30 700 bis zum 15. Lebensjahr 20 500 bis zum 20. Lebensjahr 10 300 bis zum 27. Lebensjahr	40 900	10 300
Enkel, Urenkel	51 200	0	40 900	10 300
im Erbschaftsfall: Eltern und Großeltern	51 200	0	40 900	10 300
Steuerklasse II				
bei Schenkung: Eltern und Großeltern außerdem: Ex-Ehegatte, Geschwister, Neffen, Nichten, Schwiegereltern, Stiefeltern, Schwiegerkinder	10 300	0	10 300*	0
Steuerklasse III				
alle übrigen Personen	5 200	0	10 300*	0

* Gesamtfreibetrag, Hausrat, Kunst, Sammlungen, persönliche Gegenstände

Steuersätze

Wert von Schenkung oder Erbe in €	Erbschaft- und Schenkungsteuer in Prozent		
	Steuerklasse		
	I	II	III
52 000	7	12	17
256 000	11	17	23
512 000	15	22	29
5 113 000	19	27	35
12 783 000	23	32	41
25 565 000	28	37	47
über 25 565 000	30	40	50

Die Erbschaftsteuer auf Betriebsvermögen soll nach dem 1. 1. 2007 komplett wegfallen, wenn der Betrieb in ähnlicher Form mindestens 10 Jahre weitergeführt wird.

Allgemeine Berechnungsformel:

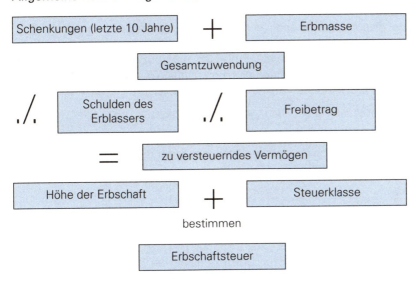

Damit die Freibeträge für einen Zeitraum von 10 Jahren nur einmal in Anspruch genommen werden können, werden alle Zuwendungen, die einer Person von ein und derselben Person anfallen, zum Zwecke der

Berechnung der Steuer zusammengerechnet, also im Ergebnis wie eine Zuwendung behandelt.

Bei mehrfachem Erwerb desselben Vermögens innerhalb von 10 Jahren durch Personen der Steuerklasse I wird die Steuer für den letzten Erwerb, soweit sie auf dasselbe Vermögen entfällt, je nach dem Zeitabstand zum vorhergehenden Erwerb zwischen 50 v. H. und 10 v. H. ermäßigt.

6.9.4 Erbschaftsteuerversicherung

Sie ist eine Lebensversicherung, meist Kapitalversicherung auf den Todesfall, die auf das Leben des Erblassers mit dem Ziel abgeschlossen wird, die bei seinem Tod zu zahlende Erbschaftsteuer abzudecken.

Durch die Neufassung des Erbschaftsteuer- und Schenkungsgesetzes im Jahre 1974 können derartige Versicherungsverträge heute nicht mehr mit steuersparender Wirkung abgeschlossen werden. In einer Übergangsvorschrift wurde festgehalten, dass die Verträge, die vor dem 3. 10. 1973 abgeschlossen wurden, bis zum 31. 12. 1993 wirksam sind. Zugleich wurde aber bestimmt, dass die Versicherungssumme dieser Verträge hinsichtlich ihrer Steuerfreiheit vom Jahre 1974 an für jedes folgende Kalenderjahr zu jeweils 5 % gemindert wurde.

Nach dem Wegfall der steuerlichen Anerkennung der Erbschaftsteuerversicherung hat die so genannte **unechte Erbschaftsteuerversicherung** an Bedeutung gewonnen.

Bei dieser Versicherung – in der Regel Kapitalversicherung auf den Todesfall – ist der Versicherungsnehmer der Erbe und versicherte Person der Erblasser. Beim Tod des Erblassers erwirbt der Erbe als Versicherungsnehmer die Versicherungssumme aus eigenem Recht und kann diese zur Zahlung der Erbschaftsteuer verwenden.

Zur Besteuerung der Beiträge siehe „Beitragszahlung durch Dritte".

Bei einer steuerlich falschen Vertragsgestaltung fallen entweder die Beiträge oder die Versicherungsleistung unter die Erbschaft-/Schenkungsteuer.

6.9.5 Bewertungsverfahren bei Immobilien

Das Bundesverfassungsgericht hat den Gesetzgeber aufgefordert, die Berücksichtigung des Grundvermögens bei der Besteuerung neu zu regeln.

Die früheren Einheitswerte wurden zwar abgeschafft, gleichwohl gilt noch immer: Die Übertragung von Grundstücken bietet immense steuerliche Vorteile.

Bebaute Grundstücke

Es gilt grundsätzlich das Ertragswertverfahren. Hierfür muss zunächst einmal die Jahres-Netto-Kaltmiete ermittelt werden. Faustformel: Nettokaltmiete gleich Rohmiete minus Heiz- und Betriebskosten. Handelt es sich um selbstgenutzte oder kostenlos überlassene Grundstücke, so müssen die Mieteinkünfte geschätzt werden. Das soll auf der Grundlage von Mietspiegeln und ähnlicher Daten geschehen. Steht nun die Jahresmiete fest, so wird dieser Betrag mit der Zahl 12,5 multipliziert. Damit steht der Ertragswert fest. Der auf diese Weise ermittelte Wert eines bebauten Grundstücks muss mindestens den Wert eines unbebauten Grundstücks erreichen. Damit das Baualter hinreichend berücksichtigt wird, kann für jedes Jahr seit der Bezugsfertigkeit 0,5 Prozent, maximal jedoch 25 Prozent abgezogen werden. Für Einfamilien- und Zweifamilienhäuser gilt ein Zuschlag von 20 Prozent. Vom Betriebsvermögen ist ein Abschlag von 40 Prozent zulässig.

▶ **Beispiel zur Wertermittlung eines Einfamilienhauses**

Einfamilienhaus, 10 Jahre alt, durchschnittliche Jahres-Netto-Kaltmiete 6 000,00 €.

Ausgangswert 6 000,00 € x 12,5	75 000,00 €
Abschlag (für Alterung) 5 Prozent	./. 3 750,00 €
verminderter Wert	= 71 250,00 €
Zuschlag (Einfamilienhaus) 20 Prozent	+ 14 250,00 €
Ertragswert	= 85 500,00 €

Wenn auch der Versicherer mit der Ermittlung und der Abführung der Erbschaftsteuer nichts zu tun hat, soll folgendes Beispiel zeigen, wie unter Berücksichtigung der steuerlichen Vorschriften die genaue Höhe der Erbschaftsteuer, z. B. bei einem Kundengespräch, zu ermitteln ist.

▶ **Beispiel**

Frau Renate Köster erbt von ihrem Ehegatten, der bei einem Unfall ums Leben kam (war selbstständig tätig), neben Hausrat und persönlichen Gegenständen, die die Freibeträge nicht überschreiten, folgende Werte:

Einfamilienhaus	Ertragswert	110 000,00 €
Lebensversicherung	Auszahlungsbetrag	300 000,00 €
Unfallversicherung	Auszahlungsbetrag	200 000,00 €
Aktien	Kurswert	60 000,00 €
Gesamtvermögen		670 000,00 €
./. Schulden + Beerdigungskosten		60 000,00 €
Nettoerwerb		610 000,00 €
./. persönlicher Freibetrag		307 000,00 €
verbleiben		303 000,00 €
./. Versorgungsfreibetrag		256 000,00 €
steuerpflichtiger Erwerb		47 000,00 €

Berechnung

47 000,00 € zu 11 % = 5 170,00 € fällige Erbschaftsteuer

Steueraufkommen

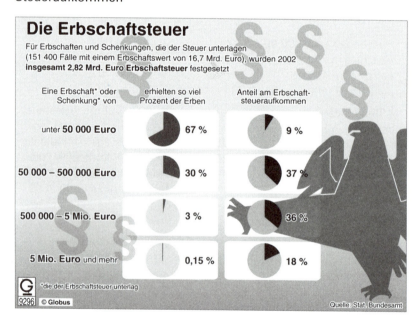

▶ Zusammenfassung

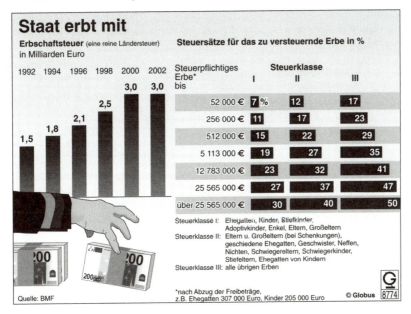

▶ Ausblick

Das Bundesverfassungsgericht hat am 31. 1. 2007 die Erbschaftsteuer in der jetzigen Form für verfassungswidrig erklärt. Mit der Forderung der Karlsruher Richter nach einheitlichen Bewertungsregeln für alle vererbten Vermögensarten wie Geld, Betriebsvermögen, Immobilien oder land- und forstwirtschaftliches Vermögen ist eine zukünftige Rechtssicherheit geschaffen worden. Nun muss die Regierung bis Ende 2008 neue Bewertungsrichtlinien erarbeiten, die den Forderungen des Verfassungsgerichtes gerecht werden.

Derzeit ist also unklar, wie geerbte Immobilien in Zukunft besteuert werden müssen. **Verfassungswidrig ist nicht die Steuer** an sich, sondern das Verfahren, mit dem der Wert der Immobilie ermittelt wird. Künftig muss zur Berechnung der Steuern der Verkehrswert herangezogen werden. Die Neubewertung = Höherbewertung sorgt erst einmal dafür, dass der Erbe mehr Steuern an den Fiskus zahlen muss.

Übungen

1. Bestimmen Sie folgende Größen für die Berechnung der Einkommensteuer:

   a) Grundfreibetrag
   b) Werbungskostenpauschale
   c) Sonderausgabenhöchstbeträge
   d) Vorsorgepauschale
   e) außergewöhnliche Belastungen

2. Beschreiben Sie, welche Steuerarten in Verbindung mit einer privaten Renten-/Lebensversicherung von Bedeutung sind und stellen Sie kurz dar, unter welchen Voraussetzungen sich steuerliche Auswirkungen für eine Privatperson ergeben.

3. a) Stellen Sie den zurzeit gültigen Steuertarif grafisch dar und erläutern Sie die Stufen des Tarifes.
   b) Nennen Sie vier Einkunftsarten, die in der Einkommensteuererklärung erfasst werden.

4. Versicherungen können im Rahmen der Sonderausgaben steuermindernd geltend gemacht werden.

   a) Um welche Versicherungen handelt es sich?
   b) Wie hoch ist der maximale Abzug eines ledigen Selbstständigen (30 Jahre), wenn er alle Höchstbeträge ausschöpft?

5. Herr Meier, verheirateter Arbeitnehmer (Frau ist nicht berufstätig), hat ein jährliches Bruttogehalt von 55 000,00 €. Im Rahmen seiner Höchstbeträge zu den Vorsorgeaufwendungen möchte er Renten-/Lebensversicherungen abschließen. Neben der Sozialversicherung verfügt er nur über eine Hausrat- und Privathaftpflichtversicherung.

   Errechnen Sie die Höchstbeträge zur Vorsorge.

6. Herr Nordmann, verheirateter Unternehmer, kann sein zu versteuerndes Einkommen von 130 000,00 € durch den Abschluss von Versicherungen um 10 000,00 € auf 120 000,00 € vermindern.

   a) Wie hoch ist sein Grenzsteuersatz?
   b) Wie hoch ist seine Einkommensteuerersparnis?
   c) Wie hoch ist seine Gesamtersparnis unter Berücksichtigung der Kirchensteuer (9 %) und des Solidaritätszuschlages (5,5 %)?

7. Erläutern Sie den Grundsatz der vor- und der nachgelagerten Besteuerung.

8. Ein Ehepaar verfügt über ein Bruttoeinkommen von je 35 000,00 € p. a. Wie viel kann das Ehepaar pro Jahr für Rürup und Riester steuerlich noch geltend machen?

   a) Beide Ehepartner sind selbstständig.
   b) Beide Ehepartner sind Beamte.
   c) Beide Ehepartner sind Angestellte.
   d) Ein Partner ist selbstständig, der andere ist angestellt.

9. Wo und bis zu welcher Höhe werden die Produkte des 3-Schichten-Modells mit den Beiträgen in der Steuererklärung berücksichtigt?

10. Frau Christa Schunck und deren Arbeitgeber haben einer Entgeltumwandlung über 4 000,00 € p. a. im Rahmen einer bAV (Direktversicherung) zugestimmt. Frau Schunck möchte nun von Ihnen wissen, wie sich hierdurch ihre Steuern und Sozialabgaben in der Ansparphase verändern. Sie ist keiner religiösen Gemeinschaft beigetreten. Ihre Krankenversicherung erhebt einen Beitragssatz von 14,4 %. Frau Schunck hat ein Bruttoeinkommen von 80 000,00 € p. a.

    a) Errechnen Sie ihre Steuerersparnis.
    b) Errechnen Sie ihre Sozialabgabenersparnis.

    Variante:

    Frau Schunck hat ein Bruttoeinkommen von 40 000,00 €

    c) Errechnen Sie ihre Steuerersparnis.
    d) Errechnen Sie ihre Sozialabgabenersparnis.
    e) Frau Schunck wird im Alter eine Rente aus ihrer bAV erhalten. Muss sie davon

    - Steuern
    - Sozialabgaben

    zahlen – auch wenn sie privat krankenversichert wäre?

11. Frau Maria Schmitz – ledig – zahlt in einen „neuen" Lebensversicherungsvertrag 80 000,00 € ohne Zusatzversicherungen ein. Die Proximus Versicherung zahlt Frau Schmitz nach 20 Jahren 120 000,00 € aus. Frau Schmitz hat im Jahr der Zahlung bereits ein steuerpflichtiges Einkommen von 30 000,00 €. Berechnen Sie die zusätzliche Steuer, die Frau Schmitz gemäß dem abgedruckten Steuertarif zu zahlen hat,

    a) wenn Frau Schmitz die Kapitalleistung mit 58 Jahren erhält.
    b) wenn Frau Schmitz die Kapitalleistung mit 62 Jahren erhält.
    c) Welche Auszahlungsform könnte ihre Steuerlast reduzieren?

12. Frau Kati König, verh., kündigt ihre „alte" Lebensversicherung zum Ablauf des 10. Versicherungsjahres bei Proximus. Die Prämien sind entrichtet. Sie ermitteln einen Rückkaufswert von 20 500,00 €. Hierin sind rechnungsmäßige und außerrechnungsmäßige Zinserträge von 4 399,00 € enthalten. Auf Ihre Anfrage reicht Frau Schmitz einen Freistellungsauftrag über 750,00 € ein.

    a) Wie hoch ist die abzuführende Kapitalertragsteuer?
    b) Frau König fragt an, was sie mit der Steuerbescheinigung machen soll?

    Geben Sie Frau König Auskunft.

13. Der Außendienstmitarbeiter Müller hat den Begriff „Novation" im Zusammenhang mit der Besteuerung der Lebensversicherung gehört. Er stellt Ihnen hierzu einige Fragen:

    a) Wann spricht man von einer Novation des LV-Vertrages?
    b) Nennen Sie drei Fälle einer Novation.
    c) Welche steuerliche Auswirkung kann eine Novation für einen Kunden gerade bei „Altverträgen" bewirken?

14. Der VN Norbert Werker kündigt seine „alte" Lebensversicherung im 9. Versicherungsjahr und bittet um Auszahlung des Rückkaufswertes. In dem Rückkaufswert sind 3 400,00 € rechnungsmäßige und 2 600,00 € außerrechnungsmäßige Zinsen enthalten. Herr Werker hat seine Freistellungsaufträge ausgeschöpft.

    Vertragsdaten:
    Versicherungssumme: 100 000,00 €;
    Rückkaufswert einschließlich Gewinnguthaben: 26 000,00 €

    a) Berechnen Sie die Kapitalertragsteuer.
    b) Welche Informationen erteilen Sie dem Kunden bezüglich der berechneten Kapitalertragsteuer?
    c) Herr Werker möchte den Vertrag in eine beitragsfreie Versicherung umwandeln. Der Proximustarif sieht für eine beitragsfreie Summe von 1 000,00 € einen Einmalbeitrag zur Restlaufzeit von 18 Jahren in Höhe von 734,50 € vor. Errechnen Sie die beitragsfreie Summe (auf volle € aufrunden).
    d) Nennen Sie die Vorteile dieser Lösung.

15. Der Kunde Willi Eich erhält ab dem 31. Lebensjahr bis zum 63. Lebensjahr eine Berufsunfähigkeitsrente von 2 000,00 € pro Monat.

    a) Bei welcher Einkunftsart wird diese Rente besteuert?
    b) Wie wird die BU-Rente im Steuerrecht bezeichnet?
    c) Mit welchem Betrag wird diese Rente bei der Berechnung der Einkommensteuer berücksichtigt?

16. Frau Gertrud Zimmer hat für ihr Alter gut vorgesorgt und erwartet folgende Rentenzahlungen:

    a) Eine Riesterrente ab dem 63. Lebensjahr in Höhe von 600,00 € monatlich.
    b) Eine Privatrente der Proximus in Höhe von 800,00 € ab dem 64. Lebensjahr.
    c) Eine gesetzliche Rente ab dem 63. Lebensjahr von 1 300,00 € im Jahre 2015.

    Ermitteln Sie das steuerpflichtige Einkommen der Frau Zimmer aufgrund ihrer Renteneinkünfte.

17. Der ledige Arbeitnehmer Willi Esser hat ein jährliches Bruttoeinkommen von 30 000,00 €. Er und sein Arbeitgeber zahlen je 6 160,00 € für alle Sozialabgaben p. a. Die Rentenversicherung beträgt 19,9 % für beide zusammen.

    a) Wie viel werden durch den Abzug der Sozialabgaben von seinem steuerpflichtigen Einkommen im Jahre 2007 bzw. 2008 abgezogen?
    b) Er hat bei der Proximus Versicherung einen Rürup-Renten-Vertrag mit einem Jahresbeitrag von 2 000,00 € abgeschlossen. Wie viel kann er im Jahre 2007 bzw. 2008 von seinem steuerpflichtigen Einkommen abziehen?
    c) Wie würde sich die Abzugsfähigkeit verändern, wenn er einen Riestervertrag über 1 250,00 € bei Proximus abgeschlossen hätte?

18. Die höhere Besteuerung der gesetzlichen Rente führt zu höheren Versorgungslücken, die bei der Beratung beachtet werden müssen.

    a) Frau Wagner erhielt im Jahre 2006 eine gesetzliche Rente von 14 000,00 €. Mit welchem Betrag wird diese Rente nach dem Alterseinkünftegesetz steuerpflichtig?
    b) Im Jahre 2008 erhält sie durch eine Rentenerhöhung eine Jahresrente von 15 500,00 €. Mit welchem Betrag wird diese Rente steuerpflichtig?

19. Herr Peter Mai bezieht im Jahre 2007 als lediger Rentner folgende Einkünfte:

   a) Rente der GRV über monatlich 1775,57 €
   b) Betriebsrente über 300,00 € monatlich
   c) Privatrente über 200,00 € monatlich ab dem 60. Lebensjahr

   Die Zinseinkünfte bewegen sich im Rahmen des Freistellungsauftrages.

   AOK-Beitrag 14,5 % – zusätzlicher Krankenversicherungsbeitrag 0,9 % –

   Beitrag zur Pflegeversicherung 1,7 %.

   Berechnen Sie die Sozialabgaben und die steuerliche Belastung von Herrn Mai im Jahre 2007. An Werbungskosten, Sonderausgaben und außergewöhnlichen Belastungen kann Herr Mai 2 000,00 € p. a. geltend machen.

20. Wie wirkt sich die neue Abgeltungssteuer von 25 % plus Soli, die ab 2009 Gültigkeit erlangt, auf folgende Produkte der Lebens-/Rentenversicherung aus, die ab dem 1. 1. 2005 abgeschlossen wurden?

   a) Kapitallebensversicherung
   b) Fondspolice-Kapitalversicherung
   c) Rentenversicherung
   d) Riester-Rente
   e) Rürup-Rente
   f) bAV-Leistungen
   g) BUZ-Rente 1. Schicht
   h) BUZ-Renten 3. Schicht
   i) Altverträge (vor 1. 1. 2005 abgeschlossen) zu Lebensversicherung

21. Diskutieren Sie die aktuellen Freibeträge und Steuersätze zur Erbschaft- und Schenkungsteuer.

22. Wie hoch war das Erbschaftsteueraufkommen im Jahre 2002?

23. Was versteht man unter einer „unechten" Erbschaftsteuerversicherung?

24. Wer ist bei Schenkung bzw. Erbe dem Finanzamt gegenüber anzeigepflichtig?

25. Nach welcher Berechnungsformel wird die Erbschaftsteuer ermittelt?

26. Welche Auswirkungen auf die Schenkung- und Erbschaftsteuer haben:

    a) widerrufliche und unwiderrufliche Begünstigung
    b) Versicherungsnehmerwechsel
    c) Abtretung
    d) Beitragszahlung durch Dritte?

27. Einer Ihrer Bekannten, 30 Jahre, erbt von seinem Vater ein Wertpapierdepot über 200 000,00 €. Ferner erhält er eine Kapitalzahlung aus der Lebensversicherung in Höhe von 40 000,00 €. Schulden sind keine vorhanden.

    Berechnen Sie die Erbschaftsteuer.

28. Herr Kruse möchte für seine Tochter Karin (29 Jahre alt) eine Lebensversicherung zur Abdeckung der fälligen Erbschaftsteuer abschließen. Die Erbschaft beträgt ca. 300 000,00 €. Schulden sind nicht vorhanden.

    a) Welche Art der Lebensversicherung sollte abgeschlossen werden?
    b) Welche Vertragsgestaltung empfehlen Sie?
    c) In welcher Höhe sollte die Lebensversicherung abgeschlossen werden?

29. Die Oma Gerda vererbt dem Enkel Peter Willig (Vater von Peter lebt noch) folgende Gegenstände:

    - Investmentfonds – Tageswert 170 000,00 €
    - Lebensversicherung – Auszahlung 32 000,00 €
    - Schulden und Beerdigungskosten 18 000,00 €

    a) Erfährt das Finanzamt von der Erbschaft oder kann Peter die Erbschaft verschweigen?
    b) Berechnen Sie die Erbschaftsteuer.
    c) Wäre ein VN-Wechsel bei der Lebensversicherung vor zwei Jahren sinnvoll gewesen?

30. Das Bundesverfassungsgericht hat am 31. 1. 2007 die Erbschaftsteuer in der heutigen Form (Stand: 2007) für verfassungswidrig erklärt.

    a) Welcher Teilbereich des Erbschaftsteuerrechts ist verfassungswidrig?
    b) Bis wann muss die Regierung eine Änderung herbeiführen?
    c) Wie sieht die Änderung aus?

Lernziele

In diesem Kapitel erwerben Sie Kenntnisse und Fertigkeiten für folgende Leistungsziele:

Sie

- beschreiben die historische Entwicklung der betrieblichen Altersversorgung
- grenzen anhand des Begriffes der betrieblichen Altersversorgung Arbeitgeberleistungen ab
- ordnen die betriebliche Altersversorgung in das 3-Schichten-Modell ein
- erklären die 5 Durchführungswege in der betrieblichen Altersversorgung
- grenzen die einzelnen Durchführungswege voneinander ab
- erkennen Kundenbedürfnisse und bieten durch eine Bedarfsanalyse den optimalen Durchführungsweg an
- erläutern den Insolvenzschutz für betrieblich zugesagte Leistungen
- stellen den Nutzen des Pensions-Sicherungs-Verein auf Gegenseitigkeit heraus
- grenzen verfallbare und unverfallbare Anwartschaften voneinander ab
- prüfen die Voraussetzungen für eine steuerliche Förderung
- wenden die Höchstgrenzen für eine sozialversicherungsrechtliche Förderung an
- beraten Ihre Kunden über die steuer- und sozialversicherungsrechtliche Behandlung von Leistungen
- zeigen Ihren Kunden die Vorteile einer Direktversicherung oder Pensionskasse zu einer Privatversorgung auf
- stellen den Kundennutzen von vermögenswirksamen Leistungen in einer Direktversicherung oder Pensionskassenabsicherung dar
- unterscheiden ein klassisches Rentenversicherungsprodukt von einer fondsgebundenen Kapital- oder Rentenversicherung

7. Betriebliche Altersversorgung

Betriebsrenten haben in deutschen Unternehmen eine lange Tradition und sind ein fester Bestandteil der sozialen Sicherungssysteme in der Bundesrepublik Deutschland. Die gravierenden Einschnitte bei der gesetzlichen Rentenversicherung fordern Arbeitgeber und Arbeitnehmer zum gemeinsamen Handeln auf.

Die gesetzlichen Rahmenbedingungen haben sich in den letzten Jahren massiv verändert und die betriebliche Altersversorgung hat mit dem Alterseinkünftegesetz zum 1. 1. 2005 und dem Schreiben des Bundesministeriums für Finanzen vom 17. 11. 2004 eine grundlegende Änderung erfahren. So hat die betriebliche Altersversorgung in der 2. Schicht als „Zusatzversorgung" einen festen Platz gefunden.

Neben vielen Vorteilen in den neuen gesetzlichen Regelungen sind aber auch Nachteile für die Arbeitnehmer entstanden, so ist der Abschluss von pauschalierten Direktversicherungen für Neuzusagen seit dem 1. 1. 2005 nicht mehr möglich.

7.1 Rechtliche Grundlagen

Die Entscheidung über die Einrichtung eines betrieblichen Versorgungswesens, die finanzielle Ausstattung, der Durchführungsweg sowie die Auswahl des begünstigten Personenkreises liegt erst einmal im freien Ermessen eines jeden Arbeitgebers. Auch das Betriebsrentengesetz enthält keine Bestimmung, die zur Einführung einer betrieblichen Altersversorgung mit Mitteln des Arbeitgebers verpflichtet.

Allerdings muss der Arbeitgeber das Gleichbehandlungsgebot gemäß Artikel 3 des Grundgesetzes beachten. Hierdurch wird festgelegt, dass der Arbeitgeber nicht ohne einen sachlichen (nachvollziehbaren) Grund Mitarbeiter von Regelungen zur betrieblichen Altersversorgung ausschließen oder schlechter stellen darf. Selbst eine Differenzierung z. B. zwischen Innen- und Außendienst stellt sich nach der aktuellen Rechtsprechung als nicht zulässig dar. Zudem ist ein Ausschluss wegen einer Teilzeitbeschäftigung (außer bei geringfügig Beschäftigten) nach der Auffassung der Gerichte an der betrieblichen Altersversorgung nicht zulässig.

Seit dem 1. 1. 2001 gibt es jedoch gesonderte Vorschriften, wenn sich ein Arbeitnehmer entschließt, einen Teil seines Lohnes in die betriebliche Altersversorgung einzubringen. Durch die Vereinbarung der Entgeltumwandlung verliert der Arbeitnehmer den Anspruch auf Zahlung des Lohnes und wandelt diesen Teil in einen Versorgungsanspruch um. Damit ist der Arbeitgeber der Träger der Versorgung und leistet formell die Beiträge.

Da der Gesetzgeber die besondere sozialpolitische Verantwortung dieser Gehaltsumwandlung erkannt hat, wird allen Arbeitnehmern seit dem 1. 1. 2002 das Recht eingeräumt, von ihrem Arbeitgeber eine Entgeltumwandlung zu verlangen (§ 1 a Abs. 2 Betriebsrentengesetz).

Auswirkung der Rechtsprechung des Europäischen Gerichtshofes (EuGH)

Ein wesentlicher Punkt der EuGH-Rechtsprechung ist der Grundsatz des gleichen Entgelts für Männer und Frauen. Die Arbeitnehmer haben einen Rechtsanspruch darauf, dass bei gleicher Tätigkeit das Lohngleichheitsgebot (Art. 141 EG) beachtet wird.

Das Lohngleichheitsgebot bezieht sich auch auf betriebliche Versorgungsleistungen. Durch das EuGH-Urteil vom 17. 5. 1990 (so genanntes „Barber-Urteil") wird der Lohngleichheitsgrundsatz als verletzt angesehen, wenn der Arbeitgeber unterschiedliche geschlechtsspezifische Rentenalter in einem Versorgungswerk vorsieht.

7.2 Definition

§ 1 Betriebsrentengesetz

Welche Versorgungsleistungen sind in der betrieblichen Altersversorgung möglich?

Was bedeutet die Ausführung „aus Anlass eines Arbeitsverhältnisses"?

Ein Arbeitsverhältnis wird mit folgenden Merkmalen charakterisiert:

§ 17 Abs. 1 Betriebsrentengesetz

- Der Arbeitnehmer ist weisungsgebunden.
- Der Arbeitnehmer ist in Ausübung seiner Tätigkeit örtlich und zeitlich fremdbestimmt und in einen arbeitsteiligen Vorgang eingeordnet.

Eine betriebliche Altersversorgung können auch Personen erhalten, die lediglich für ein Unternehmen tätig sind. Grundlage einer solchen Tätigkeit kann ein Dienst- oder Werkvertrag sein. Damit haben auch

- Selbstständige, die nur für ein Unternehmen arbeiten
- Gesellschaftliche Organe (z. B. Vorstandsmitglieder)
- arbeitnehmerähnliche Personen

die Möglichkeit, eine betriebliche Altersversorgung zu erhalten.

Wie kommt es zu einer betrieblichen Altersversorgung?

Einzel(arbeits-)vertragliche Zusagen zwischen dem Arbeitgeber und Arbeitnehmer durch

- Einzelzusagen
- Gesamtzusagen
- Betriebliche Übung („Gewohnheitsrecht")

oder durch kollektiv(arbeitsvertragliche) Zusagen zwischen Arbeitgeber und Arbeitnehmer-Vertretern durch

- Betriebsvereinbarungen
- Tarifvertrag

Worauf ist bei der Mitbestimmung der Arbeitnehmer-Vertreter in der betrieblichen Altersversorgung zu achten?

Arbeitgeberfinanzierte Zusagen

Der Arbeitgeber kann frei entscheiden über:

- die Einführung einer betrieblichen Altersversorgung
- die Höhe der Leistungen/Beiträge (sog. „Dotierungsrahmen")
- Wahl des Durchführungsweges
- Abgrenzung des Begünstigtenkreises

Mitbestimmungspflichtig ist aber durch die Arbeitnehmervertreter (z. B. Betriebsrat) die Verteilung des Dotierungsrahmens auf die einzelnen Leistungskomponenten (Alters-, Invaliditäts- oder Hinterbliebenenabsicherung).

Entgeltumwandlung

Arbeitnehmer

Der Arbeitnehmer kann folgende Entscheidungen treffen:

- ob er einen Teil seines Entgeltes umwandeln möchte
- zum Teil, in welchen Durchführungsweg das Entgelt fließt

Arbeitgeber

Der Arbeitgeber kann entscheiden über:

- Wahl des Durchführungsweges

Tarifvertragsparteien

Die Tarifvertragsparteien können entscheiden über:

- Dotierungsrahmen (Beispiel: Metallrente)

Sobald eine Regelung für die Entgeltumwandlung in einem Tarifvertrag festgeschrieben ist, kann eine Entgeltumwandlung nur vorgenommen werden, soweit der Tarifvertrag dieses zulässt.

7.3 Die fünf Wege zur Betriebsrente

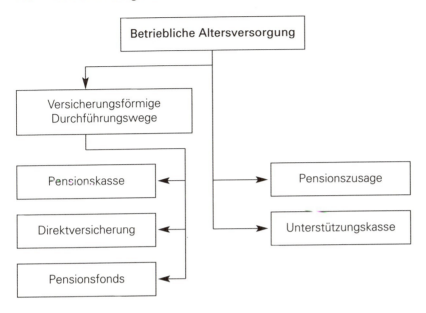

7.3.1 Direktversicherung

§ 1 b Abs. 2 Betriebsrentengesetz

Die Direktversicherung ist eine Lebens-, Renten- oder Berufsunfähigkeits-Versicherung auf das Leben des Arbeitnehmers, die durch den Arbeitgeber abgeschlossen worden ist und bei der der Arbeitnehmer oder seine Hinterbliebenen hinsichtlich der Leistungen bezugsberechtigt sind.

Auch fondsgebundene Lebens- und Rentenversicherungsverträge sind möglich.

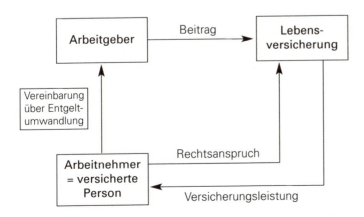

Der Gesetzgeber hat beschlossen, dass mit Wirkung ab dem 1. 1. 2005 bei der Direktversicherung von der vorgelagerten auf die nachgelagerte Besteuerung übergegangen wird. Diese nachgelagerte Besteuerung führt erst in der Auszahlungsphase zur vollen Besteuerung der dann fälligen Leistungen.

Bis zum 31. 12. 2004 hatte der Gesetzgeber mit der Regelung des § 40 b EStG eine Möglichkeit geschaffen, die Steuerbelastung zu verringern. Hiernach konnten Beiträge zu Direktversicherungen bis zu einer Höhe von 1 752 Euro pauschal mit einem Lohnsteuersatz von 20 % (zzgl. Solidaritätszuschlag und evtl. zzgl. Kirchensteuer) versteuert werden. Dem Fiskus gegenüber war der Arbeitgeber der Schuldner für die Pauschalsteuer. Diese Pauschalversteuerung wurde in der Praxis fast ausschließlich angewandt.

Für Kapital-Direktversicherungen, die vor dem 31. 12. 2004 abgeschlossen wurden, kann die vorgelagerte Besteuerung fortbestehen (Bestandsschutz). Bei einigen Rentenversicherungsverträgen bestand ein Wahlrecht.

Für alle neu abgeschlossenen Direktversicherungen ab dem 1. 1. 2005 gelten die nachstehenden Ausführungen zum Aufbau einer kapitalgedeckten betrieblichen Altersversorgung.

7.3.2 Pensionskasse

Die Pensionskasse ist eine durch den Arbeitgeber oder einer Gruppe von Arbeitgebern getragene Einrichtung, die als selbstständige juristische Person die Versorgung der Arbeitnehmer übernimmt.

Da Pensionskassen regelmäßig in Form von Versicherungsvereinen auf Gegenseitigkeit oder einer Aktiengesellschaft bestehen, unterliegen sie der staatlichen Versicherungsaufsicht wie Versicherungsunternehmen. Je nach den Trägern einer Pensionskasse unterscheidet man:

- Betriebliche Pensionskassen (nur für einen großen Betrieb)
- Konzernkassen (mehrere Unternehmen eines Konzerns)
- Gruppenkassen (z. B. die Pensionskasse der Chemischen Industrie) oder „offene" Pensionskassen (keine Zugangsbeschränkung)

Vor 2002 waren Pensionskassen vor allem in Großunternehmen und Branchen (z. B. die Zusatzversorgungskasse des Baugewerbes) anzutreffen. Hier war dann auch in den meisten Fällen die betriebliche Altersversorgung in den Tarifverträgen geregelt. Durch die Förderung im Rahmen des § 3 Nr. 63 EStG hat die Pensionskasse einen Boom erlebt.

Die Gründung einer betrieblichen Pensionskasse oder einer Konzernkasse kommt wegen der geforderten hohen Kapitalausstattung allenfalls für Großunternehmen in Frage. Die Versorgungszusage jedoch über eine bestehende offene Pensionskasse abzuwickeln, ist dagegen unkompliziert.

Die Arbeitnehmer haben einen Rechtsanspruch auf die zugesagten Leistungen.

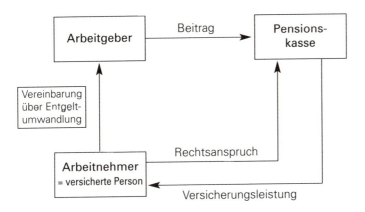

Betriebsrente durch den „Chef" oder Lohn bzw. Gehalt für eine Betriebsrente umwandeln?

Arbeitgeberfinanzierte Direktversicherung oder Pensionskasse (echte)

Sie wird vom Arbeitgeber auf das Leben des Arbeitnehmers abgeschlossen. Versicherungsnehmer und Beitragszahler ist der Arbeitgeber. Bezugsberechtigt ist der Arbeitnehmer. Für den Arbeitgeber sind die Beitragszahlungen Betriebsausgaben.

Durch Gehaltsumwandlung finanzierte Direktversicherung und Pensionskasse (unechte)

Die Basis dieser Versicherungsform bildet eine Vereinbarung zwischen dem Arbeitnehmer und dem Arbeitgeber, nach der ein Teil des Bruttogehaltes oder auch der Sonderzahlungen wie Weihnachts-, Urlaubsgeld etc. als Versicherungsbeitrag durch den Arbeitgeber an eine Versicherungsgesellschaft gezahlt wird.

Mit der Einführung des Rechtes auf Entgeltumwandlung wurden auch gesetzliche Schutzvorschriften für den Arbeitnehmer zum 1. 1. 2001 in das Betriebsrentengesetz aufgenommen:

> **§ 1 b Abs. 5 Betriebsrentengesetz (Auszug)**
>
> (5) Soweit betriebliche Altersversorgung durch Entgeltumwandlung erfolgt, behält der Arbeitnehmer seine Anwartschaft, wenn sein Arbeitsverhältnis vor Eintritt des Versorgungsfalles endet; in den Fällen der Absätze 2 und 3
>
> 1. dürfen die Überschussanteile nur zur Verbesserung der Leistung verwendet werden,
> 2. muss dem ausgeschiedenen Arbeitnehmer das Recht zur Fortsetzung der Versicherung oder Versorgung mit eigenen Beiträgen eingeräumt und
> 3. muss das Recht zur Verpfändung, Abtretung oder Beleihung durch den Arbeitgeber ausgeschlossen werden.

Im Fall einer Direktversicherung oder Pensionskasse ist dem Arbeitnehmer darüber hinaus mit Beginn der Entgeltumwandlung ein unwiderrufliches Bezugsrecht einzuräumen.

7.3.3 Merkmale der Direktversicherung und Pensionskasse

7.3.3.1 Leistungsversprechen

Das Leistungsversprechen bei einer Direktversicherung oder Pensionskasse kann unterschiedlich gestaltet werden, und zwar als

- Beitragszusage mit Mindestleistung (§ 1 Abs. 2 Nr. 2 BetrAVG)

Bei dieser Zusageform erhält der Versorgungsberechtigte im Leistungsfall das aufgrund der erteilten Beitragszusage planmäßig auf ihn entfallende Versorgungskapital, mindestens jedoch die Summe der aufgewendeten Beiträge abzüglich „verbrauchter" Risikoanteile in den Prämien.

- Beitragsorientierte Leistungszusage (§ 1 Abs. 2 Nr. 1 BetrAVG)

Hierbei wird zwar eine Versorgungsleistung zugesagt, Vorrang hat jedoch der Beitrag. Somit errechnet sich die Höhe der Leistung aus dem festgelegten Versorgungsbeitrag und den maßgebenden Rechnungsgrundlagen.

- „Echte" Leistungszusage (§ 1 Abs. 1 BetrAVG)

In diesem Fall wird eine konkret bezifferte Leistung versprochen. Der Versorgungsbeitrag wird von der zugesagten Leistung bestimmt und unter Berücksichtigung der maßgeblichen Rechnungsgrundlagen ermittelt.

7.3.3.2 Mindest- und Höchstbeiträge

Soll die Entgeltumwandlung genutzt werden, so ist gemäß Betriebsrentengesetz pro Jahr mindestens ein Betrag in Höhe von 1/160stel der Bezugsgröße der Rentenversicherung für die betriebliche Altersversorgung umzuwandeln. Das sind im Jahr 2007 mindestens 183,75 € p. a.

Maximal kann pro Jahr ein Betrag in Höhe von vier Prozent der Beitragsbemessungsgrenze der Rentenversicherung steuer- und sozialversicherungsfrei in eine Pensionskasse, eine Direktversicherung oder einen Pensionsfonds eingezahlt werden. Das sind im Jahr 2007 höchstens 2 520,00 €. Zusätzlich kann man seit dem 1. Januar 2005 bei neu abgeschlossenen Verträgen weitere 1 800,00 € steuerfrei einzahlen.

7.3.3.3 Gestaltung

Stellung des Arbeitnehmers

Die Direktversicherung oder Pensionskasse muss auf das Leben des Arbeitnehmers abgeschlossen sein. Der Arbeitnehmer ist demnach versicherte Person.

Stellung des Arbeitgebers

Eine Direktversicherung oder Pensionskasse liegt nur vor, wenn der Arbeitgeber als Versicherungsnehmer auftritt und die Beiträge zahlt.

Bezugsrecht

Dem Arbeitnehmer bzw. seinen Hinterbliebenen muss ganz oder zumindest teilweise das Bezugsrecht aus der Direktversicherung oder Pensionskasse eingeräumt werden. Es ist unerheblich, ob das Bezugsrecht widerruflich oder unwiderruflich gestaltet ist. Üblich ist bei arbeitgeberfinanzierten Direktversicherungen oder Pensionskassen ein unwiderrufliches Bezugsrecht mit Vorbehalt. Das bedeutet, dem Arbeitgeber bleibt das Recht vorbehalten, alle Versicherungsleistungen für sich in Anspruch zu nehmen, wenn der Arbeitnehmer ohne unverfallbare Anwartschaft ausscheidet. Man spricht auch von einer „wesenlosen" Anwartschaft.

Bei der Direktversicherung und der Pensionskasse durch Gehaltsumwandlung ist ein unwiderrufliches Bezugsrecht ab Beginn des Vertrages zu vereinbaren.

Merkmale der Direktversicherung/Pensionskasse

Versicherungsnehmer:	Arbeitgeber
Versicherte Person:	Arbeitnehmer
Beitragszahler:	Arbeitgeber
Bezugsrecht:	Arbeitnehmer

Abtretung der Rechte und Ansprüche oder Gewährung einer Vorauszahlung aus einer Direktversicherung

Eine Abtretung zur Absicherung von Krediten oder eine Beleihung ist bei echten Direktversicherungen (arbeitgeberfinanziert) durch den Arbeitgeber/Versicherungsnehmer möglich, solange das Bezugsrecht des Arbeitnehmers nicht unwiderruflich ist.

Um eine Beitragszahlung an den PSVaG zu vermeiden, wird bei Eintritt der Unverfallbarkeit das Bezugsrecht unwiderruflich zugunsten des Arbeitnehmers erklärt und etwaige Abtretungen oder Beleihungen seitens des Arbeitgebers rückgängig gemacht.

Bei unechten Direktversicherungsverträgen ist eine solche Verfügung nicht zulässig.

▶ **Hinweis**

Eine Abtretung oder Beleihung ist seitens des Arbeitnehmers generell nicht möglich.

Abtretung der Rechte und Ansprüche oder Gewährung einer Vorauszahlung aus einer Pensionskasse

Bei Pensionskassen sind Abtretungen oder Beleihungen (Vorauszahlungen) durch den Arbeitgeber generell ausgeschlossen.

Auskunftsrecht

§ 4 a Betriebsrentengesetz

Der versicherte Arbeitnehmer kann bei einem berechtigten Interesse (Beispiel: Versorgungsanalyse zur Schließung von Versorgungslücken, Wechsel des Arbeitgebers) verlangen, dass ihn der Arbeitgeber darüber informiert, in welcher Höhe aus der bisher erworbenen unverfallbaren Anwartschaft bei Erreichen der in der Versorgungsregelung vorgesehenen Altersgrenze ein Anspruch auf Altersversorgung besteht.

7.3.3.4 Steuerliche Aspekte

§ 3 EStG beschreibt die Möglichkeit von steuerfreien Einnahmen und die Ziffer 63, was für Beiträge eines Arbeitgebers an eine Direktversicherung oder Pensionskasse ab 2005 gilt. Voraussetzungen für die Inanspruchnahme der Vergünstigung nach § 3 Nr. 63 EStG sind:

- Es liegt ein erstes Dienstverhältnis (Steuerklasse I–V) vor. Ein erstes Dienstverhältnis kann auch vorliegen, wenn es sich um ein geringfügiges Beschäftigungsverhältnis oder eine Aushilfstätigkeit handelt.
- Auszahlung der zugesagten Alters-, Invaliditäts- oder Hinterbliebenenleistungen in Form einer Rente.
- Im Kalenderjahr max. 4 % der Beitragsbemessungsgrenze (BBG) in der Rentenversicherung der Arbeiter und Angestellten (2007 = 2 520,00 €). Auch für Beschäftigte in den neuen Bundesländern gilt die BBG West.
- Wer keinen § 40 b EStG nutzt, kann über die 4 % BBG hinaus einen Festbetrag von 1 800,00 € p. a. steuerfrei nutzen, allerdings sozialversicherungspflichtig.

Besteuerung der Rentenleistung

Sind Beitragszahlungen nach § 3 Nr. 63 EStG steuerfrei erfolgt, so sind die späteren Rentenleistungen nach § 22 Nr. 5 EStG voll steuerpflichtig.

Grundsatz: Werden Beiträge während der Ansparzeit steuerfrei geleistet, so sind sie im Alter voll zu versteuern.

Besteuerung von Kapitalleistungen aus Direktversicherungen oder Pensionskassen (Neuregelung für Verträge seit dem 1. 1. 2005)

- Rentenversicherung mit Kapitalwahlrecht, bei dem das Wahlrecht ausgeübt wird
- Kapital-Lebensversicherungen mit Sparanteil
- konventionelle und fondsgebundene Versicherungen

Grundsätzlich gilt: „Leistungen sind voll zu versteuern!"

Steuerliche Behandlung beim Arbeitnehmer
Steuerfreie Beiträge nach § 3 Nr. 63 EStG

Regelung des § 3 Nr. 63 EStG

Zum Aufbau einer kapitalgedeckten betrieblichen Altersversorgung ist bei der Auszahlung Voraussetzung, dass die Auszahlung in Form einer Rente oder eines Auszahlungsplans erfolgt.

Aber: BMF-Schreiben vom 17. 11. 2004

Allein die Möglichkeit, anstelle lebenslanger Altersversorgungsleistungen eine Kapitalauszahlung zu wählen, steht der Steuerfreiheit der Beiträge noch nicht entgegen.

Aber: mit der Ausübung des Kapitalwahlrechts entfällt die steuerliche Förderung

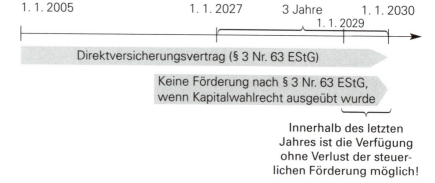

Eine **Hinterbliebenenversorgung im steuerlichen Sinne** darf nur Leistungen vorsehen an:

- die Witwe bzw. den Witwer des Arbeitnehmers/der Arbeitnehmerin
- die Kinder im Sinne des § 32 EStG („Kindergeldberechtigung muss vorliegen")
- die/der in häuslicher Gemeinschaft lebende/r Lebensgefährtin/Lebensgefährte (auch gleichgeschlechtlich), sowohl
  - eingetragene Lebenspartnerschaft
  - als auch Lebenspartner mit gemeinsamer Haushaltsführung
- Die Möglichkeit, andere Personen als Begünstigte für den Fall des Todes zu benennen, führt steuerrechtlich dazu, dass es sich nicht mehr um eine Hinterbliebenenversorgung handelt, sondern dass von einer Vererblichkeit der Anwartschaften auszugehen ist.
- Lediglich die Möglichkeit, ein einmaliges angemessenes Sterbegeld an andere Personen auszuzahlen, führt nicht zur Versagung der steuerlichen Anerkennung als bAV.

7.3.3.5 Sozialversicherungsrechtliche Aspekte

- Bis Ende 2008 sind Beiträge an eine Direktversicherung oder Pensionskasse bis max. 4 % der BBG (2007 = 2 520,00 €) sozialversicherungsfrei, wenn die steuerliche Förderung des § 3 Nr. 63 EStG in Anspruch genommen wird.
Dies gilt sowohl für arbeitgeberfinanzierte Versicherungen, als auch für Versicherungen gegen Entgeltumwandlung.
- Der zusätzlich steuerfreie Beitrag bis max. 1 800,00 € im Rahmen des § 3 Nr. 63 EStG ist in jedem Fall sozialversicherungspflichtig.
- Die Beiträge zu Direktversicherungen oder zu Pensionskassen gegen Entgeltumwandlung sind bis Ende 2008 sozialversicherungsfrei, soweit Sonderzahlungen umgewandelt werden. Bei sonstiger/ laufender Entgeltumwandlung fallen Sozialversicherungsbeiträge an.

Ab 2009 gilt:

- Eine Entgeltumwandlung ist über alle Durchführungswege der bAV komplett sozialversicherungspflichtig.
- Beiträge zu arbeitgeberfinanzierten Versorgungen bleiben im bisherigen Umfang sozialversicherungsfrei.

Sozialversicherungsrechtliche Behandlung der Leistungen aus einer Direktversicherung oder Pensionskasse

Seit dem 1. Januar 2004 gilt für alle Empfänger, die Leistungen (auch für bereits vorher bestehende Verträge):

- aus einer Renten- und Kapitalversicherung (Alters-, Hinterbliebenen- und Invaliditätsleistungen) erhalten und die
- in der gesetzlichen Krankenkasse gesetzlich oder freiwillig versichert sind, dass sie im Rahmen der jeweiligen Beitragsbemessungsgrenze (2007 = mtl. 3 562,50 €) der Kranken- und Pflegeversicherungspflicht der Rentner unterliegen, soweit es sich um einen Versorgungsbezug handelt.
- Für die Bemessung der Beiträge auf diese Leistungen ist der volle allgemeine Beitragssatz der jeweiligen Krankenversicherung maßgebend.
- Nach dem Kinder-Berücksichtigungsgesetz (KiBG) zahlen Kinderlose einen Beitragszuschlag für die Pflegeversicherung.
- Falls es sich bei der Versicherungsleistung um den Bezug von Arbeitsentgelt handelt, fallen Beiträge in allen Sozialversicherungszweigen an.

Bei betrieblichen Kapitalleistungen als Versorgungsbezug gilt 1/120 der Kapitalleistung als monatlicher Rentenbetrag. D. h. der Betrag der Kapitalleistung wird auf einen Beitragszahlungszeitraum von max. 10 Jahren verteilt. Es ist immer vom Brutto-Kapitalbetrag – d. h. ohne Kürzungen z. B. durch eventuell fällige Kapitalertragssteuer – auszugehen.

Auswirkung der steuerlichen und sozialversicherungsrechtlichen Rahmenbedingungen auf eine Direktversicherung oder Pensionskasse

Ein Arbeitnehmer wandelt 210,00 € seines Bruttogehaltes im Monat für eine Direktversicherung oder Pensionskasse um. Je nach Höhe seines Bruttoarbeits-Einkommens und der Steuerbelastung ergibt sich ein unterschiedlicher Effektivaufwand:

Monatsbruttoentgelt EUR	Lohnsteuer mit Solidaritätszuschlag ohne BAV	mit BAV	Steuerersparnis durch BAV EUR	in %	Sozialvers.-ersparnis durch BAV	Gesamtersparnis durch BAV EUR	in %	Effektivaufwand
	Ledige – Steuerklasse I/0								
2.000	274,30	215,48	58,82	28,0	46,40	105,22	50,1	104,78
2.200	332,58	271,39	61,19	29,1	46,40	107,59	51,2	102,41
2.400	393,07	329,59	63,48	30,2	46,40	109,88	52,3	100,12
2.600	455,66	389,90	65,76	31,3	46,40	112,16	53,4	97,84
2.800	520,64	452,50	68,14	32,4	46,40	114,54	54,5	95,46
3.000	587,71	517,29	70,42	33,5	46,40	116,82	55,6	93,18
3.200	657,00	584,29	72,71	34,6	46,40	119,11	56,7	90,89
3.400	728,56	653,47	75,09	35,8	46,40	121,49	57,9	88,51
3.600	802,32	724,95	77,37	36,8	42,99	120,36	57,3	89,64
3.800	878,19	798,54	79,65	37,9	27,29	106,94	50,9	103,06
4.000	956,35	874,41	81,94	39,0	27,29	109,23	52,0	100,77
4.200	1.036,70	952,40	84,30	40,1	27,29	111,59	53,1	98,41
4.400	1.119,35	1.032,66	86,69	41,3	27,29	113,98	54,3	96,02
4.600	1.204,10	1.115,13	88,97	42,4	27,29	116,26	55,4	93,74
4.800	1.290,61	1.199,79	90,82	43,2	27,29	118,11	56,2	91,89
5.000	1.377,12	1.286,21	90,91	43,3	27,29	118,20	56,3	91,80
5.200	1.463,63	1.372,81	90,82	43,2	27,29	118,11	56,2	91,89
5.400	1.551,72	1.459,32	92,40	44,0	7,80	100,20	47,7	109,80
5.600	1.640,34	1.547,32	93,02	44,3	0,00	93,02	44,3	116,98
6.000	1.817,58	1.724,56	93,02	44,3	0,00	93,02	44,3	116,98
	Verheiratete - Steuerklasse III/0								
2.000	39,00	11,00	28,00	13,3	46,40	74,40	35,4	135,60
2.200	74,00	37,50	36,50	17,4	46,40	82,90	39,5	127,10
2.400	114,33	72,16	42,17	20,1	46,40	88,57	42,2	121,43
2.600	158,83	112,33	46,50	22,1	46,40	92,90	44,2	117,10
2.800	222,79	156,50	66,29	31,6	46,40	112,69	53,7	97,31
3.000	285,01	219,19	65,82	31,3	46,40	112,22	53,4	97,78
3.200	347,26	282,03	65,23	31,1	46,40	111,63	53,2	98,37
3.400	402,12	344,27	57,85	27,5	46,40	104,25	49,6	105,75
3.600	458,03	399,48	58,55	27,9	42,99	101,54	48,4	108,46
3.800	513,95	455,23	58,72	28,0	27,29	86,01	41,0	123,99
4.000	571,10	511,14	59,96	28,6	27,29	87,25	41,5	122,75
4.200	629,30	568,11	61,19	29,1	27,29	88,48	42,1	121,52
4.400	688,55	626,31	62,24	29,6	27,29	89,53	42,6	120,47
4.600	748,87	685,39	63,48	30,2	27,29	90,77	43,2	119,23
4.800	810,24	745,70	64,54	30,7	27,29	91,83	43,7	118,17
5.000	872,83	807,24	65,59	31,2	27,29	92,88	44,2	117,12
5.200	936,48	869,66	66,82	31,8	27,29	94,11	44,8	115,89
5.400	1.002,41	933,31	69,10	32,9	7,80	76,90	36,6	133,10
5.600	1.069,93	999,08	70,85	33,7	0,00	70,85	33,7	139,15
6.000	1.208,50	1.135,18	73,32	34,9	0,00	73,32	34,9	136,68

▶ Beispiel

Herr Meier hat seine Ausbildung zum Versicherungskaufmann erfolgreich beendet und möchte jetzt für sein Alter vorsorgen. Er entschließt sich, eine Direktversicherung oder Pensionskasse gegen Entgeltumwandlung bei seinem Arbeitgeber zu vereinbaren. Nun vergleicht er seine aktuelle Gehaltsabrechnung mit der des Vormonats:

	bisherige Abrechnung	Abrechnung nach Gehaltsumwandlung
monatliches Bruttogehalt	2 100,00 €	2 100,00 €
− Gesamtbeitrag für Direktversicherung oder Pensionskasse		210,00 €
= sozialvers.pfl. Brutto	2 100,00 €	1 890,00 €
− Steuern (inkl. Soli; KiSt.)	326,32 €	261,63 €
− Sozialversicherung (AN-Anteil)*	462,00 €	415,80 €
= Netto-Auszahlung	1 311,68 €	1 212,57 €

Steuerklasse III/keine Kinder
* Gesamt SV-Sätze
(RV = 19,90 %; ALV = 4,20 %; PV = 1,70 %; KV = 14,00 %)

Die mögliche Steuerersparnis richtet sich nach dem zu versteuernden Jahreseinkommen unter Zugrundelegung der Steuertabelle für das Jahr 2007. Einsparungen zur Sozialversicherung sind bis einschließlich 2008 möglich, soweit das Einkommen unterhalb der gültigen Beitragsbemessungsgrenzen liegt.

Mit einer Nettobelastung von 99,00 € schöpft Herr Meier den Maximalbeitrag von 210,00 € aus.

Aufgrund der positiven Auswirkungen spricht Herr Meier mit seiner Schwester über die Direktversicherung/Pensionskasse. Seine Schwester ist verheiratet, hat ein Kind und ist im Einzelhandel tätig. Sie möchte gerne 50,00 € im Monat über eine Direktversicherung oder Pensionskasse sparen. Hierfür nehmen Sie folgende Berechnung vor:

Ein monatlicher Beitrag von 50,00 € aus dem Netto-Gehalt entspricht einem effektiven Anlagebetrag in die Direktversicherung oder Pensionskasse von 127,00 €.

7.3.3.6 Unverfallbarkeit

§ 2 Betriebsrentengesetz

Ein Arbeitnehmer, für den eine Direktversicherung oder Pensionskasse abgeschlossen worden ist, behält einen Teil der zugesagten Leistung bei vorzeitiger Beendigung des Arbeitsverhältnisses, wenn er unverfallbare Ansprüche erworben hat.

Arbeitgeberfinanzierte	Entgeltumwandlung
„Echte" Direktversicherung oder Pensionskasse	„Unechte" Direktversicherung oder Pensionskasse
Arbeitnehmer ist mindestens **30 Jahre alt** Zusage besteht mindestens **5 Jahre**	sofortige gesetzliche Unverfallbarkeit (Alters- und Zusagedauer-unabhängig)

Bis zum Alter von 30 Jahren können bei arbeitgeberfinanzierten Direktversicherungen oder Pensionskassen keine gesetzlich „unverfallbaren" Ansprüche erworben werden.

Die Höhe der Anwartschaft regelt sich grundsätzlich nach dem Verhältnis abgeleisteter zur erreichbaren Dienstzeit (so genannter m/n-tel Anspruch).

▶ Beispiel

Ein Arbeitgeber hat 2005 für alle Arbeitnehmer eine betriebliche Altersversorgung über Direktversicherungen oder Pensionskassen eingeführt. 2010 scheiden folgende Mitarbeiter aus dem Unternehmen aus:

Arbeitnehmer A	31 Jahre	Betriebseintritt	2005
Arbeitnehmer B	28 Jahre	Betriebseintritt	2003
Arbeitnehmer C	40 Jahre	Betriebseintritt	2006

Ansprüche:

A ist beim Ausscheiden älter als 30 Jahre; die Direktversicherung oder Pensionskasse bestand für ihn bereits länger als 5 Jahre. A hat deshalb eine unverfallbare Anwartschaft.

B ist beim Ausscheiden noch keine 30 Jahre alt. Er hat deshalb trotz der langen Betriebszugehörigkeit keine Anwartschaft.

C ist älter als 30 Jahre; die Versicherung/Zusage besteht noch keine 5 Jahre: C hat deshalb keine unverfallbare Anwartschaft.

▶ Beispiel

Arbeitnehmer Schulze bekommt nach 2 Jahren Betriebzugehörigkeit (mit 38 Jahren) eine Direktversicherung oder Pensionskasse (Vers.-Summe 30 000,00 €, Endalter 65 Jahre) gewährt, aus der ihm auch die Überschussanteile zustehen sollen. Mit 50 Jahren scheidet Herr Schulze aus dem Betrieb aus. Bis zu diesem Zeitpunkt haben sich in der Versicherung 3 400,00 € an Überschüssen angesammelt. Sein Teilanspruch errechnet sich wie folgt:

$$\text{Teilanspruch} = 30\,000 \times \frac{14 \text{ Jahre}}{29 \text{ Jahre}} + 3\,400 = 17\,883$$

Im Alter von 65 Jahren kann Herr Schulze vom Arbeitgeber die Zahlung von 17 883,00 € verlangen.

Abfindungen unverfallbarer Anwartschaften und laufender Renten

§ 3 Betriebsrentengesetz

Abfindungen von unverfallbaren Anwartschaften und laufenden Renten sind nur möglich, wenn die monatliche Rente (inkl. Überschussrente) weniger als 1 % der monatlichen Bezugsgröße nach § 18 SGB IV beträgt (in 2007 sind dies in Westdeutschland 24,50 €, Ostdeutschland: 21,00 €).

- Im Falle des Ausscheidens bemisst sich die Abfindungsgrenze nach der Höhe der mtl. beitragsfreien Rente (inkl. Überschussrente).
- Der Abfindungswert (= Auszahlungswert) bemisst sich nach dem Zeitwert zum Zeitpunkt der Abfindung (= Deckungskapital ohne Stornoabzug nach § 176 Abs. 3 WG + gutgeschriebene Überschüsse).
- Abfindung ist ohne Zustimmung des AN möglich (aber unzulässig, wenn der Arbeitnehmer seinen Anspruch auf Übertragung geltend macht).

7.3.3.7 Beendigung des Arbeitsverhältnisses

Arbeitgeberfinanzierte bAV

§ 4 Betriebsrentengesetz

- unverfallbare Anwartschaft und laufende Renten
  - beitragspflichtige Fortführung durch den AN
  - Übertragung auf neuen Arbeitgeber + neuer Arbeitgeber zahlt Beiträge weiter
  - Vertrag besteht beitragsfrei weiter
  - Abfindung in den Grenzen von § 3 Betriebsrentengesetz
- verfallbare Anwartschaft
  - Vertragsaufhebung, Mittelrückfluss an Arbeitgeber (=Rückkaufswert); aber Übertragung auf VP oder neuen AG möglich.

Arbeitnehmerfinanzierte bAV (Entgeltumwandlung)

- beitragspflichtige Fortführung durch den AN
- Übertragung auf neuen Arbeitgeber + neuer Arbeitgeber zahlt Beiträge weiter
- Vertrag besteht beitragsfrei weiter
- Abfindung in den Grenzen von § 3 Betriebsrentengesetz

Vorzeitige Altersleistung

§ 6 Betriebsrentengesetz

Einem Arbeitnehmer, der die Altersrente aus der gesetzlichen Rentenversicherung vor Vollendung des 65. Lebensjahres als Vollrente in Anspruch nimmt, sind auf sein Verlangen nach Erfüllung der Wartezeit und sonstiger Leistungsvoraussetzungen Leistungen der betrieblichen Altersversorgung zu gewähren.

Bis dahin besteht ein Verwertungsverbot. Der ausgeschiedene Arbeitnehmer darf die Ansprüche aus dem Versicherungsvertrag in Höhe des durch Beitragszahlungen des Arbeitgebers gebildeten geschäftsplanmäßigen Deckungskapitals weder abtreten noch beleihen. In dieser Höhe darf der Rückkaufswert aufgrund einer Kündigung des Versicherungsvertrages nicht in Anspruch genommen werden; im Falle der Kündigung wird die Versicherung in eine prämienfreie Versicherung umgewandelt. § 176 Abs. 1 VVG findet insoweit keine Anwendung.

Zur Festsetzung der vorgezogenen betrieblichen Altersrente hat das Bundesarbeitsgericht folgende Grundsätze durch seine Rechtsprechung aufgestellt:

I. Sofern in der Versorgungsregelung keine Regelung über das vorgezogene Altersruhegeld getroffen wurde, kann der Arbeitgeber die Betriebsrente nur gem. § 2 Betriebsrentengesetz kürzen.
II. Wenn das vorgezogene Altersruhegeld im Vergleich der zum 65. Lebensjahr vorgesehenen Leistung wegen der kürzeren Dienstzeit und der längeren Rentenlaufzeit geringer bemessen werden soll, so muss die Versorgungsregelung entsprechend ergänzt werden.

Für die Grundlagen und das Ausmaß der Kürzung besteht Vertragsfreiheit.

Beispiele für eine Kürzung der vorgezogenen betrieblichen Altersrente bei vorzeitigem Ausscheiden wegen Inanspruchnahme des vorgezogenen Altersruhegeldes aus der gesetzlichen Rentenversicherung:

a) Die Altersrente wird um 0,3 % für jeden Monat des vorgezogenen Rentenbeginns vor dem Pensionsalter gekürzt.
b) Die Altersrente wird im Verhältnis der bis zum Ausscheiden zurückgelegten Dienstzeit zu der bis zum Regel-/Pensionsalter möglich gewesenen Dienstzeit und außerdem um 0,3 % für jeden Monat des vorgezogenen Rentenbeginns vor dem Pensionsalter gekürzt.

Sobald ein Arbeitnehmer Altersruhegeld aus der gesetzlichen Rentenversicherung erhält, kann er auch Leistungen aus jedem Durchführungsweg der betrieblichen Altersversorgung in Anspruch nehmen.

7.3.4 Direktzusage/Pensionszusage

Bei der Direktzusage verpflichtet sich der Arbeitgeber, eine Betriebsrente im Pensionsalter oder bei Tod der Arbeitnehmer an die Hinterbliebenen oder eine Rente im Falle einer Berufsunfähigkeit zu zahlen. Hierfür bildet der Arbeitgeber in seiner Bilanz Pensionsrückstellungen, die als Betriebsausgaben geltend gemacht werden können.

Durch den Abschluss von Lebens- und Rentenversicherungen auf das Leben des Versorgungsberechtigten (sog. „Rückdeckungsversicherungen") kann das Unternehmen diese betriebsfremden Risiken auf ein Lebensversicherungsunternehmen abwälzen. Bezugsberechtigter für die Leistung aus der Rückdeckungsversicherung ist der Arbeitgeber.

Ja nach dem, wie die Übertragung der Verpflichtung aus der Pensionszusage auf die Rückdeckungsversicherung erfolgt, spricht man von einer partiellen oder einer kongruenten Abdeckung:

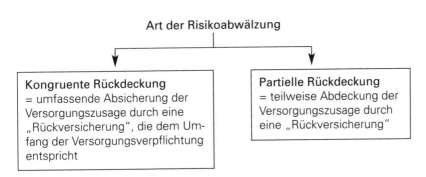

Die Deckungskapitalien der Rückdeckungsversicherung sind in der Bilanz des Unternehmens zu aktivieren und die Beiträge sind als Betriebsausgaben steuerlich absetzbar.

Eine Rückdeckungsversicherung wird steuerrechtlich nur nach § 129.4 der Lohnsteuer-Richtlinie anerkannt, wenn folgende Voraussetzungen erfüllt sind:

- Der Arbeitgeber hat dem Arbeitnehmer eine Versorgung aus eigenen Mitteln zugesagt.
- Der Arbeitgeber schließt eine Versicherung ab, zu der der Arbeitnehmer keine eigenen Beiträge leistet.
- Nur der Arbeitgeber, nicht der Arbeitnehmer erlangt Ansprüche gegen die Versicherung.

Schaubild einer Rückdeckungsversicherung

```
Arbeitgeber                    ← Arbeit ─────        Arbeitnehmer
Versicherungsnehmer            ── Lohn/Gehalt →      Versicherte Person
Bezugsberechtigter             ── Versorgungszusage →
                               ── Versorgungsleistungen →

    ↓ Beiträge    ↑ Versicherungsleistungen

         Lebensversicherung AG  ──────────────→
```

Eine Rückdeckungsversicherung ist das Richtige, wenn Ihrem Kunden ...

... eine Versorgungszusage erteilt wurde und sein Arbeitgeber eine Minderung des steuerlichen Gewinns durch Bildung von Pensionsrückstellungen anstrebt.

ist besonders interessant für ...

... Gesellschafter-Geschäftsführer (z. B. einer GmbH), die eine Zusage für eine Altersvorsorge erhalten haben und der Arbeitgeber die Pensionszusagen absichern möchte. Außerdem kann der Arbeitgeber so eine finanzielle Kalkulierbarkeit von Verpflichtungen (z. B. bei Berufsunfähigkeit) erreichen.

7.3.5 Unterstützungskasse

Die Unterstützungskasse ist eine Versorgungseinrichtung, die von einem oder mehreren Unternehmen gebildet werden kann. Die Einrichtung einer unternehmenseigenen Unterstützungskasse ist nur für größere Unternehmen sinnvoll.

Kleinere Unternehmen haben die Möglichkeit, ihre Versorgung über so genannte „Gruppenunterstützungskassen" abzuwickeln. Sie dienen dem Arbeitgeber zur Finanzierung und Erfüllung seiner Versorgungszusage an den Arbeitnehmer. Der Arbeitnehmer selbst hat keinen Anspruch auf Leistungen gegenüber der Unterstützungskasse, sondern nur seinem Arbeitgeber gegenüber.

Reichen die Mittel der Unterstützungskasse zur Finanzierung der Betriebsrenten nicht aus, muss der Arbeitgeber einspringen und den Rest der zugesagten Betriebsrenten selbst aufbringen. Daher schließen viele Unterstützungskassen (so genannte „rückgedeckte Unterstützungskassen") Lebens- und Rentenversicherungsverträge zur dauerhaften Finanzierung der zugesagten Versorgungsleistungen ab.

Ein Ausweis in der Bilanz des Arbeitgebers findet nicht statt!

Schaubild einer rückgedeckten Unterstützungskasse

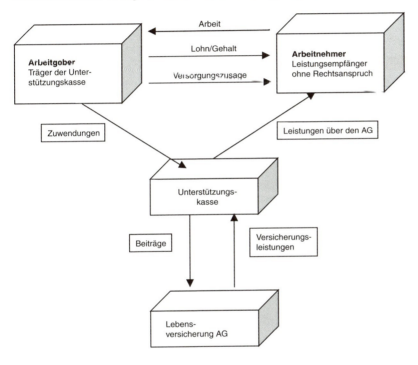

Eine rückgedeckte Unterstützungskasse ist das Richtige, wenn Ihr Kunde ...

... eine erweiterte Altersversorgung zusätzlich zur gesetzlichen und bereits bestehenden betrieblichen Altersversorgung aufbauen möchte.
... Steuern und Sozialversicherungsbeiträge einsparen möchte.
... über eine große Versorgungslücke verfügt und diese schließen möchte.

Sie ist besonders interessant für ...

... Personengruppen, wenn diese aufgrund der Einkommenssituation einen erhöhten Bedarf an Versorgungsleistungen haben. Hier steht der steuerlich geförderte Versorgungsaufbau im Vordergrund, der Altersvorsorge, Familienabsicherung oder auch die Absicherung von Berufsunfähigkeitsrisiken umfassen kann.

7.3.6 Pensionsfonds

Der Pensionsfonds wurde als fünfter Durchführungsweg der betrieblichen Altersversorgung vom Gesetzgeber zum 1. 1. 2002 neu eingeführt.

Der Pensionsfonds ist der Pensionskasse ähnlich, wobei sein Vorzug in einer stärkeren Wahrnehmung der Chancen des Kapitalmarktes, insbesondere in der Aktienanlage, liegt. Umfassende Garantieleistungen – wie z. B. bei der Pensionskasse oder Direktversicherung – kennt der Pensionsfonds daher nicht.

Ein Ausweis in der Bilanz des Arbeitgebers findet nicht statt!

Schaubild eines Pensionsfonds

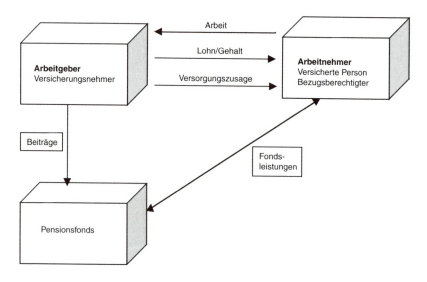

Ein Pensionsfonds ist das Richtige, wenn Ihr Kunde ...

... als Arbeitnehmer über seinen Arbeitgeber vorsorgen kann.
... Steuern und Sozialversicherungsbeiträge sparen möchte.
... direkt vom Bruttolohn in seine Altersvorsorge investieren will.

ist besonders interessant für ...

... Arbeitnehmer, die über ihren Arbeitgeber vorsorgen können sowie steuerlich gefördert eine Versorgung aufbauen möchten und hierbei sehr chancenorientiert (durch die Anlage in Aktien) handeln.

7.4 Insolvenzschutz

Versorgungsempfänger, deren Ansprüche aus der betrieblichen Altersversorgung wegen der Insolvenz des Arbeitgebers nicht erfüllt werden, haben einen Leistungsanspruch gegen den Pensions-Sicherungs-Verein (PSVaG).

§ 7 Betriebsrentengesetz

Die Leistungspflicht ist nach § 18 SGB IV auf das Dreifache der Bezugsgröße begrenzt (§ 7 Abs. 3 Betriebsrentengesetz).

Der PSVaG sichert laufende Leistungen sowie gesetzlich unverfallbare Versorgungsanwartschaften ab.

Keine Insolvenzsicherung durch den PSVaG, da nach Ansicht des Gesetzgebers die Ansprüche der Arbeitnehmer durch eine Insolvenz des Arbeitgebers nicht gefährdet sind:	Insolvenzsicherung durch den PSVaG, da bei diesen Durchführungswegen die Ansprüche des Arbeitnehmers durch eine Insolvenz des Arbeitgebers gefährdet sind:
▪ **Direktversicherung** (soweit ein unwiderrufliches Bezugsrecht besteht und die Ansprüche nicht abgetreten, verpfändet oder beliehen sind = Regelfall)	▪ **Unterstützungskassen**
▪ **Pensionskasse**	▪ **Pensionsfonds**
	▪ **Unmittelbare Versorgungszusage**
	▪ **Direktversicherung** (soweit ein widerrufliches Bezugsrecht besteht oder bei unwiderruflichem Bezugsrecht die Ansprüche abgetreten, verpfändet oder beliehen sind = Ausnahmefall)

Übungen

1. Welche Auswirkung hat die Rechtsprechung des Europäischen Gerichtshofes zur betrieblichen Altersversorgung?

2. Wie wird das Arbeitsverhältnis in § 17 Absatz 1 Betriebsrentengesetz charakterisiert?

3. Die Firma Jupp Schmitz ist im Bereich Glas-Großhandel mit Innen- und Außendienstmitarbeitern tätig. Herr Schmitz, der Geschäftsführer, möchte ausschließlich für seine Innendienstkräfte eine arbeitgeberfinanzierte betriebliche Altersversorgung in Form einer Pensionskasse anbieten.

   Ist dies rechtens?
   Erläutern Sie die Auswirkungen einer solchen Differenzierung.

4. Welche Leistungsversprechen bei einer Direktversicherung oder Pensionskasse kann der Arbeitgeber wählen und wie unterscheiden sich diese?

5. Herr Frank Altmann, 35 Jahre, ledig, hat keine Kinder und hat ein monatliches Bruttogehalt von 4 800,00 €. Er möchte gerne für sein Alter vorsorgen und hat in diesem Zusammenhang von der betrieblichen Altersversorgung gehört.

   Beraten Sie Herrn Altmann über eine betriebliche Altersversorgung gegen Entgeltumwandlung und gehen Sie auf nachfolgende Fragen ein:

   a) Bis zu welcher Höhe erfolgt eine steuerliche Förderung?
   b) Welchen Jahresbeitrag muss Herr Altmann mindestens für diesen Vertrag aufbringen?
   c) Welche Durchführungswege für eine betriebliche Altersversorgung gegen Entgeltumwandlung bieten Sie ihm an?
   d) Unterliegen die Versicherungsbeiträge der Sozialversicherungspflicht?

6. Wie hoch wäre die Gesamtersparnis, wenn Herr Altmann 210,00 € seines Bruttogehaltes in eine Direktversicherung umwandelt?

7. Herr Altmann beabsichtigt, im kommenden Monat zu heiraten. Seine künftige Ehefrau ist Hausfrau und verfügt über kein eigenes Einkommen. Wie entwickelt sich die Gesamtersparnis nach der Heirat?

8. Wie muss die Hinterbliebenenversorgung bei der Direktversicherung geregelt sein, um eine steuerliche Anerkennung des Vertrages zu ermöglichen?

Übungen

9. Die Firma Max Wunderlich hat 2006 für alle Arbeitnehmer eine betriebliche Altersversorgung über eine Pensionskasse eingeführt. Im Jahr 2012 scheiden folgende Mitarbeiter aus dem Unternehmen aus:

Rainer Grossmann	28 Jahre	Betriebseintritt 01. 01. 2005
Norbert Renz	40 Jahre	Betriebseintritt 01. 04. 2008
Petra Klein	35 Jahre	Betriebseintritt 01. 10. 2006
Artur Lorant	29 Jahre	Betriebseintritt 01. 10. 2009
Manuela Johnen	60 Jahre	Betriebseintritt 01. 10. 1984

Überprüfen Sie die unverfallbare Anwartschaft der Arbeitnehmer. Begründen Sie Ihre Antwort.

10. Beraten Sie den Geschäftsführer der Firma Max Wunderlich, Jörg Lohmar, welche Möglichkeiten er nach der Beendigung des Dienstverhältnisses hat und wie er über die Pensionskassenverträge verfügen kann.

11. Herr Lohmar hat sich entschieden, den ausscheidenden Mitarbeitern bzw. deren neuen Arbeitgebern die Verträge zu übertragen. Im Gespräch mit den ausscheidenden Mitarbeitern fällt der Begriff „Verwertungsverbot".

    Was versteht man darunter?

12. Die Firma Peter Schneider hat sich entschieden, für seine Arbeitnehmer eine Pensionszusage für das Rentenalter zu geben. Diese möchte sie durch den Abschluss einer Rückdeckungsversicherung absichern. Im Gespräch mit ihr kommen Sie auf die Übertragung der Verpflichtungen aus der Pensionszusage auf die Rückdeckungsversicherung zu sprechen.

    Grenzen Sie die kongruente und partielle Rückdeckung voneinander ab.

13. Für welche Kundengruppe ist

    a) die Unterstützungskasse
    b) der Pensionsfonds
    c) die Direktversicherung

    von besonderem Interesse?

14. Ein Industriegroßhandel beabsichtigt, eine betriebliche Altersversorgung für seine Mitarbeiter einzurichten. Erklären Sie dem Personalvorstand, Herrn Bauer, die Vorteile einer unternehmenseigenen Unterstützungskasse.

15. Sie sind beim Betriebsrat der Reiferscheidt AG eingeladen. Er bittet Sie, ihn über die Insolvenzsicherung der betrieblichen Altersversorgung zu beraten. Dabei stellt er Ihnen nachfolgende Frage:

Fallen alle Durchführungswege der betrieblichen Altersversorgung unter den Insolvenzschutz?

Informieren Sie den Betriebsrat.

Ausbildung zum Versicherungsfachmann/ zur Versicherungsfachfrau

Wiederholungsfragen zum Sachgebiet Private Vorsorge durch Lebens- und Rentenversicherung, gesetzliche Rentenversicherung und betriebliche Altersversorgung

Test 1

1. Nach dem Tod von Hannes Schiffer, der 20 Jahre lang in der gesetzlichen Rentenversicherung (GRV) pflichtversichert war, führen Sie ein Gespräch mit seiner Witwe. Frau Schiffer ist 40 Jahre alt, Hausfrau, hat eine 20-jährige Tochter (Studentin) und einen 15-jährigen Sohn (Schüler).

   Sie möchte von Ihnen wissen, welche Rentenansprüche durch den Tod ihres Mannes aus der GRV entstanden sind.

   a) Große Witwenrente und 1x Halbwaisenrente
   b) Große Witwenrente und 2x Halbwaisenrente
   c) Kleine Witwenrente und 1x Halbwaisenrente
   d) Kleine Witwenrente und 2x Halbwaisenrente

2. Helmut Schmitz ist 18 Jahre alt und Auszubildender im zweiten Ausbildungsjahr. Sie beraten ihn hinsichtlich seiner Versorgung bei Verlust der Arbeitskraft. Er möchte von Ihnen wissen, ob er einen Anspruch auf eine volle Erwerbsminderungsrente aus der GRV hätte, wenn er durch Krankheit erwerbsgemindert würde.

   a) Ja, weil ein Jahr Mitgliedschaft in der GRV besteht.
   b) Nein, weil er die allgemeine Wartezeit nicht erfüllt.
   c) Ja, weil ein Ausbildungsvertrag besteht.
   d) Nein, weil er die Anrechnungszeit von 5 Jahren nicht erfüllt.

3. Der Ehemann von Frau Klein (46) ist verstorben. Die Ehe ist kinderlos geblieben. Sie arbeitet ganztägig als Kindererzieherin.

   Bekommt Frau Klein zu ihrem eigenen Einkommen die Witwenrente in voller Höhe ausbezahlt?

   a) Ja, denn Sie hat das 45. Lebensjahr vollendet.
   b) Ja, es erfolgt keine Anrechnung ihres Einkommens.
   c) Nein, das anzurechnende Einkommen wird um einen Freibetrag gekürzt.
   d) Nein, das anzurechnende Einkommen wird um einen Freibetrag gekürzt und der verbleibende Betrag wird zu 40 % auf die Witwenrente angerechnet.
   e) Nein, das anzurechnende Einkommen wird pauschal um 40 % unter Anrechnung eines Freibetrages gekürzt.

4. Jan Lang (51) hatte mit 15 Jahren eine Ausbildung begonnen und seitdem Beiträge in die GRV eingezahlt. Er möchte schon mit 63 Jahren in Rente gehen. Sie machen Herrn Lang darauf aufmerksam, dass bei vorzeitiger Inanspruchnahme des Altersruhegeldes Kürzungen entstehen und schlagen vor, diese mit einer Lebensversicherung oder einer Rentenversicherung auszugleichen.

   Er fragt Sie, wie hoch die Kürzung ist, wenn er ab seinem 63. Geburtstag seine Rente beziehen möchte.

   a) Die Rente wird um 0,5 % pro Monat der vorzeitigen Inanspruchnahme gekürzt.
   b) Die Rente wird um 7,2 % gekürzt.
   c) Die Rente wird vom 63. Lebensjahr bis zum 65. Lebensjahr um 7,2 % gekürzt.
   d) Die Rente wird um 10,8 % gekürzt.
   e) Der aktuelle Rentenwert wird um 7,2 % gekürzt.

5. Hannelore Groß ist 45 Jahre alt, kaufmännische Angestellte und Mutter von zwei Kindern im Alter von 18 und 14 Jahren. Durch einen Freizeitunfall wird sie vollständig erwerbsgemindert.

   Wie viele Jahre Zurechnungszeit werden für Frau Groß berücksichtigt?

   a) 6 Jahre aufgrund der Kindererziehungszeit.
   b) 14 Jahre aufgrund der Berücksichtigungszeit wegen Kindererziehung.
   c) 15 Jahre bis zum 60. Lebensjahr.
   d) 20 Jahre bis zum 65. Lebensjahr.

6. Vor der Geburt ihrer zwei Kinder (10 und 6 Jahre) war Frau Maria Richter 3 Jahre berufstätig. Obwohl sie seit der Geburt der Kinder nicht mehr arbeitetet, möchte sie dennoch wissen, ob sie im Falle einer Erwerbsminderung noch GRV-versichert ist.

   Frau Richter hat

   a) keinen Versicherungsschutz, da sie weniger als 5 Jahre berufstätig war.
   b) Versicherungsschutz, da Ihre Kinder noch minderjährig sind.
   c) keinen Versicherungsschutz, da sie in den letzten zwei Jahren keine Pflichtbeiträge gezahlt hat.
   d) Versicherungsschutz, da ihr jüngstes Kind das 10. Lebensjahr noch nicht vollendet hat.

7. Die Eheleute Kurz interessieren sich für den Abschluss einer Ausbildungsversicherung für ihre Tochter Manuela.

   Sie erläutern Frau Kurz, was geschieht, wenn die Tochter während der Vertragsdauer sterben sollte.

   a) Die Versicherung wird beitragsfrei gestellt, die Versicherungsleistung wird am Ende der Vertragsdauer fällig.
   b) Der Rückkaufswert wird ausgezahlt.
   c) Das Deckungskapital und die Überschüsse werden ausgezahlt.
   d) Die Versicherungssumme wird ausgezahlt.
   e) Die eingezahlten Beiträge werden zurückerstattet.

8. Sie haben bei Heinrich Schmitz die Bedarfsermittlung durchgeführt und stellen das Angebot einer kapitalbildenden Lebensversicherung mit Berufsunfähigkeitszusatzversicherung (BUZ) dar.

   Herr Schmitz fragt, ob er in einem Pflegefall Leistungen aus dieser Zusatzversicherung erwarten kann.

   a) Sie verneinen Ansprüche aus der BUZ und verweisen auf die soziale Pflegeversicherung.
   b) Bei Pflegebedürftigkeit gibt es Leistungen aus der BUZ unter Anrechnung der Ansprüche aus der gesetzlichen Pflegeversicherung.
   c) Im Pflegefall bestehen Ansprüche aus der BUZ entsprechend der Pflegestufe.
   d) Sie verneinen Ansprüche aus der BUZ, da hierfür Vorsorge über die private Pflegezusatzversicherung erforderlich ist.

9. Im Beratungsgespräch zur Altersversorgung erzählt Ihnen Fred Schneider, dass er große gesundheitliche Probleme hat.

   Sie erläutern ihm und seiner Frau, welche Versicherungsform Sie ihnen ohne Risikoprüfung anbieten können.

   a) Risiko-Lebensversicherung mit Umtauschrecht in eine kapitalbildende Lebensversicherung
   b) kapitalbildende Lebensversicherung gegen Einmalbeitrag
   c) Versicherung einer aufgeschobenen Leibrente
   d) Versicherung einer aufgeschobenen Leibrente mit Einschluss einer Witwenrente

10. Woraus entstehen die so genannten Zinsgewinne bei der Lebensversicherung?

    Zinsgewinne entstehen, wenn ...

    a) der Versicherer Spekulationsgewinne macht.
    b) die durchschnittliche Verzinsung der Vermögensanlagen höher ist als der in den Beitrag eingerechnete Rechnungszins.
    c) die durchschnittliche Verzinsung der Vermögensanlagen des Versicherers höher als 2,75 % ist.
    d) Der Versicherer Hypotheken an seine Kunden vergibt und der zu zahlende Zins dafür höher ist als die Überschussanteile für die Lebensversicherung des Kunden.

11. Sie haben Matthias Klein eine Lebensversicherung mit automatischer Anpassung von Leistung und Beitrag angeboten.

    Herr Klein fragt Sie, woran sich die Beitragserhöhungen orientieren können.

    Die Beiträge erhöhen sich

    1. entsprechend der durchschnittlichen Preissteigerung der letzten zwei Jahre.
    2. gemäß der Steigerung der Beitragsbemessungsgrenze in der gesetzlichen Rentenversicherung.
    3. gemäß der prozentualen Steigerung des Höchstbeitrages in der gesetzlichen Rentenversicherung.
    4. um einen vertraglich vereinbarten Prozentsatz.
    5. nach dem Prozentsatz der letzten Rentenanpassung in der gesetzlichen Rentenversicherung.

    Bitte tragen Sie die richtigen Ziffern ein.

Wiederholungsfragen

12. Im Beratungsgespräch zu einer kapitalbildenden Lebensversicherung erwähnt Holger Schiffer, dass er in Kürze geschäftlich in ein Kriegsgebiet reisen muss.

    Er möchte wissen, was seine Bezugsberechtigten erhalten, wenn er durch kriegerische Ereignisse ums Leben kommt.

    a) Bei Tod infolge Krieg oder innerer Unruhen wird die volle Versicherungssumme und die erwirtschafteten Überschüsse ausgezahlt.
    b) Bei Reisen in Länder mit Krieg oder inneren Unruhen ruht der Versicherungsschutz.
    c) Bei Tod infolge Krieg oder innerer Unruhen werden die eingezahlten Beiträge und erwirtschafteten Überschüsse ausgezahlt.
    d) Bei Tod durch Krieg leistet seine Lebensversicherung nicht.

13. Felix Schneider hat bei Ihrer Gesellschaft seit 8 Jahren eine Risiko-Lebensversicherung. Er möchte den bestehenden Vertrag nun gerne in eine kapitalbildende Lebensversicherung umwandeln.

    Welche der folgenden Argumente treffen im Falle einer Umwandlung zu?

    1. Grundlage ist das Eintrittsalter bei Abschluss der Risiko-Lebensversicherung.
    2. Grundlage ist der Gesundheitszustand bei Abschluss der Risiko-Lebensversicherung.
    3. Grundlage ist das Eintrittsalter zum Zeitpunkt der Umwandlung.
    4. Grundlage ist der Gesundheitszustand zum Zeitpunkt der Umwandlung.
    5. Aus steuerlichen Gründen sollte die Restlaufzeit ab Umwandlung mindestens 12 Jahre betragen.
    6. Da der Vertragsbeginn der Risiko-Lebensversicherung Grundlage ist, sollte aus steuerlichen Gründen die Gesamtlaufzeit seit Beginn mindestens 12 Jahre betragen.

    Bitte tragen Sie die richtigen Ziffern ein.

14. Sie haben Claudia Kurz (32), Filialleiterin eines Supermarktes, für den Abschluss einer privaten Rentenversicherung mit Rentenbeginnalter 60 interessiert. Allerdings meint sie, den erforderlichen Betrag ebenso gut zinsgünstig sparen zu können.

    Mit welchem Argument werden Sie Frau Kurz am ehesten von Ihrem Angebot überzeugen?

    a) Die versicherten Renten werden regelmäßig gezahlt.
    b) Laufende Renten unterliegen nur mit ihrem Ertragsanteil der Besteuerung.
    c) Bei Tod vor Rentenbeginn werden die Beiträge erstattet. Bei Tod während der Rentengarantiezeit werden die Renten noch bis zum Ablauf dieser Zeit weitergezahlt.
    d) Die Zinshöhe ist beim Sparen nicht garantiert. Außerdem sind Zinsen zu versteuern.

15. Marc Groß (41) hat vor zwölf Jahren eine kapitalbildende LV über 50 000,00 € mit Teilauszahlungen (fünf gleiche Teilauszahlungen) und gleichbleibender Versicherungssumme abgeschlossen. Bezugsberechtigt im Todesfall ist die Ehefrau. Jetzt hat er die erste Teilauszahlung in Höhe von 10 000,00 € erhalten.

    Herr Groß möchte wissen, welche Versicherungsleistung seine Frau im Todesfall jetzt erhalten könnte?

    a) 50 000,00 €
    b) 50 000,00 € + alle bis zum Todesfall angefallenen Überschüsse
    c) 50 000,00 € + alle Überschüsse, die neu vom 13. Versicherungsjahr bis zum Todesfall entstehen
    d) 40 000,00 € + alle bis zum Todesfall angefallenen Überschüsse

16. Michael Schiffer teilt Ihnen mit, dass er in den kommenden 6 Monaten die Beiträge für seine seit 10 Jahren bestehende kapitalbildende Lebensversicherung nicht entrichten kann.

    Welche der folgenden Möglichkeiten ist für ihn unter den gegebenen Umständen am günstigsten?

    Er sollte ...

    a) ein Policendarlehen beantragen.
    b) den Vertrag beitragsfrei stellen lassen, um vollen Versicherungsschutz zu behalten.
    c) für diese Zeit die Stundung der Beiträge beantragen.
    d) für diese Zeit eine Herabsetzung der Versicherungssumme beantragen, damit die Beitragsbelastung geringer wird.

17. Frau Monika Schmitt hat vor 6 Jahren bei Ihrer Gesellschaft eine Lebensversicherung mit 12-jähriger Laufzeit abgeschlossen.

    Frau Schmitt fragt, ob sie jetzt eine Berufsunfähigkeits-Zusatzversicherung (BUZ) in den Hauptvertrag einschließen kann.

    Eine BUZ kann

    a) nach einem ärztlichem Gutachten eingeschlossen werden
    b) innerhalb einer Frist von 2 Jahren eingeschlossen werden
    c) nur eingeschlossen werden, wenn sich ihr Beruf seit Antragstellung nicht geändert hat
    d) nach Beantwortung von Gesundheitsfragen eingeschlossen werden.

Wiederholungsfragen

18. Herr Lang hat seit neun Jahren eine LV mit einer eingeschlossenen BUZ mit Barrente. Bei Antragstellung war Herr Lang kfm. Angestellter. Vor sechs Jahren wechselte er den Beruf, er kaufte sich einen LKW und wurde Umzugsunternehmer.

    Wegen eines Rückenleidens kann er seinen Beruf als Umzugsunternehmer nicht mehr ausüben.

    a) Nein, der Berufswechsel war eine Gefahrerhöhung.
    b) Ja, der nachträgliche Berufswechsel brauchte nicht angezeigt werden.
    c) Nein, der Berufswechsel hätte angezeigt werden müssen.
    d) Ja, aber die Leistung wird umgerechnet auf die neue Gefahrengruppe.

19. Ihr Kunde Bernd Schneider interessiert sich für eine kapitalbildende Lebensversicherung. Sie kommen auch auf die Überschussbeteiligung zu sprechen und erläutern ihm das Bonussystem.

    Welche Besonderheit des Bonussystems stellen Sie heraus?

    a) Nicht verbrauchte Risikoanteile werde angesammelt.
    b) Überschüsse werden verzinslich angesammelt.
    c) Überschüsse werden für zusätzliche beitragsfreie Versicherungssummen verwendet.
    d) Überschüsse werden dem Schlussgewinnanteil zugerechnet.

20. Bei einem Radrenntreffen lernen Sie den Schreinergesellen Manfred Schiffer (27) kennen. Er erzählt Ihnen, dass er leidenschaftlich gerne Motorrad fährt.

    Im Verlauf des Gesprächs erfahren Sie, dass er verheiratet ist und zwei kleine Kinder hat. Herr Schiffer ist Alleinverdiener.

    Herr Schiffer fragt Sie, welche Möglichkeit sich empfiehlt, sich selbst und seine Familie abzusichern.

    a) kapitalbildende Lebensversicherung mit Unfalltod-Zusatzversicherung
    b) kapitalbildende Lebensversicherung mit Berufsunfähigkeits-Zusatzversicherung
    c) Rentenversicherung mit Hinterbliebenenschutz
    d) Risiko-Lebensversicherung mit Berufsunfähigkeits-Zusatzversicherung

21. Martina Groß hat als leitende Angestellte ein monatliches Bruttogehalt von 3 450,00 €, netto verbleiben ihr 2 070,00 €, ihre Altersansprüche betragen ca. 40 % vom monatlichen Bruttogehalt. Darüber hinaus hat sie von ihrem Arbeitgeber eine Zusage zu einer betrieblichen Altersversorgung in Höhe von monatlich 200,00 €.

    Als Versorgungsziel im Rentenalter strebt Frau Groß den bisherigen Nettoverdienst an.

    Wie hoch ist ihre momentane Versorgungslücke.

    a) 490,00 €
    b) 690,00 €
    c) 1 870,00 €
    d) 500,00 €

22. Eine Kapitalversicherung läuft zum 31. 12. des Jahres ab. In dem Versicherungsschein ist das Geburtsdatum mit dem 12. 12. 1952 statt dem 12. 10. 1952 angegeben. Der Versicherungsnehmer fragt Sie jetzt, ob sich daraus Folgen für ihn ergeben. Sie antworten:

    a) Da Sie den Ablauf erlebt haben, interessiert es nicht mehr, ob die ursprünglichen Daten richtig waren oder nicht.
    b) Da die Versicherungsdauer richtig war, braucht die Leistung nicht geändert werden.
    c) Der Vertrag wird nachträglich auf das richtige Geburtsdatum umgerechnet.
    d) Das falsche Geburtsdatum hatte keinen Einfluss auf das Eintrittsalter, an der Leistung ändert sich deshalb nichts.

23. Im Beratungsgespräch mit der Firma Richter zur Einrichtung einer betrieblichen Altersversorgung sitzen Ihnen der Inhaber und die Arbeitnehmervertreter gegenüber. Herr Richter beabsichtigt, den männlichen Mitarbeitern mit 65 Jahren und den weiblichen Mitarbeiterinnen mit 60 Jahren Leistungen zur Verfügung stellen.

    Der Betriebsratsvorsitzende fragt Sie, ob dies rechtlich zulässig ist. Sie erläutern, dass ...

    a) dies nur mit Zustimmung aller Arbeitnehmer vereinbart werden kann.
    b) das Endalter für die Direktversicherung bei Männern und Frauen generell 65 Jahre betragen muss.
    c) dies allein Entscheidung des Arbeitgebers bleibt.
    d) dies unzulässig ist, weil hierdurch eine Ungleichbehandlung der männlichen Arbeitnehmer vorliegen würde.
    e) dies mit Zustimmung des Betriebsrates möglich wird.

24. Für Reiner Kurz besteht eine Direktversicherung durch Gehaltsumwandlung. Er hat von einem Kollegen gehört, dass es finanziell nicht gut um das Unternehmen steht.

    Herr Kurz fragt, ob bei einer Insolvenz des Unternehmens seine Ansprüche aus der Direktversicherung gefährdet sind.

    a) Ja, denn dafür, dass er steuerbegünstigt Versicherungsschutz erhält, muss er das Risiko eines Verlustes des eingesetzten Kapitals eingehen.
    b) Nein, denn das verfügte unwiderrufliche Bezugsrecht schützt seine Ansprüche vor anderen Gläubigern.
    c) Ja, denn das unwiderrufliche Bezugsrecht bestimmt nur, wer im Erlebens- oder Todesfall die Leistung erhält, hat jedoch nichts mit einer Insolvenz des Arbeitgebers zu tun.
    d) Nein, denn die Beiträge werden während der gesamten Versicherungsdauer nach wie vor als Gehalt bewertet, auf das nur der Arbeitnehmer ein Anrecht hat.

25. Ihr Kunde Herr Lang ist 34 Jahre alt. Er ist seit seinem 19. Lebensjahr bei der König GmbH angestellt. Zum 1. 1. 2001 erhielt er eine Zusage zu einer betrieblichen Altersversorgung in Form einer Direktversicherung.

    Er möchte nun gerne wissen, ab wann seine Ansprüche unverfallbar werden.

    Sie erklären ihm, die Unverfallbarkeit der Ansprüche besteht ...

    a) ab dem 1. 1. 2006
    b) ab Bezug einer Vollrente
    c) rückwirkend zu seinem 30. Lebensjahr
    d) mit Vollendung des 35. Lebensjahres
    e) ab Vollendung des 60. Lebensjahres

26. Sie bereiten sich auf die Termine der nächsten Woche vor. Sechs feste Termine haben Sie schon.

    1) Susanne Groß (26), Steuergehilfin, seit einem Jahr im Erziehungsurlaub
    2) Dr. Benjamin Klein (42), angestellter Arzt in einer Praxisgemeinschaft, pflichtversichert in der Ärzteversorgung Nordrhein
    3) Karl-Heinz Schiffer (34), selbständiger Schreinermeister, noch versicherungspflichtig
    4) Bernd Schmitz, Angestellter der Stadtverwaltung mit Ansprüchen aus der Zusatzversorgung des öffentlichen Dienstes.
    5) Anne Klein (54), geringfügig beschäftigt in einem Supermarkt
    6) Stefan Richter (23,) seit einem Jahr arbeitslos

    Welche der genannten Personen können Sie auf die Möglichkeiten der Förderung durch das Altersvermögensgesetz (AVmG) ansprechen?

    a) 1, 2, 3, 5
    b) 1, 4, 5, 6
    c) 2, 3, 5, 6
    d) 1, 3, 4, 6
    e) 2, 4, 5, 6

27. In Ihrem Beratungsgespräch zum Aufbau einer Altersversorgung im Rahmen des AVmG stellen Sie auch die Informationspflichten des Anbieters bei Antragstellung bzw. Policierung dar.

    Sie nennen Ihrem Kunden:

    a) Höhe und Verteilung der Abschluss- und Vertriebskosten, Kosten für die Verwaltung des Kapitals, Kosten für den Anbieterwechsel
    b) Höhe der Verwaltungskosten, Kosten für die Bearbeitung des Vertrages, Kosten des Außendienstes
    c) Kosten für die Zertifizierung, Kosten für die Antragstellung auf Zulagen, Vertriebskosten
    d) Höhe und Verteilung der Abschluss- und Vertriebskosten, Kosten für den Anbieterwechsel, Kosten für die Zertifizierung

Wiederholungsfragen

28. Ihr Kunde Werner Schneider hat sich für den Abschluss eines Altersvorsorgevertrages nach dem AVmG entschieden. Durch Zeitungsberichte wurde er auf das Thema Rentenversicherungen und deren steuerliche Behandlung aufmerksam.

    Herr Schneider möchte von Ihnen wissen, wie die Leistungen einer Riester-Rente während der Auszahlungsphase versteuert werden.

    a) Auf den im Aufzahlungsbetrag entfallenden Zinsanteil wird die Zinsabschlagsteuer erhoben.
    b) Die Rentenzahlungen werden wie Einkommen behandelt.
    c) Wenn er vor Beginn der Auszahlungsphase auf sein Kapitalwahlrecht verzichtet, bleibt die Riester-Rente steuerfrei.
    d) Die Riester-Rente wird wie die Leibrente nur mit dem Ertragsanteil versteuert.

29. Carola Klein ist Hausfrau und Mutter von zwei Kindern (5 und 8 Jahre). Ihr Ehemann hat bereits bei Ihrer Gesellschaft einen Altersvorsorgevertrag im Rahmen des AVmG abgeschlossen.

    Frau Klein möchte jetzt von Ihnen wissen, ob sie als Hausfrau ohne Einkommen auch einen Altersvorsorgevertrag abschließen kann.

    a) Nein, da sie nicht rentenversicherungspflichtig ist, kann sie keinen eigenen Vertrag abschließen.
    b) Nein, ein eigener Vertrag ist nicht notwendig, weil ihr Mann bereits die Zulage für sie erhält.
    c) Ja, als Hausfrau mit zwei Kindern muss sie dann allerdings einen Vertrag mindestens in Höhe des Sockelbetrages abschließen.
    d) Ja, sie sollte einen Vertrag abschließen, da sie eine Förderung erhält, ohne selber eine Mindesteigenleistung zu erbringen.

30. Sie haben mit Familie Groß (2 Kinder) über Möglichkeiten des Altersvermögensgesetzes gesprochen und eine Rentenversicherung angeboten.

    Herr Groß möchte wissen, was im Falle seines Todes mit der Altersvorsorge und der erhaltenen Förderung geschieht.

    Förderunschädlich ist, wenn das Altersvorsorgekapital ...

    a) sofort an die Witwe ausgezahlt wird.
    b) auf einen bestehenden Altersvorsorgevertrag auf den Namen der Witwe übertragen wird.
    c) auf einen Altersvorsorgevertrag auf den Namen der Witwe und der Kinder übertragen wird.
    d) auf einen Altersvorsorgevertrag auf den Namen der Witwe oder der Kinder übertragen wird.
    e) an die Witwe ausgezahlt wird, sofern im Vertrag eine Todesfallleistung vereinbart war.

Ausbildung zum Versicherungsfachmann/ zur Versicherungsfachfrau

Wiederholungsfragen zum Sachgebiet Private Vorsorge durch Lebens- und Rentenversicherung, gesetzliche Rentenversicherung und betriebliche Altersversorgung

Test 2

1. Klaus Klein beginnt seine Lehre zum Kfz-Mechaniker. Aus Unachtsamkeit verletzt er sich bereits in der zweiten Woche seiner Ausbildung beim Bedienen der Hebebühne und wird durch diesen Unfall vollständig erwerbsgemindert.

   Besteht für Herrn Klein Anspruch auf Erwerbsminderungsrente aus der Gesetzlichen Rentenversicherung (GRV)?

   a) Ja, weil bei Personen, die in einer Berufsausbildung sind, die 5-jährige Wartezeit der GRV grundsätzlich noch keine Anwendung findet.
   b) Nein, weil die Wartezeit von 5 Jahren noch nicht erfüllt ist.
   c) Ja, weil es sich um einen Arbeitsunfall handelt.
   d) Nein, weil noch kein einziger Pflichtbeitrag in die GRV eingezahlt wurde.

2. Während des Beratungsgesprächs erläutern Sie der Witwe Bärbel Groß (38) die Ansprüche aus der GRV. In diesem Zusammenhang sagt sie Ihnen, dass ihr Sohn in einer Berufsausbildung steht und in Kürze 18 Jahre alt wird.

   Frau Groß möchte wissen, ob sie dann weiterhin die große Witwenrente erhält.

   a) Nein, da sie ihren Sohn nicht mehr erzieht.
   b) Nein, da ihr Sohn keine Waisenrente mehr bezieht.
   c) Ja, bis zum Ausbildungsende ihres Sohnes, max. bis zu dessen 25. Lebensjahr.
   d) Ja, solange, bis sie das 45. Lebensjahr erreicht hat.

3. Im Zusammenhang mit dem Angebot zu einer kapitalbildenden Lebensversicherung vereinbaren Sie mit Ralf Schiffer einen Termin für eine Computer-Rentenberechnung. Sie bitten ihn, die dafür notwendigen Unterlagen bereitzuhalten.

   Er möchte wissen, welche Unterlagen für die Computer-Rentenberechnung erforderlich sind.

   a) Einkommensnachweis
   b) Versicherungsverlauf
   c) Versorgungszusage des Arbeitgebers und Versichertenkarten
   d) Sozialversicherungsnachweise und Lebensversicherungs-Police

4. Während der Bedarfsanalyse erklärt Ihnen Josef Schneider (36), er habe gehört, dass sich auch Schulzeiten auf die Höhe der Rente auswirken sollen.

   Schulzeiten wirken rentensteigernd als ...

   a) Zurechnungszeiten
   b) Berücksichtigungszeiten
   c) Anrechnungszeiten
   d) Beitragszeiten

5. Die Arbeitnehmerin Rosa Schmitz (38) möchte ihre Grundversorgung im Alter durch den Abschluss einer privaten Rentenversicherung ergänzen. Als Ablauftermin schwebt ihr das 60. Lebensjahr vor, da sie dann in Rente gehen möchte.

   Sie erklären ihr, dass Versicherte ihres Jahrgangs mit 60 nur dann Altersrente aus der GRV erhalten, wenn diese ...

   a) als Frau in den letzten 20 Jahren überwiegend pflichtversichert waren.
   b) schwerbehindert sind.
   c) in den letzten 60 Monaten 36 Pflichtbeiträge entrichtet haben.
   d) die besondere Wartezeit von 35 berücksichtigungsfähigen Versicherungsjahren erfüllt haben.

6. Hermann Richter ist 18 Jahre alt und Auszubildender im 2. Ausbildungsjahr. Sie beraten ihn hinsichtlich seiner Versorgung bei einer Minderung der Erwerbsfähigkeit.

   Er fragt Sie, ob er bei teilweiser Minderung der Erwerbsfähigkeit nach einem Freizeitunfall einen Anspruch auf eine Rente aus der gesetzlichen Rentenversicherung hätte.

   a) Ja, weil ein Jahr Mitgliedschaft in der gesetzlichen Rentenversicherung besteht.
   b) Nein, weil er bei teilweiser Minderung der Erwerbsfähigkeit über die vorzeitige Wartezeiterfüllung keinen Anspruch hat.
   c) Ja, weil ein Ausbildungsvertrag besteht.
   d) Nein, weil er die Anrechnungszeit von 5 Jahren nicht erfüllt.

Wiederholungsfragen

7. Jens Lang hat in seiner kapitalbildenden Lebensversicherung, bei der er sowohl Versicherungsnehmer als auch versicherte Person ist, seinem Sohn ein widerrufliches Bezugsrecht eingeräumt.

   Er fragt, wer die Leistung aus seiner Lebensversicherung in seinem Todesfall ausgezahlt bekommt, wenn sein Sohn vor ihm stirbt.

   Sie antworten:

   a) Die fällige Leistung erhalten die Erben des Versicherungsnehmers.
   b) Die fällige Leistung erhalten die Erben der versicherten Person.
   c) Die fällige Leistung erhalten die Erben der begünstigten Person.
   d) Die Leistung wird nicht erbracht, weil die bezugsberechtigte Person verstorben ist.

8. Wolfgang Schneider (50) möchte mit 60 Jahren aus dem aktiven Arbeitsleben ausscheiden. Zu diesem Zeitpunkt läuft auch seine bestehende Lebensversicherung ab. Herr Schneider möchte zusätzlich noch etwas für seine Altersversorgung tun.

   Im Hinblick auf die steuerliche Behandlung empfehlen Sie ...

   a) die Erhöhung der bestehenden Lebensversicherung.
   b) eine zusätzliche Rentenversicherung ohne Kapitalwahlrecht.
   c) eine zusätzliche Lebensversicherung mit Rentenwahlrecht.
   d) eine zusätzliche Rentenversicherung mit Kapitalwahlrecht.

9. Franz Kurz (20) hat bei Ihrer Gesellschaft seit 2 Jahren eine Lebensversicherung. Ab September dieses Jahres wird er den Wehrdienst ableisten. Von Freunden hat er gehört, dass unter bestimmten Voraussetzungen die Beiträge für diese Zeit vom Bund übernommen werden. Welche der folgenden Voraussetzungen sind hierfür erforderlich?

   1) Der Versicherungsnehmer muss auch versicherte Person sein.
   2) Der Vertrag muss mindestens 12 Monate bestanden haben.
   3) Der Vertrag muss mindestens auf das 50. Lebensjahr abgeschlossen sein.
   4) Herr Kurz muss auch Beitragszahler sein.
   5) Franz Kurz muss bei Vertragsabschluss mindestens 18 Jahre alt gewesen sein.

   Bitte tragen Sie die richtigen Ziffern ein.

10. Während eines Beratungsgespräches bei Herrn Ulrich Klein zu einer kapitalbildenden Lebensversicherung sprechen Sie auch die Gewinnbeteiligung an, da sich Herr Klein hierfür besonders interessiert. Sie erläutern ihm die Gewinnquellen: Risikogewinn, Kostengewinn und Zinsgewinn.

    Zinsgewinne erklären Sie wie folgt:

    Zinsgewinne ...

    a) entstehen dadurch, dass die rechnungsmäßigen Zinsen höher liegen als der ursprünglich kalkulierte garantierte Zins.
    b) entstehen, wenn das angelegte Kapital über den garantierten Rechnungszins hinaus verzinst wird.
    c) ergeben sich aus der Summe der rechnungsmäßigen und außerrechnungsmäßigen Zinsen.
    d) entstehen nur dann, wenn die tatsächliche Verzinsung höher liegt als die kalkulierten rechnungsmäßigen und außerrechnungsmäßigen Zinsen.

11. Sie helfen Karl Schiffer bei der Überwindung von Zahlungsschwierigkeiten bei seiner aufgeschobenen Rentenversicherung auf das 60. Lebensjahr. Sie sind zu dem Ergebnis gekommen, dass eine Beginnverlegung günstig ist.

    Herr Schiffer fragt Sie, was durch die Beginnverlegung erreicht wird.

    a) Durch das neu festzulegende Eintritts- und Endalter kann der Beitragsrückstand verrechnet werden.
    b) Bislang angefallene Überschussanteile werden zur Verrechnung des Beitragsrückstandes verwendet.
    c) Der Beitragsrückstand wird durch eine Verlegung des Vertrags- und Rentenbeginns ausgeglichen.
    d) Durch die Beginnverlegung wird er versicherungstechnisch jünger, so dass der Beitrag geringer wird. Die Zahlungsschwierigkeiten entfallen.

Wiederholungsfragen

12. Sie haben Konstantin Groß eine Lebensversicherung mit dynamischer Anpassung von Leistung und Beitrag angeboten. Herr Groß fragt Sie, welche Möglichkeiten der vertraglichen Anpassung es gibt.

    Beitrag und Leistungen erhöhen sich ...

    a) gemäß der Steigerung der Beitragsbemessungsgrenze in der gesetzlichen Rentenversicherung.
    b) nach dem Prozentsatz der letzten Rentenanpassung in der gesetzlichen Rentenversicherung.
    c) entsprechend der durchschnittlichen Preissteigerung der letzten zwei Jahre.
    d) gemäß der prozentualen Steigerung des Höchstbeitrages in der gesetzlichen Rentenversicherung.
    e) um einen vertraglich vereinbarten Prozentsatz.

13. Sie beraten Lieselotte Schmitz zu einer kapitalbildenden Lebensversicherung. Frau Schmitz ist seit 10 Jahren als Personalsachbearbeiterin tätig. Sie hat ein monatliches Bruttoeinkommen von 2 500,00 €. Netto verfügt sie über 1 500,00 €.

    Sie errechnen ihre Versorgungslücke für den Fall, dass sie aufgrund eines Freizeitunfalls vollständig erwerbsgemindert würde. Ihre Ansprüche aus der GRV würden bei vollständiger Erwerbsminderung 40 % betragen, bei halber Erwerbsminderung 20 %. Ihr Versorgungsziel ist das Nettoeinkommen.

    Bitte ermitteln Sie ihren monatlichen Fehlbetrag und tragen ihn in das Lösungsschema ein.

14. Herbert Kurz (32 Jahre, ledig), kaufmännischer Angestellter, hat seit zwei Jahren bei Ihrer Gesellschaft eine kapitalbildende Lebensversicherung auf den Todes- und Erlebensfall (Endalter 50) über 100 000,00 €. Sie erfahren, dass er seine Versicherung kündigen möchte, weil er durch den Wechsel seiner Arbeitsstelle weniger Einkommen zur Verfügung hat.

    Sie zeigen Herrn Kurz folgende bedarfsgerechte Alternativen auf:

    1) Beitragsfreistellung
    2) Möglichkeit der Übernahme des Beitrags durch das Sozialamt
    3) Erstattung der Beiträge bei Kündigung
    4) Senkung des Beitrags durch Herabsetzung der Versicherungssumme
    5) Verlängerung der Laufzeit auf Endalter 65 mit erneuter Gesundheitsprüfung

    Bitte tragen Sie die richtigen Ziffern in das Lösungsschema ein.

15. Herr Schneider möchte für seine Tochter eine Aussteuerversicherung bei Ihnen abschließen. Ihn interessiert natürlich hauptsächlich der Leistungszeitpunkt eines solchen Vertrages.

    Wann wird die Versicherungssumme einer Aussteuerversicherung ausgezahlt?

    Die Versicherungssumme wird ...

    a) nur bei Tod des Kindes ausgezahlt.
    b) nur dann fällig, wenn das mitversicherte Kind heiratet.
    c) bei Heirat oder zum vereinbarten Vertragsablauf fällig.
    d) bei Heirat, spätestens bei Erreichen des 30. Lebensjahres fällig.
    e) bei Tod des Versicherungsnehmers fällig.

16. Sie haben Gerd Richter eine private Rentenversicherung empfohlen, die zum 65. Lebensjahr seine gesetzliche Altersrente ergänzen soll. Es gilt eine 10-jährige Garantiezeit.

    Herr Richter fragt, was genau damit gemeint ist.

    Wenn der Versicherte ...

    a) ... vor dem 65. Lebensjahr stirbt, erhalten die Hinterbliebenen eine Rente für die Dauer von 10 Jahren.
    b) ... nach dem 65. Lebensjahr stirbt, erhalten die Hinterbliebenen eine Rente für die Dauer von 10 Jahren.
    c) ... das 65. Lebensjahr erreicht hat, wird die Rente noch für die Garantiezeit von maximal 10 Jahren gezahlt.
    d) ... das 65. Lebensjahr erreicht hat, wird die Rente für die Dauer von mindestens 10 Jahren gezahlt, unabhängig vom Erleben des Versicherten.

17. Ihr Kunde, Herr Schiffer, wird auf der Fahrt zur Arbeit in einen Verkehrsunfall verwickelt und sehr schwer verletzt. Vier Wochen später verstirbt er an den Folgen des Verkehrsunfalls. Es besteht eine Ausbildungsversicherung (Termfix-Versicherung) mit einer Versicherungssumme von 7 500,00 € einschließlich einer Unfall-Zusatzversicherung in gleicher Höhe. Versicherte Person war Herr Schiffer.

    Mit welcher Leistung können die bezugsberechtigten Hinterbliebenen unmittelbar nach Bearbeitung der Unterlagen rechnen?

    Es wird ...

    a) keine Leistung fällig.
    b) die Haupt- und Unfalltod-Zusatzversicherungssumme fällig.
    c) die Unfall-Zusatzversicherungssumme fällig. Der Vertrag wird bis zum vereinbarten Ablauf beitragsfrei weitergeführt.
    d) die Hauptversicherungssumme fällig.

Wiederholungsfragen

18. Marianne Schneider (32) möchte für das Alter vorsorgen. Sie empfehlen ihr eine Rentenversicherung mit Kapitalwahlrecht gegen laufende Beitragszahlung von monatlich 200,00 € zum Endalter 65.

    Frau Schneider möchte nun wissen, wie die Leistungen später steuerlich behandelt werden.

    1. Eine spätere Rentenzahlung wird mit dem Ertragsanteil versteuert.
    2. Die spätere Rentenzahlung ist im Übergangszeitraum von 2005 bis 2040 zu einem bestimmten Prozentsatz – je nach Rentenbeginnjahr – individuell zu versteuern.
    3. Ab Rentenbeginn im Jahr 2040 ist die Rente voll steuerpflichtig.
    4. Bei einer einmaligen Kapitalauszahlung zum Ablauf ist diese voll zu versteuern.
    5. Bei einer einmaligen Kapitalauszahlung zum Ablauf sind die Erträge zur Hälfte zu versteuern.
    6. Bei Kündigung vor Ablauf führt die Gesellschaft 25 % Kapitalertragsteuer an das Finanzamt ab, wenn kein Freistellungsauftrag vorliegt.

    Notieren Sie bitte die richtige(n) Ziffer(n) auf Ihrem Lösungsbogen.

19. Der Arbeitnehmer Ulrich Klein schließt eine kapitalbildende Lebensversicherung ab. Drei Jahre später wird er Stuntman bei einer Filmgesellschaft.

    Herr Klein fragt Sie, ob er noch Versicherungsschutz hat.

    a) Ja, er genießt uneingeschränkten Versicherungsschutz.
    b) Ja, er hat Anspruch auf das Deckungskapital und Überschüsse, mindestens aber auf die eingezahlten Beiträge.
    c) Ja, wenn für den Todesfall nicht der neue Beruf ursächlich war.
    d) Ja, jedoch hat der Versicherer ein außerordentliches Kündigungsrecht innerhalb eines Monats ab Kenntnis des neuen Berufes.

20. Frau Ursula Richter möchte ihre seit 15 Jahren bestehende Lebensversicherung beleihen, um dadurch eine kurzzeitige finanzielle Schwierigkeit zu überbrücken.

    Sie erkundigt sich bei Ihnen, bis zu welcher Höhe sie ihre Lebensversicherung beleihen kann.

    Eine Beleihung ist möglich bis zur Höhe ...

    a) des angesammelten Deckungskapitals.
    b) der vorhandenen Beitragssumme.
    c) des Rückkaufswertes.
    d) der beitragsfreien Versicherungssumme.

21. Der Arbeitnehmer Udo Lang hat gerade bei Ihrem Unternehmen eine kapitalbildende Lebensversicherung mit einer Berufsunfähigkeits-Zusatzversicherung (BUZ) mit einer monatlichen Rente von 1 500,00 € beantragt.

Er fragt Sie, welche monatliche Rente aus der BUZ gezahlt wird, wenn er zu 50 % berufsunfähig würde und deshalb nur noch halbtags beschäftigt wäre?

Sie erläutern ihm, dass er in diesem Fall ...

a) ... keine Leistung erhält.
b) ... die Hälfte der versicherten BU-Rente erhält.
c) ... die volle vertragliche BU-Leistung erhält.
d) ... mit der halben versicherten Leistung rechnen kann, sofern er den Versicherer über seinen Beschäftigungswechsel informiert hat.

22. Sie haben Matthias Groß eine Lebensversicherung mit automatischer Anpassung von Leistung und Beitrag angeboten.

Herr Groß fragt Sie, woran sich die Beitragserhöhungen orientieren können.

Die Beiträge erhöhen sich

1. entsprechend der durchschnittlichen Preissteigerung der letzten zwei Jahre.
2. gemäß der Steigerung der Beitragsbemessungsgrenze in der gesetzlichen Rentenversicherung.
3. gemäß der prozentualen Steigerung des Höchstbeitrages in der gesetzlichen Rentenversicherung.
4. um einen vertraglich vereinbarten Prozentsatz.
5. nach dem Prozentsatz der letzten Rentenanpassung in der gesetzlichen Rentenversicherung.

Bitte tragen Sie die richtigen Ziffern ein.

23. Ihr Kunde Michael Richter (geb. am 18. 4. 1977) gibt Ihnen folgende Informationen zu seinem Arbeitsverhältnis:

Eintritt in den Betrieb am   1. 9. 2002
Zusage erfolgte am   1. 3. 2003

Ab welchem Zeitpunkt hätte der Kunde im Falle eines Ausscheidens aus dem Betrieb unverfallbare Ansprüche?

Wiederholungsfragen

24. Bei Ihrer Gesellschaft besteht seit 11 Jahren für Heinz Schmitz eine Direktversicherung durch Gehaltsumwandlung. Während eines Betreuungsbesuches erklärt Ihnen der Kunde, dass er sich vorübergehend in finanziellen Schwierigkeiten befindet.

    Er erkundigt sich, ob er seine Direktversicherung beleihen kann. Eine Beleihung ist ...

    a) nur mit Zustimmung seines Arbeitgebers möglich.
    b) nur unter bestimmten Voraussetzungen, z. B. Arbeitslosigkeit länger als 12 Monate, möglich.
    c) mit schriftlicher Beantragung möglich.
    d) nicht möglich.

25. Für Ihren Kunden Volker Schiffer (58) besteht seit Jahren eine Direktversicherung (Kapital-LV) durch Gehaltsumwandlung. Der Vertrag ist auf das Endalter 65 abgeschlossen. Herr Schiffer hat den Vorruhestand beantragt und möchte die Werte aus der LV jetzt schon erhalten, um den Kauf einer Wohnung zu finanzieren.

    Ist das möglich?

    a) Nein, eine Auszahlung vor dem 60. Lebensjahr ist ausgeschlossen.
    b) Nein, durch die Pauschalbesteuerung ist das Endalter 65 vorgeschrieben.
    c) Ja, wenn er einen Rentenbescheid wegen EU- oder BU-Rente zu dem Zeitpunkt vorlegt.
    d) Ja, aber nur in Höhe des Rückkaufswertes.

26. Bei der Vorbereitung auf Ihr Kundengespräch mit Kurt Klein überlegen Sie, wie die Besteuerung von Leistungen in der Pensionskasse bei Eintritt des Versorgungsfalls erfolgt, wenn Herr Klein einen Teil seines Gehaltes nach § 3 Nr. 63 EStG umwandelt.

    Welche der folgenden Aussagen sind richtig?

    1) Eine Kapitalleistung ist steuerfrei, wenn bei Rentenbeginn max. 30 % des Betrages als Kapital ausbezahlt werden.
    2) Eine Kapitalabfindung im Alter ist voll zu besteuern.
    3) Eine Kapitalabfindung für Hinterbliebene im Todesfall ist in vollem Umfang steuerpflichtig.
    4) Eine laufende Altersrente ist voll zu versteuern.
    5) Eine laufende Hinterbliebenenrente wird mit dem Ertragsanteil versteuert.
    6) Bei einer Kapitalabfindung für Hinterbliebene im Todesfall werden nur 50 % der Erträge besteuert.

    Ermitteln Sie die richtigen Ziffern.

27. Herr Robert Richter, 35 Jahre alt, möchte eine Pensionskasse auf das Endalter 65 abschließen.

    Er hat jedoch noch eine Frage: „Gibt es einen Unterschied in der steuerlichen Behandlung, wenn ich mich bei Auszahlung der Versicherungsleistung nicht für eine Verrentung, sondern für eine Kapitalabfindung entscheide?"

    Sie antworten:

    a) Die ausgezahlte Summe muss als zusätzliches Einkommen versteuert werden, da die eingezahlten Beiträge bereits steuerbegünstigt waren.
    b) Herr Richter hat mit Erreichen des Ablaufes zum 65. Lebensjahr einen Anspruch auf steuerfreie Auszahlung der Kapitalabfindung.
    c) Ein Vorteil der Pensionskasse ist, dass sowohl bei einer Verrentung als auch bei der Einmalauszahlung nur der Ertragsanteil versteuert werden muss.
    d) Herr Richter sollte sich lieber für eine Verrentung entscheiden, da bei der Kapitalabfindung auch Kapitalertragssteuer fällig wird.

28. Martin Lang (42 Jahre) hat seit 10 Jahren eine Direktversicherung durch Entgeltumwandlung.

    Er befürchtet, in zwei Monaten arbeitslos zu werden und möchte deshalb von Ihnen wissen, was dann mit seiner betrieblichen Altersversorgung geschieht.

    a) Da es sich um Verwendung eigener Gehaltsteile handelt, muss der Vertrag beitragsfrei gestellt werden.
    b) Der Vertrag kann von ihm übernommen und weitergeführt werden.
    c) Wenn er mindestens ein Jahr arbeitslos ist, kann sich Herr Lang den Rückkaufswert der Versicherung auszahlen lassen, ohne die Steuervorteile zu verlieren.
    d) Die Versicherung wird beitragsfrei weitergeführt, da die Unverfallbarkeit eingetreten ist.

29. Sie haben Herrn Schneider ein Angebot zu einer betrieblichen Altersversorgung durch Entgeltumwandlung über die Pensionskasse Ihres Unternehmens erstellt. Bevor er dem Angebot zustimmt, möchte er von Ihnen die typischen Merkmale einer Pensionskasse in der Rechtsform einer Aktiengesellschaft erläutert haben.

    Welche der folgenden Merkmale treffen zu?

    1. Im Erlebensfall ist der Arbeitnehmer bezugsberechtigt.
    2. Die Ansprüche des Arbeitnehmers sind von Beginn der Zusage an unverfallbar.
    3. Der Arbeitgeber ist der Versicherungsnehmer.
    4. Der Arbeitgeber ist immer die versicherte Person.
    5. Die Beiträge werden vom Arbeitnehmer abgeführt.

Wiederholungsfragen

30. Herr Schmitz macht, trotz verminderter Einkünfte, von der in seiner Firma angebotenen Vorruhestandsregelung Gebrauch. Die Direktversicherung, welche ihm von seinem Arbeitgeber mitgegeben wurde, kann er nicht privat weiterführen. Er hatte schon vor dem Ausscheiden aus seiner Firma unverfallbare Ansprüche erworben.

Er fragt Sie, was er unter diesen Voraussetzungen tun soll.

Sie raten ihm ...

a) zum Rückkauf.
b) zum Teilrückkauf.
c) zur Beitragsbefreiung.
d) zu einem Policendarlehen.

Stichwortverzeichnis

A

Abfindungen 168, 607
Abgeltungssteuer 571
Abrufoption 471
Abschlagszahlungen 479
Abschlusskosten 299, 411
Abtretung 435, 438, 440, 442, 576
– der Rechte 600
Abzahlungsdarlehen 497
Aktuar
– verantwortlicher 421
Altersangabe
– unrichtige 478
Alterseinkünftegesetz 37, 285, 513, 531, 532, 591
Altersgrenze 21, 287
– flexible 471
Altersleistung
– vorzeitige 608
Altersrente 21, 22, 227
– für Frauen 228, 230
– für langjährig Versicherte 228, 230
– für schwerbehinderte Menschen 229, 230
– wegen Altersteilzeitarbeit 229, 230
– wegen Arbeitslosigkeit 229, 230
Altersversorgung 107, 150, 151, 593
– betriebliche 326
Altersversorgungsleistungen 593
Altersvorsorge 6
Altersvorsorgeaufwendungen 41, 519, 523
Altersvorsorgebetrag 252
Änderung der Zahlungsweise 451
Anfechtung 460, 466, 468, 477
Anlageformen 45, 420
– förderfähige 73
Anlagerendite 487
Anlagestrategie 45
Annahme
– mit Erschwerung 397
– uneingeschränkte 397

Annahmefrist 390
Annuitätendarlehen 497, 498
Anpassung
– dynamische 373
Anrechnungszeiten 221, 287
Ansammlung
– verzinsliche 273, 430
Ansparphase 50, 75, 514, 537
Anspruchsdauer 236
Antrag 397
Antragsinhalt 383
Antragsmodell 385
Antragstellung 268, 383
Anwartschaften
– unverfallbare 161, 607
Anzeige des Versicherungsfalles 475
Arbeit
– unselbstständige 551
Arbeitgeber 326, 593
Arbeitnehmer 593
Arbeitslose 167
Arbeitslosengeld II 76, 248
Arbeitslosigkeit 314
Arbeitsmedizin 172
Arbeitsunfall 168
Ärztliches Zeugnis 395
Assistance-Leistungen 180
Auskunftsrecht 600
Ausnahmen 571
Ausschluss von Zusatzversicherungen 452
Aussteuerversicherung 377, 378, 380
Auszahlungsphase 56, 75
Auszahlungsplan 303
Auszubildende 212

B

Banksparplan 300, 301
Barber-Urteil 592
Barrendite 487
Basisrente 41, 245
– fondsgebundene 45
– klassische 43, 45
– mit Investmentfonds 258
Basisrentenversicherung 243, 245, 249
Basisversorgung 10, 11

Baufinanzierer 4
Bauherren 311
bAV
– arbeitgeberfinanzierte 607
– arbeitnehmerfinanzierte 608
Beamte 4, 118, 288
Bedarfsanalyse 5
Beendigung
– vorzeitige 460
Beiträge 321, 407
– Stundung der 451
Beitragsbemessungsgrenze 214, 251, 371
Beitragsdepot 517
Beitragsfreistellung 453
Beitragsinkasso 326
Beitragskalkulation 407
Beitragsrückerstattung 429
Beitragssatz 371
Beitragsverrechnung 429
Beitragszahlung 152, 153
– durch Dritte 576
Beitragszeiten 217
Beitragszusage
– mit Mindestleistung 598
Beitragszusammensetzung 407
Belastungen
– außergewöhnliche 552
Beleihung 576
Beleihungswert 506
Beraterprotokoll 8
Beratung 330
Beratungsgespräche 3, 7
Bergungskosten 177, 180
Berufe 127
Berufsausbildung 219
Berufseinsteiger 4
Berufsgenossenschaften 167, 172
Berufshilfe 168
Berufskrankheit 168
Berufsunfähigkeit 5, 114, 117, 144, 474
Berufsunfähigkeitsdeckung 260
Berufsunfähigkeitsrente 6
Berufsunfähigkeitsversicherung 129, 132, 180, 181, 476, 516
– selbstständige 131
Berufsunfähigkeitsvorsorge 6
Berufsunfähigkeitszusatzversicherung 259
beschränkt Geschäftsfähige 378

Besteuerung
– der Alterssicherung 21
– der Auszahlungen 277
– der Basisrente 257
– der Leistung 328
– der Rentenleistung 601
– nachgelagerte 596
– volle 141, 540
Besteuerungsverfahren 577
Betriebsrente 591, 597
Betriebsrentengesetz 155, 591
Betriebsvereinbarungen 593
Bewertungsverfahren bei Immobilien 580
Bezieher von Entgeltersatzleistungen 212
Bezugsberechtigter 377, 381
Bezugsrecht 377, 435, 436, 599
– unwiderrufliches 437–439, 447, 575, 598
– widerrufliches 437–439, 447
Bonusrente 273
Bonusrückkauf 563
Bonussystem 430, 431
Bruttobeitrag 407
Bruttoeinkommen 38
Bruttolohn 285, 330
BU-Berufsgruppeneinteilung 128
Bundesanstalt für Arbeitsschutz 172
Bundesanstalt für Finanzdienstleistungsaufsicht 78
Bundesfinanzhof 564
Bundeszentralamt für Steuern 558
Bundeszuschuss 209
BUZ-Bonusrentensystem 274

D

Datenschutzerklärung 383
Dauerverkürzung 398
Deckungskapital 409, 415, 418, 609
– gezillmertes 417
Deckungsrückstellung 418
Deutsche Rentenversicherung 20, 211
Dienstunfähigkeit 117
Differenzverfahren 531, 536
Direktgutschrift 428
Direktversicherung 151, 154, 156, 555, 595, 606

Direktversicherungsvertrag 602
Direktvertrieb 386
Dividende 489
Doppelbesteuerung 276
Dotierungsrahmen 594
Dread-Disease-Police 129
Durchschnittsentgelt 218
Dynamik 261, 270, 533

E

Effektivverzinsung 489, 490, 492, 494, 496, 504
Ehegatten-Splitting 548
Eheschließung 474
Eigenbeitrag 295
Eigenheim 311
Eigenleistung 67, 333
Eigenvorsorge 15
Einkommensteuer 514, 515
Einkommensteuertabellen 543
Einkommensteuertarif 543
Einkunftsarten 544
Einlösungsbeitrag 453
Einzelunfallversicherung 6
Einzelzusagen 593
EM-Rente
– halbe 125
– volle 125
Entgeltpunkte 23, 217, 219
– persönliche 225
Entgeltumwandlung 15, 155, 591, 594, 606
Entlastung
– von der Progression 548
Entnahme
– aus Gewinnguthaben 451
Entnahmeplan 304
Entsparung
– des Kapitals 86, 537
Erbanfallsteuer 573
Erben 437
Erbfall 317, 319
Erbschaft 85
– Höhe der 579
Erbschaftsteuer 276, 514, 573, 579, 582, 583
Erbschaftsteuergesetz 108, 109
Erbschaftsteuerversicherung 580
Erhebung 571
Erhebungsbögen 3

Erhöhung
– planmäßige 371
Erlebensfall 140
Erlebensfallleistung 409
Ermächtigungsklausel 383
Ersatzzeiten 221, 222
Ertrag
– steuerpflichtiger 137
Ertragsanteil 86, 87, 328
Ertragsanteilbesteuerung 513, 537, 540
Ertragswert 505, 506
Erwerbseinkommen 21
Erwerbsminderung 31, 32, 118
– volle 121
Erwerbsminderungsrente 29, 34, 116, 120, 124, 227, 231, 233
– halbe 119
– volle 119
Erwerbsunfähigkeit 5, 118
Erwerbsunfähigkeitsversicherung 129
Erziehungspersonen 212
EuGH-Rechtsprechung 592
Europäischer Gerichtshof 592

F

Familienkasse 298
Familienrabatt 189
Fernabsatzvertrag 386
Festdarlehen 494
Fondsanlage 300
Fondsgebundene Rentenversicherung 300
Förderkonzept 324
Förderquote 253, 254, 295
Förderrente 15
Förderung 268, 311, 331
Formen
– der Beitragszahlung 263
Freiberufler 4, 118
Freibeträge 571, 577, 578
Freistellungsauftrag 566
Freistellungsbetrag 567
freiwillig Versicherte 28, 115
Fremdversicherung 380
Funktionsbeeinträchtigung 178

G

Garantierente 130
Gebrechen 180
Geldanlage 330

Geldvermögen 248
Generationenpolitik 283
Generationenvertrag 25, 27, 209, 286
geringfügig Beschäftigte 213
Gesamtzusagen 593
Geschäftsunfähige 378
Gesundheitsprüfung 107, 268
Gewinnguthaben 533
Gewinnquelle 428
Gewinnrente
– dynamische 86, 273
Gewohnheitsrecht 593
Gleichbehandlungsgebot 591
Gliedmaßen 174
Grad der Invalidität 187
Grenzsteuersatz 65
Grundbuch 501
Grundfähigkeitspolice 129
Grundpfandrechte 499, 500, 503
Grundschuld 499
Grundstücke
– bebaute 581
Grundtabelle 546
Grundzulage 68, 291, 294, 295
GRV-Beitrag
– fiktiver 255
Günstigerprüfung 71, 323, 333, 523

H

Halbeinkünfteverfahren 489
Halbwaisenrente 33, 171
Handwerker 4
Hartz-IV 300
Hausverkauf 85
Heilbehandlung 168
Heimarbeiter 167
Heiratsversicherung 380, 474, 475
Hinterbliebene 107, 314
Hinterbliebenenrente 6, 32, 168, 171, 227, 233
Hinterbliebenenrenten-Zusatzversicherung 260
Hinterbliebenenversorgung 150, 265, 593, 602
Hinterbliebenenvorsorge 6
Hobbys 128
Höchstbeiträge 251, 599
Höchstbeträge 291
Hypothek 499

I

Immobilien 248
Insolvenz
– des Versicherungsnehmers 447
Insolvenzschutz 159, 160, 275, 613
Invalidität 117, 174, 178, 182, 189
Invaliditätsentschädigung 175
Invaliditätsversorgung 150, 593
Investmentbonus 273
Investmentfonds 302, 486

J

Jahresarbeitsverdienst 170
Jahressteuergesetz 2007 277

K

Kapital
– riskiertes 415, 417
Kapitalabfindung 152, 275
Kapitalanlageergebnis 271
Kapitalanlagen 137
Kapitalanleger 4
Kapitaleinkünfte 551
Kapitalertragsteuer 514, 515, 534, 540, 559, 561
kapitalgedeckte AV 11
Kapitalleistungen 150, 328
Kapitalversicherungen 575
Kapitalwert 514
Kausalität 477
KHTG 175
Kindererziehungszeiten 220
Kinderfreibetrag
– Höhe 65
Kindertarif 189
Kinderunfallversicherung 193
Kinderversicherung 381
Kinderzulage 68, 291, 294, 295
Kirchensteuerhebesatz 65
Kirchensteuerpflicht 65
Klagefrist 479
Kleinkinder 186
Kohortenmodell 51, 520, 540
Kohortenprinzip 36
Konkurs 438
Kosten 407
Kosten eines Vorsorgevertrages 312

Kosten und Gebühren 269
Kostenanteil 409
Kostenergebnis 272
Kostengewinn 409, 424, 427, 428
Kostenzuschläge 409
Krankenhaustagegeld 179
Krankheiten 127, 180
Krankheitsfallversicherung 476
Krieg 477
Kundenberatung 334
Kundendaten 5
Kündigung 264, 275, 316, 460, 533
Kündigungsrecht
- außerordentliches 461

L

Landwirte 4
Laptop 3
Lebensversicherung 514, 595
- Beleihung einer 454
- dynamische 374
- fondsgebundene 163
Leibrenten
- abgekürzte 539
Leistungsausschluss 127, 399
Leistungsphase 537
Leistungsversprechen 598
Leistungszusage
- beitragsorientierte 598
Lohn/Gehalt 152, 153
Lohnersatzleistungen 220
Lohnsteuer 514, 515

M

Meldebehörde 298
Mindestbetrag 333, 599
Mindesteigenbeitrag 291–293, 295
Mindestendalter 267
Mindestlaufzeit 514
Mindestversicherungssumme 461
Mitteilungsstelle für Sonderwagnisse 126, 395
Monatsrente 225

N

Nachhaltigkeitsfaktor 223, 285
Nachversicherungsgarantie 262, 533

Nachweise
- im Versicherungsfall 475
Nettobeitrag 407
Nettobelastung 605
Nettoeinkommen 38
Nichtigkeit 460, 466
Nichtzahlung
- des Folgebeitrages 453
Novation 143, 565
Nullzone 545
Nutzenargumentation 3

O

Operationen
- kosmetische 180, 189

P

Partnerschaften 4
Pauschalversteuerung 596
Pensions-Sicherungs-Verein 159, 613
Pensionsfonds 154, 595, 612
Pensionskasse 152, 154, 156, 595–597, 606, 612
Pensionszusage 154, 595
Person
- minderjährige 380
- mitversicherte 377–380
- versicherte 377, 379, 380
Personenkreis 288
- versicherter 182
Pfändung 435, 443
Pfändungspfandgläubiger 445
Pfändungsschutz 446
Pflegebedürftige
- erheblich 202
Pflegebedürftigkeit 196, 200
Pflegefall 474
Pflegefallversicherung 476
Pflegekosten 6, 196, 201
Pflegekostenversicherung 204
Pflegepersonen 212
Pflegerentenversicherungen 204
Pflegestufe 1–3 199
Pflegetagegeldversicherungen 204
Pflegeversicherung 198
Pflegeversicherungsarten 199
Pflegevorsorge 6
Pflegezeiten 220
Pflegezusatzversicherung 200, 519

pflichtversichert 212
Pflichtversicherte 28, 115, 167
Policendarlehen 455
Policenmodell 385
Polizeidienst 477
Prämienfreistellung 275
private AV 11
private UV 182
Progression 175
Proportionalzone I und II 545

R

Rechnungszins 45
Rechnungszinssatz 409
Rechte Dritter 435
Rechtsanspruch 595, 597
Rechtsfolgen
– der Pfändung 445
Regelaltersrente 227, 230
Rehabilitation 115, 168
Rendite 487, 493
– von Wertpapieren 488
Renditeaspekte 485
Rente
– dynamische 209
– pur 267
– steuerpflichtiger Teil der 55
– wegen voller Erwerbsminderung 22
Rentenabschlag 122
Rentenanpassung 22, 23
Rentenanteil
– steuerpflichtiger 88
Rentenarten 115, 540
Rentenartfaktor 217, 222, 225
Rentenbeginn
– flexibler 263
Rentenbeginnphase 50, 95
Rentenbezugsmitteilung 275
Renteneinkünfte 551
Rentenformel 216, 225
Rentenhöhe 236
Renteninformation 20, 22
Rentenleistungen 152, 328
Rentenlücke 92
Rentenniveau 281
Rentenphase 56
rentenrechtliche Zeiten 216
Rentenstrukturreform 281, 282
Rentenversicherung 300, 305, 474, 486, 514, 575
– aufgeschobene 95

– fondsgebundene 48, 163
– sofort beginnende 85, 95
Rentenwert
– aktueller (ARW) 217, 223, 225
Rentenzahlungen 150
Riester-Rente 63, 284
Riester-Vorsorgeaufwendungen 519
Riesterförderung 73
Riestertreppe 296
Risiken
– objektive 126
– subjektive 126
Risiko
– Zurückstellung des 127
Risikoanteil 409
Risikobeitrag 407
Risikoeinschätzung 127, 393
Risikoergebnis 272
Risikogewinn 409, 424, 425, 428
Risikolebensversicherung 516
Risikomerkmale
– subjektive 393
Risikoprüfung 101, 126, 393
Risikorückstellung 418
Risikoversicherung 100, 144, 517
Risikozuschlag 105, 397
Risikozwischenbeitrag 451
riskiertes Kapital 409
Rohüberschuss 424
Rückdatierung 402
Rückdeckung
– kongruente 609
Rückdeckungsversicherung 610
Rückkauf 563
Rückkaufswert 438, 461, 462
Rücktritt 313, 389, 460, 466, 468, 477
Rücktrittsrecht 388, 389
Rückzahlungsverpflichtung 318
Ruhen lassen 320
Rürup-Rente 15, 43, 243
– klassische 258

S

schädliche Verwendung 315
Schenkungsteuer 514, 573
Schenkungsteuergesetz 108, 109
Schlussaltersbegrenzung 127
Schlussüberschussanteile 271
Schul- und Kindergarten 186

Schuldner 4
Schüler und Studenten 167
Schulunfälle 185
Schwerpflegebedürftige 202
Schwerstpflegebedürftige 202
Schwerstpflegebedürftigkeit 196
Selbsthilfeeinrichtung 159
Selbstständige 118, 213
Selbsttötung 477
Senioren 4
Sicherungsvermögen 419, 421
Singles 4
Sinnesorgane 174
Skizzen 3
Sockelbetrag 291–294
Sofortbonus 430
Sofortrente 6, 265, 266
Solidaritätsprinzip 26
Sonderausgaben 35, 552
Sonderausgabenabzug 52, 137, 244, 253, 323, 527–529
Sparanteil 409
Sparbeitrag 407
Sparerfreibetrag 566
Sparleistung 66
Sparphase 56
Sparpläne 302
Sparraten 331
Spekulationsgewinne 551
Spitzensteuersatz 50
Splittingtabelle 549
Startrente, erhöhte 273
Sterbegeld 168, 170
Sterbetafeln 393, 412
Sterblichkeitsgewinn 424
Steuer-Identifikationsnummer 557
Steuererklärung 331
Steuerersparnis 50, 250, 605
Steuererstattung 571
Steuerklasse 65, 578
Steuerlast 41
Steuertarif 545
Studenten 4
Studierende 212, 213
Summenzuwachs 430, 431
System Beitragsverrechnung 274

T

Tarifvertrag 593
Tarifvertragsparteien 594

Tätigkeitswechsel 314
Täuschung
– arglistige 468, 469
Teilkapitalentnahme 318
Teilrente 212
Tilgung 457, 494
– der Abschlusskosten 415
– von Krediten 485
Tilgungsdarlehen 494, 497
Tilgungslebensversicherung 562
Tod 175, 474
Todesfallbonus 105
Todesfallleistung 105, 179, 381, 409
Todesfallrisiko 380
Todesfallschutz 140, 261
Todesfallsumme
– verminderte 399
Todesfallversicherung 475
Transparenz 330

U

Überführungskosten 170
Übergang 571
Übergangsleistung 175, 179
Überschussbeteiligung 265, 271, 409, 423
Überschüsse 423
Überschussentstehung 271, 423
Überschussguthaben 563
Überschussquellen 424
Überschusssystem 259
Überschussverteilung 427
Überweisung 443
Übung
– betriebliche 593
Umdeckung 313
Umlageverfahren 26
Umrechnungsfaktor 94
Umtauschrecht 107
Umwandlung
– von Arbeitsentgelt 157
Unfall-Zusatzversicherung 143
Unfallabsicherung 6
Unfallopfer 173
Unfalltod 474
Unfallursachen 183
Unfallverhütung 168
Unfallverhütungsvorschriften 168
Unfallversicherung 6, 129
– gesetzliche 167, 182
– Träger der 167

Unruhen
- innere 477
Unternehmer 4
Unterstützungskasse 154, 595, 610, 611
Untersuchung
- ärztliche 126
Unverfallbarkeit 160, 606
Ursachen 120

V

Veränderung der Altersstruktur 92
Verbraucherinformation 384
Vereinbarung 460
Verjährung 479
Verkaufsprospekte 3
Verlängerung der Vertragsdauer 452
Verletztenrente 168
Verletzung der vorvertraglichen Anzeigepflicht 476
Verletzung
- schuldhafte 476
Vermittlerhaftung 8
Verpfändung 435, 440–442
versicherte Personen 199
Versichertenrente 122
Versicherung
- auf verbundene Leben 380
Versicherungsbeginn 399
Versicherungsfall 563
Versicherungsleistung 152, 153, 595, 597
Versicherungsnehmerwechsel 576
versicherungsrechtliche Voraussetzungen 232
Versicherungsschutz
- vorläufiger 403
Versicherungssumme
- beitragsfreie 461, 465
- Herabsetzung der 452
- Staffelung der 127, 398
Versicherungsteuer 276
Versicherungsträger 115
Versicherungsvertrag 377
Versorgungsbilanz
- persönliche 14
Versorgungseinrichtung 152
Versorgungsfreibetrag 108
Versorgungsgedanke 150

Versorgungslücke 38, 43, 112, 139
Versorgungsvorschlag 93
Versorgungszusage 152, 153
Versteuerung
- hälftige 141
Vertragsablauf 474
Vertragspartner 378
Verwaltungskosten 411
Verwandtschaftsgrad 578
Verweisungsverzicht 128
Verwertungsausschluss 446
verzinsliche Ansammlung 431
Volleinkünfteverfahren 560
Vollwaisenrente 33
Voraussetzungen
- medizinische 30
Vorauszahlung
- auf die Versicherungsleistung 451
Vorauszahlungsbetrag 455
Vorauszahlungszinsen 480
Vorsorge
- freie 10
- individuelle 6
Vorsorgeaufwendungen 514, 516, 518, 522
- sonstige 519
Vorsorgemix 13
Vorsorgepauschale 525, 526
Vorwegabzug 524
vorzeitige Rentenleistungen 231

W

Waisenrente 171, 236
Wartezeit 29, 30
Wegeunfall 168
Wehr- und Zivildienst 220
Wehrdienst 477
Wehrdienstleistende 212
Werbungskosten 552
Wertstellung 490
Widerruf 389
widerrufl. Bezugsberechtigte 445
Widerrufsrecht 386, 389
Widerspruch 389
Widerspruchsrecht 388, 389
Witwen-/Witwerrente 170
- kleine 33, 234
- große 32, 234
Wohneigentum 310

Z

Zahlungsschwierigkeiten 319, 450
Zeiten
– beitragsfreie 217
– beitragsgeminderte 217
Zentralstelle 298
Zertifizierung 307
Zertifizierungsverfahren 307
Zielgruppen 3, 4
Zillmerung 416
Zinsanteile 142, 537
Zinsen 457
Zinsgewinn 409, 424, 426, 428
Zinskontrolle 557
Zinsüberschüsse 45
Zinszahlung 494
Zivildienstleistende 212
Zugangsfaktor 222
Zukunftskapital 6
Zukunftsrente 6
Zulagen 66, 333
Zulagen-Rente 63, 281
Zulageverfahren 298
Zurechnungszeiten 221
Zusatzbausteine 258
Zusatzrente 301
Zusatzversicherungen 125, 516
Zusatzversorgung 10

Notizen

Notizen

Notizen

Notizen

Notizen

Ausbildung
Ausbildungsliteratur

Bildungsnetzwerk Versicherungswirt

Kaufmann/Kauffrau für Versicherungen und Finanzen
Versicherungsfachmann/Versicherungsfachfrau

Die neue Ausbildungsliteratur auf einen Blick

„Klasse, macht weiter so!"
„Ich finde die Bücher voll in Ordnung."
Quelle: Leserumfrage 2007

Herausgeber: Berufsbildungswerk der
Deutschen Versicherungswirtschaft (BWV) e.V.

❏ Hubert Holthausen et al.
**Vorsorgekonzepte im
3-Schichten-Modell**
2007, XVI u. 649 S., 17 x 24 cm, kart., € 21,50
ISBN 978-3-89952-265-5

❏ **Lösungen
Vorsorgekonzepte im
3-Schichten-Modell**
In Vorbereitung
ISBN 978-3-89952-290-7

❏ Hubert Holthausen et al.
**Bedingungswerk 1 –
Proximus Versicherung**
2006, VIII u. 380 S., DIN A4,
kart., € 9,80 (Schutzgebühr)
ISBN 978-3-89952-278-5

❏ Werner Cristofolini/Hubert Holthausen
**Hausrat- und
Wohngebäudeversicherung**
2006, XIV u. 322 S., 17 x 24 cm, kart.,
€ 14,80
ISBN 978-3-89952-248-8

❏ **Lösungen
Hausrat- und
Wohngebäudeversicherung**
2006, IV u. 70 S., 17 x 24 cm, kart., € 5,20
ISBN 978-3-89952-288-4

❏ Peter Koch/Hubert Holthausen
**Rechtsfragen zum
Versicherungsvertrag**
Von der Anbahnung bis
zur Leistungserstellung
2006, XII u. 180 S., 17 x 24 cm, kart.,
€ 11,80
ISBN 978-3-89952-267-9

❏ **Lösungen
Rechtsfragen zum
Versicherungsvertrag**
2006, IV u. 44 S., 17 x 24 cm, kart., € 5,20
ISBN 978-3-89952-289-1

Bestellung per Fax: 0721 3509-201 oder per E-Mail: vertrieb@vvw.de

In Vorbereitung

❏ **Kranken- und Unfallversicherung***
ISBN 978-3-89952-268-6

❏ **Haftpflicht- und Rechtsschutzversicherung***
ISBN 978-3-89952-269-3

❏ **Kraftfahrtversicherung***
ISBN 978-3-89952-270-9

* jeweils mit Lösungsheft

 Verlag Versicherungswirtschaft
Postfach 64 69 · 76044 Karlsruhe · Tel. 0721 3509-0 · vertrieb@vvw.de